Adolf Eichmann

David Cesarani

Adolf Eichmann

Bürokrat und Massenmörder

Aus dem Englischen von Klaus-Dieter Schmidt

Weltbild

Die Originalausgabe wurde unter dem Titel
Eichmann: His Life and Crimes
vom Verlag William Heinemann, London, veröffentlicht.

Genehmigte Lizenzausgabe für Verlagsgruppe Weltbild GmbH,
Steinerne Furt, 86167 Augsburg

Abbildungen: William Heinemann, London
Lektorat: Jörg Später
Umschlaggestaltung: Coverdesign Uhlig, Augsburg.
www.coverdesign.net
Umschlagmotiv: Ullstein AP
Gesamtherstellung: GGP Media GmbH,
Karl-Marx-Straße 24, 07381 Pößneck

Printed in Germany

ISBN 3-8289-0573-0

2006 2005
Die letzte Jahreszahl gibt die aktuelle Lizenzausgabe an.

Einkaufen im Internet: *www.weltbild.de*

Inhalt

Einführung

Adolf Eichmann ist eine Ikone des 20. Jahrhunderts, ein Symbol des Dritten Reichs und des Völkermords an den Juden. Das viel benutzte amtliche Foto des lächelnden, wie ein Filmstar aussehenden jungen SS-Offiziers, der Millionen von Juden in die Todeslager deportieren ließ, scheint den Prototyp der Täter des nationalsozialistischen Völkermords zu zeigen. Ebenso häufig findet sich die Aufnahme, auf der er bei seinem Prozess in Jerusalem im Jahr 1961 in einem schusssicheren Glaskasten sitzt. Die Kraft dieses Bildes beruht auf der Befriedigung darüber, dass ein Täter von seinen früheren Opfern zur Rechenschaft gezogen wird. Der Mörder ist eingesperrt, während seine einstigen Opfer ihm die Ehre einer Anhörung gewähren und damit jene humanitären Werte bekräftigen, die er mit Füßen getreten hat. Daher steht Eichmann stellvertretend sowohl für die Gesamtgeschichte der Verfolgung und Ermordung der Juden durch das NS-Regime als auch für dessen Vermächtnis. Neben Hitler, Himmler und vielleicht noch Reinhard Heydrich ist er das Gesicht des nationalsozialistischen Massenmords.

Doch Eichmann hat nicht immer zum Pantheon der NS-Mörder gehört, und nur wenige Männer sind derart mythologisiert und missverstanden worden. Als das Dritte Reich besiegt war und die Alliierten darangingen, die nationalsozialistischen Verbrecher zu bestrafen, waren Eichmann und seine Karriere nahezu unbekannt. Im November 1945 tauchte sein Name im Verhör eines seiner Untergebenen auf, Dieter Wisliceny, der von den Briten gefangen genommen worden war. Es war das erste Mal, dass die alliierten Ermittler eine Ahnung von seiner Bedeutung erhielten.[1] Auch Rudolf Höß, der ehemalige Kommandant von Auschwitz, erwähnte nach seiner Gefangennahme durch britische Soldaten im März 1946 Eichmann mehrfach.

Von Wisliceny liegt in Gestalt seiner Aussagen vor dem Internationalen Militärgerichtshof in Nürnberg eine öffentliche Darstellung von Eichmanns Rolle bei der »Endlösung der Judenfrage« vor. Dennoch schrieb Richter Francis Biddle, ein höheres amerikanisches Mitglied des Tribunals, als er eine frühe Fassung des Urteils las, neben Eichmanns Namen: »Wer war das?« Eichmann wurde in den Verhandlungen nicht oft oder nicht auffallend genug erwähnt, dass sich sein Name den Prozessbeobachtern eingeprägt hätte, ganz zu schweigen von denen, die nur die unregelmäßigen und stark gekürzten Presseberichte kannten.[2]

Anfangs ging keiner der nach dem Krieg in Europa agierenden »Nazijäger« auf die Suche nach Eichmann, auch Simon Wiesenthal nicht. Wiesenthal wurde zwar von einem amerikanischen Nachrichtendienstoffizier auf Eichmann aufmerksam gemacht, erkannte dessen Bedeutung aber erst, nachdem er die in Nürnberg präsentierten Dokumente gelesen hatte. In den Jahren 1946 und 1947 versuchte er dann zusammen mit alliierten Nachrichtendiensten und der österreichischen Polizei, Eichmann dingfest zu machen, doch das Interesse erlosch rasch. Trotz der angehäuften Beweise, wie etwa dem Bericht von Rezsö (Rudolf) Kasztner über die Vernichtung der ungarischen Juden, bei der Eichmann eine führende Rolle gespielt hatte, räumte man der Fahndung nach ihm und seiner Verhaftung keine Priorität ein. So konnte er 1950 aus Europa nach Südamerika fliehen, seine Frau und seine Familie folgten ihm zwei Jahre später ohne große Schwierigkeiten.[3]

Eichmanns relative Unbedeutendheit spiegelte sich in der ersten Welle von Büchern über die nationalsozialistische Verfolgung der Juden und den an ihnen begangenen Massenmord wider. In Gerald Reitlingers 1953 erschienener bahnbrechender Geschichte der »Endlösung« wurde er zwar häufig erwähnt, aber lediglich als farbloser Verwalter des Massenmords. Laut Reitlinger war »Eichmanns Werdegang [...] der eines deutschen Staatsbeamten, der in seiner Arbeit aufgeht, die ihm keinen Ruhm einbringt«. Und in Lord Russells Bestseller *Geißel der Menschheit* von 1954 wird er lediglich zweimal genannt – als »ziemlich maßgeblicher Beamter im Amt 4 des RSHA« beziehungsweise »höherer Beamter aus dem RSHA«.[4] Ende der fünfziger Jahre war Eichmann fast vergessen. Als Fritz Bauer, der hessische Generalstaatsanwalt, dem Chef des israelischen Geheimdiensts, Isser Harel, mitteilte, dass man Eichmann in Buenos Aires aufgespürt habe, musste sich Harel erst über den Flüchtigen informieren.[5]

Dass Eichmann derart in Vergessenheit geraten war, erklärt zum Teil, warum seine Festnahme im Mai 1960 eine solche Sensation war. Sein Prozess in Jerusalem im folgenden Jahr gehörte zu den ersten weltweiten Medienereignissen. Innerhalb kürzester Zeit erschienen in vielen Sprachen Dutzende Bücher über Eichmann. Auf der Grundlage der wenigen und noch dazu unzuverlässigen Beweise, die vor dem Prozess zur Verfügung standen, zeichneten sie Eichmann einhellig als »Außenseiter« und Gescheiterten. In einigen wurde Wislicenys irrige Bemerkung wiederholt, Eichmann habe in der Kindheit »jüdisch ausgesehen« und sei in der Schule Opfer antisemitischer Übergriffe gewesen. Diesen Machwerken zufolge vollzog sich Eichmanns Schritt vom Spielplatzjudenhass zur Mitgliedschaft in der NSDAP zum einen infolge von Vorurteilen, zum anderen aufgrund des Bedürfnisses, einen Sündenbock für seine eigene Unzulänglichkeit zu finden. Sein Aufstieg wurde als glatt und reibungslos beschrieben, wobei mit jedem weiteren Karriereschritt immer schärfere antijüdische Aktivitäten einhergegangen seien. Eichmann sei nach und nach fast bis an die Spitze der SS-Hierarchie aufgestiegen und habe dann sein Verlangen stillen können, das jüdische Volk zu verfolgen. Neben überschäumendem Fanatismus entdeckten die Autoren dieser Biografien bei Eichmann alle möglichen Charakterfehler und Perversionen. Mit lüsternem Unterton gingen sie seinen Affären nach und behaupteten, er habe an Sexorgien teilgenommen und Juden mit sadistischer Grausamkeit gequält.[6]

Diese frühen populären Eichmannbiografien waren jedoch nicht nur wegen ihres Sensationshungers und der Eile, mit der sie geschrieben worden waren, fehlerhaft. Sie hielten sich zudem an das damals modische Bild des NS-Täters als eines Verlierers und verkommenen Kriminellen, das den in den vierziger und fünfziger Jahren des letzten Jahrhunderts entstandenen psychologischen Theorien über Faschismus und Nationalsozialismus entstammte.[7] Darüber hinaus glaubte man weithin, dass Hitler deshalb Erfolg gehabt habe, weil er die Schwäche der individuellen Persönlichkeit für die Maschinerie eines modernen Staats nutzbar machte. Dank der vorherrschenden Vorstellungen über den Totalitarismus hielt man es für glaubwürdig, dass ein einzelner Wahnsinniger – Adolf Hitler – die brutalen Handlungen seiner nicht weniger pervertierten und hasserfüllten Handlanger organisiert habe.

Dieses mythologisierte Bild Eichmanns und des Regimes, dem er diente, hätte durch die peniblen Nachforschungen für den Prozess in Jerusalem eigentlich revidiert werden sollen. Doch stattdessen absorbierte es sie. Die forensischen Details, die nicht zu den geschriebenen Porträts passten, blieben unbeachtet, während die grelleren rhetorischen Elemente der Anklage in das öffentliche Bild aufgenommen wurden, da sie zu bestätigen schienen, was bereits »allgemeines Wissen« war. So bestärkte der Prozess unabsichtlich die Mythen um Eichmann.

In seinem Prozess wurde Eichmann vorgeworfen, eine Hauptrolle bei der Verfolgung und Ermordung der europäischen Juden zwischen 1935 und 1945 gespielt zu haben. Der Staatsanwalt, Gideon Hausner, beschrieb Eichmann in seinem dramatischen Eröffnungsplädoyer als den »Arm jener Gewalt, die die Ausrottung des jüdischen Volkes erstrebte. […] Sein Wort setzte die Vergasungszellen in Gang, sein Telefonanruf brachte die Eisenbahnzüge nach den Vernichtungslagern ins Rollen, seine Unterschrift bedeutete das Todesurteil für Tausende und Zehntausende.« Obwohl Hausner Eichmann im Wesentlichen als Bürokraten darstellte, als »neuen Mördertyp […], der das Bluthandwerk vom Schreibtisch aus betreibt«, zeichnete er ihn gleichzeitig als in die Barbarei abgleitenden Fanatiker. Er versuchte zu beweisen – erfolglos, wie sich herausstellte –, dass Eichmann mindestens einen Juden eigenhändig umgebracht hatte, und stattete ihn rhetorisch mit aller Grausamkeit und Korruption, allem Sadismus und Schrecken aus, durch die echte Mörder gekennzeichnet sind. Seine Schreibtischtaten forderten auf furchtbarste Weise Menschenleben. »Deshalb«, so Hausner, »ist er schuldig, als ob er mit eigener Hand den Todesstrang geknüpft, als ob er selbst die Peitsche geführt und die Opfer in die

Vergasungsanstalten getrieben, sie durch Schüsse in den Nacken getötet und in die vorbereiteten offenen Gräber geworfen hätte.« Auf dem Höhepunkt seiner Karriere habe er das Verhalten eines Menschen an den Tag gelegt, »der bis zum Hals in Bergen von Abscheulichkeiten steckt«. Hausner attestierte Eichmann eine »satanische Persönlichkeit«.[8]

Viele Beobachter fanden dies lächerlich. Nachdem sie für die Zeitschrift *New Yorker* über einen Teil des Prozesses berichtet hatte, kam die in Deutschland geborene amerikanisch-jüdische Politikwissenschaftlerin Hannah Arendt zu dem berühmten Schluss, dass Eichmann die Wahrheit sagte, wenn er sich als leidenschaftslosen Verwalter bezeichnete, als kleines Rädchen im Getriebe einer riesigen Vernichtungsmaschinerie, das problemlos durch jemand anders hätte ersetzt werden können. Nach Arendts Ansicht hatte Eichmann nicht aus ideologischen Gründen gehandelt, noch war er besonders antisemitisch. Ein Fanatiker sei er zudem nur insofern gewesen, als er einem totalitären Regime gehorcht habe, das die Moral pervertiert und die Unmenschlichkeit zum Gesetz erhoben hätte. »Das Beunruhigende an der Person Eichmanns«, schrieb sie, »war doch gerade, dass er war wie viele und dass diese vielen weder pervers noch sadistisch, sondern schrecklich und erschreckend normal waren und sind.«[9]

Das von Arendt entworfene Eichmannbild beeinflusste Akademiker und Intellektuelle nachhaltig. Diese waren fasziniert von der These über Eichmanns Normalität, die in der Formel von der »Banalität des Bösen« ihren Niederschlag fand. Doch Arendts Eichmannbild war ebenso wie das für den Massenbedarf fabrizierte journalistische Porträt zu einem großen Teil von Vorurteilen geprägt. Sie passte Eichmann ihrer Totalitarismustheorie an – wie sie es in ihrem ersten großen Buch *Elemente und Ursprünge totaler Herrschaft* entwickelt hatte. Sie erwartete in Jerusalem jene Art von Mensch zu finden, die ein totalitäres System ihrer Ansicht nach brauchte, um seine unmenschliche Politik zu verwirklichen. In ihren Berichten über den Prozess bearbeitete sie das Material ihrer Theorie entsprechend, so dass Eichmann zum Muster der totalitären Persönlichkeit wurde. Darüber hinaus stützte sich ihre Analyse stark auf Raul Hilbergs bahnbrechendes Werk über die *Vernichtung der europäischen Juden*, das kurz vor dem Prozess erschienen war. Der Politikwissenschaftler Hilberg spielte die Rolle von Ideologie und Hass bei der Herausbildung der NS-Politik herunter und betonte stattdessen den autonomen bürokratischen Prozess in Staat, NSDAP und anderen Institutionen, welche die Judenverfolgung vorangetrieben und schließlich den Völkermord ermöglicht hatten. Indem sie Eichmann mit dem Totalitarismus in Verbindung brachte und implizit Hilbergs Ansatz popularisierte, prägte Arendt die Art und Weise, wie Generationen von Historikern und anderen Gelehrten das Dritte Reich begrifflich erfassten.

Von Mitte der sechziger bis Mitte der achtziger Jahre wurde der Massenmord an den Juden nicht als Rückfall in die Barbarei verstanden, sondern als Gipfel modernen Bürokratismus. NS-Deutschland galt als äußerst zentralisierter, moderner, hierarchischer Staat, in dem Macht und Autorität von oben nach unten delegiert worden seien und Beamte über das Schicksal von Millionen Menschen entschieden hätten. Der Massenmord wurde als gewissermaßen klinischer Prozess oder ökonomische Rationalisierung dargestellt, die von Profis, von Ärzten und Anwälten in scharf gebügelten schwarzen Uniformen, ausgeführt wurde, die Menschen aufgrund quasirationaler, von »Rassenhygiene« und Wirtschaftsplänen bestimmter Entscheidungen in »fordistische« Todesfabriken geschickt hätten. Eichmann, der bürokratische Schreibtischtäter par excellence, wurde so zu einer Schlüsselfigur einer der nachhaltigsten Anschauungen über die NS-Zeit und die »Endlösung«.[10]

Erst nach dem Erscheinen von Christopher Brownings Buch *Ganz normale Männer* Anfang der neunziger Jahre richtete sich die Aufmerksamkeit wieder auf die Männer und Frauen, welche die so genannte Judenpolitik umgesetzt hatten. Brownings Untersuchung der Massenerschießungen in Polen in den Jahren 1941 und 1942 lieferte auch klare Beweise dafür, dass der Völkermord alles andere als bürokratisch, unpersönlich und »klinisch« war.[11] Inzwischen ist eine ganze Reihe von Lokal- und Institutionsstudien erschienen, die das Verhalten von Männern und Frauen – Deutschen wie Kollaborateuren – auf jeder Ebene der

Politikgestaltung und -ausführung im Dritten Reich und in den von ihm kontrollierten Gebieten durchleuchtet haben. Diese auf neu aufgefundene Dokumente gestützten Studien haben unser Verständnis des zum Völkermord führenden Entscheidungsprozesses verändert.[12] Heute stimmen die meisten darin überein, dass Hitler die europaweite »Endlösung der Judenfrage« am Anfang des Zweiten Weltkrieges noch nicht im Sinn hatte. Gräueltaten, die früher miteinander verknüpft und als Phasen eines sich herausbildenden Plans betrachtet wurden, werden heute im spezifischen geografischen und chronologischen Kontext gesehen. So haben die »ethnische Säuberung« von 1939/40 in Polen, der von mobilen Tötungseinheiten, den so genannten Einsatzgruppen, 1941 auf sowjetischem Territorium verübte Massenmord und der Anfang 1942 begonnene, in ortsfesten Todeslagern begangene Völkermord an den polnischen Juden unterschiedliche Ursprünge. Die »Endlösung« mag Mitte oder Ende 1941 erörtert worden sein, aber sie war ein widersprüchlicher, stockender Prozess, der erst Mitte 1942 klare Konturen annahm.[13]

Wenn aber die Vorstellung nicht mehr haltbar ist, dass das Dritte Reich ein monolithisches, auf perverse Weise rationales Staatswesen war, das einen sich reibungslos entwickelnden, zentralisierten und von Schreibtischtätern bürokratisch abgewickelten Völkermord durchführte, welche Rolle spielte dann Adolf Eichmann? Wenn er nicht für jeden Aspekt der Verfolgung und Ermordung der Juden verantwortlich war, was hat er dann getan? Wenn er kein Geisteskranker war, der nach einer traurigen Kindheit seiner Niedertracht freien Lauf ließ, welches waren dann seine Motive?

Das vorliegende Buch ist die erste Studie über den Mann, seine Verbrechen und seine Bedeutung, die seit den sechziger Jahren des vergangenen Jahrhunderts erscheint. Auf neue Forschungen und neu aufgefundene Dokumente gestützt, widerlegt sie die Mythen, die sich um seine erste Lebensphase ranken, das verzerrte Bild, das in seinem Prozess von ihm gezeichnet wurde, und die anschließenden Deutungen seines Charakters und seiner Motive, die ihn in das Prokrustesbett dieser oder jener Ideologie pressten. Eine endgültige Eichmannbiografie müsste eine definitive Geschichte der »Endlösung« umfassen – das allerdings ist eine nahezu unlösbare Aufgabe, die außerdem Eichmann selbst in den Hintergrund drängen würde. Deshalb konzentriere ich mich auf die Wendepunkte in seinem Leben und versuche, die persönliche, gesellschaftliche, politische und ideologische Dynamik aufzuzeigen, die für die Richtung, die sein Lebensweg nahm, verantwortlich war. So wird sein Beitritt zu NSDAP und SS vor dem Hintergrund seiner Erziehung und der Dynamik der unmittelbaren sozialen und politischen Umgebung erklärt. Seine frühen Aktivitäten als Nationalsozialist werden in den Zusammenhang der willkürlichen, unvorhersehbaren Entwicklung der »Judenpolitik« im Dritten Reich gerückt, insbesondere wird dem Sicherheitsdienst (SD), dem Nachrichtendienst der SS, dem sich Eichmann 1935 anschloss, besondere Aufmerksamkeit geschenkt. Statt anzunehmen, dass Eichmann von vornherein darauf zusteuerte, ein Schreibtischtäter zu werden, wird kritisch beleuchtet, auf welchen Umwegen er vom Organisator der jüdischen Auswanderung aus Deutschland zum Manager eines gesamteuropäischen Völkermords wurde. Denn wenn man begreifen will, wie gewöhnliche Deutsche (und andere) zu Tätern innerhalb eines Völkermordes werden konnten, muss man von der Hypothese ausgehen, dass ihr Weg nicht vorbestimmt war, dass sie vielmehr bewusste Entscheidungen trafen und sich auf die Konsequenzen ihres Handelns einstellen mussten. Mit diesem Ansatz lässt sich auch nachvollziehen, wieso im Dritten Reich erschreckend effiziente Einzelbehörden einem in seiner Funktion insgesamt gestörten Regierungssystem gegenüberstehen konnten. Beim Blick auf die Laufbahn eines mittleren Beamten wie Eichmann erkennt man sowohl die wilden politischen Kurswechsel der Politik, die Machtkämpfe und Kompetenzstreitigkeiten, welche die Verwaltungsarbeit zu einem Albtraum machten, als auch die Unsicherheit, in die dieses Chaos den einzelnen Beamten stürzte.

Eichmann hatte Affären, er trank viel und wurde gegenüber Juden wie Nichtjuden gelegentlich ausfällig. Doch ich will mich der Sensationshascherei früherer Darstellungen seines Lebens enthalten. Seine Geschichte ist sensationell genug, auch ohne die Aussagen zu wiederholen, die seine früheren Kameraden auf dem Weg zum Schafott zur eigenen Entlastung vorbrachten, oder das Geschwätz von Memoirenschreibern mit NS-Vergangenheit aufzuwärmen, mit dem diese nur zeigen wollten, dass Eichmann allemal schlimmer war als sie selbst. Zugleich habe ich versucht, einen verurteilenden Tonfall zu vermeiden; immerhin endet die Darstellung mit einem Gerichtsverfahren, und die Richter haben gute Arbeit geleistet. Dennoch berichte ich an bedeutsamen Stellen von dem Elend, das Eichmann unschuldigen Männern, Frauen und Kindern gebracht hat, und wenn möglich, lasse ich sie auch selbst zu Wort kommen. Eichmann mag mythologisiert und missverstanden worden sein, doch das bedeutet nicht, dass er im Grunde ein anständiger Mensch war. Er war wissentlich und willentlich Komplize eines Völkermords, ein Verbrecher, der sich mit seinen Taten an der ganzen Menschheit vergangen hat. Aber wenn man verstehen will, wie er so weit sinken konnte, hilft es nicht weiter, wenn man ihn von Anfang an für »böse« oder »verrückt« erklärt, als gedankenlosen »Roboter« betrachtet oder sogar meint, er sei ein geborener Antisemit gewesen. Die Entwicklung eines »Völkermörders« ist weit komplexer und beunruhigender.

Im Folgenden wird zuerst der Mythos von Eichmanns »unglücklicher« Kindheit und gestörter Jugend in Frage gestellt. Tatsächlich deutet nichts in seiner Kindheit und Jugend auf eine psychologische Störung hin. Adolf Eichmann verlebte zuerst in Deutschland und dann in Österreich eine normale Kindheit und hat nie ein Wort darüber gesagt oder geschrieben, dass man ihn in der Schule für einen Juden gehalten und tyrannisiert hätte, auch nicht, als er sich bei seinen israelischen Häschern in ein gutes Licht zu rücken versuchte. Sein Vater war ein ehrgeiziger, strebsamer Buchhalter, der später selbst Unternehmer wurde. Einige seiner Unternehmungen schlugen fehl, andere hatten Erfolg, und seine Familie litt nie unter Armut oder gesellschaftlicher Verachtung. Im Gegenteil, die Familie Eichmann war eine Stütze der kleinen protestantischen Gemeinde von Linz und hatte gute Beziehungen in der Stadt. Der junge Adolf war ein eher fauler, erfolgloser Schüler, aber er besaß Freunde und wusste seine Freizeit auszufüllen. Nach einem ungewissen Start fand er im Jahr 1927 eine Berufstätigkeit, die ihm zusagte, und baute sich eine mäßig erfolgreiche Laufbahn als Reisevertreter einer Erdölgesellschaft auf. Er war ein gut aussehender junger Mann mit Erfolg versprechenden Aussichten und gutem Einkommen und hatte eine Freundin nach der anderen. In einer protestantischen deutschnationalen, rechtsgerichteten Umgebung aufgewachsen, schloss er sich einer rechten Milizgruppe an – das allerdings war nichts Ungewöhnliches. Er war vielmehr ein ziemlich typischer Vertreter des Linzer Bürgertums und betrachtete die örtlichen Nationalsozialisten als unerwünschte Außenseiter. Im Gegensatz zu der verbreiteten Ansicht, Eichmann hätte sich aus Groll den Nationalsozialisten zugewandt, belegen sowohl seine eigenen Worte als auch Studien über Linz, dass er deren Partei erst beitrat, als sie an der Wahlurne einen Durchbruch erzielt hatten und respektabel geworden waren.

Der junge Eichmann stand zwar politisch rechts und hatte zweifellos auch den mit dieser Einstellung verbundenen Antisemitismus aufgenommen. Ende der zwanziger Jahre las er außerdem sicherlich nationalsozialistische Zeitungen, aber er arbeitete für Juden und hatte bis 1933 jüdische Bekannte. Zudem war er durch seine Stiefmutter mit Wiener Juden verwandt. Daher ist es unwahrscheinlich, dass Judenhass der Grund für seinen Eintritt in die SS war. Und obwohl er in der SS, zuerst in Österreich und dann in Deutschland, in konzentrierter Form antisemitischer Propaganda ausgesetzt war, kann der Antisemitismus weder seine Karriere in der SS noch seinen Eintritt in den SD erklären. Im Gegenteil, als er dem SD beitrat, war dieser eine schwache, unbedeutende und unterfinanzierte Parteiorganisation ohne besonderen Anspruch auf die Zuständigkeit für jüdische Angelegenheiten. Als Eichmann ins neu geschaffene Judenreferat des SD versetzt wurde, geriet er unter den Einfluss Leopold von Mildensteins, der den groben Antisemitismus von Joseph Goebbels und Julius Streicher, dem Herausgeber des antisemitischen Hetzblatts *Der Stürmer*, verachtete und Eichmann anregte, sich eingehender mit dem Zionismus zu befassen. Außerdem sollte der SD nach seiner Ansicht vorschlagen, die »jüdische Frage« in Deutschland durch Förderung einer geregelten jüdischen Auswanderung nach Palästina zu lösen. In den

Jahren 1936/37 kam Eichmann häufig mit Vertretern der zionistischen Organisationen in Deutschland zusammen. Zu seinen Gesprächspartnern gehörte auch Feivel Polkes, ein palästinensischer Jude, der eine Zusammenarbeit von Nationalsozialisten und Zionisten befürwortete, um die jüdische Auswanderung auszuweiten. Im November 1937 reiste Eichmann in den Nahen Osten, um die Chancen dieses Vorschlags zu erkunden, und stattete auch der jüdischen Heimstatt in Palästina einen kurzen Besuch ab. Zu diesem Zeitpunkt verband er eine relativ gemäßigte Haltung zum Zionismus mit einem klassischen antisemitischen Weltbild. Jüngst entdeckte Berichte und Vorträge, die er 1937 geschrieben hat, zeigen ihn als Anhänger der Lehre von einer jüdischen Weltverschwörung gegen Deutschland. Wie seine Kameraden im SD betrachtete er die Juden als feindliche Kraft. Dabei handelte es sich um eine besonders leidenschaftslose, »gereinigte« Form des Judenhasses, die es Eichmann gestattete, Kontakte zu einzelnen Juden zu haben, insbesondere zu Zionisten, während er gleichzeitig unermüdlich daran arbeitete, das Reich von seinen jüdischen Einwohnern zu »befreien« und die »Macht« eines mythischen »Weltjudentums« zu bekämpfen.

Nach dem Anschluss Österreichs im März 1938 wurde Eichmann zum SD-Ableger in Wien versetzt, wo er für die drastisch zunehmende Auswanderung von Juden zuständig war. Seine Leistungen fanden die Anerkennung seiner Vorgesetzten in Berlin, und die von ihm angewandten Methoden nahm man später als Vorbild für die Behandlung der jüdischen Angelegenheiten in Prag und Berlin. Er wurde zum Leiter mehrerer Dienststellen, die mit einer Mischung aus Terror und Schikane die Zwangsauswanderung von Juden abwickelten. In den meisten Darstellungen seiner Laufbahn wird diese Tätigkeit als sein beruflicher Durchbruch betrachtet. Der Jurist und Anklagevertreter in Nürnberg Robert Kempner bezeichnete sie als »Sprungbrett für seine ›Karriere‹«. Viele übernahmen Eichmanns prahlerische Einschätzung, seine große »Leistung« in Wien sei es gewesen, ein »Fließbandsystem« für die Beschleunigung der jüdischen Auswanderung entwickelt zu haben. Üblicherweise sah man in seiner Wiener Zeit jene Phase, in der er von einem untergeordneten Bürokraten zum Praktiker des Völkermords geworden sei.[14]

In Wirklichkeit waren die Ursprünge des »Wiener Modells« komplexer und kontroverser. Die Idee einer zentralen Auswanderungsstelle stammte tatsächlich von führenden Wiener Juden, und sie funktionierte, weil diese selbst für den reibungslosen Ablauf der Auswanderung sorgten. Eichmanns Rolle in Wien war keineswegs, wie später angenommen, der Einstieg in seine späteren Exzesse. Die nationalsozialistische »Judenpolitik« hat insgesamt mehrere Wandlungen durchgemacht, bevor sie die Stufe des Massenmords und noch später diejenige der systematischen Vernichtung erreichte. Eine entscheidende Phase dieses Prozesses hatte überhaupt nichts mit den Juden zu tun, nämlich die massive ethnische »Säuberung« Westpolens in den Jahren 1939 und 1940. Hitler hatte sie angeordnet, um Platz für die Ansiedlung von Volksdeutschen zu schaffen, die aus Gebieten evakuiert werden sollten, die sich bereits unter sowjetischer Herrschaft befanden oder kurz davor standen, der Sowjetunion angegliedert zu werden. In den achtziger und neunziger Jahren des vergangenen Jahrhunderts haben die Historiker Christopher Browning, Götz Aly und Susanne Heim gezeigt, dass die nationalsozialistische Bevölkerungspolitik in Polen unauflöslich mit der »Judenpolitik« verbunden war, da Polen und Juden vertrieben wurden, um Platz für Volksdeutsche zu schaffen. Heydrich, der SS-Sicherheitsapparat und Eichmann waren die wichtigsten Vollstrecker dieser Politik. Zwischen Dezember 1939 und März 1941 spielte Eichmann eine führende Rolle bei der brutalen Vertreibung von über 500 000 Polen und Juden, und diese Erfahrung machte aus einem Experten für freiwillige und erzwungene beziehungsweise »forcierte« Auswanderung einen Experten für Massendeportationen.[15]

Jahrzehntelang blieb dieser Wendepunkt in Eichmanns Karriere unbeachtet. Da seine israelischen Ankläger weniger am Schicksal der polnischen Bevölkerung interessiert waren, gingen sie nur flüchtig auf seine Tätigkeit in Polen ein und übersahen jene Entwicklungen, welche die forcierte Auswanderung, Vertreibung und Deportation umfassten. Stattdessen verlegten sie den Beginn des Völkermords auf den September 1939, weil es zu ihrer judeozentrischen Anklage passte, und pressten die Fakten in dieses Zeitschema. Besondere Aufmerksamkeit erfuhr die auf Eichmanns Initiative zurückgehende erste Massendeportation von Juden in ein »Reservat« bei Lublin, das so genannte Nisko-Projekt von Oktober 1939. Diese »Aktion« wurde deshalb in den Vordergrund gerückt, weil sie weitgehend Eichmanns eigene Idee gewesen zu sein schien und weil die Staatsanwaltschaft nachweisen wollte, dass die Absicht, die Juden nach Polen zu deportieren und dort zu ermorden, bereits im September 1939 zu erkennen gewesen sei. Dagegen erklärte Eichmann, er habe das Projekt als quasi-zionistisches Unternehmen betrachtet, an dessen Ende die Schaffung eines autonomen Gebiets für die Juden, also die »territoriale Lösung der Judenfrage«, stehen sollte. Die Anklage zog diese Behauptung ins Lächerliche, aber selbst wenn sie verlogen gewesen sein sollte, hieße das nicht, dass das wahre Ziel der ersten Deportationen und Vertreibungen der Völkermord war.

Im Jahr 1940 war Eichmann auch an anderen Vertreibungen von Juden beteiligt und entwarf einen Plan für die Deportation von vier Millionen europäischen Juden nach Madagaskar. Dieses Vorhaben war extrem kaltschnäuzig, denn es hätte den massenhaften Tod von Deportierten nach sich gezogen. Doch auch wenn Eichmanns Behauptung absurd war, er habe der neue Herzl sein wollen, also der Nachfolger des Begründers des modernen Zionismus, so ist sie in der Kontinuität der von ihm betriebenen forcierten Auswanderung zu sehen. Vom Übergang zum Ziel der physischen Vernichtung der Juden konnte noch nicht die Rede sein. Eichmann jedenfalls betrachtete sich selbst zu diesem Zeitpunkt nicht als Judenmörder. Er blieb ein Befürworter der jüdischen Auswanderung und arbeitete das ganze Jahr 1940 mit zionistischen Gruppen und jüdischen Menschenschmugglern zusammen, die Juden insgeheim nach Palästina brachten.[16]

Alle diese Pläne scheiterten. Laut Hannah Arendt war das Fiasko des Nisko-Projekts, das kurz nach dem Beginn eingestellt werden musste, ein schwerer Schlag für Eichmann, von dem er sich erst wieder erholte, als er die Gelegenheit erhielt, den Völkermord an den Juden zu organisieren. Nach dieser Version seines Lebens betrat er in Wien die weltgeschichtliche Bühne, erlebte Erfolge und einen kometenhaften Aufstieg, verspielte alles mit dem Nisko-Projekt und erwarb erneut die Gunst seiner Vorgesetzten, indem er den Massenmord managte.[17] Doch Himmler und Heydrich betrachteten das »Scheitern« des Nisko-Projekts nicht als ernsthafte Gefahr für ihre antijüdische Politik. Genauso wenig erlitt Eichmanns Karriere dadurch einen Rückschlag. Kurz nach Nisko wurde er auf den noch prestigeträchtigeren Posten des Geschäftsführers der Reichszentrale für jüdische Auswanderung berufen, und bald darauf sollte er eine zentrale Rolle bei der ethnischen »Säuberung« in Polen spielen. Es war nicht seine Schuld, dass sich Himmlers ehrgeiziger Plan, Hunderttausende von Polen und Juden zu vertreiben, um für Volksdeutsche Platz zu schaffen, als unrealistisch herausstellte. Während die deutschen Behörden in den annektierten und besetzten Teilen Polens die »unerwünschten« Esser unbedingt loswerden wollten, war niemand bereit, sie aufzunehmen. Das grundsätzliche Scheitern von Himmlers Umsiedlungsplänen war der Grund, aus dem die SS-Elite nach neuen Lösungen der »Judenfrage« suchte. Als Hitler sich zum Angriff auf die Sowjetunion entschloss, richteten sich aller Augen auf die leeren Weiten von Sibirien. Aber im Spätherbst 1941 blieb die deutsche Invasion stecken, und die erhoffte Lösung zerplatzte wie eine Seifenblase. Damit befand sich die SS-Führung in einer Zwickmühle, und Eichmanns Arbeit erlebte eine grundsätzliche Wandlung.

In den sechziger Jahren verstand man die Vorgänge allerdings anders. In Eichmanns Prozess behauptete die Anklage, Hitler habe die biologische Auslöschung der europäischen Juden im Sommer 1941 angeordnet, etwa zur Zeit des Überfalls auf die Sowjetunion. Auf das damalige historische Wissen und die vorhandenen Dokumente gestützt, erklärte Gideon Hausner, Eichmanns Vorgesetzter Heydrich, der Leiter des Reichssicherheitshauptamtes (RSHA), sei im Juli 1941 mit der Vorbereitung der »Endlösung« beauftragt worden und habe Eichmann, dessen Referat IV B 4 für »Judenangelegenheiten« zuständig gewesen sei, die Aufgabe der Recherche und Planung übertragen. Zu diesem Zeitpunkt führten tatsächlich mobile Tötungseinheiten der SS, die so genannten Einsatzgruppen, auf sowjetischem Territorium bereits Massenerschießungen von Juden durch. Eichmann, der selbst Zeuge eines dieser Gemetzel wurde, hielt es wie Himmler für unmöglich, auf diese Weise Juden in größerer Zahl zu ermorden. Außerdem inspizierte er im Auftrag seines direkten Vorgesetzten, Gestapochef Heinrich Müller, den Einsatz von Gaswagen. Die Anklage im Jerusalemer Prozess warf ihm deshalb vor, er habe entscheidend an der Entwicklung der Nutzung von Giftgas für den Massenmord mitgewirkt.

Jüngste Forschungen zeigen indes, dass man sich zwischen Juli 1941 und Januar 1942 über das Schicksal der Juden noch nicht im Klaren war. Diese Unschlüssigkeit an der Spitze stellt die frühere, vereinfachende Darstellung von Eichmanns Rolle als Wegbereiter des Völkermords in Frage. Im Gegensatz zur Überzeugung der Staatsanwaltschaft hatte Eichmann mit der Entscheidung, die sowjetischen Juden zu ermorden, nichts zu tun. Nach einer Anordnung Hitlers vom September 1941 war er intensiv mit der Deportation der Juden aus dem Dritten Reich beschäftigt, aber Hitler hatte ausdrücklich verfügt, dass diese Juden nicht getötet werden sollten. Stattdessen sollten sie im Osten in Ghettos untergebracht werden. Damit waren die Besatzungsbehörden, die gegen den Zustrom von Juden Einspruch erhoben hatten, überstimmt und mussten nun zusehen, wie sie die unwillkommenen Neuankömmlinge unterbringen konnten. Sie beschlossen, einen Teil der vorhandenen jüdischen Bevölkerung zu töten, um für die erwarteten Transporte Platz zu schaffen. Immerhin waren die Zustände in den Ghettos miserabel, und die Tötung »überflüssiger Esser« – der Alten, Schwachen und Kranken, die nicht arbeiten konnten – konnte mit dem in Deutschland umgesetzten »Euthanasie«-Programm verglichen werden. Im Herbst 1941 wurden Vorbereitungen für lokale Massenmorde in Polen getroffen, aber auch damit hatte Eichmann nur am Rande zu tun. Er reiste durch den Osten, um die Aufnahme der deportierten Juden aus dem Reich, der »Reichsjuden«, zu arrangieren – und nicht, um ein gesamteuropäisches Vernichtungsprojekt zu erkunden, zu planen und zu organisieren.

Es ist eine plausible Annahme, dass auf einem Treffen der Spitzen des NS-Regimes im Herbst 1941 die Entscheidung für den europaweiten Völkermord gefällt wurde. Tatsache bleibt jedoch, dass noch keine Massenmorde an »Reichsjuden« begangen worden waren, dass es keine Pläne oder Mittel für Deportationen aus dem Westen gab und Einrichtungen für einen industrialisierten Massenmord erst im Frühjahr 1942 bereitstanden.[18] Eichmann selbst hat ausgesagt, er habe Ende August oder Anfang September von einer Entscheidung des »Führers« erfahren, aber es war in seinem Interesse, den Befehl vorzuverlegen, um sich selbst zu entlasten. Andere Beweise legen den Schluss nahe, dass er sich nicht sicher war, wohin die Entwicklung ging. Die »kommende Endlösung der Judenfrage«, auf die er seit Mitte 1941 in seiner Korrespondenz hinwies, bezog sich auf die erwartete Massendeportation von Juden in die Weiten Russlands, gewiss eine schreckliche Aussicht, aber kein industrialisierter Massenmord. Das war keine Abkehr von seiner bisherigen Tätigkeit, sondern deren Fortsetzung. Aber Eichmann wusste auch, dass im Osten Massentötungen stattfanden und verschiedene SS-Kader dabei das Kommando hatten. Was er von den Massenerschießungen und Vergasungen sah, beunruhigte ihn, weil es eine Politik zu beenden drohte, deren Umsetzung er geleitet und vervollkommnet hatte.[19] Und ihn stieß ab, was er an der »Front« sah. Betrachtet man diese entscheidende Phase in seinem Leben und seiner Laufbahn, erkennt man, dass er, wie viele andere Täter auch, kein »geborener Mörder« war. Sie zeigt, dass es keine notwendige, logische Entwicklung von seiner Laufbahn als Experte in jüdischen Angelegenheiten zu dem Mann gab, der die Deportation von Millionen von Juden in den Tod organisierte. Eichmann musste erfahren, was es hieß, ein »Völkermörder« zu sein, und sich dann dafür entscheiden, einer zu sein.

Spätestens Mitte Dezember 1941 war die Entscheidung gefallen, einen europaweiten Völkermord an den Juden in Gang zu setzen. Auf der Wannseekonferenz im Januar 1942 wurden die lokalen Massenmorde koordiniert und zu einem einzigen monströsen Unternehmen zusammengefasst. Nun wurde angekündigt, dass man Europa von West nach Ost nach Juden

»durchkämmen« werde. Eichmann war an der Vorbereitung der Konferenz beteiligt gewesen und führte Protokoll. Das war sein persönlicher Rubikon, und er verspürte »Zufriedenheit«, wie er später erklärte. Als Grund für dieses überraschende Gefühl gab er an, dass die Entscheidung für den Völkermord von den »Päpsten« des Regimes gefällt worden sei. Er als bloßer Untergebener konnte also die Hände in Unschuld waschen, was eine »Pilatussche Zufriedenheit« in ihm auslöste.[20] Doch es gab noch einen anderen, unausgesprochenen Grund: Sobald er seine Funktion als Manager des Völkermords akzeptiert hatte, war er sich seiner Stellung und seiner Rolle sicher.

Es ist ein Mythos, dass er, ohne nachzudenken, Befehlen gehorcht habe, wie Hannah Arendt meinte. Abgesehen davon, dass er die Möglichkeit hatte, um eine Versetzung zu ersuchen, wissen wir heute, dass das nationalsozialistische Kommando- und Kontrollsystem nicht auf diese Weise funktionierte. Das nationalsozialistische Deutschland war weniger ein totalitärer Monolith als vielmehr ein Gewirr rivalisierender Partei- und Staatsstellen, über dem ein willkürlich herrschender Hitler thronte und in dem politische Entscheidungen in der Regel als Kompromisse zwischen mächtigen Einzelnen und Interessengruppen getroffen wurden.[21] Der NS-Staat war selten in der Lage, eindeutige Befehle zu erteilen. Eichmann mochte jedes Moralgefühl verloren haben, aber durch den Hinweis auf ein »Autoritätssystem«, in dem er arbeitete, ist dies nicht erklärt.[22]

Nach einer schwierigen Periode des Politikwechsels und der Reorganisation herrschte Eichmann zwischen 1942 und 1944 über die Maschinerie der Deportation. In seinem Prozess entwarf die Anklage das Bild eines allmächtigen, hasserfüllten Kommandeurs, der einen reibungslos funktionierenden, effizienten Apparat befehlige. Dieses Bild stand in krassem Gegensatz zu Eichmanns Wehklagen über seine Frustrationen und sein Scheitern, die das Gericht als unsinnig verwarf. Tatsächlich aber war Eichmanns Macht ausgesprochen begrenzt. Er traf keine politischen Entscheidungen, sondern war darauf beschränkt, sie umzusetzen. Erschwerend kamen Kompetenzstreitigkeiten hinzu, und im Jahr 1943 hatte sein Referat, wie Hannah Arendt aufmerksam beobachtete, das Monopol hinsichtlich der »Judenfrage« verloren.[23] Trotz dieser Einschränkungen vermochte Eichmann den Todestransport von Millionen von Menschen zu organisieren. Er managte den Völkermord wie ein Vorstandsvorsitzender, der einen multinationalen Konzern führt. Das sollte jedoch nicht zu der Vorstellung verleiten, es habe sich lediglich um ein sauberes, rationales Geschäft gehandelt: Das ist ein weiterer Mythos. In Wirklichkeit drang die Realität von Leid, Zerstörung und Tod ständig in die Ruhe von Eichmanns Bürosuite in der Berliner Kurfürstenstraße 115–116 ein.

Wer Eichmann als dämonische Figur sehen möchte, dem scheinen die Ereignisse in Ungarn von 1944 mehr als genügend Beweise zu liefern. Keine andere Episode seiner Karriere war derart schockierend und makaber. Als Deutschland das Land im März 1944 besetzte, lebten dort 750 000 Juden. Von April bis Juli wurden 437 000 von ihnen in Ghettos verfrachtet und nach Auschwitz-Birkenau deportiert, wo drei Viertel von ihnen sofort ermordet wurden. Eichmann reiste mit einem Großteil seines Teams nach Ungarn und leitete die Deportationen persönlich. Zum ersten Mal befehligte er in der Praxis ein eigenes »Sondereinsatzkommando«; es bestand aus seinen loyalsten Mitarbeitern mit der größten Erfahrung. Eichmanns Kommando hatte die Lage derart im Griff, dass es mit den Juden spielen konnte, indem es Bestechungsgelder von ihnen erpresste und sie als Schachfiguren in Kriegsmanövern gegen die Alliierten benutzte. So unterbreitete Eichmann das berüchtigte Angebot, eine Million Juden zu verschonen, wenn er dafür 10 000 Lastkraftwagen für die Waffen-SS erhalte. Als die ungarische Führung Einwände erhob, beharrte er den örtlichen Behörden zum Trotz auf seiner Linie. Nach einem Regimewechsel in Budapest nahm er im Herbst 1944 die Deportationen wieder auf und lieferte sich einen erbitterten Kampf mit Raoul Wallenberg und anderen Diplomaten, welche die überlebenden Juden zu schützen versuchten. Bei seinen Bemühungen, die verbliebenen Juden zu deportieren, zeigte Eichmann unverkennbare Anzeichen von Fanatismus; er stritt sich sogar mit Himmler, dem plötzlich Bedenken gekommen waren. In der Begründung des gegen ihn ergangenen Urteils ist der Vernichtung der ungarischen Juden ein eigenes Kapitel gewidmet, und die meisten Darstellungen von

Eichmanns Leben behandeln die ungarische Episode als Krönung seiner grauenhaften Leistungen und Höhepunkt seiner Böswilligkeit.[24]

Mit all ihren Schrecken hat auch Eichmanns Tätigkeit in Ungarn mythischen Status erlangt. Schaut man genauer hin, erkennt man allerdings, dass Eichmann nur eine von mehreren NS-Stellen repräsentierte, die an der Vernichtung der ungarischen Juden interessiert waren. Angetrieben wurden sie nicht nur von irrationalem Hass, sondern auch von der Überzeugung, dass die Ausplünderung der jüdischen Bevölkerung und deren Verschleppung zur Zwangsarbeit im Reich die Kriegsanstrengung stärken würden. Eichmann war verantwortlich für die Initiierung und Leitung der Deportationen, sah sich aber bald mit dem vertrauten Problem der Kompetenzstreitigkeiten konfrontiert. Sein »Erfolg« beruhte auf der fanatischen Mitarbeit der Ungarn, die den Juden Rechte und Besitz nahmen, die Razzien organisierten und durchführten, die Ghettos bewachten und die Juden zu den Deportationszügen brachten. Tatsächlich stellt man bei genauerer Untersuchung von Eichmanns Funktion in Ungarn fest, dass seine Macht und sein Einfluss auf jüdische Angelegenheiten schwanden. Seine Mission war keine direkte Ausweitung der Massenmordaktionen, die er zuvor organisiert hatte. Vielmehr bestand von Anfang an Unklarheit über den Zweck seines Vorgehens, und die Ziele seiner eigenen Behörde, des RSHA, kollidierten mit denen des Außenministeriums. Zudem gab es einen Interessenkonflikt zwischen den Wirtschaftsbehörden des Dritten Reichs, die auf der verzweifelten Suche nach Arbeitskräften die Juden für sich reklamierten, und Eichmanns Referat, das hauptsächlich daran interessiert war, sie zu töten. Eichmann wurde ein ums andere Mal ausmanövriert und übergangen. Am Ende wurde seine Einheit aufgelöst und nach Hause geschickt, während er selbst gedemütigt und zur Langeweile verdammt in Budapest zurückblieb. Hier in Ungarn schloss sich der Kreis seiner Karriere, denn Himmler belebte entgegen seiner bisherigen Politik die jüdische Auswanderung wieder, so dass Eichmann wie schon einmal Gespräche über Palästina führte und mit Zionisten verhandelte. Er wurde sogar mit der Aufgabe betraut, 10 000 Volksdeutsche aus der ungarisch-rumänischen

Grenzregion umzusiedeln. Während um ihn herum das Dritte Reich zusammenbrach, verlor er seine Machtbefugnisse und wurde sogar von seinen Kameraden wie ein Paria behandelt.

Er entkam aus den Trümmern und tauchte unter. Im Jahr 1950 konnte er nach Argentinien gelangen, wo er ein neues Leben begann. Bis in die neunziger Jahre des letzten Jahrhunderts blieben die Einzelheiten seiner Flucht und Gefangennahme unbekannt. Inzwischen weiß man jedoch um die tiefe Verstrickung der argentinischen Regierung unter Juan Perón und des Vatikans, die zusammen die »Rattenlinien« aufbauten und betrieben, über die NS-Verbrecher aus Europa herausgebracht und ins sichere Südamerika verschifft wurden. Eichmann genoss fast ein Jahrzehnt lang ein unbeschwertes Leben, und hätten ihm seine deutschen Landsleute nicht einen Strich durch die Rechnung gemacht, wäre er der Gerechtigkeit womöglich noch länger entkommen. Denn weder Juden noch Israelis können das Verdienst für sich in Anspruch nehmen, Eichmann aufgespürt zu haben. Ende der vierziger Jahre hatten die Alliierten das Interesse an der Verfolgung von NS-Verbrechern verloren, und selbst Israel und die jüdischen Gemeinden anderswo auf der Welt hatten sich anderen Dingen zugewandt. Im Jahr 1957 erfuhr Fritz Bauer, dass sich Eichmann in Buenos Aires aufhielt. Doch die Israelis verfolgten die Spur, auf die ihre deutschen Kollegen sie gesetzt hatten, mit bemerkenswert wenig Eifer; sie mussten praktisch an der Hand zu dem flüchtigen Nazi geführt werden. Nicht der Mossad hatte ihn gefunden; der holte ihn bloß ab.[25]

Viele der größten Missverständnisse im Zusammenhang mit Eichmann sind auf seinen Prozess, auf dessen Vorbereitung, Durchführung und Wirkung zurückzuführen. Es ist eine Legende, deren Dauerhaftigkeit Hannah Arendt zuzuschreiben ist, dass Ben Gurion die Festnahme Eichmanns in der Absicht angeordnet habe, den Prozess als Forum zu benutzen, um der Welt die Gründe für die Existenz des jüdischen Staates vor Augen zu führen, indem man ihr ein Bild vom Leiden der Juden vermittelte. Die israelische Historikerin Hannah Yablonka hat herausgefunden, dass Ben Gurion die Möglichkeiten, die der Prozess bot, erst erkannte, als sich Eichmann bereits in Israel befand und eine internationale Debatte über seine Entführung ausgebrochen war. Auch die israelische Polizei und Staatsanwaltschaft waren nicht auf Eichmann vorbereitet; sie fingen, was das Wissen über seine Taten anbelangte, praktisch bei Null an. Zusätzlich erschwert wurde diese Aufgabe durch Misshelligkeiten zwischen der Polizei und dem Ankläger, Gideon Hausner, dem Generalstaatsanwalt von Israel. Neue Forschungen haben gezeigt, dass die Prozessvorbereitungen politisch beeinflusst waren. Die Israelis umgingen heikle Themen wie Eichmanns Kontakte zu Zionisten in den dreißiger Jahren und die Verhandlungen über das Schicksal der ungarischen Juden von 1944, an denen Ben Gurion persönlich beteiligt gewesen war. Hausner griff bei der Auswahl der Zeugen ein, um ein Bild des gesamten nationalsozialistischen Angriffs auf die Juden zeichnen zu können, auch wenn vieles kaum etwas mit Eichmann zu tun hatte. In dieser Hinsicht war das Gerichtsverfahren offensichtlich ein »Schauprozess«. Sein Ausgang allerdings war nicht manipuliert, obwohl es kaum einen Zweifel geben konnte, welches Urteil gefällt werden würde. Eichmann hatte einen kompetenten deutschen Rechtsanwalt an seiner Seite, und er verteidigte sich mit viel Geschick und Nachdruck auch selbst.[26]

Hannah Arendt hat diese Auftritte nicht mehr miterlebt. Sie reiste ab, nachdem sie seine Aussage nur wenige Tage verfolgt hatte. Im Wesentlichen hatte sie die Präsentation der Anklage und die Aussagen von Überlebenden gehört. So beruhte ihr Bild von Eichmann als einem farblosen Bürokraten auf jener Prozessphase, in der er sich bewusst zurückhielt, um der Staatsanwaltschaft keine Munition für ihre Behauptung zu liefern, er sei ein Fanatiker. Während sie in Bezug auf Struktur und Funktionsweise des Dritten Reichs und Eichmanns Platz in ihm großen Scharfsinn bewies, ist ihr Eichmannbild selbstgerecht, mit Vorurteilen beladen und letztlich falsch. Ironischerweise prägte Arendts Buch *Eichmann in Jerusalem* mehr als der Prozess selbst das Bild, das sich die Nachwelt von Eichmann macht. Im Verbund mit Milgrams Thesen über die Neigung zum Gehorsam Autoritäten gegenüber hat ihr Begriff der »Banalität des Bösen« zwei Jahrzehnte lang die Forschung über NS-Deutschland und die Judenverfolgung eingeengt.

Film und Fernsehen stärkten die Mythologisierung Eichmanns. Über den »Mann im Glaskasten« sind mehr Spiel- und

Dokumentarfilme gedreht worden als fast über jeden anderen Nationalsozialisten und ganz gewiss mehr als über jeden anderen Vertreter des Dritten Reichs in einem vergleichbaren Rang. In allen diesen historischen, literarischen und filmischen Darstellungen Eichmanns besteht eine Spannung zwischen dem Monströsen und dem Alltäglichen.[27] Doch so gern wir Eichmann auch als psychotischen Menschen sähen, also als jemanden, der sich von uns unterscheidet – er war es nicht.

Seine Bereitschaft, Menschen en masse physischem Leiden anheim zu geben, trat zuerst 1939 in Polen zutage. Paradoxerweise waren die Juden nicht die einzigen und noch nicht einmal die hauptsächlichen Objekte seiner aus Rassismus geborenen Gefühllosigkeit. In Polen zersetzte sich das normale Mitgefühl, das einen Menschen befähigt, die Not anderer mitzuempfinden, und die Hemmungen, Gräuel zu begehen, schwanden. Doch Menschen ihrer Bürger- und Menschenrechte zu berauben, ihnen ihr Eigentum zu nehmen, sie zu entwurzeln, Familien zu trennen und unsagbares Leid zu verursachen kommt noch nicht der Mittäterschaft an Massenmorden und Völkermord gleich. Davor scheute Eichmann einen Moment lang zurück. Er musste seinen Abscheu überwinden und sich bewusst dafür entscheiden, zum »Völkermörder« zu werden. Und er konnte dies tun, weil die Juden »der Feind« waren und das Deutsche Reich sich inzwischen an allen Fronten im Krieg befand. Sprache und Denken der Kriegführung verschmolzen mit Rasseneugenik zu einem Gemisch, in dem sich jegliche Vorbehalte auflösten, und so machte sich Eichmann mit all seinen Managerfähigkeiten an seine neue Aufgabe. Die Deportation von Menschen in den Tod wurde mit der gleichen problemorientierten, zuversichtlichen Unternehmensmentalität arrangiert, wie man den Transport von Benzin zu Tankstellen organisiert hätte. Eichmann war nicht verrückt, noch war er ein roboterhafter Befehlsempfänger. Er wurde zum Völkermord herangebildet und entschied sich dafür, das Gelernte in die Tat umzusetzen. Das ist Eichmanns universale Relevanz für ein neues Jahrhundert, in dem weiterhin Völkermorde begangen werden. Wie die folgenden Kapitel zeigen, ist es nicht nötig, abnorm zu sein, um zum Praktiker des Völkermords zu werden.

Kindheit, Jugend und Beruf, 1906–1933

»Ich will damit nur sagen, von Haus aus kannte ich keinen Hass gegen Juden, denn die ganze Erziehung durch meine Mutter und meinen Vater war streng christlich [...].«

»Ich hatte schon in der Volksschule einen [jüdischen] Schulfreund, bei dem ich die freie Zeit verbrachte und er bei uns zu Hause [...].«
Eichmann im Verhör durch Avner Less,
Camp Iyar, 20. Juni 1960[1]

Zwischen der Bekanntgabe seiner Festnahme und dem Beginn seines Prozesses in Israel wurde viel über Adolf Eichmann publiziert. In ihrem Eifer, den Hunger der Öffentlichkeit nach Informationen und Sensationen zu befriedigen, stürzten sich die Journalisten auf die wenigen damals bekannten Tatsachen über Eichmann. Sie stammten zum großen Teil aus Aussagen in den Nürnberger Prozessen und den Memoiren früherer Nationalsozialisten, deren Erinnerungen und Motive alles andere als ungetrübt waren. Eine irrtümliche Sensationsdarstellung folgte der anderen. Eine Flut von massenhaft verkauften Taschenbüchern in schrillen Einbänden präsentierte Eichmann als Monster, dessen verbrecherisches Wesen in seiner Kindheit wurzelte.[2]

Im Mai 1960 behauptete der britische Journalist Comer Clarke, Eichmann habe im Alter von vier Jahren seine Mutter verloren und sei von Tanten erzogen worden, nachdem sein Vater von Deutschland nach Österreich gegangen sei, um die »unglücklichen Erinnerungen« an sein Familienleben hinter sich zu lassen. Eichmann habe in den »Krisenjahren« nach der österreichischen Niederlage im Ersten Weltkrieg die Schule beendet, und sein Vater, der laut Comer während des Krieges zu Geld gekommen war, sei durch die anschließende Inflation bankrott gegangen. In der Schule habe man Eichmann wiederholt für einen Juden gehalten und verprügelt, was in ihm eine anhaltende Antipathie gegenüber Juden hervorgerufen habe. Vor diesem Hintergrund erschien es fast als selbstverständlich, dass er sich angeblich der Nazipartei angeschlossen hatte, »nachdem er Hitler sprechen gehört hatte«.[3] Quentin Reynolds, ein weiterer britischer Journalist, und seine Mitautoren stellten Eichmann als »verschlossenes Kind« dar, »dem offensichtlich die Mutter fehlte«. Seine Familie sei so arm gewesen, dass es nie genug zu essen gegeben habe. Der kleine Adolf habe sich zu einem »schwierigen Kind« entwickelt und noch mehr gelitten, nachdem sein Vater wieder geheiratet habe, eine »barsche, herrschsüchtige Frau«. Als junger Mann habe er, nicht zuletzt wegen seines »jüdischen« Aussehens, weder Erfolg noch Freunde gehabt. Er habe an einer Arbeitsstelle nach der anderen versagt und sei »arbeitslos und ohne Hoffnung durch die Straßen von Linz« gewandert.[4]

Der amerikanische NBC-Korrespondent John Donovan zog auf der Grundlage von Interviews mit Eichmanns ehemaligen Schulkameraden den Schluss, dass er ein »einsamer und unnahbarer Typ« gewesen sei. Er porträtierte den jungen Eichmann als »zerbrechlichen, unterernährten Jungen« und »offensichtlich unglücklichen Außenseiter«. Eichmann erfülle das »klassische Muster der gestörten introvertierten Persönlichkeit, die so oft die Larven des Fanatismus hervorgebracht hat. Sein Vater, ein ums Überleben kämpfender, unterbezahlter Manager einer Elektrofirma, vermochte seine vielköpfige Familie einfach nicht zu ernähren, und häufig hatte man nicht genug zu essen auf dem Tisch.« Der Junge sei mit einem inneren Groll zum Mann herangewachsen, der sich »in einer Welt ohne Hoffnung treiben ließ«, bis er seinen »abgewetzten Anzug gegen eine schicke SA-Uniform eingetauscht« habe.[5]

Das alles ist Unsinn. Dank der staatsanwaltlichen Ermittlungen für seinen Prozess sind die Grundelemente der ersten Phase von Otto Adolf Eichmanns Leben heute gut bekannt. Geboren wurde er am 19. März 1906 in Solingen. Weder die überlieferten persönlichen Dokumente noch Eichmanns umfangreiche autobiografische Schriften, noch seine Äußerungen in Interviews und Vernehmungen deuten darauf hin, dass seine Kindheit irgendwie unnormal verlaufen wäre. Sein Vater, Adolf Karl Eichmann, geboren am 3. September 1878 in Elberfeld-Barmen, war Buchhalter eines Stromunternehmens. Eichmann erinnerte sich voller Zuneigung an seinen Vater, obwohl er zugab, dass er ein strenger Patriarch gewesen sei, der Gehorsam verlangt habe. Seine Mutter, Maria Eichmann, geborene Schefferling, kümmerte sich um den Haushalt und die rasch wachsende Familie. Nach Adolf kamen in rascher Folge seine Geschwister Emil, Helmuth, Irmgard und Otto zur Welt. Eichmann hatte kaum Erinnerungen an seine Kindheit; nur ein Grundschullehrer war ihm im Gedächtnis geblieben, der Bibelgeschichten erzählt und dabei ein Bild von Moses gezeigt hatte. Seiner Erinnerung zufolge war Moses auf diesem Bild mit Hörnern dargestellt gewesen, was darauf hindeutet, dass es sich um ein antijüdisches Machwerk handelte. Ob Eichmann seine spätere Haltung gegenüber Juden in die Kindheit zurückprojizierte oder schon als Kind antisemitischer Indoktrination ausgesetzt war, lässt sich heute nicht mehr feststellen.[6]

Im Jahr 1913 ging Eichmanns Vater nach Linz, um bei der Tramway- und Elektrizitäts-Gesellschaft Linz-Urfahr den Posten des kaufmännischen Direktors anzutreten. Das war ein Schritt nach oben auf der Karriereleiter: Adolf Karl Eichmann verkörperte die aufstrebende, qualifizierte Mittelschicht der deutschsprachigen Länder, die in Verfolgung ihres beruflichen Aufstiegs problemlos zwischen dem Deutschen und dem Habsburger Reich hin und her wechselte. Ungefähr ein Jahr nach ihrem Mann zog auch Maria Eichmann mit den Kindern nach Linz um.

Sie kamen in ein fremdes Land und eine Stadt, die sich stark von Solingen unterschied, obwohl die Menschen die gleiche Sprache benutzten. Die Eichmanns waren überzeugte Protestanten, während Linz mit seinen 100 000 Einwohnern eine katholische Stadt war, in der die Kirche zudem eine beherrschende Stellung einnahm. Zu den privaten Umwälzungen kam hinzu, dass Österreich und Deutschland im August 1914 in einen Konflikt stolperten, der sich zum Ersten Weltkrieg ausweiten und für beide Länder katastrophale Folgen haben sollte. Im Jahr 1916, als das Leben an der »Heimatfront« schwieriger wurde, starb Maria Eichmann, erst zweiunddreißigjährig. Nachdem sie ein Jahrzehnt lang im Abstand von jeweils gut zwei Jahren Kinder zur Welt gebracht hatte, war ihre Gesundheit angegriffen gewesen. Angesichts der Aufgabe, sich um eine derart große Familie kümmern zu müssen, ließ Eichmanns Vater – der 1960 verstarb – nicht viel Zeit verstreichen, bevor er wieder heiratete. Er war Ältester oder Presbyter der evangelischen Pfarrgemeinde Linz, und in einer Kirchensitzung lernte er seine zweite Frau kennen, Maria Zawrzel. Sie stammte aus einer wohlhabenden Familie mit guten Beziehungen in der Wiener Gesellschaft. Einige ihrer Verwandten hatten in ebenso wohlhabende jüdische Familien eingeheiratet.[7]

Eichmanns Stiefmutter war eine fromme Protestantin. Er erinnerte sich an sie als eine »rührige und sehr pflichtbewusste« Frau, die den Haushalt fest im Griff gehabt habe. Während seiner Haft erzählte er Reverend William L. Hull, einem protestantischen Pfarrer: »Es gab sieben Jungen und ein Mädchen in unserer Familie. Aber Unordnung gab es nicht. Wir wurden streng erzogen und hatten ein normales, ruhiges Leben.« Jeden Morgen las seine Stiefmutter, einem Andachtskalender folgend, aus der Bibel vor. Eichmann nahm an diesen Bekundungen häuslicher Frömmigkeit teil, interessierte sich allerdings mehr für Passagen über Kriege und Schlachten als für Abschnitte mit theologischem oder ethischem Inhalt.[8]

Die zeitweise Abwesenheit des Vaters, der Umzug nach Linz, der Tod der Mutter und die zweite Heirat seines Vaters, all das vor dem Hintergrund eines Weltkrieges und politischer Unruhe, dürften den jungen Eichmann verunsichert haben. In seinen Lebensberichten deutete er jedoch mit keinem Wort darauf hin. Er drückte keinerlei Groll gegen den Vater aus, weder wegen des Umzugs nach Linz noch wegen dessen Wiederverheiratung. Ihm war bewusst, dass sein Vater, der immerhin für fünf Kinder zu sorgen hatte, nach dem schmerzlichen Verlust wieder eine Frau brauchte. Die Frau, die er auswählte, habe »wunderbar hineingepasst«. Er sei mit seiner Stiefmutter »gut befreundet« gewesen, erklärte Eichmann, obwohl er sowohl sie selbst als auch seine Stiefbrüder bezeichnenderweise nie namentlich erwähnte.[9]

Die Familie Eichmann wohnte im Zentrum von Linz in einer Wohnung in der Bischofstraße 3. Eichmann besuchte zunächst die Grundschule und anschließend die Kaiser-Franz-Joseph-Staatsoberrealschule. Auf diese Schule war von 1900 bis 1904 zufälligerweise auch Hitler gegangen, nur dass sich Eichmann im Gegensatz zu Hitler später nicht mehr an die pädagogischen Großtaten seiner Lehrer erinnerte und keinen seiner Glaubenssätze auf ihren Einfluss zurückführte. Zu seinen Schulkameraden gehörten auch einige Juden – Eichmann wurde allerdings weder zum Opfer antijüdischer Gewalt, noch löste er sie aus. Vielmehr war er mit einem jüdischen Jungen befreundet, Mischa Sebba, dem Sohn eines Drogisten und der Besitzerin eines Schönheitssalons. Sie besuchten einander regelmäßig zu Hause, und Eichmann blieb mit Sebba bis 1931 in Verbindung. Sogar noch nach seinem Eintritt in die NSDAP trafen sie sich zum Spazierengehen.[10]

Diese Freundschaft belegt, dass Eichmann in seiner Jugend weder besonders einsam noch unbeliebt war, und falls jemand denken sollte, er hätte nur die Kameradschaft eines »Außenseiters« gefunden, sei auf einen anderen Freund hingewiesen, der aus völlig anderen sozialen Verhältnissen kam, Friedrich von Schmidt, Sohn eines ehemaligen Feldmarschalls des österreichisch-ungarischen Heeres und einer Gräfin. Obwohl es die Familie von Schmidt nach der Auflösung des Habsburger Reiches schwer hatte, zeigte die Freundschaft der beiden Jungen doch, dass Eichmann als passender Spielkamerad für den Sohn von Adligen galt.[11]

Eichmanns gesellschaftliches Leben entsprach dem, was bei Kindern und Jugendlichen seiner Schicht üblich war. Wie jedes gute Bürgerkind lernte er ein Musikinstrument spielen; er wurde ein passabler Geiger. Auf Anregung seines Vaters übte er sich im Fechten, und er nahm Unterricht in Jiu-Jitsu. Außerdem trat er dem Christlichen Verein Junger Männer bei und ging jeden Sonntag, nachdem er mit der Familie die Kirche besucht hatte, zu den Vereinstreffen. Später schloss er sich dem Wandervogel an; seine Gruppe gehörte zur Vereinigung der Jugendorganisationen, die sich zwar als apolitisch verstand, dennoch aber starke, wenn auch unterschiedliche ideologische Strömungen umfasste. Eichmann lernte in seiner nach dem Vogel Greif benannten Gruppe ältere Jungen kennen, die bereits Mitglied einer der rechts gerichteten Milizen waren. Doch er geriet, ob nun aus politischen oder anderen Gründen, mit dem Führer der Gruppe aneinander und trat bald wieder aus.[12]

Drängender als seine politischen Ansichten waren damals seine schlechten Schulnoten – etwas, das er mit dem künftigen »Führer« gemeinsam hatte. Im Jahr 1921, als Eichmann das vierte Jahr der Realschule vollendet hatte, nahm sein »sehr praktischer alter Herr« ihn aus der Schule und meldete ihn an einer Fachhochschule an, der Höheren Bundeslehranstalt für Elektrotechnik, Maschinenbau und Hochbau. Dort sei er, wie er im Verhör eingestand, »nicht der fleißigste Schüler« gewesen. Er schied nach vier Semestern aus und erlangte nie irgendeinen förmlichen Bildungsabschluss. Stattdessen sorgte sein Vater dafür, dass er in dem Unternehmen, das er inzwischen leitete, Berufserfahrungen sammeln konnte.[13]

Eichmann senior hatte die Stelle bei der Tramway- und Elektrizitätsgesellschaft aufgegeben und sich selbstständig gemacht, wobei ihm der große Erfolg allerdings versagt blieb. Seine erste Unternehmung war eine Beteiligung von 51 Prozent an der in Salzburg ansässigen Untersberger Bergbaugesellschaft, die an der Grenze zu Deutschland Ölschiefer abbaute. In diesem Unternehmen begann die Berufslaufbahn von Eichmann junior. Seinem Vater brachte die Beteiligung jedoch kein Glück. Später investierte er seine eigenen und die Ersparnisse seiner Frau in den Bau einer Mühle im oberösterreichischen Innviertel, doch das stellte sich als schlechte Entscheidung heraus, und das Ehepaar musste einen herben Verlust hinnehmen. Davon unbeirrt erwarb Eichmanns Vater als Nächstes einen Anteil an einer Firma in Salzburg, die »Lokomobile« herstellte. Zu seinem Pech entpuppte sich sein Partner als Betrüger, der sich nach seiner Entlarvung erhängte. Danach wandte er sich der Produktion und dem Verkauf von Elektrogeräten zu. Doch obwohl die Firma, die Oberösterreichische Elektrobau AG, mit der Linzer Elektrizitätsgesellschaft verknüpft war, geriet auch sie Ende der zwanziger Jahre in Bedrängnis. So war Eichmann senior, der mittlerweile bereits in den Vierzigern stand, gezwungen, den Lebensunterhalt für sich und seine Familie als Vertreter von Radioersatzteilen und Batterien zu verdienen. Es spricht für seine Zähigkeit, dass er daraus wenig später bereits wieder ein »ordentliches Geschäft« machen konnte.[14]

Diese Schicksalsschwankungen waren jedoch nie allzu einschneidend und ganz sicher nicht untypisch. Adolf Karl Eichmann besaß Unternehmergeist und kam immer wieder auf die Beine. Seine geschäftlichen Rückschläge verbitterten ihn offenbar nicht und gaben seinem Sohn keinen Grund für eine allgemeine Ablehnung der Gesellschaft. Er mochte ein-, zweimal sein Kapital verloren haben, hatte sich aber jedes Mal selbst aus der misslichen Lage befreit und bald wieder gutes Geld verdient. Als Geschäftsmann rechnet man mit solchen Rückschlägen, zumal in einer unsicheren wirtschaftlichen Situation, wie sie nach dem Ersten Weltkrieg in Österreich herrschte. Tatsächlich überstand Linz das Durcheinander der ersten Nachkriegsjahre besser als andere Zentren und blieb wohlhabend. Die Familie Eichmann ist nie in Armut gesunken und auf jeden Fall nicht sozial abgestiegen. Adolf Karl Eichmann stand zudem einer Reihe bekannter lokaler Persönlichkeiten nahe, Männern in freien Berufen, die später für die Karriere seines ältesten Sohns wichtig werden sollten.[15]

Vorläufig jedoch nahm er den trägen jungen Mann noch an die Hand. Der junge Eichmann arbeitete mehrere Monate unter und über Tage in verschiedenen Abteilungen der Untersberger Bergbaugesellschaft. Dabei musste er unter anderem durch lange, schmale Stollen kriechen. Da das Untertageteam mit zehn Mann recht klein war, hatte Eichmann keine Gelegenheit zum Faulenzen. Doch ihm scheint die körperliche Arbeit gefallen zu haben. Als Nächstes brachte ihn sein Vater bei der Oberösterreichischen Elektrobau unter, wo er praktisch eine Lehre durchlief, denn er blieb dort zweieinhalb Jahre und ließ sich auf Drängen seines Vaters zum Verkäufer mit dem Fachgebiet Rundfunk – damals die vorderste Front der Hochtechnologie – ausbilden. Aber er trat in der Abteilung auf der Stelle, und so beschloss sein Vater eine weitere Veränderung.[16]

In der örtlichen Zeitung war er auf die Ausschreibung einer Stellung als Reisevertreter für die Vacuum Oil Company gestoßen, und seine Frau nutzte ihre Familienbeziehungen, um ihrem Stiefsohn den Weg zu ebnen. Ein in Wien lebender entfernter Cousin, Friedrich Freiherr von Haymerke, in der Familie als Onkel Fritz bekannt, war mit dem Generaldirektor des Unternehmens, Herrn Weiss, befreundet und legte ein gutes Wort für den jungen Adolf bei ihm ein. Dass Onkel Fritz durch seine Ehefrau jüdische Verwandte hatte und Generaldirektor Weiss Jude war, stellte kein Hindernis dar. Im Gegenteil, die Eichmanns setzten zum Nutzen der Familie ihre Bekanntschaft mit Juden ein, ohne deshalb Gewissensbisse zu haben oder in Verlegenheit zu geraten. So reiste der neunzehnjährige Eichmann zum Vorstellungsgespräch bei einem höheren Angestellten, Herrn Popper, gleichfalls ein Jude, nach Wien. Popper sagte Eichmann, dass er, streng genommen, zu jung für die Position sei, doch der Herr Generaldirektor habe Anweisung gegeben, ihn einzustellen. Eichmann kehrte nach Linz zurück, wo er sich mit den verschiedenen Arten von Erdöl, Kerosin und Benzin vertraut machte, und nach einer oberflächlichen Ausbildung in Verkaufstechniken schickte man ihn auf Tour. Für die Fahrten durch das dünn besiedelte, aber ausgedehnte Oberösterreich stellte man ihm ein Motorrad zur Verfügung.[17]

Eichmanns berufliche Laufbahn hat bisher wenig Aufmerksamkeit gefunden. Aber sie sagt etwas über seine Persönlichkeit aus und wirft ein Licht auf sein späteres Handeln. Er arbeitete hart und war gut in seinem Beruf. Er gehörte zu der Art von Menschen, die gleichgültig funktionieren, solange sie an einen Schreibtisch gebunden sind, aber aufblühen, sobald praktische Aktivitäten anstehen und sie ein Ventil für ihre Energie finden. Er fuhr kreuz und quer durch Oberösterreich und genoss die Landschaft des wenig entwickelten Mühlviertels, eines »verträumten, kleinen Gebietchens, in dem die Leute in jener Zeit noch so lebten wie vor 50 Jahren oder vielleicht auch 100 Jahren«.[18]

Er verkaufte nicht nur Erdölprodukte, sondern erkundete auch Standorte für Tankstellen und organisierte Benzinlieferungen an die Kunden des Unternehmens. Dabei eignete er sich wertvolle

Erfahrungen in der Lokalisierung und Bewertung von Transportknotenpunkten an. Er meisterte die Kunst der Aufstellung von Lieferplänen, das heißt die Fähigkeit, Waren zum gewünschten Zeitpunkt in gewünschter Menge zum Kunden zu bringen. Im Jahr 1933 stieg er zum Vertreter für den stärker urbanisierten und dichter besiedelten Bezirk Salzburg auf. Das war ein bedeutender Schritt nach vorn. Er war ein fleißiger Angestellter (und ein guter Sohn). Nachdem er während der Woche über Land gefahren war, kehrte er am Freitagabend zur Familie nach Linz zurück, verbrachte aber pflichteifrig den Samstagvormittag mit Büroarbeiten. Er erledigte die bürokratische Seite seiner Arbeit stets gründlich, obwohl es Wochenende war und er sich hätte ins Vergnügen stürzen können. Stattdessen tat er »Dienst«, indem er »Berichte machte und allfällige Fragen usw. klärte«.[19]

Sein Privatleben blühte nun auf – denn er besaß jetzt ein eigenes Einkommen, konnte kommen und gehen, wann er wollte, und hatte ein Motorrad zur Verfügung, mit dem er am Wochenende die Mädchen zu beeindrucken wusste. Er war ganz eindeutig nicht der einsame, unbeholfene Außenseiter, der in vielen psychologischen und sozialpsychologischen Erklärungsversuchen des Wachstums der NS-Bewegung als deren typischer Anhänger figuriert. In seinen im Gefängnis niedergeschriebenen Erinnerungen äußerte er sich voller Dankbarkeit über seinen Vater, sowohl wegen des Umzugs nach Oberösterreich, das ihm zur »zweiten Heimat« geworden sei, als auch wegen der »herrlichen, unbeschwerten Jugendzeit«, die er ihm ermöglicht habe. Als begeisterter Reiter ritt er oft stundenlang durch die Landschaft. Wie allen jungen Männern hätten ihm diese Tage »Liebe, Lenz und Leben« geboten: »Motorsport, Bergsport, Arbeit, Kaffeehaus, Freunde, auch Freundinnen – warum auch nicht – füllten die Tage und Jahre aus.«[20]

Im Jahr 1930, mit 24 Jahren, verlobte er sich mit der Tochter eines hohen Gendarmerieoffiziers. Diese Beziehung ist von höchster Bedeutung, nicht zuletzt wegen ihres Endes – das später besprochen wird. Sie zeigt, dass er alles andere als ein Versager in Leben und Liebe war. Die junge Dame stammte aus einer soliden Mittelschichtfamilie; ihr Vater war ein angesehener Vertreter der österreichischen Republik. Ihre Verbindung wäre undenkbar gewesen, wenn Eichmann ein obdachloser Arbeitsloser oder sein Vater ein verarmter gesellschaftlicher Paria gewesen wäre. Eichmann war ein durch und durch respektabler Bürger, der für eine Bürgertochter eine gute Partie darstellte.[21]

Tatsächlich ist es unmöglich, seine Laufbahn anders denn als aufsteigende Kurve zu sehen. Obwohl ihm die selbstherrliche Art nicht behagte, mit der er aus seinem geliebten Mühlviertel ins geschäftige Salzburg versetzt wurde, war es eine klare Beförderung. Als er 1932 in die österreichische NSDAP und die SS eintrat, tat er es also nicht, weil er auf der Straße stand. Die Arbeitslosenquote in Österreich war auf über zwölf Prozent angestiegen, und es herrschten große soziale Spannungen. Er aber hatte eine gute Arbeit, ein ständiges Einkommen und ein persönliches Transportmittel. Er tat sich etwas darauf zugute, dass er es sich leisten konnte, die SS-Uniform nach Maß schneidern zu lassen und im Braunen Haus, der Linzer Parteizentrale der NSDAP, seine wirklich armen Kameraden mit Brötchen und Bier zu bewirten.[22]

Auch zwischen dem plötzlichen Ende seiner Beschäftigung bei der Vacuum Oil Company und dem Beginn seiner aktiven Tätigkeit am rechten Rand des politischen Spektrums besteht keinerlei Verbindung. Im Mai 1933 bestellte Herr Blum, der Direktor für das Gebiet Salzburg und wie Weiss und Popper Jude, Eichmann zu sich, um ihm mitzuteilen, dass die Firma aufgrund der Wirtschaftslage gezwungen sei, ihm zu kündigen. Doch es war ein freundlicher Abschied. Eichmann erhielt für jedes der fünf Jahre, die er als Reisevertreter für die Firma tätig gewesen war, ein Monatsgehalt. Eichmann war zuversichtlich, dass er, auf seinen umfangreichen Kundenstamm in Oberösterreich gestützt, ein eigenes Geschäft in Gang bringen könnte, auch wenn der Anfang schwer werden würde. Was seine politische Ausrichtung anging, war er bereits aktiver Nationalsozialist. Erst später erklärte er, man habe ihn aus politischen Gründen entlassen. Doch das entspricht höchstwahrscheinlich nicht der Wahrheit. Denn wenn Weiss, Popper und Blum seine politische Einstellung so sehr missfiel, hätten sie mit seiner Entlassung vermutlich nicht bis 1933 gewartet.[23]

Mit seiner Berufslaufbahn kann Eichmanns Entscheidung,

Nationalsozialist zu werden, daher nicht erklärt werden, ebenso wenig mit sozialem Abstieg und wirtschaftlicher Not oder mit einem Abscheu gegen seinen jüdischen Arbeitgeber. Nach einem ungewissen Beginn hatte er sich gefestigt und sein Metier gefunden. Er hatte seine Vorgesetzten beeindruckt und war befördert worden. Wenn es einen Zusammenhang gab, dann den, dass die politische Tätigkeit ihn von seiner Arbeit abgelenkt hatte, und nicht umgekehrt. Es stellt sich also die Frage: Warum ist Eichmann Nationalsozialist geworden? Um sie zu beantworten, muss man sich seinen politischen Bildungsweg anschauen und die Aspekte seines Lebens betrachten, die direkt oder indirekt auf die Gestaltung seines Weltbildes und seine politische Haltung Einfluss nahmen.

Während des Prozesses versuchte die Staatsanwaltschaft zu zeigen, dass er über andere antijüdische rechte Bewegungen in Österreich zum Nationalsozialismus gekommen war. Sie behauptete, er hätte sich der NSDAP im vollen Bewusstsein ihrer Ideologie, ihres Programms und ihrer Aktionen gegen Juden angeschlossen. Implizit hieß das, dass Eichmann wusste, worauf er sich einließ, und sich durch die Parteimitgliedschaft einen lange gehegten Wunsch nach einer bestimmten Form politischer Aktivität erfüllte. Im Gegensatz dazu bestritt Eichmann sowohl im Verhör als auch vor Gericht jedes frühe politische Bewusstsein und jede aktive Teilnahme am politischen Leben.[24] Angesichts der besonderen Umstände, unter denen Eichmann sozialisiert wurde und seine politischen Ansichten sich herausbildeten, schließen diese beiden Interpretationen einander allerdings nicht aus, wenn man das vermeintlich Unpolitische kontextualisiert und sieht, wie es in Linz vom Nationalismus durchdrungen war.

Von 1900 bis 1918 herrschten in Linz die Deutschnationalen. Unter der Führung von Carl Beurle hatte ein Wahlbündnis aus Rechtsanwälten, Beamten, Lehrern, Handwerkern, Geschäftsbesitzern und kleinen Kaufleuten das Rathaus fest in der Hand. Beurle, der während der gesamten Periode den Posten des Bürgermeisters bekleidete, drückte deren gemeinsame Antipathie gegen Liberale, Geistliche und Juden aus. Trotz einer unruhigen Phase zwischen 1918 und 1920, in der nach dem Zusammenbruch des Habsburger Reichs eine Revolution drohte, konnten die traditionellen örtlichen Eliten sich behaupten, und die Stadt erfreute sich unter einem konservativen christlichsozialen Regiment ein weiteres Jahrzehnt lang einer relativen politischen Stabilität.[25]

Eichmann beschrieb seinen Vater und seine Familie als unpolitisch: »Zu Hause wurde von Politik nie gesprochen. Mein Vater kümmerte sich um Politik nicht.«[26] Politik im engen Sinn von Parteipolitik mag tatsächlich nicht erwähnt worden sein, aber politische Ideologien durchdrangen in Mitteleuropa jeden Lebensbereich, und auf den ersten Blick völlig unschuldige Vereinigungen und Aktivitäten transportierten eine bestimmte politische Einstellung. Zunächst einmal gehörten die Eichmanns als kalvinistische Protestanten in Österreich einer winzigen Minderheit an.[27] Die Zugehörigkeit zu dieser konfessionellen Minderheit brachte eine Reihe politischer Traditionen und Einstellungen mit sich. Österreichische Protestanten identifizierten sich mit Deutschland. In den achtziger Jahren des 19. Jahrhunderts bildeten sie das Rückgrat von Georg Ritter von Schönerers deutschnationaler Bewegung, welche die Vereinigung mit den deutschsprachigen Völkern in Mitteleuropa anstrebte. Von Schönerer war antihabsburgisch, antislawisch und antikatholisch eingestellt, vertrat eine rassistische Lehre der nationalen Überlegenheit Deutschlands und war ein Pionier des modernen politischen Antisemitismus. Im nachträglich hinzugefügten letzten Punkt seines Linzer Programms forderte er die »Beseitigung jüdischen Einflusses aus allen Sparten des öffentlichen Lebens«. Schönerer hatte erheblichen Einfluss auf die erfolgreiche Lokalpolitik von Bürgermeister Beurle.[28]

Eichmanns Vater gehörte zwar keiner Partei an, aber Eichmann erinnerte sich später, dass sein »alter Herr [...] stets für nationale Belange ein offenes Ohr und auch einen offenen Mund« gehabt habe. Einer seiner Kaffeehausbekannten und Geschäftsfreunde war Hugo Kaltenbrunner, ein prominenter Linzer Rechtsanwalt und glühender Deutschnationaler, dessen Sohn Ernst tief in die Aktivitäten rechter Studentengruppen und Milizen verstrickt war und sich schließlich, als ihm diese nicht mehr radikal genug waren, den Nationalsozialisten anschloss. Eichmanns Vater war auch mit Andreas Bolek befreundet, einem alten nationalsozialistischen Kämpfer, der 1929 zum Gauleiter von Linz ernannt wurde. Bolek war nach dem Ersten Weltkrieg auf Arbeitssuche nach Linz gekommen, und Eichmann senior hatte ihm eine Anstellung bei der Tramway- und Elektrizitäts-Gesellschaft verschafft. Wenig später hatte Bolek jedoch die Tochter eines örtlichen Fleischers geheiratet und die Stellung wieder aufgegeben. Adolf Eichmann erinnerte sich später daran, dass er in schweren Zeiten in Boleks Fleischerei geschickt worden war, um Fleisch zum Vorzugspreis einzukaufen. Wie Kaltenbrunner übte auch Bolek einen verhängnisvollen Einfluss auf die politische Orientierung des jungen Eichmann aus.[29]

Diese elterlichen Freundschaften deuten an, dass Eichmanns Vater, obwohl er zu Hause nicht über Politik sprach, nicht abgeneigt war, mit Männern zu verkehren, die aus ihren politischen Ansichten keinen Hehl machten und allesamt dem rechten, deutschnationalen Spektrum angehörten. In den dreißiger Jahren sollte er seinem Sohn in die NSDAP folgen. Diese häufig vernachlässigte Tatsache, die auch in den Ermittlungen gegen Eichmann übersehen wurde, bestätigt, dass es ein dynamisches Wechselspiel zwischen Vater und Sohn gab. Eichmann wuchs in einem protestantischen, deutschnationalen Milieu auf, in dem gesellschaftliche Beziehungen, Geschäftsinteressen und rechte politische Ansichten nahtlos ineinander griffen.[30]

Die Schule bestärkte diese Tendenz, wenn auch nicht unbedingt in offen parteipolitischem Sinn. Eichmanns Geschichtslehrer war Leopold Poetsch, der auch Hitler unterrichtet und beeinflusst hatte. Poetsch war in Linz als entschiedener Deutschnationaler bekannt. Vor dem Ersten Weltkrieg war er jedoch im Gegensatz zu anderen Deutschnationalen, die das multiethnische Habsburger Reich ablehnten und dessen deutschsprachige Teile an das Deutsche Reich angliedern wollten, für die k. u. k.-Monarchie gewesen, und nach deren Zusammenbruch hatte er seine Loyalität auf die österreichische Republik verlagert. Unter beiden Regimen stellte er indessen das deutsche Volk über alle anderen Völker, insbesondere über und gegen seine slawischen Nachbarn, wie die Tschechen, von denen man befürchtete, sie hegten Ansprüche auf das deutsche Kernland. Vor dem Ersten

Weltkrieg war Eichmanns Schule für den nationalistischen Geist ihrer Schüler bekannt gewesen, und es gibt keinen Anhaltspunkt dafür, dass dies sich zwischen 1917 und 1921 geändert hätte. Nach Eichmanns Erinnerung teilten sich die Schüler in mehrere politische Lager auf, in Sozialisten, Monarchisten und Nationalisten. Er behauptete, er sei, ohne große Unterschiede zu machen, zwischen ihnen hin und her gependelt, doch in Wahrheit hatte er stets dem rechten, deutschnationalen Lager zugeneigt. Er erinnerte sich deutlich daran, dass 1919/20 der Unterricht gestört wurde, als Arbeiter und Soldaten in Linz unter dem Banner des Bolschewismus auf die Straße gingen.[31]

Eichmanns Anschauungen wurden nicht nur durch Familie, Kirche und Schule geprägt, sondern auch durch seine Freizeitaktivitäten. Obwohl nicht an eine rechte Partei gebunden, pflegte der Wandervogel eine mystische, völkisch gestimmte Naturliebe und artikulierte das jugendliche Aufbegehren gegen die bürgerlichen Werte der Elterngeneration. Jede Wandervogelgruppe war anders; einzelne charismatische Jugendführer übten starken Einfluss auf die Orientierung der jeweiligen Gruppe aus. Manche verbanden Naturliebe mit einem asketischen, antikapitalistischen und egalitären Ethos, andere waren eindeutig rechts gerichtet und antisemitisch. Wenn Eichmann seine Liebe zur österreichischen Landschaft bekundete und das Landleben idealisierte, geriet er nicht einfach nur über die arkadischen Aussichten im Mühlviertel ins Schwärmen. Die deutschen Nationalisten verorteten den wahren Geist und das biologische Reservoir des rassisch definierten deutschen Volkes in der Bauernschaft und verliehen der »deutschen Landschaft« eine geradezu mystische Bedeutung. Blut und Boden wurden miteinander vermengt; die Aussichten, die Eichmann so liebte, symbolisierten in seinen Augen die Einheit des reinen deutschen Volkes mit dessen unbefleckter Heimat. Zugleich kam er durch die Jungen in seiner Wandervogelgruppe, die zugleich paramilitärischen Gruppen angehörten, in immer engeren Kontakt zu einer der rechten Milizen, die das politische Leben in Österreich beherrschten.[32]

Durch seinen adligen Freund Friedrich von Schmidt kam Eichmann zur Deutsch-Österreichischen Frontkämpfer-Vereinigung, einer antisozialistischen, deutschnationalen Gruppierung ehemaliger Kriegsteilnehmer, die 1920 vorgeblich als Hilfsorganisation gegründet worden war, aber hauptsächlich als Tarnung für eine fanatische und häufig gewalttätige Kampagne gegen den »jüdischen Marxismus« diente. Laut Bruce Pauley, dem Historiker des Nationalsozialismus und Antisemitismus in Österreich, war die Bewegung »eindeutig antisemitisch«. Ihr Anführer, Oberst Hermann Hiltl, war ein eingefleischter Judenhasser. Im März 1921 forderte er in einer Rede auf einem Kongress des »internationalen« Antisemitenbundes, den Juden, denen er die Schuld am Zusammenbruch des Habsburger Reiches gab, die österreichische Staatsbürgerschaft abzuerkennen. Ihnen müsse, so Hiltl, sowohl der Dienst in den Streitkräften als auch der Landbesitz verboten werden. Was sich vom heiligen deutschen Boden in ihrem Besitz befinde, solle der Staat enteignen. In den späten zwanziger Jahren verlangte Hiltl, die jüdische Einwanderung nach Österreich zu unterbinden und die Juden zur Auswanderung zu ermuntern. Die Frontkämpfer-Vereinigung nahm selbstverständlich an den lärmenden Kundgebungen Hiltls teil.[33]

Auf Drängen seines Freundes von Schmidt trat Eichmann der Jugendgruppe der Jungfrontkämpfer-Vereinigung bei. Die Jungfrontkämpfer veranstalteten Aufmärsche und nahmen an Kundgebungen teil, auf denen regelmäßig der »jüdische Marxismus« und die »jüdischen Bolschewisten« verurteilt wurden. Außerdem erhielten sie eine paramilitärische Ausbildung; hier, in den Reihen der Jungfrontkämpfer-Vereinigung, lernte Eichmann zu marschieren und zu schießen.[34] Sobald er Mitglied der Jungfrontkämpfer war, befand er sich gleichsam auf einem Transportband, das ihn nach rechts beförderte. Dennoch war es nicht unvermeidlich, dass es ihn in den Armen der österreichischen NSDAP ablud. Die Frontkämpfer-Vereinigung von Oberösterreich, der er angehörte, war eine von mehreren Regionalgruppen der so genannten Heimwehr, und sie war bemerkenswert gemäßigt. Nach Eichmanns Erinnerung waren in seiner Gruppe nostalgische, dem Habsburger Reich nachtrauernde Monarchisten ebenso vertreten wie Christlichsoziale (Konservative) und Deutschnationale. Im Vergleich mit der Heimwehr war der österreichische Ableger der NSDAP in Oberösterreich kaum der Rede wert. Wie Eichmann sich erinnerte, war man in den Kreisen der Frontkämpfervereinigung nur zu einem »verschwindend kleinen Teil um jene Zeit nationalistisch. Von Nationalsozialismus hat man nichts gehört bis dahin.«[35]

Diese Aussage Eichmanns sollte man nicht als plumpe Verteidigungsstrategie abtun. Es ist ein Irrtum zu glauben, dass er, um zum fanatischen Nationalsozialisten zu werden, als solcher geboren oder aufgezogen worden sein musste. Wie Millionen von Deutschen und Österreichern war er in einem Milieu sozialisiert und politisiert worden, das allenfalls unabsichtlich zur Heranbildung künftiger Nationalsozialisten beitrug. Es ist daher wichtig zu erkennen, welche Wendungen und Entscheidungen Männer wie ihn schließlich in die NSDAP führten.

Die Nationalsozialisten waren in Oberösterreich nur schwach vertreten. Das lag zum Teil daran, dass der Nationalsozialismus aufgrund der Stärke der Heimwehr, des politischen Arms der Milizen, überflüssig war. Den österreichischen Nationalsozialisten fiel es schwer, sich mit ihrem Programm von anderen nationalistischen Parteien abzuheben. Niemand in Österreich war froh über das Los des Landes nach dem Ende des Ersten Weltkrieges. Gemäß dem demütigenden Vertrag von Saint-Germain-en-Laye verlor Österreich riesige Territorien, und ein Drittel der deutschsprachigen Bevölkerung des Habsburger Reichs fand sich als Minderheit in anderen, aus dem zerschlagenen Reich hervorgegangenen Ländern wieder. Jede österreichische Partei, von links bis rechts, hatte den das Land abstrafenden Friedensvertrag zu irgendeinem Zeitpunkt verurteilt, und die meisten von ihnen befürworteten eine Union zwischen dem Rest von Österreich und Deutschland. Bis Mitte der zwanziger Jahre litt das Land unter politischer und wirtschaftlicher Instabilität; dennoch gelang es den Nationalsozialisten lediglich, unter den Studenten Fuß zu fassen. Solange die Sozialdemokraten die Arbeiterschaft in den Großstädten hinter sich hatten, konnten die Nazis in der Landespolitik keine Fortschritte machen. Die Parteiführer der zwanziger Jahre bildeten eine jämmerliche Truppe; viele von ihnen stammten aus dem Sudetenland und waren noch nicht einmal Österreicher. Wie die meisten Mitglieder kamen auch sie aus der unteren Mittelschicht und besaßen nur wenig gesellschaftliches Ansehen. Zusätzlich geschwächt wurde die Partei durch ständige Führungskämpfe und Abspaltungen in der Frage einer auf Deutschland orientierten Politik. »Hinsichtlich der geografischen Herkunft und der sozialen Zusammensetzung«, konstatierte Evan Burr Bukey, »war die Linzer NSDAP vor 1931 eine Partei von Außenseitern.« Eichmanns Angabe, dass man für die Nationalsozialisten in seinen Kreisen nur Verachtung übrig gehabt habe, entsprach den Tatsachen, genauso wie seine Erklärung vor Gericht in Jerusalem, er sei der NSDAP auf dem »Höhepunkt des Parteikampfes« beigetreten.[36]

Doch die Situation der österreichischen Nationalsozialisten änderte sich, und zwischen ihrem Aufschwung und Eichmanns politischem Frontwechsel bestand ein Zusammenhang. Im Jahr 1929 stieg die Arbeitslosenquote auf über zwölf Prozent, und in den Wahlen von 1930 erhielt die NSDAP 110 000 Stimmen und die Heimwehr 228 000; beide blieben allerdings weit hinter Sozialdemokraten und Christlichsozialen zurück. Dann trat in Gestalt von Theo Habicht ein geschickter neuer Parteiführer an die Spitze der österreichischen NSDAP, der sie weiter voranbrachte. In den oberösterreichischen Kommunalwahlen im April 1931 stieg der Anteil der NSDAP um 36 Prozent auf 15 770 Wählerstimmen, wohingegen die Heimwehr von 40 000 auf 19 000 Stimmen zurückfiel. Während die NSDAP in einigen Teilen Österreichs Stimmenzuwächse von bis zu 150 Prozent verzeichnete, begann die Heimwehr zu zerfallen, und nationalsozialistische Aktivisten warben ihre Mitglieder ab. So konnte die NSDAP in den Kommunalwahlen im April 1932 in Wien, Niederösterreich und Salzburg ihr Ergebnis von 66 000 auf 336 000 Stimmen steigern.[37]

Genau in dieser Situation trat Eichmann der NSDAP bei. Er war ein klassischer Neuzugang aus jenem Kreis, der bisher den Frontkämpfervereinigungen und der Heimwehr angehangen hatte. Doch sein Gang nach rechts erfolgte schrittweise, und er musste dabei die in seiner Kirche und seinen Gesellschaftskreisen verbreiteten Vorurteile gegen die Nationalsozialisten überwinden. In seinen in Argentinien auf Tonband aufgenommenen Lebenserinnerungen hielt er eine Episode fest, die beispielhaft für diese Entwicklung steht. Sie fiel in die Zeit, als er mit der Gendarmerieoffizierstochter verlobt war. Von der Wohnung ihrer Eltern aus konnte man einen Gasthof sehen, in dem die örtliche NSDAP und SA ihre Versammlungen abhielten. In seinen Kreisen, erinnerte sich Eichmann, sei man damals der Ansicht gewesen, dass die NSDAP »nur aus Idioten und Lebensmüden bestand«. Dementsprechend bedachte einmal seine Verlobte einen Trupp von 20 bis 25 Braunhemden, der an ihnen vorbeimarschierte, mit dem Kommentar: »Diese Idioten!« Eichmann entgegnete: »Sie haben aber Ordnung und Disziplin – und sie marschieren gut!« Bald darauf wurde die Verlobung aufgelöst.[38]

Diese Anekdote ist vielsagend. Als Staatsbeamter hielt der Vater der jungen Frau, Eichmanns künftiger Schwiegervater, wahrscheinlich loyal zur österreichischen Republik. In den Jahren 1918/19 hatte der österreichische Staat derart schwach und anfällig gewirkt, dass eine sozialistische Revolution oder die Einverleibung durch ein von Bolschewiken beherrschtes Nachbarland unmittelbar bevorzustehen schien. Doch 1930 unterschied es sich wohltuend vom Chaos in Deutschland, wo sich sowohl die extreme Linke als auch die extreme Rechte auf dem Vormarsch befand. Ein großer Teil der Österreicher stand jetzt hinter ihrer kleinen Republik. Für diese Loyalen waren ihre nationalsozialistischen Landsleute, die den Anschluss an Deutschland forderten, in der Tat »Idioten«. Die österreichischen Republikaner versammelten sich hinter den Christlichsozialen unter der Führung von Engelbert Dollfuß, der Österreich eine eigene, unterscheidbare Identität als katholischer Staat geben wollte, der es wert war, vor aggressiven Nachbarn geschützt zu werden. Zudem mussten die deutsch-österreichischen Nationalisten, die in der NSDAP und dem Anschluss an Deutschland die Zukunft sahen, enttäuscht mit ansehen, wie die Heimwehr das Regime unterstützte, wie vorbehaltvoll auch immer.

Die Nationalsozialisten beeindruckten Eichmann immer stärker. Ende der zwanziger Jahre begann er, ihre Zeitungen zu lesen. Am Wochenende ging er vormittags in sein Lieblingscafé, bestellte einen schwarzen Kaffee und vertiefte sich in die *Linzer Tagespost*, die *Linzer Volksstimme* und, wenn gerade kein anderer ihn las, den *Völkischen Beobachter*, eine der führenden Zeitungen der deutschen NSDAP, die Alfred Rosenberg in München herausgab und zu deren ständigen Autoren Joseph Goebbels gehörte. Die wichtigere Morgenlektüre dürfte indessen die *Linzer Volksstimme* gewesen sein. Sie erschien in Linz und wurde von Alfred Proksch herausgegeben, einem alten Nationalsozialisten, der mittlerweile Gauleiter von Oberösterreich war. Proksch hatte 1919 die erste nationalsozialistische Gruppe in Österreich gegründet und stand in den Jahren der innerparteilichen Auseinandersetzungen in den zwanziger Jahren an der Spitze des Flügels, der für Hitler und den Anschluss an Deutschland eintrat. Während Eichmann im *Völkischen Beobachter* Berichte über SA- und SS-Männer lesen konnte, die auf deutschen Straßen heldenhaft gegen Kommunisten kämpften, richtete sich die *Linzer Volksstimme* an die lokale Leserschaft und versuchte, schwankende Heimwehrangehörige zum Übertritt zu den Nationalsozialisten zu bewegen.[39]

In den Jahren nach dem Ersten Weltkrieg hatte zu Eichmanns Bedauern die sozialistische Miliz, der Schutzbund, die Straßen beherrscht, während die Frontkämpfer-Vereinigung nur geduldet wurde, weil sie die österreichische Republik verteidigte. Doch wie die Szene mit seiner Verlobten zeigte, hatte die NSDAP, mit der SA als Speerspitze, inzwischen die Straße erobert. Für den letzten Schritt, seinen Eintritt in die Partei, bedurfte es allerdings noch persönlicher Eingriffe von außen und des Einflusses von Familie und Umgebung. »An einem Abend«, erzählte er Willem Sassen in Argentinien, »lag bei uns zu Hause eine Einladung vor, vom Gauleiter Bolek, dass wir zu einer Kundgebung der Nat. Deutschen Arb. Partei [am 1. April 1932] in den Märzenkeller kommen möchten.« Wahrscheinlich stand diese in einem Bierlokal anberaumte Versammlung im Zusammenhang mit den bevorstehenden Kommunalwahlen, in denen die NSDAP so gut abschnitt. Die Partei befand sich unverkennbar im Aufschwung und gewann an Ansehen, und Bolek, ein Kampfgenosse von Proksch und ein Bekannter der Familie Eichmann, dürfte der Einladung persönlich Nachdruck verliehen haben. Nach Boleks Rede trat ein anderer Bekannter, Ernst Kaltenbrunner, der bereits mit einer SS-Uniform glänzte, an Eichmann heran. Er legte Eichmann allerdings nicht, wie manchmal dargestellt, direkt den Parteieintritt nahe; vielmehr sagte er, ihn mit dem freundschaftlichen Du ansprechend: »Du, du gehörst zu uns.«[40]

Kaltenbrunner erklärte Eichmann, er befinde sich bereits derart im Einklang mit dem nationalsozialistischen Denken, dass er sich auch dazu bekennen sollte. Dem konnte Eichmann nur beipflichten. Kaltenbrunners Stellung als Rechtsanwalt und Sohn einer stadtbekannten Persönlichkeit, die noch dazu seit zwei Jahrzehnten mit der Familie Eichmann befreundet war, dürfte dazu beigetragen haben, die letzten Zweifel an der gesellschaftlichen, wenn schon nicht politischen Schicklichkeit dieses Schritts zu zerstreuen. Die Formalitäten wurden mit entwaffnender Einfachheit und Geschwindigkeit erledigt. Noch während der lärmenden Versammlung zog Kaltenbrunner einen Mitgliedsantrag hervor und ließ ihn von Eichmann unterschreiben. Das war alles. So wurde Eichmann am 1. April 1932 zum Mitglied Nummer 899 895 der NSDAP. Sieben Monate später wurde er als Mitglied Nummer 45 326 in die SS aufgenommen.[41]

Gehörten zu den Gründen, aus denen sich Eichmann den Nationalsozialisten anschloss und SS-Mann wurde, auch der Hass auf Juden und der Wunsch, ihnen etwas anzutun? Trat in dem Gespräch mit Kaltenbrunner in dem lauten, verrauchten Linzer Bierkeller eine latente kriminelle Veranlagung zutage? Die Staatsanwaltschaft in Jerusalem versuchte, dies zu beweisen. In Eichmanns Vernehmung und Kreuzverhör unterstellte sie ihm, er wäre mit dem Programm der NSDAP vertraut gewesen und hätte Hitlers Lebensgeschichte und persönliches Manifest *Mein Kampf* gelesen.[42] Doch er stritt nachdrücklich ab, dass er ein Antisemit gewesen sei. *Mein Kampf* habe er nur teilweise gelesen – und »nie gründlich« –, das Parteiprogramm habe er jedoch gekannt. Der NSDAP sei er vor allem deshalb beigetreten, weil er den Versailler Vertrag abgelehnt und den Wunsch gehabt habe, dass Deutschland seine Ehre und seinen Platz in der Welt wiedererlange. Damals habe er zu jener »Kategorie Menschen« gehört, »die sich ein eigenes Urteil überhaupt nicht bilden«, erklärte er im Verhör. »Ich war ja – ich war von keiner Sachkenntnis getrübt [...].« Vor Gericht schlug er einen anderen

Kurs ein, indem er behauptete, die Juden seien den Nationalsozialisten zum Zeitpunkt seines Parteibeitritts nicht so wichtig gewesen. Damals sei »das Programm der Judenbekämpfung in ein Stadium der sekundären Linie abgerutscht gewesen, denn mit dem Kampf gegen die Juden konnte die Partei nie an die Macht kommen«.[43]

In seinen im Gefängnis verfassten Erinnerungen schrieb er, in seiner Jugend habe ihn alles in seiner unmittelbaren Umgebung in eine nationalistische Richtung gedrängt. »Und welchem Nationalisten«, fuhr er fort, »brannte nicht das Wort ›Versailles‹. Natürlich verstand man im Anfang nichts davon. Aber das Verständnis hierfür wurde schon geweckt; Zeitungen, Gespräche und Bücher sorgten dafür.« Man habe ihm »von nationaler Schmach, von Verrat, vom Dolchstoß« erzählt, »welcher der deutschen Armee zuteil ward«. Später habe er durch Propaganda erfahren, dass es eine Partei gebe, »welche die [nationale] Schmachbeseitigung auf ihr Banner geschrieben hat«. Versailles und die Arbeitslosigkeit hätten einen Nationalsozialisten aus ihm gemacht. In den nationalsozialistischen Zeitungen habe er darüber sowie über die Heldentaten von SA und SS gelesen. »Da war kein Wort von Jude und Judentum«, fügte er hinzu, »und las man es ab und zu in besonderen Artikeln, wer nahm solches ernst?«[44]

Obwohl derartige Begründungen offensichtlich Heuchelei sind, enthalten sie gleichzeitig einen reellen Kern. In Österreich gab es eine lange Tradition antijüdischer politischer Bewegungen und einer mit negativen Stereotypen von Juden gesättigten Volkskultur. Eichmann wurde in einer Umwelt sozialisiert und politisiert, in der man Juden wie selbstverständlich verunglimpfte. Man betrachtete sie ihrer Herkunft nach als Ausländer, als unzuverlässig, was ihre nationale Loyalität anging, und sowohl religiös als auch kulturell als fremd. Juden und Nichtjuden verkehrten privat kaum miteinander, selbst wenn sie Geschäftsbeziehungen unterhielten. Hugo Kaltenbrunner beispielsweise hielt sich etwas darauf zugute, dass er sich nie mit Juden einließ. Andererseits wurden in extremer Weise deutschnationale Gefühle gepflegt. Im Kontext des deutschen Nationalismus waren Juden implizit die minderwertigen, nicht assimilierbaren und bedrohlichen »Anderen«, die weder das Blut noch den Boden des deutschen Volks teilten und deshalb automatisch aus diesem ausgeschlossen waren.[45]

Man musste weder *Mein Kampf* gelesen haben noch das Parteiprogramm der NSDAP kennen, um das Schlagwort vom »jüdischen Marxismus« oder die Forderung nach Ausschluss von Juden aus dem öffentlichen Leben zu kennen. Durch Oberst Hiltl und die Jungfrontkämpfer-Vereinigung dürften Eichmann die antijüdische politische Rhetorik sowie Aktionsprogramme gegen den »jüdischen Einfluss« bereits bekannt gewesen sein. In dieser Hinsicht brachten die Nationalsozialisten nichts Neues vor, und Eichmann konnte wahrheitsgemäß die Vorstellung zurückweisen, sich ihren Reihen anzuschließen hätte für ihn einen großen Schritt bedeutet. Jedenfalls war es nicht nötig, nach dem ausländischen und abschreckenden *Mein Kampf* zu greifen; es genügte völlig, die heimische und weit leserfreundlichere Linzer *Volksstimme* durchzublättern.

Dennoch wurde Eichmann nicht deshalb zum Antisemiten der schlimmsten Sorte, nur weil er Österreicher war. Zunächst einmal war er als in Deutschland geborenes Mitglied einer winzigen und immer stärker bedrängten religiösen Minderheit kein »typischer« Österreicher. Darüber hinaus ist es zweifelhaft, dass die Österreicher tatsächlich besonders antijüdisch eingestellt waren. Die Nationalsozialisten begegneten ihnen in diesem Punkt jedenfalls mit Misstrauen. Hatte nicht der antisemitische Wiener Bürgermeisters Karl Lueger seine Bereitschaft, mit bestimmten Juden zu verkehren, mit dem Satz gerechtfertigt: »Wer Jude ist, bestimme ich«?[46]

Eichmanns Haltung zur »Judenfrage« wird von einem Vorfall beleuchtet, der sich kurz vor seinem Eintritt in die NSDAP ereignete. Wie er in Argentinien zu Protokoll gab, war er von einem Bekannten in die Linzer Freimaurerloge »Schlaraffia« eingeführt worden, und unter deren Mitgliedern bemerkte er jemanden, der das Hakenkreuzabzeichen trug. »Ja«, sagte der Mann, als Eichmann ihn darauf ansprach, »wir nehmen keine Juden.« Das habe ihm »sehr imponiert«, erinnerte sich Eichmann. Aber als Kaltenbrunner ihm erklärte, dass die Freimaurer ebenfalls Feinde des Nationalsozialismus seien, beeindruckte ihn das noch mehr, und er gab die Freimaurerei auf.[47]

Wie für Millionen von Österreichern und Deutschen war die Abneigung gegenüber Juden auch für Eichmann selbstverständlich, und zwar so selbstverständlich, dass andere Dinge beeindruckender und wichtiger waren. Hinzu kam, dass die Feindseligkeit nicht notwendigerweise gegen einzelne Juden gerichtet sein musste. Über Ernst Kaltenbrunners Vater schreibt Peter Black: »Während er gegenüber einzelnen Juden kaum eine Abneigung bezeigte, betrachtete er das ›Judentum‹ als ›Fremdkörper‹ im deutschen nationalen Organismus.«[48] Antijüdische Programme der sozialen Ausgrenzung, wirtschaftlichen Diskriminierung, Ausbürgerung und staatlich geförderten Auswanderung waren allgemein üblich. Man musste kein fanatischer, rassistischer Antisemit sein, um sich den Nationalsozialisten anzuschließen; allerdings fand man die NS-Judenpolitik im Allgemeinen auch nicht gerade abstoßend. Aber es gab andere ebenso starke oder noch stärkere Gründe dafür, Nationalsozialist zu werden: die Beendigung der Demütigung von Versailles, die Abwehr der kommunistischen Bedrohung und die Eindämmung der Sozialdemokraten, politische Stabilität und wirtschaftlicher Aufschwung, Kameradschaft mit Gleichgesinnten, das Marschieren, die fesche Uniform. Eichmann war wahrscheinlich ehrlich, als er sagte, dass er zum Zeitpunkt seines Parteibeitritts keinen Judenhass empfunden habe.

In den nächsten 14 Monaten verband Eichmann die Arbeit für die Vacuum Oil Company mit intensiver politischer Aktivität. Im Jahr 1930 gab es in Linz gerade einmal 50 SS-Männer, bei 2172 in ganz Österreich. Eichmann wurde Mitglied der 37. SS-Standarte, der Einheit für Oberösterreich, die ihr Hauptquartier in Linz hatte und bei seinem Eintritt unter dem Kommando von Sturmbannführer Walter Turza stand. Es war jedoch keine besonders harte oder engagierte Truppe; im Juni 1932 wurde die Hälfte der Mitglieder hinausgeworfen. Bezeichnenderweise überstand Eichmann diese und alle späteren Säuberungen unbeschadet.[49] Hauptaufgabe der Standarte waren die Bewachung des so genannten Braunen Hauses, die Anwerbung neuer Mitglieder und der Schutz der Redner in NSDAP-Versammlungen. Montags bis freitags arbeitete Eichmann in Oberösterreich und später in Salzburg, um am Freitagabend nach Linz zu fahren, wo er das Wochenende im Braunen Haus und bei Einsätzen verbrachte. Die meisten seiner neuen Kameraden waren arbeitslos und knapp bei Kasse, und so spendierte Eichmann ihnen in dem im Erdgeschoss des Braunen Hauses gelegenen Restaurant Bier und Zigaretten. Da er ein Motorrad besaß, wurde er nach einiger Zeit zum Führer des Motorsturms der Standarte ernannt.[50]

Eichmann stellte bald fest, dass die Geschichten vom Wagemut der SS keine Phantastereien waren. Jede öffentliche Versammlung artete in einen offenen Kampf gegen die ebenso gut organisierten und militanten Kommunisten aus. Nationalsozialisten, Sozialdemokraten und Kommunisten trafen am Versammlungsort aufeinander und versuchten als Erste das Podium zu besetzen. Waren die Nationalsozialisten schon dort, mussten sie den Redner früher oder später vor einem Hagel aus Flaschen, Stühlen und Tischen schützen. Typisch war Andreas Boleks Auftritt in der Halle im Linzer Volksgarten. Die SS-Männer schirmten das Podium ab, doch die Worte des Gauleiters gingen im Lärm des Publikums unter. Kaltenbrunner, der das Kommando hatte, rief: »Auf die Kerle«, und während einige SS-Männer Bolek vor niederprasselnden Gegenständen schützten, stürzten sich die anderen ins Getümmel. Nach Eichmanns Erinnerung war der Saal am Ende des Kampfs völlig »kaputtgeschlagen – bis aufs letzte Glas und den letzten Spiegel«.[51]

Unterdessen eilte die österreichische NSDAP von Sieg zu Sieg. Im April 1933, wenige Monate nachdem Hitler in Deutschland zum Reichskanzler ernannt worden war, erhielt sie bei Gemeinderatswahlen in Innsbruck 41,2 Prozent der Stimmen. Mit einem ähnlichen Stimmenanteil waren die deutschen Nationalsozialisten an die Macht gelangt, und Dollfuß, seit Mai 1932 österreichischer Bundeskanzler, bekam es mit der Angst zu tun. Er verschob anstehende Wahlen, und einen Monat später wurde den Parteimilizen das Tragen von Uniformen und Rangabzeichen verboten. Am 19. Juni 1933 erließ Dollfuß ein Verbot der nationalsozialistischen Zeitungen und ordnete die Schließung der Braunen Häuser an. Die österreichischen Nationalsozialisten, die sich vom Erfolg der Partei in Deutschland ermutigt fühlten, reagierten mit Gewalt: Auf öffentlichen Plätzen explodierten Bomben, und SS- und SA-Männer lieferten sich mit dem

Schutzbund und kommunistischen Gruppen Straßenschlachten.[52]

Eichmann ging nach Deutschland – wahrscheinlich wegen der Unterdrückung der österreichischen NSDAP und der Verhaftung von Parteiaktivisten. Zuvor hatte er nach seiner Entlassung von der Vacuum Oil Company versucht, in Österreich ein Geschäft aufzubauen, war aber auf Schwierigkeiten gestoßen. Abgesehen von politischen Gründen, bot Deutschland ein stabileres wirtschaftliches Umfeld. Als guter Sohn beriet sich Eichmann mit seinen Eltern und erhielt ihre Einwilligung zu seinem Weggang. Seine Entscheidung muss ihnen richtig erschienen sein, denn sie wussten natürlich, dass er Nationalsozialist war und sich als solcher in Österreich in einer prekären Lage befand. Eichmann bekam ein Empfehlungsschreiben des deutschen Konsuls in Linz, der ihm einen guten Charakter bescheinigte und angab, dass er seine Arbeitsstelle aufgrund seiner Parteimitgliedschaft verloren habe. Kaltenbrunner versorgte ihn mit Kontakten, vornehmlich mit Bolek, der in Passau Zuflucht gesucht hatte. Nachdem diese umsichtigen Vorbereitungen getroffen waren, packte er, wie er erzählte, »meine schwarze Reithose, Braunhemd und meine Stiefel in meinen Koffer« und ging.[53]

Von der SS zum SD, 1933–1938

»Rassische Erscheinung: Dinarisch nordisch
Charakter: Eichmann ist in seiner Dienstleistung zuverlässig und sehr gewissenhaft. Seine Kameradschaft ist vorbildlich.
Wille: Klar und gefestigt.
Gesunder Menschenverstand: überdurchschnittliche Auffassungsgabe.
Wissen und Bildung: gute Allgemeinbildung.
Auffassungsvermögen: gut.
Nationalsozialistische Weltanschauung: Eichmann ist überzeugter Nationalsozialist.
Auftreten und Benehmen in und außer Dienst: Eichmanns persönliche Lebenshaltung ist einwandfrei, seine dienstliche Haltung ist gut.
Ausbildung in der VT.
Grad und Fertigkeit der Ausbildung: [...] In der Leichtathletik: Eichmann besitzt das SA-Sportabzeichen. Das Reichssportabzeichen kann er erst 1938 erwerben, da er sich durch Dienstunfall kompliziert die Hand brach.
Eignung zur Beförderung: ja.«
SS-Untersturmführer Dieter Wisliceny, Beförderungsempfehlung für Eichmann, 17. September 1937[1]

»Während meiner Zusammenarbeit mit Eichmann im SD-Hauptamt von 1937 bis 1938 lernte ich Eichmann als verhältnismäßig einfachen, geistig nicht interessierten und nicht besonders begabten, aber zackigen SS-Mann kennen.«
Franz Six, ehemaliger der Chef der Hauptabteilung II-1 des SD-Hauptamts, Aussage für den Eichmann-Prozess[2]

»Der Eindruck, den ich gewann, war, dass er ein ziemlich stiller Mensch war, sich auf ziemlich normale Art und Weise betrug, durch keinerlei persönliche Verbindlichkeit, aber korrekt.«

Franz Meyer, zionistischer Aktivist, 1933–1939 Direktor des Berliner Palästinabüros, Aussage im Eichmann-Prozess, 26. April 1961[3]

Als Eichmann im August 1933 die deutsche Grenze überquerte, war er einer von vielen österreichischen NSDAP-Mitglieder sowie SS- und SA-Männern, die das Land in der Überzeugung verließen, dass sie mit Hilfe des soeben an die Macht gelangten »Führers« bald nach Hause zurückkehren würden. Er begab sich nach Passau, wo ihm Gauleiter Bolek riet, eine militärische Ausbildung zu machen und »mal ein bisschen Soldat [zu] spielen«. Also meldete sich Eichmann Anfang August pflichtgemäß im SS-Ausbildungslager in Klosterlechfeld, das unter der Schirmherrschaft der bayerischen politischen Polizei betrieben wurde (an deren Spitze mittlerweile SS-Chef Heinrich Himmler stand). Dort durchlief er eine mehrwöchige anstrengende Ausbildung, unter anderem in Straßenkampftechniken.[4]

Ende September sollte er sich dann bei Sturmbannführer Karl von Pichl melden, dessen SS-»Verbindungsstab« österreichischen Nationalsozialisten bei der Flucht nach Deutschland half. Eichmann wurde eine achtköpfige motorisierte Gruppe unterstellt, mit der er fortan Tag für Tag auf den Waldwegen und Nebenstraßen an der Grenze patrouillierte, um österreichische SA- und SS-Männer aufzulesen und zu Aufnahmezentren zu bringen. Außerdem half er, nationalsozialistische Aktivisten und Propagandamaterial in die andere Richtung zu schmuggeln. Es war eine aufregende, angenehme Tätigkeit, zumal seine Gruppe von einem örtlichen Fleischer mit Wurst und Kartoffelsuppe versorgt wurde. Besonders gefiel Eichmann die dicht bewaldete, bergige Grenzregion, die ihn ans Mühlviertel erinnerte. Er bewies bei seiner neuen Arbeit Eifer und Tatkraft und erledigte bald die administrativen und finanziellen Angelegenheiten des Verbindungsstabes, zudem schrieb er Berichte für den »Abschnitt Donau«, die in München residierende vorgesetzte SS-Dienststelle.[5]

Das Weihnachtsfest verbrachte Eichmann noch in Passau,

bevor er im Januar 1934 zur »Österreichischen Legion« versetzt wurde, einem Bataillon des in Dachau stationierten 1. SS-Regiments »Deutschland«. Dass er im Konzentrationslager eine Ausbildung erhielt, ist nicht belegt, obwohl dies in seinem Prozess angedeutet wurde. Vielmehr durchlief er mit Blick auf den bevorstehenden Entscheidungskampf in Österreich eine harte körperliche und militärische Ausbildung, die er sehr ernst nahm. Es verschaffte ihm eine gewisse Befriedigung, dass er den grausamen Drill überstand, während andere, kräftiger gebaute Männer nicht durchhielten. Die Schnitte und blauen Flecken, die er beim Robben unter Stacheldrahthindernissen oder beim Klettern über Mauern davontrug, erfüllten ihn mit Stolz. Er habe »stur« weitergemacht, wie er im Verhör betonte, »und so war's, da fiel man auf und da avancierte ich dann nachher«. Auch ideologisch wurde die Truppe gedrillt. In Argentinien erzählte Eichmann im Gegensatz zu seinen Erinnerungen in israelischer Haft, dass er in dieser Zeit mehr über den Nationalsozialismus gelesen und erfahren habe. Mehr denn je hätte ihn die Opferbereitschaft der Nationalsozialisten beeindruckt, insbesondere jene der SS-Männer. »Was ich damals (in Linz) schon gespürt hatte und später in Passau und Dachau erlebte«, fügte er hinzu, »war die unbedingte Kameradschaft, das Zusammenhalten aus der Verfolgung heraus, nicht zu kapitulieren, um etwas Größeres zu ringen.«[6]

Ein Vorfall von 1934 zeigt, dass die Indoktrination sich auf seine Haltung gegenüber Juden ausgewirkt hatte. Am Abend des 22. April dieses Jahres hatte er Ausgang und saß im Kaffeehaus Schlossrondell in Nymphenburg, als zwei im Urlaub befindliche SS-Männer in Zivilkleidung hereinkamen. Da es in dem Café einen Plattenspieler gab, baten sie den Besitzer, Schallplatten von Richard Tauber aufzulegen, woraufhin ihnen ein örtliches NSDAP-Mitglied namens Fritz Schaub Vorhaltungen machte, weil sie »jüdische Musik« hörten. Die Gemüter erhitzten sich, und Eichmann schlug sich auf die Seite des Parteimitglieds, indem er seinen im Irrtum verharrenden Kameraden die Parteilinie erklärte. Es ist nicht bekannt, ob der Streit handgreiflich wurde, aber am Ende hatte Eichmann seinen SS-Ausweis verloren und musste mit einer Disziplinarstrafe rechnen.

Zu seinem Glück hatte jedoch ein SS-Offizier die Szene beobachtet und sagte aus, dass nichts Ernstes passiert sei, so dass er glimpflich davonkam. Einen Monat später wurde er sogar zum Scharführer befördert. Dieser seltene Einblick in Eichmanns außerdienstliches Leben lässt nicht nur erkennen, dass sich sein Antisemitismus verschärft hatte, sondern auch, dass er aufbrausend und reizbar sein konnte – Eigenschaften, die sich im Laufe der Jahre miteinander verbinden und stärker ausprägen sollten.[7]

Im Juli 1934 unternahmen die Nationalsozialisten einen halbherzigen Putschversuch gegen die Regierung Dollfuß. Die Österreichische Legion wurde in Gefechtsbereitschaft versetzt, doch der Putsch brach kläglich in sich zusammen, und die Legionäre kamen nicht zum Einsatz. Wie sich herausstellte, hatte Hitler nicht die Absicht, die Putschisten zu unterstützen oder eine Invasion von deutschem Territorium aus zuzulassen. Dafür hatte Mussolini gesorgt, den die nationalsozialistische Einmischung in seinen »Hinterhof« Österreich beunruhigte und der darüber verärgert war, dass Hitler ihn nicht über den geplanten Putsch informiert hatte. Um Hitler vom Eingreifen abzuhalten, ließ er an der Grenze zu Österreich Truppen aufmarschieren, woraufhin Hitler die Gefechtsbereitschaft der Österreichischen Legion aufhob. Bald darauf wurde diese ins Rheinland verlegt.[8]

Eichmann war unterdessen zum SS-Hilfswerk in Dachau versetzt worden, das sich um emigrierte österreichische SS-Männer und Parteimitglieder kümmerte. Er hatte nun eine langweilige Arbeit zu verrichten und wurde rasch unruhig. Als er hörte, dass der SD Männer einstellte, fuhr er zur SD-Zentrale in München (wo sie sich bis April 1934 befand) und reichte seine Bewerbung ein. Eine Zeit lang hörte er nichts, doch dann wurde ihm am 29. September 1934 im Stab seines Bataillons mitgeteilt, dass er sich umgehend zur SD-Zentrale in der Wilhelmstraße 102 in Berlin begeben solle. Er packte seine Siebensachen und nahm voller hochfliegender Erwartungen den Nachtzug in die Reichshauptstadt. Als er sich im Hohenzollernpalais, in dem der SD untergebracht war, zur Stelle meldete, wurde er zu seinem Leidwesen erneut zur Grundausbildung geschickt und musste zum Kasernenleben zurückkehren. Die so großartig als Sicherheitsdienst des Reichsführers-SS firmierende Einheit entpuppte sich als kleine, unterfinanzierte und schlecht organisierte Dienststelle, die Informationen über Gegner der NSDAP und des Reichs sammelte. Nach Abschluss der militärischen Grundausbildung wurde er dem Amt V, Referat 1: Freimaurerei, zugeteilt, wo er den Auftrag erhielt, eine Kartei der Freimaurer und ihrer Organisationen in Deutschland zu erstellen.[9]

Jahre später pflegte er Witze darüber zu machen, dass er den Sicherheitsdienst mit Himmlers Leibgarde, dem Reichssicherheitsdienst, verwechselt habe. Eigentlich habe er dorthin wechseln wollen und nicht zu Heydrichs kleinem Parteigeheimdienst. Dass Eichmann sich derart geirrt haben sollte, ist allerdings unwahrscheinlich; immerhin war er persönlich zur Münchner SD-Zentrale gefahren, um seine Bewerbung abzugeben. Mit seinem angeblichen Unwissen wollte er sich ein Alibi für seine spätere Tätigkeit beim SD verschaffen. Indem er vorgab, er sei gewissermaßen in ihn hineingestolpert, hoffte er den Eindruck abmildern zu können, er hätte in einer Behörde eine Aufstiegschance gesucht, dic sich später auf jüdische Angelegenheiten spezialisieren sollte. Doch das Täuschungsmanöver war überflüssig, denn der SD, in den er 1934 eintrat, hatte kaum Ähnlichkeit mit dem heimtückischen Apparat, der später aus ihm wurde. Laut George C. Browder war dieser im Oktober 1934 noch »relativ schwach und schlecht organisiert«. Die NSDAP kam nur widerstrebend und unregelmäßig für sein winziges Budget auf, und er hatte keine exekutiven Funktionen und nur wenig Einfluss, schon gar nicht auf die Gestaltung der Politik gegenüber den Juden.[10]

Doch Eichmann war gleichwohl in die dynamischste und innovativste Organisation der NSDAP und später des Staatsapparats gewechselt, die sich binnen weniger Jahre zur treibenden Kraft der »Judenpolitik« entwickeln und nach und nach eine ihrem Einfluss auf die Politikgestaltung gemäße Vollzugsgewalt erlangen sollte.[11] Das konnte damals indes nicht einmal Heydrich ahnen, noch viel weniger Eichmann. Nichts hätte weiter von der Wahrheit entfernt sein können als die Unterstellung der Staatsanwaltschaft in Jerusalem, Eichmann sei aufgrund seines Judenhasses und auf der Suche nach dem richtigen Ventil für seine Absichten von der SS – mit Zwischenstopp im KZ Dachau – zum SD gewechselt.[12] Vielmehr sind seine Karriere im SD und dessen ebenso unvorhersehbare wie ungewisse Entwicklung innerhalb des Organisationsdschungels des Dritten Reichs ein Beispiel für die willkürliche, fast zufällige Art und Weise, auf die persönliche Entscheidungen, Politikgestaltung und Regierungshandeln zusammenwirkten.

Die Ursprünge des SD reichten in den August 1931 zurück. Damals gab es mehrere von verschiedenen NS-Führern sowie bemerkenswerterweise von der SA kontrollierte Spionage- und Abwehrorganisationen. Doch Hitler wollte einen verlässlichen Dienst für die Überwachung von SA und Partei haben, und er hatte Himmler damit betraut, diese Organisation zu schaffen. Diese wiederum wies Reinhard Heydrich an, einen einheitlichen, innerparteilichen Geheimdienst aufzubauen, der den obersten Führungskreis mit Informationen versorgen und – was ebenso wichtig war – in Übereinstimmung mit der NS-Ideologie handeln sollte.[13]

Sowohl Himmler als auch Heydrich sahen die Nachrichtendienstarbeit in einem ideologischen Kontext: Ihr Zweck bestand darin, die NS-Bewegung vor ihren Feinden zu schützen, vor Marxisten, Sozialdemokraten, Liberalen, Juden und Freimaurern. Nach Überzeugung der Nationalsozialisten hatten sich diese feindlichen Kräfte gegen SS, NSDAP und das ganze deutsche Volk verschworen. Doch trotz seiner hoch gesetzten Ziele war der SD anfangs lediglich eine winzige Truppe. Im Jahr 1932 beschäftigte die Zentrale in München gerade einmal sieben Vollzeitkräfte, die in der Wohnung einer als »Mutter Edrich« bekannten Nazianhängerin untergebracht waren.[14]

Zu denen, die als Feinde der Partei galten, zählten zwar auch die Juden, aber der SD verfolgte in der »Judenfrage« weder eine bestimmte politische Linie, noch war er angewiesen, eine solche Politik auszuarbeiten. Im ersten Jahr nach Hitlers Machtantritt galten die Repressionen denjenigen, die man als politische Gegner wahrnahm, also vor allem Kommunisten, Sozialdemokraten und Gewerkschaftern.[15] Obwohl die so genannte Judenfrage in ihrer Rhetorik und Ideologie eine herausragende Rolle spielte, hatte die NSDAP, als sie an die Macht kam, keine Ahnung, welche praktischen Schritte sie unternehmen sollte.[16] Zwischen 1933 und 1936 entstand die »Judenpolitik« aus einem häufig kontroversen Kräftespiel unter Beteiligung von NS-Führung, Partei und Staat, die zudem allesamt im innen- und außenpolitischen Kontext handelten.[17] »Radikale« in SA und Partei, wie *Stürmer*-Herausgeber Julius Streicher und Propagandaminister Goebbels, hetzten zu Gewalttaten gegen Juden auf und forderten deren sofortige und vollkommene Entfernung aus dem öffentlichen Leben. Juden wurden nun allmählich aus dem öffentlichen Dienst, der Reichswehr sowie aus Berufsverbänden, Kulturvereinigungen und Vereinen ausgeschlossen.[18] Die Regierung beobachtete diese unkoordinierten antijüdischen Aktionen mit Sorge. Hitler war zwar Reichskanzler, aber die Mehrheit seines Kabinetts bestand aus nichtnationalsozialistischen Konservativen, deren Meinung man noch nicht ignorieren konnte. Diese befürchteten, die Gewalt könne das Ansehen Deutschlands im Ausland beschädigen und dem deutschen Außenhandel schaden. So gestattete Hitler im April 1933 zwar einen Boykott jüdischer Geschäfte, um die NS-Bewegung zufrieden zu stellen und die Energie der SA zu kanalisieren, bemäntelte ihn aber zur Besänftigung der Konservativen als Reaktion auf antideutsche Propaganda im Ausland.[19] Obwohl der Boykott bald abgebrochen wurde, hatte er der Idee Gestalt gegeben, dass die Juden ein innerer Feind seien, der von mächtigen Kräften im Ausland Rückhalt und Unterstützung erhalte.[20] Um die »Radikalen« weiter zu beruhigen, genehmigte Hitler die ersten antijüdischen Gesetze, die den spontanen Ausschluss von Juden aus dem öffentlichen Leben in geordnete Bahnen lenken und die Debatte darüber beenden sollten, ob Konvertiten zum Christentum und Menschen mit einem jüdischen Elternteil oder zwei jüdischen Großeltern als Juden zu betrachten seien. Die vom Innenministerium erarbeiteten Gesetze enthielten aber zahlreiche Ausnahmen, wie etwa für Juden, die im Ersten Weltkrieg gekämpft oder Söhne verloren hatten, und diese Ausnahmen sollten später noch große Probleme bereiten.[21]

Im Sommer 1935 war der Druck auf die Führung, Maßnahmen gegen Juden zu ergreifen, erneut angewachsen. Nachdem 1933 und 1934 eine große Anzahl von Juden ausgewandert war, hatte die Emigration in demselben Maße nachgelassen, wie sich die Lage zu stabilisieren schien. Im Jahr 1935 war es für Juden in

Berlin noch möglich, auf dem Kurfürstendamm spazieren zu gehen, an einem Kiosk eine jüdische Zeitung zu kaufen und sich in ein Straßencafé zu setzen, um sie zu lesen. Jüdische Richter waren noch im Amt und verhandelten gelegentlich sogar Fälle, in die SA-Männer verwickelt waren. Die sichtbare jüdische Präsenz versetzte Streicher und Goebbels in Wut, und sie heizten eine hysterische Stimmung an, indem sie Fälle so genannter Rassenschande, das heißt Liebesbeziehungen zwischen (deutschen) Juden und (christlichen) Deutschen, ins Rampenlicht rückten und die physische Trennung der beiden Bevölkerungsgruppen forderten. Und die Staatsbürokratie verlangte eine Klärung der Bestimmungen der antijüdischen Gesetze. Nachdem jahrzehntelang über die Glaubensgrenzen hinweg Ehen geschlossen worden waren, gab es Hunderttausende von »Mischlingen«, von »gemischtrassigen« Menschen, und viele, die Opfer von Diskriminierungen geworden waren, weil man sie als Juden eingestuft hatte, wandten sich an die Behörden. Daher wurden Forderungen nach konkreteren Regelungen laut, zumal die endlosen Streitigkeiten über diese Fälle viel Zeit und erheblichen Aufwand erforderten.[22]

Hjalmar Schacht, Präsident der Reichsbank und Minister ohne Geschäftsbereich, berief daher für den 20. August 1935 eine interministerielle Sitzung ein, auf der über die jüngsten antijüdischen Ausschreitungen und die Forderung nach klareren antijüdischen Regelungen gesprochen werden sollte. Der nationalsozialistische Innenminister Wilhelm Frick schlug neue Rassengesetze vor, und im folgenden Monat beschloss Hitler, die Gesetzgebung gegen die Juden als spektakuläre Initiative auf dem jährlichen Parteitag in Nürnberg bekannt zu geben. Binnen kürzester Frist entwarfen Fricks Untergebene, unter ihnen sein Staatssekretär Wilhelm Stuckart und seine Judenexperten Bernhard Lösener und Hans Globke, das »Gesetz zum Schutze des deutschen Blutes und der deutschen Ehre« und das so genannte Reichsbürgergesetz. In ihnen wurden Juden durch ihre Abstammung definiert, Ehen und sexuelle Kontakte zwischen Juden und »Ariern« verboten und Juden von Reichsbürgern mit entsprechenden Rechten zu bloßen »Staatsangehörigen« mit wenigen Privilegien und vielen Verpflichtungen degradiert.[23]

Bis zu diesem Zeitpunkt waren weder Himmler noch Heydrich oder irgendeiner ihrer Untergebenen, am allerwenigsten Eichmann, entscheidend an der Formulierung der antijüdischen Politik beteiligt gewesen. Heydrich hatte zwar zu den Teilnehmern der Sitzung am 20. August 1935 gehört und einen seiner ersten auf höherer Ebene vorgetragenen Vorstöße in der Diskussion über die »Judenpolitik« unternommen. Aber sein Vorschlag einer systematischen Gesetzgebung über den Ausschluss der Juden aus dem öffentlichen Leben und die Einschränkung ihrer Freiheit war unbeachtet geblieben. Heydrich hatte ausgesprochen, was zur unverwechselbaren Position des SD werden sollte, doch vorläufig besaßen er und seine Männer noch nicht das Gewicht, um mit genügend Autorität über jüdische Angelegenheiten sprechen zu können.[24]

Tatsächlich hatte es im SD-Hauptamt bis wenige Wochen vor der Sitzung bei Schacht noch kein Judenreferat gegeben. Im Jahr 1933 hatte der Kampf um die Kontrolle über die Polizei für Himmler und Heydrich Vorrang gehabt, so dass sie den Wünschen ihres aufblühenden Nachrichtendienstes nicht viel Aufmerksamkeit widmen konnten. Hitler hatte zwar im Juni 1933 zugesagt, dass der SD zum einzigen Nachrichtendienst der Partei werden solle, aber diese gegen den Widerstand anderer NS-Oligarchen erzielte Entscheidung hatte die vielfältigen Probleme des SD nicht gelöst. Er beschäftigte gerade einmal 100 Vollzeitkräfte (dazu rund 100 freie Mitarbeiter), die schlecht bezahlt wurden und nicht genau wussten, was von ihnen erwartet wurde.[25] Dank Heydrich erhöhte sich die Zahl der Hauptamtlichen auf 250, denen 400 Teilzeitkräfte zur Seite standen. Durch den Umzug von München nach Berlin gewann der SD an Prestige, aber am deutlichsten verbesserte sich seine Stellung infolge der Ausbootung der SA-Führung in der so genannten Nacht der langen Messer Ende Juni 1934. Himmlers SS und Heydrichs SD spielten dabei eine Schlüsselrolle. Der SD erwarb sich nun den Ruf, die Organisation zu sein, in der die Klugen und Cleveren arbeiteten, denn Heydrich konnte Akademiker, insbesondere Rechtsanwälte, Universitätsangehörige, Journalisten und Mitarbeiter verschiedener Forschungsinstitute für den SD gewinnen.[26] Allerdings dümpelte der SD auch in dieser Periode noch am Rand der Macht dahin.

Bis Ende 1934 war die Zahl der Mitarbeiter des SD auf 850 angestiegen. Eichmann wurde rasch befördert, teils aufgrund des schnellen Wachstums des SD, teils aber auch, weil die regelmäßigen, der Qualitätssicherung dienenden Säuberungen nur einen kleinen Kern von erfahrenen Männern übrig ließen. Zunächst jedoch fürchtete er, mit seinem Eintritt in den SD einen schrecklichen Fehler begangen zu haben. Zusammen mit acht anderen SS-Männern arbeitete er zwei Wochen lang an der Freimaurerkartei und ordnete zwischen 100 000 und 200 000 Namen von Freimaurerorganisationen und deren Mitgliedern alphabetisch ein. Sein Gehalt blieb monatelang aus; einmal lieh sein Referatsleiter sogar jedem seiner Mitarbeiter zehn Mark, damit sie über die Runden kamen. Neidvoll verfolgte Eichmann, wie die staatlichen Nachrichtendienste wuchsen, während der »ungeliebte« SD, der von allen anderen Geheimdiensten mit Argwohn beobachtet wurde, unter der Schirmherrschaft der Partei ums Überleben kämpfen musste.[27]

Eichmanns erster Chef war eine weltfremde Figur namens Gregor Schwartz-Bostunitsch, ein weißrussischer Emigrant mit Spitzbart und unklarem Berufsweg, der ihn angeblich als Experten für Freimaurer, Juden, subversive Sekten und den Bolschewismus auswies. Sein Referat war eine der größeren Rechercheabteilungen des SD, mit Bibliothek, Archiv und sogar einem Museum, was dafür sprach, wie ernst man die freimaurerische »Gefahr« nahm.[28] Schwartz-Bostunitschs breit gestreute Interessen färbten auf Eichmann ab. Viele der vor der bolschewistischen Revolution geflohenen Russen waren zutiefst antisemitisch und glaubten fanatisch an die *Protokolle der Weisen von Zion*, jenes berüchtigte, vom zaristischen Geheimdienst gefälschte Pamphlet, das den Juden unterstellte, sie würden sich weltweit verschwören, um Regierungen zu stürzen, das Christentum zu untergraben und sowohl im Kapitalismus als auch im Kommunismus ihre Herrschaft zu errichten. Schwartz-Bostunitsch bildete in dieser Hinsicht keine Ausnahme. Für Eichmann war er »mein Vorgesetzter und Lehrer«, unter dessen Anleitung er sich ernsthaft über Juden und Judentum kundig zu machen begann.[29]

Nach zwei langweiligen Wochen Karteiarbeit wurde Eichmann ins Museum versetzt, wo er für eine Ausstellung, die der SS die Gefährlichkeit der Freimaurerei vor Augen führen sollte, fünf Monate lang Freimaurersiegel und -medaillen ordnete. Das Museum zog viele Besucher an, unter ihnen Kaltenbrunner, Göring, Himmler und dessen Frau, die Eichmann freundlich als »sympathische, bescheidene, südböhmische Bauernfrau« beschrieb. Für gewöhnlich hassten er und seine Kollegen allerdings die Prominentenbesuche, weil sie dann bis spätabends im Museum bleiben mussten.[30]

Einem Besucher fiel Eichmanns Arbeitseifer auf, dem in Prag geborenen SS-Untersturmführer Leopold Itz Edler von Mildenstein, den Heydrich mit dem Auftrag eingestellt hatte, im SD ein Referat für »Judenangelegenheiten« aufzubauen. Als von Mildenstein das nächste Mal im Museum war, suchte er Eichmann an dessen Arbeitsplatz im »Johannis-Freimaurersaal« auf und fragte ihn, ob er an einer neuen Arbeit interessiert sei. Eichmann war sowohl von dem SS-Offizier als auch von der Aussicht auf einen Wechsel fasziniert. Ihm gefiel von Mildensteins lockere Art und dass er nicht von oben herab mit ihm redete; er sei ein »aufgeschlossener, jüngerer, liebenswürdiger Mensch« gewesen, der nicht herumgebrüllt habe wie andere Offiziere. Eichmann ergriff die Gelegenheit: »Ich war nach dem eintönigen Museumsdienst froh über diese Abwechslung und sagte zu.«[31]

Auch wenn seine Tätigkeit zunächst untergeordneter Art war und das Gehalt, sofern es überhaupt ausbezahlt wurde, wenig hermachte, war es doch ein Schritt nach oben in der SS/SD-Hierarchie. Eichmann war wieder ein Mann mit Zukunft. Seine neue Stellung ermöglichte es ihm, Veronika Liebl zu heiraten, mit der er seit August 1931 verlobt war. Vera, wie sie genannt wurde, war eine einfache dunkelhaarige und eher füllige Frau, die aus einer Bauernfamilie aus Mladé in Böhmen stammte. Dreißig Jahre später erinnerte sie sich im Stil einer billigen Romanze an ihre erste Begegnung mit Eichmann: »Es war in Linz. Ich ging in ein Konzert, und als ich mich umsah, entdeckte ich Adolf. Es war Liebe auf den ersten Blick.« Obwohl sie praktizierende Katholikin war, nahm sie seinen Heiratsantrag an, und sie planten die Hochzeit für den Sommer 1933. Doch die politische

Krise in Österreich und Eichmanns überstürzte Abreise vereitelten ihre Pläne. Statt zu heiraten, verbrachte er den Sommer mit einer Militärausbildung, während sie in Österreich blieb. Monatelang rechneten sie damit, dass sie wieder vereint sein würden, wenn die österreichischen Nationalsozialisten nach Hause zurückkehrten, und es dauerte bis zum Herbst 1934, ehe Eichmann begriff, dass ihm nichts anderes übrig blieb, als seine Braut nach Deutschland zu holen und dort zu heiraten.[32]

Am 30. Oktober 1934 teilte Eichmann dem Rasse- und Siedlungshauptamt (RuSHA) der SS seine Heiratsabsicht mit. Denn zu heiraten war im nationalsozialistischen »Rassenstaat« nicht so einfach, jedenfalls nicht für einen SS-Mann. Er musste über mehrere Generationen hinweg beweisen, dass er selbst und seine Braut »arischer Abstammung« waren. Als Belege akzeptierte das RuSHA Geburts-, Tauf- und Heiratsurkunden; Veras Unterlagen befanden sich jedoch in der Tschechoslowakei, und seitdem bekannt geworden war, dass sie sich mit einem deutschen SS-Mann verlobt hatte, wurde sie bei jedem Besuch in ihrer Heimat belästigt. Aufgrund dessen ersuchte Eichmann um eine Befreiung von der Notwendigkeit, sämtliche erforderlichen Unterlagen einzureichen. Er füllte das entsprechende Formular aus, einschließlich der Teile, die Vera betrafen, legte alle Papiere, die er beschaffen konnte, bei, und fügte eine eidesstattliche Erklärung seiner Eltern hinzu, in der sie die Angaben der Verlobten bestätigten.[33]

Damit endeten Eichmanns voreheliche Probleme indes noch nicht. Es war üblich, dass SS-Männer aus der Kirche austraten und sich von kirchlichen Zeremonien fern hielten. »Es wurde nicht verboten, aber man bespöttelte die Sache«, wie Eichmann im Verhör in Israel erklärte. Im Zuge seiner SD-Arbeit hatte er Bücher über Religion gelesen und deren antiklerikales, atheistisches Ethos aufgesogen, doch Vera war eine gute Katholikin und bestand auf einer kirchlichen Trauung. Auch seine Eltern wären verletzt gewesen, wenn er die traditionelle Zeremonie ausgelassen hätte. Nachdem er seine Entscheidung getroffen hatte, musste er sie dem SD-Hauptamt mitteilen. Aus Respekt vor seinem Vater, dem Kirchenältesten, und seiner jungen Frau ertrug er den Spott seiner Kameraden und ließ sich kirchlich trauen.

Seine Stiefmutter reiste eigens aus Linz an, um mit dem Pfarrer die nötigen Arrangements zu treffen. Die Hochzeit fand am 21. März 1935 in Passau statt.[34]

Dank Eichmanns Aufstieg im SD-Hauptamt konnte das Paar eine Wohnung in der Onkel-Herse-Straße 34 in Berlin-Britz mieten. Ein Jahr darauf kam der erste Sohn, Klaus, zur Welt, wovon Eichmann vorschriftgemäß dem RuSHA Meldung machte. Dem äußeren Anschein nach verkörperten die Eichmanns das Idealbild einer SS-Familie. Doch hinter der Fassade kam es bereits früh zu Spannungen. Trotz entsprechenden Drucks von Seiten des NSDAP-Ortsgruppenleiters von Britz weigerte sich Vera Eichmann, in die Partei einzutreten, und blieb auf Distanz zur Politik. Eichmann hatte den Parteifunktionär mit den ziemlich geringschätzigen Worten beschieden, dass seine Frau »hinter den Herd und in die Kinderstube gehört und dass dies für sie genug wäre«.[35] Aber war es genug für ihn? Später, als seine Karriere an Schwung gewann und er tiefer in die NS-Politik verstrickt wurde, entfernte er sich von seiner Frau, politisch ebenso wie geistig und schließlich auch geografisch. Aber für den Augenblick lief alles bestens. Er hatte eine gute Stellung, eine Frau und einen Sohn und wurde allgemein respektiert. Der Nationalsozialismus bot ihm im Gegensatz zu anderen Gesellschafts- und Politiksystemen bescheidenen Wohlstand, Sicherheit und berufliches Fortkommen.

Eichmann spielte später seine Entscheidung herunter, in eine für jüdische Angelegenheiten zuständige Abteilung eingetreten zu sein. Wie den Beitritt zur NSDAP und den Wechsel zum SD stellte er auch diesen Schritt als spontanen, eher beiläufigen Entschluss hin, der hauptsächlich auf Langeweile zurückzuführen gewesen sei und zudem von jemand anders vorgeschlagen worden war, so dass er als bloß passiver Teil erschien. Auf jeden Fall ist es bemerkenswert, dass bei jedem seiner Karriereschritte ein Älterer die Initiative übernahm, zuerst sein Vater, der ihn vorwärts drängte, dann Bolek, der ihn zu der NSDAP-Versammlung einlud, und Kaltenbrunner, der ihn dazu bewegte, sich der NSDAP und der SS anzuschließen. Und jetzt griff von Mildenstein mit dem entscheidenden, wenngleich auf den ersten Blick harmlosen Stellenangebot ein. Der Wechsel besaß eine gewisse Logik. Eichmann folgte einer in eine bestimmte Richtung weisenden Linie. In der Ausbildung und Indoktrination bei der SS in Klosterlechfeld und Dachau hatte man ihm die nationalsozialistischen Vorstellungen zur »Judenfrage« eingeimpft, und anschließend hatte Schwartz-Bostunitsch ihn in diesen Überzeugungen bestärkt und sie theoretisch verfeinert. Er hatte nie Einwände erhoben gegen das, was man ihm sagte. Im Gegenteil, seine SS-Personalakte belegt, dass er ein eifriger Schüler und ausgezeichneter Nationalsozialist war. Er mochte sich von Mildensteins Team angeschlossen haben, um der Langeweile der Freimaurertretmühle zu entkommen, aber es schreckte ihn auch nicht ab, in einer Abteilung zu arbeiten, die sich dem Kampf gegen den jüdischen »Feind« verschrieben hatte. Sieht man seine Entscheidung vor dem Hintergrund der nationalsozialistischen Weltanschauung und der damals geltenden antijüdischen Gesetze, dann kann er keinerlei Illusionen darüber gehabt haben, was diese Arbeit bedeutete. Er zog in den ideologischen Krieg gegen die Juden.

Es sagt indessen viel darüber aus, welchen Stellenwert die Juden beim SD in der Rangfolge der »Feinde« einnahmen und welche Schwerpunkte der Geheimdienst der Partei setzte, dass das Judenreferat anfangs lediglich zwei Vollzeitkräfte beschäftigte, während für den Kampf gegen die Freimaurerei 15 Mitarbeiter bereit standen. Von Mildenstein begann mit einer leeren Organisationshülle und machte daraus ein geschäftiges Zentrum mit weit reichendem Einfluss. Der 1902 in Prag geborene von Mildenstein war ausgebildeter Ingenieur, besaß aber auch eine literarische Ader und eine mindestens ebenso große Reiselust. Er war weit gereist und hatte für die *Berliner Börsenzeitung* Artikel über seine Erfahrungen in der weiten Welt verfasst. Im Jahr 1929 hatte er sich dem tschechischen Ableger der NSDAP angeschlossen; drei Jahre später war er nach Deutschland gegangen und der SS beigetreten. Im Frühjahr 1933 hatte die Berliner Vertretung der Zionistischen Weltvereinigung für ihn eine Reise zu den neuen jüdischen Siedlungen in Palästina arrangiert, über die er für die NS-Zeitung *Der Angriff* eine Artikelserie schrieb. Der Reisebericht war Heydrich ins Auge gefallen, und so hatte er von Mildenstein, von dessen Wissen über das Judentum und den Zionismus beeindruckt, den Vorschlag gemacht, im SD-Hauptamt ein Judenreferat aufzubauen.[36]

Als Erstes entwickelt von Mildenstein eine eigenständige Politik. Ihm war klar, dass der SD, was die schiere Böswilligkeit gegenüber den Juden anging, niemals mit Streicher und Goebbels würde konkurrieren können. Deshalb brachte er den SD dazu, sich von deren grobschlächtigem Judenhass abzusetzen. Noch wichtiger war jedoch die Beobachtung, dass die lärmenden »Radikalen« für eben die »Judenfrage«, über die sie sich die Köpfe heiß redeten, keine Lösung hatten. Zudem erkannte von Mildenstein, dass die vom Innenministerium ausgearbeitete antijüdische Gesetzgebung ebenso viele Probleme schuf wie löste. Nach seiner Ansicht war das »Judenproblem« *in* Deutschland nur zu lösen, wenn man die Juden *aus* Deutschland entfernte. Er schlug die Auswanderung jedoch nicht als erbarmungslose Maßnahme im luftleeren Raum vor; er kannte die zionistische Bewegung und fand, dass die Auswanderung nach Palästina gelenkt werden sollte. Die Durchführung wollte er jüdischen Organisationen überlassen, deren Aufgabe es wäre, die Juden in ihrem Heimatland anzusiedeln.[37]

Leopold von Mildenstein war kein Philosemit. Er handelte im Rahmen von Heydrichs Vorgaben, denn der SD-Chef war überzeugt von der Notwendigkeit, »die angefangene Auswanderung in Fluss zu halten« bis zur restlosen Entfernung der Juden aus Deutschland.[38] Die Ausbildung, die von Mildenstein den Mitarbeitern seiner neuen Abteilung II/112 angedeihen ließ, beruhte auf der Annahme, dass Juden in Deutschland Fremde seien und keine Zukunft im Reich hätten. Aber er war ein typischer Vertreter der Generation, die den Kern des Sicherheitsapparates ausmachte: gebildete, rational denkende und objektiv eingestellte Männer, die es wegen des von Himmler und Heydrich gepflegten Ethos in die oberen Ränge von SS und SD zog. 60 Prozent von ihnen waren unter 36 Jahre alt, und der gleiche Prozentanteil besaß einen Universitätsabschluss. Sie waren keine Außenseiter oder geistlosen Roboter, sondern – so Ulrich Herbert – »eher überdurchschnittlich intelligente, selbstbewusste, tatkräftige und in der Regel sehr junge Männer mit durchaus eigenen politischen Vorstellungen, die zudem eher der Mitte und den oberen Rängen der deutschen Gesellschaft entstammten«. Die meisten von ihnen waren im Schatten des Ersten Weltkriegs aufgewachsen und hatten dessen katastrophale Nachwirkungen miterlebt. Aufgrund dieser Erfahrung standen sie den alten Eliten ablehnend gegenüber, misstrauten den romantischen Gefühlen, welche die »Frontgeneration« beseelt hatten, und verachteten die dem besiegten Deutschland aufgezwungene Weimarer Republik. Unter diesem bürgerlichen Nachwuchs hatte sich »ein generationeller Lebensstil herausgebildet, dessen vorherrschende Kennzeichen Kühle, Härte und ›Sachlichkeit‹« waren und der »zugleich auf der Grundlage eines als in sich geschlossen verstandenen Welterklärungssystems des radikalen völkischen Nationalismus aufruhte«.[39]

Anfang der zwanziger Jahre waren Angehörige dieser Generation, wie etwa Ernst Kaltenbrunner, an den Universitäten Vorreiter der Übernahme der Studentenvertretungen durch die radikale Rechte gewesen. Sie griffen das Gedankengut von Eugenik und Rassenbiologie auf und wandten es auf jede soziale und politische Frage an, die sich ihnen stellte. Für sie waren die Deutschen objektiv eine überlegene Rasse, die jedoch von vielen Feinden bedroht würde. Diese Feinde mussten in ihren Augen bekämpft und ein für alle Mal besiegt, das heißt ausgelöscht werden. Menschenrechte und Gefühle zählten beim objektiven Zusammenstoß rassisch-nationaler Interessen nicht. Die jungen Rechten hingen dem Ethos eines »heroischen Realismus« an, dem zufolge persönliche Gefühle irrelevant seien und es allein auf Taten ankäme. Statt sich in ethischer Ungewissheit und Selbstzweifeln zu ergehen, strebten sie nach der entscheidenden Tat und versuchten als selbst ernannte, aber auch selbstverständliche Elite die Massen zu mobilisieren und zu führen. In ihrer Weltanschauung waren die Juden Feinde von Volk und Vaterland, doch sie empfanden keinerlei persönlichen Groll gegen einzelne Juden: »Der Kampf gegen das Judentum war [...] Ausdruck der Verfolgung und Durchsetzung der Interessen des deutschen Volkes – und wurde von den Protagonisten oft gar nicht unter dem Rubrum ›Antisemitismus‹ wahrgenommen.«[40]

Mit Eichmann hatte von Mildenstein einen Mann ausgewählt, der sich ohne Schwierigkeiten in jene »Weltanschauungselite«

einfügen konnte. Seinem neuen Mitarbeiter fehlten zwar ein höherer Schulabschluss und der Feinschliff eines Universitätsstudiums, aber er besaß die richtige Mischung aus objektiver, zielbewusster Managerhaltung und auf Rassenstolz beruhendem leidenschaftlichem Nationalismus.

Bald nach Eichmanns Wechsel in die Abteilung II/112 gab ihm von Mildenstein mehrere Bücher über den Zionismus zu lesen und erteilte ihm den Auftrag, Geschichte, Struktur und Aktivitäten der zionistischen Bewegung zusammenzufassen. Eichmann studierte das Gründungsmanifest der modernen zionistischen Bewegung, Theodor Herzls *Der Judenstaat* von 1898, sowie Adolf Böhms *Die zionistische Bewegung* von 1921, eine umfassende Darstellung der Geschichte der zionistischen Bewegung bis zum Beginn des britischen Mandats für Palästina. Er war froh, »mechanischen« Arbeiten wie dem Sortieren von Karteikarten oder Freimaurersiegeln entkommen zu sein, und fand seine neue Arbeit fesselnd. Sicherlich übertrieb er, als er seinem israelischen Vernehmungsoffizier erklärte, Herzls Text habe seine »eigene romantische Seite«, seine »Liebe zur Natur, zu den Bergen, zu den Wäldern« angesprochen, denn das Manifest ist eine spröde geschriebene Polemik mit einer Reihe von Anleitungen und technischen Vorschlägen am Ende. Aber er machte seine Arbeit so gut, dass sein Text nach einigen editorischen Korrekturen gedruckt und an andere SD-Abteilungen sowie die Allgemeine-SS verteilt wurde. Wie Eichmann schon in seiner Tätigkeit bei der Vacuum Oil Company gezeigt hatte, konnte er sich rasch in eine Arbeit hineinfinden und war dann am besten, wenn er unter Anleitung einer Vaterfigur praktische Erfahrungen sammeln konnte. Dank von Mildenstein wurde er zum »Experten« für Zionismus und Judentum. Damit waren die Grundlagen seiner Karriere im SD gelegt.[41]

Im Januar 1936 wurde der SD völlig umorganisiert, und wenige Monate später wechselte von Mildenstein in die Auslandspresseabteilung des Propagandaministeriums. Im Zuge der Reorganisation wurden als ineffizient oder unzuverlässig eingeschätzte Mitarbeiter entlassen, doch Eichmann, der im September 1935 zum SS-Oberscharführer befördert worden war, überlebte auch diese Säuberung. Allerdings wurde nicht er, sondern ein SS-Offizier namens Kuno Schröder als von Mildensteins Nachfolger zum Leiter der Abteilung II/112 berufen. Zu Eichmanns Ärger lehnte SS-Sturmbannführer Alfred Franz Six, der Chef der Hauptabteilung II-1 des SD-Hauptamts, sowohl seine Bewerbung um den Posten des Abteilungsleiters als auch seinen Antrag auf Versetzung in das für orthodoxe Juden zuständige Referat II/112–2 ab.[42]

Unter Schröders Leitung beobachtete die Abteilung II/112 weiterhin jüdische Organisationen und ideologische Strömungen innerhalb der jüdischen Gemeinden in Deutschland. Sie blieb ein kleiner und unterentwickelter Bereich der Tätigkeit des SD, aber da sie nur so wenige Mitarbeiter beschäftigte, war die Arbeit recht abwechslungsreich. So schrieb Eichmann 1936 Berichte über die orthodox-jüdische Vereinigung Agudas Israel und mehrere säkulare zionistische Organisationen. Außerdem behielt er die Tätigkeit der zugelassenen jüdischen Gemeindeorganisationen im Auge. Wenn nötig, suchte er Rat bei Forschungseinrichtungen wie dem Berliner Institut zum Studium der Judenfrage. Auch Geschäftsleute wie Otto von Bolschwingh, einen Freund von Mildensteins, der Geschäftsbeziehungen zum Nahen Osten unterhielt, spannte Eichmann für sich ein. Von Bolschwingh reiste regelmäßig nach Palästina, wo er nicht nur Marketing für Automobile betrieb, sondern auch für den SD spionierte. Neben von Mildenstein war er derjenige, der Eichmanns Vorstellungen vom Zionismus und von Palästina prägte.[43]

Eichmanns Einsatz und Tatkraft drückten sich darin aus, dass er, um seine Aufgaben besser erfüllen zu können, Jiddisch lernte. Er dachte, dass es nicht allzu schwer sein könnte, da es sich im Grunde um Deutsch mit slawischen und hebräischen Beimengungen handelte, nur eben in hebräischer Schrift. Also kaufte er sich ein hebräisches Lesebuch, lernte das Aleph Bet und begann – unter dem Spott seiner Kameraden – Jiddisch zu lesen. Noch ehrgeiziger war sein Versuch, Hebräisch zu lernen. Nach einem Jahr begriff er jedoch, dass er richtigen Unterricht brauchte. Als Lehrer dachte er an einen Rabbi, und er beantragte bei seinen Vorgesetzten, ihm die drei Reichsmark zu bewilligen, die der Rabbi pro Stunde verlangte. Doch der Antrag wurde unter dem Gelächter seiner Kollegen abgelehnt. Eichmann vermutete später, seine Vorgesetzten hätten ihm nicht zugetraut, dass er seine Zeit mit einem gelehrten Juden ideologisch unbeschadet verbringen würde, und schalt sich selbst dafür, dass er nicht auf die Idee gekommen war, den Rabbi einfach verhaften zu lassen. Diese perverse Selbstkritik beleuchtet einen Komplex, der sich zu einer kühl-instrumentellen Haltung gegenüber Juden verfestigen sollte.[44]

Schröder wurde im März 1937 durch Dieter Wisliceny abgelöst, einen korpulenten *bon viveur* aus Ostpreußen, der in Breslau Theologie studiert hatte, bevor er bei einer Baufirma Arbeit gefunden hatte. Er war 1931 im Alter von 20 Jahren in die SA und drei Jahre später in die SS eingetreten. Zum SD war er ungefähr zur gleichen Zeit wie Eichmann gekommen und hatte wie dieser im Freimaurerreferat gearbeitet. Doch seine höhere Bildung qualifizierte ihn für den Posten eines Abteilungsleiters; zudem fand Six, dass Eichmann als Zionismusexperte an seinem Platz sehr gut aufgehoben war. Nur wenige Monate später wurde Wisliceny in die SD-Dienststelle in Danzig versetzt, und Herbert Hagen, ein Protegé von Six, trat an seine Stelle. Eichmann, dem als mittlerweile altgedientem Judenexperten die Aufgabe zufiel, seinen neuen Chef einzuarbeiten, beschrieb ihn als »klugen Mann mit doch recht weitem Horizont«. Er war erneut übergangen worden, wurde aber auf Empfehlung von Six zum Hauptscharführer befördert, dem für einen Experten mit eigenem Referat angemessenen Rang.[45]

Die Abteilung, in der er arbeitete, konnte sich langsam sehen lassen. Heydrich stockte ihre Finanzausstattung auf und sorgte dafür, dass seine Leute anständig entlohnt wurden. Unter der Leitung von zwei klugen Chefs, Werner Best und Franz Six, entwickelte sie eine eigenständige Linie, die Teamarbeit und individuelle Initiative in den Vordergrund stellte. An mit viel Aufwand veranstalteten Ausbildungstagen versuchte man, den SD-Männern eine einheitliche Einstellung und Methodologie zu vermitteln: Hart und sachlich sollten sie sein und die Problemlösung über das Nachdenken über die Feinheit der angewandten Methoden stellen. Diese nüchterne, zielbewusste, rationale Herangehensweise zog noch mehr Akademiker und Freiberufler in die Reihen des SD, die wiederum dessen Aura und auf immer mehr Bewunderung stoßende Effektivität weiter verstärkten.[46]

Dem SD kamen auch allgemeine Entwicklungen im nationalsozialistischen Polizeistaat zugute. Im Juni 1936 wurde Himmler nach langwierigen Intrigen zum Chef der gesamten deutschen Polizei ernannt und von jeder nominalen Unterordnung unter das Innenministerium und allen Vorschriften des Justizministeriums befreit. Nach dem neuen Arrangement wurde die Geheime Staatspolizei (Gestapo) mit der Kriminalpolizei zur Sicherheitspolizei (Sipo) vereint. Deren Leitung übernahm Heydrich, dessen Titel nunmehr Chef der Sipo und des SD lautete, und weil das NS-System nahezu feudale Züge trug, war damit eine dynastische Verbindung zwischen zwei bisher getrennten Behörden geschaffen.[47]

Einige Kriminalpolizisten und viele Gestapo-Männer waren bereits Zuträger des SD, doch jetzt gab es eine formale Beziehung. Plötzlich besaß der SD, der nach einer Rolle für sich gesucht hatte, direkten Zugang zu einem Vollzugsorgan des Staates. Umgekehrt konnte sich die Sipo auf eine leistungsfähige Organisation in den Bereichen der Informationsbeschaffung und Politikgestaltung stützen. Entscheidend war, dass beide Institutionen auf der Überzeugung aufbauten, dass Kriminalität und Politik eine rassenbiologische Dimension hatten. Die formalisierte gegenseitige Interaktion sollte diese Überzeugung radikalisieren und die Möglichkeit, in ihrem Sinn zu handeln, vergrößern. Was die »Judenpolitik« anging, so bedeuteten die Veränderungen, dass Juden nicht mehr nur als rassische Bedrohung und Gegner der NS-Bewegung gesehen wurden, sondern auch als potentielle Verbrecher und Staatsfeinde. Der SD konnte der Sipo ein bestimmtes Vorgehen empfehlen und erwarten, dass diese entsprechend handelte.[48]

Die Abteilung II/112 blieb mit nur drei Referaten allerdings relativ klein. II/112-1 war für assimilatorische und säkulare Gruppen zuständig, II/112-2 für religiöse Gruppen und die Orthodoxen, II/112-3 für die Zionisten. Die gesamte Abteilung war in einer Dreizimmersuite untergebracht. Unter Wisliceny und Hagen beschäftigte sich Eichmann weiter mit dem Zionismus, während ihm für die Behandlung der assimilierten Juden in Deutschland ein Kollege zur Seite gestellt wurde. Theodor Dannecker, Bayer, sechs Jahre jünger als Eichmann und ausgebildeter Rechtsanwalt, hatte sich seine Sporen »in der Praxis« im Judenreferat des für Südwestdeutschland zuständigen SD-Abschnitts verdient. Gemeinsam bearbeiteten sie die von SD-Agenten eingehenden oder aus jüdischen Publikationen gefilterten Berichte über die Aktivitäten der jüdischen Gemeinden. Eichmann beobachtete die Tätigkeit der zionistischen Gruppen, berechnete Auswanderungsquoten und hielt die Probleme potentieller Auswanderer fest. Doch über all das konnte er nur berichten, denn dem SD fehlte die Vollzugsgewalt.[49]

Bis ins Jahr 1937 hinein waren Wisliceny, Hagen und ihre Untergebenen vor allem mit den Beziehungen zwischen Gestapo und SD beschäftigt. Einerseits erhielt der SD durch die Verbindung einen exekutiven Arm, andererseits verfügte die Gestapo über ein eigenes Judenreferat mit einer umfangreichen Kartei und großen Mengen von Material über Juden. Wozu brauchte sie also den SD?[50] Auf Anregung von Hauptabteilungschef Six wurden die SD-Beamten ermutigt, mehr »praktische« Arbeit zu leisten und mehr Zeit im Außendienst zu verbringen. Doch für eine solche Aufgabe waren sie zu wenige. Sie mussten sich weitgehend darauf beschränken, Anfragen nach speziellen Informationen, wie etwa Auswanderungsquoten, herauszuschicken und in der Berliner Dienststelle eingehende Daten abzugleichen.[51]

Obwohl das Verhältnis des SD zur Gestapo nie ganz geklärt wurde, bot er weiterhin einzigartige Dienste an. So veranstaltete er 1936 mehrere Konferenzen über das »Judenproblem«, um die Männer vor Ort, die in den einzelnen SD-Abschnitten arbeiteten oder Gestapo- und Polizeidienststellen in ganz Deutschland zugeteilt waren, zu informieren und weiterzubilden. In einem Bericht über eine dieser Konferenzen äußerte sich Eichmann zufrieden darüber, dass die Offiziere, die zuvor nur eine vage Vorstellung von jüdischen Angelegenheiten gehabt hätten – einschließlich derjenigen, die für deren Bearbeitung vorgesehen waren –, mit einem wesentlich tieferen Verständnis der Frage und einer gemeinsamen ideologischen Perspektive auf ihre Posten zurückgekehrt seien.[52]

In einer Richtlinie vom April 1937 sprachen Wisliceny und

Hagen aus, was sie von den Männern vor Ort erwarteten: »Die Bekämpfung des Judentums bildet von Anfang an ein Grundprinzip des Nationalsozialismus. Die Judenfrage ist für den Nationalsozialismus kein politisches oder religiöses Problem, sondern eine Rassenfrage. Damit ist die Möglichkeit eines Kompromisses von vornherein ausgeschlossen. Die Kampfstellung der NSDAP gegen das Judentum zieht sich durch das ganze Parteiprogramm. Das Judentum ist für den Nationalsozialismus der Gegner schlechthin.« Nach einem Überblick über die antijüdischen Maßnahmen seit 1933, mit denen die »Machtstellung« der Juden gebrochen werden sollte, fassten sie die Ziele der Politik zusammen: »Die Lösung der Judenfrage kann nur in einer völligen Entfernung der Juden aus Deutschland liegen.« Dies sollte mittels der »zionistischen Auswanderung« geschehen. Auf diesen Zweck seien die gesamte Politik und sämtliche Maßnahmen auszurichten. In der »Praxis« werde dies durch die Anstrengungen jedes einzelnen SD-Agenten erreicht. Diese Männer dürften keine »intellektuellen Theoretiker«, sondern müssten »wendig und aktiv im Außendienst sein, dabei klar und nüchtern an die Bearbeitung der ihnen gestellten Aufgaben herangehen. Männer, die lediglich rein geistig mit dem Problem des Judentums ›ringen‹, sind für die Arbeit auf den SD-Oberabschnitten und -Unterabschnitten ungeeignet.«[53]

Eichmann hatte schon Anfang des Jahres in einer für seine SD-Kollegen verfassten Denkschrift mit dem Titel »Zum Judenproblem« die Ziele und Methoden des SD klargestellt. Die Juden, schrieb er darin, seien eine Nation, aber eine, die nur durch Geld zusammengehalten werde. Sie seien »ein ewiger Feind des Nationalsozialismus«, ja, sogar »einer der gefährlichsten Feinde«, mit dem die Bewegung konfrontiert sei. Um Deutschland von ihnen zu befreien, müsse die Auswanderung gefördert werden. Die Juden würden indessen nur auswandern, wenn zuvor die wirtschaftliche Grundlage für ein jüdisches Leben im Land zerstört worden sei. Als Auswanderungsländer kämen nur solche in Frage, die für Deutschland keine Gefahr darstellten, das heißt Staaten, »die auf keiner hohen Kulturstufe stehen«. Gemeint waren damit bestimmte Länder in Südamerika, Afrika und Asien, einschließlich Palästina.[54]

Eichmann verbrachte jetzt mehr Zeit im Außendienst, nahm an zionistischen Versammlungen teil und informierte sich über die Auswanderung nach Palästina. Dazu trug er alles zusammen, was er von Zuträgern, aus in- und ausländischen jüdischen Zeitungen sowie aus Büchern erfahren konnte. Er verfolgte sogar Verhöre in der nahe gelegenen Gestapozentrale in der Prinz-Albrecht-Straße 8. Obwohl er in Israel glaubhaft machen wollte, dass das SD-Hauptamt »eine reine Nachrichtenorganisation« gewesen sei, räumte er ein, er selbst habe in engem Kontakt zum Judenreferat der Gestapo gestanden.[55] Dieses Eingeständnis kennzeichnete die Grenzen seiner bescheidenen Kompetenzen und das grundlegende Dilemma des SD. Der SD konnte sich zwar auf dem Gebiet der allgemeinen »Judenpolitik« betätigen, besaß aber weiterhin weder die landesweite Zuständigkeit noch ein Vollzugsorgan. Ende Juni 1937 kamen deshalb Vertreter von SD und Gestapo zusammen, um das Problem aus der Welt zu schaffen. Six schlug Inspektor Reinhard Flesch, dem Chef des für jüdische Angelegenheiten zuständigen Gestaporeferats II B 4, mehrere Bereiche vor, in denen der SD die Gestapo unterstützen könne. Insbesondere nannte er die Überwachung von ausländischen Juden und so genannten Ostjuden, das heißt in Deutschland lebenden Juden aus Polen und anderen osteuropäischen Ländern. Im Gegenzug bot Flesch dem SD Zugang zu den umfangreichen Gestapoakten an. Im Juli 1937 schließlich erließ Himmler einen Funktionsbefehl, in dem er die Zuständigkeitsbereiche abgrenzte. Der SD sollte die Juden intensiv überwachen und ihm verdächtig erscheinende Einzelpersonen und Organisationen der Gestapo melden. Die Gestapo sollte diese Überwachung ihrerseits unterstützen, indem sie dem SD ihre Akten und Informanten zugänglich mache.[56]

In Eichmanns wechselnden und unterschiedlichen Aktivitäten in dieser Periode spiegelte sich die Entwicklung des SD und dessen Suche nach einer eigenständigen Rolle wider. So reiste er im Mai 1937 nach Oberschlesien, wo die Juden dank dem Völkerbund seit 1919 Minderheitenschutz genossen. Doch die entsprechende Regelung sollte demnächst auslaufen, und Eichmanns Auftrag bestand nun darin, die Umsetzung der antijüdischen Gesetze und Maßnahmen vorzubereiten. Nachdem er die

Lage untersucht und einen Aktionsplan für die Zeit nach der Wiederherstellung der vollen deutschen Souveränität über das Gebiet ausgearbeitet hatte, kehrte er zurück, um dessen Umsetzung durch die örtlichen SD- und Gestapostellen zu überwachen. Wie Michael Wildt angemerkt hat, übte sich Eichmann damit gewissermaßen bereits in der Rolle, die er wenige Monate später in Österreich spielen sollte: Er war nicht mehr auf Gedankenspiele am Schreibtisch beschränkt, sondern erkundete mögliche Vorgehensweisen und beteiligte sich an ihrer Ausführung. Zu den ergriffenen Maßnahmen gehörten die Festnahme führender Vertreter der örtlichen jüdischen Gemeinden und das Verbot der Gemeindeorganisationen.[57]

Einen Monat darauf verfasste er eine Denkschrift, in der er verlangte, alle Juden in einer Kartei zu erfassen. Das war Ausdruck der Frustration des SD darüber, dass er zwar ein Nachrichtendienst sein sollte, die Gestapo aber die besten und umfassendsten Informationen erhielt. Im September wurde Eichmann auf den Parteitag der NSDAP in Nürnberg geschickt, wo er mit einem profaschistischen Amerikaner namens Ernest F. Elmhurst Kontakt aufnehmen sollte, der ein antijüdisches Pamphlet mit dem Titel *The World Hoax* (Der Weltschwindel) veröffentlichen wollte. Der SD hatte vor, die Drucklegung mit 1000 Dollar zu unterstützen, wofür ihm Elmhurst im Gegenzug über jüdische Aktivitäten in Amerika berichten sollte. Obwohl damit die Grenze zwischen Informationsbeschaffung und Außendienstoperation verwischt wurde, blieb Eichmann im Rahmen der für den alten SD charakteristischen Aktivitäten. Während des Parteitages in Nürnberg führte er auch Gespräche mit Vertretern des Weltdienstes, des internationalen Pressedienstes der Nationalsozialisten, um sie dazu zu bewegen, keine grobe antijüdische Propaganda mehr zu betreiben und sich wie der SD darauf einzustellen, dass für die Lösung des »Judenproblems« ein kühler Kopf und langfristige Planungen nötig waren.[58] Später rückte Eichmann die Ablehnung des »Radauantisemitismus« durch den SD fast in ein philosemitisches Licht. Tatsächlich war es eine geschickte Methode, die lautstarken Radikalen aus dem Feld zu schlagen, indem man eine Politik formulierte, die sowohl eigenständig als auch weitreichender war: die organisierte Entfernung der Juden aus Deutschland. Es war ein Anzeichen für die stärker an Handlung orientierte Einstellung des SD und die Definition eines eigenständigen Kurses, dass er sich näher mit der jüdischen Auswanderung und insbesondere der zionistischen Bewegung zu befassen begann.

Im Jahr 1937 leistete Eichmann einen einzigartigen Beitrag zur Neuorientierung der SD-Politik in Bezug auf jüdische Emigration, Zionismus und Palästina. Nachdem er über ein Jahr lang zionistische Aktivitäten beobachtet und Informationen aus der jüdischen Presse gesammelt hatte, entdeckte er in der in großer Auflage erscheinenden Warschauer jiddischen Tageszeitung *Hajnt* einen Artikel über die Hagana, die jüdische Untergrundarmee in Palästina, die insgeheim von der Jewish Agency for Palestine, dem Führungsorgan der zionistischen Bewegung und der jüdischen Gemeinden in Palästina, unterhalten wurde. Eichmann verstand genug, um zu erkennen, dass es sich um eine militärische Organisation handelte, und bestellte Paul Eppstein zu sich, einen der Führer der von den Nationalsozialisten 1939 als zentrales Verwaltungsorgan der jüdischen Gemeinde geschaffenen Reichsvereinigung der Juden in Deutschland, um mehr über die Hagana zu erfahren.[59]

In dieser Zeit untersuchte der SD immer noch die Ermordung des Schweizer NS-Führers Wilhelm Gustloff, der im Februar 1936 erschossen worden war. Man vermutete die Beteiligung jüdischer Agenten aus Palästina und hoffte, von Feivel Polkes, der für die Hagana tätig war, Informationen zu erhalten. Polkes war tatsächlich ein in Europa operierender Hagana-Agent, der allerdings nichts mit dem Anschlag auf Gustloff zu tun hatte und nicht annähernd so bedeutend war, wie es sich der SD vorstellte. Dennoch erhielt Eichmann die Erlaubnis, sich mit Polkes zu treffen, und sie verabredeten sich in Berlin. Eichmann behauptete später, das Treffen sei durch von Bolschwingh über dessen Kontakte zu palästinensischen Juden vereinbart worden, doch es gibt auch Hinweise darauf, dass die Initiative von Franz Reichert ausging, dem Jerusalemer Korrespondenten des Deutschen Nachrichtenbüros (DNB). Reichert betätigte sich wie von Bolschwingh nebenbei als Spion, und Polkes war einer seiner besten Informanten. Ihre Absichten scheinen einander ergänzt zu haben. Polkes wollte die jüdische Auswanderung nach Palästina erheblich steigern und war bereit, Deutschland dabei zu helfen, seinen Einfluss im Nahen Osten zu vergrößern, wenn er auf diese Weise den Exodus der Juden nach Palästina fördern konnte. Reichert andererseits arrangierte das Treffen in Berlin, weil er eine Chance sah, etwas für das Reich herauszuholen.[60]

Mit Genehmigung von Hagen und Six traf sich Eichmann mit Polkes im Gasthaus »Zur Traube« in der Nähe des Zoologischen Gartens. Er hörte sich aufmerksam an, was Polkes ihm über die Entwicklung der jüdischen Gemeinde in Palästina erzählte. Man »sprach sich aus«, erinnerte er sich später, »und keiner – so hatte ich den Eindruck – hielt [etwas] zurück, denn es gab nichts, worüber man [etwas] zurück[zu]halten brauchte, denn man kam sich ja oder man glaubte es ja, dass jeder dem anderen sowieso entgegenkam in seinem Wollen«. Polkes bot dem SD im Gegenzug für die Förderung der jüdischen Auswanderung nach Palästina Einfluss und Informationen an. Laut Francis Nicosia, der die Dokumente über diese dunkle Episode ausgegraben hat, könnte er auch versucht haben, vom SD Waffen für die Hagana zu bekommen. Aber was auch immer geschah, es genügte offenbar, um ein zweites Treffen zu vereinbaren. Inzwischen wurde der zionistische Agent Polkes auf Kosten der nationalsozialistischen Geheimpolizei in einem Hotel untergebracht. Bei der zweiten Begegnung scheint Polkes Eichmann vorgeschlagen zu haben, nach Palästina zu reisen, um die Kontakte zwischen ihren beiden Organisationen zu vertiefen. »Ich tat nichts lieber als das«, beschrieb Eichmann im Verhör in Israel seine Reaktion. Er berichtete Hagen über das Gespräch, und ein Aktenvermerk über Polkes wanderte die Befehlskette hinauf bis zu Heydrich. Mittlerweile war der Reiseplan um eine Begegnung mit Haj Amin al-Husseini, dem Großmufti von Jerusalem, und Emir Abdullah von Jordanien erweitert worden, um die Möglichkeiten der jüdischen Zuwanderung und den Widerstand gegen sie auszuloten. Laut Eichmann versah Heydrich seinen Bericht mit der Randbemerkung »gut«. Er stimmte der Reise unter der Bedingung zu, dass sie mit der von Walter Schellenberg geleiteten Auslandsabteilung des SD abgesprochen wurde. Wenn etwas schief lief, würden Schellenberg und

Six die Verantwortung tragen. Dann brach ein Streit darüber aus, wer reisen sollte. Man einigte sich schließlich auf Hagen, dem als Dienstältestem die Leitung der Mission anvertraut wurde, und Eichmann, der ihm zur Seite stehen sollte.[61]

Für Nachrichtendienstoffiziere waren ihre Vorbereitungen laienhaft und ziemlich durchsichtig. Eichmann reichte einen Antrag auf »Vervollständigung« seiner Garderobe ein: »Da bei meiner Reise unter anderem Verhandlungen mit arabischen Fürstlichkeiten vorgesehen sind, benötige ich einen leichten hellen und einen dunklen Anzug, sowie einen hellen Reisemantel.« Zur Tarnung erhielt er eine Akkreditierung als Journalist des *Berliner Tageblatts*, während Hagen, der 24 Jahre alt war, als »Student« reiste. Sie wurden angewiesen, während der Reise niemals die Worte SD, SS oder Gestapo in den Mund zu nehmen und keinerlei Ausweise bei sich zu tragen, die sie mit dem SD in Verbindung brachten.[62]

Sie brachen am Morgen des 26. September auf und fuhren zunächst mit der Eisenbahn durch Polen und Rumänien nach Constanza, wo sie sich auf dem Dampfer *Romania* einschifften. Die *Romania* legte am 29. September um Mitternacht ab und machte in Istanbul, Piräus und Beirut Zwischenstation, bevor sie am 2. Oktober um sechs Uhr abends Haifa erreichte. Eichmann und Hagen erhielten von den britischen Einwanderungsbeamten die Erlaubnis, an Land zu gehen, aber nur für 24 Stunden. Laut Eichmann war ein örtlicher Sicherheitsalarm aufgrund arabischer Anschläge auf jüdische Siedlungen und britische Truppen an dieser Einschränkung schuld. Doch sie machten das Beste aus der ihnen zur Verfügung stehenden Zeit. Sie mieteten eine Droschke und fuhren durch die moderne jüdische Hafenstadt, besichtigten die Templersiedlung und bestiegen den Karmelberg, von dem sie einen Blick auf die jüdischen Landwirtschaftssiedlungen in der Jesreelebene hatten. Außerdem trafen sie sich mit Reichert vom DNB, aber nicht mit Polkes. Am 3. Oktober verließen sie Haifa an Bord der *Romania* und trafen am nächsten Morgen in Alexandria ein.[63]

Dort verbrachten sie zwei Tage, bevor sie mit der Eisenbahn nach Kairo weiterreisten, wo sie Visa für Palästina zu bekommen versuchten. Laut Hagens Reisebericht verweigerten ihnen die britischen Behörden in Kairo an drei aufeinander folgenden Tagen – am 12., 13. und 14. Oktober – die Visa und verwiesen zur Begründung darauf, dass die Grenze wegen Gewaltausbrüchen geschlossen worden sei. Doch die von Hagen erwähnten Bombenanschläge fanden erst am 15. Oktober statt. Es könnte also auch sein, dass der britische Passbeamte den beiden Deutschen nicht traute. Eichmann erklärte später, ihre Tarnung habe nicht funktioniert; der englische Passbeamte sei von seinem Presseausweis nicht sehr beeindruckt gewesen.[64]

Sie blieben zwölf Tage in Kairo und kamen in dieser Zeit sowohl mit Reichert als auch mit Polkes zusammen, der aus Palästina anreiste und sich am 10. und 11. Oktober mit ihnen traf. Hagens Bericht zufolge unterbreitete »der Jude Polkes« einen Vorschlag, wie die jüdische Auswanderung nach Palästina auf 50 000 Menschen pro Jahr gesteigert werden könne. Jedem Auswanderer sollte gestattet werden, gemäß dem Haavara-Abkommen 1000 englische Pfund auszuführen; dieses Abkommen war 1933 zwischen der Zionistischen Vereinigung für Deutschland, der Jewish Agency und dem deutschen Wirtschaftsministerium ausgehandelt worden, um aus dem Dritten Reich nach Palästina auswandernden Juden den Transfer (hebräisch »Haavara«) eines Teils ihres Vermögens zu ermöglichen. Der Vorteil dieses Vorschlags bestand darin, dass die Briten zwar die Einwanderung nach Palästina immer stärker begrenzten, als »Kapitalisten« eingestufte Juden aber von dieser Beschränkung ausnahmen. Die Mandatsmacht erhoffte sich so, die ökonomische Entwicklung des Landes voranzubringen. Doch die beiden SD-Männer hielten nicht viel von diesem wenig originellen und potentiell kostspieligen Plan. Hagen zog in seinem Bericht den Schluss:

> »Dieser Plan muss von uns aus zweierlei Gründen verworfen werden:
> a) Es liegt nicht in unseren Bestrebungen, das jüdische Kapital im Auslande unterzubringen, sondern in erster Linie, jüdische Mittellose zur Ausreise zu veranlassen. Da die erwähnte Auswanderung von 50 000 Juden pro Jahr in der Hauptsache das Judentum in Palästina stärken würde, ist dieser Plan un-

ter Berücksichtigung der Tatsache, dass von Reichs wegen eine selbständige Staatsbildung der Juden in Palästina verhindert werden soll, undiskutabel. […]«[65]

Um sich ein Bild von den arabisch-jüdischen Beziehungen zu machen, führten die beiden SD-Abgesandten auch Gespräche mit mehreren arabischen Informanten, die jedoch nicht viel brachten. Als sie am Morgen des 19. Oktober nach Alexandria abreisten, hatte Eichmann daher das Gefühl, kaum etwas erreicht zu haben. Ihr Schiff, der italienische Dampfer *Palestina*, legte am nächsten Tag in Richtung Brindisi ab, mit Zwischenstopps in Rhodos und Piräus. Eichmann war während des größten Teils der Überfahrt krank und musste das Bett hüten. Von Brindisi aus ging es mit der Eisenbahn weiter, und am 26. Oktober um elf Uhr nachts trafen Hagen und Eichmann in Berlin ein. Auf der Fahrt hatten sie kurzzeitig österreichisches Territorium berührt, was Eichmann wehmütig daran denken ließ, dass er seit vier Jahren keinen Fuß mehr in seine Wahlheimat gesetzt hatte.[66]

Hagens Reisebericht, den Eichmann mit verfasst und unterzeichnet hat, enthält viele antisemitische Klischees. Den beiden Autoren zufolge herrschte in Palästina ein wirtschaftliches Chaos, weil »die Juden sich gegenseitig betrügen«. Es gebe »allein in Jerusalem 40 jüdische Banken […], die von dem Betrug ihrer eigenen Rassegenossen leben«. Die Juden würden in Palästina – wie dem nationalsozialistischen Vorurteil zufolge überall – ihre »absolute Ungeeignetheit […] zur Führung einer geordneten Wirtschaft« beweisen. Insgesamt widersprachen Ton und Inhalt des Berichts Eichmanns späterer Behauptung, er sei ein begeisterter Befürworter des Zionismus gewesen und habe gegenüber den Juden keinerlei negativen Gefühle gehegt.[67]

Um Eichmanns Nahostreise ranken sich viele andere Mythen, von denen nur wenige von ihm selbst stammen. So gab er während des Krieges gegenüber Juden vor, er sei in der Templersiedlung in Sarona geboren, und schmückte dies mit Erinnerungen an Palästina und einigen hebräischen Worten aus. Die Staatsanwaltschaft in Jerusalem versuchte später nachzuweisen, dass er unter anderem den Auftrag gehabt habe, Verbindungen zum Großmufti von Jerusalem und zu arabischen Nationalisten herzustellen. Abgesehen von dem Antrag auf einen Kleiderzuschuss, gibt es indessen keine Beweise dafür, dass er die Absicht hatte, mit arabischen Würdenträgern zusammenzukommen, um antijüdische Gefühle anzufachen, die im übrigen der SD-Politik zuwidergelaufen wären.[68] Kurzfristig betrachtet, war die Reise ein Fehlschlag. Aber sie trug dazu bei, Eichmann als Experten in jüdischen Angelegenheiten, speziell was die jüdische Auswanderung anging, zu etablieren. Nur wenige Tage nach seiner Rückkehr hatte der braun gebrannte und nunmehr weit gereiste Sachbearbeiter des Judenreferats Gelegenheit, mit seinem Fachwissen zu glänzen.

Im Spätsommer 1937 hatte der SD mit den Vorbereitungen für eine eintägige »Judentagung« begonnen, die mehrere Male verschoben wurde, weil Hagen und Eichmann im Ausland waren und die Tagesordnung aufgrund wechselnder Interessen geändert werden musste. Am 1. November fand die Tagung schließlich statt. Erster Tagesordnungspunkt war die Zusammenarbeit, sprich: Konkurrenz, mit der Gestapo. Den Experten wurden zum wiederholten Mal vor Augen geführt, welche Möglichkeiten eine Judenkartei bieten würde, aber auch welche Hindernisse bei ihrer Erstellung überwunden werden müssten. Ein Redner sprach über den Wert der jüdischen Presse für den SD, was darauf hindeutet, wie rudimentär dessen Informationsbeschaffung noch war. Doch den Hauptteil des Programms bildeten mehrere Vorträge der Vertreter des Judenreferats: Hagen sprach über Vergangenheit und Zukunft der Abteilung II/112, Dannecker über die Auswirkungen der Judengesetzgebung seit 1933, Eichmann über Aktivitäten und Anschauungen des Weltjudentums und noch einmal Hagen über britische Pläne für Palästina.[69]

Dannecker ging in seinem Referat auf Himmlers Funktionsbefehl und die möglichen Aufgaben des SD ein. Die Zeit bloßer Berichte über diesen oder jenen Juden, der in ein Konzentrationslager geschickt werden sollte, sei vorbei, erklärte er. Die Juden seien subversiv. Die Rassengesetze seien durchzusetzen und die Maßnahmen gegen die Juden zu verstärken. Dann gab er einen Überblick über das jüdische Leben in Deutschland, das nach seiner Ansicht das Hauptgebiet der SD-Arbeit darstellte.

Man müsse den Juden klarmachen, dass sie unter ständiger Polizeibeobachtung stünden und das Leben für diejenigen, die in Deutschland blieben, »unmöglich« werden würde. Man dürfe ihnen keinen Augenblick der Ruhe gönnen.[70]

Hagen berichtete über die Lage in Palästina und die Aussichten der jüdischen Auswanderung angesichts des Berichts der britischen Peel-Kommission über den arabischen Aufstand von 1936/37. Die Kommission habe der britischen Regierung empfohlen, Palästina in einen kleinen jüdischen und einen größeren arabischen Staat aufzuteilen. Daher müsse sich der SD mit den Konsequenzen einer möglichen jüdischen Staatsgründung auseinander setzen. Diese würde die NS-Politik auf vielerlei Weise erschweren, da ein jüdischer Staat diplomatisch aktiv werden könne und womöglich versucht würde, für die deutschen Juden Minderheitenrechte zu erlangen. Außerdem würde er seine Diplomaten einsetzen können, um den Boykott Deutschlands zu verschärfen, weshalb das Auswärtige Amt strikt gegen eine Unterstützung der zionistischen Bewegung sei. Der SD solle den Zionismus dagegen weiterhin fördern und die assimilatorischen Elemente im deutschen Judentum schwächen. Letztere wollten in Deutschland bleiben; deshalb solle der SD radikale Zionisten wie Georg Kareski unterstützen und ihnen helfen, illegale Transporte von Juden nach Palästina zu organisieren.[71]

Eichmanns Vortrag, den er offenbar in nur drei Tagen nach seiner Rückkehr aus dem Nahen Osten niedergeschrieben hatte, trug den Titel »Das Weltjudentum: politische Aktivität und Auswirkung seiner Tätigkeit auf die in Deutschland ansässigen Juden«. Er begann mit der bei den Nationalsozialisten üblichen Einteilung der Juden in drei Gruppen: Orthodoxe, Assimilierte und Nationalisten. Hauptgegner des Nationalsozialismus, so Eichmann, seien die Assimilierten, da sie eine völlige Integration anstrebten, den Antisemitismus als ihren größten Feind betrachteten und Organisationen schüfen, um ihn zu bekämpfen. Eichmann zählte eine ganze Reihe völlig harmloser jüdischer Bildungs- und Wohlfahrtsorganisationen auf, wie etwa die Alliance Israelite Universelle, die er als Zentrale einer riesigen Verschwörung gegen das Dritte Reich vorstellte. Am absurdesten war die Behauptung, diese Verschwörung würde sich in Deutschland des Unilever-Konzerns bedienen und ihre Unternehmensfassade sei eine Margarinefabrik. In seiner Analyse der zionistischen Bewegung stellte Eichmann die Hagana in den Mittelpunkt, die er recht zutreffend als Nachrichtendienst und Verteidigungsarmee darstellte, um ihr dann allerdings eine geradezu phantastische Stärke anzudichten. Angeblich verfügte sie über schwere Waffen und sogar Flugzeuge. Sämtliche Zionistenführer und die meisten führenden Juden hätten auf die eine oder andere Weise mit ihren Aktivitäten zu tun, die von einem allmächtigen Zentralkomitee gelenkt würden. Eichmann warnte seine Zuhörer, sie sollten sich nicht vom oberflächlichen Chaos des jüdischen Vereinslebens täuschen lassen, denn: »Hier sitzen sie in ihren Gräuel- und Boykottzentralen einträchtig zusammen und beschließen die weiteren Maßnahmen.« Laut Eichmann nutzten die Mitarbeiter verschiedener internationaler jüdischer Organisationen den geschützten Status von Juden mit fremder Staatsangehörigkeit, um Informationen über die deutschen Juden ins Ausland zu schmuggeln. Er forderte die Gestapo auf, die Vorsitzenden der deutschen Ableger dieser Organisationen vorzuladen und dafür zu sorgen, dass im Ausland geborene Juden aus deren Reihen ausgeschlossen würden. Der SD müsse sie mit Adleraugen überwachen.[72]

Das von Eichmann präsentierte antisemitische Trugbild ist ein klassisches Beispiel dafür, wie stark die Nationalsozialisten die Welt durch die Brille der *Protokolle der Weisen von Zion* sahen. Im Verhör in Israel bestritt er zwar jeden Einfluss der *Protokolle* auf sein Denken. Aber sein neu aufgefundener Vortrag zeigt, dass er zwar die vulgäre Verschwörungstheorie des (gefälschten) Pamphlets ablehnte, die Mythen von der jüdischen Macht und der Existenz eines zentral gelenkten Weltjudentums aber als Tatsachen verstand. Die antisemitische Ideologie verband sich nahtlos mit den Interessen seines Brötchengebers: Der SD musste Verschwörungen finden, wollte er seine Tätigkeit und seinen Etat rechtfertigen.[73] Denn auch nach einem Jahr intensiver Bemühungen war er noch weit von seinem Ziel entfernt, Macht und Einfluss zu gewinnen. Hagen, Eichmann und Dannecker trafen sich immer noch mit ihren Pendants bei der Gestapo, um die Zuständigkeiten und die Zusammenarbeit ihrer Organisationen abzustimmen.[74] Laut George Browder hatte der SD »noch 1938, am Vorabend der Eskalation des ›Judenproblems‹, keine Kompetenz in jüdischen Angelegenheiten erlangt, die seine eigenständige Existenz wirklich gerechtfertigt hätte«.[75]

Aufgrund der unklaren und begrenzten Rolle des SD bei der Formulierung und Umsetzung der Politik in der »Judenfrage« war Eichmann noch im Winter 1937/38 den deutschen Juden nahezu unbekannt. Einige wenige sind ihm in dieser Phase seiner Karriere jedoch begegnet, und ihre Aussagen vermitteln zusammen mit den Erinnerungen seiner einstigen Kollegen einen Eindruck davon, wie er den Juden damals gegenüberstand. Franz Meyer, ein in Breslau geborener zionistischer Funktionär, war 1935/36 mit Eichmann zusammengetroffen. Damals hatte man ihn mehrmals in die Gestapo-Zentrale in der Prinz-Albrecht-Straße bestellt; aber mindestens genauso oft hatte er Eichmann in zionistischen Angelegenheiten von sich aus aufgesucht. Bei diesen Treffen zeigte sich Eichmann aufmerksam und für Hilfsersuchen empfänglich. In Jerusalem sagte Meyer aus, er habe damals den Eindruck gewonnen, dass Eichmann interessiert gewesen sei und »genau wissen wollte, wie sich bei uns alles zutrug«. Deshalb habe er ihm auch »so im Verlaufe eines Gespräches gewisse Bitten unterbreitet und Klagen vorgebracht«. Eichmann forderte ihn jedes Mal auf, Platz zu nehmen, und sprach ihn korrekt als »Herr Doktor« an. Nach Meyers Eindruck waren ihm Besuche von Vertretern der jüdischen Gemeinde willkommnen. Er habe Genaueres über die *haluzim* erfahren wollen, die jüdischen Jugendlichen, die vor ihrer Auswanderung nach Palästina auf Bauernhöfen in Deutschland eine Ausbildung erhielten. Ganz allgemein habe er großes Interesse am Fortgang der jüdischen Auswanderung gezeigt. Wenn die Arbeit der zionistischen Organisationen durch Behördenschikanen oder andere bürokratische Schwierigkeiten behindert worden sei, habe er sich an Eichmann gewandt, bei dem er mit seinen Anliegen immer auf Verständnis gestoßen sei. Doch Eichmann sei stets vorsichtig geblieben und habe erklärt, er müsse erst seine Vorgesetzten fragen. Zionistische Funktionäre wie Meyer fanden Eichmann zugänglich und aufgeschlossen.[76]

Im Gegensatz dazu berichtete Benno Cohn, der im Palästina-Büro in Berlin arbeitete, vor Gericht von einer ziemlich unangenehmen Begegnung. Im Jahr 1937 habe er vor der Auswanderung von Rabbi Joachim Prinz, einem führenden Zionisten, eine Versammlung zu dessen Ehren geleitet. Eichmann sei zusammen mit mehreren SD- und Gestapo-Männern in Zivil erschienen, und da der Saal sehr voll gewesen sei, habe jemand Eichmann den Ellbogen in den Bauch gestoßen, was diesen derart erbost habe, dass er die Organisatoren zu sehen verlangt habe. Als Cohn zu ihm gekommen sei, habe »Herr Eichmann«, den er zuvor noch nie gesehen habe, ihn angefahren: »Sind Sie hier der Vorsitzende? Sie sind verantwortlich für diesen Rummel? Diese Unordnung?« Endlich habe er sich beruhigt, zusammen mit den anderen ungebeteten Gästen Platz genommen und sich über die Ansprachen, die auf der Versammlung gehalten wurden, Notizen gemacht.[77]

Die Versammlung hinterließ bei Eichmann einen bleibenden Eindruck. So kam er in seinem Vortrag auf der Judentagung am 1. November 1937 auf sie zu sprechen: »Ich erinnere mich an eine Abschlussrede des ehemaligen Funktionärs der ›ZVfD‹, Rabbiner Dr. Joachim Prinz, der von dem Judentum vor einigen Monaten nach Amerika berufen wurde und erklärte, dass es eine seiner vornehmsten Aufgaben sein werde, mitzuarbeiten an der Sammlung und Konzentration des Judenreservoirs in den USA und es reif zu machen für den Kampf des Judentums zum Wohl der Juden in aller Welt.«[78] In seinen Augen war die Versammlung ein schlüssiger Beweis für die Existenz einer jüdischen Weltverschwörung. Doch die richtige Reaktion darauf war nach seiner Ansicht aber nicht Hysterie. Seine Aufgabe im Kampf gegen das »Weltjudentum« sah er darin, Material zu sammeln und zu archivieren, damit eine Grundlage für eine Politik geschaffen werde, die einen entscheidenden und endgültigen Gegenschlag ermöglichen würde.

Für die SS- und SD-Männer waren die Juden der Feind, gegen den notwendigerweise Maßnahmen ergriffen werden mussten, um die arische Rasse und das Dritte Reich zu verteidigen. Das war nichts Persönliches: Es war ihre Arbeit. Ein SD-Mann hatte hart, objektiv und unsentimental zu sein. Diskriminierende Gesetze waren die Norm im »Rassenstaat«, und ihr Wert wurde daran gemessen, wie weit sie dazu beitrugen, die politischen Endziele zu erreichen. Im SD galt es bereits als ausgemacht, dass die »Judenfrage« nur durch die Entfernung der Juden aus Deutschland gelöst werden konnte; durch entsprechende Gesetze lediglich ihren Einfluss zu beschneiden reichte nicht aus. Mit willkürlicher Gewaltanwendung und Misshandlungen kam man diesem Ziel nicht näher; sinnvoller war es, sich gegenüber Repräsentanten des Judentums, welche die Auswanderung förderten, zivilisiert zu verhalten. Die Auswanderung war das A und O, und dem hatte sich alles andere, einschließlich der persönlichen Gefühle, unterzuordnen.[79]

Im Januar 1938 wurde Eichmann in Anerkennung seines Engagements und seiner Leistungen auf dem Gebiet der »Judenpolitik« zum Untersturmführer befördert. Das entsprach dem Rang eines Leutnants, er war jetzt also Offizier; langsam gewann er an Statur und Ansehen. Im März wurde er von Heydrichs Büro gebeten, Material für eine Denkschrift über internationale Anstrengungen zur Förderung der jüdischen Auswanderung aus Europa zusammenzutragen. Hintergrund dieses Auftrags war die Nachricht, polnische und französische Regierungsvertreter verhandelten über die Möglichkeit einer Massenauswanderung von polnischen Juden in die französische Kolonie Madagaskar. Für den SD sollte bald eine neue Ära beginnen, die auch für Eichmann neue Aussichten mit sich brachte.[80]

Der Auswanderungsexperte, 1938–1941

»Löwenherz machte sich dann auf den Weg zu Eichmann, jeder Weg zu Eichmann war für ihn ein Canossagang […].«
Moritz Fleischmann, Zeugenaussage im Eichmann-Prozess, 26. April 1961[1]

»Früher war er so ein kleiner Beamter gewesen, ein guter Bürokrat, der seinen Pflichten nachkommt, Berichte schreibt und verfasst. Hier plötzlich saß ein Mann, der in seiner Unverschämtheit Herr über Leben und Tod war, grob, anraunzte, wir durften uns überhaupt nicht seinem Tisch nähern, wir mussten die ganze Zeit stehen.«
Franz Meyer, Zeugenaussage im Eichmann-Prozess, 26. April 1961[2]

»Dann kam Eichmann, wie ein junger Gott: Er sah gut aus damals, groß, schwarz gekleidet, eine strahlende Erscheinung.«
Adolph Brunner, 1977 in einem Interview[3]

Anfang 1938 erhielt der SD den Auftrag, den bevorstehenden Einmarsch in Österreich vorzubereiten, um dort nach Hitlers Willen ein NS-Regime zu errichten und das Land dem Deutschen Reich »anzuschließen«. Im Januar und Februar ließen Eichmann und seine Kollegen daher ihre reguläre Arbeit liegen. Eichmann musste wieder einmal eine Kartei anlegen, obwohl es diesmal ein grob automatisierter Vorgang war. »[…] wochenlang vorher«, erzählte Eichmann in Jerusalem, »wurde nun alles im SD-Hauptamt, was gehen konnte, zu einer Drei-Schichten-Arbeit abgestellt«, um Karten für eine besondere, von von Mildenstein entworfene Kartei zu schreiben, eine »gewaltige Rad-Kartei […] mit einem Durchmesser von einigen Metern, die ein

Mann, wie auf einem Klaviersessel sitzend, bedienen konnte und drehen konnte und die gewünschte Karte herausziehen konnte, mit Lochsystem«. Der SD bewies seinen Wert als Nachrichtendienst, indem er aus gesammelten Jahresberichten, Handbüchern, Zeitungsausschnitten, Mitgliederlisten von Parteien und Meldungen von in Österreich tätigen Agenten, so genannten V-Männern, die Namen von »Gegnern« heraussuchte.[4]

Am 12. März überschritten deutsche Truppen die Grenze des Nachbarlandes, und österreichische Nationalsozialisten strömten auf die Straßen von Wien, um sie zu begrüßen. In einem einwöchigen Pogrom entluden sich über Jahre hinweg aufgestaute Hassgefühle gegen die Verteidiger der österreichischen Republik, gegen Kommunisten, Sozialdemokraten, Gewerkschafter und vor allem Juden. Juden wurden zusammengetrieben und gezwungen, antifaschistische Parolen von den Häuserwänden zu entfernen, und in einigen Fällen von trauriger Berühmtheit mussten sie mit Scheuerbürsten und Wassereimern Bürgersteige putzen. Führende Mitglieder der jüdischen Gemeinde und jüdische Politiker wurden von der Gestapo festgenommen und nach Dachau gebracht oder in lokale Gefängnisse gesteckt. Österreichische SA- und SS-Männer plünderten ungestraft jüdische Geschäfte. NSDAP-Mitglieder belegten, ohne auch nur den Anschein eines rechtmäßigen Vorgehens zu erwecken, im jüdischen Besitz befindliche Wohnungen mit Beschlag. Gegen jüdische Geschäfte wurde ein Boykott verhängt, und Juden wurden von einem Berufszweig nach dem anderen ausgeschlossen. Die gesamte im Dritten Reich geltende antijüdische Gesetzgebung wurde umgehend auf Österreich ausgedehnt, einschließlich der Nürnberger Gesetze, die im Mai 1938 formell in Kraft traten. Unter den österreichischen Juden herrschten Angst und Verzweiflung; Hunderte von ihnen begingen Selbstmord.[5]

Eichmann fieberte ungeduldig dem Augenblick entgegen, in dem er »nach Hause« zurückkehren konnte, gehörte aber nicht zur ersten Welle von SD-Männern, die nach Wien gingen. Er musste noch eine Woche warten, bevor er bis auf weiteres zur neuen SD-Stelle in der österreichischen Hauptstadt versetzt wurde, um dort die Bearbeitung der jüdischen Angelegenheiten zu übernehmen. Nach fünfjähriger Abwesenheit war er wieder in seiner Wahlheimat.[6] Die Tätigkeit in Wien wird zumeist, wie schon von Gerald Reitlinger, als sein Durchbruch betrachtet. Auch der Nürnberger Ankläger Robert Kempner sprach von Wien als »Sprungbrett für seine ›Karriere‹«.[7] Eichmanns Wiener Jahre gelten als die Periode, in der er von einem untergeordneten Bürokraten zum Praktiker des Völkermords wurde.[8] Andere übernahmen Eichmanns Einschätzung, seine große »Leistung« in Wien sei die Einrichtung eines »laufenden Bandes« zur Beschleunigung des jüdischen Exodus gewesen. Unnötig zu erwähnen, dass die Staatsanwaltschaft in Jerusalem mit Nachdruck auf die Wiener »Verdienste« und »Leistungen« hinwies, um ihn in ein möglichst schlechtes Licht zu rücken.

Doch die Idee für eine zentrale Auswanderungsstelle stammte tatsächlich von führenden Wiener Juden, und sie war überaus erfolgreich, weil die Juden selbst sie betrieben. Es war das erste Beispiel eines unter totaler Kontrolle der Nationalsozialisten arbeitenden »Judenrats«, einer Kooperation, die in ihrem extremsten Ausmaßen wie Kollaboration wirkte.[9] Das Gericht in Jerusalem hielt sich jedoch lieber an Eichmanns sich selbst verherrlichende Version, um den Aspekt der jüdischen Mitwirkung herunterzuspielen. Dass Eichmann sich selbst rühmte, die treibende Kraft der erzwungenen Auswanderung gewesen zu sein, mag zwar seltsam und irreführend wirken; aber er wollte seine Tätigkeit in Wien als die eines überzeugten Zionisten darstellen, der nichts mehr wünschte, als den Juden dabei zu helfen, einer Gefahrensituation zu entkommen.[10]

In Israel beschrieb Eichmann seine Ankunft in Wien auf geradezu bemitleidenswerte Weise. Als Büro habe er ein Zimmer im ehemaligen Rothschild-Palais in der Prinz-Eugen-Str. 22 erhalten, das als SD-Zentrale konfisziert worden war. Dort habe er mit wenig mehr als einem Schreibtisch als Ausstattung fast 200 000 Juden kontrollieren sollen. Dann sei er zur Gestapo gegangen und habe sich dort »durchgefragt, wer [ihm] Auskunft geben könne über Judenangelegenheiten«. Man habe ihn zu Karl Ebner geschickt, einem österreichischen Nationalsozialisten, der das Judenreferat der Wiener Gestapo leitete. Dieser habe ihm daraufhin mitgeteilt, dass alle führenden Juden in Haft seien, woraufhin er erwidert habe, die SD-Politik bestehe in der Förderung der Auswanderung. Dazu müsse man Organisationen schaffen, die jenem Ziel dienten, statt die Juden zu inhaftieren und ihre Organisationen zu verbieten. Dann habe er Ebner gebeten, die führenden Juden zu ihm zu bringen. Er habe sie für am besten geeignet gehalten, eine geordnete Auswanderung zu organisieren. Einer dieser Juden war der Rechtsanwalt und stellvertretender Vorsitzende der Israelitischen Kultusgemeinde (IKG) Josef Löwenherz, dem er – wie den anderen auch – seine vermeintlichen zionistischen Überzeugungen offenbarte und das Lügenmärchen auftischte, dass er in Palästina geboren sei. Dann wies er ihn an, bis zu ihrem nächsten Treffen ein System der »forcierten Auswanderung« zu entwickeln. Am nächsten Tag habe Löwenherz einen Vorschlag unterbreitet, den er »sehr in Ordnung« fand. Jugend-, Bildungs- und Religionsorganisationen sollte gestattet werden, wieder tätig zu werden: »[...] kurz und gut – es normalisierte sich, aber natürlich alles unter dem Zeichen: Bemühung für Auswanderungsmöglichkeiten.«[11]

Diese Schilderung entbehrt jeder Grundlage. Die Vorstellung, dass Eichmann als Angehöriger eines mächtigen Nachrichtendienstes nach wochenlanger Vorbereitung durch Wien geirrt sei und sich bei einheimischen Nationalsozialisten danach erkundigt habe, was vor sich ging, hätte sofort als absurd erkannt werden müssen. Tatsächlich aber wurde sie weder von der Polizei noch von der Staatsanwaltschaft in Israel in Frage gestellt. In Wirklichkeit traf Eichmann am 16. März in Wien ein, um eine Sondereinheit der Abteilung II/112 aufzustellen. Weit davon entfernt, verhaftete Juden wieder freizulassen, brachte Eichmann Listen mit den Namen prominenter Juden mit, die verhaftet werden sollten; insbesondere auf die führenden Persönlichkeiten »assimilatorischer« Organisationen wie B'nai Brith hatte er es abgesehen. Zwei Tagen später nahm er an einer großen Razzia in den Büroräumen der Israelitischen Kultusgemeinde von Wien teil. Julius Rosenfeld, ein Mitarbeiter der IKG, sagte später aus, er habe Eichmann mit einem Buch in der Hand gesehen, das eine Liste der Führung der jüdischen Gemeinde in Österreich enthalten habe. Zu Rosenfelds Leidwesen erkannte er in dem Buch eine seiner eigenen Publikationen, die das Judenreferat des SD offenbar in seine Bibliothek aufgenommen hatte.

Außerdem beaufsichtigte Eichmann die Beschlagnahme von Dokumenten, Mitgliederlisten und »Beweisen« für »subversive« Aktivitäten wie die Unterstützung der legal gewählten österreichischen Regierung. Zwei Möbelwagen brachten das Material zur SD-Zentrale in Berlin. Die Nachforschungen der Abteilung II/112 führten zu immer neuen Festnahmen. In der Folgezeit kamen Juden, die aufgrund dieser »Beweise« inhaftiert worden waren, in Konzentrationslagern ums Leben.[12]

Im Gegensatz zum eigenen systematisch angewandten Terror waren der NS-Führung in Berlin die »wilden Aktionen« der Wiener Bevölkerung peinlich. Wenige Tage nach dem Anschluss beklagte sich Heydrich bei Josef Bürckel, dem »Reichskommissar für die Vereinigung Österreichs mit dem Deutschen Reich«, über diese »undisziplinierten« Übergriffe. Bis Ende April gelang es dem Sicherheitsapparat, die schlimmsten »Übergriffe« plündernder Zivilisten zu beenden. Die Partei setzte allerdings ihre Beutezüge fort und kanalisierte die antijüdische Raserei lediglich in bestimmte Bahnen, wie etwa die Beschlagnahme von 40 000 Wohnungen, in denen Juden lebten.[13]

Die Juden, die es konnten, flohen aus dem Land. Viele hatten jedoch Schwierigkeiten, die nötigen Dokumente zu bekommen. Nur zu oft verhinderten bürokratische Saumseligkeit und Geldmangel ihre Auswanderung, aber an der Spitze der jüdischen Gemeinde gab es niemanden, der ihnen mit Rat und Tat zur Seite gestanden hätte. In der jüdischen Gemeinde selbst herrschten Chaos und Angst. Eichmann begriff, dass bestimmte jüdische Organisationen existieren mussten, wenn die Auswanderung glatt und in großem Umfang vonstatten gehen sollte. Das war kein neuer Gedanke, denn der SD setzte sich schon seit langem für eine Zentralisierung und Vereinfachung des Auswanderungsverfahrens ein, damit man so viele Juden wie möglich so schnell wie möglich aus dem Reich »entfernen« konnte. Die Historikerkommission der Republik Österreich hat jüngst anhand neu entdeckten Archivmaterials gezeigt, dass es das Konzept und den Apparat der »forcierten Auswanderung« im Denken des SD und in der Praxis des NS-Staats bereits lange vor dem »Anschluss« gab.[14]

Nachdem Eichmann seinen Teil zu Chaos und Elend beigetragen hatte, setzte er sich mit Franz Six in Berlin und SS-Standartenführer Franz Walter Stahlecker, dem Wiener SD-Chef, in Verbindung, um die Freilassung einzelner Juden und die Wiederaufnahme der Tätigkeit einer begrenzten Zahl von jüdischen Organisationen zu erreichen. In einigen Fällen waren die Männer, die er mit Stahleckers Segen »befreite«, dieselben, die er zuvor hatte festnehmen lassen. Die von der Haft gezeichneten und verängstigten Juden wurden einer nach dem anderen aus der Gestapozelle zur Vernehmung in Eichmanns Büro im Hotel Metropol gebracht, und diejenigen, die er für seine Pläne geeignet hielt, kamen anschließend frei. Einer der Gefangenen war Adolf Böhm, aus dessen Geschichte des Zionismus Eichmann so viel gelernt hatte. Eichmann spielte mit dem Gedanken, Böhm zum Leiter der neu konstituierten jüdischen Gemeindeorganisation zu machen. Das hatte für ihn einen gewissen Reiz, da er Böhm auf verdrehte Weise als eine Art Mentor ansah – letztendlich aber war Böhm zu alt und zu gebrechlich, um seinen Zwecken dienen zu können. So wählte er stattdessen Josef Löwenherz aus. Er ließ ihn in seine Zelle zurückbringen, wo er festgehalten werden sollte, bis er einen Plan für die Massenauswanderung der österreichischen Juden entwickelt hatte. Ein solches Verfahren war kaum ein Anreiz für die freiwillige Kooperation führender Vertreter der jüdischen Gemeinde.[15]

Als für die Zwecke des SD am besten geeignete zionistische Organisationen wählte Eichmann den Zionistischen Landesverband für Österreich, die zionistische Jugendorganisation, den Hilfsverein und als Vertretung der orthodoxen Juden die politisch harmlose Agudas Israel aus. Außerdem gestattete er das Erscheinen einer jüdischen Zeitung, bestand aber darauf, dass sie im Unterschied zu ihrem deutschen Pendant, der *Jüdischen Rundschau*, *Zionistische Rundschau* genannt wurde. Die Botschaft war klar: Die einzige Zukunft für die österreichischen Juden lag in der Auswanderung, ob nun nach Palästina oder anderswohin. Für die Führung dieser Organisationen kamen nur Männer und Frauen in Frage, von denen zu erwarten war, dass sie in der jüdischen Gemeinde für »Ordnung und Disziplin« sorgen und die Auswanderung mit aller Kraft vorantreiben würden.[16]

Eichmann gefiel seine Arbeit. Begeistert las er im *Völkischen Beobachter* die Schlagzeile »Rothschilds werden enteignet«, und Anfang Mai schrieb er an den von Wien nach Berlin zurückgekehrten Hagen:

»Sämtliche jüdischen Organisationen in Österreich sind zu achttägigen Berichterstattungen angehalten worden. Dieselben werden dem jeweiligen Sachbearbeiter II 112 übergeben, Unterabschnitte und Oberabschnitte. Die Berichte haben in einen Situationsbericht, in einen Tätigkeitsbericht zu zerfallen. In Wien sind sie jeweils montags fällig, in der Provinz donnerstags jede Woche. Ich hoffe Dir die ersten Berichte gleich morgen schicken zu können. Am Freitag nächste Woche erscheint die erste Nummer der zionistischen Rundschau. Ich habe mir die Manuskripte einsenden lassen und bin gerade bei der langweiligen Arbeit der Zensur. Die Zeitung geht Euch selbstverständlich auch zu. [...] Jedenfalls habe ich die Herrschaften auf den Trab gebracht, was Du mir glauben kannst. Sie arbeiten derzeit auch schon sehr fleißig. Ich habe von der Kultusgemeinde und dem zionistischen Landesverband eine Auswanderungszahl von 20 000 mittellosen Juden für die Zeit vom 1. April 1938 bis 1. Mai 1939 verlangt, was sie mir auch zusagten, einhalten zu wollen.«

Zum ersten Mal in seiner Laufbahn besaß Eichmann wirkliche Macht. Er verfügte über exekutive Kompetenzen im Sicherheitsapparat und diktatorische Gewalt über die unglücklichen Juden. »Morgen«, berichtete er Hagen, »kontrolliere ich wieder den Laden der Kultusgemeinde und der Zionisten. Dies mache ich jede Woche mindestens einmal. Ich habe sie hier vollständig in der Hand, sie trauen sich keinen Schritt ohne vorherige Rückfrage bei mir zu machen. So ist es auch in Ordnung wegen der besseren Kontrollmöglichkeit.«[17]

Es nagte allerdings an Eichmann, dass er trotz seiner größeren Macht und Verantwortung immer noch nicht mehr als Untersturmführer war. Sein Ehrgeiz hatte eine ebenso kuriose wie schicksalhafte Nebenwirkung. Als er um Versetzung zur SD-Stelle in Linz ersuchte, die ihm die triumphale Rückkehr in seine

Heimatstadt ermöglicht hätte, lehnte Six den Antrag mit der Begründung ab: »Die Konzentration der Juden in Wien macht auch die Anwesenheit eines erfahrenen Praktikers wie Eichmann erforderlich. Eine Notwendigkeit, die noch verstärkt wird durch den großen Aufbau der Judenabteilung bei der Staatspolizeistelle in Wien.« Er habe nur widerstrebend einen »Sachkenner und Spezialisten wie Eichmann« aus dem SD-Hauptamt nach Wien ziehen lassen. Es falle schwer, einen Ersatz für ihn zu finden. Aber Six ahnte offenbar, worum es Eichmann wirklich ging, und schlug eine Alternative zur Versetzung vor: »Falls es sich bei der Versetzung Eichmanns wieder um seinen Wunsch nach einer Abteilungsleiterstelle handelt, so kann ich darauf nur hinweisen, dass es unter diesen Umständen erforderlich ist, das Judenreferat in Wien zu einer Abteilung auszubauen und SS-Untersturmführer Eichmann entsprechend einzusetzen.«[18]

Die Zentralstelle für jüdische Auswanderung, angeblich Eichmanns große Erfindung und der Prototyp für die spätere Behandlung der Juden in anderen Ländern, wurde also zum Teil geschaffen, um seine Beförderung zu rechtfertigen. Selbstverständlich war die Zentralstelle mehr als nur ein Trick, der es Six ermöglichte, seinen tatkräftigen Untergebenen zu belohnen. Sie beruhte auf der Überzeugung des SD, dass der Auswanderung Vorrang einzuräumen sei und sämtliche antijüdischen Maßnahmen diesem Ziel untergeordnet werden müssten. Unnötig zu sagen, dass SS und SD nach diesem Konzept uneingeschränkte Macht über die Juden haben mussten. Hinzu kamen lokale Forderungen. Hans Safrian hat nachgewiesen, dass auch Bürckel und sein Mitarbeiterstab ein zentralisiertes Auswanderungssystem verlangten, um zu gewährleisten, dass die armen Juden Wien verlassen konnten, auch wenn die meisten jüdischen Einwohner aufgrund »wilder Arisierungen« und staatlicher Enteignungen nicht mehr die Mittel für eine Auswanderung besaßen. Als diese Maßnahmen einen »Rest« von unbeweglichen, verarmten Juden zu schaffen drohten, kamen die Vorschläge für ein vereinfachtes Auswanderungssystem gerade recht, die Eichmann von der IKG unterbreitet wurden. So trafen institutionelle Ambitionen und jüdische Verzweiflung mit Eichmanns Bemühungen zusammen, gemäß der SD-Doktrin die Auswanderung zu beschleunigen, und sorgten im Lauf der Zeit für seine Beförderung.[19]

Nachdem er sich zuvor mit seiner Urheberschaft gebrüstet hatte, schrieb er in Israel Löwenherz und dessen Kollegen die Grundidee zu. Es selbst habe nur das Konzept hinzugefügt, wie die Zentralstelle organisiert sein müsse, um den Auswanderungsvorgang zu beschleunigen. Die Juden mussten zahlreiche Rechnungen vorweisen sowie diverse Steuern und Gebühren bezahlen, bevor ihnen die Ausreise gestattet wurde. In der Regel ließen gehässige Beamten sie stundenlang warten, und bis die Quittungen für beglichene Zahlungen eintrafen, vergingen oft Wochen. Da die Ausreisegenehmigungen befristet waren, galten sie häufig nicht mehr, wenn alle anderen Formalitäten endlich erledigt waren. Dann mussten die unglücklichen Ausreisewilligen von vorn anfangen. Eichmann stellte sich nun ein serielles Verfahren vor, bei dem die Antragsteller in ein und demselben Gebäude in ununterbrochener und schneller Folge von einem Schalter oder Büro zum nächsten weitergeleitet würden: »[...] noch am selben Nachmittag hatte ich die Idee geboren, von der ich glaubte, dass es wiederum beiden Stellen Recht wäre. Und zwar stellte ich mir ein laufendes Band vor, vorne kommen das erste Dokument drauf und die anderen Papiere und rückwärts müsste dann der Reisepass abfallen.« Er sprach mit seinem Freund und Kollegen Stahlecker über die Idee, und dieser veranlasste Bürckel, einen entsprechenden Erlass herauszugeben.[20]

Eichmanns zweite bedeutende Innovation war ein Verfahren zur Geldbeschaffung. Die Auswanderung war für die Juden ein kostspieliges Unterfangen; bevor sie das Land verlassen durften, mussten sie ihre gesamten Steuern bezahlt und alle Schulden beglichen haben. Aber die meisten von ihnen waren buchstäblich mittellos. Eichmann sorgte nun dafür, dass die eingefrorenen Vermögen der jüdischen Gemeinde sowie einzelner Juden der Zentralstelle zur Verfügung gestellt wurden. Auf diese Weise bezahlten die »reichen Juden« die Auswanderung ihrer armen Glaubensgenossen, welche die Nationalsozialisten unbedingt loswerden wollten.[21] Außerdem verfügte er, dass die beträchtlichen Gelder, mit denen Juden aus England, den USA und anderen Ländern die jüdische Gemeinde unterstützten, von der Zentralstelle und somit vom SD verwaltet werden sollten. Sie sollten umgetauscht werden, um mit ihnen die Ausgaben der Zentralstelle und die Auswanderungskosten zu begleichen – allerdings zu einem Umtauschkurs, der offenem Straßenraub gleichkam. In ähnlicher Weise wurde den Juden gestattet, über eine zentrale Wechselstube Geld in ausländische Währungen umzutauschen – zu unterschiedlichen Wechselkursen, die so gestaffelt waren, dass »reiche Juden« gnadenlos geschröpft wurden. Die Auswanderer sollten zwar genügend Geld aus Österreich ausführen dürfen, um beweisen zu können, dass sie dem Aufnahmestaat nicht zur Last fallen würden, aber zu enormen Kosten für sie selbst und die jüdische Gemeinde. Es war offener Betrug, doch Eichmann stellte klar, dass es nur eine Alternative zur Auswanderung gab: die Konzentrationslager. »Sinnvoll« war das System nur vor dem Hintergrund von Diskriminierung und Terror.[22]

Als die Zentralstelle im August 1938 im Rothschild-Palais ihre Arbeit aufnahm, bedeutete dies für den SD einen Durchbruch bei der Bearbeitung jüdischer Angelegenheiten. Das war zweifellos Eichmanns Verdienst. Er hatte einen Weg gefunden, wie eine personell und strukturell relativ kleine Organisation Resultate erzielen konnte, die das, was sie aus eigener Kraft eigentlich hätte erreichen können, um ein Vielfaches übertrafen. Gelungen war ihm dies, weil er die für die Umsetzung der SD-Politik nötigen Stellen mit Juden besetzt hatte; ein notwendiger Bestandteil des Verfahrens war der Terror. Die Zentralstelle sollte zum »Prototyp« des Judenrates werden, den das NS-Regime ein ums andere Mal zu verschiedenen Zwecken nutzen sollte.[23]

Obwohl sich Eichmann als zionistischen Visionär und Freund der Juden ausgab, hatte die Verwirklichung der SD-Vorstellung von der Entfernung der Juden aus dem Reich wenig mit einer Auswanderung im herkömmlichen Sinn und rein gar nichts mit dem Zionismus zu tun. Eichmann versicherte zu seiner Verteidigung, die Situation hätte sich »normalisiert«, aber sie war alles andere als normal. Die Auswanderung geschah nicht freiwillig, sondern war erzwungen, und sie wurde nicht zum Nutzen der Juden forciert, sondern um das Ziel der nationalsozialistischen Ideologie zu erreichen. Täglich trafen in Wien neue Schreckensnachrichten über die Behandlung jüdischer Gefangener in Dachau ein – zusammen mit der Asche derjenigen, die bereits verstorben waren. Tausende Juden waren jeder Möglichkeit, sich ihren Lebensunterhalt zu verdienen, beraubt und lebten in der Furcht vor willkürlicher Verhaftung und gewalttätigen Übergriffen. Die Zentralstelle war ein Ort des Schreckens, an dem die jüdischen Antragsteller regelmäßig von SS-Männern und nationalsozialistischen Beamten misshandelt wurden. Die Bemühungen der zionistischen Vertreter, junge Menschen aus dem Land zu schaffen, die in Palästina als Pioniere den Nachfolgenden den Weg ebenen konnten, wurde zugunsten der Ausreise von so genannten jüdischen Kapitalisten fallengelassen. Solange die Juden aus Österreich verschwanden, interessierte Eichmann und seine Helfer nicht, wohin sie gingen oder wie sie dorthin gelangten.[24]

Auch in anderer Hinsicht zeigte sich, dass die Zentralstelle alleine zum Nutzen des SD geschaffen worden war, und nicht, um die Ausreisechancen der Juden zu vergrößern. Denn durch den Umbau und die Zentralisierung der jüdischen Organisationen und die unter dem Vorwand der Förderung der Auswanderung erlangte Zuständigkeit für sämtliche jüdischen Angelegenheiten hatte sich der Sicherheitsapparat die totale Kontrolle über die Juden und ihr Vermögen gesichert und seine Kompetenzen beträchtlich ausgedehnt.

Obwohl ein großer Teil der Auswanderung an der Zentralstelle vorbei vonstatten ging, waren Eichmanns Vorgesetzte höchst zufrieden mit dem »Wiener Modell«. Tatsächlich konnte Eichmann beeindruckende Ergebnisse vorweisen. Ende September 1938 meldete er nach Berlin, bisher seien rund 50 000 Juden ausgewandert, 38 000 von ihnen über die Zentralstelle.[25] Er führte voller Stolz Besucher durch die Zentralstelle, und sein Ansehen wuchs mit der Zahl misshandelter, gedemütigter und verarmter Juden, die gezwungen waren, ins Ausland zu gehen, nach Bolivien oder Schanghai oder in andere Weltteile, die noch relativ offen waren, und sich dort als Dienstmädchen oder Hausmeister zu verdingen.[26]

Ein Besucher hinterließ eine denkwürdige Beschreibung der Zentralstelle. Bernhard Lösener, NSDAP-Mitglied und »Judenreferent« im Reichsministerium des Innern, hatte eine herausragende Rolle beim Entwurf der Nürnberger Gesetze und anderer zwischen 1933 und 1943 erlassener antijüdischer Verordnungen gespielt. In seinen nach dem Krieg zur eigenen Entlastung verfassten Erinnerungen erzählte er, wie Eichmann ihn herumgeführt hatte: »Im Rothschildpalais am Belvedere Prinz Eugens war das Hauptbüro. Die Korridore von den unterschiedlichen Büros in den alten Prunkzimmern, die die Auswanderer zu durchlaufen hatten, waren gedrängt voll von jüdischen Menschen, die fort mussten oder wollten. Einen von ihnen anzusprechen hatte ich nicht den Mut, denn auch ich fühlte mich unter der Aufsicht Eichmanns [...].« Aber er bemerkte, wie die Menschen auf Eichmanns Gegenwart reagierten: »Frauen rissen in den überfüllten Korridoren ihre Kinder erschreckt beiseite, sobald sie Eichmann sahen, der unbekümmert wie auf leerer Straße dahinging und alles beiseite stieß, was da in menschlichem Unglück harrte.«

Anschließend begab sich Eichmann mit seinem Gast zur IKG, wo mehrere Juden auf sie warteten, »offensichtlich schon stundenlang«, wie Lösener bemerkte. »Sie sprangen sofort hoch, als wir eintraten«, berichtet er weiter; »es waren die Bearbeiter der verschiedenen Angelegenheiten der Synagogengemeinde Wien. Eichmann rief sie kurz bei Namen auf, sagte mir ebenso kurz, worüber sie Vortrag zu halten hätten, und sofort schnurrten sie wie dressierte Tiere ihre Angaben herunter. Der Ausdruck berechtigter Todesangst war auf jedem Gesicht zu lesen.«[27]

Eichmanns Macht erstreckte sich weit über Wien hinaus. Als ihm eine SD-Stelle mitteilte, die Juden in Innsbruck würden eine gewisse »Arroganz« an den Tag legen, stattete er der Stadt einen Besuch ab. Die Mitglieder der jüdischen Gemeinde wurden zu ihm bestellt, und er wies sie an, sich Pässe und Ausreisepapiere zu beschaffen und aus Österreich zu verschwinden. Wer über finanzielle Mittel verfügte, erhielt eine Frist von zwei Wochen, um seine Angelegenheiten zu regeln; die Armen bekamen acht Wochen Zeit, um die nötigen Arrangements zu treffen. In Wien ließ Eichmann wiederholt Löwenherz zu sich rufen, um ihm unter der Drohung, ihn und die anderen Juden ins Konzentrationslager einweisen zu lassen, immer neue phantastische Auswanderungsquoten vorzugeben. Da die Politik des SD das antijüdische Vorgehen bestimmte, besaß Eichmann als Herr über die jüdische Auswanderung die unumschränkte Macht über 200 000 Juden.[28]

Eichmann erhielt den Lohn für seinen – an NS-Maßstäben gemessenen – Erfolg. Im Juli wurde er zum Obersturmführer befördert, stand jetzt also im Rang einem Oberleutnant gleich, und war dem SD-Oberabschnitt Donau zugeordnet. Kaum war seine Beförderung gesichert, ließ er jeden Anschein fallen, er würde eine Versetzung anstreben, und holte seine Familie nach Wien nach. Er mietete eine herrschaftliche Wohnung in der Favoritenstraße 14 im IV. Bezirk; später zogen er und seine Familie in die Böcklinstraße 63 im II. Bezirk. Sein zweiter Sohn, Horst, kam im Januar 1940 in Wien zur Welt. Inzwischen richtete sich Eichmann in seiner Stellung als Aufseher über die stete Verminderung der jüdischen Bevölkerung von Österreich ein. Nominell war sein Chef, Stahlecker, als Leiter des SD-Oberabschnitts zwar auch für die jüdische Auswanderung zuständig, aber er selbst fungierte als »Geschäftsführer« der Zentralstelle. Im Oktober 1938 stießen die aus Erfurt stammenden Brüder Hans und Rolf Günther vom SD-Hauptamt, zwei erfahrene Parteiaktivisten, zu seinem Stab. Rolf Günther sollte später Eichmanns Stellvertreter in Berlin werden, während Hans die Prager Zentralstelle leitete. Unterdessen gewöhnte sich Eichmann rasch eine gewisse Routine an: Er zensierte die jüdische Zeitung, inspizierte die Zentralstelle, räumte Probleme aus, las Berichte und verfasste seinerseits welche.[29]

Doch die Dynamik der antijüdischen Politik der Nationalsozialisten ließ ihn nicht lange zur Ruhe kommen. Im Frühjahr und Sommer 1938 wurde die antijüdische Propaganda verschärft, und in Berlin kam es zu einigen gewalttätigen Übergriffen. Weitere antijüdische Gesetze wurden verabschiedet, um Juden jede Möglichkeit zu nehmen, in Deutschland ihren Lebensunterhalt zu verdienen. Göring, der 1936 als Beauftragter für den Vierjahresplan die Oberhoheit über die Wirtschaft übernommen hatte, erhöhte den Druck auf die in jüdischem Besitz verbliebenen Unternehmen, um schließlich Juden ganz aus der Wirtschaft zu verdrängen. Zugleich diente diese als »Arisierung« bezeichnete Politik dazu, zusätzliche Mittel für die Kriegsvorbereitungen in die Staatskasse zu spülen.[30] Im September 1938 zwang Deutschland mit Billigung Großbritanniens, Frankreichs und Italiens die Tschechoslowakei, das als Sudetenland bekannte Grenzgebiet zu Deutschland ans Dritte Reich abzutreten. Daraufhin wurden über 25 000 tschechische Juden aus dem annektierten Gebiet vertrieben. Und als Polen drohte, in Deutschland lebenden polnischen Juden die Staatsbürgerschaft zu entziehen, wurden kurzerhand rund 16 000 Juden mit polnischen Pässen festgenommen, am 27. und 28. Oktober an die deutsch-polnische Grenze gebracht und zur Ausreise gezwungen; wären sie staatenlos geworden, wäre ihre Auswanderung aus Deutschland nahezu unmöglich gewesen. Doch in Polen waren sie nicht willkommen und wurden in ein eiskaltes, verdrecktes Flüchtlingslager in Grenznähe gesperrt.[31]

Zu den Opfern dieser Vertreibung gehörten auch die Eltern eines jungen, in Paris lebenden Juden namens Herschel Grynszpan, der zur Vergeltung Ernst vom Rath erschoss, einen Diplomaten an der deutschen Botschaft in Paris. Dieser Anschlag wiederum diente als Vorwand für ein gewaltiges Pogrom gegen die deutschen und österreichischen Juden. Organisiert wurde der Aufruhr, mit Wissen und Zustimmung Hitlers, von Goebbels, der auf diese Weise versuchte, Himmler, Heydrich und der SS die Initiative auf dem Gebiet der »Judenpolitik« aus der Hand zu nehmen. Goebbels und Streicher hatten sich nie mit der vom SD empfohlenen kühlen, abgewogenen Vorgehensweise in jüdischen Angelegenheiten anfreunden können. Im September 1938 war Eichmann selbst in einen öffentlichen Streit mit Streicher verwickelt worden, als Heydrich ihn zu Streicher geschickt hatte, um ihn zu bitten, er möge seine antijüdische Rhetorik zügeln.[32]

Der Anschlag auf vom Rath gab Goebbels und Streicher die Gelegenheit zu zeigen, wozu alte Straßenkämpfer fähig waren. In der Nacht vom 9. auf den 10. November legten SA-Einheiten und SS-Männer in Zivilkleidung in über 190 Synagogen Feuer und zertrümmerten annähernd 7500 Geschäfte. 20 000 Juden wurden festgenommen und mehr als 90 ermordet. Heydrich war in die Vorbereitungen des Pogroms nicht eingeweiht worden, wies aber, sobald er von den Ausschreitungen erfuhr, Polizei und Feuerwehr an, nur dann einzuschreiten, wenn »arisches« Eigentum geschützt werden müsse.[33]

In Wien gingen 42 Synagogen in Flammen auf, Geschäfte und Betriebe wurden verwüstet, und fast 2000 jüdische Familien wurden aus ihren Wohnungen vertrieben. Es gab 27 Todesfälle und über 6540 Festnahmen; 3700 Juden kamen nach Dachau. Am 10. November suchte die SS die Büros der IKG und der zionistischen Organisationen heim. Eichmann sagte die Wahrheit, als er später erklärte, dass der SD nichts mit dem Pogrom zu tun gehabt habe. Für ihn bedeutete er eine beklagenswerte Störung seiner Arbeit. Er war um zwei Uhr nachts aus dem Schlaf gerissen und zu Hilfe gerufen worden, etwa zur gleichen Zeit, als Heydrich die Gestapo- sowie Sipo- und SD-Stellen telefonisch in Alarmbereitschaft versetzte. Eichmann begab sich ins IKG-Gebäude, wo er zertrümmerte Schreibmaschinen und auf dem Fußboden verstreute Papiere vorfand. Er machte dem Zerstörungswerk ein Ende, und als er in der Zentralstelle einige verängstigte Juden antraf, erlaubte er ihnen, bis zum Morgen dort zu bleiben. Die Auswanderung sei durch die Ausschreitungen wieder schwer getroffen gewesen, erklärte er in Israel.[34]

Gleichwohl waren es Krokodilstränen, die Eichmann vergoss. Die Auswanderungspolitik des SD setzte stets unerträglichen Druck auf die Juden voraus, und Heydrich schloss taktische Gewaltanwendung nie aus. Die Meinungsverschiedenheit mit Parteiradikalen wie Goebbels und Streicher betraf lediglich die Frage, wo und wie dieser Druck erzeugt werden sollte, um die Auswanderungsquote zu erhöhen. Darüber hinaus versetzte jeder Gewaltausbruch den SD in die Lage beziehungsweise zwang ihn geradezu, einen immer extremeren Kurs einzuschlagen. Als Eichmann im IKG-Gebäude eintraf, zeigte er keinerlei Mitgefühl. Laut Moritz Fleischmann, damals ein führendes zionistisches Mitglied der Wiener Kultusgemeinde, beklagte er sich nur über das unbefriedigende Tempo, mit dem die Juden aus Wien verschwänden.[35]

Der Terror bewirkte, dass die Juden ihre Fluchtanstrengungen erhöhten. Als Eichmann im Mai 1939 Wien verließ, rechnete er sich das Verdienst an der Auswanderung von fast 100 000 legal ausgereisten Juden an. Zudem waren mehrere Tausend Juden illegal nach Palästina ausgereist. Bis im November 1941 schließlich die Auswanderung aus Österreich unterbunden wurde, gelang es rund 128 000 Juden, im Ausland Zuflucht zu finden.[36] Eichmann führte diese Zahl, auf 150 000 aufgerundet, gern als Beweis dafür an, dass er Juden geholfen habe, dem Schlimmsten zu entkommen. Die Wiener Juden, die mit ihm zu tun gehabt hätten, versicherte er, hätten gewusst, dass er »kein Judenhasser« gewesen sei. Seine Beziehungen zu ihnen seien immer »sachlich korrekt« gewesen. Dokumente und Zeugenaussagen belegen jedoch, dass seine Haltung gegenüber Juden eine tief greifende Veränderung durchgemacht hatte.[37]

Er legte nun eine arrogante Haltung an den Tag und benahm sich wie ein Mann mit Macht: wie ein »junger Gott« in schimmernder schwarzer Uniform. Sein Streben nach Aufstieg und Macht entsprach der Dynamik des SD und des gesamten NS-Regimes. Zum ersten Mal übernahm er, ohne zu zögern, die Verantwortung für die Gefangennahme und den Tod von Juden. Bei der ersten Begegnung mit Vertretern der jüdischen Gemeinde, von denen einige aus der Haft entlassen worden waren, verlangte er bedingungslosen Gehorsam und drohte mit »schärfsten« Maßnahmen, sofern auch nur die geringsten Anzeichen für mangelnde Kooperation sichtbar wurden. Er beleidigte seine jüdischen Gesprächspartner regelmäßig, und gegenüber Josef Löwenherz wandte er sogar physische Gewalt an. Nach eigener Aussage hatte er eine gute Arbeitsbeziehung zu Löwenherz, doch Moritz Fleischmann erinnerte sich später, dass Löwenherz von Treffen mit Eichmann »zerbrochen und zerknirscht« zurückkehrte.[38]

Heinrich Grüber, ein evangelischer Pfarrer aus Berlin, der in dieser Zeit regelmäßig mit Eichmann zu tun hatte, sagte später aus, sein Name sei damals bereits zu einem »Symbol« geworden, einem »traurigen Symbol«. Grüber war ein Freund von Rabbi Leo Baeck, dem geistigen Führer der Mehrheit der deutschen Juden, und unterhielt enge Beziehungen zur Reichsvereinigung der Juden in Deutschland und deren unabhängigem Vorläufer, der Reichsvertretung deutscher Juden, deren Präsident Baeck war. Grüber leitete 1938/39 innerhalb der Bekennenden Kirche eine kleine Hilfsorganisation, die unter die Rassegesetze fallende konvertierte Juden unterstützte. Seine Eingaben bei Gestapo und SD brachten ihn schließlich mit Eichmann zusammen. Als Zeuge in Israel sagte er aus, er habe den Eindruck gehabt, hier sitze ein Mann da »wie ein Eisblock, wie ein Marmorblock, und alles, was man versucht heranzubringen, prallt an ihm ab«. Doch Eichmann war nicht so unerbittlich, wie seine Fassade ihn erscheinen ließ. Er sagte zu einem Gesuch nie ja oder nein, sondern entließ Grüber mit dem Versprechen, er werde Erkundigungen einziehen und ihm das Resultat später mitteilen. Häufig übermittelte er dann eine Entscheidung, die jemandem zur Auswanderung verhalf oder einen Gefangenen aus einem Konzentrationslager befreite. Dennoch entdeckte Grüber einen »abgrundtiefen Hass« auf Juden. Eines Abends, als er ziemlich erschöpft in der Kurfürstenstraße erschien, fragte Eichmann ihn: »Was kümmern Sie sich überhaupt um die Juden? Sie werden keinen Dank für diese Arbeit haben.«[39]

Eichmann konnte humanitäre Gefühle gegenüber Juden nicht mehr nachvollziehen. Er bezog Juden nicht mehr ins normale menschliche Zusammengehörigkeitsgefühl ein. Doch bedeutete das schon, dass er sich in einer genozidalen Geistesverfassung befand? Wilhelm Höttl erinnerte sich an Eichmann aus seiner Zeit beim Wiener SD-Abschnitt: Damals, also 1938/39, habe »Eichmann bestimmt keinen Vernichtungswillen gegen die Juden empfunden«, auch seien ihm »keine einschlägigen Äußerungen von ihm durch dritte Personen zugetragen« worden. Er habe »somit nur den Eindruck eines vom Judenproblem Besessenen gewonnen, nicht aber eines potentiellen Judenvernichters«.[40]

Das Novemberpogrom unterstrich die Dringlichkeit des »Judenproblems« und förderte so indirekt Eichmanns Karriere und Einfluss. Göring war verärgert über das Pogrom, weil es dem Ansehen Deutschlands im Ausland geschadet, die deutsche Bevölkerung in Unruhe versetzt und die Wirtschaft gestört hätte. Jemand würde für die angerichteten Schäden bezahlen müssen, und Göring war sich nur über eines klar: dass dies nicht die deutschen Versicherungen sein würden. Am 12. November verkündete er in einer Besprechung hoher Regierungsvertreter, an der unter anderen auch Goebbels und Heydrich teilnahmen, dass Hitler ihm, um weitere Auseinandersetzungen über die »Judenpolitik« zu verhindern, die Verantwortung für alle jüdischen Angelegenheiten übertragen habe. Fürs Erste erlegte er den deutschen Juden eine immense »Sühneleistung« für den Tod vom Raths und die Pogromschäden auf. Darüber hinaus kündigte er eine weitere Welle antijüdischer Gesetze an, um jüdische Wirtschaftsaktivitäten endgültig zu beenden und die Trennung von Juden und »Ariern« zu vertiefen.[41]

Heydrich nutzte die Gelegenheit, um den kühl kalkulierten Kurs des SD, nach dem alle Maßnahmen die Auswanderung zum Ziel haben sollten, anzupreisen. Er verwies darauf, dass die Zentralstelle in Wien 50 000 Juden aus Österreich herausgeschleust habe – und das im selben Zeitraum, in dem man im »Altreich« trotz der Fülle von antijüdischen Gesetzen und unablässiger antijüdischer Propaganda die Auswanderung von gerade einmal 19 000 Juden erreicht habe. Am 30. Januar 1939 ordnete Göring die Schaffung einer »Reichszentrale für jüdische Auswanderung« an. Zu ihrem Leiter wurde Heydrich ernannt, der seinerseits den Chef der Gestapo, SS-Brigadeführer Heinrich Müller, genannt »Gestapo-Müller«, zum Geschäftsführer der neuen Behörde berief. Müller wiederum holte nach einiger Zeit Eichmann nach Berlin, um ihm die Geschäftsführung der Reichszentrale zu übergeben.[42]

Unterdessen hatte man führende Mitglieder der jüdischen Gemeinde von Berlin nach Wien geschickt, um das dortige Vorgehen kennen zu lernen. Die von Heinrich Stahl geleitete Delegation war entsetzt über das, was sie im Rothschild-Palais sah: ein Foyer voller verängstigter, verzweifelter Juden, und Schalter, an denen Eigentum, Barvermögen und Rechte gegen Papierfetzen eingetauscht wurden, deren einziger Wert darin bestand, dass sie dem Besitzer die Ausreise aus Österreich ermöglichten. Die Abgesandten sahen ein »laufendes Band«, aber keines, das der Montage, sondern eines, das der Demontage diente: Freiberufler, Akademiker, Grundbesitzer, Familien – am Ende standen sie alle bloß und zerstört da, und ihr früheres Leben lag in Scherben. »[...] das Amt«, erinnerte sich ein Delegationsmitglied später, »sollte schon nicht mehr die regulierte Auswanderung betreiben, sondern die Austreibung. Wir sahen den Zeitpunkt der Austreibung bereits mit Riesenschritten herannahen.«[43]

Als sie in Eichmanns Büro geführt wurden, bestätigten sich ihre schlimmsten Befürchtungen. Den Mann, der sich für das jüdische Leben und zionistische Projekte interessiert hatte, gab es nicht mehr. Sie wurden nicht aufgefordert, Platz zu nehmen. Stattdessen brüllte Eichmann sie an, weiter von seinem Schreibtisch wegzutreten. Dann eröffnete er ihnen, dass sie in Berlin eine ähnliche Maschinerie aufzubauen hätten, die in der Lage sein müsse, täglich 1000 Auswanderungsfälle zu bearbeiten. Als Stahl sich erkundigte, wie dies finanziert werden solle, erwiderte Eichmann, dass die jüdische Gemeinde schon einen Weg finden werde. Stahl, der im Ersten Weltkrieg gekämpft hatte und Mut und Würde ausstrahlte, schlug daraufhin vor, Mittel aus der »Reichsfluchtsteuer«, die von jüdischen Auswanderern zu zahlen sei, dafür zu verwenden. Das versetzte Eichmann in Rage. Dieses Geld sei für das Reich bestimmt, gab er wütend zurück. Deutsche würden nicht dafür zahlen, »euch alte Säcke am Leben zu erhalten«. Ein anderes Delegationsmitglied, Franz Meyer, wies darauf hin, dass man zur Gewährleistung einer geordneten Auswanderung Zeit benötige, um Ausbildungseinrichtungen aufzubauen, in denen Ausreisewillige auf das Leben in ihren künftigen Heimatländern vorbereitet werden könnten. Eichmann reagierte unwirsch, und sein Ärger richtete sich auf den unglücklichen Stahl: »Dann griff er uns an, es gab doch ein schreckliches Schauspiel, als er sich über Herrn Stahl ausließ, der zufällig seine Hand in den Mantel gesteckt hatte, in die Manteltasche, er schrie ihn wie ein Besessener an: ›Nimm die Hand aus der Tasche‹, und sagte noch irgendein sehr grobes Wort.« Die Delegation kehrte nach Berlin zurück, um zu tun, was Eichmann ihr aufgetragen hatte.[44]

Diese Begegnung hatte noch mehr unerfreuliche Folgen. Dank ungenehmigter Kontakte mit Wiener Juden brachte die Delegation Informationen über die in Österreich angewandten terroristischen Methoden nach Berlin mit, die wiederum an die jüdische Presse in Frankreich durchsickerten, wahrscheinlich über nichtdeutsche jüdische Mitarbeiter von in Berlin tätigen Hilfsorganisationen. Jedenfalls erschien im jiddischen *Pariser Tageblatt* ein Artikel über den »Bluthund Eichmann«, der als »Judenfeind« charakterisiert wurde. Eichmann rief die Delegation erneut zu sich und verlangte zu erfahren, wer die Informationen über seine Tätigkeit in Wien weitergegeben hatte. Als die Angesprochenen schwiegen, griff er zu »sehr scharfen, sehr groben Ausdrücken, so im Kasernenstil«, wobei sich seine Beschimpfungen wiederum speziell gegen Stahl richteten, den er einen »alten Scheißsack« nannte.[45]

Einige Wochen später besetzte die deutsche Wehrmacht die Tschechoslowakei, und Stahlecker wurde als Befehlshaber der Sipo und des SD (BdS) im neu geschaffenen »Protektorat Böhmen und Mähren« nach Prag versetzt. Im April 1939 ließ er Eichmann zu sich kommen, damit er eine weitere Zentralstelle für jüdische Auswanderung aufbaue. Mittlerweile hatte Eichmann aus den Reihen der österreichischen Nationalsozialisten, die aus dem Untergrund aufgetaucht waren und nun ihren Anteil an den Segnungen der neuen Ordnung einforderten, eine Gruppe von Mitarbeitern zusammengestellt, zu der Franz Novak, Anton Burger, Karl Rahm und Alois Brunner gehörten. Zusammen mit den Brüdern Rolf und Hans Günther sollten diese Männer in den folgenden Jahren den Kern seiner Organisation bilden. Er nahm Brunner mit ins Protektorat, wo sie die gleichen Maßnahmen in Kraft setzten wie zuvor in Österreich. Als Erstes wurde eine Delegation tschechischer Juden nach Wien geschickt, um ihre künftigen Aufgaben kennen zu lernen. Danach, so Eichmann, »wurde einfach das Beispiel Wien kopiert und nach Prag gebracht«.[46]

Doch so einfach war die Sache nicht. Obwohl im Juli 1938 im französischen Evian eine internationale Konferenz über die Flüchtlingsproblematik stattfand, waren immer weniger Länder bereit, mittellose jüdische Flüchtlinge aufzunehmen. Infolgedessen fiel es der Prager Zentralstelle schwer, die von Eichmann geforderten Auswandererquoten zu erfüllen. Wenn er aus Wien oder Berlin zu Routineinspektionen anreiste, geriet der SD-Stab jedes Mal in Panik. Walli Malka Zimmet, eine ehemalige jüdische Bürokraft in der Prager Zentralstelle, erinnerte sich als Zeugin in Eichmanns Prozess, dass Hans Günther »dringend« von der Kultusgemeinde verlangte, für den Tag, an dem Eichmann kommt, eine große Anzahl Leute zu schicken, »selbst mit leeren Mappen, nur um darzustellen, um Eichmann zu zeigen, dass irgendwas geschehe. Und Eichmann kam und war stolz darauf, Leute zu sehen, selbst wenn die Mappen leer [waren].«[47]

Eichmann selbst griff immer häufiger zu unkonventionellen Mitteln, um zu erreichen, dass im selben Umfang wie bisher Juden das Dritte Reich verließen. Zu den wichtigsten Auswanderungszielen gehörte Palästina, doch im Mai 1939 gab die britische Regierung bekannt, dass in den nächsten fünf Jahren lediglich 15 000 Juden pro Jahr in das Mandatsgebiet einwandern dürften. Daraufhin begann die Jewish Agency eine »illegale Einwanderung« zu organisieren, und gründete für deren Durchführung den Mossad. Die rechten Revisionistischen Zionisten bildeten ein eigenes Netzwerk, und daneben war noch eine Reihe einzelner Freibeuter im Menschenschmuggel tätig.[48]

Für Eichmann blieb Auswanderung die oberste Aufgabe, und er arbeitete bereitwillig mit Zionisten jeglicher Couleur zusammen, die verbotene Transporte von Wien oder Prag über den Balkan nach Palästina organisierten. Dank der Kooperation zwischen SD und zionistischem Untergrund umgingen von Januar bis September 1939 rund 17 000 Juden die britische Blockade. Tatsächlich passt Eichmanns unerschütterliche Förderung der jüdischen Auswanderung und seine Zusammenarbeit mit zionistischen Auswanderungsagenten nicht so recht zu seinem Image als Judenhasser. Ehud Avriel, ein führendes Mitglied des Mossad, schrieb später über den März 1939: »Als wir Eichmanns Zentralstelle um 1000 Pässe baten, wurden wir wie Vorzugskunden behandelt. Unser Mann, der die Liste hinbrachte, wurde von dem SS-Unteroffizier sogar aufgefordert, Platz zu nehmen. Und um allen Arbeit und Zeit zu sparen, schlug Eichmanns Büro vor, einen Kollektivpass auszustellen.«[49]

Eine besonders enge Arbeitsbeziehung ging Eichmann mit Berthold Storfer ein, einem österreichisch-jüdischen Bankier, der in der illegalen Auswanderung engagiert war. Laut Avriel gehörte Storfer zu jener »Schicht internationaler Geschäftsleute, die überzeugt waren, dass in Wirklichkeit sie die Welt regierten, unabhängig davon, welches Regime gerade an der Macht war«. Er war ein Prototyp der modernen Welt der Massenmigration und Grenzkontrollen: ein Menschenschmuggler. »Auf der Tagesordnung stand die Massenauswanderung, und er, und nur er, war in der Lage, diesen Punkt in einem die neuen Herren zufrieden stellenden Umfang zu erfüllen, und er bot Eichmann seine Dienste bei der ›Säuberung‹ Österreichs an. Storfer war rücksichtslos und bereit, alle anderen beiseite zu drängen.« Avriels (nicht ganz objektiven) Bemerkungen ist zu entnehmen, warum Eichmann und Storfer so gut miteinander auskamen. Mit Eichmanns Rückendeckung und der Unterstützung der Gestapo organisierte Storfer im Dezember 1939 die Abreise von 2228 Juden aus Prag. Als sie im Februar 1940 Palästina erreichten, war die Auswanderung aus Europa aufgrund des Krieges nahezu unmöglich geworden.[50]

Am 1. September 1939 war die Wehrmacht in Polen eingefallen. Binnen vier Wochen war der Feldzug vorüber, und Polen wurde zu einem Kampfplatz für verschiedene Dienststellen des NS-Staats und der NSDAP. Es entbrannte ein erbittert geführter Wettstreit der verschiedenen Teile der SS untereinander sowie mit der Wehrmacht, deren Abwehr, den Ministerien und Parteistellen. Während des Feldzuges und in der ersten Phase der Besatzung kam es zu Zusammenstößen zwischen SS und höheren Wehrmachtbefehlshabern. Diese Reibereien, das Kompetenzwirrwarr und die neuen Aufgaben, die zu bewältigen waren, bewegten Himmler und Heydrich dazu, am 27. September 1939 das Reichssicherheitshauptamt zu schaffen. Unter seinem Dach vereinigt waren eine Rechtsabteilung mit hoheitlichen Funktionen; eine Abteilung für »weltanschauliche Forschung und Auswertung«, die einen großen Teil des alten SD umfasste; eine Inlandsabteilung, die gleichfalls aus dem SD hervorging; eine Abteilung zur Gegnerbekämpfung mit der Gestapo als Hauptbestandteil; eine Abteilung zur Verbrechensbekämpfung (Kriminalpolizei); und ein Auslandsnachrichtendienst, ein weiterer Teil des SD. Wie kaum anders zu erwarten, schuf das RSHA ebenso viele neue Probleme, wie es alte lösen sollte. Aber es vergrößerte die Machtfülle des SD, indem es die Grenze zwischen diesem als nachrichtendienstlicher Organisation einerseits und der Sicherheitspolizei, einschließlich der Gestapo, andererseits weiter verwischte.[51]

Fürs erste blieb Eichmanns Abteilung II/112, die in Amt II des RSHA aufging, unter der Leitung von Franz Six. Die Auswanderungsstellen in Wien und Prag arbeiteten als Außenstellen von II/112 weiter. Aufgrund der Eroberung Polens sollte sich Eichmanns Arbeit jedoch grundlegend ändern. Eine der unmittelbaren Aufgaben des RSHA war es, Himmlers Vision für das besetzte Gebiet zu verwirklichen. Am 21. September 1939 verkündete Heydrich in einer Besprechung von leitenden SS- und SD-Mitarbeitern, unter denen auch Eichmann war, dass der Sicherheitsapparat unter Himmler die Vollzugsgewalt für die Verwirklichung dieser Vision haben werde. Dann umriss er die Pläne, die das Regime für Polen hatte: Die westlichen Gebiete, die Deutschland 1918 hatte abtreten müssen, würden ins Reich eingegliedert werden. Anschließend würde man die neuen Territorien, also den Warthegau, Danzig-Westpreußen und Ostoberschlesien, durch die Vertreibung der Polen und Juden in den Rest des besetzten Polen »eindeutschen«. Dieses polnische Restgebiet, das so genannte Generalgouvernement, sollte gewissermaßen zur »Müllkippe« (Hans Frank) des Dritten Reichs werden, auf die man als überflüssig oder unerwünscht angesehene Bevölkerungsgruppen abschieben konnte.[52]

In einem »Schnellbrief« vom selben Tag wies Heydrich die Führungsebene von SS und Sipo-SD sowie der in Polen operierenden Einsatzgruppen an, Juden aus den eingegliederten Gebieten zu vertreiben. Im übrigen Polen seien jüdische Gemeinden von weniger als 500 Köpfen aufzulösen und ihre Mitglieder in größeren Städten zu konzentrieren, »so dass die späteren Maßnahmen erleichtert werden«. In jeder jüdischen Gemeinde sei ein »Ältestenrat«, der so genannte Judenrat, zu bilden, der für die Durchführung der deutschen Erlasse verantwortlich sei. Die Juden seien zu zählen und zu registrieren, und für den Vierjahresplan wichtige jüdische Wirtschaftsunternehmen seien zu »arisieren«. Abzüge dieser Richtlinien gingen nicht nur an sämtliche SS- und SD-Dienststellen, sondern auch an die Wehrmacht und die betroffenen Ministerien in Berlin.[53]

Anfang Oktober bestellte Heinrich Müller, jetzt als Gestapochef Amtsleiter im RSHA, Eichmann und dessen Mitarbeiter Rolf Günther nach Berlin, um Ersterem die Geschäftsführung der Reichszentrale für jüdische Auswanderung zu übergeben, die seit März 1939 in der Kurfürstenstraße 115–116 untergebracht war, dem früheren Sitz einer jüdischen Wohlfahrtsorganisation. Es war ein imposantes Gebäude mit einer großen Eingangshalle, Marmortreppen und großen Räumen. Eichmann war hingerissen von seinem neuen Amtssitz. Bernhard Lösener erinnerte sich später an Eichmanns Büro: »Eichmanns Dienststelle war die vormals jüdische Loge in der Kurfürstenstraße. Er liebte den spukhaften Eindruck, den die Räume angesichts ihrer nunmehrigen Verwendung machten.«[54]

Eichmann behauptete später, er hätte Widerspruch gegen die Versetzung eingelegt, da er mit seiner Familie in Prag habe bleiben wollen und ihm der neue Posten nicht zugesagt habe. Seine Frau war in vier Jahren dreimal umgezogen und wollte nicht nach Berlin zurückkehren; sie mochte die Stadt nicht und zog das heimatliche Böhmen vor. So blieb sie in einem herrschaftlichen Haus in der Molischstraße 22 in Prag wohnen, das groß genug war, dass ihre Schwester und ihr Schwager in einer Wohnung im Erdgeschoss wohnen konnten. Eichmann nahm sich in der Reichshauptstadt ein Zimmer zur Untermiete und sah seine Familie fortan nur noch am Wochenende. Auf jeden Fall schrieb man, was die Auswanderung betraf, laut Eichmann »schon eine hohe Jahreszeit«. Wegen des Krieges war der Weg in die meisten Zufluchtsländer versperrt, und sein Referat hatte trotz der prächtigen Dienststelle nicht viel zu tun: »Es war in summa summarum […] ein Harren und Würgen, Tendenz lustlos […].«[55] Doch die Behauptung, er sei nur widerstrebend nach Berlin gegangen und seine Männer hätten Däumchen gedreht, war eine Täuschung. In Wirklichkeit bedeutete seine neue Stellung einen großen Schritt nach vorn. Müller hatte ihn nicht nur geholt, damit er die jüdische Auswanderung aus dem Reich voranbrachte. Er wollte vielmehr eine völlig neue Politik einführen: die Massendeportation von Juden deutscher Nationalität.

Im Oktober 1939 waren Eichmann und sein Team für die Deportation von Tausenden von Juden aus Deutschland, Österreich und dem Protektorat an einen kleinen polnischen Ort namens

Nisko verantwortlich. Eichmann bezeichnete die Aktion gern als seinen ersten Versuch, eine »politische« oder »territoriale« Lösung der »Judenfrage« zu finden. Als nach Kriegsausbruch die internationalen Grenzen geschlossen worden seien und die Entfernung der Juden aus Deutschland nicht mehr auf dem Wege einer Auswanderung im großen Stil zu erreichen gewesen sei, habe er die zionistische Idee einer »territorialen Lösung« der »Judenfrage« übernommen. Anstelle eines jüdischen Staates in Palästina habe er jedoch daran gedacht, die Juden in einem unbewohnten Gebiet im besetzten Polen anzusiedeln. Dort, in ihrer eigenen »Kolonie«, hätte man ihnen die Selbstregierung gestattet, und nach und nach wären alle unerwünschten Juden aus Europa dorthin umgesiedelt worden. Zu Eichmanns Bedauern sei sein visionäres Projekt gescheitert, allerdings nicht durch seine Schuld.[56]

Seine larmoyante und egozentrische Version des so genannten Nisko-Projekts war ein zur eigenen Entlastung vorgebrachtes Geschwafel, aber auch die vielen anderen Darstellungen der Vorgänge sind irreführend. In der Regel wurde die Aktion als ein Beispiel eigenwilliger Initiative beschrieben, als Versuch Eichmanns, seine Vorgesetzten zu beeindrucken, oder als Reaktion auf lokalen Druck in Wien. Doch die Deportationen vom Oktober 1939 waren keineswegs eine »wilde« Aktion, sondern integraler Bestandteil einer neuen Politik, wenn auch einer, die scheiterte.[57]

Am 6. Oktober 1939 erklärte Hitler in einer Rede vor dem Reichstag, durch die Zerschlagung Polens sei der Weg zu einer »Umsiedlung der Nationalitäten« frei. Was ihm vorschwebte, war eine umfassende ethnische Neuordnung ganz Europas, in deren Verlauf auch das »jüdische Problem« gelöst werden würde. Am gleichen Tag sagte er persönlich zu Heinrich Müller, dass er die Entfernung der Juden aus Kattowitz wünsche, das jetzt zu Ostoberschlesien gehörte. Die Ausführung dieser Weisung vertraute der Gestapochef Eichmann an, und dies war der eigentliche Grund für ihr Treffen in Berlin. Man sah in der Aktion den ersten Schritt zur völligen Vertreibung der Juden aus dem Reich.[58]

Aber wo sollten sie hin? Die Auswanderungsmöglichkeiten waren unter Kriegsbedingungen stark eingeschränkt und hatten sich seit September 1939 stetig verringert. Andererseits eröffnete die Eroberung Polens neue Möglichkeiten. Heydrich hatte bereits erwogen, die Juden in die Gegend von Lublin an der Demarkationslinie zwischen dem deutsch und dem sowjetisch besetzten Polen zu verschleppen (die Sowjetunion war am 17. September in Absprache mit Deutschland in Ostpolen einmarschiert).[59] Im Dezember sprach Heydrich davon, ein »Judenreservat« errichten zu wollen. Aber obwohl er sich, wie andere Nationalsozialisten auch, der zionistischen Rhetorik über die Ansiedlung von Juden in einem eigenen Land bediente, stellte er sich weder einen jüdischen Staat noch eine autonome Region vor. Ihm ging es lediglich darum, die jüdische Bevölkerung unter Aufsicht der SS in einem Gebiet zu konzentrieren.[60]

Nachdem er Müllers Anweisungen erhalten hatte, reiste Eichmann nach Wien und erklärte Reichskommissar Bürckel, er sei mit der Umsiedlung von 300 000 Juden aus Deutschland und Österreich beauftragt. Einige Tage später wiederholte er dies gegenüber Josef Wagner, dem Gauleiter von Schlesien.[61] Dann fuhr er nach Mährisch-Ostrau (Ostrava) in Nordmähren, wo er am 9. Oktober seine Mitarbeiter instruierte. Dieser Besuch war aus zwei Gründen bedeutsam. Zum einen erwog Stahlecker unabhängig von Heydrich, Juden aus dem Grenzgebiet zum Protektorat nach Polen zu deportieren, und zum anderen setzte Eichmann nun Mährisch-Ostrau, das nicht weit von Kattowitz entfernt lag, mit auf den Deportationsplan. Seinen Mitarbeitern erklärte er, dass man die jüdischen Gemeinden anweisen werde, Arbeitskontingente aus geeigneten jungen Männern zusammenzustellen, die mit der für den Aufbau einfacher Baracken nötigen Ausrüstung per Eisenbahn vorgeschickt würden. Sie sollten Verpflegung für mehrere Wochen erhalten und die Ankunft weiterer Deportierter vorbereiten. Sobald die Lager fertig wären, würde man Frauen und Kinder nachschicken. Für Transportkosten und Materialien hätten die jüdischen Gemeinden aufzukommen. Rolf Günther und Theodor Dannecker würden mit der Reichsbahnstelle in Oppeln die Transportfrage klären. Jeder Zug werde von 25 Schutzpolizisten bewacht werden, die auf jeden, der zu fliehen versuche, zu schießen hätten. Was geschehen sollte, wenn die den Deportierten mitgegebenen Lebensmittelvorräte aufgebraucht waren, wurde nicht besprochen.[62]

Günther übergab Löwenherz am nächsten Tag in Wien den Marschbefehl. Binnen 72 Stunden hatte er eine Gruppe von 1000 bis 1200 arbeitsfähigen Juden zusammenzustellen. An die jüdische Gemeinde von Mährisch-Ostrau erging eine ähnliche Anordnung. Eichmann log, als er in seinem Prozess in Jerusalem sagte, »jüdische Funktionäre« hätten den Plan ersonnen und er habe ihn »begeistert« aufgenommen. Nicht einmal er hatte zu diesem Zeitpunkt die geringste Ahnung gehabt, wohin die Deportierten gebracht werden sollten.[63]

Am 12. Oktober flog er zusammen mit Stahlecker über Krakau nach Warschau und fuhr von dort mit dem Auto in Richtung Süden, um mögliche Aufnahmegebiete zu erkunden. Nachdem sich die beiden SD-Offiziere die Gegend von Lublin angesehen hatten, die zum Teil noch von der Roten Armee besetzt war, stießen sie auf das winzige Dorf Nisko am San, eine unbedeutende Siedlung in einem wenig besiedelten Feuchtgebiet, das praktischerweise in der Nähe einer Bahnlinie lag. Das Gebiet schien ihnen geeignet zu sein, und so teilten sie ihren Mitarbeitern in Wien und Mährisch-Ostrau das Deportationsziel mit. Anschließend flogen sie nach einem dreitägigen Aufenthalt in Polen nach Wien zurück, um die Vorbereitungen persönlich zu beaufsichtigen. In Mährisch-Ostrau stiegen am 17. Oktober 916 jüdische Männer in einen Eisenbahnzug, der am nächsten Tag abfuhr und zwei Tage später in Nisko eintraf. Am 20. Oktober fuhren aus Wien und Kattowitz zwei Züge mit 875 beziehungsweise 1029 Juden los. Die Züge bestanden aus jeweils 22 bis 24 Personenwaggons sowie fünf bis 29 Güterwaggons mit vorgefertigten Hütten, Baumaterial, Werkzeug und Lebensmitteln.[64]

Eichmann kehrte nach Nisko zurück, um die Deportierten zu empfangen. Max Burger aus Mährisch-Ostrau behielt die Begrüßungsrede lebhaft in Erinnerung. Auf Sprache und Bilderwelt der freiwilligen zionistischen Siedlungspläne zurückgreifend, sagte Eichmann: »Der Führer hat den Juden eine neue Heimat zugesagt.« An dieser Stelle endete die Ähnlichkeit, denn in Nisko gab es nichts und niemanden, der ihnen helfe würde:

»Wenn ihr bauen werdet, werdet ihr ein Dach über dem Kopf haben. Die Brunnen in der ganzen Umgebung sind verseucht; es gibt Cholera, Ruhr und Typhus. Wenn ihr bohren werdet und Wasser findet, werdet ihr Wasser haben.«[65] Eichmann blieb zwei Tage dort, allerdings nicht in Nisko, sondern in einer weit bequemeren Unterkunft im nahe gelegenen Dorf Zarzecze.

Er konnte nicht ahnen, dass sich während seines Aufenthalts in Polen das gesamte Projekt aufgrund der widerstreitenden Prioritäten der NS-Hierarchie und Hitlers maßloser Ansprüche zerschlug. Himmler war am selben Tag, an dem Hitler die »Umsiedlung der Nationalitäten« angekündigt hatte, von diesem zum »Reichskommissar für die Festigung deutschen Volkstums« (RKF) ernannt worden, mit dem Auftrag, alle in osteuropäischen Ländern lebenden Volksdeutschen »heim ins Reich« zu holen. Sie sollten in den eingegliederten Gebieten auf Land angesiedelt und in Häusern untergebracht werden, deren bisherige Besitzer, Polen und Juden, vorher vertrieben werden mussten.[66] Es war ein Projekt von atemberaubendem Umfang. Himmler und Heydrich wussten nicht, wie sie gleichzeitig 300 000 Juden aus dem Altreich herausschaffen, eine halbe Million Volksdeutsche ansiedeln und, um diese ansiedeln zu können, eine mehrmals so große Anzahl von Juden und Polen aus den eingegliederten Gebieten vertreiben sollten, zumal die Wehrmacht das gesamte rollende Material benötigte, um für den Fall eines französischen Angriffs und in Vorbereitung auf die nächste Phase von Offensivoperationen Truppen in den Westen zu bringen. Nur eine Woche nachdem er den Befehl zur »Säuberung« des Altreichs gegeben hatte, ließ Hitler das Vorhaben wieder fallen. Es würde bis zum Kriegsende warten müssen.[67]

Am 19. Oktober, während Eichmann sich in Polen aufhielt, informierte Müller die Auswanderungsstellen in Wien und Mährisch-Ostrau über den neuen Kurs. Nach seiner Rückkehr wollte Eichmann die vorbereiteten Transporte jedoch nicht absagen, und so fuhren am 26. Oktober die nächsten Züge aus Wien, Mährisch-Ostrau und Kattowitz ab. Tatsächlich taten Hans Günther und Alois Brunner in Wien so, als wäre dies der Auftakt für den Abtransport aller Juden der Stadt. Weitere Deportationen wurden dann verhindert, weil aufgrund der militärischen

Erfordernisse keine Eisenbahnzüge mehr verfügbar waren. Einen Monat nach dem Beginn der Aktion wies Eichmann Löwenherz an, zur bisherigen Auswanderungspolitik zurückzukehren.[68]

Die Tausende von Juden, die in Nisko gestrandet waren, überließ man mehr oder weniger ihrem Schicksal. Die erfahrenen Arbeiter unter ihnen bemühten sich, auf dem schlechten Boden Behausungen zu errichten. Hunderte Juden wurden von SS und Polizei zur Demarkationslinie geführt und auf sowjetisches Territorium getrieben. Als sich das Wetter verschlechterte, erlangten mehrere führende Juden die Erlaubnis, eine Delegation nach Lublin zu schicken, um die dortige jüdische Gemeinde um Hilfe zu bitten. Da sich die Todesfälle aufgrund von Unterkühlung, Krankheiten und Misshandlungen häuften, wurden im Januar 1940 einige Deportierte auf eigenen Wunsch in ein Arbeitslager in Sosnowitz (Sosnowiece) eingewiesen. Im April 1940 schließlich, als niemand mehr übersehen konnte, dass das Projekt nicht tragfähig war, löste man das Lager auf und erlaubte den Überlebenden, nach Hause zurückzukehren – auf eigene Kosten. Nur 300 schafften es zurück.[69]

Dennoch betrachteten die Nationalsozialisten das Nisko-Projekt nicht als Fehlschlag. Eichmann und Stahlecker hatten gezeigt, dass es mit wenig Arbeitsaufwand und geringen Kosten möglich war, in kurzer Zeit Tausende von Juden zu deportieren, die Bürger des Landes waren, aus dem sie verschleppt wurden. Insbesondere Eichmann hatte demonstriert, was man erreichen konnte, wenn man sich der Vision der »Umsiedlung« verschrieb und sich der zionistischen Rhetorik der »territorialen Lösung« bediente, der Rückkehr in ein eigenes Land und des Aufbaus von selbst verwalteten »Kolonien«. Hier endlich hatte er sein »Expertenwissen« geschickt einsetzen können, und dafür sollte er mit Beförderung und noch größeren Aufgaben belohnt werden.[70]

Im Oktober 1939 trafen aus den baltischen Republiken die ersten 50 000 Volksdeutschen in Deutschland ein. Da Deutsche nach Ansicht Himmlers und seiner »Rassenexperten« aufgrund ihres höheren Lebensstandards mehr »Lebensraum« brauchten als Polen, rechnete er damit, dass mindestens zehnmal so viele Polen vertrieben werden mussten, um genügend Platz für die

»Rücksiedler« zu haben. Anfang November fasste er die »Heimholung« weiterer 150 000 Volksdeutscher aus Südostpolen ins Auge, und am 16. November schlossen Deutschland und die Sowjetunion einen Vertrag über die Umsiedlung der Volksdeutschen aus den von der Sowjetunion annektierten Gebieten ins Großdeutsche Reich.[71]

Um die damit einhergehende »Umsiedlung« von Juden und Polen aus den eingegliederten Gebieten zu planen und durchzuführen, richtete die SS in Lodz eine Umwandererzentralstelle (UWZ) ein, und Ende November stellte Heydrich einen Zeitplan auf. Er war in kurz- und langfristige Ziele unterteilt. Im Dezember sollten 80 000 Juden und Polen ins Generalgouvernement »evakuiert«, das heißt ihrem Schicksal überlassen werden. Bis Mitte Dezember war die SS bereit, mit der zweiten Phase des kurzfristigen Plans, »Nahplan« genannt, zu beginnen. In dieser Phase sollten mehr als 200 000 Menschen vertrieben werden. Angesichts des von den ersten Massenvertreibungen verursachten Chaos war dies eine eher beunruhigende Aussicht. Um der Lage einigermaßen Herr zu werden, hielt Heydrich die Amtschefbesprechung vom 19. Dezember ab und ernannte Eichmann am selben Tag zum »Sonderreferenten« für die »Räumung der Ostprovinzen«.[72]

Eichmanns Dienststelle in der Kurfürstenstraße wurde als IV D 4 (Amt IV, Amtsgruppe [Abteilung] D, Referat 4), zuständig für »Räumung und Auswanderung«, bezeichnet. Binnen weniger Tage hatte er einen Plan für die Deportation von 600 000 Juden ins Generalgouvernement ausgearbeitet. Dabei stützte er sich auf seine Erfahrungen in Wien, Mährisch-Ostrau und Kattowitz und übernahm in vieler Hinsicht einfach die dort entwickelten Verfahren. Heydrich fügte einige für ihn typische Aspekte hinzu. So erklärte er, die eingegliederten Gebiete würden von Westen und Norden in Richtung Generalgouvernement »durchkämmt«, und Juden zwischen 18 und 60 Jahren seien in »Arbeitskommandos« zur Arbeit heranzuziehen. In der Folgezeit stellten Himmler und Heydrich immer maßlosere Forderungen auf, die Eichmann und die Experten in den Umwandererzentralen in Lodz und Posen angesichts unüberwindlicher Hindernisse drastisch zurechtstutzen mussten.[73]

Aus dem Weihnachtsurlaub bei seiner Familie in die Kurfürstenstraße zurückgekehrt, begann Eichmann die nächste Phase dieses gigantischen Unternehmens. Eine Hauptaufgabe seines Referats war die Koordination aller Behörden und Dienststellen, deren Mitarbeit bei der Ausführung der »Umsiedlungspläne« notwenig war. Am 4. Januar 1940 leitete er in Berlin eine Besprechung über »Juden und Polenevakuierung in den Ostgebieten in allernächster Zukunft«. Teilnehmer waren Vertreter der Sipo- und SD-Stellen in den eingegliederten Gebieten, der für die Beschlagnahme und Verwaltung des Eigentums der Vertriebenen geschaffenen Haupttreuhandstelle Ost (HTO) sowie der Ministerien für Wirtschaft, Finanzen und Verkehr. Die Sitzung war Eichmanns erster Versuch, die Deportationen in ähnlicher Weise zu zentralisieren und zu koordinieren wie zuvor die Zwangsauswanderung. Das Treffen auf Experten- und Praktikerebene aus verschiedenen Behörden war charakteristisch für seinen Führungsstil. Bei der Vorstellung der Aufgabe sprach er allerdings »nur« von 350 000 zu deportierenden Juden und Polen. Offenbar war der große Plan auf Schwierigkeiten gestoßen.[74]

Das Hauptproblem war das Generalgouvernement. Ende Oktober 1939 hatte Hans Frank das Amt des Zivilherrschers über »Restpolen« angetreten. Frank war ein alter Nationalsozialist, Minister ohne Geschäftsbereich in Hitlers Regierung und jemand, der über gute Beziehungen in Berlin verfügte. Nach seiner Vorstellung sollte das Generalgouvernement zu einer produktiven und schließlich auch germanisierten Region werden. Doch der Zustrom polnischer und jüdischer Flüchtlinge gefährdete sein Ziel, das Land zu »produktivieren«. Er wollte nicht, dass sein Herrschaftsbereich zur menschlichen »Müllkippe« wurde, ließ seine Mitarbeiter den weiteren Zustrom von Deportierten unterbinden und legte in Berlin Einspruch ein. Tatsächlich war er über das Fiasko von Nisko derart verärgert, dass er dem BdS in Krakau den Befehl gab, Eichmann zu verhaften, falls er einen Fuß in seinen Zuständigkeitsbereich setzen sollte. Da ihnen das Generalgouvernement versperrt war, verständigten sich das Referat IV D 4 und die Umwandererzentralen darauf, die Juden nach Lodz im Warthegau zu schicken und dort ein Ghetto zu errichten.[75]

Während des gesamten Monats Januar gelang es Eichmann jedoch nicht, genügend Transportkapazitäten zu erhalten, um auch nur die erste, relativ kleine Deportation durchzuführen. Volksdeutsche indessen trafen weiterhin ein, und es wurde bekannt gegeben, dass in der Bukowina und Bessarabien eine Viertelmillion weiterer Menschen auf ihre Umsiedlung warteten. Zehntausende von Volksdeutschen mussten unter elenden Bedingungen in Auffanglagern ausharren. Nach einer von Heydrich einberufenen Besprechung wurde auf der Grundlage von Franks Zusage, 120 000 Deportierte im Generalgouvernement aufzunehmen, ein zweiter, weniger ambitionierter Nahplan ausgearbeitet, und Eichmann fuhr persönlich nach Lodz, um die Stockung zu beseitigen. Kurz darauf wurden 40 000 Juden gezwungen, die Stadt zu verlassen, um Wohn- und Erwerbsmöglichkeiten für baltendeutsche Zuwanderer frei zu machen.[76]

Aber obwohl er vorher offensichtlich seine Zustimmung erteilt hatte, verlor Frank erneut die Geduld und übte in Berlin Druck aus. Diesmal griff Göring persönlich ein. In einer Besprechung von Spitzenbeamten am 12. Februar in Berlin wandte er sich in »scharfen Worten gegen die wilde Umsiedlung«. Ende des Monats fiel Himmler die unangenehme Aufgabe zu, vor Gauleitern und anderen Parteifunktionären zu erklären, warum die Aufnahme und Ansiedlung von Volksdeutschen sowie die »Auswanderung« von Juden so lange dauerte. Er konnte es zwar nicht offen zugeben, aber seine Mitarbeiter wurden behindert. In welche Richtung sich Heydrich und Eichmann auch wandten, überall stießen sie auf Hindernisse. Eigentlich hätte die Umsetzung des zweiten Nahplans im März beginnen sollen, doch Eichmann teilte Hermann Krumey, dem Leiter der Umwandererzentrale in Lodz, mit, dass er ihm nicht einmal gestatten könne, fünf Transporte mit vertriebenen Polen in Franks Herrschaftsgebiet loszuschicken.[77]

Im April 1940 begannen Zivilverwaltung, Parteifunktionäre und Beamte des Sicherheitsapparats sich Sorgen über die Lebensbedingungen der noch in den eingegliederten Gebieten lebenden Juden zu machen. Da man sie ihrer Rechte beraubt, ausgeplündert und ihnen jeden Lebensunterhalt genommen hatte, verbreiteten sich von Hunger und Unterernährung verursachte

Krankheiten. Eichmann reorganisierte und zentralisierte den Vertreibungsapparat in Posen, der von nun an als »UWZ in Posen« firmierte, aber solange Frank sich querstellte, konnte er kaum mehr tun. Am 30. April wurde das als »jüdischer Wohnbezirk« deklarierte Viertel von Lodz abgeriegelt, vorgeblich, um die Ausbreitung von Typhus zu verhindern, der unter den verarmten, eng zusammengepferchten, unterernährten Juden grassierte. Die Ära der Ghettos hatte begonnen.[78]

Eichmann war zwar gescheitert, hatte dieses Scheitern aber nicht selbst verschuldet und darüber hinaus auf einem neuen Gebiet Erfahrungen gesammelt, aus denen er lernen konnte. Unter den herrschenden Bedingungen war die Verwirklichung der barbarischen Aufgabe, die Himmler und Heydrich ihm übertragen hatten, unmöglich. Die UWZ musste um jeden Zug kämpfen, da sie im Wettstreit um die Ressourcen der Reichsbahn keinerlei Vorzug genoss. Die Wehrmacht erhob sowohl gegen die Verwendung von Transportraum für die Deportation von Juden und Polen als auch gegen die Benutzung sensibler grenznaher Gebiete für deren Unterbringung Einspruch. Zivilverwaltung und Sicherheitsapparat arbeiteten nicht reibungslos zusammen. Es war nicht geklärt, wer Zugriff auf das von den Deportierten zurückgelassene Eigentum hatte und wie die Vertreibungen bezahlt werden sollten. Vor allem aber hatten die Verwalter der Gebiete, in welche die Deportationen gehen sollten, nicht die Absicht, die Vertriebenen aufzunehmen.

Eichmann behauptete später, es habe ihn betrübt, dass die in Eisenbahnwaggons zusammengepferchten unglücklichen Menschen derart unter Verzögerungen und Umleitungen zu leiden gehabt hätten. Doch in den zeitgenössischen Unterlagen findet sich davon keine Spur. Sie belegen vielmehr, dass seine Hauptsorge der möglichst reibungslosen Umsetzung der ideologischen Ziele der Nationalsozialisten galt, ohne die militärischen und ökonomischen Prioritäten zu beeinträchtigen. Die Legitimität der Enteignung und Vertreibung von Hunderttausenden polnischen Bürgern stellte er nie in Frage, und gegenüber dem unermesslichen menschlichen Leid verhielt er sich zutiefst gleichgültig.[79]

In seinem Prozess versicherte er, er sei lediglich an der Aufstellung von Fahrplänen für die »Evakuierungszüge« beteiligt gewesen. In Wirklichkeit hatte er auf die Zwangsumsiedlung von Polen all das angewandt, was er in seiner Wiener Zeit gelernt hatte. Die Richtlinien für ihre Vertreibung waren fast identisch mit denjenigen für die Vertreibung von Juden. Wie diesen ließ man auch den Polen nur wenige Stunden Zeit, um ihre Häuser oder Höfe aufzugeben, und auch sie durften nur die »dringendst notwendigen Kleidungs- und Ausrüstungsgegenstände« sowie einen kleinen Geldbetrag mitnehmen. Wertsachen, Geldvermögen und Aktien mussten sie zurücklassen. Für diese Werte wurden Sonderkonten eingerichtet. Auch der Ablauf der Deportation war auf deprimierende Weise ähnlich. Die Polizei erschien in den Wohnungen der Betreffenden und teilte ihnen mit, dass sie diese bis zu einem bestimmten Zeitpunkt räumen müssten. Dann wurden sie unter Polizeibewachung mit Militärlastwagen zum nächsten Bahnhof gefahren, wo sie in wartende Güter- und Viehwaggons einsteigen mussten. Die Zugfahrt dauerte bis zu drei Tage – ohne angemessene Sanitäreinrichtungen, ohne Wasser und Lebensmittel. Polizei und große Abteilungen einheimischer volksdeutscher Milizen, des so genannten Selbstschutzes, verhinderten, dass jemand floh. Im Winter starben Hunderte von Menschen auf der Fahrt.[80]

Obwohl die in Polen verübten Gräuel von dem Massenmord an den Juden und ihrer systematischen Vernichtung überschattet werden sollten, darf man die Gesetzlosigkeit und Barbarei der Geschehnisse von 1939/40 nicht vergessen. Denn ebenso wie sich Eichmann und seine Mitarbeiter bei der Vertreibung von Polen, einschließlich polnischer Juden, auf die Erfahrungen stützten, die sie zwischen Oktober 1938 und Oktober 1939 in Deutschland und Österreich gemacht hatten, sollten sie später bei der Planung und Organisation der Deportationen der Juden aus ganz Europa die in Polen erworbenen Fähigkeiten anwenden. Von Hannah Arendt stammt die kluge Beobachtung, dass Eichmanns Tätigkeit im Referat IV D 4 so etwas wie eine Lehre gewesen sei, »eine Art Übergang zwischen dem Auswanderungsgeschäft, das zum Stillstand gekommen war, und den Deportationen, die sich anbahnten«.[81]

Am 10. Mai 1940 gab Hitler grünes Licht für die Offensive

im Westen, und nach einem klassischen »Blitzkrieg« kapitulierte Frankreich am 22. Juni. Damit eröffneten sich der NS-Führung wie schon nach der Eroberung Polens ungeahnte Aussichten. Anfang Juni verfasste Franz Rademacher, der Leiter des so genannten Judenreferats im Auswärtigen Amt, eine Denkschrift über die »Judenfrage«, in der er vorschlug, die jüdische Bevölkerung Westeuropas nach Madagaskar, einer französischen Kolonie vor der Ostküste von Afrika, oder an einen anderen Ort zu deportieren. Außerdem brachte er den Gedanken auf, die osteuropäischen Juden als Geiseln festzuhalten, um zu verhindern, dass die amerikanischen Juden für den Kriegseintritt der Vereinigten Staaten agitierten.[82]

Rademachers Ideen entfachten die Phantasie der NS-Hierarchie. Außenminister Joachim von Ribbentrop sah in ihnen ein Mittel, mit dem er Himmler und Heydrich übertrumpfen und auf dem Gebiet der antijüdischen Politik Fuß fassen konnte, von dem er bislang ausgeschlossen gewesen war, das aber offensichtlich einen Zugewinn an Macht (und Reichtum) versprach. Während die Politik seiner beiden Konkurrenten zu Chaos im besetzten Polen und zu Kummer und Elend unter den Volksdeutschen geführt hatte, konnte er Hitler eine einfache, elegante Lösung des Problems der Anwesenheit von Juden im Altreich und in den eingegliederten Gebieten anbieten. Rademacher ging mit seinem Vorschlag indes noch einen Schritt weiter, indem er, vielleicht um Hitler mit dem ideologischen Radikalismus des Auswärtigen Amts zu beeindrucken, sämtliche westeuropäischen Juden in den Plan einbezog. Zudem griff er mit seinem Vorschlag, die Juden als »Faustpfand in deutscher Hand« zu behalten, um sich des »zukünftigen Wohlverhaltens ihrer Rassengenossen in Amerika« zu versichern, geschickt Hitlers Glauben an eine jüdische Weltverschwörung auf und knüpfte an dessen Drohung an, die in seinem Machtbereich lebenden Juden für nachteilige internationale Entwicklungen zur Verantwortung zu ziehen.[83]

Für Himmler und Heydrich kam die Initiative des Auswärtigen Amts völlig überraschend. Am 24. Juni 1940 erinnerte Heydrich den Außenminister in einem von Eichmann entworfenen Brief daran, dass Göring ihn im Januar 1939 zum Leiter der

Reichszentrale für jüdische Auswanderung ernannt und die Verantwortung für die »Lösung« der »Judenfrage« übertragen habe. Da die Auswanderung nicht mehr in Frage komme, denke er nunmehr über eine »territoriale Endlösung« nach. Jedenfalls bestehe er darauf, dass die zuständigen Beamten des RSHA an den relevanten Besprechungen beteiligt würden.[84]

Eichmann wartete nicht ab, bis man ihn hinzuzog, sondern stürzte sich mit der für ihn typischen Energie in die Arbeit. Er stellte ein Team auf, das einen Plan ausarbeiten sollte, der ganz die Handschrift des RSHA tragen würde. Er selbst erkundigte sich beim Innenministerium nach den Aussichten für eine Auswanderung nach Madagaskar, beschäftigte sich mit der Geologie der Insel und reiste nach Hamburg, um vom dortigen Tropeninstitut Informationen über Infrastruktur, Bevölkerung und Klima einzuholen. Der Vorschlag des Außenministeriums diente ihm dabei bloß als Ausgangspunkt: Er bezog zusätzlich die osteuropäischen Juden in die Planungen ein – ein Beispiel dafür, wie die Rivalität zwischen NS-Dienststellen zur Radikalisierung der Politik führte. Anfang Juli erklärte Eichmann jüdischen Funktionären in Berlin, nach Kriegsende werde »eine Gesamtlösung der europäischen Judenfrage angestrebt werden müssen. Es werde sich hierbei um etwa 4 Millionen Juden in den in Betracht kommenden europäischen Staaten handeln.«[85]

Unterdessen gingen die Deportationen in Polen weiter. Eichmanns Vertreter vertrieben Zehntausende von Polen aus ihrer Heimat, doch am 8. Juli versicherte Hitler Generalgouverneur Frank, dass er dank Madagaskar keine weiteren jüdischen Deportierten mehr werde aufnehmen müssen. Frank berichtete seinem Hofstaat, es sei geplant, »die ganze Judensippschaft im Deutschen Reich, im Generalgouvernement und im Protektorat in denkbar kürzester Zeit nach dem Friedensschluss in eine afrikanische oder amerikanische Kolonie zu transportieren. Man denkt an Madagaskar.« Am Tag nach Franks Gespräch mit Hitler, dem 9. Juli, ordnete Himmler den Stopp der »Evakuierung« von Juden ins Generalgouvernement an. Alle Hoffnungen richteten sich nun auf den neuen Plan.[86]

Mitte August war Eichmanns ebenso detaillierter wie überzeugender Vorschlag fertig; geschrieben hatte ihn Theodor

Dannecker. Wie der Plan des Auswärtigen Amts vom Juli enthielt das siebzehnseitige Dokument eine Fülle von geologischen, klimatischen und ökonomischen Angaben, unterschied sich von diesem aber deutlich durch seinen Bezug auf die Prioritäten und die brutalen Methoden der SS. Die Planung betraf die Juden im Großdeutschen Reich, im besetzten Polen, im Protektorat sowie in Belgien, Frankreich, den Niederlanden, Luxemburg, Dänemark, Norwegen und der Slowakei – insgesamt vier Millionen. Die Vorbereitungsschritte ähnelten dem bereits bei der Auswanderung angewandten Verfahren: Für die Registrierung der Juden, die Bearbeitung der Ausreisepapiere, die Übertragung jüdischer Vermögen und die Einzelheiten der Zusammenstellung und Abfertigung der Transporte sollten lokale Dienststellen verantwortlich sein. Täglich sollten zwei Schiffe mit je 1500 Juden an Bord Europa verlassen, doch dies hing davon ab, dass auf den Seewegen keine Störungen durch die französische und die britische Marine mehr zu erwarten waren. Aus diesem Grund verlangte das RSHA, an den zu erwartenden Verhandlungen über den Friedensvertrag mit den besiegten Kriegsgegnern beteiligt zu werden. Erneut nahm Eichmann die Vorstellungen der zionistischen Bewegung für die Pläne des RSHA in Dienst: Die erste Welle jüdischer »Auswanderer« würden »Vortrupps« aus Handwerkern, Bauarbeitern und Landwirten bilden, welche die Aufgabe hätten, die Infrastruktur für die Aufnahme der nachfolgenden Transporte zu schaffen. Von den für ihre Berufe nötigen Werkzeugen abgesehen, sollte es den Juden lediglich gestattet sein, 200 Kilogramm »nicht sperrendes Gepäck« mit sich zu nehmen. Da dies eine massive Enteignung jüdischen Eigentums bedeutete, sollte in jedem Land, aus dem man Juden deportieren wollte, eine »Treuhandstelle für das Judenvermögen« eingerichtet werden, um es zu liquidieren. Mit dem Erlös sollten die Kosten der jüdischen Auswanderung beglichen werden. Die gesamte Aktion würde unter der Aufsicht des Sicherheitsapparats stattfinden, und auch die jüdische Kolonie auf Madagaskar sollte als SS-Polizeistaat organisiert werden.[87]

Bei den mit der »Umsiedlung« befassten Stellen und in den besetzten Gebieten löste der Madagaskarplan große Aufregung aus, obwohl er offensichtlich nicht verwirklicht werden konnte, solange sich Großbritannien mit Deutschland im Krieg befand. Tatsächlich bat Großbritannien im Sommer 1940 weder um Frieden, noch konnte es militärisch zur Unterwerfung gezwungen werden. Als Hitler am 14. September beschloss, die Invasion Englands »aufzuschieben«, und sie im Oktober schließlich ganz von der Tagesordnung strich, war das Schicksal der Madagaskar-»Lösung« besiegelt.[88]

Eichmann verwischte im Verhör den Zeitrahmen der verschiedenen SS-Maßnahmen in Bezug auf die Juden: Nach seiner Darstellung waren Zwangsaussiedlung, Nisko-Projekt und das Ghetto Theresienstadt allesamt im selben Zeitraum gescheitert wie der Madagaskar-Plan. Dieser sei sein letzter Versuch gewesen, nachdem die anderen Vorhaben aufgrund der Machenschaften anderer fehlgeschlagen seien. Damit wollte Eichmann zu verstehen geben, dass er alles zugunsten der Juden unternommen und mit den nachfolgenden Ereignissen nichts zu tun gehabt habe. Diese wären vielmehr nie geschehen, wenn man seine Pläne nicht vereitelt hätte.[89] Das ist Unsinn. Zu diesem Zeitpunkt sprach noch niemand vom Ghetto Theresienstadt, und die Auswanderung sollte noch monatelang weitergehen. Eichmann war schon vor Beginn des Massenmords und der systematischen Vernichtung der Juden an vielen brutalen Maßnahmen beteiligt gewesen. Zudem hatte er die verfahrene Situation, in der ein Vorhaben wie der Madagaskarplan nötig wurde, selbst mit herbeigeführt. Er befand sich im Zentrum des RSHA-Apparats und war ein williger Vollstrecker der Umsiedlungspläne. Seine wirkliche Haltung gegenüber den Juden trat im Fehlen jeglichen kritischen Gedankens über die verbrecherische und implizit genozidale Idee zutage, in einem Zeitraum von nur zwei Jahren vier Millionen europäische Juden zu vertreiben und auf eine Insel zu verbringen, die weder über die Infrastruktur noch über die Ressourcen verfügte, um deren Überleben zu sichern.[90]

Ungeachtet der Enttäuschung über den gescheiterten Madagaskar-Plan ging die Arbeit von IV D 4 weiter. Im Zuge einer Umstrukturierung des RSHA im Februar und März 1940 hatte Eichmanns Referat die Bezeichnung IV D 4, zuständig für Auswanderung und Evakuierung, erhalten und war formell in die

Gestapo eingegliedert worden, während die Abteilung II/112 des SD das Personal des alten Gestaporeferats IV D 4 übernahm. Nach jahrelangen Bemühungen um eine Zusammenarbeit mit der Gestapo und den Nachweis der eigenen Nützlichkeit auf dem Gebiet der antijüdischen Politik hatte der SD die Oberhand über seinen früheren Rivalen gewonnen. Eichmann war jetzt faktisch Beamter der Gestapo und direkt deren Chef Heinrich Müller unterstellt. Später behauptete er, Müller habe diese Neuorganisation veranlasst, weil kaum noch Auswanderungsangelegenheiten zu bearbeiten gewesen seien und seine Leute daher überflüssig zu werden drohten. Doch Eichmann hatte noch nie mehr zu tun gehabt: Neben seiner Tätigkeit als Chef der Zentralstellen für jüdische Auswanderung in Wien, Prag und Berlin »evakuierte« er Tausende von unglücklichen Menschen in Polen. Aufgrund des nicht nachlassenden Drucks durch die Ankunft von Baltendeutschen deportierte das RSHA im Januar und Februar 1940 im neuen Reichsgau Danzig-Westpreußen Tausende von Juden aus Stettin, Posen und Schneidemühl, und die Arrangements für diese Vertreibungen traf Eichmanns Referat.[91]

Über die Vertreibung von 6000 Juden aus Baden und der Saarpfalz im Oktober 1940 wurde er jedoch nicht vorher informiert. Diese Aktionen gingen auf die Initiative zweier Gauleiter zurück, die vom Madagaskarprojekt gehört hatten und die in ihren Herrschaftsbereichen lebenden Juden ins unbesetzte Frankreich abschieben wollten, wo sie auf die Weiterfahrt nach Ostafrika warten sollten. Himmler gab den Bitten der Gauleiter nach und beauftragte IV D 4, die Züge für den Abtransport der Juden nach Frankreich zu organisieren. Derart kurzfristig war es nicht möglich, für diese Transporte eine Genehmigung für die Fahrt über die Demarkationslinie zwischen dem besetzten Teil Frankreichs und der freien Zone zu erhalten. Eichmann musste mit dem ersten Zug nach Chalon-sur-Saône fahren und persönlich die Weiterfahrt nach Vichy-Frankreich aushandeln, wobei er die Züge kurzerhand zu Militärtransporten erklärte. Später monierte er, dies sei ein »typisches Beispiel dafür, wie Himmler [...] impulsiv reagierte und aus dem Blitzblauen herunter eine Angelegenheit in Befehle kleidete und diese dann geeignet waren, Verwirrungen und Unmöglichkeiten zu schaffen«.[92]

Trotz des Krieges konnten weiterhin in geringer Zahl Juden aus dem Reich auswandern, und man versuchte, die Chancen deutscher und österreichischer Juden, ein Asyl zu finden, zu vergrößern, indem man die Auswanderung aus anderen deutsch beherrschten Gebieten untersagte. Auswanderungsfragen gehörten unverändert zu Eichmanns Arbeitsbereich. Anfang März 1940 teilte er dem Auswärtigen Amt mit, dass das RSHA dagegen sei, deutschen Juden, die nach Russland geflohen waren, aber nach Deutschland zurückkehren wollten, die deutsche Staatsbürgerschaft zu entziehen, da es in diesem Fall schwer fiele, ein anderes Aufnahmeland für sie zu finden.[93] Im März 1940 ernannte er Berthold Storfer zum alleinigen Vermittler in allen Angelegenheiten der Auswanderung von Juden, so dass die jüdischen Funktionäre in Wien, Prag und Berlin gezwungen waren, bei der Organisation illegaler Transporte über die Donau nach Palästina mit ihm zusammenzuarbeiten. Storfer stand zwar unter ständiger Beobachtung durch Eichmanns Vertreter, aber es war ein für beide Seiten vorteilhaftes Arrangement. Auf Eichmanns Drängen musste Storfer die illegalen Auswanderer auf Schiffen deutscher Schifffahrtsgesellschaften auf der Donau in die Schwarzmeerhäfen bringen, von wo sie nach Palästina weiterreisen sollten. Im September 1940 ermöglichte Eichmann die Ausreise von drei Emigrantengruppen mit zusammen 2092 Juden, die an Bord von drei Schiffen, der *Milos*, der *Pacific* und der *Atlantic*, in Palästina eintrafen. Damit waren ihre Leiden allerdings nicht beendet, denn nur ein Teil von ihnen erreichte tatsächlich die jüdischen Siedlungen in Palästina, wofür jedoch nicht die Gestapo, sondern die britische Politik verantwortlich war.[94]

Im Herbst 1940 brachten Eichmanns Vertreter vor Ort mit hektischen Anstrengungen einen Kreislauf in Gang, der Juden, Polen und Volksdeutsche durch unterschiedlich ausgeprägte Elendsstationen schickte. Der Madagaskarplan war längst in einer Archivakte abgelegt worden, als an seine Stelle etwas anderes, weit Aufregenderes trat. Anfang Dezember 1940 stellte Eichmann für Himmler Material für einen »Vortrag über Siedlung« zusammen, den der »Reichsführer-SS« vor hohen Funktionären des NS-Regimes zu halten gedachte. Zu Eichmanns

Materialsammlung gehörte eine Notiz, in der er über die »Endlösung der Judenfrage« schrieb: »Durch Unsiedlung der Juden aus dem europäischen Wirtschaftsraum des deutschen Volkes in ein noch zu bestimmendes Territorium. Im Rahmen dieses Projekts kommen rund 5,8 Millionen Juden in Betracht.«[95] An dieser Notiz sind zwei Dinge bemerkenswert. Zum einen war die Zahl der betroffenen Juden im Vergleich zum Madagaskarprojekt erheblich gestiegen; wahrscheinlich hatte Eichmann die Juden in den Balkanländern, die das Dritte Reich zu seiner Einflusssphäre rechnete, mitgezählt. Zum anderen stellt sich die Frage, wohin die Juden gehen sollten, wenn nicht nach Madagaskar. Offenbar gingen Eichmann und seine Leute inzwischen davon aus, dass man Russland erobern und damit riesige Gebiete gewinnen werde, in die unerwünschte Bevölkerungsgruppen verschleppt werden konnten.

Am 21. Januar 1941 teilte der nun in Paris eingesetzte Dannecker Eichmann in einem Brief mit, dass Himmler auf Hitlers Wunsch Heydrich wegen dessen »umfangreichen Erfahrungen« beauftragt habe, einen Plan für die »endgültige Lösung« der »Judenfrage« in Europa nach Kriegsende auszuarbeiten. In dieser Zeit wurden dem RSHA außerdem Sonderaufgaben bei der geplanten Invasion Russlands übertragen, und nach allem, was über Heydrichs Entwurf für den von Göring angeforderten Plan bekannt ist, war Russland auch für die neueste »Lösung der Judenfrage« von entscheidender Bedeutung. So wurde die Notwendigkeit von Absprachen mit Alfred Rosenberg, dem designierten Minister für die noch zu erobernden Gebiete in Russland, betont. Das deutet darauf hin, dass Heydrich die Absicht gehabt hatte, Rosenberg zu übergehen und der SS die ausschließliche Zuständigkeit für jüdische Angelegenheiten im Osten zu sichern. Auch dem Referat IV D 4 war eine Rolle zugedacht. Zumindest gingen Durchschriften seines Vermerks auch an Müller und Eichmann, und da Eichmann jetzt sowohl für Räumungs- als auch für »Judenangelegenheiten« zuständig war, heißt dies, dass Massendeportationen von Juden nach Russland fest eingeplant waren.[96]

Im März 1941 erklärte Eichmann in einer Sitzung im Propagandaministerium, Heydrich habe einen Plan für die »endgültige

Judenevakuierung« ausgearbeitet, für die jedoch das Generalgouvernement als Zielgebiet nicht verfügbar sei. Wo also sollte diese »Lösung« verwirklicht werden? Wenige Tage später setzte sich Heydrich mit Rosenberg in Verbindung, um ihm deutlich zu machen, dass die SS die vollständige Kontrolle über die Juden in den eroberten Gebieten haben müsse.[97] Wie dringend eine »Lösung« erforderlich war, zeigten die katastrophalen Bedingungen in den Ghettos in Polen und die anhaltende Unfähigkeit des RSHA, den revidierten dritten Nahplan auszuführen. Dieser wurde im Dezember 1940 aufgestellt und im Februar 1941 stockend umgesetzt, musste jedoch aufgrund der Transportmittelknappheit bald ganz aufgegeben werden: Die Wehrmacht benötigte für die Vorbereitungen auf den Angriff auf die Sowjetunion jede verfügbare Lokomotive und jeden Güterwaggon.[98] In den mit Rassenpolitik und Umsiedlung befassten NS-Behörden trat eine angespannte Pause ein. Auf Anfragen nach der Möglichkeit der Weiterreise von deutschen Juden, die sich bereits im Ausland befanden, antwortete Eichmann, dass »im Hinblick auf die kommende Endlösung der Judenfrage« keinerlei Schritte zu unternehmen seien. Diese Auskunft erhielt auch, wer sich nach der ausgesetzten Vertreibung von Juden aus Wien und dem Warthegau ins Generalgouvernement erkundigte.[99]

Ironischerweise begannen im Januar 1941 zur Feier der »Heimholung« der Volksdeutschen die Planungen für eine Ausstellung über das Thema »Die große Heimkehr«. Eichmann wollte die Aufmerksamkeit auf seine Arbeit und die Anstrengungen seiner Untergebenen lenken, obwohl das ganze Projekt in Wirklichkeit ein einziges Chaos war. Das Vorhaben, die eingegliederten Gebiete zu »säubern«, war gescheitert. Im Generalgouvernement drängten sich deportierte Juden, obwohl Frank mit aller Macht versucht hatte, sie fern zu halten. Seit Frühjahr 1940 hatten sich die Zivilverwaltungen und Polizeibehörden in den neuen Gauen und im Generalgouvernement auf die Errichtung von Ghettos verlegt, um die verarmten, hungernden und von Krankheiten heimgesuchten Juden vom Rest der Bevölkerung abzusondern. Im späten Frühjahr 1941 entschlossen sich einige Stadtverwaltungen im Einvernehmen mit Wirtschaftsfachleuten und sogar mit den Sicherheitskräften, das Beste aus der verfahrenen Lage zu machen und Juden Arbeitsmöglichkeiten zu geben, so dass sie Lebensmittel, Brennstoff und Medikamente kaufen konnten, während sie gleichzeitig nützliche Waren für die deutsche Kriegsanstrengung produzierten. Man war jedoch einhellig der Ansicht, dass es sich dabei lediglich um einen vorübergehenden Notbehelf handele. Mit Eichmanns Worten: »Aber irgendetwas musste geschehen.«[100]

»Physische Vernichtung«, 1941/42

»[Im Spätsommer 1941] mag es wohl gewesen sein, [...] als Heydrich mich zu sich befahl. Meldete mich, und er sagte mir: Der Führer, also das mit der Auswanderung usw. usw. mit einem kleinen speech vorher: ›Der Führer hat die physische Vernichtung der Juden befohlen.‹ Diesen Satz sagte er mir. Und als ob er jetzt nun die Wirkung seiner Worte prüfen wollte, machte er, ganz gegen seine Gewohnheit, eine lange Pause. [...] Ich hatte im ersten Augenblick es nicht zu ermessen vermocht, die Tragweite, weil er seine Worte so sehr wählte, und dann wusste ich Bescheid und habe nichts drauf gesagt, weil ich dazu nichts mehr sagen konnte. Denn für – an solche Sachen, an so eine Gewaltlösung selbst hatte ich nie gedacht gehabt. Damit schwand auch bei mir alles. Alle Arbeit, alle Bemühungen, alles Interesse; da war ich gewissermaßen ausgeblasen.«[1]
»Ich fuhr dann dem Wagen nach [...], und da sah ich das Entsetzlichste, was ich in meinem Leben bis dahin gesehen hatte. Der fuhr an eine längliche Grube, die Türen wurden aufgemacht und heraus wurden die Leichen geworfen, als ob sie noch lebten, so geschmeidig waren die Glieder. Wurden rein geworfen, ich sehe da noch, wie ein Zivilist mit einer Zange Zähne rauszieht, und dann bin ich abgehauen. Bin in den Wagen und bin weg und habe nichts mehr gesprochen.«
Eichmann im Verhör durch Avner Less,
Camp Iyar, 31. Mai 1960[2]

»Hier auf der Wannsee-Konferenz sprachen nun die Prominentesten des damaligen Reiches, es befahlen die ›Päpste‹, ich hatte zu gehorchen und daran dachte ich in all den kommenden Jahren.«
Eichmann während seines Prozesses in der Vernehmung durch Robert Servatius, 26. Juni 1961[3]

Im Spätsommer und Herbst 1941 nahm Eichmanns Karriere eine unerwartete Wendung: Der Auswanderungsspezialist wurde aufgrund der Stagnation der antijüdischen Politik zum Massenmord- und Genozidexperten. Die Hoffnung, die Juden aus den eingegliederten Gebieten und dem Generalgouvernement könnten nach Madagaskar abgeschoben werden, hatte sich zerschlagen. Die jüdische Auswanderung, ob nun freiwillig oder erzwungen, war nun nicht mehr möglich. Doch radikale Nationalsozialisten forderten weiterhin, die Juden aus dem Reich zu entfernen. Als vorübergehende Maßnahme wurden sie in überfüllten Ghettos eingesperrt, in denen Hunger und Krankheiten grassierten. Angesichts der zunehmenden Gesundheits- und Hygienekatastrophe drängten Sicherheitsapparat und Zivilverwaltung in den besetzten Gebieten ungeduldig auf ihre Abschiebung. Aber wohin sollte man sie bringen? Was sollte man mit ihnen tun? Hitlers Entschluss für den Angriff auf die Sowjetunion schien einen Ausweg aus dem selbst geschaffenen Dilemma zu eröffnen. Hitler verstand das »Unternehmen Barbarossa« als Kreuzzug gegen den »jüdischen Bolschewismus«; seine Untergebenen indessen sahen in Russland riesige Räume, in die sie sämtliche europäische Juden abschieben konnten.[4]

Für Eichmann bedeutete der bevorstehende Krieg gegen die Sowjetunion einen Politikwechsel, dem eine Übergangszeit voller Unsicherheit und Zweideutigkeit voranging, die den Historikern immer noch Rätsel aufgibt. Bereits im Januar 1941 verlangte Himmler von Heydrich, ihm einen Ausweg aus der Sackgasse zu zeigen, in die sich die SS manövriert hatte, als sie Hunderttausende von Volksdeutschen auf Land anzusiedeln versprach, von dem zuvor Juden und Polen vertrieben werden mussten, für die wiederum nirgendwo anders ein Platz zu finden war. In einem Vermerk über die Besprechung mit Göring am 26. März 1941 hielt Heydrich seinen Vorschlag fest, die Juden in die noch zu erobernden Gebiete der Sowjetunion zu deportieren.[5] Eichmann, der eine Durchschrift des Vermerks erhielt, begann zu handeln, als sei ein Politikwechsel im Gange. Im März wurde sein Referat in IV B 4 umbenannt und dessen Aufgabengebiet – anstelle von »Räumung und Auswanderung« – allgemeiner mit »Judenangelegenheiten, Räumungsangelegenheiten« beschrieben.[6] Das Referat stellte nun keine Fahrpläne für Züge in Polen mehr auf, sondern konzentrierte sich ganz auf die »Judenpolitik«. Eichmann legte gegenüber den ins Generalgouvernement verschleppten Juden eine härtere Gangart ein, so als wäre ihr Schicksal nicht mehr von Bedeutung. Im Mai untersagte er die Auslieferung von Paketen aus dem Reich ins Generalgouvernement und vereitelte den Versuch eines jüdischen Ehepaars aus Deutschland, der verschleppten Mutter beziehungsweise Schwiegermutter Geld zu schicken. Doch die Auswanderung aus dem Reich war weiterhin gestattet. Das RSHA verbot zwar »im Hinblick auf die zweifellos kommende Endlösung der Judenfrage« die jüdische Auswanderung aus Frankreich und Belgien, wollte damit aber nur die Ausreisemöglichkeiten deutscher Juden verbessern.[7]

Als deutsche Truppen am 22. Juni 1941 sowjetisches Territorium betraten, war der Augenblick gekommen, auf den die NS-Elite gewartet hatte. Dies war kein gewöhnlicher Krieg, sondern, wie Hitler seinen Generalen im März 1941 erklärt hatte, ein weltanschaulicher »Vernichtungskampf«. Die Sowjetunion sei die Heimat sowohl des Bolschewismus als auch des internationalen Judentums, die beide ausgerottet werden müssten. In Vorbereitung auf den Angriff hatte die SS bestimmte Sonderaufgaben erhalten. Vier mobile Sonderkommandos aus Angehörigen von Sipo/SD, Waffen-SS und Polizei, die so genannten Einsatzgruppen, sollten Informationen sammeln, die Sicherheit gewährleisten und »Feinde« des Reichs ausschalten. Zu Letzteren zählte man Partisanen und Saboteure, Politkommissare, Funktionäre von Staat und kommunistischer Partei sowie »Juden in Partei- und Staatsstellungen«. Um bei der Ausführung dieses Programms Kompetenzstreitigkeiten wie 1939 unter ähnlichen Umständen in Polen zu vermeiden, sorgte Himmler dafür, dass Wehrmacht und SS eine Vereinbarung über die Abgrenzung ihrer jeweiligen Operationsgebiete trafen.[8]

Einige Wochen zuvor hatte Eichmann an einer Sitzung der RSHA-Führung teilgenommen, in der Heydrich die Leiter der Einsatzgruppen und ihrer Untereinheiten, der Einsatzkommandos, auswählte. Die Sitzung hatte an einem ungewöhnlichen Ort stattgefunden: in einem Berliner Kino. Eichmann behauptete später, er habe hinten im Saal gesessen, während Heydrich Aufstellung und Struktur der Einsatzgruppen umrissen und vage von der »schweren Aufgabe«, die sie erwarte, gesprochen habe. Einige der versammelten Gruppen-, Abteilungs- und Referatsleiter seien über die neue Aufgabe begeistert gewesen. Er selbst jedoch wäre am liebsten gegangen. Später sagte er: »[...] ich dachte, das sei [...] Militärisches, mit Vorwärtsgehen, Waffen-SS und Militär und war damals sehr betreten, weil ich mich übergangen glaubte [...].« In seinem Prozess in Israel behauptete er hingegen, als er erfahren habe, wofür die Einsatzgruppen aufgestellt worden seien, sei er »überglücklich« gewesen, dass man ihn übergangen habe. Das war ein für ihn typischer Widerspruch, einerseits seine Erleichterung darüber auszudrücken, dass er nicht in die mörderische Tätigkeit der Einsatzgruppen verwickelt worden war, und andererseits zu leugnen, über deren Aufgabe Bescheid gewusst zu haben. Tatsächlich wusste Eichmann von Anfang an, dass sie Massaker von beispiellosen Ausmaßen begingen. Er gehörte zu den Empfängern jener detaillierten Berichte, welche die Einsatzgruppen regelmäßig an die Sipo/SD-Zentrale in Berlin schickten.[9]

Für Eichmann stellte das »Unternehmen Barbarossa« sowohl eine Bedrohung als auch eine Chance dar. Hitlers mörderische Absichten gegenüber den russischen Juden bedeuteten, dass andere Kader der SS ins Rampenlicht treten würden. Im Russlandfeldzug würde das Wissen über die Einwanderungsbestimmungen obskurer lateinamerikanischer Länder wertlos sein. Sollten indes die erwarteten Deportationspläne umgesetzt werden, wären Eichmann und seine Männer gefragt, so wie sie 1940 in Polen gefragt gewesen waren. Dass Eichmann in Berlin blieb, hatte er wahrscheinlich Heydrich und Müller zu verdanken, die ihn für Aufgaben zurückbehielten, die nur geringfügig weniger tödlich waren als die der Einsatzgruppen. Denn wenn die Deportationen in eroberte sowjetische Gebiete stattfinden sollten, würden sie einen kompetenten und erfahrenen Manager brauchen. Tatsächlich dauerte es nicht lange, bis es so aussah, als würde Eichmann alle Hände voll zu tun bekommen. Der blitzartige Vormarsch der Wehrmacht im Juni und Juli 1941 sowie die Leistungen der Einsatzgruppen sorgten bei den Männern, die mit der »Judenfrage« zu tun hatten, für helle Aufregung. Am 18. Juli verkündete Hans Frank seinem engsten Kreis: »Ich werde in den nächsten Tagen schon den Befehl der Ausräumung des Warschauer Ghettos geben.« Hitler habe ihm versichert, dass das Generalgouvernement lediglich ein »Durchgangslager« für Juden sein werde.[10]

Mit dem Wissen über die Mordaktionen in Russland im SS-Apparat und darüber hinaus bot sich neben der erzwungenen »Umsiedlung« gewissermaßen von selbst eine noch radikalere Alternative an. Am 16. Juli 1941 legte SS-Sturmbannführer Rolf-Heinz Höppner, der Leiter der Umsiedlerzentralstelle in Posen im Warthegau, Eichmann einen Vorschlag für die Entfernung der Juden aus dem Warthegau vor. Beide hatten bereits bei den »Umsiedlungen« von 1940 zusammengearbeitet. Höppner sah für den kommenden Winter eine große Lebensmittelknappheit voraus; es bestünde die Gefahr, dass »die Juden nicht mehr sämtlich ernährt werden können«. Daher sei »ernsthaft zu erwägen, ob es nicht die humanste Lösung ist, die Juden, soweit sie nicht arbeitseinsatzfähig sind, durch irgendein schnell wirkendes Mittel zu erledigen. Auf jeden Fall wäre dies angenehmer, als sie verhungern zu lassen.« Arbeitsfähige Jüdinnen sollten wie die Männer zur Arbeit herangezogen und gebärfähige jüdische Frauen sterilisiert werden, »damit mit dieser Generation tatsächlich das Judenproblem restlos gelöst wird«.[11] Höppner könnte an die von den Einsatzgruppen angewandten Methoden gedacht haben, oder auch an die Vergasungstechniken, die 1939/40 bei der Ermordung von Tausenden körperlich und geistig Behinderter in Sanatorien und Heimen in Deutschland und in den eingegliederten Gebieten eingesetzt worden waren.[12] Auf jeden Fall belegt sein Schreiben an Eichmann, dass die physische Vernichtung der Juden in diesen SS-Kreisen inzwischen als realistische Alternative oder Ergänzung zur Deportation angesehen wurde.

Solche Optionen waren für Eichmann keine bloßen Gedankenspiele mehr. Ende Juli 1941 wurde Heydrich von Göring beauftragt, »alle erforderlichen Vorbereitungen in organisatorischer, sachlicher und materieller Hinsicht zu treffen für eine Gesamtlösung der Judenfrage im deutschen Einflussgebiet in Europa«.[13] Dieses Ermächtigungsschreiben hatte Eichmann im

Namen Heydrichs entworfen, und es bezog sich explizit auf die Zuständigkeit für »Judenangelegenheiten«, die Heydrich 1939 im Zuge der Gründung der Reichszentrale für jüdische Auswanderung erlangt hatte. Was einst eine Belohnung dafür gewesen war, dass er einen Weg zur systematischen Zwangsauswanderung gewiesen hatte, bildete jetzt das Sprungbrett für eine drastische Ausdehnung seiner Machtfülle. Das von Göring unterzeichnete Dokument dehnte Heydrichs Zuständigkeitsbereich weiter als jemals zuvor aus, da ihm jetzt auch zum deutschen Einflussgebiet gehörende Länder wie Ungarn, Rumänien, Bulgarien und Finnland zugeschlagen wurden. Auch für Heydrichs Untergebene, einschließlich Eichmann, bedeutete die Ermächtigung eine potentielle Zunahme ihres Einflusses. Nachdem Heydrich im Januar 1939 die Kontrolle über die Juden im Reich gewonnen hatte, delegierte er nun seine Macht an Müller und über diesen an Eichmann. Jetzt wurde Eichmanns Aufgabengebiet dank Görings Ermächtigungsschreiben auf das gesamte West- und Nordeuropa sowie den Balkan ausgedehnt. Heydrich sollte Göring so bald wie möglich einen Gesamtplan vorlegen; dessen Ausarbeitung übertrug er wie schon beim Madagaskarprojekt Eichmann.

Am 28. August 1941 teilte Eichmann dem Auswärtigen Amt mit, dass in Anbetracht der »kommenden und in Vorbereitung befindlichen Endlösung« auswanderungswilligen Juden keine Transitvisa mehr auszustellen seien.[14] Aber welcher Art war die »kommende Endlösung«? Etwa zur gleichen Zeit bat Eichmann Höppner, der bereits seinen Einfallsreichtum in solchen Fragen bewiesen hatte, ihm seine Ideen für die Ausführung von Heydrichs riesigen Bevölkerungsverschiebungen darzulegen. Höppner legte daraufhin am 3. September eine fünfzehnseitige Denkschrift vor. Sie stützte sich auf seine umfangreichen Erfahrungen mit der Deportation von Juden und Polen aus dem Wartheland sowie auf Diskussionen mit anderen Mitarbeitern der Umsiedlungsstellen der SS, die 1940 parallel zu Eichmann gearbeitet hatten. »Nach Schluss des Krieges«, schrieb Höppner, »wird in den verschiedenen, neu zu Deutschland gekommenen Gebietsteilen in starkem Maße eine Aussiedlung von für das Großdeutsche Reich unerwünschten Bevölkerungsteilen stattfinden müssen. Es handelt sich dabei nicht nur um die endgültige Lösung der Judenfrage, die außer dem Großdeutschen Reich alle unter deutschem Einfluss stehende Staaten erfassen wird, sondern vor allem um die Aussiedlung von rassisch nicht rückdeutschungsfähigen Angehörigen vor allem der Ost- und Südost-Völker aus dem deutschen Siedlungsraum.«[15]

Im Wesentlichen schlug Höppner vor, die Umwandererzentralstellen im Reich und im Protektorat auszubauen und in den eroberten sowjetischen Gebieten Filialen einzurichten, um die ankommenden Transporte abzufertigen. Die Erfahrungen, die Eichmann und seine Kollegen in Polen gesammelt hatten, bildeten insofern die grundlegende Brücke zwischen Zwangsaussiedlungsplänen und regionalen Abschiebungsprojekten zu europaweiten Deportationsplänen. Die Notwendigkeit, eine »Lösung« zu finden, wurde durch eine weitere Verschärfung der Atmosphäre unterstrichen. Den Erinnerungen von Bernhard Lösener zufolge verkündete Eichmann am 15. August 1941 in einer Sitzung im Propagandaministerium, Heydrich habe Hitler um die Erlaubnis gebeten, mit der »Evakuierung« der Juden aus dem Reich beginnen zu dürfen, sei jedoch abschlägig beschieden worden; damit müsse man bis Kriegsende warten. In der Zwischenzeit würden härtere Maßnahmen gegen Juden erwogen, darunter die Verpflichtung, den Judenstern zu tragen. In einer anderen Besprechung in dieser Zeit zog Lösener mit dem Versuch, die »Mischlinge« von den geplanten Maßnahmen auszunehmen, »feindselige Blicke« auf sich. »Die Situation war für mich wenig angenehm«, berichtete er später über diese Sitzung, »und darauf war sie auch berechnet. Ich sollte [in der Frage einer Neudefinition des Judenbegriffs] ›weich gemacht‹ oder auf mangelnde weltanschauliche Ausrichtung festgenagelt werden.« Jedenfalls sei er »glücklich« gewesen, dass er »dieses Haus noch als freier Mann verlassen konnte«.[16]

Heydrich und Eichmann wurden ihrerseits gedrängt, die Deportationen aus dem Reich und dem Wartheland wieder aufzunehmen. Anfang September 1941 fragten die für die Ansiedlung der Volksdeutschen zuständigen Stellen bei Eichmann an, wann die »Evakuierung« von Polen und Juden weitergehe, damit man die Volksdeutschen ansiedeln könne. Es war kein günstiger Augenblick für solch ein Ansinnen, denn die anfängliche Zuversicht über den baldigen Zusammenbruch der Roten Armee war einer nüchterneren Einschätzung gewichen. Noch am 29. September teilte Eichmann der UWZ in Posen mit, dass eine Wiederaufnahme der Abschiebung von Juden und Polen ausgeschlossen sei, weil das Generalgouvernement bis auf weiteres keine Umsiedler mehr aufnehmen könne und »ein anderes Territorium für die Aufnahme von Räumungskontingenten als vorläufige Ausweichmöglichkeit« nicht zu finden sei. Deportationen in die neu eroberten Gebiete seien aufgrund der Transporterfordernisse der Wehrmacht und der Lage an der Front nicht möglich. Es könne »unter den heutigen Umständen noch nicht abgesehen werden, wann die Wiederaufnahme der Evakuierung in den eingegliederten Ostgebieten wieder in Erwägung gezogen werden kann«.[17]

Das sollte sich schnell ändern. Mitte September 1941 bereits hatte Himmler von Hitler plötzlich den Befehl erhalten, mit der Abschiebung der Juden aus Deutschland, Österreich und dem Protektorat zu beginnen. Das war ein grundlegender Politikwechsel, denn bis dahin hatte Hitler geschwankt, was mit den deutschen Juden geschehen sollte. Da viele der verbliebenen jüdischen Männer Veteranen aus den Schützengräben des Ersten Weltkrieges waren – die zudem häufig Kriegsauszeichnungen erhalten hatten –, konnte ihre Deportation in der Öffentlichkeit Unmut erregen. Außerdem wurden sie als wertvolle Geiseln angesehen, die das Wohlverhalten der amerikanischen Juden sicherstellten. Dennoch gab Hitler jetzt dem Drängen der Gauleiter nach, die in Wohnungen und Häusern von Juden ausgebombte Familien unterbringen wollten. Darüber hinaus mag er die Zwangsräumung deutscher Juden als angemessene Vergeltung für die von Stalin gerade angeordnete Deportation der Wolgadeutschen betrachtet haben. Jedenfalls machte Hitlers Meinungswandel den Weg frei für die Deportation von Juden »in den Osten«.[18]

Mit einem »Führerbefehl« im Rücken war Eichmann in der Lage, die Deportation von 20 000 »Reichsjuden« und 5000 Roma ins Ghetto von Lodz im Wartheland zu organisieren. Zwischen dem 15. Oktober und 4. November 1941 fuhren überall in Deutschland Transporte ab, und Eichmann reiste persönlich nach Lodz, um die ersten von ihnen zu empfangen. Sie waren nicht willkommen. Friedrich Uebelhör, der Regierungspräsident für den Bezirk von Kalisch und Litzmannstadt, wie Lodz von den Deutschen genannt wurde, war entrüstet, als man plötzlich von ihm verlangte, Unterkünfte für diese unglücklichen Menschen zu finden, und Eichmanns herablassende Art versetzte ihn derart in Rage, dass er ihm in einem Brief an Himmler »Rosstäuschermanieren« vorwarf. Die Tirade hatte jedoch keine Folgen für Eichmann, da er ja die Befehle seines Herrn ausführte. Im Gegenteil, im selben Monat wurde er zum SS-Obersturmbannführer (Oberstleutnant) befördert. Dies sollte der höchste Rang sein, den er in seiner Laufbahn erreichte.[19] Die Empfehlung für diese Beförderung stammte von SS-Gruppenführer Bruno Streckenbach, dem Personalchef des RSHA. Sie enthält einige Hinweise auf Eichmanns Rolle und Stellung in dieser Zeit:

> »Ich schlage diese Beförderung aufgrund der besonders guten Leistungen Eichmanns vor, der als Leiter der Zentralstelle für jüdische Auswanderung sich schon um die Entjudung der Ostmark besondere Verdienste erworben hat. Durch Eichmanns Arbeit konnten riesige Vermögenswerte für das Deutsche Reich sichergestellt werden. Ebenso war die Arbeit Eichmanns im Protektorat, die er mit vorzüglicher Initiative und der erforderlichen Härte durchführte, ausgezeichnet. [...] Z. Zt. bearbeitet Eichmann sämtliche Räumungs- und Umsiedlungs-Fragen. Wegen der Wichtigkeit dieses Aufgabengebietes halte ich eine Beförderung Eichmanns auch in dienstlichem Interesse für zweckmäßig.«[20]

Eichmanns Hauptvorzüge waren seine Fähigkeiten und Erfahrungen bei der Organisation von Bevölkerungsverschiebungen, und als die von Hitler ausgelöste Deportationswelle einsetzte, war er für Heydrich wichtiger als jemals zuvor. Am 10. Oktober 1941 gab Heydrich der Deportationsmaschinerie einen zusätzlichen Anstoß. Kaum zum stellvertretenden Reichsprotektor und damit zum faktischen Herrn über das Protektorat Böhmen und Mähren ernannt, erklärte er auf einer Sitzung in Prag impulsiv, er werde binnen zwei Monaten alle Juden aus seinem neuen Herrschaftsgebiet entfernen. Einen Teil von ihnen werde man in ein Ghetto umsiedeln, das rund 150 Kilometer nordwestlich von Prag in der von einer Mauer umgebenen Garnisonsstadt Terezin oder Theresienstadt eingerichtet werden solle. Die »lästigsten« Juden werde man in die von den Einsatzgruppen betriebenen »Lager« im Osten schicken, was nur bedeuten konnte: in den Tod.[21]

Die nächsten Wochen waren von hektischen Aktivitäten geprägt. Eichmann versandte Richtlinien, welche die Auswanderung aus allen unter deutscher Herrschaft stehenden Gebieten und schließlich auch aus Deutschland selbst verboten. Am 23. Oktober hielt er eine Besprechung der Judenreferenten aller Sipo-Dienststellen in Deutschland ab, um ihnen Instruktionen für die Deportation der deutschen Juden zu geben. Sie erhielten detaillierte Anweisungen für die Vorgehensweise und wurden angewiesen, IV B 4 regelmäßig Bericht zu erstatten. Eichmanns Referat hatte bereits Fahrpläne erarbeitet, die jetzt verteilt wurden. Am selben Tag kam er mit Lösener vom Innenministerium sowie Vertretern des Wehrwirtschafts- und Rüstungsamts des Oberkommandos der Wehrmacht (OKW) zusammen, um mit ihnen über das Schicksal der in der Waffen- und Munitionsproduktion beschäftigten Juden zu sprechen. Man kam überein, sie vorläufig von den Deportationen auszunehmen.[22]

Als alles geregelt war, rollten die Deportationszüge aus Deutschland und Österreich in die Ghettos in Polen, Weißrussland und dem Baltikum. Gemäß der am 25. November 1941 erlassenen Elften Verordnung zum Reichsbürgergesetz verloren Juden, sobald sie die Reichsgrenze überquerten, sowohl die deutsche Staatsangehörigkeit als auch jeden Anspruch auf ihr zurückgelassenes Eigentum. Um ein Durcheinander bei der Verteilung und Streitereien um die Beute zu vermeiden, hatte Eichmanns Referat ein System entwickelt, das sicherstellte, dass sämtliche Besitztümer der Juden vor der Deportation registriert und für die Übergabe an die eine oder andere Behörde vorgemerkt wurden. Die Polizeistellen im gesamten Reich erhielten

Formulare und wurden über die Verfahrensweisen instruiert, die sich an jenen der Wiener Zentralstelle für jüdische Auswanderung orientierten. Im Jahr 1938 hatten die Juden allerdings noch in ein Büro gehen müssen, wo man sie ihres Eigentums beraubte, bevor sie die Ausreiseerlaubnis erhielten. Drei Jahre später war in Deutschland ein großer Teil der enteignenden Maßnahmen bereits erledigt, und der Rest konnte auf dem kurzen Weg von ihren Wohnungen zum Bahnhof durchgeführt werden.[23]

Eichmann musste dafür sorgen, dass am Ankunftsort diesmal keine Schwierigkeiten auftraten. Immerhin waren frühere Pläne stets an solchen gescheitert: in Nisko, 1940 im Generalgouvernement und gerade erst im Oktober 1941 in Lodz. Daher reiste Eichmann im Herbst nach Lublin, Lodz, Minsk und Lwow (Lemberg), um die Absprachen für die Aufnahme der Deportierten festzuklopfen. Anfang 1942 besuchte er Auschwitz und später auch Treblinka. Diese Reisen könnten eine zentrale Rolle bei der Planung der »Endlösung« gespielt haben.[24]

Wohin er fuhr, warum er die Reisen unternahm, was er an den Zielorten tat, was er dort sah und wie er darauf reagierte, ist immer noch umstritten und nicht endgültig geklärt. Für Historiker, die der Frage nachgehen, wann und wie das Dritte Reich zum Völkermord überging, sind seine Aktivitäten in der Periode von Juli 1941 bis Januar 1942 jedoch von grundlegender Bedeutung.[25] Ebenso wichtig sind sie für das Verständnis von Eichmanns Persönlichkeit und die allgemeine Frage, wie jemand zum »Völkermörder«, werden konnte. Leider sind die Beweise, zumal diejenigen, die Eichmann selbst geliefert hat, fragmentarisch und häufig widersprüchlich. Eichmann hat mehrmals über die Ereignisse zwischen Mitte 1941 und Anfang 1942 gesprochen und geschrieben. Er erzählte sie in Argentinien dem holländischen Journalisten und Ex-Nazi Willem Sassen und machte sich eigene Notizen, als er noch in Freiheit war. Später wurde er im Verhör in Israel nach ihnen gefragt und schrieb zwei weitere Darstellungen, eine mit der Möglichkeit, Bücher und Dokumente einzusehen, und eine ohne sie. Datierung und Reihenfolge der Ereignisse in den einzelnen Darstellungen weichen stark voneinander ab, doch die Schilderungen seiner eigenen Reaktionen stimmen weitgehend überein. Seine Aussagen sind also für die Datierung der entscheidenden Etappen im Entscheidungsprozess allein kaum von Nutzen, aber sie bieten eine Einsicht ins Innenleben eines Mannes, der in einen Massenmord hineingezogen wurde.[26]

In seinen Notizen und im Interview mit Willem Sassen berichtete Eichmann, dass ihn Heydrich nach einer großen Schlacht in Russland – er nannte sie die »Doppelschlacht von Minsk-Bialystok«, die ihren Höhepunkt Ende Juni 1941 erreichte – zu sich bestellt habe, um ihm mitzuteilen, dass Hitler die »physische Vernichtung« der Juden befohlen habe. Heydrich habe ihn zum SS- und Polizeiführer (SSPF) im Distrikt Lublin, Odilo Globocnik, entsandt, den Himmler bereits ermächtigt hätte, diese Aufgabe auszuführen. Er habe über die von Globocnik angewandten Methoden berichten sollen. In Lublin angekommen, habe man ihn zu einem Wald gefahren, wo er »kleine Häuschen« gesehen habe, die abgedichtet worden seien, um als Vergasungsräume zu dienen. Ein Polizeihauptmann habe ihm erklärt, dass die Abgase eines russischen U-Boot-Motors in die Gaskammern geleitet würden. Später sei er von Gestapochef Müller nach Chelmno (Kulmhof) bei Lodz im Wartheland geschickt worden, um sich über den Einsatz von Gaswagen zu informieren. Auch nach Minsk, wo er mit angesehen habe, wie Juden an einem Graben erschossen worden seien, sei er im Auftrag von Müller gereist. Von Minsk sei er in einem Schockzustand nach Lwow weitergefahren, nur um zu entdecken, dass auch dort Massaker an Juden begangen worden seien. In der langen Reihe von Interviews mit Sassen erzählte Eichmann noch von anderen Reisen zu Globocnik, dem er Instruktionen für den Mord an den Juden im Generalgouvernement überbrachte, sowie von Besuchen bei Höß in Auschwitz. Auf seine Reaktionen auf das Erlebte wird weiter unten eingegangen.[27]

Im Verhör in Israel bestätigte Eichmann diese Darstellung weitgehend. Die »Endlösungsfrage«, erklärte er vage, hänge »mit dieser Angelegenheit« zusammen, »die nach dem Beginn des deutsch-russischen Krieges kam«. Gemeint war Görings Ermächtigungsschreiben für Heydrich. »Und glaublich zwei Monate später mag es wohl gewesen sein, es kann auch drei Monate später gewesen sein, […] als Heydrich mich zu sich befahl. Meldete mich, und er sagte mir: Der Führer, also das mit der Auswanderung usw. usw. mit einem kleinen speech vorher: ›Der Führer hat die physische Vernichtung der Juden befohlen.‹« Heydrich habe ihn, Eichmann, dann zu Globocnik geschickt, der mit dieser Angelegenheit vertraut gewesen sei, weil Himmler ihn kurz zuvor persönlich angewiesen habe, »nutzlose« Juden im Generalgouvernement zu liquidieren. Er sei also nach Lublin gefahren, wo Globocnik SS-Sturmbannführer Hans Höfle beauftragt habe, ihm alles zu zeigen. Höfle, der Leiter des Einsatzkommandos, das diese Mordaktion durchführte, sei mit ihm in ein Wäldchen bei Lublin gefahren, wo sich ein noch im Bau befindliches Lager befunden habe – vermutlich Belzec. Die »Anlage« habe unter dem Kommando eines Polizeihauptmanns gestanden, der ihm erklärt habe, wie man das Abgas eines russischen U-Boot-Motors in zwei oder drei hermetisch abgedichtete Hütten voller Juden leiten würde. Er, Eichmann, habe diese Vorstellung »ungeheuerlich« gefunden. Anschließend sei er nach Berlin zurückgekehrt und habe Müller Bericht erstattet.[28]

Als Nächstes war er von Müller mit den Worten nach Chelmno (Kulmhof) geschickt worden: »Dort ist eine Juden-Aktion im Gange, Eichmann, fahren Sie runter. Will wissen, was da vorgeht. Berichten Sie mir.« In Lodz machte er das Sonderkommando ausfindig, »das der Reichsführer [Himmler] eingesetzt hat«, und in Chelmno angekommen, sah er die Gaswagen in Betrieb. Die Juden mussten sich ausziehen und in einen kastenartigen Lastwagen steigen, der dann, nachdem man die Türen geschlossen hatte, wegfuhr. Das Auspuffgas wurde durch ein Rohr in den Laderaum geleitet, und als der Lastwagen eine versteckte Stelle in einem Wald erreicht hatte, waren die Juden im Laderaum tot. In Eichmanns eigenen Worten: »Ich weiß bloß Folgendes, dass ich Folgendes sah: einen Raum, wenn ich mich noch recht entsinne, vielleicht fünfmal so groß wie dieser hier, auch viermal so groß kann er gewesen sein. Da waren Juden drin, die mussten sich ausziehen und dann fuhr ein Lastwagen vor, der ganz geschlossen war, wo vorn die Türen aufgemacht wurden, und fuhr gewissermaßen bis an eine Rampe ran. Und da mussten jetzt nun die nackten Juden herein gehen. Dann wurde der Wagen zugemacht und er fuhr los.« Wieder bekundete Eichmann, dass ihn das Schauspiel mitgenommen habe: »Ich habe nicht einmal genau zusehen können, ich habe nicht hingeschaut die ganze Zeit. Ich konnte es nicht, nicht, mir hat es genügt. Das Schreien und und ... und ich war hier viel zu erregt gewesen und so weiter. Ich sagte das auch Müller bei meiner Berichterstattung.« Er sei dem Lastwagen gefolgt, habe beobachtet, wie die Leichen ausgeladen wurden, und sei lange genug geblieben, um zu sehen, wie aus den Mündern der Leichname Goldzähne entfernt wurden. Danach, so Eichmann, sei er bedrückt nach Berlin zurückgefahren: »Da war ich bedient. Da war ich fertig.«[29]

Eichmanns nächstes Reiseziel war Minsk. Müllers Instruktionen lauteten kurz und bündig: »In Minsk werden die Juden erschossen, möchte Bericht haben, wie das vor sich geht.« Nach seiner Ankunft irrte Eichmann laut seiner eigenen Erzählung in Minsk umher, bis er jemanden mit Befehlsgewalt gefunden hatte, der ihm den Weg wies. Er blieb über Nacht in der Stadt, kam aber zu der am nächsten Vormittag angesetzten Massenerschießung zu spät. Er sah nur noch, wie Angehörige der Totenkopf-Verbände der SS auf Juden in einem Graben schossen. Im Verhör beteuerte Eichmann erneut, wie sehr ihn das alles mitgenommen habe: »Als ich hinkam, sah ich aber gerade noch, wie junge Schützen, ich glaube es waren Schützen mit dem Totenkopf auf den Spiegeln, hier in eine Grube schossen, die vielleicht ein Ausmaß von – sagen wir mal vier-, fünfmal so groß war wie dieses Zimmer, vielleicht auch sechs- bis siebenmal. Ich habe die ... habe ... jede Orientierung ist in diesem Fall ist unverlässlich, weil ich die Sache nur gesehen habe, ohne Gedanken, ohne mir irgendwelche Gedanken zu machen. Ich habe nur gesehen, weiter nichts. Schossen hinein und ich sehe noch eine Frau, Arme nach rückwärts, und dann sind auch mir die Knie abgewankt und ich bin weg.«

Von Minsk fuhr er wie betäubt nach Lwow und verspürte tiefe Erleichterung, als er die vertraute Silhouette der Stadt vor sich sah. Sie weckte angenehme Erinnerungen an das Habsburger Reich und glücklichere Zeiten, »das erste freundliche Bild, nach dem, was ich dort wieder an Fürchterlichem sah«. Er begab sich zur Dienststelle der Gestapo, also auf bekanntes Terrain, und erzählte dort, was er gesehen hatte: »[...] da werden ja die jungen Leute zu Sadisten erzogen.« Doch sein Gesprächspartner erwiderte, dass in Lwow das Gleiche geschehe, und erbot sich, ihm den örtlichen Hinrichtungsort zu zeigen. Er lehnte ab, musste aber auf der Fahrt aus der Stadt an dem Mordplatz vorbei, und als er ihn passierte, sah er etwas, das sich ihm tief einprägte: »Da war eine Grube gewesen, die war aber schon zu. Da quoll, wie ein Geiser, ein Blut ... – wie soll ich sagen – ein Blutstrahl heraus.« Zurück in Berlin, sagte er Müller seine Meinung: »Das ist keine Lösung von der Judenfrage, das ist keine Lösung.« Obendrein würde man die eigenen Leute zu Sadisten erziehen. Doch Müller, so Eichmann, habe auch nichts tun können.[30]

Im Verhör gestand Eichmann auch ein, dass Müller ihn nach Auschwitz geschickt hatte, um ihm über den Ausbau des Lagers zu berichten. Laut Eichmann war Lagerkommandant Höß amüsiert über sein Unbehagen angesichts einer »Selektion« eines kurz zuvor eingetroffenen Transports, das heißt der Trennung der als arbeitsfähig eingeschätzten Juden von denjenigen, die als ungeeignet betrachtet wurden und daher zum sofortigen Tod verurteilt waren. Er sah fabrikähnliche Anlagen, aber vielleicht verwechselte er dies mit einem späteren Besuch. Da er mit einem Geländewagen herumgefahren wurde, ist zu vermuten, dass er tatsächlich die improvisierten Gaskammern sah. Bei den so genannten Bunkern handelte es sich um umgebaute Bauernhäuser, die auf Wiesen außerhalb des Hauptgeländes von Birkenau standen. Eichmann erinnerte sich an den Graben für die Verbrennung der Leichen, der sich in der Nähe dieser »Bunker« befand.[31] Schließlich erwähnte er noch einen zweiten Besuch bei Globocnik in Treblinka. Das dortige Todeslager wurde am 23. Juli 1942 eröffnet.[32]

In all diesen Darstellungen erklärte Eichmann, dass er im Spätsommer oder Frühherbst 1941 von der Entscheidung für den Völkermord erfahren habe. Doch die Abfolge der anschließenden Ereignisse ist alles andere als klar. In den Darstellungen, die nicht von jemand anders redigiert und umgestellt worden sind, nannte er die Fahrt nach Lublin stets als erste. Aber Treblinka ging erst im folgenden Frühjahr in Betrieb. Möglicherweise wurde ihm der Standort des Todeslagers Belzec gezeigt, wo die Bauarbeiten im November 1941 begannen. Vergasungen fanden dort jedoch erst im folgenden März statt. Bei dem Polizeihauptmann, den er dort traf und den er als »ungepflegt« und möglicherweise angetrunken beschrieb, handelte es sich mit größter Wahrscheinlichkeit um Christian Wirth, der vom »Euthanasie«-Programm T4 zu Globocnik versetzt worden war, um eine Massenmordanlage zu entwerfen und zu errichten. Allerdings wurde er offiziell erst im Dezember 1941 auf seinen neuen Posten berufen.[33] Eichmann ordnete seine Reise nach Chelmno stets vor dem grausamen Erlebnis in Minsk ein; da die Vergasungen in Chelmno am 8. Dezember 1941 begannen, wurde er vermutlich erst im folgenden Jahr Zeuge einer Erschießung in Minsk. Man hat angenommen, dass die Fahrt nach Minsk mit den Aktionen der Einsatzgruppe B zusammenfiel, die vom 7. bis 11. November 1941 mehr als 6200 Juden aus dem Ghetto der Stadt ermordete. Doch Christian Gerlach hat auf die Möglichkeit hingewiesen, dass er auch ein späteres Massaker am 2. und 3. März 1942 gesehen haben könnte.[34]

Noch verwirrender ist Eichmanns Darstellung seines Auschwitzbesuchs, nicht zuletzt deshalb, weil sie zumeist mit der Aussage und den Gefängniserinnerungen des Lagerkommandanten Höß im Zusammenhang gesehen wird. Höß war für die Errichtung des Auschwitz II genannten Todeslagers Birkenau verantwortlich. Nach dem Krieg sagte er aus, er sei im Sommer 1941 nach Berlin bestellt worden, wo er von Himmler persönlich den Befehl erhalten habe, Anlagen für den Massenmord zu errichten. Himmler habe zu ihm gesagt: »Der Führer hat die Endlösung der Judenfrage befohlen, wir – die SS – haben diesen Befehl durchzuführen.« Da die »bestehenden« Vernichtungszentren im Osten nicht ausreichen würden, um diese Aufgabe zu erledigen, falle sie Auschwitz zu. »Nähere Einzelheiten«, habe Himmler hinzugefügt, »erfahren Sie durch Sturmbannführer Eichmann vom RSHA, der in nächster Zukunft zu Ihnen kommt.«[35]

Laut Höß hatte er kurz darauf Besuch von Eichmann erhalten. »Er weihte mich in die Pläne der Aktion in den einzelnen Ländern ein«, schrieb er im Rückblick. Eichmann habe ihm mitgeteilt, dass die Deportationen, beginnend in Oberschlesien, zunächst ganz Deutschland erfassen und sich dann auf das Protektorat ausdehnen würden, bevor schließlich die westeuropäischen Länder an die Reihe kämen. Dann habe er ihm gesagt, wie viele Transporte er zu erwarten habe. »Wir besprachen weiter die Durchführung der Vernichtung«, für die nach ihrer Ansicht nur Vergasung in Frage gekommen sei. Eichmann, so Höß, habe ihn »mit der Tötung durch die Motoren-Abgase in Lastwagen, wie sie bisher im Osten durchgeführt wurde« bekannt gemacht. Anscheinend hielt Höß keine der Tötungsmöglichkeiten für geeignet: »Wir kamen in dieser Frage zu keinem Entscheid. Eichmann wollte sich nach einem Gas, das leicht zu beschaffen wäre und keine besonderen Anlagen erforderte, erkundigen und mir dann berichten. [...] Den Zeitpunkt des Beginnes der Aktionen konnte mir Eichmann noch nicht sagen, da alles noch in Vorbereitung wäre und der RFSS noch nicht den Anfang befohlen hätte.« Nachdem sie gemeinsam einen geeigneten Standort für die Mordoperation besichtigt hatten, kehrte Eichmann nach Berlin zurück, wo er, wie Höß glaubte, Himmler Bericht erstattete.[36]

Es dürfte kaum überraschen, dass Eichmann dieser inkriminierenden Darstellung widersprach, obwohl er recht gut mit Höß befreundet gewesen war. In Israel erklärte er in einer Notiz für seinen Verteidiger, er müsse »dem Erzlügner Höß beweisen [...], dass ich mit ihm und seinen Gaskammern und seinem Tötungslager überhaupt nichts zu tun gehabt habe«. Doch auch ungeachtet der Empörung Eichmanns ist Höß' Darstellung voller Widersprüche. Denn sofern sich Eichmann nicht auf die Ermordung der Behinderten mit Hilfe von Gaswagen im Reich bezog, kann er nicht von ihrem Einsatz im Osten erzählt haben, da sie dort erst Ende 1941 verwendet wurden.[37] Ferner gab es, von ganz allgemeinen Äußerungen abgesehen, vor dem September 1941 keine umfassenden Pläne für Deportationen von Juden aus dem Reich und dem Protektorat, und Vorbereitungen für den Abtransport von Juden aus Frankreich, Belgien und den Niederlanden wurden erst im Frühjahr 1942 getroffen. Eichmann kann also nicht mit Höß darüber gesprochen haben. Wie Karin Orth nachgewiesen hat, ist Höß' Aussage höchst unzuverlässig. Vor allem vermengte er den Massenmord an sowjetischen Kriegsgefangenen unter Einsatz von Zyklon B im August und September 1941 mit dem Beginn der »Endlösung«. Dabei war die Ermordung der Rotarmisten nicht einmal ein »Testlauf« für sie, sondern gehörte zu einem anderen Mordprogramm mit der Bezeichnung 14f13, einer Fortsetzung des »Euthanasie«-Programms in den Konzentrationslagern.[38]

Gleichwohl sind Eichmanns Angaben keineswegs genauer. Himmlers Befehl über die Erweiterung von Auschwitz wurde im März 1941 überbracht; er führte im Oktober und November desselben Jahres zur Errichtung von Birkenau. Aber auch das hatte nichts mit der »Endlösung« zu tun. Der Massenmord an Juden in Auschwitz und Birkenau begann erst im März 1942. Eichmann erinnerte sich, »große Gebäude« gesehen zu haben, die mit ihrem »Riesenschornstein« einen »schon fast fabrikmäßigen« Eindruck machten. Aber die Bauarbeiten an dieser Anlage begannen erst im Herbst 1942, und in Betrieb ging sie im folgenden März. Eichmann mag Höß also im Spätsommer oder Herbst 1941 einen Besuch abgestattet haben, und sie mögen über vieles gesprochen haben, aber zum Zeugen des Massenmords an Juden wurde er dort höchstwahrscheinlich erst im nächsten Jahr.[39]

Wozu also dienten diese makabren Abstecher in den Osten, und warum ist es so wichtig, genau zu wissen, wo sich Eichmann zu bestimmten Zeiten aufhielt? Ist er als Zeitzeuge vertrauenswürdig oder auch nur eine glaubwürdige Quelle für Informationen über seine eigenen Gedanken? Einige Unstimmigkeiten können schlichter Verwirrung zugeschrieben werden. Eichmanns Gedächtnis war keineswegs perfekt. Beispielsweise erklärte er vor Gericht, er sei im Oktober 1941 zusammen mit seinem direkten Vorgesetzten, Heinrich Müller, zu einer Besprechung mit Himmler mit einem Militärflugzeug nach Kiew geflogen. Dank der Entdeckung von Himmlers Dienstkalender ist heute jedoch bekannt, dass dieses Treffen in Wirklichkeit am 11. August 1942 stattfand; es hatte den Zweck, den SS-Chef über den Stand der »Endlösung« ins Bild zu setzen.[40] Zweifelsohne glättete Eichmann seine Erinnerungen, um sie dem Platz anzupassen, den er sich selbst in der Geschichte gab; zugleich hatte er die juristischen Folgen seiner Aussagen im Auge. Er presste die Ereignisse und seine Erlebnisse in ein Muster, das dazu diente, die

Pose des unglücklichen Naiven, der in kompromittierende Situationen gestolpert sei, zu untermauern. Auf diese Weise schilderte er seinen Eintritt in die SS, die Versetzung zum SD im Jahr 1934 und seine Ankunft in Wien im März 1938; seine eigene aktive Rolle ließ er unerwähnt. Und nun bestritt er jede Beteiligung an der Anzettelung des Völkermords und behauptete, er habe nur Befehle ausgeführt und nicht mehr getan, als Juden zu den Tötungseinrichtungen zu befördern. In der Haft in Israel war es für seine Verteidigung wichtig, die für ihn günstigste Reihenfolge der Ereignisse herauszuarbeiten. Innerhalb dieser Strategie kam er immer wieder auf seinen grauenhaften Reiseplan zurück und versuchte klarzustellen, wo er wann gewesen war.[41]

Wenn dies jedoch eine Pose war, was verbarg er? Nach Hans Safrians Auffassung war Eichmanns Rundreise durch den Osten weder planlos noch unlogisch. Da zu bezweifeln ist, dass er nur in Chelmno war, um sich anzusehen, wie Juden vergast wurden, und dass er in Minsk lediglich eine Erschießung miterleben sollte, muss man annehmen, dass er dort war, um Vorbereitungen für die Deportation der »Reichsjuden« im Oktober und November 1941 zu treffen. »Alle Indizien weisen darauf hin, dass er bei seinen Gesprächen mit Gestapo- und Ghettoverwaltungsbeamten in Lodz, mit SS-Dienststellen in Minsk und den Referenten des ›Ostministeriums‹ diese Vorgangsweise vorgeschlagen bzw. unterstützt und deren Realisierung in Zusammenarbeit mit den zentralen Instanzen in Berlin vorangetrieben hat.«[42]

Bei der Organisation der Deportation von Juden aus Deutschland, Österreich und dem Protektorat im Herbst 1941 spielte Eichmann eine Schlüsselrolle. Zu seiner Tätigkeit gehörte es, lokale SS-Chefs, Zivilverwalter und Ghettokommandeure anzuweisen und darin zu unterstützen, die Stockung bei Ansiedlungen und Deportationen mittels Massenmord an »nutzlosen« Juden aufzulösen. Das geht zum Beispiel aus der Korrespondenz mit UWZ-Chef Höppner hervor. Auch andere Schreiben bringen Eichmann mit den in Vorbereitung befindlichen Mordstätten in Verbindung. Am 25. Oktober 1941 schrieb Erhard Wetzel, »Rassereferent« im Ministerium für die besetzten Ostgebiete (Ostministerium), im Entwurf eines Ministerbriefs an

Hinrich Lohse, den »Reichskommissar Ostland«, dass mit Viktor Brack, der in der Reichskanzlei für die Leitung der »Euthanasieaktion« zuständig war, die Lieferung von »Vergasungsapparaten« abgesprochen worden sei. Eichmann sei »mit diesem Verfahren einverstanden«. Außerdem würden nach dessen Mitteilung »in Riga und Minsk Lager für Juden geschaffen werden, in die evtl. auch Juden aus dem Altreich kommen«. Die Arbeitsunfähigen könnten dann »beseitigt werden«, ohne so viel Aufmerksamkeit zu erregen wie die bisherigen Erschießungen.[43]

Die Errichtung des Todeslagers in Belzec im Oktober, die Massenerschießungen im November und der Einsatz von Gaswagen in Chelmno im Dezember waren entscheidende Faktoren für den Deportationsplan, denn mit ihrer Hilfe konnte Platz geschaffen werden für die aus dem Reich deportierten Juden. Gemäß dieser Interpretation arrangierte Eichmann nicht nur die Deportationen der Juden, sondern regelte auch deren Aufnahme am Ankunftsort. An der Vorbereitung eines europaweiten Völkermords war er nicht beteiligt; er perfektionierte vielmehr die Art von begrenzten Deportationen, wie er sie schon vorher mit organisiert hatte. Er wusste über die Massenmorde an Juden Bescheid, doch diese Massaker waren lokale Initiativen, um für die aus dem Reich eintreffenden Juden »Platz zu schaffen«. Sie mögen von Berlin gebilligt oder angeregt worden sein, hatten aber nichts mit einem großen Völkermordplan zu tun und geschahen ohne jede Beteiligung von Eichmanns Referat. Erst nach der Wannsee-Konferenz wurde Eichmann in einen umfassenden Völkermord verwickelt, der ganz Europa vom Ärmelkanal bis zur Weichsel erfasste.[44]

Im Gegensatz dazu behauptete die Staatsanwaltschaft in Eichmanns Prozess, in dieser Periode seien alle seine Anstrengungen auf die Organisation des angeblich bereits beschlossenen europaweiten Völkermords gerichtet gewesen. Seine Reisen hätten im Zusammenhang mit den Vorbereitungen der Vernichtungskampagne gestanden. Sogar Hannah Arendt, die dem »top-down«-Ansatz der Staatsanwaltschaft kritisch gegenüberstand, übernahm diese Einordnung der Ereignisse. Lediglich in Bezug auf Eichmanns Reaktion auf die ihm übertragene Aufgabe der

Organisation des Völkermords war sie anderer Meinung; nach ihrer Ansicht hatte er bei dem Plan mitgemacht, weil er fürchtete, sonst seinen Einfluss und seine Rolle bei der Umsetzung von Politik zu verlieren.[45] Letztlich ist es vielleicht unmöglich, festzustellen, welche Politik Hitlers Elite in diesem geschichtlichen Moment betrieb und welche Bedeutung dem Handeln ihrer Helfershelfer, wie etwa Eichmann, dabei zukam. Denkbar ist, dass Eichmann Mitte 1941 von einem Völkermordbefehl erfuhr und danach alles tat, um ihn umzusetzen, indem er auf der Suche nach effizienten Massenmordmethoden zu den Mordstätten in Osteuropa reiste. Das würde erklären, warum er darauf beharrte, dass wenige Monate nach Beginn des »Unternehmens Barbarossa« ein Befehl Hitlers ergangen sei, denn wenn ein solcher Befehl vorgelegen hatte, wäre er »gedeckt« gewesen. Andererseits könnte er in eine begrenzte, an die Deportationen aus dem Reich angepasste Massenmordkampagne eingeweiht gewesen sein. In diesem Fall wäre die Wannsee-Konferenz seine »Deckung«, denn auf ihr wurde das Vorhaben des europaweiten Völkermords endgültig auf den Weg gebracht.[46]

Macht diese Unsicherheit Eichmanns Aussagen über seine Reaktionen und seine potentiell bedeutsamen Reflexionen über die Entwicklung zum »Völkermörder« wertlos? Kann man seiner Darstellung eines düsteren Bildungsromans Glauben schenken? Er war sicherlich bemüht, sich zu rechtfertigen und zu entlasten, auch wenn seine Eitelkeit und die Rigidität seiner Ideologie ihn in Argentinien davon abhielten, seine Rolle bei der einst anerkannten Aufgabe, jüdische Männer, Frauen und Kinder zu ermorden, allzu sehr zu verschleiern und herunterzuspielen. In Israel betonte er verständlicherweise das Entsetzen, das er angesichts der völkermörderischen Aufgabe empfand. Es gibt jedoch eine bemerkenswerte Übereinstimmung in allen seinen Darstellungen der Ereignisse, unabhängig davon, ob er sie in Freiheit erzählte, als er es sich leisten konnte zu prahlen, oder in Gefangenschaft, als er um sein Leben kämpfte. In allen berichtet er von seinem Unbehagen über die Wendung der Politik hin zur »physischen Vernichtung« und von anfänglicher Bestürzung.

Man kann die Bekundungen seines Entsetzens im Verhör und

vor Gericht in Jerusalem als Taktik abtun, doch die krassesten und schockierendsten Schilderungen dessen, was er sah, stammen nicht aus Israel, sondern aus den in Argentinien auf Tonband gesprochenen Erinnerungen. Gerade diese Passagen machten die im Jahr 1960, kurz nach seiner Verhaftung, in den Zeitschriften *Stern* und *Life* erschienenen Druckfassungen so reißerisch und sensationell. Als Eichmann 1957 als freier Mann in Argentinien von seinen Reisen zu den Mordstätten in den Jahren 1941 und 1942 erzählte, tat er es ohne jeden Ausdruck von Freude oder Befriedigung über das Gesehene. Vielmehr war seine Darstellung von Abscheu geprägt.

Als er in Chelmno zusah, wie nackte Juden in einen Gaswagen getrieben wurden, schlug ihm ein Arzt vor, durch das Guckloch zu schauen, um zu beobachten, was geschah, wenn das Abgas in den abgedichteten Laderaum strömte. »[…] da habe ich mich geweigert«, erzählte Eichmann später, »das wollte ich nicht sehen. […] ich sah und hörte so etwas zum ersten Mal. Mir wurden die Knie weich. […] gewiss, ich habe auch die Lösung der Judenfrage angestrebt, aber doch nicht so.« Er sei dem Lastwagen in seinem eigenen Auto zu einem Wäldchen gefolgt, wo man die Türen des Lastwagens geöffnet habe, damit eine Gruppe von Polen die Leichen habe hinauswerfen können. »Da sprang ein Pole hinein – es hat mich damals sehr erschüttert, als ich das sah, er sprang hinein mit einer Zange in der Hand, machte den Leuten den Mund auf, und wer einen Goldzahn hatte, den hat er raus gezogen und steckte ihn in den Sack, den er sich umgebunden hatte.« Das Ganze habe ihn derart mitgenommen, dass er vergessen habe, auftragsgemäß die Zeitdauer des Verfahrens zu messen. Nach seiner Rückkehr nach Berlin habe er zu Müller gesagt: »[…] so geht das nicht, so kann man das nicht machen […].« Er versuchte anschließend zwar, die eine Gräueltat im Nachhinein mit einer anderen – den Luftangriffen auf Deutschland – zu rechtfertigen, aber er verdiente sich im Gespräch mit einem Neonazi sicherlich keine Lorbeeren, wenn er die Politik des NS-Regimes anprangerte.[47]

Als er in Israel sein Unbehagen über die Politik der physischen Vernichtung, ob nun durch Massenerschießungen oder Giftgas, ausdrückte, geschah es also nicht einfach nur deshalb, weil er sich bei der Staatsanwaltschaft einschmeicheln wollte. In den von Jochen von Lang herausgegebenen Auszügen aus dem Verhörprotokoll sind die letzten beiden Sätze der am Anfang dieses Kapitels zitierten Passage gestrichen, so als hätte man den Hinweis auf Eichmanns Bedenken ausmerzen wollen. Laut seiner Aussage hatte ihn die Mitteilung, dass der Befehl zur »physischen Vernichtung« der Juden ergangen sei, schwer getroffen: »Damit schwand auch bei mir alles. Alle Arbeit, alle Bemühungen, alles Interesse; da war ich gewissermaßen ausgeblasen.«[48] Und nachdem er gesehen hatte, welche Konsequenzen die neue Politik hatte, war, wie er behauptete, sogar seine Loyalität vorübergehend erschüttert: »Die Bedingungslosigkeit – die *innere* Bedingungslosigkeit wurde dann eine andere, [...] als sich dic [...] Art der so genannten Lösung der Judenfrage verschärfte – also – als es dann zu Vergasungen und – und Erschießungen ging. Da machte ich keinen Hehl daraus und sagte – ja, ich glaube, ich durfte es auch schon sagen – meinem Chef, Gruppenführer Müller – sagte ich, das ist – das – so habe ich mir das nicht vorgestellt – so haben wir uns das wahrscheinlich alle nicht vorgestellt, denn das ist ja keine politische Lösung [...].«[49]

Man könnte einwenden, das sei reine Täuschung; Eichmann sei mit Vorbedacht von einem Ort zum nächsten gefahren, um die Tätigkeit von zentralem Deportations- und lokalem Vernichtungsapparat zu koordinieren. Doch das Ergebnis dieser Reisen legt einen anderen Schluss nahe. Darüber hinaus zeigen jüngste Forschungen über die Deportationen von Oktober bis Dezember 1941, dass es in diesem Zeitraum noch keine zentral gelenkte Politik des Völkermords an allen europäischen Juden gab und dass es glaubwürdig ist, wenn Eichmann, was immer er in dieser Zeit getan hat, später behauptete, er hätte Bedenken gehabt, wenn auch nicht aus den Gründen, welche die meisten Menschen für angemessen halten würden.

Jahrzehntelang betrachtete man die Wannsee-Konferenz und Eichmanns Rolle in ihr als entscheidend für das Verständnis des Völkermords an den Juden. Man glaubte weithin, dass in dieser Sitzung der Völkermord beschlossen worden sei, und war daher überzeugt, dass Eichmann als Heydrichs Faktotum einen wesentlichen Anteil am Entscheidungsprozess hatte. Gideon Hausner sah in Eichmann sogar den geistigen Vater der Konferenz. In seinem Eröffnungsplädoyer im Jerusalemer Prozess erklärte er, Eichmann habe »eine Zusammenkunft der für die Durchführung des Mordplans in Frage kommenden zentralen höheren Beamtenschaft« vorgeschlagen und Heydrich sei diesem Vorschlag nachgekommen.[50] Seit den achtziger Jahren haben Historiker indessen die Bedeutung der Wannsee-Konferenz relativiert und die Entwicklung regionaler Massenmordprogramme hervorgehoben, die schon geraume Zeit vor Einberufung der Konferenz und der ihr folgenden Verzögerungsphase umgesetzt worden waren. Aber wenn die Ursprünge und Folgen der Konferenz andere waren, als es einst den Anschein hatte, dann gilt dies auch für Eichmanns viel beschworene Rolle in ihr.[51]

Das NS-Regime hatte mit Programmen und Behörden, die völlig unabhängig von Eichmann aufgestellt wurden beziehungsweise handelten, bereits den Kurs von Massenmord und Genozid eingeschlagen. Zwischen September 1939 und August 1941 waren über 70 000 körperlich oder geistig behinderte Deutsche, überwiegend Nichtjuden, mit Giftgas ermordet worden, weil man sie für »lebensunwert« hielt. Während diese »Euthanasieaktion« im Reich eingestellt worden war, setzten die Mitglieder des SD und das medizinische Personal ihre mörderische Tätigkeit in den eingegliederten Gebieten und den Konzentrationslagern fort.[52] Dem Angriff auf die Sowjetunion folgten die von den Einsatzgruppen durchgeführten Massenerschießungen. Zudem wies Heydrich die Einsatzkommandos an, die Einheimischen zu Pogromen aufzustacheln. Besonders in den baltischen Staaten und in Ostpolen kosteten diese Pogrome Tausende von Juden das Leben. Im Juli und August 1941 machte Himmler eine Rundreise zu den Stäben der Einsatzgruppen, auf der er die Anweisung gab, dass Frauen, Kinder, Alte und Kranke nicht mehr von den Erschießungen verschont werden sollten. Außerdem befahl er mehreren Einheiten der Waffen-SS und Polizeibataillonen, den Einsatzgruppen bei dieser blutigen Aufgabe zu helfen. Bis Ende 1941 wurden im Baltikum sowie in Weißrussland, Ostpolen und der Ukraine über eine halbe Million Juden hingemordet.[53] An der Organisation, Einweisung und Aufsicht der Einsatzgruppen hatte Eichmann keinen Anteil, noch hat er an

Entscheidungen der Wehrmacht mitgewirkt, die wesentlich zur Vernichtung der jüdischen Bevölkerung beitrugen. Die Wehrmacht entwickelte die Politik der Massenrepressalien gegen Partisanen und so genannte Saboteure und begann, Juden als Geiseln zu nehmen und zu erschießen, lange bevor Eichmann solche Maßnahmen auch nur erwog.[54]

In diesen Zusammenhang gehört der berüchtigte Vorfall vom September 1941, der als klarer Beweis für Eichmanns Kriminalität betrachtet wurde. Am 13. September 1941 machte sich Franz Rademacher im Auswärtigen Amt eine Notiz über ein Telefongespräch mit Eichmann. Die beiden Judenreferenten hatten über 8000 in Serbien internierte Juden gesprochen, welche die Wehrmacht auf Anraten des »Judenberaters« an der deutschen Botschaft in Belgrad, Edmund Veesenmayer, aus Sicherheitsgründen festgenommen hatte. Eine Zeit lang hatte das Auswärtige Amt auf Drängen seines Botschafters in Belgrad, Felix Benzler, verlangt, die Juden nach Rumänien oder »in den Osten« zu deportieren. Rademacher hatte nun bei Eichmann deswegen angefragt; der hatte jedoch entgegnet, das sei unmöglich, und Rademachers Notiz zufolge stattdessen einen anderen Vorschlag gemacht: »Eichmann schlägt Erschießen vor.«[55] Die Diskussionen gingen noch einige Wochen weiter, bevor man etwas unternahm. Am 4. Oktober einigte sich Unterstaatssekretär Martin Luther, Leiter der Abteilung Deutschland im Auswärtigen Amt, mit Heydrich darauf, eine gemeinsame Delegation aus Vertretern des Auswärtigen Amts und des Referats IV B 4 nach Belgrad zu schicken, um die Sachlage zu klären. Unterdessen hatte jedoch General Franz Böhme, den Hitler am 18. September zum »Bevollmächtigten Kommandierenden General« in Serbien ernannt hatte, die Initiative ergriffen. Er hatte eine desolate Sicherheitslage vorgefunden und die »Ordnung« wiederherzustellen versucht, indem er umgehend befahl, Juden und Roma als Geiseln zu internieren und im Fall von Partisanenangriffen zu erschießen. Die ersten Massenexekutionen hatte die Wehrmacht am 9. und 10. Oktober durchgeführt, noch bevor die Delegation aus Berlin eingetroffen war, um die verschiedenen Optionen gegeneinander abzuwägen. Geiselnahme und Erschießungen gehörten zum Standardrepertoire der Wehrmacht und waren keine von Eichmann empfohlenen genozidalen Maßnahmen.[56]

Es gab noch andere Beispiele für zum Massenmord führende lokale Initiativen, die allerdings lange als Teil einer einheitlichen, von Berlin aus gesteuerten Völkermordpolitik verstanden wurden. Dies gilt sowohl für das Wartheland als auch für das Generalgouvernement, wo Zivilverwaltung und Sicherheitsapparat einhellig der Meinung waren, dass sie einen Teil der heimischen jüdischen Bevölkerung loswerden mussten, falls sie aus dem Reich abgeschobene Juden würden aufnehmen müssen. Da jedoch eine Deportation weiter nach Osten aufgrund der militärischen Lage nicht in Frage kam, musste eine andere »Lösung« gefunden werden. Höppner hatte im September 1941 in seinem Brief an Eichmann eine Möglichkeit ins Gespräch gebracht. Wie Ian Kershaw gezeigt hat, holte Arthur Greiser, der Gauleiter und Reichsstatthalter im Wartheland, daraufhin in Absprache mit der örtlichen SS das frei gewordene »Euthanasie«-Personal und dessen Gaswagen in seinen Gau, und nachdem er Himmlers Zustimmung erhalten hatte, arrangierte er die Ermordung »untauglicher« Juden aus dem Lodzer Ghetto in Chelmno. In seinen Augen war dieser Notbehelf durch die Forderung aus Berlin, Deportierte aufzunehmen, erforderlich geworden, aber er war nicht vom Zentrum und ganz sicher nicht von Eichmann initiiert worden.[57]

Eine ähnliche Dynamik war im Generalgouvernement zu beobachten. Im Juli 1941 frohlockte Hans Frank noch über die Aussicht, bald alle in seinem Herrschaftsgebiet lebenden Juden in die Weiten Russlands abschieben zu können. Doch Hitler schlug das im Südosten von Polen gelegene Ostgalizien dem Generalgouvernement zu und erhöhte dadurch dessen »Last« um eine halbe Million Juden. Frank war sich über das weitere Vorgehen unsicher und ließ eine Vielzahl von Initiativen zu. Die Einsatzgruppe C entfachte Pogrome und massakrierte Tausende von Juden. Globocnik griff die Idee auf, »arbeitsfähige« Juden zum Bau einer strategisch wichtigen Autobahn in die Ukraine einzusetzen, und begann sie in Lagern entlang dem Straßenverlauf zu konzentrieren. Die Arbeits- und Lebensbedingungen kamen einer »Vernichtung durch Arbeit« gleich. Als Frank klar wurde, dass er die im Generalgouvernement lebenden Juden nicht über die Grenze abschieben konnte, übernahm er in abgewandelter Form die in Ostgalizien angewandten Methoden.[58]

Mitte Oktober sprach Globocnik mit Himmler über die Errichtung eines Tötungszentrums mit stationären Gaskammern in Belzec. Globocnik verfolgte dabei eigene Ambitionen. Er hatte Himmler bereits davon überzeugt, dass der Distrikt Lublin »eingedeutscht« und in das Modell eines von der SS beherrschten deutschen Siedlungsgebiets verwandelt werden könne, allerdings erst nach einer »durchgreifenden Entsiedlung der Fremdvölkischen hier im Distrikt Lublin«. Dies könne sowohl durch Tötung als auch durch Deportation geschehen. Im Oktober und November wurden Mordexperten des T4-Teams an Globocnik ausgeliehen, und in Belzec begannen die Bauarbeiten.[59] An dieser Entwicklung waren auch Hans Frank und die Zivilverwaltung beteiligt: Frank hatte am 17. Oktober eine Besprechung mit Globocnik, kurz nachdem dieser Himmlers Zustimmung erhalten hatte. Zwei Monate später sagte er nach der Rückkehr von einem Gespräch mit Hitler in Berlin vor den Mitgliedern seines Kabinetts: »Aber was soll mit den Juden geschehen? Glauben Sie, man wird sie im Ostland in Siedlungsdörfern unterbringen? Man hat uns in Berlin gesagt: Weshalb macht man diese Scherereien; wir können im Ostland oder im Reichskommissariat [Ukraine] auch nichts mit ihnen anfangen, liquidiert sie selber!«[60]

Obwohl Eichmann wusste, was im Generalgouvernement vor sich ging, hatte er nur in begrenztem Umfang damit zu tun. Er fungierte hauptsächlich als Überbringer von Himmlers und Heydrichs Befehlen, die Deportationen aus den Ghettos in die Todeslager durchzuführen, sobald diese in Betrieb seien, und als Organisator der Transportmittel.[61] Seine Hauptaufgabe war im November 1941 weiterhin die Deportation der Juden aus Deutschland, Österreich und dem Protektorat. Diese Deportationen fanden parallel zur Mordpolitik am östlichen Rand des Dritten Reiches statt, doch das Schicksal der »Reichsjuden« unterschied sich von dem der Ostjuden, und das große, ganz Europa umfassende Deportationsprojekt war weniger der Auslöser eines Völkermords als vielmehr eine Fortsetzung der grandiosen Umsiedlungspläne.

Trotz Eichmanns Bemühungen, den Ablauf der Deportationen so glatt wie möglich zu gestalten, tauchten mehrere peinliche Probleme auf. Obwohl der Boss im Wartheland, Reichsstatthalter Greiser, Himmlers Bitte, 20 000 Juden und 5000 Zigeuner aufzunehmen, nachgegeben hatte, war Uebelhör, der Regierungspräsident in Lodz, empört über die Zumutung. Zwischen Lodz, Posen und Berlin gingen Briefe hin und her. Himmler und Heydrich mussten Uebelhör in die Schranken weisen und Greiser besänftigen.[62] Im Reichskommissariat Ostland kam es zu ähnlichen Auseinandersetzungen. Am 11. Oktober 1941 teilte Stahlecker, mittlerweile SS-Brigadeführer und Leiter der Einsatzgruppe A, der Zivilverwaltung des Ostlandes mit, dass im lettischen Riga ein Lager für 25 000 aus dem Reich abgeschobene Juden errichtet werden müsse. Doch die Behörden sperrten sich und beschwerten sich in Berlin. Im so genannten Generalkommissariat Weißruthenien, den ins Ostland eingegliederten Teilen Weißrusslands, hatte Generalkommissar Wilhelm Kube bei seinem Protest gegen die bevorstehende Ankunft von 25 000 Juden aus Deutschland, Österreich und dem Protektorat die Rückendeckung der Wehrmacht, die Sicherheits- und Transportprobleme befürchtete. Kube störte sich daran, dass die deutschen Juden, »die aus unserem Kulturkreis kommen«, in einem elenden Ghetto untergebracht werden sollten, wo viele von ihnen Hunger, Krankheiten und Kälte zum Opfer fallen würden.[63]

Ein besonders peinliches Versehen war, dass das Einsatzkommando A die Insassen von sechs Transporten mit »Reichsjuden« nach ihrer Ankunft in Riga und Kowno (Kaunas) ermordete, obwohl ihnen vorläufig ein anderes Los zugedacht gewesen war. Himmler war besonders über die Mordaktion in Riga besorgt, vielleicht weil er fürchtete, die Ermordung von deutschen Juden, von denen viele Kriegsveteranen waren, würde eine ähnliche Aufregung auslösen wie die »Euthanasieaktion«. Er bestellte Friedrich Jeckeln, der als HSSPF im Heeresgebiet Russland Nord und im Ostland sein persönlicher Vertreter vor Ort war, nach Berlin ein und rügte ihn wegen seiner »Eigenmächtigkeiten und Zuwiderhandlungen« gegen die offiziellen Richtlinien.[64] Zum

Teil, um solche Vorkommnisse auszuschließen, griff Heydrich zu seiner üblichen Taktik und berief eine interministerielle Besprechung ein. Auf der Sitzung sollten indes nicht nur die Maßnahmen verschiedener Stellen von Partei und Staat koordiniert und die Kommunikation zwischen ihnen verbessert werden. Das einfachste und wirkungsvollste Mittel, mit dem Heydrich den reibungslosen Verlauf der Deportationen gewährleisten konnte, bestand darin, seine eigene totale Kontrolle über das Schicksal der Juden im Reich und im Osten zu demonstrieren und die anderen interessierten Stellen so weit einzuschüchtern, dass sie mit dem RSHA an einem Strang zogen. Damit sind einige der herausragenden Motive für die Einberufung der für den 8. Dezember 1941 anberaumten Konferenz im Berliner Vorort Wannsee genannt. Heydrich wies Eichmann an, die Besprechung vorzubereiten und die Einladungen zu verschicken, was am 29. November geschah.[65]

Aufgrund des Kriegseintritts der Vereinigten Staaten nach der deutschen Kriegserklärung wurde die Besprechung auf den 20. Januar 1942 verschoben. In ihr verbanden sich kurzfristige Ziele hinsichtlich der laufenden Deportationen aus dem Reich mit Heydrichs langfristigen Ambitionen für eine europaweite »Lösung der Judenfrage«. Er wollte seine eigene und die Vormachtstellung des RSHA in »Judenangelegenheiten« überall auf dem Kontinent klarstellen, insbesondere aber im Generalgouvernement. Die Frage der Zuständigkeit hing von der Definition der so genannten Mischlinge ab, also von einem Gebiet, auf dem sich insbesondere das Innenministerium für federführend hielt. Im Hinblick auf die Wiederaufnahme der Deportationen aus Deutschland war es wichtig, deutlich zu machen, dass die bereits im Gang befindlichen Mordaktionen mit den Zielen Berlins übereinstimmten und ihnen nicht zuwiderliefen. Außerdem wollte Heydrich eine grundsätzliche Übereinkunft darüber erzielen, dass Juden aus ganz Europa in den Osten deportiert werden sollten, sobald die Zeit dafür reif war. Und er wollte den Vertretern der Regierungsstellen, insbesondere dem Auswärtigen Amt und dem Amt für den Vierjahresplan, begreiflich machen, dass diplomatische Feinheiten und ökonomische Überlegungen zwar ins Kalkül gezogen würden, aber dem größeren

Ziel der Entfernung der Juden aus Europa untergeordnet seien. Nach der Konferenz musste allen klar sein, dass die Juden die »Endlösung« nicht überleben würden.[66]

Die Geschehnisse am 20. Januar 1942 sind mehrfach auf der Kinoleinwand und im Fernsehen dargestellt worden, und die mit dem Ereignis verbundenen Bilder sind zu Symbolen geworden: die elegante Villa in verschneiter Uferlandschaft, die gut gelaunte Zusammenkunft von NS-Beamten und geschniegelten SS-Offizieren. Von großer Bedeutung für solche späteren Inszenierungen war vor allem das Sitzungsprotokoll.[67] Weil er dieses Dokument geschrieben hat, ist Eichmann unauflöslich mit diesem Tag und daher auch mit allem, was aus ihm folgte, verknüpft.[68] Es entbehrt daher nicht einer gewissen Ironie, dass er in den Tagen unmittelbar vor der Konferenz nicht einmal in Berlin weilte, sondern sich auf einer Inspektionsreise nach Theresienstadt befand und am Abend vor dem Ereignis unter schwierigen Umständen zurückgebracht werden musste. Da Heydrich die Sitzung jedoch schon Wochen vorher anberaumt hatte, dürfte Eichmann mit seinen Vorbereitungen bereits seit einiger Zeit fertig gewesen sein. Vor allem hatte er für Heydrich Informationsmaterial angefertigt, in dem er die Umsetzung der antijüdischen Gesetzgebung seit 1933 rekapituliert und statistische Angaben über die Auswanderung von Juden sowie die Größe der jüdischen Bevölkerung in allen Ländern, die in die »Endlösung« einbezogen werden sollten, zusammengestellt hatte. Außerdem hatte er seine eigene reiche Erfahrung eingebracht, um seinen Chef über die Vorgehensweise bei Deportationen ins Bild zu setzen.[69]

Die Gäste trafen gegen Mittag ein und unterhielten sich bis zum Sitzungsbeginn privat miteinander. An der Besprechung nahmen teil: Dr. Martin Luther, Unterstaatssekretär im Auswärtigen Amt; Dr. Wilhelm Stuckart, Staatssekretär im Innenministerium; Dr. Alfred Meyer und Dr. Georg Leibbrandt als Vertreter des Ostministeriums; Staatsekretär Dr. Josef Bühler und der BdS im Generalgouvernement, SS-Obergruppenführer Karl Schöngarth, als Abgesandte Hans Franks; SS-Sturmbannführer Dr. Rudolf Lange, der Kommandeur der Sipo und des SD (KdS) in Lettland, in Vertretung des BdS im Ostland

(Stahlecker); SS-Oberführer Gerhard Klopfer von der Parteikanzlei; Ministerialdirektor Dr. Wilhelm Kritzinger von der Reichskanzlei; SS-Gruppenführer Otto Hofmann vom RuSHA; Staatssekretär Erich Neumann vom Amt für den Vierjahresplan; Staatssekretär Dr. Roland Freisler als Repräsentant des Justizministeriums; und SS-Gruppenführer Heinrich Müller, Chef der Gestapo und Eichmanns direkter Vorgesetzter. Eichmann war als Adlatus Heydrichs anwesend und überwachte die Protokollführung der Stenotypistin.

Manche waren wie Eichmann weit gereist, um an der Besprechung teilzunehmen. Als sich alle Eingeladenen im Sitzungsraum versammelt hatten, eröffnete Heydrich die Besprechung mit dem Hinweis, dass er zum Bevollmächtigten für die Vorbereitung der »Endlösung« ernannt worden sei. Diese Aufgabe erfordere Konsultationen mit den beteiligten Dienststellen, um sicherzustellen, dass alle am selben Strang zögen. Federführend würden der Reichsführer-SS und er, Heydrich, selbst sein; ihre Zuständigkeit für »Judenangelegenheiten« sei unabhängig von der geografischen Lage. Anschließend gab Heydrich, auf das von Eichmann gesammelte statistische Material gestützt, einen Überblick über die antijüdische Politik und die jüdische Auswanderung bis zu diesem Zeitpunkt. Letztere sei in Kriegszeiten indessen mit Gefahren verbunden und daher untersagt worden. Eine mögliche Alternative für die Auswanderung sei die »Evakuierung« in den Osten, sobald Hitlers Zustimmung dazu vorliege. Das Protokoll ist in diesem Punkt nicht ganz eindeutig, bezeichnet die damaligen Deportationen aber als vorübergehende Notlösung, bei deren Umsetzung man allerdings wertvolle Erfahrungen im Hinblick auf die »kommende Endlösung« sammeln könne.

Von dieser »Endlösung«, so Heydrich weiter, seien elf Millionen Juden in Europa betroffen. Die Arbeitsfähigen unter ihnen würde man in den Osten deportieren und im Straßenbau einsetzen, wobei gewiss »ein Großteil« sterben würde. Die Überlebenden, also die Widerstandsfähigsten von ihnen, würden »entsprechend behandelt«, das heißt ermordet, um das Judentum endgültig auszulöschen. Die Deportationen würden im Westen beginnen und dann ostwärts fortgesetzt werden. Allerdings müsse man das Reich und das Protektorat vorziehen, da es einen großen Bedarf an den von Juden genutzten Wohnungen gebe. Die »evakuierten« Juden würden zunächst in »Durchgangsghettos« gebracht und anschließend weiter nach Osten transportiert. Um störende »Interventionen« zugunsten einzelner Juden zu vermeiden, müsse man festlegen, wer von der Deportation ausgenommen werden solle. Für Juden über 65 Jahre, solche mit Kriegsauszeichnungen und schwer Kriegsversehrte sei das jüngst eingerichtete »Altersghetto« Theresienstadt vorgesehen.

Die Deportationen sollten beginnen, sobald die militärische Lage es zulasse, kündigte Heydrich an. Außerhalb des Reichs würden Vertreter des Auswärtigen Amts und die den Botschaften beigeordneten Judenberater von Sipo und SD die nötigen Absprachen treffen. Dann ging Heydrich kurz auf die Aussichten für die »Lösung der Judenfrage« in der Slowakei, Kroatien, Rumänien, Ungarn, Italien und Frankreich ein, wobei Luther einwarf, dass Skandinavien Probleme bereiten könne. Auf jeden Fall, versicherte Heydrich, werde man auf der Grundlage der Nürnberger Gesetze bestimmen, wer als Jude zu gelten habe und für die Deportation in Frage komme. Das war ein heikles Thema. Juden in »Mischehen« lebten mit »deutschblütigen« Partnern zusammen, und ihre Kinder, die »Mischlinge«, die gewissermaßen in eine Grauzone fielen, verstanden sich vielfach ausschließlich als Deutsche und wurden allgemein als solche betrachtet. Gegen sie gerichtete Maßnahmen könnten Gegenreaktionen heraufbeschwören. Deshalb unterschied Heydrich »Halb-« und »Vierteljuden« sowie vier Kategorien von Mischehen, das heißt Ehen von »Voll-«, »Halb-« oder »Vierteljuden« mit »Deutschblütigen« oder »Mischlingen«. Jeder dieser Gruppen war unter bestimmten Bedingungen ein anderes Schicksal zugedacht. Das alles war verwirrend kompliziert, weshalb Otto Hofmann vorschlug, einfach alle »Mischlinge« zu sterilisieren. Stuckart sah eine »unendliche Verwaltungsarbeit« voraus, falls diese Kategorien eingeführt werden sollten, und sprach sich dafür aus, den gordischen Knoten mittels Sterilisation und Zwangsscheidung von Mischehen zu durchschneiden.

Nach einiger Zeit wurden Erfrischungen, einschließlich Kognak, gereicht, und danach lockerte sich die Atmosphäre, wie

Eichmann später aussagte. Erich Neumann drückte die Hoffnung aus, dass die in der Rüstungsindustrie arbeitenden Juden von der »Endlösung« ausgenommen werden würden. Das war eine weitere heikle Frage, und entsprechend besänftigend fiel Heydrichs Antwort aus. Im Generalgouvernement sei der Arbeitseinsatz der Juden kein Problem, meldete sich Josef Bühler zu Wort, weil die meisten von ihnen sowieso arbeitsunfähig seien. Er bat darum, mit den Deportationen in seinem Territorium zu beginnen, und zwar so bald wie möglich. Als Gegenleistung bot er Heydrich die volle Unterstützung des Generalgouverneurs an. Heydrich nahm diese Zusagen erfreut zur Kenntnis, zeige sie doch, dass einer seiner hartnäckigsten Rivalen keine Einwände gegen die »Endlösung« hatte. Und niemand machte sich Illusionen darüber, worin diese bestehen würde. Meyer und Bühler rieten jedoch zur Vorsicht bei der Wahl der Methoden, um die lokale Bevölkerung nicht zu beunruhigen. Hintergrund von Meyers Worten war eine Beschwerde seines Vorgesetzten, des Reichskommissars Ostland, über das Spektakel »wilder« Massenerschießungen in Libau (Liepaja) in Lettland.

Nach etwa anderthalb Stunden wurde die Besprechung beendet. Heydrich und Müller blieben als Letzte zurück und luden Eichmann ein, ihnen bei einem Glas Kognak und einer Zigarette Gesellschaft zu leisten. Eichmann, der geblieben war, um das Protokoll anzufertigen, fühlte sich geschmeichelt; noch Jahre später ist in der Erinnerung an diesen Augenblick seine Erregung zu spüren: »[...] und ich weiß noch, dass im Anschluss an diese ›Wannsee-Konferenz‹ Heydrich, Müller und meine Wenigkeit an einem Kamin gemütlich saßen, dass ich Heydrich da zum ersten Mal habe rauchen sehen, Zigarette oder Zigarre, und ich dachte noch, heute raucht Heydrich, was ich sonst nie sah. Er trinkt Kognak, da ich jahrelang nicht gesehen habe, dass Heydrich irgendein alkoholisches Getränk trank.« Doch Heydrich war nicht der Typ, der sich völlig entspannen konnte; er nutzte den ruhigen Moment, um einige Punkte in Bezug auf das Protokoll klarzustellen. Er sagte es zwar nicht ausdrücklich, aber er wollte, dass Eichmann es glättete. Anschließend wollte er selbst die letzten Korrekturen anbringen.[70]

Eichmann versuchte in seinen verschiedenen Schilderungen der Konferenz natürlich, seinen eigenen Beitrag herunterzuspielen. So sagte er im Verhör: »[...] ich bin mit der Stenotypistin – bin ich hier in einer Ecke gesessen und da hat sich niemand um uns gekümmert, niemand, niemand – da waren wir viel zu klein – viel zu klein gewesen, man hat uns nicht beachtet, nicht einmal, nicht einmal Heydrich in solchen Sachen.« Gleichzeitig wollte Eichmann deutlich machen, dass Entscheidungen getroffen wurden, die ihn von jeder Verantwortung und Schuld an den nachfolgenden Ereignissen freisprachen. Die Konferenz, erklärte er, sei einberufen worden, damit Heydrich seine Vormachtstellung in »Judenangelegenheiten« bekräftigen konnte. Der RSHA-Chef habe eine »straffere Zusammenfassung« der Zuständigkeiten angestrebt, denn »bis dahin waren eben die Schwierigkeiten zu groß gewesen, zu viele Zentralinstanzen« seien beteiligt gewesen.[71]

Vor Gericht charakterisierte Eichmann die Besprechung als »Rivalitätskampf zwischen dem Generalgouvernement und Heydrich«. Er selbst habe lediglich Hintergrundmaterial zusammengestellt; viele der Vorschläge seien von Heydrich aus dem Stegreif improvisiert worden, insbesondere der über den Einsatz von Juden in so genannten Arbeitskolonnen. Auf die Frage, ob über Tötungsmethoden gesprochen worden sei, gab er zu, dass dies der Fall gewesen sei. Im Protokoll sei das verschleiert worden. Außerdem redigierte Heydrich das Protokoll mehrmals. Aber sein Wortlaut war eindeutig genug, um alle Beteiligten daran zu erinnern, dass sie jetzt in einem Boot saßen. Heydrich hatte sich »eine Art Rückversicherung geschaffen [...], indem er die Staatssekretäre einzeln festgenagelt hat«. Der RSHA-Chef war zutiefst zufrieden über das Ergebnis der Konferenz. Ebenso Eichmann – wenn auch nicht unbedingt deshalb, weil er den Völkermord befürwortete. »[...] in dem Augenblick«, erklärte er in Jerusalem, »hatte ich eine Art Pilatus'sche Zufriedenheit in mir verspürt, denn ich fühlte mich bar jeder Schuld. Hier auf der Wannsee-Konferenz sprachen nun die Prominentesten des damaligen Reiches, es befahlen die ›Päpste‹, ich hatte zu gehorchen, und daran dachte ich in all den kommenden Jahren.«[72]

War das alles gelogen? Wollte Eichmann nur seine Verteidigung stärken, indem er behauptete, er hätte lediglich Befehle ausgeführt? Oder ist es denkbar, dass er, zumindest zum Zeitpunkt der Wannsee-Konferenz, tatsächlich schweren Herzens mitmachte? Es gibt Anzeichen dafür, dass ihm zwischen Juli 1941 und Januar 1942 nur nach und nach bewusst wurde, was es hieß, ein gewissenloser Täter bei einem Völkermord zu sein. Später mag er zum abgehärteten Mörder geworden sein und sich derart brutalisiert haben, dass er eine gewisse Freude an seinem barbarischen Tun empfand, aber die Indizien legen den Schluss nahe, dass es zu diesem Zeitpunkt noch nicht so war.

Als er im Jahr 1957 als freier Mann in Argentinien seine Erinnerungen auf Tonband sprach, beschrieb er seine Reise zu den Mordstätten im Osten im Jahr 1941 ohne jeden Unterton von Freude oder Genugtuung. Daher klingen seine in Gefangenschaft vorgebrachten Beteuerungen, die Politik der »physischen Vernichtung« – und nicht nur das schmutzige Geschäft des Erschießens – habe Unbehagen bei ihm ausgelöst, glaubhaft. Auch vor der Aussicht auf einen industrialisierten Massenmord unter Einsatz von Giftgas scheute Eichmann anfangs zurück. Höß gab an, dass selbst Eichmann, der »bestimmt ›hart verpackt‹« gewesen sei, »keinerlei Neigung« gehabt hätte, »mit mir zu tauschen«.[73]

Eichmann lag nicht weit neben der Wahrheit, als er seinen gestotterten Protest bei Müller wiedergab: »[…] das ist – das – so habe ich mir das nicht vorgestellt – so haben wir uns das wahrscheinlich alle nicht vorgestellt, denn das ist ja keine politische Lösung – es hieß doch immer – eine politische Lösung – das wurde bisher auch immer – immer gutgeheißen, aber das ist doch keine politische Lösung […].«[74] Bis zur Wannsee-Konferenz wurde tatsächlich keine klare Politik verfolgt. Insofern war es weder verlogen noch eine Selbsttäuschung, wenn Eichmann behauptete, er hätte bis Ende August 1941 an der »territorialen Lösung« für das europäische Judentum festgehalten. Schließlich eröffnete ihm eine solche Politik größere Aussichten auf Ansehen und Beförderung als ein Massenmord.

In seinen handschriftlichen Anmerkungen zu dem Tonbandinterview, das er 1957 in Argentinien gab, hatte Eichmann über die Rolle seines Referats bei der »Endlösung« geschrieben: »[...] und damit wurde ich, und daher auch die mir Unterstellten, unmittelbar Unterstellten meines Dezernats im Geheimen Staatspolizeiamt des ehemaligen Reichssicherheitshauptamtes, was das Kapitel ›Endlösung der Judenfrage‹ anbelangt, in die zweite Linie versetzt, denn das sich nun Anbahnende wurde an andere Einheiten und von einem anderen Hauptamt innerhalb des Bereiches des ehemaligen Reichsführer-SS und Chef der deutschen Polizei verlagert.«[75] Die Entscheidung für die »physische Vernichtung« der jüdischen Bevölkerung hätte sich für ihn selbst und sein Referat leicht als Katastrophe herausstellen können. Immerhin bedeutete sie das Ende einer Politik, mit der er eng verbunden war, über die er einzigartiges Fachwissen besaß und für die er Anerkennung gewonnen hatte. Doch freiwillige oder erzwungene Auswanderung und territoriale Lösungen standen jetzt nicht mehr auf der Tagesordnung.[76]

Gleichwohl passte sich Eichmann der Politik an, auch wenn er sie nicht entworfen hatte und die von ihm aufgebaute Maschinerie gewissermaßen den Rückwärtsgang einlegen musste. Darüber hinaus konnte man bis zur Wannsee-Konferenz nicht sicher sein, ob dieser Kurs von Erfolg gekrönt sein und sich für ihn lohnen würde. Wenn man Eichmann als mittleren Beamten sieht, als Untergebenen, der nicht der Vollstrecker einer zentral bestimmten und unangreifbaren Politik war, sondern in einer Arena rivalisierender Machteliten und politischer Entscheidungsträger agierte, dann wird sein Handeln weniger unglaublich, es wird sogar menschlicher, wenn auch nicht weniger verurteilenswert.[77]

Er war erleichtert, dass ihm die Wannsee-Konferenz eine Rolle in der neuen Phase der »Judenpolitik« gesichert hatte. Seine Arbeit als »Auswanderungsexperte« war zwar zu Ende, aber ihm war eine Schlüsselstellung bei der Umsetzung der neuen Politik zugedacht. Alle Bedenken, die er gehabt haben mochte – und für kurze Zeit hatte er tatsächlich welche –, wurden von der Zufriedenheit hinweggefegt, dass er selbst und sein Team noch im Geschäft waren.[78] Ob es ihm gefiel oder nicht – und es gibt Anzeichen für eine zweideutige Haltung –, wenn er seine Stellung behaupten wollte, musste er seine weitere Karriere auf den Völkermord gründen. Die Energie, mit der er seine neue Aufgabe in Angriff nahm und in den folgenden drei Jahren ausführte, ist das deutlichste Anzeichen dafür, dass und wie schnell er sein Unbehagen und womöglich noch verbliebene Skrupel überwand.

Manager des Völkermords, 1942–1944

»Ich habe viel Schuld, das weiß ich, Herr Hauptmann. Aber ich habe mit der Tötung der Juden nichts zu tun. Ich habe nie einen Juden getötet – ich habe überhaupt keinen Menschen getötet. Ich habe auch nie einen Befehl zum Töten eines Juden gegeben, auch keinen Befehl zum Töten eines Nichtjuden, auch das habe ich nicht.«
Eichmann im Verhör durch Avner Less,
Camp Iyar, 31. Mai 1960[1]

»[…] unsere Arbeit bestand ja nur aus Schreiberei […].«
Eichmann im Verhör durch Avner Less,
Camp Iyar, 7. Juni 1960[2]

»L. […] Sie wollten doch immer die Sache darstellen, als ob Sie lediglich hier ein Transport-Offizier hier gewesen seien – und nichts mehr.
E. Was in der Regel auch gewesen ist, Herr Hauptmann.«
Eichmann im Verhör durch Avner Less,
Camp Iyar, 10. Juni 1960[3]

»Sie wurden um fünf Uhr morgens geweckt, man gab ihnen Kaffee zu trinken. Sie waren nicht richtig aufgewacht, sie waren noch halb verschlafen, denn sogar im August in Paris ist es um fünf Uhr morgens ziemlich dunkel, sie wurden in den Hof heruntergeführt, und sie konnten sich überhaupt nicht zurechtfinden. Diese Volontärarbeiterinnen, diese Frauen, versuchten den Kindern behilflich zu sein, sie in den Hof hinunterzubringen, zuerst die älteren, dann die kleineren, aber nicht immer gelang es ihnen. Die Kinder brachen in Tränen aus, sie weinten, sie stritten sich untereinander, dann griffen Polizisten ein, kamen herauf,

und diejenigen, die sich sträubten, wurden mit aller Gewalt in den Hof hinuntergeschleppt.«
Zeugenaussage von George Wellers im Eichmann-Prozess, 9. Mai 1961, über 1000 jüdische Kinder, die auf Eichmanns Anweisung nach Auschwitz geschickt wurden[4]

Nach der Wannsee-Konferenz wurde Eichmann zum Manager des größten Völkermords der Geschichte. Nachdem er das Sitzungsprotokoll entworfen und Heydrich es redigiert hatte, wurde es an die auf der Konferenz vertretenen Ministerien und Dienststellen verschickt. Im Anschreiben forderte Heydrich seine ranghohen Gesprächpartner auf, ihre Judenexperten für weitere Besprechungen abzustellen, auf denen der von Göring verlangte Gesamtplan zur »Lösung der Judenfrage« fertig gestellt werden sollte. Wegen der dafür nötigen Absprachen sollten sich die Judenexperten mit Eichmann in Verbindung setzen, seinem »kompetenten Referenten«.[5] Damit stand Eichmanns Rolle fest. Als Dreh- und Angelpunkt der Umsetzung der neuen Politik umfasste seine künftige Tätigkeit die gesamte »Endlösung« von Januar 1942 bis zum Ende des Krieges. Aber wie konnte er den Völkermord managen? Wie sah sein Tagesablauf als Direktor eines gesamteuropäischen Unternehmens aus, dessen Geschäftszweck es war, Menschen zu verschleppen und in mörderische Sklavenarbeit oder direkt in den Tod zu schicken?

Um darauf eine Antwort geben zu können, muss man Eichmann und sein Referat zunächst einmal in den Kontext stellen. Im Prozess in Jerusalem machte die Anklage Eichmann für jeden Aspekt der Verfolgung, des Massenmords und des Völkermords an den Juden verantwortlich. Gideon Hausner beschrieb ihn als »Heydrichs Sonderbevollmächtigten zur Lösung der Judenfrage«. Dank der Vereinigung seiner beiden Aufgaben, Aussiedlung und »Judenangelegenheiten«, sei er »zum offiziellen Vollstrecker des Vernichtungsplans« geworden. »Er herrschte über Ghettos und Vernichtungslager«, fuhr Hausner fort; »er nahm eine Sonderstellung im RSHA ein. Über den Kopf seiner Vorgesetzten hinweg stand er in direkter Verbindung mit Himmler. Sein anscheinend bescheidener Rang als Leiter einer Unterabteilung entsprach nicht seiner Stellung, die außerordentlich mächtig war.«[6]

Umgekehrt versuchte Eichmann, seine Rolle und das Ausmaß seiner Verantwortung herunterzuspielen, und zwar so sehr, dass seinen Anklägern seine Darstellung abstrus erschien. Für diese Einschätzung war nicht unwesentlich Eichmanns Stil verantwortlich. Im Verhör sagte er zum Beispiel:

> »Himmler befahl die Evakuierung von Juden aus Frankreich nach dem Ghetto Litzmannstadt oder Warschau. [...]
> In diesem Fall z. B. bekam *erstens* der Höhere SS- und Polizeiführer in Paris von Himmler Befehl und *zweitens* der Chef der Sicherheitspolizei. Entweder als Doppel oder nachrichtlich. Entweder hatte Himmler auf irgendeinem Beisammensein mit dem Reichsaußenminister die Frage schon geklärt, dann war die Zustimmung des Auswärtigen Amts gegeben. Oder es war ein impulsiver Einfall Himmlers, dann musste viertens der Chef der Sicherheitspolizei das Auswärtige Amt anschreiben, indem er etwa mitteilte:
> Der Herr Reichsführer hat befohlen usw. usw. es wird um Zustimmung gebeten.
> Jetzt ging hier das Zerhacken in der Verwaltungsmaschinerie an. [...] es dauerte also Tage oder auch Wochen. Dann [...] musste jetzt erst die Klärung mit der Vichy-Regierung herbeigeführt werden [...]. Auch musste hier der Militärbefehlshaber mit hinzugezogen werden.
> Ich glaubte, dies anführen zu müssen, weil es erhellt, dass die Evakuierungen nicht einfach so durchgeführt werden konnten [...], es waren ja alles fremde Länder, da konnte noch ein so starker deutscher, sagen wir mal hier, Verband stehen, der konnte nicht einfach hier Leute zusammen fangen, in Waggons hinein geben und abschieben [...]. Sodass diese gesamte Evakuierungsgeschichte in diesen europäischen Ländern ein einziger Teig von einer zähen ewigen immerwährenden Verhandlung gewesen ist. [...]
> Das mussten wir bestellen beim Reichsverkehrsministerium [...]. Von dem Referat aus musste mit dem Verwaltungs- und Wirtschaftshauptamt Verbindung aufgenommen werden. Das

besorgte meistens Sturmbannführer Günther [...] und ließ sich vom Verwaltungs- und Wirtschaftshauptamt die Zielbahnhöfe nennen, denn wir wussten ja nicht wohin, es war nicht unsere Aufgabe gewesen zu bestimmen, wohin die Transporte kamen.«

Einmal kommentierte Eichmanns Vernehmungsoffizier Avner Less mit einer Mischung aus Ungeduld, Unglauben und Abscheu: »Sie wollten doch immer die Sache darstellen, als ob Sie lediglich hier ein Transport-Offizier hier gewesen seien – und nichts mehr.« Worauf er erwiderte: »Was in der Regel auch gewesen ist, Herr Hauptmann.«[7]

Wie kaum anders zu erwarten, nutzte Eichmann diese Strategie in seinem Prozess nichts. Aber Historiker, die sich mit den Mechanismen der »Endlösung« beschäftigt haben und dabei auf neue Dokumente und detaillierte Studien über bestimmte Episoden zurückgreifen konnten, neigen dazu, seine Version im Wesentlichen zu bestätigen. Das Referat IV B 4 befand sich zwar am Knotenpunkt des Massenmords, aber Eichmanns Rolle ist stark übertrieben worden. Sein Referat war eine »Vermittlungs- und Schaltstelle« (Hans Safrian). Als dessen Chef besaß Eichmann den Rang und die Vollmachten eines Referenten, worauf Yaacov Lozowick zu Recht hingewiesen hat. Ein Referent war »Hauptberater« seines Vorgesetzten, also eines Ministers, Ministerialdirektors oder Gruppenleiters, und kontrollierte »weitgehend die laufenden Geschäfte, *nachdem seine Vorgesetzten die entsprechenden politischen Entscheidungen gefällt haben*« (Hervorhebung, D. C.).[8]

Gewiss war Eichmann kein gewöhnlicher Referent. Im Unterschied zu anderen Referenten landeten seine Berichte direkt auf dem Schreibtisch des Amtsleiters, Gestapochef Müller, mittlerweile (seit Ende 1940) SS-Gruppenführer. Viel sagend war auch die Farbe der Tinte, mit der er amtliche Dokumente unterzeichnete. In der deutschen Bürokratie entsprach die benutzte Tinte dem Rang des jeweiligen Beamten, und Eichmann benutzte ebenso wie Müller orangefarbene Tinte. Dennoch konnte er nicht von sich aus Befehle oder Richtlinien ausgeben, sondern nur im Namen anderer, was am verwendeten Papier und der Art der Unterschrift abzulesen war. Der Briefkopf verwies darauf, von welcher Behörde die Vollmacht stammte, und die Abkürzung »i. A.« (im Auftrag) signalisierte das Recht, in der jeweiligen Frage die von seinem Vorgesetzten erteilte Vollmacht auszuüben – allerdings nur mit dessen Wissen und Zustimmung.[9]

Eichmann gehörte nicht zu denen, die den Kurs der Politik festlegten; seine Funktion war ausführender Art. In den Nachfolgesitzungen der Wannsee-Konferenz zeigte sich jedoch, dass er durchaus in der Lage war, auf die Politik Einfluss zu nehmen, wenn auch nur in engen Grenzen. Er konnte über die Auswahlkriterien der zu Deportierenden streiten, aber den Deportationsbefehl selbst konnte er nicht in Frage stellen. Eine ganze Reihe solcher Probleme waren noch zu klären, insbesondere das der »Mischlinge« und »Mischehen« sowie die Frage der Zuständigkeit für »Judenangelegenheiten« in bestimmten Gebieten. Am 6. März 1942 fand in der Kurfürstenstraße 115–116 die erste von zwei weiteren Besprechungen über die Behandlung von »Mischlingen« statt. Offenbar konnte niemand aus Eichmanns Referat an der Sitzung teilnehmen, aber Eichmann wurde über das Ergebnis ausführlich informiert. Im Protokoll ist nachzulesen, wie die »Experten« verschiedener Dienststellen über den Vorschlag der Zwangssterilisierung von im Reich lebenden »Mischlingen I. Grades« stritten, ohne sich einigen zu können; in den besetzten Gebieten hielt man ein solches Vorgehen für weniger problematisch. Auch Staatssekretär Stuckarts Vorschlag der Zwangsscheidung von »Mischehen« stieß auf erhebliche Einwände. Die anwesenden Vertreter des Propagandaministeriums wiesen darauf hin, dass eine solche Maßnahme sowohl beim Vatikan als auch bei den deutschen Katholiken Empörung auslösen würde. Dennoch schlug die Runde vor, eine gesetzliche Regelung zu erlassen, die in leicht verschleierter Form Zwangsscheidungen ermöglichte. Der Sicherheitspolizei sollte dabei die Rolle zukommen, festzustellen, ob ein Ehepartner jüdisch oder »Mischling I. Grades« war. Das Gericht, das an diese Feststellung gebunden sein sollte, wäre dann gezwungen, die Scheidung zu verfügen.[10]

Das Problem der »Mischlinge« und »Mischehen« ließ Eichmann nicht los und sorgte für viel Aufregung sowohl innerhalb als auch außerhalb der Reichsgrenzen. Am 27. Oktober 1942 fand eine weitere Besprechung über die Sterilisationsfrage statt. Diesmal nahmen Eichmann und andere Vertreter seines Referats teil. Aber auch diese Konferenz kam zu keinem abschließenden Ergebnis.[11] Bei diesem Thema offenbarten sich sowohl die Grenzen der nationalsozialistischen »Rassenkunde« als auch die von Eichmanns Macht. Sobald Unklarheiten darüber auftauchten, wer als Jude zu betrachten war, eröffnete sich anderen Stellen eine Einflussmöglichkeit, die sie für gewöhnlich im eigenen Interesse nutzten, nicht in dem der potentiellen Opfer. Solange die Zahl derjenigen, die eindeutig als Opfer definiert werden konnten, groß genug war, um die Deportationsmaschinerie nicht ins Stocken kommen zu lassen, war das Problem dieser Randgruppen allerdings in der Theorie größer als in der Praxis.

Gleichfalls am 6. März besprachen Eichmann und Rademacher vom Auswärtigen Amt das Vorgehen gegen in Deutschland lebende ausländische Juden sowie gegen Juden anderer Staatsangehörigkeit in Ländern, in denen Deportationen geplant waren. Man musste Arrangements treffen, um sich das Eigentum deutscher Juden zu sichern, die im Ausland lebten (und in naher Zukunft von dort deportiert werden sollten). Das war ein schwieriges Gebiet des Völkerrechts. Noch größere Probleme warf die Stellung der im Reich lebenden Juden mit ausländischer Staatsangehörigkeit auf, von denen einige mit deutschen Juden verheiratet waren. Hier musste man die Beziehungen zu den Staaten, deren Bürger diese Juden waren, die Möglichkeit ausländischer Interventionen und die Behandlung ihres Eigentums nach dem »Territorialprinzip« des Völkerrechts bedenken. Im Zuge des europaweiten Völkermords sollten diese Probleme in kontinentalem Ausmaß auftreten und sowohl das Referat IV B 4 als auch dessen Gegenstück im Auswärtigen Amt, Rademachers Referat D III, vor eine schwierige Aufgabe stellen.[12]

Nachdem der innere Kreis der NS-Führung über die einzuschlagende Politik entschieden hatte und diese, soweit nötig, auf interministeriellen Besprechungen verfeinert worden war, musste Eichmanns Referat ihr eine konkrete Form geben. Der erste Schritt war die Übersetzung der Politik beziehungsweise allgemeiner Anweisungen in spezifische Richtlinien, die anschließend an die ausführenden Dienststellen des RSHA im Inland oder deren Vertreter im Ausland versandt wurden. Eine Direktive Eichmanns an die Männer vor Ort begann typischerweise mit der Angabe des Ziels der Aktion, etwa: Bestimmung der festzunehmenden und der zurückzustellenden Juden. Sie enthielt Empfehlungen darüber, wie die Juden aufgefunden und verhaftet werden konnten. Einen wesentlichen Teil der Prozedur bildete die Behandlung des Eigentums, das geeignet war, endlose Konflikte zwischen verschiedenen Dienststellen auszulösen, und eine potentielle Ursache von Korruption darstellte. Eichmanns Rechts- und Finanzexperten gelang es, auf der Grundlage eigener Erfahrungen und umfangreicher Konsultationen mit Judenreferenten in anderen Ministerien ein System zu installieren, das bemerkenswert reibungslos funktionierte.[13]

Vor einer Deportation wurden die betroffenen Juden angewiesen, Formulare auszufüllen, in denen sie ihr gesamtes Hab und Gut angeben mussten, bis hinunter zu den kleinsten Alltagsgegenständen. Bei der Abfertigung vor der Abfahrt war dann ein Gerichtsvollzieher anwesend, der den Deportierten ein weiteres Formular zur Unterschrift vorlegte, durch das sie zugunsten des Staates auf ihren gesamten Besitz verzichteten. Den Juden blieb keine andere Wahl, als ihr verbliebenes Vermögen auf »legale« Weise zu überschreiben. Das geschah nicht, um die Opfer von der Rechtmäßigkeit des Verfahrens zu überzeugen, sondern um Streitigkeiten über die Beute zu verhindern.[14] Der »evakuierenden Behörde« im Reich – für gewöhnlich die regionale oder lokale Sipo-Dienststelle – wurde vor der Deportation mitgeteilt, wie viele Juden sie auszuheben hatte. Sie schickte daraufhin Polizisten aus, welche die Juden festnahmen und von ihren Wohnungen oder Arbeitsplätzen zu Sammelstellen eskortierten, von wo sie zu den Abfahrtsstellen gebracht wurden. Die Polizei hatte genaue Instruktionen darüber erhalten, was die Juden mitnehmen durften. Koffer, zum Beispiel, waren gestattet, durften aber nicht verschlossen werden. Außerdem legte IV B 4 fest, wie viele Wachen den Zug an seinen Zielort zu begleiten hatten. Der Leiter der Wachmannschaft erhielt eine Liste der Deportierten, anhand deren die Ein- und Aussteigenden kontrolliert wurden. Über Abfahrt und Ankunft der Züge sowie die Zahl der – lebendig oder tot – abgelieferten Juden war dem Referat IV B 4 Bericht zu erstatten.[15]

Eichmann log nicht, als er sagte, dass nicht er das Ziel der Deportationszüge bestimmt habe. Nachdem der Befehl für eine »Aktion« eingegangen und die Zahl der zu Deportierenden festgelegt war, setzte sich sein Transportexperte Franz Novak mit dem Wirtschafts- und Verwaltungshauptamt der SS (WVHA) in Verbindung, das diese Entscheidungen traf. Seit seiner Gründung Anfang 1942 hatte sich das WVHA unter SS-Obergruppenführer Oswald Pohl zu einem riesigen Wirtschaftsunternehmen entwickelt, das der SS große Einkünfte bescherte, indem es der deutschen Industrie Arbeitskräfte zur Verfügung stellte und eigenen Firmen betrieb. Seine Haupttätigkeit war die Verwaltung der Konzentrationslager, einschließlich Majdanek und Auschwitz-Birkenau. Die Juden wurden in die Lager geschickt, in denen das WVHA ihre Arbeitskraft brauchte oder die Mordmaschinerie freie Kapazitäten hatte, um sie zu töten. Eichmann konnte dies nicht wissen.[16]

Anschließend verhandelte Novak mit der Reichsbahn über die Züge, die benötigt wurden, um eine bestimmte Anzahl von Deportierten von A nach B zu transportieren. Als Letztes erarbeitete er zusammen mit Vertretern des Verkehrsministeriums einen Fahrplan. Aufgrund der verschiedenen Anforderungen an die begrenzten und sich verringernden Transportmittel war dies der schwierigste Teil von Novaks Aufgabe, und er musste all seine Detailkenntnisse und seine ganze Überredungskunst aufwenden, um zum Ziel zu gelangen. Trotzdem beklagte sich Eichmann, dass sein Dezernat »froh gewesen« sei, »wenn es für diese Sachen überhaupt halbwegs Transportraum bekommen konnte«.[17] Im Gegensatz zu dem Mythos, die Nationalsozialisten hätten trotz knapper Ressourcen einen aufwendigen Völkermord begangen, machten die 2000 Züge, die das RSHA zwischen 1941 und 1944 bestellte, um Juden in Ghettos und Lager zu transportieren, nur einen Bruchteil des gesamten Transportaufkommens aus. In den Jahren 1941 und 1942 waren täglich etwa 30 000 Reichsbahnzüge unterwegs, von denen in dieser Zeit im Durchschnitt lediglich zwei »Sonderzüge« waren, die Juden in den Osten transportierten. Und die Tatsache, dass Novak trotzdem darum kämpfen musste, die benötigten Züge zu erhalten, zeigt, dass seinem Anliegen keine Priorität eingeräumt wurde.[18]

Da das rollende Material so schwer zu bekommen war, schärfte Eichmann seinen Mitarbeitern ein, darauf zu achten, dass die Männer vor Ort in der Lage waren, die Waggons auch zu füllen. Dies war allerdings nur möglich, wenn die Zielgruppe klar definiert war und nicht zu viele aus dem einen oder anderen Grund von der Deportation befreit wurden. Doch die für den Deportations- und Mordapparat Verantwortlichen konnten sich weder jemals auf eine schlüssige Definition einigen, noch waren sie in der Lage, die Praxis der Schonung bestimmter Gruppen zu beenden. Obwohl es dem gesunden Menschenverstand widerspricht, verwendete Eichmann viel Zeit und Kraft darauf, die Definition der Opfergruppe der »Endlösung« zu verfeinern. Es handelte sich dabei nicht nur um eine pseudowissenschaftliche und quasijuristische Frage. Im Dritten Reich und in den von ihm beherrschten Gebieten entschied die nationale, ethnische, religiöse und vor allem die vermeintliche »rassische« Zugehörigkeit darüber, welche Behörde zu welchem Zweck für jemanden zuständig war. Dementsprechend richtete sich die Stellung (und der Etat) einer Behörde danach, wie weit die Gruppe der in ihre Zuständigkeit fallenden Personen definiert war. Das Referat IV B 4 war nur für Juden zuständig, von denen viele auf Geheiß anderer Behörden seiner »Fürsorge« entzogen waren.[19]

Als der Befehl erging, die Juden aus Deutschland und Österreich zu deportieren, konnte Eichmann nicht einfach die Polizei anweisen, alle Juden in einem bestimmten Gebiet auszuheben. Insbesondere Juden, welche die Staatsbürgerschaft bestimmter Länder besaßen – der Achsenländer sowie befreundeter, neutraler und sogar feindlicher Staaten – waren von antijüdischen Maßnahmen, wie der Pflicht, einen Judenstern zu tragen, und der Deportation ausgenommen, es sei denn, das Auswärtige Amt hatte eine gegenteilige Genehmigung erteilt. Dieses handelte nicht aus uneigennützigen Motiven, wenn es darauf bestand, hinzugezogen und um Zustimmung gebeten zu werden. Wie das Personal anderer Ministerien und Behörden verteidigten auch die Berufsdiplomaten aus der Wilhelmstraße ihr Terrain. Zugleich versuchten sie, diplomatische Verwicklungen zu vermeiden, die entstehen konnten, wenn Achsenmächte oder nicht Krieg führende Staaten Protest dagegen erhoben, dass ihre Staatsbürger ohne vorherige Absprache verfolgt wurden. Da Eichmann seine Zeit nicht damit verbringen wollte, Interventionen ausländischer Botschaften abzuwehren, zog er es vor, die Staatsangehörigkeitsfrage im Voraus mit dem Auswärtigen Amt abzuklären.[20]

Also verhandelte er vor einer »Aktion« mit dem Auswärtigen Amt darüber, welche Juden welcher Staatsangehörigkeit verhaftet und deportiert werden konnten und welche zu verschonen waren. Aber diese Kategorien lagen nicht ein für alle Mal fest. Als Deutschland den Krieg zu verlieren begann, machten sich neutrale und sogar verbündete Länder für ihre Staatsbürger stark. Auch zugunsten einzelner Personen wurde interveniert. Diese Eingaben führten zu scharfen Auseinandersetzungen zwischen Eichmann und Eberhard von Thadden, der seit April 1943 in Nachfolge Rademachers sein Pendant im Auswärtigen Amt war. Noch im Monat seines Amtsantritts beschwerte sich von Thadden darüber, dass eine Liste der von der Deportation zu befreienden Nationalitäten, auf die sich das Auswärtige Amt und das Referat IV B 4 geeinigt hätten, nicht in ausreichendem Maße an die Polizei verteilt worden sei. Er verlangte von Eichmann Auskunft darüber, welche Maßnahmen sein Referat ergriffen habe, um die Ausnahmeregelungen durchzusetzen.[21]

Natürlich hatte der Kleinkrieg über die Frage, wer in antijüdische Maßnahmen eingeschlossen und wer verschont werden sollte, nicht nur interministerielle Konsequenzen: Jede Entscheidung betraf das Schicksal von Menschen. Ein Fall soll hier für viele stehen. Im Dezember 1941 wurde Gershon Willner, ein Jude mit argentinischer Staatsbürgerschaft, im Generalgouvernement von der Polizei festgenommen. Die argentinische Botschaft in Berlin wurde irgendwie auf seine Notlage aufmerksam und intervenierte in der Wilhelmstraße. Das Auswärtige Amt zog im Generalgouvernement Erkundigungen ein und erfuhr von einem ihrer Vertreter vor Ort, dass Willner von der Sipo verhaftet und anschließend verfügt worden war, ihn nach Auschwitz zu schicken. Am 16. Juni 1942 teilte das Auswärtige Amt dem RSHA und Himmlers Büro mit, dass es dies nicht für angeraten halte. Es würde Argentinien verärgern und eine diplomatische Konfrontation mit einem befreundeten neutralen Land heraufbeschwören. Nun wurde die Angelegenheit Eichmanns Referat übergeben, das wiederum beim Sicherheitsapparat im Generalgouvernement nachfragte und von diesem die Auskunft erhielt, dass Willner bereits tot sei. Am 9. Juli 1942 leitete Eichmann diese Neuigkeit ans Auswärtige Amt weiter.[22]

Noch verwirrender und potentiell sogar noch explosiver war die rassische Definition der Identität von Menschen. Das ergebnislose Gerangel über »Mischlinge« und »Mischehen« auf der Wannsee-Konferenz und den nachfolgenden Besprechungen unterstrich, wie heikel diese Frage war. Im Reich entzog sie sich hartnäckig einer Lösung, und im Ausland bereitete sie sogar noch mehr Kopfzerbrechen. In der Slowakei, Ungarn, Holland und Italien erwies sich die Behandlung von Konvertiten zum Christentum als Stolperstein. Während Eichmann und das RSHA von einer rassischen Definition des Begriffs »Jude« ausgingen und Konvertiten dementsprechend zur Zielgruppe rechneten, wiesen die katholische Kirche und einige protestantische Gemeinschaften aus theologischen Gründen und um ihre eigenen Vorrechte zu verteidigen, die rassische Definition zurück. In einem Land nach dem anderen gerieten Eichmann und seine Mitarbeiter mit hohen Geistlichen aneinander, die »nichtarische Katholiken« zu schützen versuchten. Zehntausende von Menschen wurden gerettet, weil die Kirche Einspruch gegen die Deportation von Konvertiten einlegte. Sie rührte freilich kaum einen Finger, um Juden zu retten, und ersparte Eichmann damit eine Auseinandersetzung mit möglicherweise verheerenden Folgen für sein Vorhaben.[23]

Auch andere »zurückgestellte Gruppen« stellten Eichmann vor Probleme: Juden, die aus Altersgründen, als Kriegsveteranen oder weil sie für die Rüstungsindustrie des Reichs unentbehrliche Fähigkeiten besaßen, von der Deportation ausgenommen wurden. Um Einwänden gegen die Deportation von Juden, die zu alt zum Arbeiten waren oder im Ersten Weltkrieg für Deutschland gekämpft hatten, vorzubeugen, brachte Eichmann das

Ghettolager Theresienstadt (Terezin) ins Spiel. Indem er es als »Altersghetto« und angemessenen Ort für alle »privilegierten« Juden angab, konnten deutsche Juden aus den genannten heiklen Kategorien zuerst dorthin gebracht werden, um anschließend, ohne dass es jemand bemerkte oder Protest einlegte, weiter nach Osten geschickt zu werden.[24]

Das Tauziehen um die in der Rüstungsindustrie in Deutschland und den besetzten Gebieten beschäftigten Juden hielt von 1942 bis 1944 an. Auch um Juden, die man als gelernte und ungelernte Arbeitskräfte in anderen Bereichen brauchte, wurde heftig gestritten, insbesondere ab Mitte 1942, als der Arbeitskräftemangel im Reich extreme Ausmaße annahm. Laut Auschwitz-Kommandant Höß wollte das RSHA die Juden ohne Ausnahme festnehmen und zur Vernichtung überstellen. Im Gegensatz dazu wollte das WVHA sie zumindest vorläufig am Leben erhalten und zur Arbeit heranziehen. In Gestalt der »Vernichtung durch Arbeit« wurde ein brüchiger Kompromiss erzielt. Unnötig zu sagen, dass man ihn nicht aus Rücksicht auf die Juden einging; deren Lebenserwartung stieg durch die Einweisung in ein Arbeitslager des WVHA kaum.[25]

Außerhalb Deutschlands verstärkten sich alle diese Probleme erheblich, und als zusätzliche Komplikation kam die Frage der Vermögensübertragung hinzu. Nach dem »Territorialprinzip« fiel das Vermögen von Juden, die ohne Erben verstarben, der Finanzkasse des Staates zu, in dem sie wohnten. Das Dritte Reich hatte jedoch nicht die Absicht, sich das außer Landes geschaffte Vermögen jüdischer Flüchtlinge oder Deportierter entgehen zu lassen. Es zog daher das »Personalitätsprinzip« vor, nach dem die Staatsangehörigkeit eines Menschen darüber entschied, welches Land sein Erbe erhielt. Für die slowakische Regierung besaß diese Variante eine gewisse Attraktivität, da viele slowakische Juden auf deutschem Territorium lebten. Den Behörden in Berlin war indessen klar, dass diese Juden zwar in deutsch kontrollierten Gebieten sterben würden, das Reich bei Anwendung des »Personalitätsprinzips« aber ihre Hinterlassenschaften verlieren würde. Die Suche nach einer Lösung dieser kniffligen Frage hielt die Experten des Referats IV B 4 und des Auswärtigen Amts geraume Zeit in Atem.[26] Die Auseinandersetzungen über die Auswahl der zu deportierenden Juden und die Erbfrage machten endlose Verhandlungen notwendig: auf Papier, in Vieraugengesprächen und in Konferenzen. Um Kompetenzstreitigkeiten auf diesem Gebiet zu schlichten beziehungsweise einzudämmen, veranstaltete oder besuchte Eichmann zwischen dem 20. Januar 1942 und dem 21. März 1943 nicht weniger als sieben interministerielle und interne Sitzungen, in denen unter anderem über die Zwangssterilisation, Vermögensfragen, die Entrechtung der Juden und die Organisation der Deportationen gesprochen wurde.[27]

Dem Bild der monolithischen Tötungsmaschinerie, die unermüdlich den Völkermord vorantrieb, widersprechend, wurden Vorschriften immer wieder revidiert, mit Vorbehalten versehen oder ganz verworfen. Um die Sache noch komplizierter zu machen, unterlag das Kaleidoskop der Institutionen, Behörden, Persönlichkeiten und Prioritäten aus politischen und militärischen Gründen ständigen Veränderungen. Eichmann verzweifelte oftmals an der Unbeständigkeit der Politik (die er Himmler zur Last legte). So hatte er als Experte für die freiwillige und erzwungene Auswanderung einige Erfolge vorzuweisen gehabt, doch dann hieß es plötzlich, die jüdische Auswanderung müsse gestoppt werden. Im Jahr 1943 verbrachte der einstige Auswanderungsexperte einen großen Teil seiner Zeit damit, die Ausreise von Juden aus der deutschen Einflusssphäre zu verhindern. Obwohl er weniger mit antizionistischen Arabern zu tun gehabt haben mochte, als die Anklage in Jerusalem später behauptete, berief sich Eichmann, nachdem Himmler die Auswanderung verboten hatte, mehrfach auf die Linie des Auswärtigen Amts, der zufolge jede jüdische Einwanderung in Palästina die arabische Öffentlichkeit aufbringe und deutschen Interessen schade. In völliger Umkehr seiner vorherigen Rolle bekämpfte er jetzt mit aller Kraft die Bemühungen der Zionisten, Juden aus dem nationalsozialistisch beherrschten Europa herauszuschmuggeln. Nachdem er sich auf das Ziel eingestellt hatte, dass kein Jude den Händen der Nationalsozialisten entkommen sollte, stimmte er nur widerstrebend dem Vorschlag des Auswärtigen Amts zu, den Juden aus neutralen Staaten zu gestatten, in ihre Heimat zurückzukehren. Als Himmler beschloss, 30 000 Juden mit ausländischen Pässen oder Ausreisegenehmigungen nach Palästina als Geiseln oder für eventuelle Austauschaktionen festzuhalten, fiel Eichmann die Aufgabe zu, die Wünsche des Reichsführers-SS auszuführen. In einer weiteren politischen Kehrtwende sollte Himmler Mitte 1944 von Eichmann verlangen, eine begrenzte jüdische Auswanderung zu organisieren.[28]

Selbst wenn alles reibungslos lief, war der Umfang der von Eichmanns Referat zu erledigenden Detailaufgaben enorm. Ein deutlicher Beleg dafür ist der »Aktenplan« des Referats für 1941. Dieses Register der von IV B 4 bearbeiteten Akten, das in den neunziger Jahren im Moskauer Spezialarchiv entdeckt worden ist, bietet eine Tour d'Horizon von Eichmanns Zuständigkeiten. Zu den in ihm enthaltenen Rubriken gehörten: die Zentralstellen für jüdische Auswanderung; die Festigung deutschen Volkstums, samt Eindeutschung und Umsiedlung; die Planung und Organisation der »Räumungen« in Polen, einschließlich der technischen und finanziellen Aspekte; ähnliche »Räumungsaktionen« in Deutschland, Österreich, auf dem Balkan, in der Slowakei und Frankreich. Ein eigener Abschnitt für »Judenangelegenheiten« umfasste antijüdische Maßnahmen, wie Vertreibung, Auswanderungsverbot, Vermögens- und sogar Rentenfragen. Außerdem hatte sich das Referat IV B 4 mit Pässen, Ausweisen und Namensänderungen von Juden, mit »Mischlingen« sowie mit Ghettoangelegenheiten, etwa in Bezug auf Lodz, Warschau, Krakau und Theresienstadt, beschäftigt. Eichmanns Mitarbeiter hatten bei der »Entjudung« der deutschen Wirtschaft und der Zwangsarbeit von Juden mitgemischt. Es gab Akten über Reisebüros und Auswanderungsagenturen. Interessant ist auch die Rubrik 4000, »Endlösung der Judenfrage«; sie enthält Verweise auf das Madagaskarprojekt, das Guyanaprojekt, die »Wissenschaftliche Behandlung der Judenfrage«, Tagungen und Besprechungen sowie die Behandlung der Juden in den besetzten Gebieten. Allein schon auf der Grundlage des Aktenverzeichnisses seines Referats hätte Eichmann wegen der Beteiligung an den schrecklichsten Verbrechen verurteilt werden können.[29]

Im Verhör in Israel bestätigte Eichmann dies: »Ich stand schon frühzeitig im Brennpunkt, im Mittelpunkt, wenn es sich um jüdische Angelegenheiten handelte [...].«[30] Eichmann konnte ein enormes Arbeitsvolumen bewältigen, weil er ein äußerst fähiger Beamter war, der über viel Erfahrung und einen praktischen Verstand verfügte. Er baute eine effizient arbeitende Abteilung auf, wählte seine Mitarbeiter klug aus und unterhielt gute Arbeitsbeziehungen zu seinen Vorgesetzten. Mit seinen Vertretern vor Ort blieb er in Verbindung, indem er zu ihnen reiste oder sie zu »Arbeitstagungen« nach Berlin rief. Auf diese Weise war er in der Lage, unter schwierigen Bedingungen ein hoch komplexes Programm durchzuführen. Im Gegensatz zu dem Mythos vom monolithischen Charakter der »Endlösung« war die antijüdische Politik von Unstimmigkeiten und Widersprüchen geprägt, und die angeblich überwältigende Maschinerie war unterfinanziert und brach regelmäßig zusammen, so dass man ständig improvisieren musste.

Im März 1941 teilte Eichmann sein Referat in zwei Unterabteilungen auf. IV B 4a unter Frank Novak war für Evakuierungen und Transportfragen zuständig, IV B 4b unter Friedrich Suhr und später Otto Hunsche für die juristischen und technischen Aspekte der »Judenangelegenheiten«.[31] Auch diese Maßnahme zeugte von Eichmanns Effektivität. Er bewies Talent in der Auswahl der richtigen Mitarbeiter und war in der Lage, Verantwortung zu delegieren. Sein Stellvertreter Rolf Günther war ein alter Nationalsozialist, ein Veteran aus der »Kampfzeit«, das heißt der Periode, als die NSDAP um die Macht in Deutschland kämpfte. Er war bereits 1929 im Alter von erst 16 Jahren in die SA eingetreten. Er ging in seiner Arbeit als NS-Funktionär auf. Laut Eichmann war er jemand, »der weder gesellschaftlich veranlagt war, noch rauchte, noch trank, noch in irgendwelche Lokalitäten ging«. Wichtiger als sein in sich gekehrtes Wesen war indessen seine totale Loyalität gegenüber Eichmann, der ihm umgekehrt vollkommen vertraute. Günther handelte als sein Vertreter, wenn er nicht in Berlin war, und leitete das Referat fast das ganze Jahr 1944 über. Außerdem führte er die Statistik des Völkermords. Dessen Verlauf füllte in Form einer riesigen Grafik eine Wand seines Büros – ganz so, wie Manager in der Wirtschaft Tafeln der Verkaufszahlen oder der Produktionsziffern aufhängen. Er ging regelmäßig mit Eichmann zum Mittagessen in ein Lokal in der Nähe der Kurfürstenstraße 115–116, und wenn sie zurückkehrten, waren sie häufig ins Gespräch vertieft. Nach Dieter Wislicenys Aussage war Günther der Einzige von Eichmanns Mitarbeitern, der einen gewissen Einfluss auf seinen Chef hatte; er blieb bis zum Ende an seiner Seite.[32]

Franz Novak war genauso alt wie Günther und hatte wie Eichmann keine abgeschlossene Ausbildung. Er war 1929 in Österreich der Hitlerjugend und 1933 der SA beigetreten. Auch er floh 1934 aus Österreich und schloss sich der Österreichischen Legion der SS an. Als diese aufgelöst wurde, ging er, wie Eichmann vor ihm, zum SD und kehrte ebenfalls im März 1938 als SD-Mann nach Österreich zurück. Er wurde der Wiener Zentralstelle zugeteilt, wo er Eichmann auffiel, der ihn mit nach Prag nahm. Von da an bildete Novak den Kern des Deportations- und Evakuierungsteams. Sein Büro lag nicht weit von dem Eichmanns entfernt, und sie befanden sich in ständigem Austausch. An der Wand hinter Novaks Schreibtisch hing ein großer Fahrplan der Deportationszüge, so dass er mit einem Blick erfassen konnte, ob und wohin ein Transport unterwegs war.[33]

Ein weiterer Mitarbeiter, der Eichmanns besonderes Vertrauen besaß, war Theodor Dannecker. Im Jahr 1913 als Sohn eines kleinen Geschäftsbesitzers in Tübingen geboren, wuchs er in beschränkten Verhältnissen auf. Nachdem sein Vater im letzten Jahr des Ersten Weltkrieges gefallen war, musste seine Mutter allein für ihn sorgen. Nach Schulabschluss und dem Besuch einer Handelsschule war er für kurze Zeit berufstätig, bevor er 1934 zum hauptamtlichen NS-Funktionär wurde. NSDAP- und SS-Mitglied war er seit Juni 1932, und 1934/35 diente er im berüchtigten KZ im Berliner Columbia-Haus sowie im KZ Oranienburg. 1935 schloss er sich dem SD an und wechselte, nachdem er an einem von der Abteilung II/112 des SD-Hauptamtes veranstalteten Ausbildungstag teilgenommen hatte, aufs Gebiet der »Judenangelegenheiten«. Im März 1937 trat er dann in die Abteilung ein und war fortan ein enger Mitarbeiter Eichmanns.[34]

Im Jahr 1937 war Dieter Wisliceny für kurze Zeit Eichmanns Vorgesetzter in der Abteilung II/112 gewesen und hatte ihn sogar zur Beförderung vorgeschlagen. Doch dann war er in die SD-Dienststelle in Danzig gegangen und hatte das phänomenale

Wachstum der Abteilung in den Jahren 1938/39 versäumt. Als Eichmann ihm 1940 anbot, in sein nunmehriges Referat IV D 4 zurückzukehren, ging es nur noch um eine untergeordnete Stellung. Möglicherweise hegte Wisliceny, der eine bessere Ausbildung als Eichmann besaß, einen Groll gegen seinen einstigen Protegé, und es könnte insofern viel sagend gewesen sein, dass er nur zurückkehren wollte, wenn er einen Posten außerhalb von Berlin erhielt. Zufälligerweise wurde Eichmanns Referat Mitte 1940 gebeten, dem slowakischen Regime einen »Judenberater« zur Verfügung zu stellen, und Eichmann schlug Wisliceny vor. Es war eine schicksalhafte Berufung. Wisliceny begann damit, dass er den Slowaken half, ihre antijüdische Gesetzgebung derjenigen des Dritten Reichs anzupassen, bevor er im Frühjahr 1942 die Deportation von 65 000 slowakischen Juden nach Auschwitz in die Wege leitete. Er erledigte diese Aufgabe so gut, dass Eichmann ihn im Februar 1943 nach Saloniki entsandte, um die Vernichtung der jüdischen Bevölkerung der Stadt zu organisieren. Wisliceny war ebenso korrupt wie korpulent und füllte sich die Taschen, wo er nur konnte. Eichmann nannte ihn später einen Schwächling.[35]

»Eichmanns bestes Werkzeug« war laut Wisliceny der aus dem Burgenland stammende Alois Brunner. Wie Wisliceny 1913 geboren, hatte Brunner wie Eichmann, Novak und Günther als Jugendlicher die Schule abgebrochen und anschließend verschiedene Handelsschulen und Lehren angefangen, einschließlich einer Polizeischule, bevor er im Mai 1931 in die NSDAP eintrat. Ein Jahr später war er Mitglied der SA geworden und 1933 nach Deutschland zur Österreichischen Legion gegangen. Er hatte in Deutschland und Österreich gedient und 1938 seinen Anteil an der Beute eingefordert, indem er sich der SS anschloss und eine Arbeit in der Wiener Zentralstelle für jüdische Auswanderung antrat. Seine Effizienz brachte ihm Beförderungen ein, und als Günther im September 1939 nach Berlin versetzt wurde, stieg er zum Leiter der Zentralstelle auf. Er zeichnete sich durch eine Vorliebe für Drohungen und Gewalt als Druckmittel im Umgang mit der jüdischen Führung aus und war im Oktober 1939 an der Organisation der Deportationen nach Nisko beteiligt.[36]

Günther, Novak, Dannecker, Wisliceny und Brunner waren hart, ausgekocht und clever, aber ihnen fehlte eine höhere Bildung. Als die Arbeitslast von IV B 4 zunahm und komplizierter wurde, zog Eichmann Fachleute wie Friedrich Suhr und Otto Hunsche hinzu, die eine juristische Ausbildung besaßen und sowohl beim Entwurf von Anweisungen und Richtlinien als auch in Verhandlungen mit Ministerien ausgezeichnete Dienste leisteten.[37] Aus diesen höchst unterschiedlichen Männern formte Eichmann eine verschworene Truppe mit eigenem Ethos. Viele dieser Männer waren in Wien angeheuert worden und hatten eine gemeinsame Herkunft, doch der österreichische Aspekt sollte nicht übertrieben werden. Wisliceny nahm als Deutscher eine andere Perspektive ein: »Eichmanns Prinzip in seiner Personalpolitik war, niemanden, der einmal in seinem Referat gearbeitet hatte, zu einer anderen Tätigkeit freizugeben.« Ihm zufolge hatte Eichmann 1944 gesagt: »Wir sitzen alle in einem Boot. Keiner darf aussteigen.« Eichmann hatte die passenden Männer für die Arbeit ausgesucht, aber um sich ihrer Ergebenheit ganz sicher zu sein, erinnerte er sie unverblümt an ihre Komplizenschaft. Er ließ keinen Zweifel daran, dass sie, wenn sie sich ihm anschlossen, alle Brücken hinter sich abbrechen mussten.[38]

Seit seiner Zeit in der Abteilung II/112 hielt Eichmann regelmäßig »Arbeitstagungen« der Mitarbeiter im Außendienst ab. Auf ihnen erhielten die Männer im Zentrum einerseits ein Feedback der Peripherie und konnten andererseits die neuesten Ansichten und Ideen verbreiten. Wie Wisliceny nach dem Krieg aussagte, bestellte Eichmann die »Judenberater« mindestens einmal zwischen 1940 und 1943 im Jahr nach Berlin, für gewöhnlich im November. »Auf diesen Tagungen«, fuhr Wisliceny fort, »berichtete jeder Vertreter über die Lage in seinem Gebiet, und Eichmann sprach über das Gesamtbild. Besonderen Wert legte er auf Gesamtzahlen und die Verwendung von Tabellen, in denen die Zahl der Juden in den einzelnen Ländern, ihr Beruf, ihre Altersgruppe und Angaben über den Anteil der Juden an der Gesamtbevölkerung des jeweiligen Landes enthalten waren.« Ein gutes Beispiel ist die Arbeitstagung am 28. August 1942, an der Judenexperten der Dienststellen von

Sipo und SD innerhalb und außerhalb des Reichs teilnahmen, wie etwa Gustav Richter, der Vertreter des Referats IV B 4 in Bukarest. Auf der Tagesordnung standen Berichte der Judenberater über den Stand des »Judenproblems« sowie eine Diskussion über »Evakuierungsprobleme«. Einem Bericht über die Tagung zufolge hoffte man, die Deportationen bis Ende Juni 1943 zu Ende bringen zu können, da man für den Herbst und Winter 1943/44 Transportschwierigkeiten erwartete. Im Anschluss an die Tagung besprachen die Spezialisten die Probleme, die aus der Staatsangehörigkeit von zur Deportation vorgesehenen Juden erwuchsen. Da die Regierungen von Italien, Portugal, Spanien und der Schweiz dazu neigten, zugunsten ihrer Staatsbürger zu intervenieren, beschloss man, sich auf »staatenlose« Juden zu beschränken. Außerdem diskutierte man Fragen im Zusammenhang mit der Vermögenseinziehung.[39]

Eichmann ließ seine Mitarbeiter aber auch sonst nicht aus den Augen und hielt sich durch ständige Reisen über den Stand der Dinge auf dem Laufenden. In den Jahren 1942/43 war er mindestens elfmal in Frankreich, den Niederlanden und Belgien sowie mindestens zweimal in der Slowakei, im italienisch besetzten Frankreich und in Dänemark. Regelmäßig machte er in Theresienstadt Station, aber auch Lublin, Warschau und Lodz gehörten zu seinen Reisezielen. Im Dezember 1943 beispielsweise war er dienstlich in Lodz, um mit dem Leiter der Ostindustrie, eines SS-Unternehmens, über den Einsatz jüdischer Arbeitskräfte zu sprechen. Da er nicht gern flog, reiste er mit dem Auto, wobei er gelegentlich einen Zwischenstopp in Prag einlegte, um seine Familie zu besuchen. Während er in Jerusalem vor Gericht stand, sagte Vera Eichmann zu Journalisten: »Mein Mann besuchte mich, wann immer er es während seiner Reisen durch Europa einrichten konnte.« Aber über Politik habe er sich nie mit ihr unterhalten. »Über seine Arbeit haben wir nie gesprochen«, fügte sie hinzu.[40]

Es gab jedoch nicht nur die Arbeit. Auch seine Freizeit verbrachte Eichmann häufig mit seinen Kollegen. Da seine Frau in Prag geblieben war, wo ihr dritter Sohn, Helmut (nach Eichmanns Bruder, der in Stalingrad fallen sollte), geboren wurde, fuhr er häufig zum Wochenende zu ihr. Im Laufe der Zeit wurden diese Besuche allerdings seltener, bis er nur noch einmal im Monat die Reise machte. Den Rest der Zeit verbrachte er allein in Berlin. Laut Wisliceny begannen sich die Eheleute auseinander zu leben, und Eichmanns Beziehung zu einer Österreicherin namens Maria Mösenbacher, mit der er lange zusammen war, wurde enger. Wisliceny vermutete, dass Eichmann Gelder der Wiener Zentralstelle verwendet hatte, um ihr einen Bauernhof in Doppel in Oberösterreich zu kaufen, auf dem er ein kleines Arbeitslager errichtete, damit sie genügend Arbeitskräfte hatte, aber dafür gibt es keinen Beweis. Wenn er in Berlin war, suchte der von Natur aus gesellige Eichmann die Gesellschaft seiner Untergebenen, der Männer wie der Frauen. Oft kamen Mitarbeiter aus der Kurfürstenstraße 115–116 abends zur Hausmusik zusammen, wobei Eichmann in einem Quartett Violine spielte. Eine der Sekretärinnen, Rosemarie von Godlewski, die Akkordeon spielte, erzählte später, Eichmann habe besonders die mittelalterlichen Landsknechtlieder geliebt. Eine andere Sekretärin berichtete, dass er bei seinen Besuchen in der so genannten Einwandererzentralstelle in Lodz mit den Mitarbeitern Tischtennis gespielt habe; er war offenbar ein ganz passabler Spieler. Die jungen Frauen, die in seiner Dienststelle arbeiteten, verehrten ihn. Sie fanden ihn attraktiv und »charmant«.[41]

Auch Eichmanns Beziehung zu seinen unmittelbaren Vorgesetzten war eng, wenn auch nicht ganz so entspannt. Er telefonierte täglich mit Müller, den er wegen seiner Unergründlichkeit später als »Sphinx« bezeichnete, und begab sich mindestens zweimal in der Woche mit einer Tasche voller Akten, die seine Entscheidung verlangten oder an eine höhere Stelle – Heydrich (später Kaltenbrunner) oder Himmler – weitergeleitet werden mussten, in sein Büro in der Gestapozentrale in der Prinz-Albrecht-Straße. Eichmann behauptete, der Gestapochef habe ihm wenig Spielraum für eigene Entscheidungen oder Aktionen gelassen. Müller sei »sehr genau, sehr penibel, sehr untolerant« gewesen; er habe sich »die Sachen« selbst vorbehalten: »Müller entschied die kleinsten Kleinigkeiten auch, jawohl.« Ihn als allmächtigen und allgegenwärtigen Vorgesetzten darzustellen passte zu Eichmanns Verteidigungsstrategie, aber auch andere, die ihn kannten, haben bestätigt, dass Müller überaus misstrauisch und vorsichtig war. Der SS-Nachrichtendienstoffizier Walter Huppenkothen etwa, der Eichmann häufig in Müllers Vorzimmer warten sah, hat ausgesagt, dass Müller seine Untergebenen an der kurzen Leine hielt und sich häufig in ihre Arbeit einmischte. Und Höß hat erklärt, dass der Gestapochef »in den wichtigsten Zügen die Juden-Aktionen leitete«.[42]

Doch sobald Müller sich beraten und eine Entscheidung gefällt hatte, konnte Eichmann sie ins Feld führen, wann immer er es für richtig hielt, und sich auf die Autorität des Gruppenführers berufen. Da er zudem wie jeder beflissene Untergebene eigene Vorschläge machte, gewann er insgesamt beträchtlichen Einfluss. Der Rahmen, in dem er ihn ausübte, dürften ihre privaten Gespräche gewesen sein. Eichmann besuchte Müller jeden Donnerstag, um mit ihm bei ein, zwei Kognaks Schach zu spielen. Sie waren zwar nie wirklich befreundet, und Eichmann trug es Müller nach, dass er sich ihm nie öffnete. Aber ihre außerdienstlichen Begegnungen waren ein Anzeichen für das Vertrauen, das sein Chef ihm entgegenbrachte. Dies wiederum verschaffte ihm ein wenig zusätzlichen Spielraum. Wichtiger ist jedoch, dass beide in der Politik einer Meinung waren: Müller stand auch dann noch hinter seinem Referenten, als Himmler verspätet Bedenken hinsichtlich der Vernichtungspolitik kamen.[43]

Innerhalb des Reichs, wo ihm das RSHA mit dem Apparat von Sipo und SD sowie die lokalen Polizeidienststellen zur Verfügung standen, war Eichmanns Tätigkeit relativ unkompliziert. Außerhalb Deutschlands hingegen musste er sich durch ein Kompetenzgewirr hindurchwinden, das sich von Ort zu Ort erheblich unterschied und ständig veränderte. In Achsenländern, Satellitenstaaten und besetzten Gebieten wurden den lokalen Sipo- und SD-Dienststellen so genannte Judenberater zugeteilt, die den deutschen Auslandsvertretungen beigeordnet waren. Insofern mussten Anweisungen und Berichte über die Kommunikationskanäle des Auswärtigen Amts geleitet werden. Der lokale Sicherheitsapparat unterstand jedoch dem jeweiligen BdS, der Befehle und Berichte auf getrenntem Weg über die Befehlskette des RSHA empfing, und da die Judenberater nicht dem Auswärtigen Amt gegenüber verantwortlich waren, sondern dem BdS, sandte das RSHA seine Befehle häufig unter Umgehung des Ministeriums. Um alles noch komplizierter zu machen, gab es in vielen Gebieten einen so genannten Höheren SS- und Polizeiführer als persönlichen Vertreter Himmlers. Die HSSPF hatten eine vage definierte Aufsichtsfunktion, sprachen aber, da sie direkten Zugang zu Himmler hatten, in seinem Namen und verfügten daher über enormen Einfluss.[44]

Die Befehlskette vom Referat IV B 4 zu seinen Vertretern im Ausland war also kompliziert und umständlich. Bei europaweiten Operationen kam erschwerend hinzu, dass sich die Beziehungen zwischen Deutschland und den mit ihm verbündeten beziehungsweise von ihm abhängigen Staaten voneinander unterschieden und auch die deutsche Herrschaftsausübung in den einzelnen Gebieten starke Unterschiede aufwies. Deutschland, Frankreich, Italien, die Niederlande, die Slowakei und Rumänien sind Beispiele dafür, wie sehr Eichmanns Methoden bei der Umsetzung der auf der Wannsee-Konferenz abgesegneten Politik aufgrund der jeweiligen Umstände voneinander abwichen.

In den ersten drei Monaten des Jahres 1942 bereitete sein Referat die nächste Welle von Deportationen aus dem Reich vor. Mit Heydrichs Ermächtigung im Rücken nahm Eichmann den Streit mit Ostminister Rosenberg auf, der Vorbehalte gegen den Zeitplan der »Endlösung« und die Verschickung von Transporten ins Ostland vorbrachte. Rosenberg hoffte, nach den unerfreulichen Auseinandersetzungen im Herbst würde die »Endlösung« bis nach Kriegsende aufgeschoben werden, wie Hitler es gesagt hatte. In diesem Fall wäre sein Herrschaftsgebiet vorläufig vor weiteren Einmischungen der SS sicher gewesen. Doch Eichmann belehrte ihn eines Besseren.[45]

Am 31. Januar sandte er allen Polizeidienststellen sowie den Zentralstellen für jüdische Auswanderung in Wien, Prag und Berlin die nötigen Anweisungen: »Die in der letzten Zeit in einzelnen Gebieten durchgeführte Evakuierung von Juden nach Osten stellt den Beginn der Endlösung der Judenfrage im Altreich, der Ostmark und dem Protektorat Böhmen und Mähren dar. Diese Evakuierungsmaßnahmen beschränkten sich zunächst auf besonders vordringliche Vorhaben. [...] Zur Zeit werden neue Aufnahmemöglichkeiten bearbeitet mit dem Ziel, weitere

Kontingente von Juden aus dem Altreich, der Ostmark und dem Protektorat Böhmen und Mähren abzuschieben.« In Vorbereitung darauf forderte Eichmann die Adressaten auf, ihm mitzuteilen, wie viele Juden in ihren Zuständigkeitsbereichen lebten, damit er die Zahl der Transporte bestimmen und zusammen mit der Reichsbahn die Fahrpläne festlegen konnte.[46]

Im Februar verhinderte die schwierige Lage an der Ostfront jede Deportation, doch sobald die Wehrmacht wieder die Oberhand gewonnen hatte, wurden die Planungen fortgesetzt. Am 6. März 1942 fand neben allen anderen Besprechungen auch eine Konferenz der Judenexperten der Sipo und des SD aus ganz Deutschland, Österreich und dem Protektorat statt, auf der sie über das weitere Vorgehen informiert wurden. Eichmann teilte ihnen mit, dass 50 000 Juden zu »evakuieren« seien: 20 000 aus Wien, 18 000 aus Prag und der Rest aus Deutschland. Diesmal müsse man Fehler wie bei den Deportationen im Oktober 1941 vermeiden. Beschwerden wie die über »zu Unrecht« erfolgte Abschiebungen, weil die Betreffenden zu alt wären, seien zu vermeiden. Allzu viele Sorgen bereitete ihm dieser Punkt jedoch nicht. Denn die Juden durften von den Vorbereitungen der Deportationen »unter keinen Umständen Kenntnis erhalten«, wie einer seiner Mitarbeiter den Anwesenden einschärfte. Deshalb sei »absolute Geheimhaltung erforderlich«. Anschließend erklärte der Redner, man habe ein »Sonderkonto W« eingerichtet, auf welches das Barvermögen der Juden einzuzahlen sei. Gemäß der neuesten Verordnung zum Reichsbürgergesetz würden Juden automatisch ihre Staatsangehörigkeit verlieren, sobald sie Deutschland verließen. Ferner müssten die Juden 25 Prozent ihres Barvermögens auf besagtes Sonderkonto einzahlen, um die Kosten der »Evakuierung« zu begleichen – die Reichsbahn stellte dem RSHA die Transporte in Rechnung. Nachdem Eichmanns Mitarbeiter ihre Ausführungen beendet hatten, tauschten diejenigen Judenexperten, die bereits Deportationen durchgeführt hatten, ihre Erfahrungen aus.[47]

Von März 1942 an fuhren aus deutschen und österreichischen Städten regelmäßig Transporte mit Juden nach Lodz, Lublin, Riga, Minsk und Theresienstadt. Jedes Mal waren 1000 Juden in Personen- oder Güterwaggons gepfercht, die für nicht mehr als 700 Soldaten gedacht waren. Eichmann erklärte später, dies sei nicht so schlimm gewesen, da Soldaten mit voller Ausrüstung gereist seien, während das Gepäck der Juden in einem speziellen Waggon transportiert worden sei. Sein Referat versandte immer neue Richtlinien an die Polizeieinheiten. Angesichts des Alters der Deportierten und der Tatsache, dass viele von ihnen gebrechlich waren, gestattete man die Mitreise von jüdischen Ärzten. Haustiere waren jedoch nicht erlaubt. Eichmann musste die ebenso eifrigen wie effizienten Deportationsbeamten daran erinnern, dass Kriegsversehrte nicht in den Osten, sondern nach Theresienstadt zu schicken seien. Die Tatsache, dass er diese Anweisung wiederholt verschickte, lässt darauf schließen, dass sie nicht immer befolgt wurde, auch wenn in Lublin, Riga oder Minsk niemand mehr gegen die Ankunft dieser verwirrten Veteranen protestierte, von denen einige schon einmal dort gewesen sein mochten – als stolze, siegreiche Soldaten des Kaisers.[48]

Am 22. April tadelte Eichmann die Sipo-Dienststellen dafür, dass sie zu vielen Juden aufgrund ihrer Beschäftigung bei der Reichsvereinigung der Juden in Deutschland einen privilegierten Status einräumten.[49] Hinter ihm stand Müller, der aufs Tempo drückte. Am 21. Mai wies er die Gestapo an, die Aktion zu beschleunigen. »Um die im Osten noch vorhandenen Aufnahmemöglichkeiten für eine weitere Evakuierung restlos ausnutzen zu können«, wollte er wissen, wie viele Juden im Reich verblieben seien.[50] Bis Ende des Jahres waren über 33 500 deutsche Juden nach Theresienstadt und über 10 000 in die Ghettos im Osten deportiert worden. Ferner hatte man rund 15 500 österreichische Juden nach Polen und Russland sowie 14 000 nach Theresienstadt verschleppt. Für 40 000 von ihnen war das Ghettolager jedoch nur eine Zwischenstation auf der Fahrt zu den Tötungszentren. Zudem waren so viele alt und gebrechlich, dass 16 000 innerhalb von zwölf Monaten nach ihrer Ankunft im »Altersghetto« aufgrund »natürlicher« Ursachen verstarben.[51]

Doch die Deportationen aus dem »Altreich« verliefen nicht ohne Störungen. Eichmann musste im Jahr 1942 einen erheblichen Teil seiner Zeit dem Problem der Ausnahmen widmen, wie etwa Fällen von in der Rüstung beschäftigten Juden oder solchen, die in »Mischehen« lebten. Wie heikel diese Fälle waren, zeigt das tragische Schicksal von Jochen Klepper, der mit einer Jüdin verheiratet war. Als seine Frau von der »Evakuierung« bedroht war, weigerte er sich, die Ehe scheiden zu lassen. Stattdessen nutzte er all seine Beziehungen, um sie und ihre gemeinsame Tochter, die nach den Rassengesetzen als Jüdin galt, zu schützen. Er hatte einflussreiche Freunde, unter anderen Innenminister Wilhelm Frick, der ihm riet, sich an Eichmann persönlich zu wenden und ihn zu fragen, was man tun könne. Aus Kleppers Tagebuch ist bekannt, dass er sich im November 1942 in die Kurfürstenstraße 115–116 begab, um mit Eichmann zu sprechen. Doch der zeigte sich unerbittlich. Um der Trennung und der Deportation zu entgehen, nahmen sich Klepper, seine Frau und seine Tochter am 10. Dezember 1942 das Leben.[52]

Von Juni 1942 an kamen nach und nach 42 000 deutsche und österreichische Juden nach Theresienstadt. Ursprung und Geschichte dieses Ghettolagers sind eng mit Eichmann verknüpft. Im Verhör vermengte er die Gründung des Ghettos mit anderen »politischen Lösungen« der »Judenfrage« und verlegte sie in die Jahre 1939/40 zurück. In Wirklichkeit wurde die Idee eines Ghettos in Böhmen zum ersten Mal am 10. Oktober 1941 in einer Sitzung in Prag erwähnt, als Heydrich voreilig die rasche Vertreibung von 88 000 Juden aus dem Protektorat verkündete. Das bereitete Eichmann Kopfschmerzen, denn von ihm wurde erwartet, dass er einen Ort fand, an den man die Juden bringen konnte, wenn die Deportationen in den Osten ausgesetzt wurden.[53] Später rechnete er das »Verdienst« an der Idee abwechselnd sich selbst und der lokalen jüdischen Führung an. Wenn er erklärte, Rabbi Benjamin Murmelstein und Jacob Eppstein hätten von sich aus die »Einrichtungsarbeiten in Theresienstadt« übernommen, verzerrte er die Geschehnisse, auch wenn die in den Prager Judenrat berufenen tschechischen Juden gewiss eine Wiederholung des Nisko-Debakels oder der Deportationen vom Herbst 1941 verhindern wollten. Der Führung der Prager Juden wären ein oder zwei Ghettos in der Stadtmitte von Prag lieber gewesen, weil das für sie die bequemere Variante darstellte. Auf jeden Fall hätten die Prager Judenräte keiner solch furchtbaren Maßnahme zugestimmt, wenn die Alternative nicht noch furchtbarer gewesen wäre.[54]

Im November 1941 fuhren die ersten jüdischen Bautrupps von Prag nach Theresienstadt. Zwei weitere Transporte mit Arbeitern folgten, und zwischen Januar und Juni 1942 wurden über 50 000 tschechische Juden, überwiegend aus Prag, zwangsweise in die kleine Garnisonsstadt verlegt. Kurz nachdem die ersten von ihnen eingetroffen waren, gingen bereits Transporte nach Osten ab, an eben die Orte, vor denen Theresienstadt die Juden hatte schützen sollen; jedenfalls hatte man dies gehofft. Ein Zug mit 1000 Menschen fuhr am 9. Januar 1942 nach Riga. Im Frühjahr gingen weitere Transporte nach Lublin und Minsk.[55] Eichmann behauptete später, diese Entwicklung sei für ihn nicht überraschend gewesen; er habe von Anfang an gesagt, dass Theresienstadt zu klein sei. Jedenfalls habe er die »Schwierigkeiten und die unlösbaren Probleme durch die großen Ghettoisierungen [...] am Beispiel Theresienstadt kommen« gesehen. Nach seinen Vorstellungen habe das Ghetto »eine relativ ordentliche vorläufige Teillösung für ca. 10 000 Menschen« werden sollen, aber es seien »immer zu viel Menschen hineingepumpt« worden.[56] Er gab den Gauleitern die Schuld an dem angeblich unerwarteten Zustrom, aber die begrenzte Aufnahmefähigkeit des Ortes war schon bekannt gewesen, noch bevor im Juni 1942 die ersten »privilegierten« deutschen Juden dorthin geschickt wurden. Auch für die Deportationen war allein IV B 4 verantwortlich.

Vor allem war es Eichmann selbst und niemand sonst, der das Potential von Theresienstadt als Trugbild schätzte, mit dem die deutschen Juden und die Welt eingelullt und dazu gebracht werden konnten, die »Evakuierungen« stillschweigend hinzunehmen. Er erkannte, dass man das Ghetto zur Verschleierung der »Endlösung« nutzen konnte. Der Vorwand, dass man die Juden zur Arbeit nach Osten schicke, ließ sich nicht aufrechterhalten, wenn man die Alten und Gebrechlichen in die Transporte einbezog. Wenn man sie aber in ein »Altersghetto« brachte, konnte die Maskerade fortgesetzt werden. Zudem konnte man Theresienstadt gegen die »Gräuelpropaganda« ins Feld führen, die angeblich von Juden in den demokratischen Ländern verbreitet würde. Auf der Konferenz der Judenexperten am 6. März 1942 erklärte Eichmann, Theresienstadt werde mithelfen, »nach außen das Gesicht zu wahren«.[57]

Zig Tausende deutscher und österreichischer Juden wurden also absichtlich in der kleinen Stadt zusammengepfercht. Da die Neuankömmlinge überwiegend alte Juden waren, die nicht arbeiten konnten, dank ihres »privilegierten« Status von jeder Arbeit befreit waren oder schwere Kriegsverwundungen hatten, brachte der Zustrom gravierende Folgen für die Wirtschaft des Ghettos. Bisher hatte man ein prekäres Gleichgewicht aufrechterhalten können: Aufgrund des hohen Anteils an jungen, kräftigen tschechischen Juden, die in den im Ghetto angesiedelten Firmen Produkte für den militärischen Bedarf herstellten, hatte das Ghetto über Einnahmen verfügt, mit denen es Lebensmittel und Medikamente kaufen konnte. Doch jetzt litt es unter enormer Übervölkerung, Unterernährung und Krankheiten. Die Todesrate begann zu steigen und erhöhte den Tribut, den die unablässigen »Selektionen« und Transporte, die von Mai 1942 an direkt zu den Todeslagern fuhren, forderten.[58]

Die »Evakuierungen« aus Deutschland nach Theresienstadt waren von einem jener abstoßenden zynischen Tricks begleitet, die zum Markenzeichen von Eichmanns Referat werden sollten. Vor der Abfahrt mussten die Juden Formulare unterschreiben, in denen sie ihre »Wohnsitzverlegung« anmeldeten. Für die von ihnen im Reich aufgegebenen Wohnungen versprach man ihnen Ersatz im »Altersghetto«. Damit waren die Behörden in der Lage, auf »legale« Weise das Vermögen der Deportierten einzuziehen. Bei ihrer Ankunft mussten die deutschen Juden jedoch feststellen, dass ihr neues Heim aus nicht mehr bestand als einem Etagenbett und ungefähr anderthalb Quadratmeter Raum in einer Baracke, die einst für österreichische Soldaten gebaut worden war.[59]

Helga Weissova-Hoskova war zwölf Jahre alt, als sie zusammen mit ihrer Familie von Prag nach Theresienstadt deportiert wurde. Während ihres Aufenthalts dort führte sie Tagebuch, aus dem sie nach dem Krieg in einem Gedenkbuch Auszüge veröffentlichte. Im Spätsommer 1943 beobachtete sie von ihrer Baracke aus eine Deportation:

»Vor dem Fenster schreit die Gestapo und prügelt auf die Menschen ein, während sie die Straße abriegelt. Eine weitere

Gruppe geht los. Da sind sie, Tragen schleppend, zweirädrige Karren mit Leichen, Gepäck und die ›Leichenkarre‹. Die Straße, die in der Augusthitze aufgeblüht war, ist in schweren, dichten Staub gehüllt. Gepäck, Tragen, Leichen. So geht es schon seit einer Woche. [...] Und das da zwischen dem Gepäck, sind das Leichen? Nein, ein Körper bewegt sich, durch die Staubwolke, die um den Karren herumwirbelt, scheint eine gelbe Armbinde hindurch. Wer könnte das vergessen! Wir haben sie jeden Tag in der Küche getroffen, auf Krücken, blind, mit einer kleinen Schale in der Hand um etwas Kaffee oder Suppe bettelnd, die unabgewaschenen Tröge und Kessel, in denen etwas zu essen gewesen war, auskratzend oder aber Haufen von fauligen Kartoffelschalen und Abfall durchwühlend. Ja, das sind sie, ausgemergelt, hungrig, elend, sie sind am Leben, auf Leichenwagen. Wie viele von ihnen werden ihren Zielort erreichen? Wie viele werden zurückkehren?«[60]

Eichmann wusste genau, was dort geschah, denn er besuchte Theresienstadt zwischen 1942 und 1944 regelmäßig. Im Gegensatz zu den meisten anderen Lagern, die vom WVHA verwaltet wurden, kam Theresienstadt unter die Kontrolle des RSHA. Die Anordnung zur Errichtung des Ghettos war vom Befehlshaber der Sipo und des SD in Prag erteilt und im Februar 1942 durch einen Erlass Heydrichs bestätigt worden. Daher stand es Eichmann frei, fast nach Gutdünken im Ghetto aufzutauchen und sich in dessen Angelegenheiten einzumischen. Für ihn war Theresienstadt ein bequemer Zwischenstopp auf Fahrten zwischen Berlin und entlegenen Einsatzorten. Edith Kramer, eine ehemalige Insassin des Ghettos, erinnerte sich: »Alle paar Wochen wurde uns Ärztinnen befohlen, die Zimmer und das Büro von Eichmann sauber zu machen. Bei seinen gelegentlichen Besuchen in Theresienstadt nutzte er diese Unterkunft, die peinlich sauber gehalten werden musste. Ein pikantes Detail der Lagervorschriften war, dass dies nur von Ärztinnen ausgeführt werden durfte.« Eichmann ließ eine jüdische »Polizeitruppe« aufstellen und verfügte eine strenge Zensur der herausgehenden Post; wer gegen die Vorschriften über das, was gesagt werden durfte, verstieß, hatte mit drakonischen Strafen zu rechnen.

Außerdem gab es eine aus Prag ausgelagerte Bibliothek mit Judaica, die Eichmann gern aufsuchte, wenn er in Theresienstadt war.[61]

Die Bibliothek gehörte wie das Ghettotheater zu der Täuschungsstrategie, die man mit dem Betrieb von Theresienstadt verfolgte, und Eichmann achtete darauf, dass das Ghetto seine Rolle als Aushängeschild auch tatsächlich erfüllte. Als das Internationale Rote Kreuz (IRK) anfragte, ob eine Delegation aus Berlin es besichtigen dürfe, reiste er vorher zusammen mit Müller hinunter, um es zu inspizieren und Verbesserungen anzuordnen. Die Besucher sollten einen guten Eindruck erhalten. Am 28. Juni 1943 wurden Walter Hartmann und Dieter Neumann, die Delegierten des Deutschen Roten Kreuzes (DRK), von Sipo- und SD-Offizieren, einschließlich Eichmann, im Ghetto herumgeführt. Ihnen wurde die Abstellkammer gezeigt, die man Baroness Bleichröder zugeteilt hatte, einem Mitglied der einst bedeutenden Bankiersfamilie, die Bismarck geholfen hatte, das Deutsche Reich zu schaffen. Eichmann fand die Unterbringung der Baroness bequem, während die Delegierten des Roten Kreuzes entsetzt waren. Dennoch übermittelte Hartmann, laut Jean-Claude Favez, dem IRK lediglich einige »düstere Eindrücke«. Eichmanns Täuschungsstrategie hatte funktioniert – sicherlich unter Mithilfe der DRK-Vertreter –, denn beim IRK schrillten nicht die Alarmglocken. Auf die Führung des Lagers durch das RSHA hatte der Besuch jedenfalls keinerlei Auswirkungen: Bald nach der Abreise begann eine der größten Deportationen aus dem Ghetto nach Auschwitz-Birkenau.[62]

Mit den Transporten, die vom September 1943 bis zum Jahresende regelmäßig abgingen, wurden über 10 000 Menschen nach Auschwitz-Birkenau gebracht. Aus ungeklärten Gründen, die möglicherweise mit dem Rotkreuzbesuch zu tun hatten, blieben mehrere Tausend von ihnen noch bis zu sechs Monate vom Gastod verschont. Einmalig war, dass Ehepaare sowie Eltern und Kinder zusammenbleiben durften; sie wurden in einem speziellen Bereich von Birkenau untergebracht, dem so genannten Familienlager. Miriam Edelstein und Freddie Hirsch, ein charismatischer Jugendführer, der in Theresienstadt innovative Programme für Jugendliche durchgeführt hatte, kämpften darum, den Hunderten von Kindern ein erträgliches Leben zu ermöglichen. Eichmann stattete dem Lager mindestens einen Besuch ab, um zu sehen, wie sie zurechtkamen. Angeblich schlug er Hirsch bei dieser Gelegenheit vor, er solle dem IRK einen Bericht über seine Arbeit mit den Kindern schicken. Doch Hirsch hatte nie Gelegenheit dazu; das »Familienlager« wurde im März 1944 in einer groß angelegten »Aktion« liquidiert.[63]

Im Juni 1944 fand ein zweiter, hochkarätigerer Rotkreuzbesuch statt. Diesmal unternahm Eichmann nach einer neuerlichen Inspektionsreise sogar noch größere Anstrengungen zur »Verschönerung« des Lagers, und wiederum hatten die Verschleierung von deutscher Seite und die Verzagtheit auf Seiten der IRK-Delegierten, zu denen Maurice Rossel vom Schweizer Roten Kreuz und zwei Dänen sowie die deutschen Vertreter gehörten, zur Folge, dass dem NS-Regime keine negative Publizität entgegenschlug. Im Gegenteil, die offizielle Verlautbarung der Besucher stützte die Lüge, dass Theresienstadt ein Ort sei, an dem die Juden endgültig angesiedelt würden, und kein Durchgangslager auf dem Weg nach Auschwitz-Birkenau. Theresienstadt war von Anfang an ein groteskes Beispiel von Zynismus und Unmenschlichkeit. Mehr als 33 000 Juden verstarben dort oder wurden im nahe gelegenen Gestapogefängnis, der »kleinen Festung«, hingerichtet, und über 88 000 wurden aus dem Ghetto in die Todeslager deportiert – über Eisenbahngleise, welche die Insassen selbst hatten verlegen müssen.[64]

Während tschechische Juden das Ghetto füllten, schuf Eichmann die Voraussetzungen für die Deportationen, die durchzuführen waren, wenn »Europa vom Westen nach Osten durchgekämmt« werden würde, wie es Heydrich auf der Wannsee-Konferenz angekündigt hatte. Doch der Anstoß zur Entfernung der Juden kam nicht nur aus Berlin. In manchen Fällen reagierten Eichmann und seine Mitarbeiter auf lokalen Druck, in anderen beschleunigten und intensivierten sie vorhandene Bestrebungen. Diese Dynamik veränderte sich im Lauf der Zeit und je nach den Rahmenbedingungen. Schon 1940 waren Mitarbeiter von IV B 4 an deutsche Vertretungen im Ausland entsandt worden. Der Erste war Dieter Wisliceny gewesen, der in die Slowakei geschickt wurde. 1941 folgten Theodor Dannecker

(Frankreich), Gustav Richter (Rumänien), Wilhelm Zöpf (beim BdS in den Niederlanden) und Kurt Asche (Belgien). Später wurden auch für Bulgarien, Griechenland, Kroatien, Italien und Ungarn »Judenberater« aus Eichmanns Mitarbeiterstab abgestellt. Die ersten Ernennungen erfolgten, weil man die lokalen Behörden bei antijüdischen Maßnahmen beraten und ein hartes Durchgreifen fördern wollte. Von Anfang 1941 an setzten sich die Judenberater jedoch aktiv für die Durchführung von Deportationen ein, und nach der Wannsee-Konferenz fungierten sie gewissermaßen als Abfertigungsbeamte des Referats IV B 4.[65]

SS-Hauptsturmführer Dannecker war am 5. September 1940 zum Judenberater beim BdS in Paris ernannt worden. In gewissem Umfang hinkten die Deutschen den Franzosen hinterher. Die Dienststelle des Beauftragten (später Befehlshabers) der Sipo und des SD in Frankreich, SS-Sturmbannführer Helmut Knochen, war erst Wochen nach der Kapitulation geschaffen worden, und Dannecker traf noch später in Paris ein. In der Zwischenzeit hatte die Vichy-Regierung unter Marschall Pétain am 3. Oktober 1940 einen eigenen *Statut des juifs* erlassen, eine Variante der Nürnberger Gesetze, die noch schärfer war als ihr deutsches Vorbild und als Grundlage für eine Flut von antijüdischen Maßnahmen sowohl der französischen Regierung als auch der deutschen Besatzungsbehörden diente. Dabei musste sich die RSHA-Vertretung erst einen Platz zwischen der Militärverwaltung, die auf ihre Vorrechte auf dem Gebiet der Sicherheit pochte, und der Vichy-Regierung, die kaum Ratschläge über die Verfolgung von Juden benötigte, erkämpfen.[66]

Dannecker ließ jedoch nicht locker, und im März 1941 überredete er das Vichy-Regime, ein *Commissariat Général aux Questions Juives* (CGQJ; Generalkommissariat für Judenfragen) unter dem fanatischen Judenhasser Xavier Vallat zu schaffen. Vallats Behörde verfügte diskriminierende Maßnahmen gegen die Juden in beiden Zonen Frankreichs. Besonderes Augenmerk legte er auf die Enteignung jüdischer Unternehmen und die Beschlagnahme sonstiger Vermögenswerte, bevor die Deutschen sie für sich beanspruchen konnten. Außerdem drängte Dannecker die Vichy-Regierung, in Frankreich lebende ausländische und staatenlose Juden festzunehmen, eine Maßnahme, die er als ersten Schritt auf dem Weg zur Vertreibung aller Juden aus Frankreich ansah. In dieser Hinsicht befanden sich Dannecker und Knochen in Einklang mit der deutschen Militärverwaltung, die nach dem deutschen Überfall auf die Sowjetunion eine Zunahme des kommunistisch geführten Widerstands befürchtete. Im Mai und August 1941 internierte die französische Polizei unter dem Vorwand, sowjetfreundliche Oppositionsgruppen zu bekämpfen, Tausende von »feindlichen« Juden. Beinah wären Dannecker und Knochen allerdings zu weit gegangen, als sie durch Brandanschläge auf mehrere Pariser Synagogen ein Pogrom anzuzetteln versuchten. Die Wehrmacht wollte eine empörte Reaktion der Öffentlichkeit vermeiden und verlangte daher, die Sipo in die Schranken zu weisen. Ungeachtet dessen nahmen die französischen Behörden Ende des Jahres auf Geheiß der Militärverwaltung über tausend französische jüdische Aktivisten und Intellektuelle fest, die im Fall von antideutschen Aktionen zur Vergeltung deportiert werden sollten.[67]

Dannecker handelte weniger auf Anregung aus Berlin als vielmehr aufgrund lokalen Drucks und der Rivalität mit der Militärverwaltung. Am 4. März 1942 begab er sich zu einer Besprechung der »Judenberater« in Frankreich, Belgien und den Niederlanden, die Eichmann eine Woche zuvor einberufen hatte, nach Berlin. Danneckers Ziel war es, die Deportation von 1000 Juden zu erreichen, die auf Befehl der Militärverwaltung im Zuge einer »Sühnemaßnahme« verhaftet und ins Internierungslager in Compiègne eingeliefert worden waren. Eichmann sah eine Gelegenheit, die Konkurrenz auszustechen, und erhielt binnen weniger Tage die Zustimmung des Auswärtigen Amtes dazu, die Zahl der Deportationsopfer auf 5000 zu erhöhen. Am 12. März schickte er dem BdS in Paris detaillierte Anweisungen für die Ausführung der Aktion: Die Deportationsopfer sollten unter 55 Jahre alt und arbeitsfähig sein und weder eine andere als die französische Staatsbürgerschaft besitzen noch ihre Staatsbürgerschaft verloren haben. Vor der Deportation waren ihre Vermögen einzuziehen. Abfahrt, Zielort, Züge und Fahrpläne organisierte das Referat IV B 4; außerdem informierte es alle erforderlichen Stellen, einschließlich des Inspekteurs der Konzentrationslager und natürlich Auschwitz. Der erste Zug nach Osten fuhr am 27. März 1942 mit 1112 Juden ab. Dannecker reiste nach Auschwitz, um sich zu vergewissern, dass alles glatt lief. Er hatte keine Beanstandungen. Keiner der Deportierten überlebte den Krieg.[68]

Im Mai 1942 waren die Bedingungen für die ersten großen, fortlaufenden Deportationen von Juden aus Frankreich günstig. In der Zwischenzeit war Pierre Laval Ministerpräsident geworden, der sich beim NS-Regime lieb Kind machen wollte, um die Lage Frankreichs zu erleichtern. Der deutschfeindlich eingestellte Vallat war durch den leichter lenkbaren Louis Darquier de Pellepoix abgelöst worden. Zum neuen Polizeichef im Innenministerium war René Bousquet ernannt worden, und sein Vertreter in der deutsch besetzten Zone war jetzt Jean Leguay. Beide waren für deutsche Forderungen in Bezug auf die Juden empfänglicher als ihre Vorgänger. Heydrich besuchte auf einer seiner letzten Reisen vor seiner Ermordung im Mai 1942 Frankreich und bestärkte die mit jüdischen Angelegenheiten befassten lokalen Dienststellen in ihrer Arbeit. Anfang 1942 traf SS-Brigadeführer Carl Oberg als neuer HSSPF in Paris ein. Er kam geradenwegs aus Polen und neigte nicht zu weichen Methoden, schon gar nicht gegenüber Juden. Schließlich standen, ebenfalls im Mai, Transportkapazitäten für die Deportation von Juden aus Westeuropa zur Verfügung.[69]

Vor diesem Hintergrund verstärkten die RSHA-Vertreter in Paris in Absprache mit ihren Kollegen in Belgien und den Niederlanden ihre Anstrengungen. Eine der ersten Maßnahmen, die sie durchzusetzen versuchten, war die Vorschrift, dass alle Juden einen großen gelben Davidsstern an der Überkleidung zu tragen hatten. Diese Maßnahme war zuerst am 23. November 1939 in Polen und zwei Jahre später, am 15. November 1941, auch in Deutschland eingeführt worden; sie war sowohl eine an mittelalterliche Praktiken gemahnende Geste der rituellen Demütigung als auch ein Mittel, die Juden stärker vom Rest der Bevölkerung abzusondern. Außerdem waren die Juden bei Razzien so leichter zu erkennen. Ab dem 29. Mai hingen Bekanntmachungen aus, die verkündeten, dass vom 7. Juni 1942 an alle Juden verpflichtet seien, den Stern zu tragen; ausgenommen waren nur Juden mit Sondergenehmigungen, wie etwa solche mit bestimmten Staatsangehörigkeiten.[70]

Für den 11. Juni 1942 hatte Eichmann erneut die Judenberater in Frankreich, Belgien und den Niederlanden zu sich beordert. Laut Danneckers Bericht über das Treffen gab Eichmann bekannt, dass aus »militärische Gründen [...] während des Sommers ein Abschub von Juden aus Deutschland in das östliche Deportationsgebiet nicht mehr erfolgen« könne. Der Reichsführer-SS habe daher angeordnet, »dass entweder aus dem Südosten (Rumänien) oder aus den besetzten Westgebieten größere Judenmengen dem KZ Auschwitz zwecks Arbeitsleistung überstellt werden. Grundbedingung ist, dass die Juden (beiderlei Geschlechts) zwischen 16 und 40 Jahre alt sind. 10 % nicht arbeitsfähige Juden können mitgeschickt werden.« Man kam überein, dass 15 000 Juden aus den Niederlanden, 10 000 aus Belgien und 100 000 aus beiden Zonen Frankreichs kommen sollten. Ausgenommen wurden die üblichen Kategorien, also in »Mischehe« lebende Juden und Bürger neutraler Staaten.[71]

Dieser große Schritt war symptomatisch für die Radikalisierung im Frühsommer 1942, die Peter Longerich auf eine Serie von Besprechungen zwischen Himmler und Hitler zurückführt, die in diesem Zeitraum stattfanden. Parallel zu den Maßnahmen in Frankreich wurde die Deportation deutscher Juden nach Theresienstadt und in die Todeslager im Osten verstärkt, wo sie zum ersten Mal systematisch sofort nach der Ankunft ermordet wurden. Im Juli begann im Generalgouvernement die barbarische Räumung der Ghettos mit Hilfe von Zügen, die zwischen den Ghettos und den Tötungszentren pendelten. Nur ein Bruchteil der Deportierten wurde für den Arbeitseinsatz in den Ghettos ausgewählt und nicht in die Gaskammern geschickt. Gleichzeitig setzte in Ostpolen und der Sowjetunion eine zweite Welle von Massenerschießungen ein. Von diesem Zeitpunkt an war ein europaweiter Völkermord, der das Ziel verfolgte, alle Juden zu vernichten, vom Planungs- und Vorbereitungsstadium in die Phase der Verwirklichung eingetreten.[72]

Eichmann und sein Referat befanden sich im Epizentrum dieses Völkermords. Am 22. Juni teilte er Rademacher mit: »Es ist vorgesehen, ab Mitte Juli bzw. Anfang August ds. Jrs. in täglich verkehrenden Sonderzügen zu je 1000 Personen zunächst etwa 40 000 Juden aus dem besetzten französischen Gebiet, 40 000 Juden aus den Niederlanden und 10 000 Juden aus Belgien zum Arbeitseinsatz in das Lager Auschwitz abzubefördern.« Die Juden müssten arbeitsfähig sein, fügte er hinzu. In »Mischehe« lebende Juden seien ebenso auszunehmen wie Bürger des britischen Empire, der USA, Mexikos, der mittel- und südamerikanischen »Feindstaaten« sowie neutraler und verbündeter Länder. »Ich darf um gefällige Kenntnisnahme bitten«, schloss er, »und nehme an, dass auch seitens des Auswärtigen Amtes Bedenken gegen diese Maßnahme nicht bestehen.«[73]

Nach der Wannsee-Konferenz waren vom Auswärtigen Amt keine Einwände mehr zu erwarten, aber Frankreich war auf der Konferenz nicht vertreten gewesen, und den SS-Vertretern in Paris schlugen denn auch erhebliche Bedenken gegen umfangreiche Razzien entgegen. Dannecker, der von Berlin nach Paris zurückgeeilt war, um die Deportationen zu organisieren, stieß sowohl beim Vichy-Regime als auch beim BdS auf Widerstand. Knochen und Oberg wussten, dass angesichts der geringen Zahl der SS- und Polizeikräfte in Frankreich die Kooperation ihrer Pendants in Vichy unerlässlich war. Doch Danneckers aggressives Auftreten und seine unermüdlichen Bemühungen, die Zahl der für Deportationen verfügbaren Juden zu erhöhen, befremdeten die Franzosen. Da er von Knochen und Oberg keine Rückendeckung erhielt, wandte sich Dannecker an Eichmann.[74]

Am 30. Juni 1942 reiste Eichmann für zwei Tage nach Paris, um sich selbst ein Bild zu machen und sich von seinen Vertretern vor Ort informieren zu lassen. Ihre Diskussion ist in einem Aktenvermerk festgehalten: Für die »Arbeiten an der Endlösung der Judenfrage in Frankreich«, heißt es darin, ergäben sich »folgende Gesichtspunkte: (a) Durchführungsarbeiten im besetzten Teil: reibungslos und klar. (b) Vorbereitende Arbeiten in politischer Hinsicht im Hinblick auf praktische Durchführung im *unbesetzten* sind noch nicht restlos durchgeführt, da die französische Regierung in zunehmendem Maße Schwierigkeiten bereitet.« In Anbetracht von Himmlers Befehl, so bald wie möglich die Deportation aller in Frankreich lebenden Juden zu erreichen, sei für die »forcierte Weiterarbeit [...] eine entsprechende Druckarbeit auf die französische Regierung« vonnöten. Eichmann war sich jedoch bewusst, dass die ausgebliebenen »vorbereitenden Arbeiten in politischer Hinsicht« nicht sofort kompensiert werden konnten und man sich mit dem Möglichen zufrieden geben musste: »Es ist klar, dass sich die praktischen Auswirkungen nicht von heute auf morgen erreichen lassen werden, jedoch stehen in der Zwischenzeit die Transporte aus dem besetzten Teil zur Verfügung, so dass im Hinblick auf die Schwierigkeiten im unbesetzten Teil trotzdem im Augenblick der RFSS-Befehl restlos durchgedrückt werden kann.« Da die Vermögensfragen noch nicht geregelt waren, mahnte Eichmann: »Die hierfür allfällig notwendigen gesetzlichen Untermauerungen sind von der Dienststelle mit entsprechender Energie vorwärts zu treiben, da bei einem Versagen auf diesem Gebiete größte Unannehmlichkeiten in außenpolitischer Hinsicht zu erwarten sind, die in Durchführung des RFSS-Befehls auf jeden Fall vermieden werden müssen.« Zugleich drückte Eichmann aufs Tempo: »Abschließend wurde festgestellt, dass das bisher vorgesehene Tempo (3 Transporte mit je 1000 Juden wöchentlich) in Zeitkürze bedeutend gesteigert werden muss, mit dem Ziel der ehebaldigsten restlosen Freimachung Frankreichs von Juden.«[75]

Nach harten Verhandlungen stimmten die französischen Behörden der Deportation von 10 000 Juden aus den Internierungslagern sowie der Aushebung weiterer 22 000 zu, darunter, wie die Deutschen unangenehm überrascht feststellten, auch Frauen und Kinder. So kam es, dass zwischen dem 5. und 17. Juni fünf Züge mit über 6000 Männern, die von 1939 bis 1941 interniert worden waren, nach Auschwitz abfuhren.[76] In der unbesetzten Zone war Heinz Röthke, der Anfang Juni als Stellvertreter des umstrittenen Dannecker nach Paris entsandt worden war, für die Aushebungen und Deportationen verantwortlich. Der unerfahrene neue Mann sah sich bald mit Schwierigkeiten konfrontiert, denn die Zahl der von den französischen Behörden in der unbesetzten Zone festgenommenen staatenlosen und ausländischen Juden entsprach nicht den Erwartungen. Infolgedessen strich Röthke kurzerhand einen Zug, der am 15. Juli von Bordeaux hätte abfahren sollen, statt ihn halb voll auf die

Reise zu schicken. Als Eichmann davon erfuhr, griff er wutentbrannt zum Telefon, um von Röthke eine Erklärung für die Streichung zu verlangen. Röthke sagte ihm, dass die Franzosen ausschließlich staatenlose Juden verhaften würden, weshalb in Bordeaux nur 150 Juden verfügbar seien. Eichmann war nicht überzeugt. Seine Wut ist noch in der bürokratischen Sprache von Röthkes Vermerk über das unerfreuliche Telefongespräch zu spüren: »SS-Oberstubaf. Eichmann wies darauf hin, dass es sich doch um eine prestigeträchtige Angelegenheit handele. Man habe um die Züge mit dem Reichsverkehrsministerium längere Besprechungen führen müssen, die zum Erfolg geführt hätten, und nun ließ Paris einen Zug ausfallen. So etwas sei ihm bisher noch nicht vorgekommen. Die Angelegenheit sei sehr ›blamabel‹. Er wolle dem SS-Gruppenführer Müller noch nicht gleich Mitteilung davon machen, da er sich sonst selbst blamiere. Er müsse sich überlegen, ob er Frankreich nicht überhaupt als Abschubland fallen lassen müsse.« Röthke war zerknirscht und versprach, dass es nicht wieder vorkommen werde.[77]

Dannecker rechnete damit, dass infolge der einseitigen französischen Entscheidung etwa 4000 Kinder zusammen mit ihren Eltern verhaftet werden würden. Das stellte ihn vor ein Dilemma, denn Kinder waren eindeutig nicht arbeitsfähig und daher nach Eichmanns Richtlinien von der Deportation auszunehmen. Er bat Eichmann am 6. und noch einmal am 10. Juli 1942 pflichtschuldig um Rat, musste aber zwei Wochen auf Antwort warten. Die Verzögerung lässt darauf schließen, dass Eichmann seinerseits seine Vorgesetzten konsultierte, bevor er eine Entscheidung traf. Am 20. Juli 1942 teilte er Dannecker in einer Telefonkonferenz zwischen ihm, Dannecker und seinem Transportexperten Novak mit, dass man die Kinder ebenfalls nach Polen deportieren werde: »Er [Eichmann] entschied, dass, sobald der Abtransport in das Generalgouvernement wieder möglich ist, Kindertransporte rollen können.« Eichmann benutzte also denselben Begriff – »Kindertransporte« –, mit dem man 1938/39 die Züge bezeichnet hatte, die jüdische Kinder nach Großbritannien brachten. Doch das Schicksal der Kinder hätte nicht unterschiedlicher sein können.[78]

Zu diesem Zeitpunkt gab es in verschiedenen Lagern über

3500 Kinder, denen man die Eltern genommen hatte. George Wellers erinnerte sich in Eichmanns Prozess an die nachfolgenden Ereignisse: »Die Kinder, die zu uns aus Beaunes-la-Rolande und Pithiviers kamen, die hatten bereits schon einige Wochen der Verkommenheit durchgemacht und kamen bereits mit Rissen in den Kleidern, verschmutzt, zerschlampt, mal fehlte ein Schuh, mal fehlte ein Knopf, ihre Körper waren bedeckt mit Ausschlägen, sie hatten bereits schon Krankheiten, der größte Teil unter ihnen litt an Ruhr, sie konnten nicht in die Latrine in dem Hof heruntergehen und sollten sich der Nachttöpfe bedienen, die sich in den Zimmern befanden, aber die waren zu groß [...].« Viele der Kinder waren zu klein, um auch nur ihren Namen zu kennen. Die Älteren kümmerten sich, so gut sie konnten, um die Jüngeren, und die Hilflosesten wurden von weiblichen Freiwilligen betreut, die selbst vor der Deportation standen. Schließlich wurden die Kinder in die Transporte, die Ende August und Anfang September abgingen, einbezogen. Nach einer Reise von mehreren Tagen ohne Essen und Trinken oder sanitäre Einrichtungen wurden sie sofort nach ihrer Ankunft in Auschwitz ermordet.[79]

Am 16. und 17. Juli 1942 führte die französische Polizei in Paris die große Razzia durch, bei der über 12 800 jüdische Männer, Frauen und Kinder verhaftet wurden. Der Anteil der Männer war geringer, als er hätte sein sollen, da viele eine Warnung erhalten hatten und abgetaucht waren, statt zur Arbeit zu gehen, während Frauen und Kinder, die zu Hause geblieben waren, den Häschern leichter ins Netz gingen. Die Verhafteten wurden unter miserablen Bedingungen in einem Radstadion festgehalten, bevor man sie in Durchgangslager in der Umgebung von Paris brachte. Von diesen Lagern ist vor allem das in Drancy zu erwähnen, ein halb fertiger Komplex moderner Wohnhäuser mit einem offenen Platz in der Mitte. Es war leicht abzuriegeln und zu bewachen. Außerdem lag es in der Nähe der Eisenbahnstrecke nach Osten. Die Deportationen fanden zwischen dem 19. Juli und dem 31. August statt. Sie waren die letzte Frucht der unheilvollen Zusammenarbeit zwischen Dannecker und Eichmann in Frankreich. Mitte August wurde Dannecker von Knochen unter dem Vorwand eines Verkehrsdelikts seines Postens enthoben; angeblich hatte er sein Auto ohne die vorgeschriebene Verdunkelung der Scheinwerfer auf den Champs-Élysées geparkt. Seine Biografin, Claudia Steur, hat herausgefunden, dass er in Wirklichkeit zu einem Saufgelage in einen Nachtklub gegangen war und damit gegen Himmlers striktes Alkoholverbot für SS-Offiziere verstoßen hatte. Im Grunde ging es jedoch um die Konflikte zwischen Dannecker und Knochen, und Eichmann war nicht annähernd mächtig genug, um seinen ungebärdigen, übereifrigen Untergebenen schützen zu können.[80]

Nach der Verhaftung leicht aufzuspürender staatenloser und deportierbarer ausländischer Juden im Hochsommer wurde es in beiden Zonen Frankreichs immer schwerer, Juden auszuheben. Am 26. August betonte Eichmann in einer Sitzung in Berlin erneut die Notwendigkeit, die Deportationen zu beschleunigen. Um den Kreis derjenigen, die für die Vertreibung in Frage kamen, zu vergrößern und die Skrupel der französischen Behörden gegenüber den eigenen Staatsbürgern zu umgehen, wies er Röthke an, die Vichy-Regierung zu drängen, das geltende Gesetz umzusetzen, das den nach 1927 eingewanderten Juden die Staatsbürgerschaft aberkannte.[81] Um seine Quote zu erfüllen, ließ Röthke Juden mit verschiedenen Staatsangehörigkeiten festnehmen, die IV B 4 mit Billigung des Auswärtigen Amtes inzwischen als Freiwild betrachtete. Damit war Eichmann jedoch noch nicht zufrieden, und er stachelte Knochen zu weiteren Taten an. Ohne sich vom bevorstehenden Weihnachtsfest zu einer ruhigeren Gangart bewegen zu lassen (oder größere Sorgen wegen des militärischen Debakels in Stalingrad zu äußern), erkundigte er sich am 19. Dezember 1942 bei Knochen, mit welchen Größenordnungen er zu rechnen habe, wenn im Frühjahr wieder Transporte möglich sein würden. Knochen antwortete am Silvesterabend, dass er keine Zahlen nennen könne, aber eine Wiederaufnahme der Transporte im Februar und März 1943 erwarte.[82]

Tatsächlich wurde die Jagd auf Juden im Frühjahr 1943 wieder aufgenommen, ungeachtet der alliierten Invasion von Nordafrika und der anschließenden deutschen Besetzung der »freien Zone« Frankreichs im November 1942 sowie der militärischen Rückschläge zur Jahreswende an der Ostfront. Aber sie war noch schwieriger geworden. Laval weigerte sich, ein Gesetz zu verabschieden, um größere Gruppen französischer Staatsbürger zu denaturalisieren, und die Polizei stellte ihre uneingeschränkte Zusammenarbeit ein. Doch Röthkes ehrgeizige Pläne weiteten sich auch dann noch aus, als seine Mittel für ihre Realisierung schwanden.[83] Anfangs schien die neu besetzte südliche Zone viel versprechend zu sein, doch viele der in Frage kommenden Juden waren in die italienisch besetzte Zone geflohen.[84] Die Italiener, die für die »Endlösung« nichts übrig hatten, verhielten sich widerspenstig. Eichmann wandte sich verärgert ans Auswärtige Amt und bat es, in Paris ein Treffen mit Generalinspekteur Guido Lospinoso, dem Polizeichef der italienischen Zone, zu arrangieren. Lospinoso lehnte es ab, antijüdische Maßnahmen einzuführen, Juden zu verhaften oder auch nur auf die an ihn gerichteten Mitteilungen zu antworten. Das Auswärtige Amt konnte ihn nicht ausfindig machen und daher auch kein Treffen mit Eichmann vereinbaren. Lospinoso sollte sich bis zu Mussolinis Sturz und der Übernahme der italienischen Zone durch die deutschen Besatzer als Eichmanns Fluch erweisen.[85]

Noch in seiner Zelle in Israel klagte Eichmann über die Schwierigkeiten in jener Zeit, weil »gewisse Kreise der französischen Regierung […] ihre selbstverständlichen Schwierigkeiten den deutschen Behörden bereiteten, sei es aus nationalem chauvinistischen Interesse oder sei es, weil sie nicht wollten, dass die Juden evakuiert wurden«. Und während er auf die umständlichen Einzelheiten der Befehlskette, auf die verschiedenen beteiligten Ministerien und die Fahrplanprobleme einging, stellte er mit kaum zu glaubendem Selbstmitleid fest: »[…] ich will es drastisch schildern, wie das in der Praxis so verlaufen ist.«[86] Trotz der lästigen Hindernisse gelang es Eichmann und seinen Mitarbeitern, über 78 000 Juden aus Frankreich zu deportieren, von denen nur wenige Tausend zurückkehren sollten. Das war rund ein Viertel der Juden, die 1940 in Frankreich gelebt hatten. Doch die niederländischen Juden mussten gar einen noch größeren Blutzoll zahlen: Von den 140 000 jüdischen Einwohnern der Niederlande wurden rund 107 000 oder 73 Prozent in den Osten deportiert und ermordet.[87] Die Gründe für diesen Unterschied zwischen Frankreich und den Niederlanden werfen ein

Licht nicht nur auf die rasanter werdende Dynamik des Völkermords, sondern auch auf die Funktionsweise von Eichmanns Referat und das Ausmaß seines Einflusses.

Frankreich war für Eichmann in der Tat ein schwieriges Terrain. Bis November 1942 war es in zwei Verwaltungseinheiten aufgeteilt: ein besetztes Gebiet unter Militärverwaltung und eine »freie Zone« unter der Herrschaft des Vichy-Regimes. Im Prinzip umfasste die Jurisdiktion der französischen Regierung das ganze Land, und die Deutschen brauchten ihre Mithilfe bei der Aushebung und Internierung von Juden. Diese Kooperation nahm jedoch nach dem Herbst 1942 ab. Eine weitere Komplikation stellte bis zum Herbst 1943 die italienische Besatzung eines Landstreifens im Südosten dar, wo die Italiener halsstarrig Juden Zuflucht gewährten. Schließlich wurde Ende August 1944 ganz Frankreich befreit. Im Gegensatz dazu waren die Niederlande ein einheitliches geopolitisches Gebilde unter direkter deutscher Herrschaft. Regiert wurden sie von fünf deutschen Kommissaren, die mit Hilfe des holländischen öffentlichen Dienstes handelten. Einer der Kommissare war ein Höherer SS- und Polizeiführer, so dass der Sicherheitsapparat in die Regierungsstruktur eingebunden war. Zudem bildeten die in wenigen Städten konzentrierten Juden eine höchst angreifbare Gruppe, und es gab für sie keine Fluchtmöglichkeiten vor den Deportationen. Im Unterschied zu Frankreich gab es weder eine »freie Zone« noch ein benachbartes neutrales Land, noch Gebirge oder ausgedehnte Wälder, in denen Widerstandskämpfer lebten. Schließlich befreiten die Alliierten die gesamten Niederlande erst gegen Ende des Krieges, so dass die deutschen Besatzer und ihre Kollaborateure mehr Zeit hatten, versteckte Juden aufzuspüren und zu deportieren oder zu ermorden – wie Anne Frank und ihre Familie.[88]

Die Umstände für die Vernichtung der in den Niederlanden lebenden Juden waren derart günstig, dass Eichmann kaum in Erscheinung trat. Er selbst und seine Mitarbeiter waren, um Yaacov Lozowick zu zitieren, »auf die marginale Rolle als Vermittler von Zügen und technische Berater reduziert«. Der furchtbare Blutzoll war weniger Eichmanns bösartiger Effizienz als vielmehr der schwachen Position seiner Vertreter vor Ort zuzuschreiben. Wie in Frankreich erschwerte die Rivalität zwischen den verschiedenen Dienststellen die Verfolgung und Deportation der Juden, aber unter den geographischen und demographischen Verhältnissen in den Niederlanden hatte sie schreckliche Folgen.[89]

Nach der Kapitulation im Mai 1940 kamen die Niederlande unter direkte deutsche Herrschaft. Zum Reichskommissar wurde Arthur Seyß-Inquart ernannt, ein glühender österreichischer Antisemit, der binnen Kurzem eine Reihe von Maßnahmen zur Kennzeichnung der Juden und ihrer Geschäfte einführte. Anfang 1941 schuf die Zivilverwaltung einen Judenrat und bereitete in Amsterdam, wo die meisten Juden lebten, die Errichtung eines Ghettos vor. Um nicht an den Rand gedrängt zu werden, bildete HSSPF Hanns Albin Rauter in der Stadt eine Zentralstelle für jüdische Auswanderung, mit deren Hilfe er die Kontrolle über die jüdischen Angelegenheiten zu gewinnen hoffte. Diese lokale Initiative war mit Berlin abgesprochen und spiegelte Heydrichs Bemühungen wieder, sein Monopol in der »Judenfrage« durchzusetzen. Daher wies Eichmann Jakob Edelstein, ein Mitglied des Prager Judenrats, an, nach Amsterdam zu reisen, um den dortigen Juden zu zeigen, was sie zu tun hatten. An die Spitze der Amsterdamer Zentralstelle wurde SS-Obersturmführer Erich Rajakowitsch berufen, der seit Eichmanns Wiener Zeit zu dessen Mitarbeitern gehörte.[90]

Seyß-Inquart reagierte mit der Ernennung eines Beauftragten für jüdische Angelegenheiten und trieb die Isolierung und Enteignung der Juden weiter voran. Darauf antwortete BdS Wilhelm Harster im Juni 1941 mit der Schaffung eines Judenreferats, doch Seyß-Inquart behielt die Oberhand. Im September 1941 konsultierte er Hitler und ließ weiterhin »beschäftigungslose« arbeitsfähige Juden in Arbeitslager einweisen. Im Frühjahr 1942 wurde der gelbe Stern eingeführt, und man fuhr fort, die Juden in den großen Städten zu konzentrieren. Seyß-Inquart dachte zwar an Deportation, aber grünes Licht dafür gab Berlin: Himmler erließ die entsprechenden Weisungen, und Eichmann arbeitete die Fahrpläne aus. Vor Ort bestimmte jedoch Rauter das Tempo, und als man die Juden, die am leichtesten zu deportieren waren, abtransportiert hatte, füllte er die Züge mit Juden, die aus Krankenhäusern und Sanatorien gezerrt worden waren. Dank dieses Eifers und der besonderen Bedingungen in den Niederlanden kamen die Deportationen so gut voran, dass Eichmann froh war, sie auch im Frühjahr 1943 fortsetzen zu können, als sie in Frankreich und Belgien zum Stillstand gekommen waren. Die Pause in diesen Ländern war entstanden, weil die Kapazitäten von Auschwitz-Birkenau durch die Ermordung der Juden aus Saloniki ausgelastet waren und das Lager aufgrund einer Typhusepidemie seine Funktion als Verteilungsstelle von Zwangsarbeitern nicht erfüllen konnte. Aus den Niederlanden hingegen gingen zwischen März und Juli 1943 19 Züge mit über 32 000 Juden nach Sobibor ab, wo jene sofort nach der Ankunft ermordet wurden. Diese spontane Entscheidung, nicht irgendwelche Machenschaften vor Ort oder in Berlin, war der Grund dafür, dass in den Niederlanden, im Verhältnis zu ihrer Gesamtzahl vor der Katastrophe, weit weniger Juden überlebten als in Frankreich und Belgien.[91]

Der Fall der Niederlande zeigt erneut, dass Eichmann keineswegs zu den Anstiftern des Völkermords gehörte und bei dessen Ausführung alles andere als allmächtig war. Die Mordbefehle kamen von Hitler, Himmler und Heydrich, und oftmals wurden sie von Personen und Dienststellen umgesetzt, einschließlich nichtdeutscher Kollaborateure, die nichts mit ihm zu tun hatten. Dennoch übte er einen besonders verderblichen Einfluss aus. Immer wieder intervenierte er, um die Definition und Anzahl der von Deportationen auszunehmenden Juden einzuschränken. Im Fall der Niederlande kämpfte er monatelang gegen Bestrebungen, die nach Tausenden zählenden jüdischen Diamantenschleifer und -händler in diesen Kreis einzubeziehen, obwohl sie für die Wirtschaft von enormer Bedeutung waren.[92]

Als Eichmann schließlich vor Gericht stand, bildete seine Rastlosigkeit ein starkes belastendes Moment. Aber sie wurde fälschlicherweise als Erklärung für das Ausmaß des Mordes an den niederländischen Juden oder des »Erfolges« der Deportation der Juden von Saloniki herangezogen. Teilweise beruhte dieser Eindruck auf irreführenden Aussagen von überlebenden Untergebenen, insbesondere von Dieter Wisliceny. Nach dessen Darstellung hatte Eichmann ihn im Februar 1943 zusammen mit Alois Brunner nach Saloniki geschickt. Tatsächlich hatte Himmler im Oktober 1941 aufgrund einer Weisung Hitlers die Entscheidung gefällt, die Juden der Stadt zu deportieren. Rolf Günther war das erste Mal im Januar 1943 nach Athen gereist, um den Weg zu bereiten und die Kooperation von Zivil- und Militärverwaltung sicherzustellen. Ihm folgte Anfang Februar eine sechsköpfige SD-Einheit mit Brunner und Wisliceny an der Spitze, und dass die Operation derart »effizient« ablief, war deren Verdienst. »Letztlich«, konstatiert Mary Felstiner, »beruhte die Deportation stärker auf Brunners als auf Eichmanns oder Wislicenys Fähigkeiten.« Dank seiner beiden Abgesandten musste Eichmann kaum einen Finger rühren.[93]

In Saloniki lebte eine alteingesessene jüdische Gemeinde von über 53 000 sephardischen Juden, von reichen Kaufleuten bis zu Stauern. Wisliceny und Brunner fielen mit äußerster Brutalität über sie her, indem sie ihre in Wien und anderswo gesammelten Erfahrungen im Einsatz von Terror nutzten. Als Erstes schufen sie einen Judenrat, dann wurden die Juden registriert und gekennzeichnet. Es folgte die Ghettoisierung, wobei die Juden innerhalb des Ghettos nach sozialer Stellung und Reichtum aufgeteilt wurden. Den Judenrat bildeten die Vertreter von IV B 4 wie schon in Wien und Amsterdam aus der führenden Schicht, während die Armen für die ersten Deportationen vorgesehen wurden. Zwischen März und August 1943 wurden 46 000 Juden aus Saloniki nach Auschwitz-Birkenau deportiert. Damit war eine Gemeinde ausgelöscht, deren Ursprünge auf die Vertreibung aus Spanien im Jahr 1492 zurückgingen. Aufgrund ihrer spanischen Herkunft beriefen sich mehrere Hundert Juden auf ihren geschützten Status. Wie kaum anders zu erwarten, versuchte Eichmann, allerdings nicht ganz erfolgreich, diese Begründung auszuhebeln. Während seine Mitarbeiter die grobe Arbeit erledigten, musste er sich mit den lästigen Details befassen. Dem Auswärtigen Amt gegenüber betonte er, dass ausländische Juden dem Deportationsnetz nicht entwischen dürften, da sie wahrscheinlich Feinde des Nationalsozialismus seien und, wie er in einer Art Zirkelschluss hinzufügte, nach dem, was sie gesehen hätten, antideutsche Propaganda betreiben würden, falls sie davonkämen.[94]

Das erste osteuropäische Land, mit dem Eichmann sich beschäftigte, war die Slowakei. Als Modellfall für die Durchführung der Vernichtung der Juden gedacht, verlief die »Aktion« freilich nicht ganz wie geplant, und die auftretenden Schwierigkeiten waren charakteristisch für die Grenzen von Eichmanns Macht. Die Slowakei war ein Satellitenstaat, dem die Deutschen im März 1939 im Zuge der Liquidation der Tschechoslowakei die Existenz als »unabhängige« Republik gestattet hatten. Politisch handelte es sich um eine katholisch-autoritäre Diktatur unter der Führung eines Priesters, des Prälaten Jozef Tiso. Sein Ministerpräsident, Bela Tuka, war ebenso nazifreundlich wie Innenminister Sano Mach, der Führer der Hlinka-Garde, einer faschistischen Miliz. Obwohl sie die Juden aus eigenem Antrieb diskriminierenden Maßnahmen unterwarfen, traf im August 1940 Dieter Wisliceny ein, um ihnen bei der Gestaltung der antijüdischen Politik als »Judenberater« zur Seite zu stehen. Er verhandelte direkt mit dem slowakischen Innenministerium, insbesondere über die »Arisierung« jüdischen Eigentums. Im Oktober 1941 verabschiedete die slowakische Regierung eine »Judenkodex« genannte Sammlung antijüdischer Maßnahmen, und bald darauf schuf sie nach dem Vorbild von Wien, Prag und Berlin eine zentrale jüdische Organisation, die »Judenzentrale«.[95]

Schon im Mai 1941 hatte die slowakische Regierung angesichts der Deportationen von Juden aus Deutschland nach Polen beim Auswärtigen Amt in Berlin angefragt, ob man die slowakischen Juden nicht ebenfalls nach Polen abschieben könne. Zu diesem Zeitpunkt wollte das NS-Regime jedoch seine ohnehin schon vorhandenen Probleme im Generalgouvernement nicht noch weiter vergrößern. Die slowakische Regierung setzte, davon unbeirrt, ihre antijüdische Politik fort: Jüdische Unternehmen wurden enteignet, Juden in Zwangsarbeitsbataillone gesteckt und zum Tragen des gelben Sterns gezwungen. Anfang 1942 kam Himmler auf das Angebot zurück; Deutschland brauchte Arbeitskräfte und besaß die Einrichtungen, um die Juden unterzubringen. Im Verhör durch die Briten im November 1945 sagte Wisliceny aus, dass Eichmann ihn im Februar 1942 nach Berlin beordert und angewiesen habe, mit der slowakischen Regierung über die Bereitstellung von 20 000 jungen, arbeitsfähigen Juden, die zum Arbeitseinsatz nach Auschwitz kommen sollten, zu verhandeln.[96]

Eichmann legte die Bedingungen fest und instruierte Wisliceny eingehend. Außerdem informierte er das Auswärtige Amt genauestens darüber, wie er sich die Angelegenheit vorstellte: Die Juden müssten arbeitsfähig sein und würden beim Verlassen der Slowakei ihre Staatsangehörigkeit verlieren; zudem habe die slowakische Regierung zur Begleichung der Transportkosten fünfhundert Reichsmark pro Kopf zu zahlen. Ende März 1942 gab die Slowakei ihre Zustimmung. Auch die komplexen Vermögensfragen behielt Eichmann im Auge; um die Details zu klären, entsandte er seinen Rechtsexperten Friedrich Suhr.[97] Die Slowakei bewies Eichmann, dass sie ein vorbildlicher Partner war, indem sie alle Vorbereitungen für die Deportationen selbst traf. Im Mai schlug sie überraschend vor, dass Deutschland auch die Angehörigen der 17 000 Arbeiter übernehmen solle, die man seit März ausgehoben und nach Norden geschickt habe. Das erforderte Eichmanns persönliches Eingreifen, und so reiste er im Mai zu einer Reihe von Gesprächen mit Mach und der deutschen Gesandtschaft nach Bratislava. Man einigte sich darauf, weitere 33 000 Juden in die Deportationsplanungen einzubeziehen. Auch mit Tuka traf Eichmann zusammen. Der Ministerpräsident verlangte die Zusicherung, dass die Deportierten human behandelt werden würden. Eichmann log wie gedruckt, um ihn zu beruhigen.[98]

Einige Monate später fielen Eichmanns Lügen auf ihn zurück. Im Juli 1942 wurde in London in öffentlichen Versammlungen und in Zeitungen über das Vernichtungsprogramm berichtet. Die Informationen über die Lager in Polen, die wahrscheinlich vom europäischen Dienst der BBC stammten, lösten in Mittel- und Osteuropa beträchtliche Unruhe aus.[99] Um diese »Gräuelpropaganda« zu entkräften, ließ Himmler freundliche Artikel für die Auslandspresse verfassen. Eichmann griff einen früheren Vorschlag Wislicenys auf, den slowakischen Journalisten Fritz Fiala nutzbar zu machen, den Chefredakteur der deutschsprachigen Zeitschrift *Der Grenzbote*, und organisierte für ihn eine Reise zu Lagern in Oberschlesien, wo ihm geeignete slowakische und französische Deportierte vorgestellt wurden. Höß führte ihn sogar in einem sorgfältig ausgewählten Teil von Auschwitz herum. Eichmann redigierte Fialas Artikel und leitete sie dann zur Genehmigung an Himmler weiter.[100]

Doch die Unruhe in der Slowakei legte sich nicht, obwohl die erste Welle von Deportationen im Oktober 1942 zu Ende ging. Wisliceny beanspruchte später das Verdienst an der Einstellung der Deportationen für sich, während die Führung der jüdischen Gemeinde glaubte, dass sie der Bestechung slowakischer Beamter zu verdanken war. Neue Forschungen haben ergeben, dass die Aushebungen eingestellt wurden, weil die Slowakei die mit Deutschland getroffene Vereinbarung erfüllt hatte. Außerdem gibt es Belege dafür, dass die Deportationen lokale Interessen verletzten. Die slowakische katholische Kirche protestierte gegen die Verschleppung von Konvertiten und brachte im März 1943 das Leid dieser Menschen auf eine Weise zur Sprache, die man nicht ignorieren konnte. Die deutsche Gesandtschaft sandte Eichmann den Text eines an die Kirchen im ganzen Land gerichteten Pastoralbriefes zu, und die slowakische Regierung, der Eichmann und Wisliceny weisgemacht hatten, die Arbeiter und ihre Familien würden in Lagern mit einer gewissen Grundversorgung untergebracht werden, ersuchte die deutsche Gesandtschaft darum, einer Delegation zu gestatten, sich mit eigenen Augen von ihrem Wohlergehen zu überzeugen. Zu diesem Zeitpunkt waren 52 000 der 88 000 slowakischen Juden deportiert worden, von denen die meisten in den Gaskammern von Birkenau ermordet worden waren.[101]

In seiner Antwort ans Auswärtige Amt gab sich Eichmann in seinem Stolz verletzt und zeigte sich verärgert: »Zu dem vom Ministerpräsidenten Dr. Tuka dem Deutschen Gesandten in Pressburg unterbreiteten Vorschlag der Entsendung einer gemischten slowakischen Kommission in eines der deutschen Judenlager in den bes. Ostgebieten teile ich mit, dass eine solche Besichtigung unlängst bereits stattgefunden hat, und zwar slowakischerseits unter Beteiligung des Hauptschriftleiters Fiala von der Zeitschrift *Der Grenzbote*.« Wer wissen wolle, welche Bedingungen in den Lagern herrschten, solle dessen Artikel lesen. Im Übrigen könne »zur Abwehr der über das Schicksal der evakuierten Juden in der Slowakei umgehenden Gräuelmärchen auf den Postverkehr dieser Juden nach der Slowakei verwiesen werden, der zentral über den Berater für Judenfragen bei der Deutschen Gesandtschaft in Pressburg geleitet wird und für Februar-März ds. Jrs. beispielsweise über 1000 Briefe und Karten allein für die Slowakei betrug.«[102]

Mit diesem abschlägigen Bescheid gab sich die slowakische Regierung jedoch nicht zufrieden. Tuka drängte die deutsche Gesandtschaft weiterhin, einer Delegation Zutritt zu den Lagern zu gewähren, um der Behauptung »entgegentreten« zu können, sie würden der »physischen Liquidation« der Juden dienen. Eichmann spielte auf Zeit und versprach, sich um die Angelegenheit zu kümmern. Am 7. Februar 1944 teilte er dem Auswärtigen Amt mit, dass ein Besuch in den Lagern in Polen unmöglich sei. Als Alternative schlug er einen Besuch in Theresienstadt vor. Es könne »angenommen werden, dass nunmehr die an sich völlig unberechtigten Sorgen verschiedener slowakischer Regierungsmitglieder beseitigt sind und dass die in Aussicht genommenen Verhandlungen zu einem entsprechenden Ziele führen werden«. Da Eichmann zu diesem Zeitpunkt eine Wiederaufnahme der Deportationen erwog, fügte er hinzu, wenn sie weitergingen, könne man möglicherweise einer Kommission gestatten, sie zu beobachten.[103] Im Herbst 1944 begannen Eichmanns Mitarbeiter erneut damit, slowakische Juden festzunehmen, die hastig in den Gaskammern von Auschwitz-Birkenau ermordet wurden, während die Rote Armee bereits auf die slowakische Grenze zumarschierte. Mehrere Tausend wurden nach Theresienstadt geschickt oder, nachdem die Gaskammern den Betrieb eingestellt hatten, nach Deutschland verschleppt. Von Eichmann und seinem Team deportierte slowakische Juden gehörten also zu den ersten und letzten Opfern der »Endlösung«. Insgesamt sind etwa 70 000 slowakische Juden ermordet worden.[104]

Der Verlauf der »Endlösung« in Frankreich, den Niederlanden und der Slowakei beleuchtet das komplexe Kräftespiel, dem Eichmann und das Referat IV B 4 Rechnung zu tragen hatten. Eichmanns Fähigkeit, antijüdische Maßnahmen zu erreichen sowie die Deportation von Juden vorzubereiten und durchzuführen, entwickelte sich parallel zur diplomatischen und militärischen Macht des Dritten Reichs. In der Regel schwächte sich die Intensität des Völkermords ab, je weiter von Deutschland entfernt IV B 4 operierte und je geringer die deutsche Präsenz war. Hinzu kam, dass ein starker lokaler Antisemitismus noch keine Erfolgsgarantie darstellte. Aufgrund seiner ideologischen Verblendung vermochte Eichmann das Paradox nicht nachzuvollziehen, dass Menschen, die Juden ebenso sehr hassten wie er, wenn auch aus anderen Gründen, möglicherweise keinen Sinn darin sahen, sie alle zu töten. Rumänien war ein Beispiel dafür.

Das Land war international für seinen brutalen Antisemitismus bekannt. Als es im Juli 1940 durch von Deutschland unterstützte Grenzanpassungen Gebiete verlor, unter anderem an die Sowjetunion, fielen zur Vergeltung Hunderte von rumänischen Juden Pogromen zum Opfer. In den Jahren 1940 und 1941 verfolgte die Regierung von Marschall Ion Antonescu eine Politik der »Rumänisierung« der Wirtschaft; jüdische Unternehmen wurden enteignet und jüdische Beamte aus dem Staatsdienst entlassen. Im Juni 1941 griff Rumänien an der Seite Deutschlands die Sowjetunion an, wofür es mit dem ein Jahr zuvor verlorenen Territorium und weiteren Gebietsgewinnen belohnt wurde. Bei der Bevölkerung kam der antibolschewistische und antijüdische Kreuzzug gut an. In Iasi war der Ausbruch des Krieges von einem Pogrom begleitet, und rumänische Truppen, die neben der Einsatzgruppe D operierten, schlachteten mit Wissen des Regimes in der Südukraine 160 000 Juden ab. Aus Ostrumänien wurden rund 135 000 Juden nach Transnistrien vertrieben, einem neu erworbenen öden Landstrich zwischen Dnjestr und Bug. Über 90 000 von ihnen kamen in den dortigen primitiven Lagern ums Leben. Doch rumänische Versuche, die Juden weiter östlich auf deutsch kontrolliertes Gebiet abzuschieben, stießen auf den erbitterten Widerstand Eichmanns.[105]

Sein Beauftragter in Bukarest war Gustav Richter, ein junger SS-Hauptsturmführer, dessen Ernennung auf eine Anfrage des deutschen Gesandten Manfred von Killinger zurückging, der Eichmanns Referat gebeten hatte, ihm einen »Fachmann« zu schicken, der mithelfen sollte, antijüdische Gesetze für Rumänien zu entwerfen. Richter und von Killinger erreichten die Zustimmung Rumäniens zu dem Vorhaben, die in Deutschland lebenden rumänischen Juden zu deportieren, und gewannen Antonescu dafür, ein allgemeines antijüdisches Statut zu erlassen. Ärgerlich fanden sie dagegen, dass die rumänische Regierung die illegale Auswanderung nach Palästina duldete. Eichmann, der im Frühjahr 1942 bereits jedes Interesse am zionistischen Projekt der Auswanderung der europäischen Juden nach Palästina verloren hatte, bombardierte das Auswärtige Amt und Richter mit der Forderung, den Zionisten Einhalt zu gebieten. Er hatte mittlerweile ein anderes Ziel für die Juden im Auge.[106]

Im Juni meldete Richter aufgeregt, Antonescu habe der Deportation rumänischer Juden in die Todeslager in Polen zugestimmt. Am 26. Juli 1942 teilte Müller Unterstaatssekretär Luther im Auswärtigen Amt mit, das RSHA habe erreicht, dass in Rumänien Vorbereitungen für die »Endlösung« getroffen würden. Vom 10. September an würden Züge mit Juden nach Lublin abgehen, wo »der arbeitsfähige Teil arbeitseinsatzmäßig angesetzt wird, der Rest der Sonderbehandlung unterzogen werden soll«. Doch dann stattete Radu Lecca, der Leiter des rumänischen Generalkommissariats für Judenfragen, Berlin einen Besuch ab, den das RSHA völlig falsch behandelte. Das Auswärtige Amt, das anscheinend nicht ausreichend beteiligt worden war, berichtete hinterher, Lecca seien Begegnungen mit Amtsträgern, die dem Rang eines ausländischen Regierungsmitglieds angemessen gewesen wären, verweigert worden. Die Folge war, dass Rumänien seine Einwilligung zur Deportation rumänischer Juden durch die SS zurückzog.[107] Möglicherweise hatte IV B 4 auch hinsichtlich der heiklen Vermögensfragen ins Fettnäpfchen getreten. Jedenfalls protestierte Rademacher kurze Zeit später bei Luther dagegen, dass Suhr und Richter in ihren mit der rumänischen Regierung geführten Gesprächen über das »Territorialprinzip« vorgegriffen hätten. Und das Auswärtige Amt erinnerte Eichmann in schroffen Worten daran, dass die Kommunikation mit den Gestapostellen im Ausland ausschließlich über seine Kanäle zu erfolgen habe. Offenbar hatte ein Mangel an Finesse Eichmanns Team in eine schwierige Lage gebracht.[108]

Von da an war Rumänien für Eichmann eine offene Wunde. Richter berichtete, rumänische Politiker würden Juden gegen

Bezahlung von den antijüdischen Maßnahmen befreien. Außerdem gab es Hinweise darauf, dass Antonescu, statt die Juden zu deportieren, vorhatte, 75 000 bis 80 000 von ihnen die Auswanderung nach Palästina zu gestatten – ebenfalls gegen Bezahlung.[109] Eichmann kam zu dem Schluss, dass seine persönliche Anwesenheit vonnöten war, um die Lage zu bereinigen, und bat das Auswärtigen Amt, für den Januar 1943 einen Besuch zu arrangieren. Antonescu willigte ein, aber Eichmann sagte die Reise wegen »Arbeitsüberlastung« ab. Es war kein günstiger Zeitpunkt, um nach Bukarest zu fahren. Durch einen Gegenangriff der Roten Armee bei Stalingrad waren gerade zwei rumänische Armeen vernichtet worden, und die deutsche 6. Armee war ebenfalls dem Untergang geweiht. Aus den Steppen im Osten wehte den Rumänen der eisige Wind der Niederlage entgegen, und ihre Begeisterung für die »Endlösung« kühlte merklich ab.[110]

Die jüdische Gemeinde im alten Königreich Rumänien ergriff die Gelegenheit, der korrupten rumänischen Bürokratie Zugeständnisse abzunötigen. So gelang es ihr nicht nur, Lebensmittellieferungen für die nach Transnistrien vertriebenen Juden zu arrangieren, sondern auch deren Rückkehr nach Rumänien auszuhandeln. Zugleich ging das rumänische Außenministerium in der Frage der Deportation rumänischer Juden aus unter deutscher Kontrolle stehenden Ländern auf Gegenkurs und intervenierte zu ihren Gunsten. Richter betrachtete es jetzt schon als Erfolg, wenn es ihm gelang, den Strom illegaler Auswanderer nach Palästina einzudämmen. Für Eichmann und sein Referat hatte sich die einst so viel versprechende »Endlösung« in Rumänien in eine Aufgabe der Schadensbegrenzung verwandelt.[111] Mindestens 250 000 Juden verloren durch die Hand von Rumänen oder infolge der rumänischen Politik ihr Leben. Aber Eichmann konnte sie nicht auf seine Mordliste setzen, denn ihm zumindest waren die 292 000 rumänischen Juden, die er für die Vernichtung vorgesehen hatte, entkommen.

Vor Gericht in Jerusalem erklärte Eichmann, sein Referat sei nichts anderes gewesen »als eine Übermittlungsstelle von oben gekommener Befehle nach unten und der Nachrichtenzustellung von unten nach den Stellen, die diese Nachrichten angefordert haben«. Ungeachtet der Absicht dieser Aussage, sich selbst zu entlasten, spiegelt sie doch ein Element der eintönigen Arbeit wieder, die ein zentral gelenkter, bürokratisch abgewickelter Völkermord mit sich brachte. »Das sind keine persönlichen Entscheidungen gewesen«, erklärte er, »wäre ich nicht dort gesessen, sondern irgendjemand anderer – irgendjemand anderer [hätte] genau dieselben Entscheidungen [...] treffen müssen aufgrund der vorliegenden Weisungen, Verordnungen und Erlasse der Vorgesetzten des Referates.«[112] Doch das von Eichmann gezeichnete Bild hält der Überprüfung nicht stand. Zunächst einmal saß er nicht immer nur an seinem Schreibtisch. Laut Höß war er »ständig auf Dienstreisen, nur selten konnte man ihn auf seiner Dienststelle antreffen«.[113] Das war zwar übertrieben, hatte aber einen wahren Kern. Eichmann stand ein Dienstwagen mit Chauffeur und offenbar unbegrenzter Benzinzuteilung zur Verfügung. Er fuhr ständig zwischen Berlin, Wien und Prag hin und her und besuchte regelmäßig seine Mitarbeiter sowohl in den Außenstellen des Referats als auch in den Tötungszentren. Dank dieser Ausflüge sah Eichmann alles, was für die Ausbildung eines »Völkermörders« nötig war. Er konnte sich also keinerlei beruhigenden Illusionen über die Folgen seiner »Schreiberei« hingeben. Genauso wenig war er bloß ein Roboter, der Routineaufgaben erledigte. Der Schmutz des Völkermords drang bis in die stillen Büros in der Kurfürstenstraße.

Obwohl Eichmanns direkte Kontakte mit Juden von 1941 an abnahmen und der Austausch zumeist auf dem Papier stattfand, kam Eichmann weiterhin mit jüdischen Mitarbeitern der Zentralstellen in Berlin, Wien und Prag zusammen. Für gewöhnlich bestellte er sie in sein Büro, um ihnen weitere grauenhafte Anweisungen zu geben oder sich nach Maßnahmen zu erkundigen wie der Hinrichtung von Juden als Vergeltung für einen Arsenanschlag auf eine Ausstellung zum Ruhm des deutschen Angriffs auf die Sowjetunion in Berlin. Gelegentlich geriet er auch mit der in der Kurfürstenstraße tätigen jüdischen Arbeitsgruppe aneinander. Wie die Juden in den Ghettos und Lagern wurden auch diese jüdischen Arbeiter regelmäßig »Selektionen« unterzogen. Yaacov Lozowick hat nachdrücklich darauf hingewiesen, dass Eichmann, obwohl ein »Schreibtischtäter«, nie von den realen Folgen seiner Tätigkeit abgeschnitten war.[114]

So erhielt Eichmann Anfang November 1942 eine ungewöhnliche Anfrage von Himmlers persönlichem Referenten Rudolf Brandt, dem Schirmherrn zahlloser pseudowissenschaftlicher rassekundlicher Projekte, von der Euthanasie bis zu medizinischen Experimenten. Brandt bat Eichmann, einen SS-Forscher mit menschlichen Skeletten zu versorgen, insbesondere mit »Schädeln von jüdisch-bolschewistischen Kommissaren«. Eichmann leitete die Anfrage ans WVHA weiter, aber sein Referat organisierte den Transport der menschlichen »Studienexemplare« ins KZ Natzweiler, wo die Professoren ihre »Forschungen« betrieben. Dort wurden die jüdischen Gefangenen ermordet.[115]

In seinem Prozess versuchte Eichmann sich persönlich vom Massenmord und insbesondere von den Vorgängen in Auschwitz abzusetzen. Die Ermittlungen ergaben jedoch, dass er unauflöslich in den Völkermord verstrickt gewesen war. So liefen die Bestellungen von Zyklon B über sein Referat.[116] Die Sekretärinnen waren sich über die Aufgabe des Referats völlig im Klaren. Im Prozess gegen Franz Novak sagte Erika Scholz 1969 aus, sie habe ihre Arbeit in völliger Unwissenheit aufgenommen. »Später«, fuhr sie fort, »habe ich dann unter Endlösung der Judenfrage die Vernichtung und Ausrottung der Juden verstanden. Im Referat IV B 4 mussten das die anderen genauso wie ich gewusst haben. Jeder im Referat muss das gewusst haben. Mit anderen Angehörigen des Referates IV B 4 habe ich nicht darüber gesprochen.«[117]

Eichmann war häufig in Auschwitz. Dort traf er auf Juden, die sich gewissermaßen am anderen Ende der Befehlskette befanden, darunter Miriam Edelstein und Freddie Hirsch, tschechische Juden, die einst führende Funktionen in Theresienstadt innegehabt hatten, und Berthold Storfer, seinen jüdischen Partner bei der illegalen Auswanderung. Die Begegnung mit Letzterem ist aufschlussreich. Storfer war 1944 von der Gestapo verhaftet und nach Auschwitz geschickt worden. Dort gelang es ihm, Höß eine Nachricht zukommen zu lassen, der daraufhin Eichmann informierte, dass sich Storfer in Haft befinde und ihn zu sprechen wünsche. Nach eigener Aussage war Eichmann daraufhin nach Auschwitz gefahren, wo Höß ihm mitgeteilt habe, dass der ehemalige Bankier einem »Arbeitsblock« zugeteilt worden sei.

Storfer sei dann geholt worden, und er, Eichmann, habe zu ihm gesagt: »Ja, mein lieber guter Storfer, was haben wir denn da für ein Pech gehabt?« Dann habe er hinzugefügt: »Schauen Sie, ich kann Ihnen wirklich gar nicht helfen. Denn auf Befehl des Reichsführers kann keiner Sie herausnehmen.« Storfer habe ihn gebeten, ihn doch wenigstens von der schweren Arbeit zu befreien, woraufhin Höß eingeworfen habe: »Hier muss aber jeder arbeiten.« Also habe er versprochen: »Gut, [...] ich werde eine Aktennotiz anlegen, [...] dass Storfer hier« – im Garten vor der Kommandantur – »mit dem Besen die Kieswege in Ordnung hält und dass er das Recht hat, sich jederzeit mit dem Besen auf eine der Bänke zu setzen.« Er habe Storfer gefragt, ob er damit zufrieden sei. »Da war er sehr erfreut«, schloss Eichmann, »und wir gaben uns die Hand und dann hat er den Besen bekommen und hat sich auf die Bank gesetzt. Das war für mich eine große innere Freude gewesen [...].« Nicht lange darauf wurde Storfer erschossen.[118]

Dieser bizarre Vorfall erhellt, wie weit Eichmann tatsächlich in den Betrieb von Auschwitz eingeweiht war. Er wusste, dass unter dem auf Vernichtung ausgerichteten Regime im Lager ein Besen eine Verbesserung darstellte, die gegenüber der Unausweichlichkeit des Erschöpfungstodes eine Chance aufs Überleben eröffnete, wie gering sie auch sein mochte. In Storfers Fall änderte sie nichts, doch Eichmann berichtete über das Ende des Bankiers, als hätte er nichts damit zu tun gehabt. Wenn es seinen psychologischen Bedürfnissen oder den Erfordernissen seiner Verteidigung diente, verwandelte er die Tatsache, dass seine Zuständigkeit an den Toren der Ghettos und Lager endete, in die Phantasievorstellung, dass es zwischen ihm und dem, was hinter diesen Toren vor sich ging, keinerlei Verbindung gab.

Viel sagend war auch ein Ereignis, das sich 1943 in der Kurfürstenstraße 115–116 abspielte. Damals tauchte SS-Standartenführer Paul Blobel, ein grobschlächtiger Mann, der ein Einsatzkommando in Russland befehligt hatte, in Eichmanns Dienstsitz auf. Himmler hatte ihn beauftragt, eine Einheit aufzustellen, mit der er die Leichen der 1941/42 in Ostpolen und der Sowjetunion erschossenen Juden finden, exhumieren und verbrennen sollte, um jeden Beweis für die Massaker zu vernichten. Blobel hatte für seine Einheit, das so genannte Sonderkommando 1005, Juden aus den Lagern rekrutiert, für die dieses höllische Unterfangen mit dem Tod endete. Blobel und seine SS-Männer halfen sich mit Alkohol über die Runden. Wegen seiner regelmäßigen Dienstreisen nach Berlin hatte sich Blobel eine Unterkunft in der Stadt ausbedungen, und das RSHA, das unter Raumknappheit litt, hatte ihn und seine Männer in Eichmanns elegantem Gebäude untergebracht. Es dauerte nicht lange, und Blobel trampelte durch die Büros und kommandierte Eichmanns Untergebene herum. Eines Tages verlor Eichmann die Fassung und forderte ihn ziemlich theatralisch zum Duell heraus. Niemand, der einmal mit Blobel zu tun gehabt hatte, konnte im Unklaren darüber sein, wes Geistes Kind er war und welch grauenhafte Aufgabe er hatte.[119]

Im Eichmann-Prozess versuchte die Anklage zu beweisen, dass das Referat IV B 4 für Blobels Einheit verantwortlich war. Doch die Verbindung war fadenscheinig, und überhaupt zielte das Argument, da es sich ausschließlich auf die Befehlskette konzentrierte, nicht auf das Wesentliche. Wenn überhaupt etwas, dann zeigte Blobels unglückselige Unterbringung, dass es in der Kurfürstenstraße 115–116 keine Möglichkeit gab, dem Geruch des Todes auszuweichen, weder metaphorisch noch in der Realität. Er drang aus den Aktenschränken hervor, in denen Papiere über die Verwendung der Haare lagen, die den Juden im Vorraum der Gaskammern geschoren wurden, und er hing an Blobel, wo immer er hinging.

Eichmanns Antwort auf die Anfrage nach jüdischen Schädeln und seine Reaktion auf Storfers Notlage lassen einen Mann erkennen, der sich an das Grauen gewöhnt hatte und zu einem normalen menschlichen Mitleid nicht mehr fähig war. Sowohl bei der Büroarbeit als auch im Umgang mit Menschen wurde Eichmann mit dem konfrontiert, was seine Arbeit wirklich und wahrhaftig ausmachte: Leid und Mord. Es hat den Anschein, als hätte er im Laufe des Jahres 1942 jegliche Zweifel und Skrupel in Bezug auf den Völkermord, die er noch gehabt haben mochte, überwunden. Er war jetzt unerbittlich entschlossen, den »jüdischen Feind« zu vernichten. Die Art, wie er mit Juden sprach, und seine Äußerungen über sie verschärften sich merklich. Sein ganzes Wissen über das Judentum war jetzt darauf ausgerichtet, es auszurotten. Im Dezember 1942 brachte das Auswärtige Amt die Frage der in Deutschland lebenden persischen Juden zur Sprache und fragte an, ob sie von der Deportation ausgenommen werden sollten. Eichmann verwies in seiner Antwort auf die dem Purimfest zugrunde liegende Geschichte. Dieser Geschichte zufolge hatte Esther einen Plan des persischen Ministers Haman vereitelt, der die Juden, die er als »fünfte Kolonne« betrachtete, vernichten wollte. Für einen Nationalsozialisten war es nicht schlecht, dass er dieses jüdische Fest kannte, doch Eichmann sah in ihm mehr als ein bloßes volkskundliches Kuriosum. Nach seiner Ansicht war die Purimgeschichte die Ursache, weshalb es im Iran überhaupt eine »Judenfrage« gab. Jedenfalls waren diese Iraner, so die Schlussfolgerung, als Juden zu betrachten, und es gab keinen Grund, sie entkommen zu lassen.[120]

Rudolf Höß entwirft in seinen in der Haft geschriebenen Memoiren ein beunruhigendes Porträt Eichmanns in den Jahren 1942/43. Er habe versucht, Eichmanns »innerste, wirklichste Überzeugung über diese ›Endlösung‹« herauszufinden. »Doch auch in der fortgeschrittensten Alkoholauflockerung – nur unter uns – trat er, besessen geradezu, für die restlose Vernichtung aller erreichbaren Juden ein. Ohne Erbarmen, eiskalt mussten wir so schnell wie möglich die Vernichtung betreiben. Jede Rücksicht, auch die geringste, würde sich später bitter rächen.« Laut Höß war Eichmann »von der Judenfrage und der befohlenen Endlösung [...] besessen«. Seine Beschäftigung mit dem Judentum habe ihn sogar noch in seiner Entschlossenheit bestärkt. Er sei »fest davon überzeugt [gewesen], dass, wenn es gelänge, die biologischen Grundlagen des Judentums im Osten durch völlige Vernichtung zu zerstören, das gesamte Judentum sich von diesem Schlag nicht mehr erholen würde. Denn die assimilierten Juden des Westens, mit Amerika, wären nicht in der Lage – und wollten dies auch nicht –, diesen ungeheuren Blutverlust wieder aufzuholen, da bei diesen Juden kaum nennenswerter Nachwuchs zu erwarten sei.« Es gebe kein Zurück, denn »diese Vernichtungsaktion [sei] erforderlich [...], um in Zukunft das deutsche Volk vor den Vernichtungsabsichten der Juden zu bewahren«. Höß zeichnete Eichmanns Bild möglicherweise dunkler, als es der Wirklichkeit entsprach, um seine eigenen Gewissensbisse glaubhafter erscheinen zu lassen. Aber seine Darstellung wird von anderen Quellen gestützt.[121] Wisliceny behauptete in Nürnberg, Eichmann habe ihm im April oder Mai 1942 einen von Himmler unterzeichneten schriftlichen Befehl für die physische Vernichtung der Juden gezeigt. Auf Wislicenys Ausruf »Möge Gott verhindern, dass unsere Feinde jemals dem deutschen Volk etwas Ähnliches antun« habe Eichmann trocken erwidert, er solle nicht »sentimental« werden.[122]

Eichmanns Einstellung zu den Juden hatte eine kalte Unmenschlichkeit angenommen. Es war nicht die normale Haltung eines Kriegers gegenüber einem Feind, ganz gleich, wie gern Eichmann sie in solchen Begriffen beschrieb. Ein Soldat ist zum Mitleid für den Feind fähig, zumal für einen besiegten. Er kann sich mit seinem Gegner identifizieren und ist zur Einhaltung gewisser Regeln angehalten, und sei es auch nur aus dem pragmatischen Grund, dass es eines Tages umgekehrt kommen könnte. Aber Eichmann verfolgte einen universalen Feind, eine Phantasiegestalt. Es gehörte zum Wesen des radikalen nationalsozialistischen Antisemitismus, dass seine Anhänger kühl eine Arbeit auszuführen und Befehlen zu gehorchen schienen. Von Mitte 1941 an hatte Eichmann kaum noch Kontakt mit Juden, doch das spielte für einen radikalen Antisemiten keine Rolle. In seinen Augen waren sie keine menschlichen Wesen, sondern so etwas wie ein Virus, eine Bakterium in Menschengestalt. Ärzte hegen Krebszellen gegenüber auch keine Gefühle, und genauso wurde Eichmann nicht sentimental, wenn es um Juden ging. In seinem Prozess in Jerusalem fragte Richter Benjamin Halevi ihn, ob es zutreffe, dass es damals als »Ruhmestat« gegolten habe, »die Juden zu vernichten«. »Die Juden«, fuhr Halevi fort, »wurden angesehen als ein Bazillus, der vernichtet werden müsse, wie jede andere Krankheit auch? Und Erbarmungslosigkeit galt als Tugend, wenn man so sagen darf ...« Eichmann antwortete darauf: »Jawohl, das stimmt, das muss ich zugeben.«[123]

Mit einer anderen Analogie könnte man sagen, dass Eichmann den Völkermord in der gleichen Weise managte, wie der Direktor eines internationalen Unternehmens Herstellung und Vertrieb von Produkten managt, indem er den Rohstoffnachschub den Produktionskapazitäten anpasst, den Ausstoß verfolgt, die Qualität kontrolliert und für eine rasche Auslieferung sorgt. Dabei dürfte Eichmann seine Berufserfahrung zugute gekommen sein. Auch Akten, Tabellen und Grafiken spielten eine Rolle, da von ihm erwartet wurde, dass er Müller und Himmler regelmäßig Bericht erstattete. Außerdem war das Bild in der Öffentlichkeit zu bedenken. Im Mai 1942 verfasste Eichmann ein Buch von hundert Seiten, das er dem kurz zuvor getöteten Heydrich widmete. Darin fasste er unter dem Titel *Die Endlösung der Judenfrage* das gesamte bis zu diesem Zeitpunkt vorliegende Zahlenmaterial über die Judentransporte zusammen. Das Buch sollte im Nordland Verlag erscheinen, und Eichmann rechnete mit einer Auflage von 50 000 Exemplaren. Aber seine Hoffnung, zum Bestsellerautor zu werden, zerschlug sich. Aus dem Manuskript sei »niemals ein Buch [...] geworden, weil es verboten wurde«, stellte er in Jerusalem enttäuscht fest.[124]

Dass Eichmann ein Manuskript über die Deportationen anfertigte, ist ebenso bedeutsam wie die Tatsache, dass es unterdrückt wurde. Für die Zeit bis zum Mai 1942, in der Eichmann an ihm schrieb, kann man davon ausgehen, dass sich der Völkermord noch nicht vollständig herauskristallisiert hatte. Die Vorstellung der Umsiedlung der Juden in den Osten war noch vertretbar, wenn auch nur als Propaganda außerhalb des Kreises derjenigen, die es besser wussten. Doch als das Buch fertig war, hätte die Deportationsstatistik unbequeme Fragen provoziert. Von der Abfuhr unbeeindruckt, hielt Eichmann im folgenden Jahr in einer Versammlung von Gauleitern einen Vortrag über die »Ergebnisse der weltanschaulichen Gegnerbekämpfung«. Man kann sich den Inhalt vorstellen, wenn man weiß, dass er den Entwurf Müller vorlegte, der ihn mit der Bemerkung zurückgab, er solle die »Zahlen« weglassen.[125] Wenig später hielt Himmler in Posen eine Rede, in der er die »Ausrottung des jüdischen Volkes« als »niemals geschriebenes und niemals zu schreibendes Ruhmesblatt unserer Geschichte« bezeichnete.[126]

Ende 1942 verfasste Eichmann einen »Tätigkeits- und Lagebericht 1942 über die Endlösung der europäischen Judenfrage«, eine Art Jahresbericht für den Aufsichtsrat. Müller leitete ihn am 15. Dezember 1942 an Himmler weiter, der jedoch unzufrieden war. Am 18. Januar 1943 teilte dieser Müller mit, dass das RSHA seiner statistischen Aufgaben auf diesem Gebiet entbunden sei, da das übermittelte statistische Material nie professionellen Maßstäben gerecht geworden sei. Einige Wochen später schickte der SS-Führer den Statistiker Richard Korherr in die Kurfürstenstraße, um genau festzustellen, wie viele Juden im Zuge der »Endlösung« ermordet worden waren. Korherr richtete sich in Eichmanns Dienststelle häuslich ein und blieb mehrere Wochen dort, in denen er die von Günther beschafften Daten aufbereitete. Auch die Außenstellen des Referats wurden aufgefordert, Zahlen zu übermitteln. Am Ende wurde eine Fassung von Korherrs Bericht für Hitler, der kurzsichtig war, auf einer Schreibmaschine mit besonders großen Lettern getippt. Eichmann erinnerte sich später an eine Gesamtzahl von viereinhalb bis fünf Millionen, merkte aber etwas pikiert an, dass Korherr die »natürliche Verminderung« in die Rechnung einbezogen habe.[127]

»Mitten drinnen im Todeswirbel«, 1944/45

»Es war eine zwanglose Zusammenkunft am Abend, [...] und man aß ein bescheidenes Abendbrot und trank ein Glas ungarischen Wein dazu, und im Laufe dieses Gespräches teilte ich dann mit, dass Himmler [...] es gerne sehen würde, wenn die Juden in Budapest ghettoisiert würden und dann die Juden von Ungarn vom Osten nach dem Westen evakuiert und nach Auschwitz verbracht würden.«
Eichmann im Verhör durch Avner Less über ein Treffen mit ungarischen Beamten, Camp Iyar, 1. Juni 1960[1]

»Zwischen Vorzimmer und Zimmer, in der Türöffnung, stand ein Tisch. Ich kam bis vor den Tisch. Eichmann stand davor, die Hände in die Hüften gestemmt, die Füße gespreizt, und – ich möchte sagen – bellte mich an: Sie [...] wissen Sie, wer ich bin? Ich bin der Verantwortliche für [die Aktion] [...] Also, er sagte dann: Europa, Polen, die Slowakei, Österreich durchgeführt [...] jetzt beginnt Ungarn.«
Aussage von Joel Brand im Eichmann-Prozess, 29. Mai 1961[2]

»Frauen wurden ohnmächtig, in einer Ecke gab es Seufzer ›Wasser, Wasser, Wasser‹, doch es gibt kein Wasser, man kann kein Wasser verabreichen, weil es kein Wasser gibt. Ich erinnere mich an die Worte ›Schlaf, mein Kindchen, schlaf, mein Kindchen‹, aber das Kind konnte ja nicht einschlafen, das Kind war hungrig, es war sehr hungrig, es wurde ihm kein Bissen verabreicht. [...]
Dieser Ort und Stelle, das war Auschwitz, und wir wussten bereits, was unser Schicksal war, was uns erwartete und wo wir waren.«
Aussage von Ze'ev Sapir im Eichmann-Prozess, 25. Mai 1961[3]

Anfang 1944 befand sich Eichmann auf einer Mission, die nichts mit der »Endlösung« zu tun hatte. Bei den Bombenangriffen auf Berlin war die Gestapo-Zentrale in der Prinz-Albrecht-Straße so stark beschädigt worden, dass Müller gezwungen war, seine Organisation zu dezentralisieren. Da er wusste, dass Eichmann eine gewisse ingenieurtechnische Ausbildung besaß, übertrug er ihm die Aufsicht über den Bau eines Ausweichquartiers in Müncheberg, 60 Kilometer östlich von Berlin. Die körperlichen Arbeiten wurden von 235 jungen Juden ausgeführt, die Eichmann persönlich in Theresienstadt ausgesucht hatte, und er achtete darauf, dass in dem neuen Nebenlager gute Arbeits- und Lebensbedingungen herrschten. Die jüdischen Arbeiter wurden sogar ermuntert, an ihre in Theresienstadt zurückgebliebenen Familien und Freunde zu schreiben. Sie wussten nicht, dass dies ein weiterer von Eichmanns zynischen Tricks war. Während sie tatsächlich zur Arbeit eingesetzt wurden, boten andere, offenbar ähnliche »Arbeitseinsätze« eine Tarnung für Deportationen von Theresienstadt nach Auschwitz.[4]

Anfang März inspizierte Müller die Baustelle. Dabei teilte er Eichmann aus heiterem Himmel mit, dass er nach Ungarn gehen müsse, »um dort als Referent von BdS die Judentransporte in die Hände zu nehmen, die die ungarische Regierung zu evakuieren hat, damit diese Sache eben in Ordnung geht«. Diese Beschreibung seiner Aufgabe war alles andere als korrekt, aber es scheint, als wäre Eichmann von der Abkommandierung überrascht worden.[5] Völlig unerwartet kam die Ausweitung der »Endlösung« auf Ungarn allerdings nicht. Schon seit 1942 hatte das Auswärtige Amt die ungarische Regierung gedrängt, ihre antijüdische Gesetzgebung zu verschärfen. Eichmann war um Rat gefragt worden, wie man jüdische Flüchtlinge aus Ungarn wegschaffen könne, die dort zuvor Zuflucht gefunden hatten. Als rechtsgerichtete ungarische Beamte jedoch vorschlugen, diese »ausländischen Juden« nach Deutschland zu deportieren, lehnte Eichmann das Angebot als zu begrenzt ab. Er zog es vor, »zu warten, bis Ungarn bereit ist, auch die ungarischen Juden in die Maßnahmen einzubeziehen«.[6]

Mit der neuen Aufgabe war Eichmanns Chance gekommen. Anfang 1944 lebten in Ungarn 725 000 Juden, 309 000 von ihnen in Gebieten, die Ungarn zwischen 1938 und 1941 annektiert hatte. Hinzu kamen rund 100 000 zum Christentum konvertierte Juden. Obwohl die Juden unter einer Reihe seit 1938 erlassener antijüdischer Gesetze zu leiden hatten, war ihnen das schreckliche Schicksal, das die Juden in den Nachbarländern Polen und Slowakei ereilt hatte, bisher erspart geblieben. Zwar waren 50 000 Juden im wehrfähigen Alter in Arbeitsbataillone eingezogen und mit den ungarischen Truppen in die Sowjetunion geschickt worden, aber sie entgingen der mörderischen Behandlung, die den dort heimischen Juden zuteil wurde. Die erschreckende Todesrate unter ihnen – nur einer von fünfen kehrte zurück – war vor allem eine Folge der sowjetischen Offensive vom Januar 1943, welche die ungarische 2. Armee unter sich begrub. Bis zu diesem Zeitpunkt hatten die Ungarn selbst keine Massenmorde begangen. Im August 1941 hatten ungarische Sicherheitskräfte rund 18 000 »feindliche Juden« aus den annektierten Gebieten in die Ukraine abgeschoben, wo sie, bis auf 2000 Überlebende, von den Einsatzgruppen hingeschlachtet wurden. Doch die Reaktion der Öffentlichkeit war derart negativ gewesen, dass die Regierung eine amtliche Untersuchung des Vorfalls eingeleitet hatte. In den Jahren 1942 und 1943 hatte die ungarische Regierung unter Reichsverweser Admiral Miklós Horthy deutsche Forderungen, härter gegen Juden vorzugehen, zurückgewiesen. Die ungarischen Juden glaubten sogar, ihre Regierung würde sie für immer beschützen.[7]

Ironischerweise war es ausgerechnet der Versuch Ungarns, aus dem Bündnis mit dem NS-Regime auszubrechen und mit den Alliierten Frieden zu schließen, der die Juden in Gefahr brachte. Hitler war außer sich, als er erfuhr, dass die ungarische Regierung Friedensfühler ausstreckte. In seiner Vorstellung bestand zwischen diesem Betrug und der Existenz einer großen jüdischen Gemeinde in Ungarn ein Zusammenhang. Als er im März 1944 beschloss, das Land zu besetzen und eine dem Dritten Reich freundlich gesinnte Regierung einzusetzen, die den Krieg fortsetzen würde, sollte damit auch eine Gelegenheit geschaffen werden, mit den ungarischen Juden abzurechnen.[8]

Während der Vorbereitungen auf die Invasion lud Hitler Admiral Horthy für den 17. März 1944 auf Schloss Kleßheim in

Österreich ein. Dort forderte er von dem ungarischen Reichsverweser die Einsetzung einer deutschfreundlicheren Regierung und verlangte die Überstellung von 100 000 ungarischen Juden nach Deutschland, die beim Bau unterirdischer Fabriken eingesetzt werden sollten. Horthy sagte alles zu, doch seine Nachgiebigkeit war nur noch akademischer Art, denn am 19. März, als er sich noch im Zug nach Budapest befand, überquerten deutsche Truppen die ungarische Grenze. Edmund Veesenmayer, Gesandter des Auswärtigen Amts und Bevollmächtigter des Deutschen Reichs in Ungarn, und Ernst Kaltenbrunner, seit Heydrichs Tod Chef des RSHA, stiegen zu Horthy in den Zug und klärten ihn über die neue Lage auf. Nach ihrer Ankunft in Budapest beeilten sich Veesenmayer und Kaltenbrunner, eine ihnen genehme Regierung auszuwählen. Sie einigten sich auf den deutschfreundlichen Döme Sztójay als neuen Ministerpräsidenten, einen früheren Botschafter in Berlin. Neuer Innenminister wurde dessen Vertrauter Andor Jaross. Horthy musste die Neuernennungen bestätigen und entschied sich dafür, selbst im Amt zu bleiben. Das war insofern bedeutsam, als er damit dem aufgezwungenen Regime und implizit auch den antijüdischen Maßnahmen Legitimität verlieh.[9]

Dennoch wäre es falsch, den Grund für die deutsche Besetzung Ungarns im Jahr 1944 in der »Endlösung« zu suchen. Genauso wenig entsprang der Angriff auf die ungarischen Juden einem irrationalen Hassausbruch, der zu einem Zeitpunkt, als das Dritte Reich dabei war, den Krieg zu verlieren, rare Ressourcen verbrauchte. Deutschland befand sich Anfang 1944 zwar strategisch in der Defensive, aber die NS-Führung glaubte immer noch, den Krieg gewinnen zu können. Hitler wusste, dass die USA und Großbritannien einen Angriff im Norden planten, und war überzeugt, die Invasion an der Küste zurückschlagen zu können. Anschließend wollte er seine Truppen an der Ostfront konzentrieren, um den unablässigen Vormarsch der Roten Armee aufzuhalten. Wenn das Reich seine Kräfte bündelte, konnte es, wie er glaubte, immer noch den Sieg davontragen. Götz Aly und Christian Gerlach haben kürzlich dargelegt, dass die Deutschen Ungarn mit verschiedenen rationalen Zielen besetzten, die sich in ihre Strategie einfügten. Ihr Hauptziel war es, den schwankenden Verbündeten in der Achsenkoalition zu halten und dafür zu sorgen, dass die ungarischen Truppen weiterkämpften. Außerdem verfügte Ungarn über lockende Reserven an Lebensmitteln, Benzin und Rohstoffen, und die Wirtschaft des Landes sollte so weit wie möglich in die deutsche Kriegsanstrengung einbezogen werden. Die Juden stellten ein unberührtes Potential dar: Erstens bot sich die Gelegenheit für eine Plünderung im großen Stil. Zweitens waren Juden in der ungarischen Industrie immer noch stark vertreten und reif für die Enteignung. Drittens schließlich bildeten die Juden in einer Zeit, in der in Deutschland ein enormer Arbeitskräftemangel herrschte, ein riesiges Reservoir an Zwangsarbeitern. Eichmann hatte nicht einfach den wahnsinnigen Auftrag erhalten, die Juden zu vernichten. Vielmehr sollte er die Arbeitsfähigen auswählen und ins Reich deportieren. Die Vernichtung der »Unbrauchbaren« war ein willkommenes Nebenprodukt und kein eigenständiges Ziel. Sein Auftrag war gewiss unmenschlich, aber nicht wahnsinnig.[10]

Eichmann hatte sich in Österreich im KZ Mauthausen zu melden, wo die verschiedenen Einsatzgruppen der SS für die Invasion zusammengezogen wurden. Für die umfangreichen Vorbereitungen war ein Teil der SS-Kaserne abgesperrt worden. Eichmann verfolgte staunend den nicht abreißenden Strom von Truppen und Material, der sich in das Lager ergoss. Während die Wehrmacht für das »Unternehmen Margarethe« elf Divisionen an der ungarischen Grenze aufmarschieren ließ, bot das RSHA 6000 SD-, Sipo- und SS-Angehörige auf. Binnen kurzem drängten sich 180 Fahrzeuge und Anhänger aller Art auf dem Parkplatz. Eichmann war damit beschäftigt, Geheiminstruktionen zu geben und den Transportplan für seinen Stab auszuarbeiten. Da die großen Deportationen aus Westeuropa entweder zum Stillstand gekommen oder zu kleinen »Judenjagden« verkümmert waren, die man den lokalen Polizeikräften überließ, hatten die meisten von Eichmanns Mitarbeitern kaum etwas zu tun und waren für die Verlegung nach Ungarn verfügbar. Bald hatten sich Dieter Wisliceny, Franz Novak, Theodor Dannecker, Otto Hunsche, Hermann Krumey, Franz Abromeit, Siegfried Seidl, Richard Hartenberger und andere Veteranen des Referats IV B 4 zu ihm gesellt.[11]

Am frühen Morgen des 19. März marschierten die deutschen Kolonnen in Ungarn ein. Krumey fuhr mit einer aus 30 Fahrzeugen bestehenden Vorhut des Sondereinsatzkommandos, das bald als »Eichmannkommando« bekannt werden sollte, voraus. Eichmann folgte ihr im Gefolge der 1. Panzerdivision mit 140 Lkw und Kommandowagen. Es gab jedoch keine Kämpfe. Im Gegenteil, die Fahrt wurde zu einer Art Lustpartie. Es war Eichmanns Geburtstag, und die Kolonne hielt unterwegs an, weil seine Kollegen mit ihm auf seine Gesundheit anstoßen wollten. Nicht seine tödliche Mission, sondern diese improvisierte Feier war der Grund, weshalb sich ihm dieser Tag für immer einprägte.[12]

In Budapest, wo er am 21. März eintraf, teilte man ihm als private und dienstliche Unterkunft zunächst das Hotel Majestic auf dem Schwabenberg zu. Krumey war im benachbarten Hotel Astoria untergekommen. Auch der Sitz des ungarischen Gegenstücks zur Gestapo befand sich in der Nähe. Binnen wenigen Tagen wimmelte das Viertel von SS-, SD- und Gestapomännern, es war mit Stacheldraht eingezäunt, und bewachte Passierstellen waren eingerichtet. Eine Woche später zog Eichmann in eine große Villa in der nahe gelegenen Apostolstraße auf dem »Rosenberg« um. Das geräumige Haus mit seinen leuchtend gelben Mauern und dem weitläufigen, zur Donau abfallenden Garten hatte früher einem jüdischen Fabrikanten namens Aschner gehört. Dort lebte Eichmann in den nächsten zehn Monaten in beachtlichem Komfort zusammen mit seinem Diener sowie Fahrern und Angehörigen seiner unmittelbaren Umgebung. Seine und Krumeys Dienststellen blieben im Hotel Majestic.[13]

Eichmann musste entdecken, dass die Aufgaben anderer in Budapest vertretener SS-Organisationen mit seinen eigenen kollidierten, und es dauerte nicht lange, bis er in die üblichen bürokratischen Grabenkämpfe und Kompetenzstreitigkeiten verwickelt war. Die Abordnung des RSHA stand unter dem Befehl von SS-Standartenführer Hans Geschke, dem designierten BdS in Ungarn. Formal war Eichmann seiner Dienststelle zugeordnet. Aber Himmler ernannte zusätzlich einen HSSPF, SS-Obergruppenführer Otto Winkelmann, der für sämtliche SS- und

SD-Einheiten verantwortlich war, also auch für Eichmanns Team. Für die Gegenspionage des SD war Winkelmanns Stellvertreter zuständig, SS-Sturmbannführer Wilhelm Höttl. Darüber hinaus entsandte Himmler SS-Standartenführer Kurt Becher, der sich um die ökonomischen Interessen der SS kümmern sollte. Becher hatte weit reichende Vollmachten und unterstand direkt dem Reichsführer-SS. Als Koordinator der zivilen deutschen Stellen in Ungarn fungierte Veesenmayer, der als Gesandter und Hitlers Bevollmächtigter umfassende Befugnisse besaß. Zu seinem Stab gehörten auch »Judenberater«, namentlich Theodor Grell. Veesenmayer war dem Auswärtigen Amt unterstellt und hatte direkten Zugang zu Ribbentrop. Alle diese Männer hatten beim Untergang der ungarischen Juden ihre Hand im Spiel.[14]

Wie passte Eichmann in diese Phalanx? In seinem Prozess behauptete er, seine Aufgabe sei »in der ersten Zeit noch unklar gewesen«. Dies bestätigte sein Stellvertreter Hermann Krumey. Laut Eichmann wollte Ungarn seine Juden loswerden, das Reich brauchte Arbeitskräfte, und Veesenmayer handelte eine akzeptable Vereinbarung aus. Sein eigener Beitrag habe lediglich darin bestanden, den Fahrplan für die »Evakuierungszüge« aufzustellen, da »die hohen Vorgesetzten Winkelmann und Veesenmayer diese Sachen in Ungarn persönlich regelten«. Darüber hinaus habe er nicht mehr getan, als die ungarischen Ministerien aufzusuchen, zu beobachten und über den Fortgang zu berichten.[15]

Tatsächlich war die antijüdische Politik in Ungarn bereits vor seiner Ankunft festgelegt worden. Auf Schloss Kleßheim hatte Horthy eingewilligt, 100 000 ungarische Juden nach Deutschland zu schicken. Veesenmayer klärte Horthy noch während der Rückfahrt aus Österreich über das Kleingedruckte der Vereinbarung auf. Kaltenbrunner, der in der Vorbereitungsphase in Mauthausen gewesen war, traf lange vor Eichmann in der ungarischen Hauptstadt ein, wo er in den folgenden drei Tagen Gespräche mit dem neuen Ministerpräsidenten sowie Vertretern des Innenministeriums führte, um ihr Einverständnis zu den Hauptpunkten der gegenüber den Juden einzuschlagenden Politik zu erlangen. Dazu gehörten Gesetze über die Aberkennung der ihnen verbliebenen Rechte und die Enteignung ihrer Vermögen sowie Maßnahmen zu ihrer Konzentration, Ghettoisierung und Deportation. Diese Schritte waren von ungarischen Zivilbeamten und der ungarischen Gendarmerie durchzuführen. Der neue Innenminister Jaross ernannte László Endre und László Baky zu Staatssekretären, die für politische beziehungsweise administrative Angelegenheiten zuständig waren, einschließlich der »Judenfrage«. Beide waren bekannte Antisemiten. Endre, ein altgedienter Polizeiadministrator, hatte sich seit Anfang der dreißiger Jahre als nazifreundlicher Aktivist hervorgetan. Baky war Offizier gewesen, bevor er eine nationalsozialistische Partei gründete und als rechts gerichteter Abgeordneter ins Parlament einzog.

Es war natürlich nur die halbe Wahrheit, dass die Ungarn selbst hinter den antijüdischen Maßnahmen steckten, wie Eichmann später angab.[16] Die NS-Führung wollte die »Macht« der Juden in Ungarn brechen, jüdische Arbeitskräfte gewinnen und sich jüdische Vermögenswerte aneignen. Sobald die Juden ausgeplündert waren oder wenn sie als arbeitsunfähig galten, waren sie für die Nationalsozialisten unbrauchbar und mussten vernichtet werden, um eine biologische Regeneration des Judentums zu verhindern. Eichmann wusste, dass die Deportation nach Auschwitz, ungeachtet des sonstigen ökonomischen Nutzens der Juden, für die als »unnütz« Betrachteten den Tod bedeutete. Er hegte keine Illusionen über seine Arbeit und fürchtete, die Juden seien ebenso illusionslos. Bei seinen Planungen wurde er von der Erinnerung an zwei Ereignisse aus dem Jahr 1943 verfolgt. Im April und Mai jenes Jahres hatten ein paar Hundert Juden in Warschau einen bewaffneten Aufstand organisiert, der erst durch einen massiven Einsatz von Einheiten der Waffen-SS unter SS-Brigadeführer Jürgen Stroop niedergeschlagen werden konnte. Müller hatte Eichmann hinterher nach Warschau geschickt, um sich den Schaden anzusehen, und Eichmann war erstaunt gewesen über das Ausmaß der Zerstörungen: »[Im Ghetto hat] man mir die Widerstandsnester gezeigt, die sie nur mit geballten Ladungen ausheben konnten, man hat mir all die Großkampfstellen gezeigt, so hart war der Kampf gewesen. Ich sah selten einen so zerstörten Ort wie Warschau.« Stroop legte zur Feier seines »Sieges« ein gespenstisches Album mit Fotografien und einem Bericht an, das Eichmanns Beauftragten, wie er selbst erzählte, als warnendes Bespiel dafür diente, wie man jüdische Angelegenheiten nicht behandeln sollte. In makabrer Anlehnung an seine Erfahrungen im zivilen Geschäftsleben sagte er im Interview mit Willem Sassen: »[...] mit Warschau konnte und wurde bei uns operiert wie ein Reisender, der einen Artikel verkauft und hier eine besondere reklamemäßige Attraktion aufweist und dann leicht verkauft [...].« Später prahlte er: »Wie Müller es formuliert hat, sie hatten [...] den ›Meister‹ selber [nach Ungarn] geschickt, um sicherzugehen, dass die Juden nicht so wie im Warschauer Ghetto revoltieren würden.«[17]

Das andere Ereignis war die Flucht der dänischen Juden im Oktober 1943. Eichmann beteuerte nach dem Krieg, er habe den Versuch, die dänischen Juden zu deportieren, nie für sinnvoll gehalten. In Dänemark habe es keine »Judenfrage« gegeben, weil dort nur wenige Juden gelebt hätten: »Die paar Juden in Dänemark konnte man nur mit der Lupe finden.« Tatsächlich kam der Anstoß für die Aktion nicht vom Referat IV B 4, sondern vom Auswärtigen Amt und vom örtlichen BdS. Eichmann wurde hinterher nach Kopenhagen geschickt, um das Durcheinander zu lichten. Eine der Lehren, die er wenige Monate später nach Ungarn mitnahm, lautete, dass man für eine große »Aktion« gegen Juden die lokale Unterstützung gewinnen musste, zumal dann, wenn die eigene Personaldecke dünn war: »Es war mir klar, dass ich als Deutscher von den Ungarn keine Juden zur Deportation verlangen konnte. So etwas betrieben einmal in Kopenhagen andere Stellen mit dem Erfolg eines großen Fiaskos. Ich überließ das den ungarischen Behörden selbst.«[18]

Eichmann hatte also die Absicht, mit den Ungarn zusammen vorzugehen oder sie stellvertretend für ihn handeln zu lassen, denn nur sie verfügten über die personelle und organisatorische Stärke, um annähernd eine Million Menschen zu verhaften und zu deportieren. Eine derart umfangreiche Operation zu planen brauchte Zeit, und bis die Vorbereitungen abgeschlossen waren, musste man die Juden in Sicherheit wiegen. Wenn es dann so weit war, würde das Sonderkommando schnell handeln müssen, damit die Juden nicht zur Ruhe kommen und Widerstand organisieren konnten. Krumey und Wisliceny begaben sich kurz nach ihrer Ankunft in Budapest zum Sitz der jüdischen Gemeinde in der Sipstraße, um Eichmanns Plan in die Tat umzusetzen. Dort erteilten sie die Anweisung, dass sich die Führung der jüdischen Gemeinde am nächsten Vormittag zu versammeln habe. Währenddessen waren Winkelmanns Handlanger dabei, nach antifaschistischen Politikern, linken Aktivisten und prominenten Juden aus Politik, Kultur und Wirtschaft zu fahnden. Hunderte wurden festgenommen und in Internierungslager geworfen, von denen das am Stadtrand gelegene Kistarcsa das Berüchtigtste war. Krumey teilte der versammelten jüdischen Führung mit, dass die Juden jetzt unter der Kontrolle der Sicherheitspolizei stünden. Sie solle einen Judenrat bilden und eine Sitzung der Leiter sämtlicher jüdischen Institutionen einberufen. Kein Jude dürfe die Stadt verlassen, und alle jüdischen Publikationen unterlägen der deutschen Zensur. Vor allem aber wurde den Versammelten eingeschärft, Ruhe und Ordnung in der Gemeinde aufrechtzuerhalten. Am 21. März 1944 bestätigten die Deutschen die Zusammensetzung des Judenrats unter der Führung des hoch geachteten Samuel Stern. Außerdem bestellten sie Juden aus der Umgebung der Stadt und dem übrigen Land ein, um sie über die neue Lage zu informieren und ihre Unterordnung unter das deutsch kontrollierte Repräsentativorgan zu erzwingen.[19]

Unterdessen führte Eichmann eine Reihe freundschaftlicher Gespräche mit seinen ungarischen Pendants. Sein wichtigster Partner war Endre. Das Verhältnis zwischen ihm und seinen Kollegen vom ungarischen Innenministerium hätte nicht besser sein können. Über das erste Treffen in einem Restaurant berichtete Eichmann später, es sei »eine zwanglose Zusammenkunft am Abend« gewesen. Bei einem Glas ungarischen Weins habe er seinem Kollegen mitgeteilt, »dass Himmler einen Befehl für die deutsche Polizei gegeben habe und es gerne sehen würde, wenn die Juden in Budapest ghettoisiert würden und dann die Juden von Ungarn vom Osten nach dem Westen evakuiert und nach Auschwitz verbracht würden«. Personen über 60 Jahre und Arbeitsunfähige seien auszunehmen. Die Deportierten sollten Verpflegung für zwei Tage mitnehmen, und »vermeidbare

Härten« seien zu verhindern. Laut Eichmann reagierte Endre begeistert, so dass sich weitere Diskussionen erübrigten und man zum ernsten Geschäft des Betrinkens übergehen konnte. »Dieser Abend bestimmte das Schicksal der Juden in Ungarn«, konstatierte Eichmann später.[20]

Tatsächlich brauchte Endre keinen zusätzlichen Anstoß, hatte er doch bereits den Entwurf für eine ganze Reihe antijüdischer Erlasse in seinem Schreibtisch liegen. Bankkonten von Juden und Einlagen bei anderen Finanzinstitutionen wurden umgehend eingefroren, und bis in den April hinein erging eine Flut von antijüdischen Verordnungen: Juden mussten ihr gesamtes Vermögen anmelden; ihnen wurde verboten, Fahrzeuge zu besitzen oder zu fahren oder öffentliche Verkehrsmittel zu benutzen; ihre Telefone und Radioapparate wurden beschlagnahmt. Außerdem wurden Juden aus allen Bereichen der Wirtschaft sowie des akademischen und öffentlichen Lebens vertrieben, in denen sie noch vertreten gewesen waren. Alles, was man ihnen nahm, wurde registriert und entweder eingelagert, an Ungarn verteilt oder mit ungarischer Zustimmung nach Deutschland verschoben. Für die Ungarn war das Ganze ausgesprochen lukrativ, brachte es ihnen doch Beute und Arbeitsplätze.[21]

Am 31. März trat Eichmann schließlich selbst ins Rampenlicht und bestellte Samuel Stern und drei andere Mitglieder des Judenrats zu sich ins Hotel Majestic. Eichmann gab eine beachtliche Vorstellung, bei der er Drohungen und beruhigende Versicherungen miteinander mischte. Er eröffnete den Vertretern des Judenrats, dass sie den gelben Stern würden tragen müssen; das nötige Material zu beschaffen sowie das Abzeichen anzufertigen und zu verteilen sei ihre Aufgabe. Praktisch und geschäftstüchtig, wie er war, fügte er einige Tipps hinzu, wie sie die Kosten wieder hereinbringen konnten. Dann fuhr er fort, dass die Juden jetzt für die Kriegswirtschaft arbeiten müssten, aber wenn sie gute Arbeit leisteten, werde man sie auch gut behandeln. Er zeigte sich an jüdischen Büchern interessiert und sagte, dass er gern das örtliche jüdische Museum besuchen würde. Gewalt wolle er vermeiden, doch das sei nur möglich, wenn die Juden zu rückhaltloser Kooperation bereit seien. »Wenn jedoch die Juden Untergrund- und Partisanenschritte ergreifen werden«, drohte er, »würde er sie alle ausrotten. Die Juden müssten einmal verstehen, dass von ihnen nichts verlangt werde, als Ordnung und Disziplin. Falls Ordnung und Disziplin herrschte, dann brauchten die Juden keine Angst zu haben, im Gegenteil, er würde der Beschützer der Juden sein, und es würde gute Bedingungen geben, was Bezahlung, was Entlohnung usw. betrifft.« Er werde »jede Plünderung jüdischen Vermögens vereiteln und ahnden«. Der Judenrat solle der jüdischen Bevölkerung versichern, dass alles gut werden würde. Die Vertreter der jüdischen Gemeinde protestierten daraufhin zwar gegen die Bedingungen, unter denen die verhafteten Juden in Lagern wie Kistarcsa festgehalten wurden, und Janos Gabor beschwerte sich darüber, dass er den gelben Stern tragen musste, aber ansonsten scheinen sie Eichmann überraschenderweise geglaubt zu haben.[22]

Einige Tage darauf, am 4. April, nahm Eichmann im ungarischen Innenministerium an einer Sitzung zur Planung der Deportationen teil. Die anderen Teilnehmer der von László Baky geleiteten Besprechung waren führende Angehörige des Eichmannkommandos sowie Endre, Oberstleutnant László Ferenczy, der für die Deportationen zuständige Offizier der ungarischen Gendarmerie, und Oberst Győző Tölgyesy, der Befehlshaber der Gendarmerie im Distrikt VIII. Die Runde kam überein, Ungarn in sechs Zonen aufzuteilen, die jeweils ein bis zwei Gendarmeriedistrikte umfassten. Die Juden sollten von Ost nach West konzentriert, das heißt aus den ländlichen Gebieten in die Städte umgesiedelt werden. Dort wollte man sie, ihres Eigentums beraubt, in Ghettos unterbringen, die in brachliegenden Ziegeleien oder anderen Fabriken, die in der Nähe von Eisenbahnstrecken lagen, eingerichtet werden sollten. Schließlich sollten sie »zur Arbeit« ins Reich deportiert werden. Durchgeführt werden sollte die Operation, unter Mithilfe lokaler Beamter, von Gendarmerie und Polizei. In der Folgezeit erhielten sämtliche Gendarmeriekommandos und Polizeipräsidien sowie die Bürgermeisterämter und Stadträte die geheime Anweisung, mit der Registrierung der Juden zu beginnen.[23]

Am 6. April konferierte Eichmann erneut mit Baky und seinen Mitarbeitern, um ihnen Ratschläge in operativen Fragen zu geben. So riet er Baky, mit der Ghettoisierung und Deportation nicht in Budapest zu beginnen, wie er es vorgehabt hatte, sondern in den östlichen Distrikten, die am weitesten von Budapest entfernt lagen. Das war ein geschickter Schachzug, denn diese Distrikte lagen der vorrückenden Roten Armee am nächsten; es gab also eine militärische Erklärung für diese »Evakuierungen«. Außerdem handelte es sich um »Ostjuden« aus jüngst annektierten Gebieten, deren Sitten und Gebräuche sich stark von denen der assimilierten, magyarisierten Juden von Budapest unterschieden. Zudem waren die Verbindungen zu den Juden im Zentrum aufgrund der geografischen Entfernung nur schwach. Baky nahm den Rat an, und am 16. April begannen die Razzien. In dieser Phase wusste niemand in Berlin oder Budapest, wie viele Juden den Häschern ins Netz gehen würden und wohin sie gebracht werden sollten.[24]

Die Ghettoisierung begann mit charakteristischer Böswilligkeit am ersten Tag des jüdischen Passahfests. Aktionsgebiet war Zone I, welche die Karpatho-Ukraine und Nordostungarn umfasste. Innerhalb von zwölf Tagen wurden 194 000 Juden aus ihren Wohnungen in Ghettos und Auffanglager geschafft. Gerechtfertigt wurde diese erste Welle der Ghettoisierung damit, dass Ostungarn jetzt eine »Militärzone« sei. Am 28. April erteilte ein Erlass den Behörden die Vollmacht, Juden ohne jeden Vorwand zu vertreiben und umzusiedeln. Vom 3. bis 10. Mai wurden die rund 98 000 Juden ausgehoben, die in Zone II lebten, zu der Kolozsvár/Cluj und Nordtranssylvanien gehörten. Die 53 000 Juden in Zone III (Nordungarn) ereilte dieses Schicksal zwischen dem 5. und 10. Juni. Zone IV, das Gebiet um Debrecen und Szeged in Südungarn, folgte vom 16. bis 26. Juni; hier waren rund 40 000 Juden betroffen. Vom 30. Juni bis 3. Juli wurden in Zone V in Südwestungarn 29 000 Juden in provisorische Sammellager in Schweineställen einer Wurstfabrik, auf Sportplätzen und in jüdischen Schulen eingesperrt. Schließlich verhafteten die Gendarmen 24 000 Juden in Städten und Dörfern in der Umgebung von Budapest. Zu diesem Zeitpunkt genossen nur noch die 160 000 in der Hauptstadt lebenden Juden eine gewisse Freiheit.[25]

Während die Ghettoisierung im Gange war, brach zwischen den ungarischen Behörden, dem deutschen Auswärtigen Amt und dem RSHA ein Streit über das endgültige Schicksal der Juden aus. Horthy und Sztójay hatten dem Abtransport von hunderttausend arbeitsfähigen Juden nach Deutschland zugestimmt. Baky, Endre und Ferenczy wollten alle auf ungarischem Boden lebenden Juden loswerden, insbesondere die Arbeitsunfähigen, die bald zu einer »Last« werden würden. Dagegen pochte das deutsche Auswärtige Amt auf die Vereinbarung mit Horthy und hatte nicht die Absicht, ein umfangreicheres Programm zu beginnen. Kaltenbrunner und das RSHA schließlich waren darauf aus, die gesamte jüdische Bevölkerung Ungarns auszulöschen.[26]

Am 14. April teilte Veesenmayer dem Auswärtigen Amt mit, dass Sztójay der Deportation von 50 000 Juden zur Arbeit im Reich zugestimmt habe. Im nächsten Monat könne man mit der Einwilligung zum Abtransport von weiteren 50 000 Juden rechnen.[27] Doch fünf Tage später fand im ungarischen Innenministerium eine Besprechung über die Lage in der Karpatho-Ukraine statt. Teilnehmer waren auf deutscher Seite neben Eichmann auch Novak, Wisliceny und Hunsche, auf ungarischer Seite Ferenczy sowie mehrere hohe Gendarmerieoffiziere, darunter lokale Befehlshaber aus Nordostungarn, die darauf hinwiesen, dass die Situation in den Lagern ohnehin schon sehr schlecht sei. Wegen der Notlage der Juden werde von verschiedenen Seiten Klage geführt, und die Situation drohe sich weiter zu verschlechtern. Man könne die Juden einfach nicht weiter unter diesen Umständen festhalten. Eichmann gerierte sich als Helfer in der Not und machte den Ungarn – ähnlich wie zwei Jahre zuvor den Slowaken – das Angebot, ihnen alle Juden vom Hals zu schaffen. Die Ungarn nahmen das Angebot, wie vor ihnen die Slowaken, dankend an.[28]

Die endgültige Entscheidung über die Aushebung aller ungarischen Juden scheint dann relativ hastig gefällt worden zu sein. Am 22. April bestätigte von Thadden Ribbentrops Büro, dass eine Vereinbarung über das erste Kontingent von Juden erreicht worden sei. Außerdem teilte er dem Außenminister mit, dass der »Abtransport, insbesondere Fahrplan und Waggonbestellung [...] vom Reichssicherheitshauptamt bearbeitet« werde. »Obersturmbannführer Eichmann, der selbst in Ungarn ist, erhält heute vom Reichssicherheitshauptamt alle erforderlichen

Weisungen.«[29] Am nächsten Tag leitete von Thadden Eichmann von Berlin aus einen Bericht Veesenmayers zu, dem zufolge bereits 150 000 Juden »erfasst« worden seien; insgesamt rechnete Veesenmayer mit einer Zahl von 300 000 Juden. Man treffe bereits Vorbereitungen für ihre Deportation. Die ersten Züge würden am 15. Mai abgehen; vorläufig sollten täglich 3000 Juden nach Auschwitz geschickt werden. Um die Kriegsanstrengung nicht zu behindern, habe man sich dagegen entschieden, mit der ersten Welle auch 50 000 Juden aus Budapest zu deportieren, »da es sich bei der Judenaktion um ein totales Ganzes handele«. Laut von Thadden waren Transportprobleme der Grund, weshalb die Deportationen nicht in Budapest beginnen sollten, doch in Wirklichkeit spiegelte sich in diesem Verlauf Eichmanns Präferenz dafür wieder, die »Aktion« im Osten des Landes zu beginnen. Jedenfalls hatten die »Maximalisten« die Oberhand gewonnen, und zwar unabhängig davon, ob Kaltenbrunner lediglich Eichmann in Berlin den Rücken frei hielt oder aber selbst die totale Deportation in Ungarn vorantrieb, für die Eichmann dann nur das ausführende Organ gewesen wäre.[30]

Eichmanns eigene Position lässt sich mit Hilfe seiner Nachkriegserinnerungen erahnen. So erklärte er nicht ohne Stolz: »Trotz aller Interventionen [...] rollten die Deportationen regelmäßig weiter. Damit hatte ich den Befehl des Reichsführers erfüllt; alles andere interessierte mich nicht.«[31] In Israel beteuerte er, dass er stets nur mit dem Transport der Juden zu tun gehabt habe, und täuschte Überraschung vor, als man ihm sagte, dass wahllos Männer, Frauen, Kinder, Kranke und Alte ausgehoben und in die für Auschwitz bestimmten Viehwaggons getrieben worden seien. Er schob den Ungarn die Schuld zu: Die ungarischen Gendarmen hätten eben gelegentlich in die Züge »hinein verladen [...], was ihnen unter die Finger kam«. In eklatantem Widerspruch dazu teilte er seinem Vernehmungsoffizier mit, er habe zu jedem Gendarmeriekommando einen Beobachter abgeordnet, »der die einzige Aufgabe hatte, darauf zu achten, dass die Richtlinien eingehalten wurden«. Eichmann wollte also einerseits nicht gewusst haben, dass Alte und Kranke ebenfalls deportiert worden waren. Andererseits beteuerte er, versucht zu haben, jene vor den brutalen Ungarn zu schützen.[32] Er log schamlos, wenn er wiederholt erklärte: »Meine Tätigkeit in Ungarn war, wie ich schon sagen durfte, eher eine bremsende gewesen [...].« In Wirklichkeit war er mit den Maximalisten im ungarischen Regime, vor allem mit Endre und Baky, einer Meinung und bot eine »totale« Lösung des »Judenproblems« in Ungarn an.

Dank Eichmanns Erfahrung und sorgfältiger Planung sollte es keine Wiederholung der Ereignisse von Warschau und Dänemark geben. Das RSHA und Eichmann hatten die Zustimmung des ungarischen Regimes erlangt und das Auswärtige Amt gezwungen, einen Plan abzusegnen, der die personelle Unterstützung der ungarischen Gendarmerie und die umfassende Kooperation der Zivilbehörden garantierte. Zudem war nicht zu erwarten, dass die jüdische Bevölkerung in Panik geraten würde. Indem man sich die Juden der Hauptstadt bis zuletzt aufhob, verringerte man sowohl die Chancen eines jüdischen Widerstands als auch das Risiko, dass Nichtjuden ihnen zu Hilfe eilten. Die Budapester Juden besaßen gute Beziehungen und waren gut organisiert, aber solange sie sich sicher fühlten, würden sie kaum bereit sein, für Juden in den fernen Ostprovinzen den Hals zu riskieren, weder durch eigenes Eingreifen noch durch die Mobilisierung ihnen wohl gesinnter ungarischer Politiker, zumal ihre potentiellen ungarischen Freunde wenig für die nicht magyarisierten, traditionellen Juden an der östlichen Peripherie übrig hatten. Eichmann hatte aus den Ereignissen in Frankreich, Rumänien und Dänemark gelernt und verringerte die Wahrscheinlichkeit, dass die Deportationen eine Kettenreaktion des Ausweichens und der Widerspenstigkeit auslösten. Günstig für eine erfolgreiche Abwicklung des Völkermordes war die Bereitschaft der Ungarn, ihre jüdischen Mitbürger auszuliefern. Eichmann war nie mit Hindernissen konfrontiert, wie sie ihm zögerliche Kollaborateure in anderen Ländern in den Weg gelegt hatten. In Argentinien stellte Eichmann im Rückblick fest: »Nur Ungarn war anders. Ungarn hat uns wirklich die Juden wie saures Bier angepriesen, und Ungarn war das einzige Land gewesen, für das wir überhaupt nicht schnell genug arbeiten konnten.«[33]

Nachdem in Berlin und Budapest die Einzelheiten des Vorgehens geklärt worden waren, konnte Eichmann die Vorbereitungen vor Ort inspizieren. Vom 24. April bis 2. Mai 1944 reiste er zusammen mit einer gemischten deutsch-ungarischen Delegation durch Nordostungarn. Zu seiner Begleitung gehörten Wisliceny, Endre, Ferenczy sowie dessen Adjutant Hauptmann Leó Lulay. Sie besuchten Kassa und Ungvár, hörten sich Berichte über die Aushebung von Juden und die Beschlagnahme ihres Besitzes an und besichtigten Sammellager. In Kassa (Kŏsice/Kaschau) hatte man etwa 12 000 Juden in zwei Ziegeleien gepfercht, die kaum Schutz boten und nur über völlig unzureichende Sanitäreinrichtungen verfügten. Wasser kam aus zwei Steigrohren. In Ungvár (Užhorod) drängten sich 25 000 Juden auf einem Holzplatz, wo sie dem Wetter ebenso ausgesetzt waren wie den Übergriffen der ungarischen Wachen, die ihnen auch noch die letzte Habe nahmen. Die bei den ersten Razzien Verhafteten hatten bis zum Beginn der Deportationen am längsten zu warten, so dass es ihnen bald an allem fehlte, an Essen und Trinken ebenso wie an Medikamenten. Verpflegung traf nur unregelmäßig in den Lagern ein, für gewöhnlich in Form einer dünnen Gulaschsuppe. Nach der Rückkehr in die Hauptstadt berichtete Endre Innenminister Jaross gut gelaunt: »Die Juden kommen endlich an die frische Luft und haben ihre alte Lebensweise gegen eine gesündere eingetauscht.«[34]

Die letzten Vorbereitungen wurden getroffen. Günther, der in der Kurfürstenstraße 115–116 die Stellung hielt, teilte von Thadden mit, dass man zwar noch auf eine Bestätigung des endgültigen Zielorts der Deportierten warte, aber beschlossen habe, sie nicht über ganz Deutschland zu verteilen. Die Politik der »Entjudung« des Reichs würde ad absurdum geführt, wenn das RSHA Hunderttausende von Juden ins Land holen und Wirtschaftsunternehmen gestatten würde, sich um ihre Zuteilung zu bewerben. Mit anderen Worten, sie würden, zumindest fürs erste, alle nach Auschwitz kommen. An dem Tag, an dem Eichmann seine Inspektionsreise antrat, teilte Veesenmayer dem Auswärtigen Amt mit, man werde diejenigen Juden aussieben, die aufgrund ihrer Staatsbürgerschaft von der Deportation auszuschließen seien. Außerdem informierte er darüber, dass am 4. Mai in Wien eine Besprechung zwischen Novak und Vertretern der Reichsbahn stattfinden werde, um die erforderlichen Fahrpläne auszuarbeiten.[35]

Während Eichmann durch Nordostungarn reiste, teilten in Berlin die für Wirtschaft und Arbeit zuständigen Spitzenbeamten von SS und Staat die menschliche Beute untereinander auf. In einer Sitzung am 1. Mai beschlossen Vertreter der Organisation Todt, des Generalbevollmächtigten für den Arbeitseinsatz Fritz Sauckel (der für die brutale Rekrutierung von Zwangsarbeitern verantwortlich war) sowie von Sipo und Wehrmacht, dass die Organisation Todt als Vermittlungsstelle für alle Anforderungen von ungarisch-jüdischen Zwangsarbeitern fungieren solle. Inzwischen war jedoch klar, dass nicht nur arbeitsfähige Männer deportiert werden würden. WVHA-Chef Pohl ging davon aus, dass rund die Hälfte der Deportierten Frauen sein würden, und da die Nachfrage nach weiblichen Arbeitskräften nicht groß genug war, ließ er sich von Himmler die Genehmigung erteilen, sie auch für Schwerarbeit einsetzen zu dürfen.[36]

Vom 4. bis 6. Mai legte Novak zusammen mit Lulay sowie Vertretern von Reichsbahn und Sipo die Strecken und Fahrzeiten der Deportationszüge fest. Man einigte sich darauf, täglich vier Züge mit zusammen etwa 12 000 Juden über Kassa, Presov in der Slowakei, Tarnów in Südostpolen und Krakau nach Auschwitz zu bringen. Anschließend hielt Ferenczy im ungarischen Munkács mehrere Sitzungen von Gendarmerie-, Polizei- und Kommunalbeamten ab, um ihnen die endgültigen Operationsbefehle und die Fahrpläne mitzuteilen. Für jedes Ghetto wurden ein Abfahrtpunkt und ein Deportationsdatum bestimmt. Gendarmen wurden an die Marschrouten und zur Bewachung der Züge bis zur ungarischen Grenze beordert. Auch Anweisungen für eine letzte Durchsuchung der Juden auf ungarischem Territorium wurden ausgegeben. Die ersten Deportationen fanden dann sogar früher als geplant statt. Sobald Eichmann die Zustimmung zum Gesamtplan erhalten hatte, ordnete er die Deportation derjenigen Juden an, die in den ersten Tagen der Besatzung in Budapest und Umgebung inhaftiert worden waren, und bis zum 29. April gingen von Kistarsca und anderen Lagern drei Züge in Richtung Auschwitz ab.[37]

Am 15. Mai 1944, fast einen Monat nach ihrer Verhaftung, trieben ungarische Gendarmen die Juden aus den Sammellagern in Kassa, Ungvár, Munkács und einem halben Dutzend weiterer Städte in den Zonen I und II brutal zu den Abfahrtspunkten und in die bereitstehenden Züge. In Gruppen von rund 100 Personen wurden Männer, Frauen und Kinder in Viehwaggons gepfercht, die anschließend für die Dauer der Fahrt nach Polen versiegelt wurden. Wenn keine Störungen auftraten, was aufgrund der Bombardierung der an der Strecke gelegenen Städte und des Vorrangs von plötzlich eingesetzten Militärtransporten selten der Fall war, verbrachten die Deportierten bis zu drei Tage in den Waggons – ohne Verpflegung, Wasser und sanitäre Einrichtungen. Hunderte starben während der Fahrt, noch bevor sie Birkenau erreichten, vor allem Alte, Kranke und kleine Kinder. Aufgrund der regelmäßigen Konsultationen zwischen Höß und Eichmann war das Lager auf den massiven Zustrom vorbereitet. Höß fuhr in jenem Frühjahr dreimal nach Budapest, und Eichmann reiste mehr als einmal nach Auschwitz. Im April und Anfang Mai wurde eigens ein sechs Kilometer langes Nebengleis verlegt, damit die Züge bis ins Lager fahren konnten. Die Juden stiegen jetzt an einer Plattform aus, der »Rampe«, die nur wenige hundert Meter von den unterirdischen Gaskammern mit den Nummern II und III entfernt lag, und auch zu dem speziell errichteten Komplex mit den Gaskammern IV und V sowie dem Krematorium war es nicht weit. Die SS-Wachen waren verstärkt worden, um die großen Transporte in Empfang zu nehmen, und auch das jüdische »Sonderkommando«, das die Gaskammern und das Krematorium betrieb, war beträchtlich von 224 auf über 865 Mann aufgestockt worden.[38]

Zwischen dem 15. Mai und 7. Juni brachten 92 Züge über 289 000 Juden aus den Zonen I und II nach Polen. Die Deportationen aus Zone III fanden vom 11. bis 16. Juni statt; hier waren knapp 59 000 Juden betroffen, die mit 23 Zügen abtransportiert wurden. Aus Zone IV wurden vom 25. Juni an in nur drei Tagen mit 14 Zügen 41 500 Juden deportiert. Vom 4. bis 8. Juli schließlich fuhren aus Zone V und der Umgebung von Budapest 18 Züge mit 55 000 Juden ab. Zu diesem Zeitpunkt waren laut Veesenmayers fortlaufend aktualisierter Liste insgesamt 437 403 Juden nach Auschwitz-Birkenau gebracht worden. Nur 25 bis 30 Prozent von ihnen waren zum Arbeitseinsatz ausgewählt worden; die anderen hatte man innerhalb weniger Stunden nach der Ankunft ermordet.[39]

Veesenmayer hielt Berlin auf dem Laufenden. Er sorgte dafür, dass Eichmann das Vorrecht des Auswärtigen Amts beachtete, das für sich in Anspruch nahm, darüber zu entscheiden, welche Juden aufgrund ihrer Staatsangehörigkeit von den Deportationen auszunehmen seien. Vom 22. bis 24. Mai unternahm von Thadden, Eichmanns Ansprechpartner im Auswärtigen Amt, eine Informationsreise nach Ungarn. Das beleuchtet zum einen, in welchem Behördendschungel Eichmann sich bewegte, und zum anderen, wie viel Eichmann über den Völkermord wusste und wie weit er in ihn involviert war. In seinem Reisebericht erwähnte von Thadden Gespräche über die Deportation von einer Million Juden, von denen nur ein Drittel arbeitsfähig sei. Sie sollten Fritz Sauckel und SS-Unternehmen zur Verfügung gestellt werden; über das Schicksal derjenigen, die für die Vernichtung durch Arbeit ungeeignet waren, schwieg sich von Thadden aus. Während seines Aufenthalts in Budapest hatte er auch bei Heinz Ballensiefens Antijüdischem Institut vorbeigeschaut, das »wissenschaftliche« Forschungen über Juden und Judentum betrieb und eine antisemitische Zeitschrift herausgab, um den ungarischen Antisemitismus zu stärken. Außerdem besprach von Thadden noch einige undurchsichtige Geschäfte mit Winkelmann, über die er nicht einmal Veesenmayer informierte. Sie sollten später ans Tageslicht kommen. In seinem Bericht bemerkte von Thadden ominös, dass »die Zusammenarbeit mit den SS-Dienststellen nicht immer glatt laufe«, und äußerte sich besorgt über Meinungsverschiedenheiten zwischen dem Auswärtigen Amt und Himmlers Männern hinsichtlich jüdischer Vermögen.[40]

Tatsächlich operierte Eichmann zu diesem Zeitpunkt inmitten einer Gemengelage von einander überschneidenden und miteinander verknüpften Verschwörungen. Plötzlich hatte es für ihn den Anschein, als gäbe es andere Prioritäten als die Deportation von Juden in Todeslager: Sein hart erarbeitetes Expertenwissen auf diesem Gebiet schien mit einem Mal entwertet. Am 25. April wurde er Joel Brand vorgestellt, einem in Ungarn geborenen Juden, der einem inoffiziellen jüdischen Rettungskomitee angehörte. Brand hatte bis 1934 in Deutschland gelebt, wo er auch seine Ausbildung erhalten hatte. Doch dann hatte er Schwierigkeiten mit den Nationalsozialisten bekommen und war nach Budapest gegangen, wo er zu einem leidlich erfolgreichen Geschäftsmann wurde, den jugendlichen Kommunismus gegen den linken Zionismus eintauschte und sich 1943 dem Rettungskomitee anschloss. Gründer des Komitees waren einige junge ungarische Zionisten, unter ihnen Ottó Komoly, Rudolf Kasztner und Joel Brands Ehefrau Hansi. Es hatte 1943/44 einen gewissen Erfolg dabei, in Nachbarländern Hilfe für Juden zu organisieren, jüdische Flüchtlinge nach Ungarn zu schleusen und ihnen später dabei zu helfen, ins relativ sichere Rumänien zu gelangen. Aufgrund dieser Aktivitäten wusste das Komitee, dass die slowakischen Juden Wisliceny bestochen hatten und auf diese Weise, wie das Komitee glaubte, einen Stopp der Deportationen erreichen konnten. Nachdem die Deutschen Ungarn besetzt hatten, versuchten Brand und andere Komiteemitglieder mit Wisliceny Kontakt aufzunehmen. Tatsächlich gelang ihnen aufgrund einer Reihe ungewöhnlicher Kontakte eine erste Annäherung.[41]

Im Jahr 1943 hatte die Abwehr, der militärische Abschirmdienst der Wehrmacht, ein Netz von ungarischen Agenten aufgebaut. Zufälligerweise waren mehrere von ihnen zum Teil Juden oder jüdische Konvertiten zum Christentum. Außerdem waren sie als Kuriere für das Rettungskomitee tätig und hielten die Kommunikation zwischen dem von palästinensischen Zionisten in Istanbul eingerichteten Außenposten und Budapest aufrecht. Diese palästinensischen Zionisten wiederum standen mit britischen und amerikanischen Nachrichtendiensten in Verbindung, und sowohl der ungarische Geheimdienst als auch die Abwehr benutzten die ungarischen Kuriere, um Kontakte mit den Alliierten herzustellen. Die Ungarn versuchten, über diese Kanäle Friedensfühler auszustrecken, die Abwehr – ein Zentrum des Widerstands gegen das NS-Regime – hoffte, Unterstützung für ihre gegen Hitler gerichteten Aktivitäten zu gewinnen. Brand befand sich also im Schnittpunkt verdeckter Manöver. Am Vorabend des deutschen Einmarschs erwiesen sich seine Verbindungen insofern als wertvoll, als ein Agent der Abwehr ihm riet, am

19. März nicht zu Hause zu sein. Ironischerweise waren Brand und seine Frau Gäste des Hotels Majestic, als die soeben eingetroffene SS begann, jüdische Aktivisten und führende Mitglieder der jüdischen Gemeinde zu verhaften.[42]

Zu einem entsprechenden Preis arrangierten die durch und durch korrupten Abwehragenten für den 24. März ein Treffen von Brand und Kasztner mit Wisliceny. Die beiden Zionisten boten dem »Judenexperten« zwei Millionen Dollar an, wenn er den zu erwartenden antijüdischen Maßnahmen zuvorkomme und Juden die Auswanderung nach Palästina ermögliche. Sie seien bereits im Besitz von 600 Einreisegenehmigungen für Palästina, erklärten sie, und in der rumänischen Hafenstadt Constanza warte ein Schiff auf die Emigranten. Wisliceny verschwieg, dass er mit der Einstellung der Deportationen aus der Slowakei nichts zu tun gehabt hatte und keinerlei Kompetenzen in Bezug auf die ungarischen Juden besaß. Stattdessen handelte er eine »Anzahlung« von 200 000 Dollar aus, wies darauf hin, dass aufgrund von Himmlers Politik eine Auswanderung von Juden nach Palästina unmöglich sei, sagte aber eine Fortsetzung der Gespräche zu. Anfang April fanden zwei weitere Treffen statt, bei denen auch Eichmanns Mitarbeiter Krumey und Hunsche auftauchten und insgesamt 169 000 Dollar in Pengö und US-Währung den Besitzer wechselten. Unterdessen berichtete Wisliceny Eichmann über die Kontakte, der seinerseits Kurt Becher und Berlin ins Bild setzte.[43]

Eichmann erhielt nun die Vollmacht, mit den Juden zu verhandeln. Am 25. April wurde Brand eine Audienz bei Eichmann gewährt. Das Ganze begann melodramatisch damit, dass Brand von Abwehragenten im Café Opera im Zentrum Budapests abgeholt und ins Hotel Majestic zu Eichmanns Büro gebracht wurde. Eichmann stand in glänzend schwarzer SS-Uniform vor seinem Schreibtisch und begann Brand anzubellen: »Sie […] wissen Sie, wer ich bin? Ich bin der Verantwortliche für [die Aktion] […] Also, er sagte dann: Europa, Polen, die Slowakei, Österreich durchgeführt […] jetzt beginnt Ungarn.« Er habe ihn zu sich gerufen, um ihm einen Handel vorzuschlagen. Er würde einer Million Juden die Ausreise gestatten, wenn das Reich dafür Waren und Rohstoffe bekäme – »Ware gegen Blut«. Laut Brand griff Eichmann auf die prozionistische Sprache seiner Jahre in Abteilung II/112 zurück: »Er nannte sich einen idealistischen Deutschen, und er ernannte mich zu einem idealistischen Juden, mit dem er jetzt an einem Tisch zusammen sitzen könnte und [...] über ein Geschäft verhandeln könnte. Morgen könnten wir uns aber wieder auf dem Schlachtfeld gegenüberstehen, auf dem Schlachtfeld.«[44]

In Wirklichkeit waren weder Eichmann noch Brand in der Lage, ein derartiges verblüffendes Geschäft abzuschließen. Brand entgegnete überrascht, er könne lediglich Geldzahlungen anbieten; Waren in größeren Mengen könne er in Ungarn nicht beschaffen. Darauf erwiderte Eichmann, man werde ihm gestatten, in die Schweiz oder die Türkei zu reisen, um die Transaktion zu arrangieren. Da das Rettungskomitee eng mit der zionistischen Vertretung in Istanbul zusammenarbeitete, entschied sich Brand, ohne zu zögern, für die Türkei. Eichmann erklärte, er werde in Berlin anfragen, welche Waren benötigt würden. Nach dem Treffen beeilte sich Brand, den Mitgliedern des Rettungskomitees zu berichten, was vorgefallen war.[45]

In den nächsten Wochen traten mehrere Entwicklungen ein, die die Art des angeblichen Handels veränderten. Als Erstes ging der SS-Geheimdienst gegen das Netzwerk der Abwehr in Ungarn vor und liquidierte die meisten Agenten. Gleichzeitig übernahm SS-Obersturmführer Gerhard Clages die Kontakte zu den Juden und den alliierten Nachrichtendiensten in Istanbul. Sein Ziel bestand darin, einen Kommunikationskanal zwischen Himmler und den Westmächten aufzubauen, durch den Himmler die Möglichkeit eines Separatfriedens erkunden oder, wenn dieser nicht zu erreichen war, Unfrieden zwischen den Westmächten und der Sowjetunion stiften konnte. Dafür schienen Clages die von Brand und insbesondere von Bandi Grosz hergestellten Beziehungen nützlich zu sein. Grosz, ein jüdischer Konvertit, der sowohl für die Abwehr als auch für das Rettungskomitee arbeitete, war ein völlig skrupelloser Mann, ein Dreifachagent, der sein Mäntelchen nach dem Wind gehängt und seine früheren Kollegen von der Abwehr verraten hatte, indem er nominell zur SS gewechselt war.[46]

Beim nächsten Treffen zwischen Brand und Eichmann war

Clages ebenfalls anwesend. Zu Brands Erstaunen übergaben ihm die beiden Deutschen 50 000 Dollar sowie 270 000 Schweizer Franken in bar, die zionistische Aktivisten aus der Schweiz ans Rettungskomitee geschickt hatten, aber vom SD abgefangen worden waren. Clages wollte die Geldübergabe als Zeichen für die Absicht verstanden wissen, eine echte Partnerschaft aufzubauen; das Rettungskomitee solle das Geld für seine Hilfstätigkeit in Ungarn verwenden. Dann berichtete Eichmann, dass er den vorgeschlagenen Handel in Berlin zur Sprache gebracht und die Genehmigung erhalten habe, die Juden im Gegenzug für die Lieferung von Lastkraftwagen ziehen zu lassen. Um den Handel abzurunden, fügte Eichmann hinzu, dass die Lastwagen, die für Winteroperationen an der Ostfront ausgestattet sein sollten, mit knappen Gütern wie Seife, Kaffee und Schokolade beladen sein sollten. Wenn Brand mit einer Zusage aus der Türkei zurückkehre, wäre er bereit, »die Installationen in Auschwitz in die Luft zu sprengen und 10 Prozent der eine Million Juden, d. h. 100 000 Juden zur Grenze zu schicken«, und zwar zu derjenigen, die Brand ihm nenne.[47]

Am dritten Treffen am 14. Mai nahmen neben Eichmann auch Hunsche, Dannecker, Clages und Kurt Becher teil. Deren Anwesenheit und die Tatsache, dass Bandi Grosz Brand auf seiner Reise begleiten würde, deuteten darauf hin, dass seine Mission inzwischen mehrere Zwecke erfüllte. Clages betrachtete sie als Nachrichtendienstoperation, während Becher am möglichen ökonomischen Nutzen interessiert war. Eichmann fühlte sich durch ihre Einmischung jedoch gestört und machte keinen sehr glücklichen Eindruck. »Was machen Sie noch hier?«, fuhr er Brand an. Dann sagte er ihm, er solle sich wegen der Vorbereitung seiner Istanbulreise mit Krumey in Verbindung setzen. Außerdem wies er ihn an, seine Frau ins Hotel Majestic zu bringen, wo sie für die Dauer seiner Abwesenheit als Geisel festgehalten werden sollte. Brand ergriff die letzte Gelegenheit, um Eichmann zu sagen, wie entsetzt das Rettungskomitee über die Verhaftungen und Ghettoisierungen war, aber Eichmann tat es achselzuckend ab: »[...] ich bin jetzt im ganzen Land herumgefahren und habe nur volle Brotwagen gesehen, die Ihre Juden beliefern.«[48]

Beim letzten Treffen vor ihrer Begegnung im Gerichtssaal in Jerusalem drängte Eichmann Brand, sich zu beeilen: Man dürfe keine Zeit mehr verlieren, da die Deportationen bald beginnen würden. Er könne die für Auschwitz bestimmten Transporte acht bis vierzehn Tage zurückhalten, indem er sie nach Österreich oder in die Slowakei umleite, aber nicht länger. Dann versicherte er Brand in salbungsvollem Ton, dass seine Frau und seine Kinder Schutzpapiere erhalten würden. Sie müssten zwar in Budapest bleiben, würden aber in Sicherheit sein. Am nächsten Tag verabschiedete sich Brand im Café Opera von seiner Frau und wurde von Krumey nach Wien gefahren. Am 18. Mai bestieg er ein Flugzeug nach Istanbul.[49]

Was danach geschah, war eine Tragödie. Eichmann hatte weder die Absicht noch die Möglichkeit, die Deportationen nach Auschwitz hinauszuzögern oder umzuleiten. Während Brand auf dem Flug nach Istanbul war, besuchte Eichmann Höß, um sich zu überzeugen, dass die Mordmaschinerie auf den Zustrom ungarischer Juden vorbereitet war. Doch Brand war überzeugt, dass jede Stunde für sein ungewöhnliches Unternehmen zähle, und spürte dessen gewaltiges Gewicht auf seinen Schultern lasten. 16 Jahre später erinnerte er sich: »Ja, für mich war das ein schrecklicher Vorschlag, er hat mein Leben zerstört. Er hat mir eine Million Menschen auf den Buckel gelegt, die leider zum größten Teil ermordet wurden.«[50]

Sobald er am 19. Mai in Istanbul gelandet war, begab er sich zur zionistischen Vertretung und erklärte atemlos, was auf dem Spiel stand. Man informierte umgehend die Führung der zionistischen Bewegung in Palästina. Da die Geheimhaltung jedoch nur zuverlässig gewahrt werden konnte, wenn man einen Boten schickte, erfuhr Moshe Shertok, der Chef der Politischen Abteilung der Jewish Agency, der inoffiziellen Regierung der jüdischen Gemeinde in Palästina (der Jishuw), erst am 24. Mai von der Angelegenheit. Zusammen mit dem Boten eilte er zu David Ben Gurion, dem Vorsitzenden der Exekutive der Jewish Agency, die auf einer hastig einberufenen Sitzung befand, dass sie die Briten informieren müsse, bevor sie auf das Angebot antworten könne. Also setzte Ben Gurion am 26. Mai den britischen Hochkommissar für Palästina von Eichmanns Vorschlag in Kenntnis.

Der Hochkommissar nahm seinerseits mit London Verbindung auf.[51] Ende des Monats kam der Ausschuss für Flüchtlingsfragen des britischen Kabinetts, dem unter anderen Außenminister Anthony Eden angehörte, zusammen, um über die Angelegenheit zu beraten. Zu diesem Zeitpunkt war die britische Regierung bereits durch ihre eigenen Nachrichtendienste über die Vorgänge informiert worden. Tatsächlich hatte sie bereits kurz nach Brands Ankunft in der Türkei von dessen Mission erfahren. Sie hatte die Deutschen, schon bevor sie auf die von Brand unabhängige Tätigkeit von Bandi Grosz aufmerksam geworden war, im Verdacht gehabt, dass sie mit einem Trick versuchen würden, die Sowjetunion gegen die Westmächte aufzubringen und eine Spaltung des antideutschen Bündnisses zu provozieren. Im besten Fall war das Angebot ein Erpressungsversuch, im schlimmsten eine List mit potentiell explosiven Folgen. Auf jeden Fall hatte Großbritannien nicht den Wunsch, Hunderttausende von jüdischen Flüchtlingen in seine Obhut zu nehmen, schon gar nicht, wenn sie nach Palästina gehen wollten. Man beschloss, auf eine Antwort zu verzichten und dies auch den Amerikanern zu empfehlen. Man ließ allerdings die Möglichkeit offen, Mittel und Wege zu suchen, um Flüchtlinge nach Spanien oder Portugal zu schicken – sofern dies die Kriegsanstrengung nicht störte.[52]

Nachdem die US-Regierung informiert worden war, schloss sie sich mehr oder weniger der britischen Entscheidung an, auch wenn sie ein gewisses Interesse an der Fortführung der Verhandlungen zu erkennen gab. Einige Tage später eröffnete man der Sowjetunion pflichtschuldig die Vorgänge, und Moskau legte, wie nicht anders zu erwarten gewesen war, sein Veto gegen jeden weiteren Kontakt mit dem NS-Regime ein. Angesichts der sowjetischer Empfindlichkeiten und der vernichtenden Aussagen, die von Bandi Grosz vorlagen, beschloss der Kabinettsausschuss für Flüchtlingsfragen am 13. Juli, die Verhandlungen zu unterbinden. Sechs Tage später ließ man sowohl in England als auch in den USA die Geschichte an die Presse durchsickern. Danach fehlte Brands Mission, so weit es Himmler und Clages anging, jegliche Grundlage.[53]

Brand hingegen, der nichts von diesem internationalen Mächtespiel wusste, bemühte sich in Istanbul unermüdlich, von den zionistischen Abgesandten eine Antwort zu erhalten, die Eichmann zusagen würde. Als Shertok, der die Entscheidung der Jewish Agency überbringen sollte, ausblieb, überlegte Brand, ob er nach Budapest zurückkehren sollte oder konnte. Jedenfalls konnte er nicht einfach in der Türkei bleiben, denn die Behörden drohten ihn als feindlichen Ausländer zu deportieren. An dem Tag, an dem in London der Kabinettsausschuss zum ersten Mal über das Angebot beriet, erlaubten die Briten Brand und Grosz schließlich, nach Palästina weiterzureisen. Es war eine Falle. Brand verließ Istanbul am 5. Juni, wurde aber beim Grenzübertritt ins britisch kontrollierte Syrien festgenommen und nach Aleppo gebracht. Trotz energischer Proteste durfte er erst am 11. Juni mit Shertok sprechen.[54]

Eichmann war über diese Verzögerungen nicht allzu betrübt. Im Gegenteil: Laut Hansi Brand und Rudolf Kasztner, die nach Brands Abfahrt die Verhandlungen weiterführten, wich er nie auch nur ein Jota vom Zeitplan der Vernichtung ab. Tatsächlich hatte Hansi Brand am selben Tag, als ihr Mann aus Budapest abreiste, von den ersten Deportationen aus Zone I erfahren und Berichte über die unerträglichen Zustände in den Zügen erhalten. Zusammen mit Kasztner hatte sie daraufhin Eichmann aufgesucht, der sich ihren Protest angehört und mit unnachahmlichem Zynismus erwiderte hatte, sie sollten sich »keine weiteren Sorgen machen, denn es handelt sich hier nur um Juden aus Karpatho-Russland, und Kinder brauchen doch überhaupt wenig Luft und auch weniger Platz«.[55]

In den folgenden Wochen und Monaten kam Hansi Brand häufig mit Eichmann zusammen. Sie übermittelte ihm – in möglichst positiver Form – jede Nachricht, die sie von ihrem Mann erhielt. Zugleich bemühte sie sich zusammen mit Kasztner, Eichmann dazu zu bewegen, die mit Wisliceny erzielte Vereinbarung einzuhalten, nach der 600 bis 800 Juden, für die die Zionisten bereits Zertifikate hatten, freizulassen seien. Aber Eichmann hielt sie hin. »Im Allgemeinen hatten wir mit ihm immer Schwierigkeiten gehabt«, erzählte die Zeugin. Anfang Juni gestand Eichmann Hansi Brand und Kasztner immerhin zu, 388 als Empfänger von Zertifikaten ausgewählte Juden aus Ostungarn nach Budapest zu holen. Allerdings verlangten Eichmann, Becher und Clages, dass pro Kopf 500 bis 1000 Dollar für dieses Privileg zu zahlen seien. Hansi Brand händigte den SD-Männern daraufhin drei Koffer mit Gold, Diamanten, Bargeld und Wertpapieren aus.[56]

Durch halb offizielle Verhandlungen zwischen dem Rettungskomitee und Eichmann sowie Bestechung von Personen mit Zugang zu Becher und Clages erhielten schließlich 1684 Juden einen Platz im »Kasztner-Zug«. Sie wurden mehrere Wochen in einem improvisierten Lager in der Kolumbusstraße in Budapest festgehalten, bevor der Zug am 30. Juni abfuhr. Doch statt, wie vereinbart, in ein neutrales Land zu fahren, ging die Fahrt in das Lager für »privilegierte« und »Austauschjuden« in Bergen-Belsen. Dort blieben die Juden aus dem »Kasztner-Zug« unter sich rapide verschlechternden Bedingungen bis zum Ende des Jahres. Am 6. Dezember schließlich trafen die meisten von ihnen (eine Alibigruppe war bereits im August freigelassen worden) in der Schweiz ein. Vorangegangen war eine weitere Runde aufreibender Verhandlungen, diesmal hauptsächlich mit Becher, dessen Rolle darin bestand, sich als Freund der Juden auszugeben. Der »Kasztner-Zug« war der einzige Erfolg während des qualvollen Wartens auf den Ausgang von Brands Mission. Was Eichmann anging, so spielte er nur mit seinen Gesprächspartnern.

Wochenlang führte Eichmann einen ungleichen Kampf mit seinen jüdischen Verhandlungspartnern. Hansi Brand war eine resolute, mutige Frau, und auch Kasztner, der zuvor in Kolozsvár (Cluj) in Transsylvanien ein unauffälliges Leben als Journalist und zionistischer Funktionär geführt hatte, bewies Mut, Listigkeit und starke Nerven. Beide wurden von der ungarischen Geheimpolizei wiederholt verhaftet und unter Gewaltanwendung verhört. Aber Eichmann hatte auf Geheimhaltung bestanden, und die beiden gaben Brands Mission nie preis. Im Frühsommer versuchte Hansi Brand, weitere Konzessionen von Eichmann zu bekommen. So verlangte sie, Kinder von der Deportation auszunehmen und stattdessen auswandern zu lassen. Als Eichmann dies ablehnte, konnte sie nicht mehr an sich halten. »Wahrscheinlich haben Sie keine Kinder«, empörte sie sich, »deshalb haben Sie auch kein Mitgefühl mit ihnen.« Einen solchen Ton haben nur wenige Juden jemals gegenüber Eichmann angeschlagen, aber Hansi Brand hatte entweder einen Nerv getroffen oder ihn beeindruckt, jedenfalls gab er einfach zurück: »Was erlauben Sie sich, Frau Brand, ich rate Ihnen, nicht mehr zu mir zu kommen.«[57]

Bei einer anderen Gelegenheit provozierte Kasztner Eichmann zu einer Drohung, die offenbart, wie stark dessen Charakter mittlerweile brutalisiert war. Kasztner drängte Eichmann, die für die Auswanderung nach Palästina ausgewählten Juden ins sichere Budapest zu holen. Eichmann weigerte sich und herrschte ihn an: »Wenn ich einmal nein gesagt habe, dann bleibt es nein!« Daraufhin stand Kasztner auf und tat so, als wollte er gehen, auch das etwas, was die Juden, mit denen Eichmann sprach, für gewöhnlich nicht taten, es sei denn, er hatte sie entlassen. Er reagierte mit einem bösen Scherz: »Ihre Nerven sind überspannt, Kasztner; ich schicke Sie nach Theresienstadt, damit Sie sich erholen. Oder ziehen Sie Auschwitz vor?« Dann fuhr er fort: »Verstehen Sie mich einmal, ich muss diesen jüdischen Dreck aus der Provinz ausräumen! Da hilft kein Argument, kein Weinen!«[58] Laut Hansi Brand war Eichmann erleichtert und sogar erfreut, als schließlich feststand, dass die Bemühungen ihres Mannes gescheitert waren. Jetzt konnte er mit den Juden tun, was er wollte: Es würde keine Störung der Deportationen mehr geben, jedenfalls nicht von dieser Seite.[59]

Eichmanns Genugtuung war nicht unbedingt die Folge von Sadismus und mörderischer Besessenheit. Er hasste Clages und Becher, weil sie sich auf seinem Fachgebiet, der Auswanderung, breit gemacht hatten, und es freute ihn, dass sie gescheitert waren. Im Verhör in Israel konnte er sich angeblich nicht mehr genau an die Verhandlungen mit Brand erinnern und tat den Handel als »diese Sache« ab, die »bei Himmler geboren« worden sei. Er wisse nur noch, »dass es damals hieß, eine Million Juden an irgendeinem Punkt hingestellt, frei hingestellt, gegen 10 000 LKW, winterfest, mit dem Versprechen, dass diese LKW keinesfalls an der Westfront eingesetzt werden«. An Kasztner, mit dem er länger zu tun gehabt hatte, konnte er sich besser erinnern. Im Gedächtnis haften geblieben war ihm insbesondere die Notwendigkeit, jeden eventuellen Handel mit Kasztner vor den ungarischen Behörden geheim zu halten.[60]

In seinem Prozess beanspruchte Eichmann dann jedoch das Verdienst am »Blut für Ware«-Vorschlag für sich und versicherte, er habe damals auf Brands Erfolg gehofft und ihn tatkräftig unterstützt. Von der verheerenden Wirkung, die Grosz auf die Mission ausüben musste, wollte er nichts geahnt haben; Grosz sei ihm von einem anderen Teil des SD aufgezwungen worden. Eben deshalb habe er Brand zur Abreise gedrängt, weil der Beginn der Deportation bevorgestanden habe. Danach habe er Dr. Kasztner ständig mit Fragen »belöchert«, denn: »[...] an nichts anderes konnte ich denken, dass diese Angelegenheit auf jeden Fall in Ordnung ginge, und ich selber war sehr froh gewesen, dass ich auf diese Art und Weise wieder in mein altes Fahrwasser zurückkehren hätte können.« Doch seine Rückkehr aufs Feld der Auswanderung sei von »kleinen Händlern und Schacherern« wie Becher vereitelt worden. Eichmann wollte nicht zugeben, dass er während der Verhandlungen, also von Mitte Mai bis Mitte Juli, zahlreiche Gelegenheiten gehabt hätte, Juden die Deportation zu ersparen und die Auswanderung zu ermöglichen. Immerhin bewies Himmler in dieser Phase ein hohes Maß an Toleranz gegenüber der jüdischen Auswanderung. Doch nicht Eichmann, sondern Clages und Becher waren diejenigen, die Juden aus Ungarn herausbrachten, und genau das ärgerte ihn: »Durch diese Tatsache, dass Becher Auswanderungsangelegenheiten machen konnte und machen durfte, war ich empört gewesen. Ich sollte hier mithelfen und mitbeteiligt sein an der Deportierung, und das, wofür ich mich zuständig erachtete, das wurde mir nicht übertragen.«[61]

Becher war nach Ungarn geschickt worden, um der SS die Manfred-Weiss-Werke, einen bedeutenden Rüstungskonzern, zu sichern. Das Unternehmen war zwar von Juden gegründet worden, aber die meisten Nachfahren der Gründer waren zum Christentum übergetreten, und der Aktienbesitz war weit gestreut. Becher ging mit einer Mischung aus brutalem Terror und Geschäftstaktik vor, um die jüdischen Aktionäre dazu zu bewegen, sich von ihren Anteilen zu trennen. Am 5. April hatte er gewonnen. Der Sieg hatte allerdings seinen Preis, und zwar die Zusicherung, dass etwa 50 Angehörige der miteinander verbundenen Familien Weiss und Chorin Ungarn in Richtung Schweiz und Portugal verlassen durften. Bei diesem Handel sträubten sich vielen in Berlin die Haare, und Eichmann war außer sich. Das Auswärtige Amt, das nicht eingeweiht worden war, reagierte verärgert darauf, dass sich die SS in Vermögensfragen in einem anderen Land einmischte. Die ungarischen Behörden stellten wütend fest, dass ihnen ein Besitz von nationalem Rang weggeschnappt worden war, und sparten nicht mit Protesten. Eichmann verübelte Becher, dass er bei Himmler Punkte sammelte und die Auswanderung als Verhandlungsmasse benutzte, um Juden Geld und sonstige Vermögenswerte abzupressen. Immerhin war dies einst seine Spezialität gewesen. In Wien hatte er in einem enteigneten Rothschild-Palais residiert, und nun hielt Becher in einem palastartigen Anwesen in der Andrassystraße 114–116 Hof, das einst einer der Eigentümerfamilien der Manfred-Weiss-Werke gehört hatte.[62]

Die Rivalität zu Becher und ein ungezügelter Groll brachten Eichmann dazu, sich auf den Brand-Kasztner-Handel einzulassen. Um unerwünschte Einmischung abzuwehren, brauchte er einen eigenen Beutezug, der Müller, Kaltenbrunner und Himmler davon überzeugen würde, die Auswanderung zuzulassen: »Denn ich musste auf jeden Fall die Tätigkeit dieser beiden Stellen, Bechers und auch der Abwehr, überbieten.« Deshalb schlug Eichmann, als Becher Juden für Geld anbot, im Gegenzug für die Lieferung von Gütern die Freilassung von einer Million Juden vor. Damit hoffte er »die Auswanderungsangelegenheit« wieder an sich zu reißen. Sein Interesse an dem Handel und sein vorgebliches Bedauern über dessen Scheitern waren rein egoistischer Art. Als sein Verteidiger in Jerusalem ihn fragte, ob er aus Mitgefühl für die von der Katastrophe bedrohten Juden auf das Konzept der Auswanderung zurückgegriffen habe, antwortete Eichmann aufrichtig: »Ich habe nicht diese Sache aus Mitleid gemacht, ich wäre auch in hohem Bogen rausgeflogen, hätte ich das überhaupt angeschnitten.«[63] Dachte Eichmann wirklich daran, Juden ziehen zu lassen und auf sein altes Betätigungsfeld zurückzukehren? Oder las er dies im Rückblick in seine Handlungen hinein? Eine Antwort darauf ergibt sich aus seinem bösartigen Verhalten im Spätsommer und Herbst 1944 sowie aus der fortgesetzten Fehde mit Becher, die ihn sogar in Konflikt mit Himmler brachte.

Von Ende Mai 1944 an war Kasztner Eichmanns Gesprächspartner auf jüdischer Seite. Kasztner kämpfte um die Rettung der kleinen Gruppe der »Zertifikatsjuden« und versuchte Eichmann dazu zu bewegen, die Deportationszüge umzuleiten und nicht nach Auschwitz fahren zu lassen. Sein Hauptargument lautete, dass die Alliierten ohne ein Zeichen des guten Willens keinen Anlass hätten, den Deutschen zu trauen und positiv auf deren Offerten zu reagieren. Außerdem machte er Eichmann darauf aufmerksam, dass bei der aktuellen Mordquote von 12 000 Menschen pro Tag bald keine Juden mehr übrig sein würden, die die Deutschen zum Tausch anbieten könnten. Im Juni erzielte er schließlich einen Teilerfolg. Eichmann teilte ihm mit, dass er 30 000 Juden nach Österreich umleiten werde. Dies war seine »Geste des guten Willens«, allerdings eine, die mit fünf Millionen Schweizer Franken zu bezahlen war. Darüber hinaus bestand er darauf, dass »Leute mit größerem ethnischen Wert«, die »fruchtbarer« seien, nicht in diese Aktion einbezogen werden sollten. In Wirklichkeit war diese »Geste« ein weiterer zynischer Trick, denn Eichmann hatte sowieso den Befehl erhalten, Juden nach Wien zu schicken. Der Bürgermeister der Stadt, ein Freund Kaltenbrunners, hatte diesen dazu gebracht, ihm Zwangsarbeiter für die örtliche Rüstungsindustrie zur Verfügung zu stellen. Zwischen dem 25. und 28. Juni wurden mit sechs oder sieben Zügen etwa 18 000 bis 20 000 Juden nach Wien und ins KZ Strasshof gebracht, wo die meisten von ihnen den Krieg überlebten.[64]

Zu diesem Zeitpunkt machten sich die Auswirkungen der Deportationen auch in Budapest bemerkbar, und unter den in der Stadt lebenden Juden breitete sich Panik aus. Während Eichmann und sein Sondereinsatzkommando mit ungarischen Beamten über einen geeigneten Vorwand für den Beginn der letzten Razzien diskutierten, versuchte der Judenrat verzweifelt, die Fürsprache ungarischer Politiker und Kirchenmänner zu gewinnen. Unterstützt wurden ihre Bemühungen von verspäteten internationalen Protesten gegen die Deportationen. US-Präsident Franklin D. Roosevelt hatte die deutsche Besetzung Ungarns und die drohenden Deportationen schon früh verurteilt, aber seine öffentlich geäußerten Ermahnungen hatten kaum etwas bewirkt. Am 26. Juni forderte er in einer persönlichen Botschaft an Horthy die Einstellung der Deportationen und drohte damit, die Verantwortlichen zur Rechenschaft zu ziehen. Der Vatikan war im Mai durch einen Bericht von Flüchtlingen, die es bis in die Slowakei geschafft hatten, auf Auschwitz-Birkenau aufmerksam gemacht worden und hatte einen päpstlichen Gesandten beauftragt, die Informationen zu überprüfen. Am 25. Juni wandte sich Papst Pius XII. persönlich an Horthy, um »die ungarische Regierung noch einmal [aufzufordern], ihren Krieg gegen die Juden einzustellen«. Und am 28. Juni schloss sich König Gustav V. von Schweden dem internationalen Protest an.[65]

Horthy dürfte die ausländischen und einheimischen Interventionen vor dem Hintergrund der Neuigkeiten über den Kriegsverlauf interpretiert haben. Am 6. Juni waren die Alliierten in der Normandie gelandet, und bis zum Ende des Monats stand fest, dass die Wehrmacht sie nicht ins Meer zurückjagen konnte. Am 22. Juni hatte die Rote Armee in Weißrussland eine Großoffensive begonnen, die eine ganze deutsche Heeresgruppe zermalmte und den Weg nach Warschau öffnete. Das militärische Schicksal des Dritten Reichs war besiegelt. Am 2. Juli unterstrich ein schwerer amerikanischer Bombenangriff auf Budapest sowohl die Hoffnungslosigkeit der militärischen Lage der Achse als auch die drohende Vergeltung. Nach mehreren Sitzungen des Ministerrats Mitte Juni zog Horthy die beiden Staatssekretäre Endre und Baky für ihre Gräueltaten zur Verantwortung und entzog ihnen am 30. Juni die Zuständigkeit für jüdische Angelegenheiten. Baky weigerte sich, seine Degradierung hinzunehmen, und konspirierte mit der Gendarmerie, um einen Staatsstreich anzuzetteln, ein nationalsozialistisch geprägtes Regime zu installieren und die antijüdischen Maßnahmen fortzusetzen. Doch Horthy ahnte dies und beorderte loyale Truppen in die Hauptstadt, ließ Baky und Endre verhaften und befahl der Gendarmerie, sich aus Budapest zurückzuziehen. Zugleich verlangte er von Veesenmayer die Beendigung der Deportationen und den Abzug der Gestapo. Am 6. Juli teilte er Veesenmayer mit, dass er vorhabe, die Deportationen abzubrechen. Drei Tage später wurden die Transporte offiziell eingestellt, obwohl Horthy die

Möglichkeit offen ließ, dass die Budapester Juden dennoch abgeschoben werden könnten.[66]

Eichmann war nicht der Einzige, den der Deportationsstopp in Rage versetzte. HSSPF Winkelmann war ebenfalls verärgert und schrieb Himmler, dass Veesenmayer gegenüber den Ungarn nicht hart genug auftrete. Hitler müsse persönlich eingreifen. Am 17. Juli wies Ribbentrop Veesenmayer an, Horthy mitzuteilen, wie verärgert Hitler über die Kursänderung sei. Hitler erwarte die Wiederaufnahme der Deportationen; andernfalls werde er keine Ausnahmen von ihnen mehr zulassen.[67] Kein Wunder, dass sich Eichmann in dieser Atmosphäre ermutigt fühlte, das Horthy-Dekret in den Wind zu schlagen und am 12. Juli eine Gruppe von SD-Männern ins Internierungslager in Kistarcsa zu schicken, wo über 1500 Juden festgehalten wurden. Nachdem sie die ungarischen Wachen beiseite gestoßen hatten, zwangen die SD-Männer die Juden, in einen gekaperten Eisenbahnzug einzusteigen, der dann in Richtung Auschwitz abfuhr. Ein Vertreter der jüdischen Gemeinde, der sich um das Wohlergehen der Internierten kümmern sollte, informierte jedoch den Judenrat, der seinerseits ihm wohl gesinnte Mitglieder von Horthys Hofstaat alarmierte. Der Zug wurde zurückgerufen, und die Juden kamen wieder ins Lager in Kistarcsa.[68]

Diese Abfuhr brachte Eichmann noch mehr auf, und er sann auf Rache. Er bestellte den Judenrat für den frühen Morgen des 19. Juli ins Hotel Majestic, wo dieser den ganzen Tag wartete, ohne dass etwas geschah. Otto Hunsche behielt die Vertreter der jüdischen Gemeinde bis 18 Uhr im Auge, dann erhielt er einen Anruf und sagte ihnen, dass sie gehen könnten. Erst jetzt erfuhren sie, dass Novak mit einer Abteilung von 30 Sicherheitspolizisten nach Kistarcsa hinausgefahren war. In Eichmanns Prozess sagte Alexander Brody über die weiteren Geschehnisse aus: »Daraufhin wurde der Befehl erteilt, dass alle Leute im Hof sich einfinden müssen, und die SS-Leute begannen die Leute brutalerweise auf die Lastkraftwagen zu werfen. Es gab unter ihnen auch solche, die auf Krücken lehnten, und solche, die in Krankenrollstühlen herumfuhren. Man sagte ihnen jedoch, dass sie die Krücken und die Rollstühle zurücklassen könnten, da sie ja in Zukunft das nicht mehr nötig haben würden.« In völliger

Missachtung der ungarischen Souveränität leerte Eichmann in Sarvar ein weiteres Lager. Der Tod der von dort und aus Kistarcsa deportierten 3000 Juden kann zwar nicht Eichmann allein angelastet werden, denn es gab auch in Berlin ein großes Interesse daran, dass die Züge weiter rollten, aber dieser Vorfall unterscheidet sich durch seinen persönlichen Übereifer und seine Initiative von ähnlichen Ereignissen. Die Anzeichen des Fanatismus sind unverkennbar.[69]

Als das SS-Kontingent am nächsten Tag von dem Attentat auf Hitler erfuhr, heizte sich die Atmosphäre noch weiter auf. Mehrere Stunden musste sich Eichmann um die Sicherheit seiner Dienststelle und seiner Mitarbeiter sorgen, doch es wurde rasch klar, dass die im Land stationierten Wehrmachteinheiten loyal zu Hitler standen und die Ungarn ihre freundliche Haltung beibehielten.[70] Eichmann kämpfte an mehreren Fronten gleichzeitig. Einige Tage zuvor hatte Horthy bekannt gegeben, dass er 40 000 ungarischen Juden die Ausreise gestatten werde, und zwar unter anderem nach Palästina. Eichmann erhob nachdrücklich Einspruch. An Günther in Berlin schrieb er: »Es ist von hier dafür Sorge getragen, dass auch seitens der hiesigen Gesandtschaft alles nur Mögliche getan wird, um die Auswanderungsbestrebungen in die Länge zu ziehen und schließlich auch [die] Fortsetzung der Judenevakuierung ganz zu unterbinden.« Da für die Ausreise Genehmigungen der deutschen Militärverwaltung nötig waren, hielt Eichmann es nicht für schwierig, die Ausreise hinauszuzögern, bis die Deportationen wieder aufgenommen wurden. Unnötig zu sagen, dass dies im Gegensatz zu seiner späteren Behauptung steht, dass er Becher den Erfolg seiner Bemühungen, Juden außer Landes zu schaffen, geneidet habe, weil er seinerseits die Auswanderung habe wieder beleben wollen.[71]

Eichmanns Verhalten lässt darauf schließen, dass er mittlerweile von dem Verlangen beseelt war, zu vollenden, was er begonnen hatte. Aber er konnte seinen Impulsen in dem Wissen folgen, dass Kaltenbrunner und Müller hinter ihm standen. Er ließ sich nicht einmal von der Nachricht beirren, dass Hitler die Ausreise von bis zu 40 000 Juden in die Schweiz abgesegnet habe. Veesenmayer berichtete dem Auswärtigen Amt, nach Eichmanns Meinung handle es sich bei den betroffenen Juden »ausnahmslos um biologisch wertvolles Material, sehr viele alte Zionisten, deren Einwanderung nach Palästina äußerst unerwünscht wäre. Er [Eichmann] beabsichtige, im Hinblick auf die Führerentscheidung, über die er unterrichtet wurde, Reichsführer-SS zu berichten und gegebenenfalls um erneuten Führerentscheid zu bitten.«[72]

Das war erstaunlich anmaßend für einen Sturmbannführer des SD (Oberstleutnant). Doch Eichmann unternahm keinen Alleingang: Er handelte im Einverständnis mit den Radikalen sowohl in Berlin als auch in Budapest. Mehrere Wochen lang war es durchaus nicht sicher, dass Horthys Entschluss Bestand haben würde und die Budapester Juden nicht doch noch den Deutschen ausgeliefert werden würden. Erstaunlicherweise waren Horthy und sein neuer Ministerpräsident Géza Lakatos sogar bereit, weitere Deportationen zuzulassen, wenn die Deutschen in begrenztem Umfang Auswanderungsmöglichkeiten eröffneten. Das gab Eichmann genügend Spielraum, und er überlegte, wie er die in der Hauptstadt verbliebenen 150 000 bis 200 000 Juden herausbekommen konnte. Mitte August kabelte Veesenmayer nach Berlin: »Für Durchführung Aktion Budapest im Übrigen [abgesehen von der teilweise möglichen Auswanderung nach Palästina] technisch alles bereitgestellt. Eichmann nimmt an, dass Zwischenfälle namentlich durch bewaffnete Juden nicht völlig ausbleiben werden.« Einen Monat nach Eichmanns vergeblicher Räumung des Lagers in Kistarcsa nannte ihm das ungarische Innenministerium ein Datum für die endgültige »Evakuierung« der Budapester Juden. Geplant war, am 25. August sämtliche privilegierten Juden in drei Konzentrationslager zu bringen; zwei Tage später sollten dann zwei Transporte mit zusammen 20 000 Juden nach Deutschland abgehen, denen täglich drei Züge mit jeweils 9000 Juden folgen sollten. Es sollte anders kommen. Am 24. August lenkte Horthy ein und ordnete an, die Juden in großen Lagern außerhalb von Budapest unterzubringen; ins Deutsche Reich sollten sie jedoch unter gar keinen Umständen gebracht werden. Am nächsten Tag bestätigte Himmler persönlich seinem HSSPF Winkelmann in einem Telegramm die Aussetzung der Deportationen. Es würde keine Kistarcsas mehr geben – jedenfalls im Augenblick nicht.[73]

Das war zuviel für Eichmann. Er sagte Veesenmayer, dass seine Arbeit in Ungarn, ungeachtet von Horthys Vorschlag, die Juden in Lagern in der Umgebung der Hauptstadt zu konzentrieren, beendet sei; er bitte um Versetzung. Der Reichsbevollmächtigte kündigte Berlin an, Eichmann werde »hierüber an RSHA mit Antrag berichten, ihn und sein Kommando nunmehr als überflüssig von hier abzuberufen«. Das Gefühl, überflüssig zu sein, wurde durch ein Ereignis an der Schweizer Grenze weiter verstärkt. Am 21. August kam Becher in der Mitte der Brücke, die in St. Margrethen die österreichisch-schweizerische Grenze überspannte, mit Saly Meyer zusammen, dem Repräsentanten des Joint Distribution Committee (JDC), der größten jüdisch-amerikanischen Hilfsorganisation. Becher setzte gewissermaßen den Handel mit Brand fort, nur mit dem Unterschied, dass er diesmal eine konkrete Geste des »guten Willens« machen konnte, indem er die Ausreise von 318 Juden aus Bergen-Belsen arrangierte. Krumey war als Vertreter des Referats IV B 4 zugegen, das die Zugfahrt organisiert hatte, doch Eichmann war verärgert darüber, dass Becher, der in direktem Kontakt mit Himmler stand, das Verdienst an den Verhandlungen für sich beanspruchte. Schlimmer noch, er hatte die Auswanderung von Juden nach Palästina arrangiert – etwas, wofür er nicht zuständig war.[74]

Es besteht ein grotesker Widerspruch zwischen Eichmanns Pose als Kämpfer für die jüdische Auswanderung und seinen Unmutsäußerungen über den von Becher arrangierten »illegalen Transport«, den er mit aller Macht zu verhindern versucht hatte. Darin trat sowohl seine Eitelkeit als auch sein Fanatismus zutage.[75] Es ist unmöglich zu sagen, was passiert wäre, wenn Brand und Kasztner Erfolg gehabt hätten und Eichmann wieder zum Herrn über die jüdische Auswanderung geworden wäre. Entsprang seine Ablehnung der Auswanderung, insbesondere derjenigen nach Palästina, einem Hass auf Juden und dem Wunsch nach ihrer Vernichtung? Oder reagierte Eichmann mürrisch und verärgert auf die Ausreise von Juden aus dem Reich, weil nicht er, sondern ein Rivale, der noch dazu Himmler nahe stand, sie organisiert hatte? Den Juden konnte es gleich sein. Ihre Tragödie bestand darin, den Launen eines solchen Mannes ausgesetzt zu sein.

Eichmann zeigte jetzt die Symptome eines völligen moralischen Zusammenbruchs. Er war ganz sicher nicht mehr der asketische, gewissenhafte Untergebene mit einer starken, fordernden Arbeitsmoral. Obwohl er in Ungarn mehr zu tun hatte, als er später zugeben wollte, konnte er viele Aufgaben entweder den Ungarn oder seinem Mitarbeiterstab überlassen, der noch nie so groß und so sehr an einem Ort konzentriert gewesen war. Infolgedessen hatte er genügend Freizeit. Laut Hermann Krumey »kam und ging [er], wann er wollte. In Ungarn herrschten im Vergleich mit dem Reich geradezu paradiesische Zustände; auf dem schwarzen Markt war vieles zu bekommen, was zu Hause seit Jahren nicht mehr erhältlich war. Und es gab kaum Bombenangriffe. In seiner gelben Villa auf dem Rosenberg thronend, von einem Schwarm von Dienern versorgt und von seinem Hofstaat umgeben, genoss Eichmann das Leben, und aufgrund der Unterbrechung des großen Plans für Ungarn hatte er mehr Zeit, sich privaten Vergnügungen hinzugeben. Im September wohnte er sogar eine Zeitlang in einer Burg.[76]

In den Monaten in Budapest entstand das Bild von Eichmann als einem verkommenen Perversen, das sich perfekt in die Pathologie der »Nazipersönlichkeit« einfügte und es ermöglichte, ihn dem Klischee des »Nazikitsch« entsprechend zu porträtieren. So schrieb etwa Comer Clarke Eichmann in einem 1960 erschienenen Buch »orgiastische sexuelle Aktivitäten« zu und behauptete, er habe die SS-Offiziere zum Frauentausch ermuntert. Angeblich war er Stammgast von Nachtklubs und Bordellen. »Eichmann hatte kaum sexuelle Hemmungen, und die Orgien dauerten oft bis sechs Uhr morgens, wenige Stunden, bevor er die nächste Gruppe von Opfern in den Tod schickte.« Der Rohstoff für diese lüsternen Phantasien stammte zumeist aus der Nachkriegsaussage von Dieter Wisliceny, der selbst ein geborener Bonvivant war. Wisliceny konnte sich das gute Leben leisten, weil er die Mittel dafür seinen jüdischen Opfern abpresste. Wie bestechlich er war, ließ sich an seinem anschwellenden Leibesumfang ablesen. Laut Joel Brand war er im April 1944 bereits so dick, dass es ihm schwer fiel, sich hinzusetzen. Was Eichmann anging, dürften seine Ausschweifungen zwar nicht das von Wisliceny angedeutete Ausmaß erreicht haben, aber sowohl Krumey als auch mehreren Juden, die ihm begegneten, fiel auf, dass er mit seinen Gedanken nicht ganz bei der Arbeit war.[77]

Während seiner Zeit in Ungarn hatte Eichmann eine Affäre mit Ingrid von Ihne, einer reichen und attraktiven geschiedenen Frau. Diese Beziehung hatte möglicherweise schon vorher begonnen. Eine andere Frau, Margit Kutschera, lernte Eichmann jedoch mit Sicherheit erst in Budapest kennen. Die geborene Wienerin lebte in Budapest als Gesellschafterin von Graf Stefan Schlippenbach, der für eine deutsche Nachrichtenagentur arbeitete. Im Verhör in Israel schilderte Eichmann seine Bekanntschaft mit Ingrid von Ihne und deren Mutter. Ferner erzählte er von einem Aufenthalt am Plattensee, wo er im Frühjahr vor den Deportationen zusammen mit Endre gewesen war. Mit einem Freund von der SS, der eine SS-Kavallerie-Division befehligte, unternahm er Ausritte auf dem Land. Außerdem lebten Verwandte aus der zweiten Ehe seines Vaters in Budapest. Unglücklicherweise für ihn – und noch mehr für sie – war deren Tochter, die von einem jüdischen Schuhfabrikanten geschieden war, mit einem ebenfalls jüdischen Dozenten verlobt. Neben der Pflege seiner vielfältigen gesellschaftlichen Kontakten und seiner Liebe zum Reiten entdeckte Eichmann sein Vergnügen am Autofahren. Er erwarb einen Schwimmwagen, mit dem er im Gelände herumfuhr; im Gegensatz zu Deutschland war Benzin in Ungarn nicht rationiert.[78]

Zu diesem Zeitpunkt rauchte und trank Eichmann bereits viel. Hansi Brand erinnerte sich: »Oft hat er viel getrunken, so dass man von weitem riechen konnte den Schnaps. Und dann war er sehr gesprächig und wollte uns zeigen, dass er die jüdischen Angelegenheiten sehr gut versteht [...].« Häufig verband er dank der Großzügigkeit seiner ungarischen Gastgeber das Dienstliche mit dem Vergnügen, wie bei dem ersten dienstlichen Treffen mit Endre, das bei einem »kleinen Abendessen« stattfand, bei dem uniformierte Ordonnanzen die Gäste bedienten (zu denen auf Eichmanns Seite natürlich auch Wisliceny gehörte). Nachdem Endre Eichmanns Programm für die Lösung der »Judenfrage« begriffen hatte, konnte man zum gemütlichen Teil des Abends übergehen. »Ich brauchte nicht mehr zu sprechen«, berichtete Eichmann in Argentinien, »sondern konnte den restlichen Teil des Abends dem Probieren der verschiedenen Tokayer-Weine widmen.« Rudolf Höß hat bezeugt, dass Eichmann auch von anderen ungarischen Beamten geschätzt wurde. Er sei »überall beliebt und gern gesehen« gewesen: »Zahlreiche private Einladungen von den Chefs dieser Dienststellen bestätigen dies.« Einen weiteren alkoholisierten Abend verbrachten Endre und Eichmann im November 1944 zusammen, nachdem Eichmann Tausenden von Juden befohlen hatte, einen mörderischen Fußmarsch zur österreichischen Grenze zu beginnen. »Der Reichsbevollmächtigte Veesenmayer hat mir gratuliert zu der eleganten Durchführung, und Dr. Endre hat mir gratuliert zu der ganzen Durchführung; mit Endre, muss ich sagen, habe ich noch einen [...] darauf gesoffen, und war es Schnaps aus Pferdemilch, Stutenmilch gewesen, ich trank es zum ersten Mal, und deswegen weiß ich es noch.«[79]

Dass er den Völkermord unvermittelt neben ein solch einprägsames sinnliches Erlebnis stellen konnte, sagt viel über die Degeneration seines Charakters aus. Durch die ständige Tätigkeit in der Todesmaschinerie hatte er sich an den Massenmord gewöhnt. Die Bombardierung von Berlin vollendete diesen Prozess und lieferte zugleich eine beruhigende Rechtfertigung. Er hatte das Gefühl, »mitten drinnen im Todeswirbel« zu stehen. Angesichts der Zerstörungen in Berlin habe für ihn »der ganze Tod [...] insofern die Schrecken verloren« gehabt.[80] Eichmann war nicht das sadistische, lüsterne Ungeheuer, das die Zeitungen später aus ihm gemacht haben, aber er war auch kein stumpfsinniger Beamter oder roboterhafter Bürokrat. Macht – die Macht über Leben und Tod – hatte ihn korrumpiert. Bis 1944 hatte sie ihn von Grund auf verdorben.

Ende August erlöste der BdS Hans Geschke Eichmann von schwärendem Groll und Untätigkeit. Geschke brauchte für eine Mission in der Nähe eines kritischen Abschnitts der Ostfront dringend eine Einheit, und Eichmanns Kommando war als einzige verfügbar. Eichmann wurde angewiesen, so viele seiner Männer wie möglich zusammenzutrommeln und sich in die Gegend von Groß-Nikolsburg und Arad an der ungarisch-rumänischen Grenze zu begeben, um 10 000 Volksdeutsche vor der anrückenden Roten Armee in Sicherheit zu bringen. Eichmann freute sich auf die Aufgabe. »[...] zum ersten Male hatte ich einen Auftrag, der mich in unmittelbare Frontnähe brachte«, erzählte er im Verhör in Israel, »und zum ersten Male habe ich nicht versucht, irgendwie durch eine persönliche Bitte davon entbunden zu werden.«[81]

Von seinem Freund SS-Brigadeführer und Generalmajor der Waffen-SS August Zehender, dem Befehlshaber der in Budapest stationierten 22. SS Kavallerie-Division, erhielt er einige leichte Geschütze, einen Lastwagen mit Munition und eine halbe Kompanie kampfbereiter Soldaten der Waffen-SS. Als er aufbrach, phantasierte er über ein ruhmreiches Ende auf dem Schlachtfeld. »[Ich] war fest entschlossen, [...] mich unten irgendwo einkesseln zu lassen«, sagte er seinem Vernehmungsoffizier in Israel, »damit ich in kriegerische Ereignisse hineinkomme und nicht mehr zurück brauche.« Auf dem Marsch kam Eichmanns Trupp in einem Gebiet, das gerade erst nach einem sowjetischen Angriff zurückerobert worden war, an einem Feldlazarett vorbei. Die Ärzte und Krankenschwestern suchten verzweifelt nach einer Evakuierungsmöglichkeit, und so machte Eichmann Halt und ließ das Lazarett von seinen Lastwagen zu einem Güterzug verfrachten, den er kurzerhand angehalten hatte. Während der gesamten Rettungsaktion schlugen hin und wieder sowjetische Granaten in der Nähe ein. Nach dieser ungeplanten Aktion schwärmte Eichmanns Trupp aus, um die Volksdeutschen davon zu überzeugen, dass sie fliehen mussten. Doch sie wollten nicht gehen, und Eichmanns Männer durften ihnen nicht sagen, dass die Front bald zusammenbrechen würde. Die Operation verwandelte sich in eine Farce, und Eichmann brach sie nach wenigen Tagen ab. Müller erteilte ihm später wegen der Eskapade mit dem Lazarett einen Verweis, doch gleichzeitig erhielt er für seine Leistung das Eiserne Kreuz zweiter Klasse.[82]

Nach diesem Frontabenteuer fuhr Eichmann für einige Tage nach Berlin, wo er mit Müller zusammenkam, der mit ihm vermutlich über die zu erwartende weitere Entwicklung in Ungarn sprach. Nach seiner Rückkehr nach Budapest am 28. September 1944 wurde sein Kommando aufgelöst. Eichmann und einige seiner Mitarbeiter blieben aber als Beobachter in Ungarn. Theodor Grell von der deutschen Gesandtschaft berichtete nach Berlin: »Eichmann und die von ihm seinerzeit aus Berlin mitgebrachten Führer sind grundsätzlich in das RSHA zurückberufen worden, jedoch angewiesen, noch etwa eine Woche in Budapest sich aufzuhalten – wie gerüchteweise verlautet, in der Annahme der Erwartung eines innerpolitischen Kurswechsels.«[83] Der SS-Nachrichtendienst hatte Wind davon bekommen, dass Horthy erneut versuchen wollte, Ungarn aus Hitlers Griff zu befreien, und Hitler schlug vor, eine neue Regierung einzusetzen. Diesmal erreichte man den Regimewechsel, indem man den profaschistischen Eiferer Ferenc Szálasi und seine Pfeilkreuzler zu einem Staatsstreich ermunterte. Den SS-Sondereinheiten und den Pfeilkreuzlern fiel es Mitte Oktober nicht schwer, die Hauptstadt in die Hand zu bekommen und Vertreter des Friedenslagers zu verhaften. Horthys Sohn wurde als Geisel genommen, um das Wohlverhalten des Reichsverwesers zu gewährleisten.[84]

Eichmann trat am 18. Oktober wieder in Erscheinung, als er mit Szálasi Verhandlungen über die Bereitstellung von 50 000 ungarischen Juden für das »Jäger-Projekt« aufnahm, den Bau von unterirdischen Flugzeugfabriken in eigens dafür in Berge getriebenen Stollen. Aufgrund der angespannten Transportlage und der wiederholten Bombardierung der Eisenbahnstrecken hatte Eichmann vor, die Juden zu Fuß von Budapest nach Wien laufen zu lassen – eine Strecke von 220 Kilometern. Andere sollten beim Bau von Befestigungen des so genannten Südostwalls in Ungarn eingesetzt werden. Die verbleibenden Budapester Juden wollte man vorübergehend in am Stadtrand gelegenen Ghettolagern konzentrieren. Veesenmayer machte Berlin darauf aufmerksam, dass Eichmann, »wie streng vertraulich mitgeteilt wird«, trotz Szálasis erklärter Absicht, eine Entfernung von Juden aus Ungarn nicht zu gestatten, beabsichtige, »nach erfolgreichem Abschluss erwähnter Fußstrecke später nochmals weitere 50 000 Juden anzufordern, um [...] Endziel Ausräumung ungarischen Raumes zu erreichen«.[85]

Eichmann freute sich, wieder an die Arbeit gehen zu können. Nachdem er die Zustimmung der ungarischen Regierung zu seinem gigantischen Vorhaben erhalten hatte, bestellte er Kasztner zu sich, den er mit den Worten begrüßte: »Nun, sehen Sie, ich bin wieder da!« Er genoss die maßlose Enttäuschung des verwirrten Kasztner, der gehofft hatte, Ungarn würde sich wie Bulgarien und Rumänien aus dem Krieg herauswinden können, solange die jüdische Gemeinde weitgehend intakt sei. Als Eichmann ihm die verblüffende Mitteilung machte, dass die Budapester Juden zu Fuß ins Reich marschieren würden, schien er laut Kasztner »der glücklichste Mensch auf Erden zu sein. Er fühlte sich wieder in seinem Element. [...] Übrigens war er diesmal, wie meistens in der letzten Zeit, betrunken.«[86]

Eichmanns Trunkenheit passte zur anarchischen, zügellosen Atmosphäre in Szálasis Budapest. Die Speerspitzen der Roten Armee überrannten die Ebenen in Südostungarn, wo sie auf keine natürlichen Hindernisse und nur wenige ungarische und deutsche Einheiten stießen, die ihren Vormarsch hätten aufhalten können. Am 29. Oktober beschoss die sowjetische Artillerie bereits die Vororte der Stadt. Doch der ungarische und deutsche Widerstand verstärkte sich. Die ersten direkten Angriffe auf die Hauptstadt wurden zurückgeschlagen. Erst zwei Monate später gelang es der Roten Armee, sie einzuschließen. In der Zwischenzeit erließ die Regierung Szálasi immer irrealere Verordnungen, und Banden von Pfeilkreuzlern überfielen Juden, vergewaltigten jüdische Frauen, plünderten die »Gelbsternhäuser« oder vergnügten sich damit, ein halbes Dutzend Juden mit einem Seil oder Stacheldraht zusammenzubinden, ein oder zwei der Unglücklichen zu erschießen und das menschliche Bündel anschießend in die Donau zu stoßen.[87]

In diesem Chaos erfüllte Eichmann mit gewohnter Hartnäckigkeit seine letzte Aufgabe. Vom 20. bis 26. Oktober wurden etwa 35 000 jüdische Männer und Frauen im Alter von 16 bis 60 Jahren aus den »Gelbsternhäusern« im zentralen Budapester Ghetto geholt, in Arbeitskolonnen aufgeteilt und an die Front im Norden und Süden der Stadt geschickt, um Erdarbeiten zu verrichten. Anfang November ordnete die Regierung die Aushebung weiterer 25 000 Juden zur Zwangsarbeit in Deutschland an. Erneut durchkämmten Polizei und Gendarmerie die jüdischen Wohnhäuser und brachten jeden, der einen arbeitsfähigen Eindruck machte, zur Sammelstelle in der Ziegelei in Obuda außerhalb der Stadt. Dann begannen die Märsche: lange Reihen von abgerissenen, häufig älteren Männern und Frauen, die sich durch Regen und Kälte schleppten. Hunderte stürzten erschöpft zu Boden und starben am Wegesrand oder wurden von den ungarischen Wachen erschossen.[88]

Inzwischen unternahmen die Konsulate der Schweiz und Schwedens beträchtliche Anstrengungen, um Juden zu retten und den Menschen in den Marschkolonnen Hilfe zukommen zu lassen. So erhielt Arye Breszlauer von der Schweizer Gesandtschaft einen Schutzpass, der es ihm ermöglichte, weniger glücklichen Juden zu helfen. Er fuhr nach Hegyeshalom, einer Stadt an der österreichischen Grenze. Dort fand er Tausende von Juden vor, die in die Scheunen und Schuppen einer Tabakfabrik gepfercht waren: »Die Leute, die den Weg durchgemacht hatten ohne Nahrung, 200–220 km, auf ihren Gesichtern war die Todesangst zu lesen. Sie waren in einer schrecklichen Lage, [...] ihre Notdurft verrichteten sie in der Scheune, Männer, Frauen –. Ich hörte ihre Hilferufe. Sie glaubten, ich könne sie alle retten. Sie begannen zu schreien [...]. Sie waren hungrig und durstig – unbeschreiblich.«[89]

Eichmann waren die Umstände gleichgültig, unter denen die Fußmärsche stattfanden. Er machte sich nicht die Mühe zu überprüfen, ob die Ungarn auf dem Weg Verpflegung und Unterkunft bereitstellten. Später warf er den Ungarn vor, sie hätten seine »Richtlinien« missachtet, räumte aber ein: »[...] ich habe mir grundsätzlich nichts angesehen von all diesen elenden Bildern, wenn ich nicht ausdrücklich dazu befohlen gewesen war.« Doch er war nicht der einzige deutsche Beamte, der die erzwungenen Fußmärsche mit grausamer Gleichgültigkeit behandelte. Am 13. November teilte Veesenmayer dem Auswärtigen Amt mit, dass die Evakuierung der Juden trotz »technischer Schwierigkeiten« wie geplant verlaufe. 27 000 Juden befänden sich zu Fuß auf dem Weg ins Reich, und Eichmann habe vor, weitere 40 000 folgen zu lassen. Über die »endgültige Bestimmung« der 120 000 in der Hauptstadt verbliebenen Juden sei »noch nicht entschieden« worden.[90]

Am selben Tag, an dem Veesenmayers Fernschreiben abging,

begegnete eine Gruppe hoher SS-Offiziere, die sich auf der Fahrt von Wien nach Budapest befand, einer der Marschkolonnen. Die Offiziere, unter ihnen Rudolf Höß, der inzwischen zum WVHA gewechselt war, und SS-Obergruppenführer Hans Jüttner, der Chef des Stabes des SS-Führungshauptamts, waren entsetzt. In Budapest angekommen, protestierten sie bei Winkelmann nachdrücklich gegen die Fußmärsche und forderten ihren Abbruch. Ausgerechnet Höß wies darauf hin, dass Himmler eine »neue Orientierung« verkündet habe, die das Abschlachten von Juden nicht mehr vorsehe. Als Winkelmann Eichmann die Schuld an dem Debakel gab, verlangte Jüttner, diesen zu sehen. Aber Eichmann, der sich außerhalb von Budapest aufhielt, schenkte dieser Aufforderung so wenig Beachtung, dass er einen untergeordneten Mitarbeiter aus seinem Stab schickte, der es Jüttner gegenüber offenbar an Ehrerbietung fehlen ließ. Jedenfalls war Jüttner jetzt so wütend, dass er Himmler anrief, um sich persönlich zu beschweren. Am nächsten Tag wurden die Fußmärsche eingestellt, und über 7500 Juden trotteten in die Stadt zurück.[91]

Die Einstellung dauerte nicht lange: Als Eichmann zurückkehrte, ordnete er die Wiederaufnahme der Märsche an. Die Rüge bereitete ihm keine großen Kopfschmerzen, denn Jüttner und seine Kollegen hatten sich, trotz ihres verspäteten Protests aus humanitären Gründen, im Grunde nicht um das Wohlergehen der Juden gesorgt. Was sie störte, war die schlechte Behandlung von wertvollen Arbeitskräften. Es nutzte dem Reich nichts, wenn die beim Jäger-Projekt dringend benötigten Arbeiter in einem Zustand eintrafen, in dem sie keine Schwerarbeit verrichten konnten. Eichmann wusste das. Doch sein einziges Zugeständnis bestand darin, dass er Frauen sowie Alte und Gebrechliche aussondern ließ. Und tatsächlich war Müller, als er von der Episode erfuhr, voll des Lobes für seinen einfallsreichen und unerschrockenen Untergebenen. Eichmann brüstete sich damit, dass der Gestapochef einmal zu ihm gesagt habe: »Hätten wir 50 Eichmänner gehabt, dann hätten wir den Krieg automatisch gewinnen müssen [...].«[92]

Die Fußmärsche brachten Eichmann allerdings in direkten Konflikt mit den internationalen Rettungsbemühungen. Seit Juli stellte der Schweizer Generalkonsul Charles Lutz jenen Juden, die unter die zwischen Ungarn und der Schweiz getroffene Vereinbarung über die Ausreise von »Zertifikatsjuden« fielen, Schutzpässe aus. Und nach dem 15. Oktober hatte er begonnen, Häuser zu erwerben und unter diplomatischen Schutz zu nehmen, um die Juden mit Schweizer Schutzpässen darin unterzubringen.[93] Schweden gewährte schon seit 1943 einzelnen ungarischen Juden, die in irgendeiner Verbindung zu dem skandinavischen Land standen, seinen Schutz. Mitte Juni bot Carl Danielsson, der schwedische Gesandte in Budapest, mehreren Hundert Juden mit familiären oder geschäftlichen Beziehungen in Schweden Zuflucht in seinem Land an. Nach der Intervention König Gustavs V. entsandte der schwedische Außenminister Raoul Wallenberg nach Budapest, um die Hilfs- und Rettungstätigkeit zu organisieren. Obwohl Wallenberg, der am 9. Juli eintraf, zu spät kam, um noch etwas gegen die Deportationen tun zu können, schützte er Tausende von Juden vor den Übergriffen der Pfeilkreuzler und zog buchstäblich Juden aus den Marschkolonnen heraus. Zusammen mit seinen Kollegen von der schwedischen Gesandtschaft gab auch er Schutzpässe aus, zuerst an die begrenzte Gruppe derjenigen, die über Verbindungen nach Schweden verfügten, und dann an einen immer größeren Kreis von Bedrohten. Zudem nahmen auch die Schweden, wie die Schweizer, Häuser unter diplomatischen Schutz. Tausende von Juden fanden dort Unterschlupf und arbeiteten für Wallenbergs Hilfsorganisation. Bis November schlossen sich der Vatikan, Portugal und Spanien der Rettungsaktion an. So entstand ein »internationales Ghetto«, in dem sich annähernd 16000 Juden relativ sicher fühlen konnten. Der zionistische Untergrund nutzte diese Umstände und verteilte gefälschte Pässe – die Zahl derjenigen, die dank ihrer Schutzpässe Zuflucht fanden, stieg beträchtlich.[94]

Eichmann ging brutal gegen seine Widersacher vor. Er wies Dannecker an, mit Kräften von SD und Pfeilkreuzlern die sicheren Häuser nach Juden mit falschen Papieren zu durchsuchen. Kasztner sagte er, dass er Wallenberg für die Behinderung der Fußmärsche bestrafen wolle. Seine Tiraden gegen den schwedischen Diplomaten waren berüchtigt. Nachdem dem schwedischen Gesandten zu Ohren gekommen war, dass Eichmann die

Absicht geäußert habe, »den so genannten Judenhund Wallenberg zu erschießen«, legte er bei Veesenmayer Beschwerde ein. Auch in Berlin gingen Proteste ein, doch Veesenmayer wischte sie beiseite. Wallenberg habe sich »in durchaus unüblicher Weise für ungarische Juden eingesetzt [...], die zum Grenzarbeitsdienst eingezogen waren«.[95]

Eichmanns Feindseligkeit gegenüber einflussreichen Vertretern neutraler Staaten und sein fanatisches Beharren auf den Fußmärschen verschlechterten das Verhältnis zu Becher zusätzlich und bereiteten sogar Wisliceny Sorgen. Diesem korrupten Opportunisten war klar, dass der Krieg verloren war und man sich langsam auf die Zeit danach vorbereiten musste. Für ihn war Eichmanns Verhalten wahnsinnig. Im Gegensatz zu ihm versuchte der zunehmend von Ängsten geplagte Wisliceny sich einen besseren Ruf und Schutz für die Nachkriegszeit zu erkaufen, indem er Juden half. Im August trug er dazu bei, dass Fülöp von Freudiger und seine Familie nach Rumänien fliegen konnten, und im November kam es wiederholt zu Auseinandersetzungen mit Eichmann über die unterschiedslose Aushebung von Zwangsarbeitern.[96]

Im Vergleich mit Becher, der mittlerweile im RSHA ein gewichtiges Wort mitzureden hatte, war Wisliceny jedoch nur ein geringes Ärgernis. Ende November kam es an dieser Front zur Konfrontation: Becher verlangte von Eichmann, den Exodus der Juden aus Budapest zu stoppen, und drohte mit einer Beschwerde bei Himmler persönlich. Als Eichmann seine Forderung erneut ignorierte, bestellte Himmler beide zu sich in seinen Kommandostand in Triberg im Schwarzwald. Laut Becher hat Himmler mit Eichmann »im Guten und Bösen gesprochen«. Himmler habe zum ihm gesagt: »Wenn Sie bisher Juden ausrotteten, so müssen Sie, wenn ich es befehle, wie in diesem Falle, jetzt Judenpfleger sein. Ich erinnere Sie daran, dass nicht der Gruppenführer Müller oder Sie, sondern ich 1933 das Reichssicherheitshauptamt gegründet habe und dass ich befehle.« Tatsächlich waren Kaltenbrunner und Müller in der »Judenfrage« anderer Meinung als Himmler und auf Eichmanns Seite. Himmlers Bemühungen, Juden für die Kontaktaufnahme mit den Alliierten zu nutzen, konnten sie nichts abgewinnen. Das versetzte Eichmann in eine weit stärkere Position, als ein bloßer Obersturmbannführer normalerweise einnahm, und erklärt, warum er mit einem Rüffel des SS-Chefs davonkam. Becher war derart beunruhigt über Eichmanns mögliche Reaktion, dass er Himmler drängte, ihm neben der Peitsche auch ein Zuckerbrot zu geben: »Ich habe Himmler dabei nach meiner Erinnerung empfohlen, Eichmann mit einem Orden auszuzeichnen, da ich den Eindruck hatte, dass Eichmann für eine solche Begrüßung durch Himmler empfänglich war.«[97]

Bald nach Eichmanns Rückkehr nach Budapest schloss sich der Ring der Roten Armee um die Stadt immer mehr. Er bereitete sich darauf vor, in den Reihen der 22. SS-Kavallerie-Division seinen Platz an der Front einzunehmen. Die Routen aus der Stadt heraus waren fast alle blockiert oder wurden bombardiert, so dass an »Evakuierungsarbeit« nicht mehr zu denken war. Dieses Kapitel war abgeschlossen. Eichmann behauptete später, er sei erleichtert und sogar froh gewesen, ins bloße Soldatendasein zurückkehren zu können. Bis auf seinen Fahrer schickte er alle seine Untergebenen aus der Stadt. Er gab sich der Hoffnung hin, ein militärisches Kommando zu erhalten, wurde aber enttäuscht. »[...] damit hatte ich wieder mal Pech gehabt«, sagte er im Verhör in Israel. Es war allerdings selbst unter den chaotischen Umständen in Budapest nicht sehr wahrscheinlich gewesen, dass man einem mittleren Offizier ohne Fronterfahrung eine solche Verantwortung übertragen hätte. Und hätte Eichmann mehr »Glück« gehabt, hätte es seinen sicheren Tod bedeutet: Von den 46 000 deutschen und ungarischen Soldaten, die Ende Dezember eingekesselt wurden, überlebten nur wenige Hundert, die im Februar 1945 ausbrechen konnten. Die meisten Soldaten und Offiziere der SS-Truppen, die der Roten Armee in die Hände fielen, wurden auf der Stelle erschossen.[98]

Eichmann hatte indessen durchaus die Absicht, am Leben zu bleiben. Seit August 1944 hatte er zu verstehen gegeben, dass er sich Sorgen über den Ausgang des Krieges machte. Um ein zutreffendes Bild der Lage zu erhalten, suchte er Rat bei einem Eingeweihten, Wilhelm Höttl, einem in Budapest stationierten Mitarbeiter des SD-Auslandsnachrichtendienstes. Laut Höttl trank Eichmann »in dieser Zeit ständig und viel« und befand sich in einem »sehr schlechten seelischen Zustand«. Während ihres Gesprächs sei er nervös gewesen und habe mehrere Gläser Schnaps getrunken, und zwar so viele, dass er, Höttl, ihm beim Abschied geraten habe, sich nicht ans Steuer seines Wagens zu setzen. Eichmann hatte ihm gesagt, »dass er bei der nunmehr zu erwartenden deutschen Niederlage überhaupt keine Chance mehr hätte«. Er werde »von den Alliierten wegen seiner Funktionen bei dem Judenvernichtungsprogramm als Spitzenkriegsverbrecher angesehen«. Eichmann war sich also im Klaren darüber, dass man nach ihm suchen würde, und er begann seine Vorbereitungen zu treffen, der Gefangennahme oder einem Anschlag auf sein Leben zu entkommen. Nach Wislicenys Aussage hatte Eichmann für den Fall eines Anschlags auf ihn stets ein kleines Waffenarsenal im Auto, einschließlich Maschinenpistolen und Handgranaten. Seine Unterkunft wurde ständig von bewaffneten Polizisten bewacht. Im Garten seiner Budapester Villa ließ er von einer jüdischen Arbeitskolonne sogar Deckungsgräben und Mörsernester anlegen. Joseph Weisl, einer seiner Unteroffiziere, erinnerte sich später: »In den letzten Jahren hatten alle Angst vor ihm, wirkliche Angst. Er war sehr nervös und brüllte seine eigenen Offiziere, seine eigenen Freunde ständig an. Er lächelte oder lachte nicht mehr. Ich vermute – er wusste zuviel, und das alles belastete ihn.«[99]

Die Hauptgefahr für Eichmann ging im Dezember 1944 indes nicht von Attentaten, sondern von der Roten Armee aus. Am Heiligabend befahl ihm Kaltenbrunner, sich aus der Stadt abzusetzen – wenige Stunden bevor sowjetische Truppen die letzte Fluchtroute kappten. Die Fahrt war ein Albtraum. Eichmann schlängelte sich in seinem Schwimmwagen zwischen den versprengten Resten einer in die Flucht geschlagenen Armee hindurch. Mehrmals musste er wegen des starken Granatbeschusses die Straße verlassen. Doch nachdem er unterwegs übernachtet hatte, erreichte er Ödenburg (Sopron) an der ungarisch-österreichischen Grenze, wo der BdS in Ungarn einen provisorischen Befehlsstand eingerichtet hatte. Die Männer, die er dort antraf, unter ihnen Höttl, waren einige Tage zuvor aus Budapest abgerückt. Sie konnten es kaum glauben, dass Eichmann lebendig aus dem Inferno herausgekommen war, wie er später mit unüberhörbarem Stolz erzählte. Von Ödenburg fuhr er weiter nach Berlin, wo die Tätigkeit des RSHA, wie er feststellte, praktisch zum Erliegen gekommen war. Der Sitz der Gestapo in der Prinz-Albrecht-Straße war bei Bombenangriffen zerstört worden, und es war unmöglich, richtig zu arbeiten, da die Kommunikationsverbindungen ständig zusammenbrachen. Viele Gestapobeamte waren in das Haus in der Kurfürstenstraße 115–116 umgezogen, das von schweren Schäden verschont geblieben war, vermutlich weil es außerhalb des Regierungsbezirks lag. Kaltenbrunner, Müller und die anderen Amtschefs kamen nur zum Mittagessen aus dem zerbombten Stadtzentrum herüber. »[...] ich wurde nie eingeladen«, merkte Eichmann an.[100]

Er war nun ein Paria. Die Angehörigen der SS-Elite waren jetzt beim Mittagessen in der Kurfürstenstraße damit beschäftigt, ihre Flucht zu planen und zwischen sich und den Völkermord so viel Abstand wie möglich zu legen. Dass Eichmann nun gemieden wurde, lag auch an seiner Überheblichkeit. »Da fand zu dieser Zeit«, erzählte er in Israel, »eine Referentenbesprechung statt [...], und hier erlebte ich nun etwas, was ich nicht für möglich gehalten hätte. Da war ein Referent, der sich ausschließlich mit der Ausstellung von falschen Papieren, Zeugnissen usw. usw. beschäftigte für die Angehören der Sicherheitspolizei, d.h. Sicherheitspolizei des Amtes IV, die irgendwie ihre Namen geändert wünschten, die wünschten, dass sie während des Krieges z.B. Versicherungsagenten gewesen wären oder Ähnliches. Müller fragte mich dann, was mit mir wäre. Ich habe gesagt, dass ich darauf verzichte. Denn ich hatte nichts anderes im Kopf als wie meine Verteidigungsanlage, und dazu brauchte ich keine falschen Papiere.«[101]

Im Januar 1945 verwandelte Eichmann seine Dienststelle in eine Festung und spielte wieder einmal den militärischen Helden. »Ich bin in Berlin [...] hingegangen«, brüstete er sich im Verhör in Israel, »und habe nun dieses Trümmerfeld im Umkreis meiner Dienststelle mit Straßensperren durch Straßenbahnschienen, die ich herausreißen ließ, durch Tankfallen, Schützennester in Ruinen usw. in einen Verteidigungszustand versetzen lassen.« Darüber hinaus hatte Eichmann unterirdische Räume angelegt, die er für den Fall einer Belagerung – oder der Notwendigkeit unterzutauchen – mit Vorräten voll gestopft hatte. Laut Höttl nannte Eichmann das Versteck seinen »Fuchsbau«. Er sollte ihn nie benutzen, aber Höttl vermutete, dass er Müller sehr zupass gekommen war, als er im April 1945 nach dem Fall von Berlin spurlos verschwand.[102]

Neben der Organisation des letzten Gefechts kümmerte sich Eichmann um die belastenden Akten des Referats IV B 4 – das im Dezember 1944 in IV A 4, zuständig für das Judentum und christliche Kirchen, umbenannt worden war. Die Akten wurden entweder sofort verbrannt oder nach Theresienstadt ausgelagert, wo sie einige Wochen später dem Feuer übergeben wurden. Die Spuren der »Endlösung« zu beseitigen war jetzt eine vordringliche Aufgabe. Im selben Monat besuchte Eichmann zusammen mit Günther das Ghettolager und verhörte aus dem KZ Ravensbrück dorthin verlegte Frauen, um herauszufinden, wie viel sie und andere Überlebende über das Vernichtungsprogramm würden aussagen können. Im März und April war er noch mehrere Male in Theresienstadt, um über das Schicksal des Ghettos und seiner verbliebenen 17 500 Bewohner zu entscheiden. Otto Hunsche behauptete später, Eichmann hätte den Befehl erteilt, die Juden im Falle eines Vorstoßes der Roten Armee allesamt zu erschießen. Die Insassen des Ghettos vermuteten hingegen, dass Karl Rahm, der letzte Lagerkommandant, Gaskammern für sie vorbereitete.[103]

Während eines Besuchs sprach Eichmann mit Rabbi Murmelstein, dem Vorsitzenden des Judenrats des Ghettos, über die große Zahl von Urnen mit der Asche der in Theresienstadt eingeäscherten Juden. Nach der letzten Säuberungsaktion befand sich das Ghetto zwar in einem vorzeigbaren Zustand, aber jene Urnen erzählten eine andere Geschichte. Eichmann ordnete an, Verstorbene künftig zu begraben. Murmelstein wandte ein, dass dafür der Grundwasserspiegel zu hoch sei, doch Eichmann ging darüber hinweg. Infolgedessen wurden in den letzten beiden Kriegswochen verstorbene Juden begraben; ihre Leichen stiegen in dem sumpfigen Boden allerdings bald wieder an die Oberfläche auf.[104]

Das war fast eine Metapher. Eichmanns Anstrengungen, das Rote Kreuz zu täuschen, hatten ebenso wenig Erfolg: Die Wahrheit stieg unaufhaltsam an die Oberfläche. Im März 1945 verhandelte das IRK mit Himmler und Kaltenbrunner über die Zukunft der Konzentrationslager, einschließlich Theresienstadt. Diese Gespräche gehörten zu Himmlers Versuchen, Verbindungen zu den Alliierten herzustellen, und er stimmte einem weiteren Rotkreuz-Besuch in Theresienstadt zu. Wie vor der Visite im Jahr 1944 ordnete Eichmann eine »Verschönerung« des Ghettos an und übernahm am Tag vor der Ankunft der IRK-Delegation selbst die Regie. Als Vertreter des IRK trafen am 6. April in Begleitung von Eichmann und Günther die Schweizer Frédéric Siordet und Paul Dunan sowie Otto Lehner, ein deutscher IRK-Delegierter, in Theresienstadt ein. Während des Besuchs sahen sie sich den 1944 im Ghetto gedrehten Film an, angeblich ohne zu ahnen, dass die meisten der auf der Leinwand erscheinenden Menschen mittlerweile tot waren. Dennoch stellten sie unbequeme Fragen über die Transporte in den Osten und legten nach der Inspektionsreise einen Bericht vor, in dem sie die Einstellung der Deportationen forderten.[105]

Nach dem Ghettobesuch gab Reichsprotektor Karl-Hermann Frank im Hradschin in Prag einen Empfang für die Delegation. Otto Lehner machte sich Notizen über das Treffen, wobei er auch eine haarsträubende Unterhaltung mit Eichmann festhielt: »Im Laufe des Abends entwickelte Eichmann seine Theorien über das Judenproblem. Seines Erachtens waren die Juden in Theresienstadt in Bezug auf Ernährung und medizinische Betreuung viel besser gestellt als viele Volksdeutsche. Theresienstadt sei eine Schöpfung des Reichsführers-SS Himmler, der den Juden im dortigen Ghetto die Gelegenheit geben wollte, ein Gemeinwesen zu schaffen unter jüdischer Leitung und mit fast vollständiger Autonomie. Man habe auf diese Weise bei den Juden den Sinn für eine Volksgemeinschaft wecken wollen. Die Juden von Theresienstadt sollten später in irgendeiner Gegend angesiedelt werden, wo sie für sich, abgesondert vom deutschen Volkskörper, leben sollten.« Selbst noch zu diesem späten Zeitpunkt war Eichmann also unfähig, die fixen Ideen über die Juden, die sich am Beginn seiner Karriere bei ihm festgesetzt hatten, aufzugeben. Doch es sollte noch schlimmer kommen. »Was das Gesamtjudenproblem betrifft«, berichtete Lehner weiter,

»äußerte sich Eichmann dahin, dass Himmler gegenwärtig für humane Methoden einträte. Er persönlich sei mit diesen Methoden nicht ganz einverstanden, aber als guter Soldat folge er natürlich mit blindem Gehorsam den Befehlen des Reichsführers.«[106]

Solche Bemerkungen zeugen von Dummheit, Trunkenheit oder Reuelosigkeit. Seine »Abschiedsrede«, die er an seine Mitarbeiter in der Kurfürstenstraße 115–116 richtete, deutet auf Letzteres hin. Hier verkündete er, dass er nicht bedauere, was sie getan hätten. Laut Wisliceny sagte er, »er würde lachend in die Grube springen, denn das Gefühl, dass er fünf Millionen Menschen auf dem Gewissen hätte, wäre für ihn außerordentlich befriedigend«. Eichmanns Version, die er gut zwölf Jahre später auf Tonband sprach, liest sich etwas anders: »[...] der Krieg neigte sich zu Ende, es war alles verloren, und [...] [mich] förmlich verabschiedend habe ich mich dann geäußert, dass [ich], wenn es nun schon sein muss, gerne und freudig in die Grube springe mit dem Bewusstsein, dass auch mit mir fünf Millionen Reichsfeinde hineingesprungen sind [...].« Im Verhör in Israel wiederholte Eichmann diese Darstellung: »[Kurz vor Kriegsende] sagte ich auch einmal zu den mir unterstellten Führern, die trübselig und niedergeschlagen herumdösten, denn es hatte keiner mehr etwas zu tun, und jeder hing seinen traurigen Gedanken nach, sagte ich, dass meiner Meinung nach der Krieg verloren ist [...]. Ich selbst sagte, dass ich mich freue auf den Kampf um Berlin, denn ich kannte mein z. T. listig angelegtes Verteidigungssystem, und für mich gab es überhaupt keinen anderen Gedanken mehr auf der Welt, als in diesem Endkampf um Berlin den Tod, wenn ich ihn nicht von selbst finde, ihn auf jeden Fall zu suchen. Millionen deutscher Frauen, Kinder und Greise, sagte ich den Leuten und Soldaten, sind in diesem Kriege geblieben. Millionen Feinde haben Deutschland fünf Jahre angerannt. Millionen Feinde sind ebenfalls geblieben, und ich schätze fünf Millionen Juden hat der Krieg auch gekostet. Nun ist alles aus, das Reich ist verloren. Und wenn es zu Ende gehen soll, dann sagte ich: ›Springe auch ich in die Grube‹.« Obwohl er später behauptete, er habe die Rede aus Kummer gehalten, ist die plausibelste Erklärung die, dass nach seiner Meinung auch der »jüdische Feind«

gebührend für den Krieg bezahlt hatte. Er mochte darüber nicht frohlocken, aber er weinte auch nicht darüber.[107]

Eichmann wurde die Gelegenheit vorenthalten, in Berlin den Heldentod zu sterben. Wenige Wochen nach seiner Abschiedsrede erhielt er von Himmler den Befehl, 100 bis 200 prominente Juden aus Theresienstadt nach Tirol zu evakuieren, wo man sie in der »Alpenfestung«, welche die SS als letzte Bastion ausbauen sollte, als Geiseln festhalten wolle. Eichmann behauptete, der Befehl sei ihm nicht gelegen gekommen, immerhin habe er seinen Mitarbeitern erklärt, »dass ich mich freue auf den Kampf um Berlin«. Andererseits war seine Frau aus Prag nach Altaussee in Tirol evakuiert worden, so dass Eichmann den Vorwand, nach seiner Familie zu sehen, willkommen geheißen haben mag. Er fuhr also pflichtgemäß nach Prag und übermittelte dem dortigen BdS Himmlers Instruktionen. Dann machte er sich auf den Weg nach Innsbruck, um Gauleiter Hofer aufzufordern, alles für die Ankunft der Theresienstädter Juden vorzubereiten. Hofer hatte zwar andere Dinge im Kopf, als sich um Juden zu kümmern, aber Eichmann erreichte doch, dass in zwei Dörfern am Brenner Fremdenzimmer für die Theresienstädter vorbereitet wurden. Er versuchte die Neuigkeit telefonisch nach Prag durchzugeben, aber die Leitungen waren tot, so dass er persönlich hinfahren musste. Inzwischen war auch Prag im Chaos versunken. Eichmann spürte Frank auf, der ihm mitteilte, dass man keine Verbindung mehr nach Berlin habe. Als Eichmann erfuhr, dass Kaltenbrunner in Österreich war, genauer gesagt in Altaussee, beschloss er, ebenfalls dorthin zu fahren und seine letzte Meldung zu machen.[108]

Während dieser Fahrt wurde er von Flugzeugen unter Beschuss genommen, bombardiert und fast getötet. Schließlich spürte er Kaltenbrunner in Altaussee auf. Doch der RSHA-Chef wirkte niedergeschlagen – »diese Sache«, Eichmanns Auftrag, »hat ihn gar nicht mehr interessiert«. Er trank Kognak und spielte Patience, raffte sich dann aber noch dazu auf, Eichmann den Befehl zu geben, im Toten Gebirge eine »Widerstandslinie« aufzubauen und zur Partisanentaktik überzugehen. »Das war wieder eine lohnende Aufgabe, die mich freute«, sagte Eichmann später, »und ich ging wieder mit Feuereifer ran [...].« In dem Gebiet wimmelte es von Beamten aus den Zentralen von SD, Sipo und anderen Dienststellen. Eichmann übernahm eine Gruppe von 100 bis 200 Männern. Sie bildeten einen bunt zusammengewürfelten Haufen: Die einen waren verwundet, andere besaßen keinerlei Kampfausbildung, und zu allem Überfluss wurden auch noch der rumänische Faschistenführer Horia Sima und sein Gefolge aus hohen Offizieren der Eisernen Garde und ehemaligen Ministern Eichmanns Obhut übergeben. Dennoch glaubte er, mit seiner Truppe im Gebirge überleben zu können – immerhin kannte er sich dort aus. Wie sich herausstellte, hielt sich auch SS-Standartenführer Otto Skorzeny in Altaussee auf. Skorzenys Sonderkommando hatte im vorangegangenen Oktober beim Staatsstreich in Ungarn, durch den Szálasi an die Macht gekommen war, eine wichtige Rolle gespielt, und jetzt half er Eichmann bei der Beschaffung von Waffen und Fahrzeugen. So gerüstet, führte Eichmann seine Männer in die Berge und erteilte ihnen auf dem Weg Waffenunterricht.[109]

Der Trupp kletterte durch tiefen Schnee auf die Blaa-Alm und von dort weiter auf die nahe gelegene Rettenbach-Alm, wo er in mehreren Sennschuppen unterkam. Auf der Blaa-Alm erreichte ihn ein Bote Kaltenbrunners mit Himmlers Befehl, nicht auf amerikanische oder britische Soldaten zu schießen. »Damit war es aus«, sagte er im Verhör in Israel. Seine kurzlebige Partisanenbande löste sich auf, und er selbst tat trotz aller heroischen Anwandlungen, was andere SS-Männer auch taten und was er in seiner typischen gequälten, sich selbst entlastenden und ans Absurde grenzenden Art so ausdrückte: »[…] ich bin insofern natürlich untergetaucht, dass ich nicht groß an die Glocke hängte, wer ich bin […].«[110]

Flucht und Gefangennahme, 1945–1960

»[...] in Altaussee habe ich meiner Frau als letztes Geschenk eine Aktentasche voll Graupen und einen halben Sack Mehl gegeben. Und Giftkapseln, für jedes Kind und für meine Frau eine, und zu ihr habe ich gesagt: ›Wenn die Russen kommen, dann müsst ihr hineinbeißen; wenn die Amerikaner oder die Engländer kommen, dann nicht.‹«
Eichmann in Argentinien[1]

»Wer war das?«
Randnotiz von Richter Francis Biddle, einem amerikanischen Mitglied des Internationalen Militärgerichtshofs in Nürnberg, neben Eichmanns Namen in einer frühen Fassung der Anklageschrift, 1946[2]

»Ich hörte dann, dass es Organisationen gab, die andere unterstützten, wenn sie Deutschland verlassen wollten. Anfang 1950 habe ich mit einer dieser Organisationen Kontakt bekommen. Die Leute haben es arrangiert, dass ich nach Italien gehen konnte. Ein Franziskanermönch hat mir einen Flüchtlingspass auf den Namen Ricardo Klement und ein Visum für Argentinien besorgt.«
Eichmann gegenüber seinen Jägern, Buenos Aires, Mai 1960[3]

»Klement hatte jetzt Hut und Mantel abgelegt und stand neben dem Jungen. Er hob ihn hoch und wirbelte ihn herum, dann ging er neben ihm zu Boden und kroch auf allen Vieren. Beide lachten. In jedem anderen Fall hätte mich eine solche Szene auch zum Lächeln gebracht. Sie erinnerte mich an meinen Vater und mich im selben Alter. Mehr noch, ein solcher Vater wollte ich eines Tages auch sein.«

Peter Malkin, der Mossad-Agent, der Eichmann alias Klement am 11. Mai 1960 in Buenos Aires verhaften sollte, berichtet hier, wie er Eichmann beim Spiel mit seinem damals sechsjährigen Sohn Ricardo beobachtete.[4]

»Sie glauben nicht, wie streng er war. Unser Alter war sehr streng.«
Klaus Eichmann über seinen Vater, 1966[5]

Eichmanns Welt ging am 8. Mai 1945 unter. 15 Jahre später sagte er über diesen Tag: »Ich selbst spürte es bereits am 8. Mai 1945, dass ich nunmehr ein führungsloses und schweres Eigenleben zu leben habe, da ich mir an keiner Stelle irgendwelche Richtlinien geben lassen konnte, von keiner Stelle Befehle oder Weisungen kamen, keinerlei einschlägige Verordnungen heranzuziehen waren, kurz, ein mir bisher nicht gekanntes Leben sich auftat [...].«[6] Eichmann hatte Schwierigkeiten, sich an die Geschehnisse und seine eigenen Handlungen in den letzten Tagen des Dritten Reichs zu erinnern. Einige zuweilen bizarre Vorfälle aus dieser Zeit, in der er als guter Bürokrat auf pedantische Weise seine Angelegenheiten zu regeln und sich auf die Folgezeit vorzubereiten versuchte, waren ihm aber im Gedächtnis haften geblieben. Zuerst kümmerte er sich um seine Familie.

Seine Frau wohnte jetzt unter der Adresse Fischerndorf Nr. 8 in Altaussee, mitten in der so genannten Alpenfestung, in die in den letzten Kriegsmonaten viele SS-Offiziere ihre Frauen und Kinder gebracht hatten. Eichmann stieg also ins Tal hinunter, um sie noch einmal zu sehen, bevor er untertauchte oder gefangen genommen würde. Vera Eichmann war in Tränen aufgelöst. Voller Bedauern dachte er später daran zurück, dass er sich nicht wie andere Mitarbeiter des RSHA die Taschen mit Devisen, Gold und Juwelen voll gestopft hatte, so dass er seiner Familie nichts geben konnte, das ihr über die kommenden unsicheren Zeiten hinweggeholfen hätte: »[...] in Altaussee habe ich meiner Frau als letztes Geschenk eine Aktentasche voll Graupen und einen halben Sack Mehl gegeben. Und Giftkapseln, für jedes Kind und für meine Frau eine, und zu ihr habe ich gesagt: ›Wenn die Russen kommen, dann müsst ihr hineinbeißen; wenn die Amerikaner oder die Engländer kommen, dann nicht.‹« Abgesehen von diesem apokalyptischen Rat, sagte er ihr vermutlich auch, wie sie sich verhalten solle, wenn man ihr in der amerikanischen oder britischen Besatzungszone Fragen über ihren vermissten Ehemann stelle. Jedenfalls bemühte sie sich in den nächsten Monaten und Jahren, die Spuren ihres Mannes zu verwischen, und setzte sich, als die Zeit gekommen war, geschickt ab.[7]

Bald darauf ging Otto Hunsche, der seine Familie ebenfalls nach Altaussee gebracht hatte, seine Frau besuchen. Doch während er dort war, rollten amerikanische Panzer in den Ort, und er musste durch den Garten und über die Felder auf die Blaa-Alm zurückkehren. Da Widerstand gegen Briten und Amerikaner von Kaltenbrunner ausgeschlossen worden war, unterstrich die Ankunft der amerikanischen Panzer nur die Hoffnungslosigkeit der Lage. Eichmann entließ die noch unter seinem Befehl stehenden Männer jetzt offiziell und gab jedem aus einer ihm anvertrauten Geldkassette 5000 Reichsmark mit auf den Weg. Dann stieg er mit Horia Sima und einigen Offizierskollegen aus dem nicht mehr existierenden Referat IV B 4 weiter die Berge hinauf. Nach wenigen Tagen sagte SS-Obersturmführer Anton Burger, der ehemalige stellvertretende Kommandant von Theresienstadt, zu Eichmann, dass selbst einige seiner engsten Mitarbeiter der Meinung seien, es wäre besser, wenn er sich von ihnen trenne. »Obersturmbannführer«, sagte Burger nach Eichmanns Erinnerung, »wir haben die Lage besprochen, auf Engländer und Amerikaner dürfen wir nicht schießen, der Russe kommt hier nicht her. Sie werden als Kriegsverbrecher gesucht, wir nicht. Wenn Sie sich also absetzen und einen anderen Kommandanten bestimmen würden, dann würden Sie Ihren Kameraden einen großen Dienst erweisen.« Eichmann trennte sich daraufhin auf der Rettenbach-Alm von den »Eichmann-Männern«. Sie brachten zu einem Schnaps einen letzten Toast aus und sagten Lebewohl. Auch von Horia Sima, der ihm zum Andenken einen goldenen Füllfederhalter schenkte, verabschiedete er sich. Dann machte er sich in Begleitung seines langjährigen Adjutanten, SS-Obersturmführer Jänisch, auf den Weg nach Deutschland.[8]

Eichmann war wie benommen: »[...] ich lebte damals in einer

Art Schockzustand. Als dann wirklich alles zusammenbrach, fehlte mir auch die Lust zum Leben. Schier alles war mir in diesen Tagen gleichgültig, auch wenn ich an die Wand gestellt worden wäre.« Später behauptete er, es sei »kein Lebenswille mehr da« gewesen, doch in seinem Handeln schlug sich dies nicht nieder.[9] Er und Jänisch entledigten sich ihrer SS-Uniformen und ihrer Ausweise. Eichmann entschied sich stattdessen für eine Luftwaffenuniform und nahm die Identität eines Obergefreiten Bart oder Barth an, dessen Namen er sich von einem Lebensmittelhändler in der Nähe seiner Wohnung in Berlin-Britz lieh. Mehrere Tage wanderte er zusammen mit Jänisch nach Norden, bis sie bei Ulm von einer amerikanischen Militärstreife aufgegriffen wurden. Sie kamen in ein Kriegsgefangenenlager in Weiden in der Oberpfalz. Dort beobachtete Eichmann die Methoden des CIC, der amerikanischen Spionageabwehr, die für die Verhöre und Ermittlungen zuständig war, und kam zu dem Schluss, dass es keinen Sinn hatte vorzugeben, kein SS-Mann zu sein. Jedem Angehörigen der Waffen-SS war seine Blutgruppe auf den linken Arm tätowiert worden, und sein Versuch, sie mit Zigarettenglut wegzubrennen, war nicht nur schmerzhaft, sondern auch nur teilweise erfolgreich gewesen. Im Verhör würde man die Spuren sofort entdecken, und das würde unangenehme Fragen darüber provozieren, was er neben seiner SS-Zugehörigkeit noch alles zu verbergen habe. Deshalb wurde aus dem Obergefreiten zunächst der SS-Oberscharführer (Feldwebel) Bart. Doch als er sah, dass Offiziere von Zwangsarbeit ausgenommen wurden, verwandelte er sich erneut, und zwar in SS-Untersturmführer Otto Eckmann von der 22. Kavallerie-Division der Waffen-SS. Den Familiennamen wählte er aufgrund der Ähnlichkeit mit seinem eigenen, für den Fall, dass ein früherer Kamerad ihn erkannte und mit seinem richtigen Namen ansprach. Das neue Geburtsdatum, der 9. März 1905, war leicht zu merken, und der Geburtsort Breslau würde keine Probleme aufwerfen, da die Stadt durch Bombenangriffe und Bodenkämpfe zerstört war und nur wenige amtliche Akten erhalten geblieben waren; zudem befand sie sich in den Händen der Roten Armee.[10]

In Weiden blieb Eichmann von Mai bis August 1945. In dieser

Zeit meldete er sich wie Jänisch zum freiwilligen Arbeitseinsatz. Sie kamen nach einigen Zwischenstationen in ein großes Lager bei Ober-Dachstetten in Franken, wo Eichmann bis Januar 1946 blieb. Er war niedergeschlagen, und die Angst wuchs, entdeckt zu werden. Regelmäßig kamen »Judenkommissionen« ins Lager, Gruppen von KZ-Überlebenden, die den alliierten Ermittlern bei der Suche nach Naziverbrechern und Kollaborateuren halfen. Während dieser Besuche mussten die Gefangenen antreten, damit die Juden sie unter dem Schutz amerikanischer Soldaten ansehen konnten.

Als man den Lagerinsassen eines Tages verkündete, dass sie sich einen Dokumentarfilm über die Vernichtung der Juden ansehen müssten, »revoltierten« sie, und die Filmvorführung wurde, laut Eichmann, abgesagt. Aber diese Aufsässigkeit verhinderte nicht, dass die Außenwelt immer mehr über die »Endlösung« und ihre Vollstrecker erfuhr. Eichmann wurde zweimal zum Verhör nach Ansbach gebracht. Seine Tarnung als Angehöriger der 22. Kavallerie-Division hielt, doch er wusste, dass es nur eine Frage der Zeit war, bis man ihn entlarven würde. Unterdessen war Jänisch in ein anderes Lager verlegt worden. Auf sich allein gestellt, wurde Eichmann von Verzweiflung erfasst und dachte an Selbstmord. Das für das Kriegsende bestimmte Gift hatte er entweder weggegeben oder verloren, aber er lernte im Lager einen Apotheker kennen, der ihn über die Eigenschaften von Morphium aufklärte. Er sagte ihm, wie groß die tödliche Dosis war, doch woher sollte er das Rauschgift und die Spritze für die Injektion nehmen? Während er über diese praktischen Schwierigkeiten nachdachte, wechselte seine Stimmung; er dachte an seine Familie und beschloss, am Leben zu bleiben. Trotz allen vorgetäuschten Heldentums war Eichmann nicht der Typ, sich auf dem Schlachtfeld zu opfern oder sich selbst das Leben zu nehmen, solange er noch eine Überlebenschance sah.[11]

Ihm war klar, dass er nicht passiv abwarten durfte, was passieren würde. Als im Herbst 1945 in Nürnberg der Internationale Kriegsgerichtshof zusammentrat, vergrößerte sich die Wahrscheinlichkeit der Enttarnung weiter. Am 3. Januar 1946 sagte Dieter Wisliceny als Zeuge der Verteidigung für Kaltenbrunner aus und vermittelte dem Gericht ein genaues Bild des Referats

IV B 4. Als Eichmann gerüchteweise davon erfuhr, wusste er, dass es höchste Zeit war zu fliehen. Er suchte den obersten SS-Offizier im Lager auf und enthüllte ihm seinen Namen sowie Rang und Dienststellung. Manche hatten schon vermutet, wer dieser Eckmann in Wirklichkeit war, und jetzt erklärte er in einer »Offiziersbesprechung«, warum er unter allen Umständen verschwinden musste. Aufgrund des Ehrenkodexes unter SS-Offizieren sagten ihm seine »Kameraden« ihre Hilfe zu. Für den Anfang hatte er nur vage Pläne; er sprach davon, sich in den Nahen Osten durchschlagen zu wollen, um sich dem Großmufti im Kampf gegen die Juden in Palästina anzuschließen, doch diese Idee gab er angesichts der praktischen Hindernisse rasch auf. Stattdessen wurde er mit einer neuen falschen Identität, gefälschten Papieren und Zivilkleidung ausgestattet, mit denen er sich so lange in Deutschland würde verstecken können, bis sich ihm eine Gelegenheit bot, das Land zu verlassen. Am 5. Februar 1946 brach er aus dem Lager Ober-Dachstetten aus und machte sich auf den Weg nach Süden.[12]

Seine neuen Papiere wiesen ihn als Otto Henninger aus, geboren am 19. März 1906 in Breslau, verheiratet und Geschäftsinhaber in Prien am Chiemsee in Bayern. Obwohl sein eigentliches Ziel ein SS-Sympathisant in der britischen Besatzungszone in Norddeutschland war, wandte er sich zuerst nach Süden. Man hatte ihm gesagt, er solle in Prien die Schwester eines im Lager Ober-Dachstetten einsitzenden SS-Oberscharführers aufsuchen, eine Witwe namens Nelly Krawietz, die eine verlässliche Helferin von SS-Flüchtlingen sei. Eichmann genoss rund sechs Wochen die Gastfreundschaft der Witwe Krawietz, bis es ihm angesichts der Anwesenheit amerikanischer Soldaten in der näheren Umgebung angeraten schien, weiterzuziehen. Zusammen mit seiner Gastgeberin reiste er nach Norden. Wahrscheinlich gaben sie sich als Ehepaar aus, bis sie sich in Hamburg trennten. Vermutlich blieb Nelly Krawietz auch danach noch mit Eichmann in Verbindung und besuchte ihn gelegentlich.[13]

Von Hamburg fuhr Eichmann in den kleinen Ort Eversen, nördlich von Celle, in der Lüneburger Heide. Sein Kontaktmann dort war ein Förster namens Feiersleben, der Bruder eines in Ober-Dachstetten internierten SS-Offiziers. Feiersleben brachte Eichmann bei der Firma Burmann & Co. als Holzfäller unter. Eichmann zog zusammen mit 20 anderen Angestellten – entlassenen Wehrmachtsoldaten – in eine Baracke. Am 20. März 1946 meldete er sich im Gemeindebüro Eversen an, und in den nächsten zwei Jahren erfreute er sich eines ungestörten Lebens als Holzfäller. Er genoss die Kameradschaft der Frontsoldaten und die harte Arbeit in der Stille des Waldes. Für das Kochen und Saubermachen war eine Rotkreuzschwester namens Ruth zuständig, und Eichmann konnte etwas Geld für den nächsten Schritt seiner Flucht zurücklegen. Im Jahr 1948 meldete Burmann & Co. Konkurs an, und eine andere Firma übernahm das Geschäft, aber auch sie konnte sich nicht lange halten. Ein Jahr darauf wurden die Männer entlassen. Eichmann blieb in der Gegend, mietete sich in Altensalzkoth ein Zimmer und pachtete ein Stück Land, auf dem er über ein Jahr lang Hühner züchtete. Otto Lindhorst, der Sohn seiner Vermieterin, erinnerte sich an Eichmann als einen stillen, praktisch veranlagten Mann, der hart arbeitete, um seine Hühner zu versorgen und etwas Geld zu verdienen. Er ging zwar nicht zur Kirche, gehörte aber zur Dorfgemeinschaft und wurde bei der Hochzeit von Eduard Tramer, einem jungen Mann aus dem Ort, fotografiert. Lindhorst erinnerte sich, dass Eichmann sehr gut Formulare ausfüllen konnte. Immer wenn seine Mutter irgendein amtliches Dokument ausfüllen musste, habe sie Eichmann um Hilfe gebeten – »er wusste, wie man das machen musste«.[14]

Den Behörden fiel Eichmann die ganze Zeit über nicht auf. Es war ein geschickter Schachzug gewesen, sich ein Versteck in der britischen Zone zu suchen, da der britische militärische Nachrichtdienst und die Militärpolizei relativ wenige Leute aufboten, um nach NS-Verbrechern zu suchen. Großbritannien hielt sich bei der Verfolgung von Kriegsverbrechern weitgehend zurück und gab 1949 bekannt, dass man in Westdeutschland keinen von ihnen mehr anklagen werde.[15] Dennoch war das Interesse nicht völlig erlahmt. Im April 1946 hatte Rudolf Höß in Nürnberg als Zeuge für Kaltenbrunner ausgesagt und dabei Eichmann im Zusammenhang mit Auschwitz-Birkenau erwähnt. Im November folgte Höttls Aussage. Außerdem hatte Rudolf Kasztner seinen Bericht über die Ereignisse in Ungarn im Jahr

1944 fertig gestellt und in Umlauf gebracht. Mittlerweile war die Last der den Behörden vorliegenden Beweise gegen Eichmann erdrückend, auch wenn er in der Öffentlichkeit weiterhin kaum bekannt war. Mitte 1946 oder 1947 fiel ihm ein Zeitungsartikel über seine Flucht aus Ober-Dachstetten in die Hände. Ein Lagerfunktionär, der sich daran erinnerte, einen »Eckmann« in die Lagerliste eingetragen zu haben, hatte später eine Verbindung zu der Fahndung nach einem Mann namens Eichmann hergestellt und seinen Verdacht dem CIC gemeldet, das daraufhin die Suche wieder aufnahm. Außerdem scheint Eichmann von einer von Simon Wiesenthal veranlassten Überwachung des Wohnhauses seiner Frau erfahren zu haben. Deshalb gab er im Frühjahr 1950 die Hühnerfarm auf. Frau Lindshorst sagte er, er würde nach Skandinavien gehen, um dort als Ingenieur zu arbeiten. Dann verschwand er.[16]

Wie viele andere flüchtige Nazis folgte Eichmann einer gut ausgebauten »Rattenlinie«, die von Deutschland über Italien nach Argentinien führte. Dank der teilweisen Öffnung der argentinischen Archive und der gründlichen Recherchen von Uki Goñi und anderen ist es heute möglich, im Detail nachzuvollziehen, welche Route Eichmann nach Südamerika nahm und welches ungewöhnliche Zusammenspiel von Einzelpersonen, politischen Gruppen und Interessen seine Flucht sowie die von Tausenden anderer NS-Verbrecher und Kollaborateure ermöglichte. Eichmann war ein später Nutznießer des katholisch-konservativen Schwenks des argentinischen Nationalismus in den dreißiger Jahren. Um ein von Einwanderern aufgebautes Land mit heterogener Bevölkerung zusammenzuhalten, hatte eine Generation von rückwärts gewandten katholischen Politikern und Militärs das Bild eines katholischen Landes entworfen, das durch besondere Banden mit Spanien und dem Vatikan verbunden war. Dieses Ethos verleitete die militärische Elite dazu, eine profaschistische und pronationalsozialistische Haltung einzunehmen. Der künftige Diktator Juan Perón durchlief als junger Offizier eine militärische Ausbildung im faschistischen Italien und war 1939/40 zur italienischen Armee abgestellt. Im Jahr 1939 suchte der bekannte Schriftsteller Juan Carlos Goyeneche den Kontakt zum Auslandsnachrichtendienst des SD und unternahm eine halboffizielle Reise nach Spanien, zum Vatikan und nach Deutschland. Sein Ziel bestand vorgeblich darin, im Krieg zwischen Deutschland, Frankreich und Großbritannien zu vermitteln. Tatsächlich aber stärkte er die Verbindungen zwischen dem argentinischen Regime und der NS-Führung. Trotz der formellen Neutralität seines Landes sagte er Hitler 1942 als Gegenleistung für deutsche Waffen und Militärberater argentinische Hilfe zu. Außerdem bat er die faschistischen Mächte um Unterstützung für eine profaschistische Clique von Obersten, die sich um Perón geschart hatten. Im April 1943 ergriff diese Gruppe mit Perón an der Spitze die Macht in Buenos Aires.[17]

Unter Perón vertiefte sich die Verbindung zwischen Argentinien und dem Dritten Reich. Zwar war er im Januar 1944 aufgrund amerikanischen und britischen Drucks gezwungen, die Beziehungen zu Deutschland abzubrechen, und im März 1945 gab er sogar eine formelle Kriegserklärung ab, aber er tat dies als letzter südamerikanischer Staatschef, und er versicherte den Deutschen in beiden Fällen durch geheime Kanäle, dass er nur leere Gesten mache, um die Amerikaner zu beschwichtigen. Gleichzeitig pflegte er persönliche Beziehungen zu SD-Agenten in Buenos Aires und zu pronationalsozialistischen Mitgliedern der vermögenden und einflussreichen deutschen Kolonie in der Hauptstadt. Im Jahr 1945 machten sich Perón und die Deutschen in seiner Umgebung daran, so viel wie möglich aus den Trümmern des Dritten Reichs zu retten. Die ersten Schritte unternahm ein SS-Offizier namens Carlos Fuldner, der sich in Spanien niedergelassen hatte. Der Deutschargentinier Fuldner war 1922 im Alter von zwölf Jahren mit seinen Eltern nach Deutschland zurückgekehrt und dort in den Bannkreis der rechten Politik geraten. In der SS, in die er 1932 eingetreten war, machte er aufgrund seiner Mehrsprachigkeit rasch Karriere, bis er 1936 wegen Betruges ausgeschlossen wurde. Doch er gewann das Vertrauen der Nationalsozialisten rasch zurück, nicht zuletzt als Dolmetscher bei der an der Ostfront kämpfenden Blauen Division, die aus spanischen Freiwilligen bestand. Später war er an bedeutenden Handelsvereinbarungen zwischen Deutschland und Spanien beteiligt, bevor er sich im März 1945, als klar war, dass Deutschland den Krieg verloren hatte, nach Madrid zurückzog. Von dort reiste er nach Italien und in die Schweiz, um Büros einzurichten, die flüchtigen SS-Männern helfen sollten, unerkannt nach Argentinien zu gelangen. Perón unterstützte diese verdeckte Operation, da er hoffte, NS-Techniker für den Aufbau seiner Luftwaffe gewinnen zu können.[18]

Ohne die Komplizenschaft der argentinischen Regierung, insbesondere der Präsidialkanzlei, der Einwanderungsbehörde und des Außenministeriums, hätte Fuldner nicht so erfolgreich agieren können. Doch eine Reihe von Entwicklungen schuf 1945/46 die perfekte Kräftekonstellation für sein Vorhaben. Im Oktober 1945 überstand Perón einen Putschversuch. Während des Aufruhrs bot der pronationalsozialistische deutsche Geschäftsmann Ludwig Freude Perón Unterschlupf, und zum Teil als Belohnung dafür wurde dessen Sohn Rudolf (Rudi) anschließend zu Peróns persönlichem Sekretär und Sicherheitschef ernannt. Rudi Freude richtete im Präsidentenpalast ein Informationsbüro ein, das die Ausreise von Nationalsozialisten aus Europa zu organisieren begann. Freude fiel es nicht schwer, Santiago Perlata, den korrupten, antisemitischen Chef der Einwanderungsbehörde, dafür zu gewinnen. Zusammen riefen sie die Kommission für Humanpotential ins Leben, die als Fassade für die Anwerbung von NS-Technikern und SS-Männern diente. Für die Erledigung der Formalitäten auf der anderen Seite des Atlantiks wurde in Italien die Delegation für argentinische Einwanderung in Europa mit Sitz in Genua gegründet.[19]

Gleichzeitig traten die katholische Kirche und der Vatikan in Aktion. Im Januar 1946 suchte Kardinal Antonio Caggiano, der Bischof von Rosario und Vorsitzende der rechts gerichteten, antikommunistischen Katholischen Aktion in Argentinien, Papst Pius XII. auf, um ihm die Gründung eines päpstlichen Hilfskomitees vorzuschlagen, das Ausweispapiere für Displaced Persons und Flüchtlinge in Europa ausgeben sollte. Genauer gesagt, wollte Caggiano auf der Flucht befindlichen Faschisten, Nationalsozialisten und deren Kollaborateuren helfen. Im Juni 1946 nahm das Hilfskomitee seine Arbeit auf, und der Vatikan schloss mit Argentinien eine Vereinbarung, die das Land zum bevorzugten Ziel von Tausenden von NS-Kollaborateuren der katholischen und klerikalen Regime in Vichy-Frankreich, der Slowakei und Kroatien machte. In der Folgezeit dehnte das Hilfskomitee sein Angebot auch auf Österreicher und Deutsche aus. Initiiert und geleitet wurde dieser Teil seiner Tätigkeit von Bischof Alois Hudal, dem in Österreich geborenen und entschieden nationalsozialistisch eingestellten Anführer der deutschen Exilantenkolonie in Italien. Im August 1948 übernahm Hudal 5000 Visa zur Verteilung durch seinen Bereich des Hilfskomitees; gedacht waren sie für »antikommunistische Kämpfer« aus den Reihen österreichischer und deutscher »Soldaten«.[20]

Uki Goñi hat enthüllt, wie das System funktionierte. Danach erhielt Rudi Freudes Informationsbüro entweder von eigenen Informanten in Europa oder aus anderen Quellen die Namen der Flüchtlinge und stellte den Betreffenden Empfehlungsschreiben aus. Auf deren Grundlage erteilte die Einwanderungsbehörde Kurzvisa und wies das in Frage kommende argentinische Konsulat an, sie den genannten Personen auszuhändigen. Abgeholt wurden sie allerdings häufig von Vertretern des päpstlichen Hilfskomitees oder anderer Organisationen. Mit dem auf seinen Decknamen ausgestellten Kurzvisum konnte der Flüchtling beim Roten Kreuz einen Reisepass beantragen, auf dessen Grundlage er dann von einem argentinischen Konsulat ein Einreisevisum und einen Identitätsnachweis erhielt. Mit diesen Papieren ausgestattet, konnte er sich nach seiner Ankunft in Südamerika einen argentinischen Personalausweis, eine *cédula*, ausstellen lassen und fortan unter falschem Namen leben.[21]

Es ist nicht genau bekannt, wann Eichmann Kontakt zur argentinischen »Rattenlinie« aufnahm. Den israelischen Agenten, die ihn gefangen genommen hatten, sagte er in Argentinien: »In den ganzen Jahren war ich von meiner Familie getrennt. Ich wollte meine Frau und die Kinder wieder sehen und hatte es satt, mich immer zu verstecken. Ich wusste, dass ich warten musste, bis sich der Sturm gelegt hatte und die Aufmerksamkeit von mir abgelenkt war. Aber ständig wurde in den Zeitungen, im Rundfunk und auch in Büchern mein Name genannt. Ich hörte dann, dass es Organisationen gab, die andere unterstützten, wenn sie Deutschland verlassen wollten. Anfang 1950 habe ich mit einer dieser Organisationen Kontakt bekommen. Die Leute haben es arrangiert, dass ich nach Italien gehen konnte. Ein Franziskanermönch hat mir einen Flüchtlingspass auf den Namen Ricardo Klement und ein Visum für Argentinien besorgt.«[22] Ein anderer Angehöriger des israelischen Teams, Zvi Aharoni, der Eichmanns Verhöre in dem »sicheren Haus« in Buenos Aires führte, berichtet eine andere Version der Geschichte: »Seine Reise nach Südamerika organisierte er mit Hilfe von alten Kameraden aus der niedersächsischen Kreisstadt Celle. Über vorsichtig verschlüsselte Anzeigen in der lokalen Presse war es ihm gelungen, mit einer Organisation ehemaliger SS-Männer Kontakt aufzunehmen. Sein Ansprechpartner hieß Günther – der Nachname spielte nie eine Rolle –, und der vermittelte ihn an die gottesfürchtigen Fluchthelfer im Vatikan.«[23]

Das war gelogen, denn es ist bekannt, dass Eichmann am 2. Juni 1948 in Termeno in Norditalien einen Identitätsnachweis erhielt. Er trug die Nummer 131 und war auf den Namen Ricardo Klement ausgestellt. Auch andere Flüchtlinge, unter ihnen Josef Mengele, bekamen in Termeno Ausweispapiere; für dieses Arrangement war offenbar Carlos Fuldner verantwortlich. Ob Eichmann persönlich dort war oder ihm die Papiere zugeschickt wurden, ist nicht bekannt. Möglicherweise fungierte Nelly Krawietz, die ihn mehrmals in Altensalzkoth besuchte, als Kurier. Auf jeden Fall deutet das Ausstellungsdatum darauf hin, dass Eichmann seine weitere Flucht schon viel früher geplant hatte, als er später behauptete. Auch sein Kurzvisum für Argentinien stammt aus dem Jahr 1948; die Einwanderungsnummer lautete 231489/48. Es war zwei Jahre gültig – Auslöser seiner Abreise aus Altensalzkoth dürften daher nicht so sehr irgendwelche Presseenthüllungen gewesen sein, sondern vielmehr das bevorstehende Auslaufen der Gültigkeitsdauer des Visums.[24]

Offenbar machte er sich in Begleitung von drei anderen Flüchtigen auf den Weg, von denen zwei bei dem Versuch, die österreichisch-italienische Grenze zu überqueren, aufgegriffen und nach Österreich zurückgeschickt wurden. Auf der Reise fand Eichmann in Klöstern und Konventen diskrete Unterkunft. Eine wichtige Anlaufstelle an der Route nach Süden war Pater Anton Weber, ein Mitglied des St.-Raphaels-Vereins in Bayern. Das war insofern ironisch, als der St.-Raphaels-Verein in den dreißiger Jahren vom SD überwacht worden war. Im Jahr 1871 als Hilfsorganisation für deutsche katholische Emigranten gegründet, hatte sich der Verein nach 1933 besonders um jüdische Konvertiten zum Katholizismus gekümmert. Mitte der dreißiger Jahre hatte er Hunderten von »nichtarischen Katholiken« bei der Emigration geholfen und eine weit größere Zahl von ihnen im Reich unterstützt. Das Referat IV B 4 führte eine Akte über den St.-Raphaels-Verein, und die Gestapo überwachte ihn. Eichmann nutzte also das von der Gestapo gewonnene Wissen für seine Flucht, und eine Organisation, die »Rassejuden« geholfen hatte, weil sie Katholiken waren, ging anscheinend mit Leichtigkeit dazu über, deren einstige Verfolger zu unterstützen. Eichmann nutzte nun seinerseits die Informationen, die er über jüdische Flüchtlinge gesammelt hatte: Der Auswanderungsexperte wurde selbst zum Auswanderer; der Mann, der die illegale Emigration einst gefördert und später unterbunden hatte, wurde selbst zum illegalen Emigranten. Kaum ein SS-Mann wusste besser als er, wie man Papiere fälschte, die Einwanderungsvorschriften anderer Staaten für sich nutzte und mit internationalen Flüchtlingsorganisationen umging.[25]

Eichmanns Rotkreuzpass wurde am 1. Juni 1950 ausgestellt und trug die Nummer 100940. Mit ihm und dem argentinischen Kurzvisum konnte er ein Reisedokument beantragen. Aber um den Pass zu bekommen, brauchte er ein Leumundszeugnis. Dieses erhielt er von Eduardo Dömöter, einem Franziskanerpater, der in Verbindung zu einem ehemaligen Hauptmann der Abwehr namens Reinhard Kops stand. Kops war bei Kriegsende aus Österreich nach Rom geflohen, wo Bischof Hudal ihn für die Bearbeitung von Einreiseanträgen für Argentinien angestellt und im Genueser Büro des Hilfskomitees untergebracht hatte.[26] Mit Kurzvisum und Flüchtlingspass ging Eichmann zum argentinischen Konsulat in Genf, wo ein Visum in sein Reisedokument gestempelt wurde. Außerdem erhielt er einen Identitätsnachweis, den er für die Beantragung eines Personalausweises in Argentinien benötigte. Nach einer ärztlichen Untersuchung beim päpstlichen Hilfskomitee war er schließlich bereit, aus Europa zu verschwinden. Er ging an Bord der *Giovanni C*, die am 17. Juni 1950 Genua in Richtung Buenos Aires verließ. Außer ihm waren noch zwei andere SS-Männer an Bord. Einer von ihnen war SS-

Sturmführer Herbert Kuhlmann, der zur 12. SS-Panzer-Division »Hitlerjugend« gehört hatte und jetzt unter dem Namen Pedro Geller reiste. Später, als Kuhlmann in Argentinien zum erfolgreichen Geschäftsmann geworden war, während er selbst auf der gesellschaftlichen Leiter abrutschte, behauptete Eichmann mit bitterem Unterton, er wäre für Kuhlmanns Schiffspassage aufgekommen. Am 14. Juli 1950 erreichten sie Buenos Aires. Bei der Einreise gab Eichmann/ Klement als Beruf »Techniker« an.[27]

Sobald er an Land war, trat Fuldners SS-Netzwerk in Aktion. Eichmann erhielt eine Unterkunft in der Monasteriostraße 1429 im Florida-Viertel, wo er sich mehrere Wochen lang ein Zimmer mit Fernando Eifler, einem anderen Deutschen, teilte. Fuldner beschaffte ihm auch eine befristete Anstellung in einer Metallwerkstatt. Unterdessen beantragte Eichmann mit seinen Identitätsdokumenten bei der Polizei eine *cédula* und meldete sich bei der Ausländerbehörde an. In beiden Ämtern gab er Fotos ab und ließ Fingerabdrücke abnehmen. Am 2. Oktober 1950 erhielt er den argentinischen Personalausweis mit der Nummer 1378538, ausgestellt von der Polizei von Buenos Aires. Damit war er Ricardo Klement, geboren am 13. Mai 1913 in Bozen als Sohn einer Anna Klement; als Beruf war Mechaniker angegeben. Bozen als Geburtsort war klug gewählt, da Eichmann aus der Zeit, in der er mit den Angelegenheiten von Volksdeutschen zu tun gehabt hatte, Südtirol gut kannte. Zu keinem Zeitpunkt hatte man ihm unangenehme Fragen über seine Herkunft gestellt oder eine Überprüfung veranlasst. Als Nächstes verhalf Fuldner Eichmann zu einer längerfristigen Anstellung in sicherer Entfernung von der argentinischen Hauptstadt. Eins seiner Unternehmen war die Baufirma CAPRI, die sich auf die Errichtung von Wasserkraftwerken spezialisiert hatte. Ihr Sitz befand sich in der Córdoba im selben Gebäude wie die Fuldner-Bank; in beiden Unternehmen wimmelte es von ehemaligen SS-Männern und Nationalsozialisten. Eichmann wurde an die Grenze der fernen Provinzen Tucumán und Santiago del Estero geschickt, wo rund 300 Bauarbeiter eines der größten Wasserkraftwerke des Landes errichteten. Er bezog eine Unterkunft in einem kleinen Bergdorf namens La Cocha, unweit des Projektbüros der Firma in El Cadillal.[28]

Eichmann lebte von August 1950 bis April 1953 in Tucumán. Nach Aussagen seiner Kollegen war er still und in sich gekehrt. Er stand früh auf und arbeitete fleißig, hatte aber wenig Kontakt zu seinen Kollegen. Damals war sein Spanisch noch lückenhaft, aber er hatte genügend Gelegenheit, mit österreichischen Landsleuten über die alten Zeiten zu plaudern. Einer seiner Vorarbeiter war Siegfried Uiberreither, der frühere Gauleiter der Steiermark. Eichmann erstellte für hydrologische Analysen von Professor Armin Schoklitsch, einem begeisterten Nationalsozialisten, der 1941 bis 1945 Präsident der Technischen Universität von Graz gewesen war, Flussüberwachungsberichte. Während dessen Besuchen freundete er sich mit einem anderen Akademiker an, Professor José Davmanín, mit dem er sich »über das Wetter und die Naturschönheiten von Tucumán« unterhielt. Offenbar genoss Eichmann sein neues Leben. Er ritt und erfreute sich an der atemberaubenden Landschaft. Er ließ sich sogar auf einem Pferd fotografieren, in Khakihose und -hemd, mit einem Gebirgsfluss im Hintergrund, hinter dem sich ein steiler Berghang erhebt. Er wirkt entspannt, und zwischen den Lippen klemmt lässig eine Zigarette. Die Landschaft auf diesem Foto von 1952 ähnelt auf erstaunliche Weise derjenigen auf einem anderen Foto, das 1943 in Österreich von ihm aufgenommen worden ist. Er fühlte sich wohl im Gebirge.[29]

Im Dezember 1950 schrieb er über seine Eltern an seine Frau und teilte ihr mit, dass »der Onkel Deiner Kinder, den jeder für tot hielt, am Leben ist und es ihm gut geht«.[30] Das war das Signal, dass sie sich darauf vorbereiten solle, zu ihm zu kommen. Dass er sich in der Lage fühlte, diesen Schritt zu tun, sprach für seine Zuversicht. Andererseits traute er es seiner Frau und seiner Familie anscheinend zu, den Umzug zu bewerkstelligen, ohne ihn in Gefahr zu bringen. Außerdem bewies er, dass er die Zeitumstände zutreffend einschätzte, denn das Interesse an ihm war offenbar erlahmt.

In den fünf Jahren seit Kriegsende war an die Stelle der anfänglichen tiefen Empörung über die Vernichtung der Juden und die NS-Kriegsverbrechen Gleichgültigkeit getreten. Unmittelbar nach Einstellung der Kampfhandlungen hatten Militärpolizeien und militärische Nachrichtendienste nach überlebenden

NS-Führern gesucht, um sie vor Gericht zu stellen. Organisationen und Mitglieder der SS wurden grundsätzlich als verbrecherisch behandelt: Mitglieder der Allgemeinen SS, der Totenkopfverbände (die KZ-Wachmannschaften), der Waffen-SS und des RSHA, einschließlich der Gestapo, wurden automatisch verhaftet, von anderen Kriegsgefangenen abgesondert, verhört und der Justiz übergeben. Andere Nationalsozialisten wurden aus weniger noblen Gründen gesucht, nämlich, um ihr technisches, wissenschaftliches oder nachrichtendienstliches Wissen für sich nutzbar zu machen.[31]

Gleichzeitig schlossen sich in den alliierten Armeen dienende Juden und Lagerüberlebende zu Jagdkommandos zusammen. Das größte und am besten organisierte bestand aus palästinensischen Juden aus der Jüdischen Brigade, die bei Kriegsende in Norditalien stand. Eine andere Gruppe, die sich »Die Rächer« nannte, hatte sich um den früheren Partisanenführer Abba Kovner geschart. Diesen Gruppen ging es um Rache. Die Soldaten der Jüdischen Brigade fahndeten nach bestimmten SS-Männern, während Kovners Gruppe Racheakte gegen Deutsche im Allgemeinen im Sinn hatte.[32]

Auch Einzelne boten den alliierten Ermittlern und Polizeikräften, die Kriegsverbrechen untersuchten, ihre Dienste an, unter ihnen Tuvia Friedman und Simon Wiesenthal. Friedman, 1927 in Radom geboren, hatte nach der deutschen Eroberung Polens in einer Reihe von Lagern Zwangsarbeit leisten müssen und die Liquidierung des Ghettos von Radom überlebt, indem er in die Wälder floh und sich den Partisanen anschloss. Als die Rote Armee eintraf, gab er sich als Pole aus und trat in die polnische Miliz ein, in der er sich auf die Jagd von Nazis spezialisierte. Im Jahr 1945 ging er nach Österreich, wo er sich mit Arthur Prier zusammentat, einem palästinensischen Juden, der illegale Einreisemöglichkeiten nach Palästina organisierte und gleichzeitig Racheaktivitäten nachging.[33] Wiesenthal, 1908 in Südpolen geboren, hatte als Architekt in Lwow gelebt, als die Sowjetunion Ostpolen okkupierte. Er überstand die sowjetische Besatzung, verbrachte nach der deutschen Invasion aber fast fünf Jahre in verschiedenen Ghettos und Lagern. Im Jahr 1945 entkam er wie durch ein Wunder aus Mauthausen, mit einer

Liste aller SS-Männer, denen er jemals begegnet war, im Kopf und der geradezu fanatischen Entschlossenheit, sie der Justiz zuzuführen. Er beeindruckte die lokalen Agenten des CIA-Vorläufers OSS (Office of Strategic Services) derart, dass sie ihn in ihre Dienste nahmen. In den nächsten zwei Jahren arbeitete Wiesenthal sowohl für den OSS als auch für das CIC.[34]

Anfangs suchten weder Friedman noch Wiesenthal nach Eichmann. Friedman hörte erst durch Prier von ihm, der seinerseits durch palästinensische Juden von den Verhandlungen zwischen Brand, Kasztner und Eichmann erfahren hatte. Und Wiesenthal wurde zwar von seinem Chef beim OSS auf die zentrale Rolle, die Eichmann bei der »Endlösung« gespielt hatte, aufmerksam gemacht, begriff dessen ganze Bedeutung aber erst, als er die im Nürnberger Prozess vorgelegten Dokumente las.[35] Die Männer, die Eichmann jagten, sahen sich diversen Hindernissen gegenüber. Das größte bestand darin, dass es kein Foto des Gesuchten gab. Friedman schlug vor, Eichmanns Frau und Kinder zu entführen und ihn öffentlich aufzufordern, sich zu stellen. Doch Prier verwarf die Idee und sagte Friedman, er solle sich auf die visuelle Identifikation des Gesuchten konzentrieren. Glücklicherweise stießen sie wenig später auf Wiesenthal, der durch puren Zufall bereits weiter gekommen war. Als er in Linz, wo er stationiert war, über einer Liste von Verdächtigen gebrütet hatte, war seiner Vermieterin der Name Eichmann aufgefallen, und sie hatte ihm gesagt, dass eine Familie dieses Namens in der nahe gelegenen Bischofstraße ein Elektrogeschäft besaß. Wiesenthal informierte den OSS, der daraufhin das Wohnhaus der Familie durchsuchte, jedoch weder irgendwelche Spuren noch ein Foto fand. Als Nächstes spürte Wiesenthal Vera Eichmann in Altaussee auf, doch das CIC durchsuchte statt des Hauses Fischerndorf 8, in dem sie wohnte, das Haus Nummer 38. (Die Operation war indessen nicht ganz vergebens, denn man griff bei dieser Gelegenheit Anton Burger auf, der sich zufällig in dem Haus aufhielt.) Vera Eichmann erklärte im Verhör durch das CIC, sie habe Eichmann das letzte Mal im März 1945 in Prag gesehen und sei mittlerweile von ihm geschieden. Auch sie besaß kein Foto von ihm. Ihre Obstruktionstaktik war überaus wirkungsvoll, und wenn man sie im Zusammenhang mit ihren späteren

Bemühungen sieht, eine Nebelwand für ihren Ehemann aufzubauen, dann liegt der Verdacht nahe, dass sie nach einem verabredeten Drehbuch vorging.[36]

Einen weiteren Schritt voran kamen Friedman und Wiesenthal infolge von Wislicenys Vernehmung in Nürnberg. Wisliceny war zwischen dem 15. und 23. November 1945 mehrmals verhört worden und sagte am 3. Januar 1946 vor Gericht aus. Anschließend wurde er an die Tschechoslowakei ausgeliefert. In Zelle 133 im Zentralgefängnis von Bratislava schrieb er einen achtzehnseitigen Bericht, in dem er Eichmanns Laufbahn beschrieb, seine Freunde und Freundinnen nannte und die Orte, die er besucht hatte, aufzählte. Der Bericht war ausdrücklich für die Polizeien und Nachrichtendienste der Roten Armee und ihrer osteuropäischen Vasallen bestimmt. Angeblich soll Wisliceny, um eine Gnadenfrist herauszuschinden, angeboten haben, bei der Suche nach Eichmann zu helfen.[37]

Das Dokument wurde der österreichischen Polizei übergeben, und irgendwie erhielten Friedman und Wiesenthal bald darauf eine Kopie. Aus dem Bericht erfuhren sie von Eichmanns langjähriger Beziehung zu Maria Mösenbacher und der kürzeren, leidenschaftlichen Affäre mit Margit Kutschera. Sie dachten, dass sie von einer der Frauen möglicherweise ein Foto von Eichmann bekommen könnten, und überredeten Henyek »Manus« Diamant, einen jungen, gut aussehenden Überlebenden, für sie als »Romeoagent« zu agieren. Zuerst schickten sie ihn nach Bad Aussee, um Maria Mösenbacher ausfindig zu machen und sich bei ihr einzuschmeicheln. Diamant flirtete mit ihr und wurde bald zum Tee in ihre Wohnung eingeladen, wo sie ihm ihr Fotoalbum zeigte. Darin befand sich auch ein Foto von Eichmann. Wenige Stunden später beschlagnahmte die Polizei das Fotoalbum, und das Foto wurde vervielfältigt und verteilt. Ungefähr zur gleichen Zeit durchsuchte die ungarische Polizei die frühere Wohnung von Margit Kutschera in Budapest, fand dort aber nichts von Wert. Außerdem konnte Friedman Joseph Weisl verhören, Eichmanns Fahrer, der den Eichmann-Jägern einen Einblick in die letzten Tage von Eichmanns Team verschaffte.[38]

An diesem Punkt jedoch verlor sich die Spur. Den nächsten Durchbruch erzielten Wiesenthal und seine Mitstreiter aufgrund eines Missgeschicks in Vera Eichmanns Vernebelungskampagne. Ende 1947 erfuhr Wiesenthal, dass Vera Liebl, wie sie sich jetzt wieder nannte, beim Bezirksgericht in Bad Ischl beantragt habe, ihren geschiedenen Mann für tot zu erklären. Das war eine übliche Praxis von deutschen und österreichischen Frauen, deren Ehemänner vermisst und für tot gehalten wurden, die aber nicht wieder heiraten oder ein eigenes Leben führen konnten, solange ihr Verlust nicht gerichtlich bestätigt worden war. Wiesenthal erkundigte sich, wer in diesem Fall als Zeuge für Eichmanns Ableben in Prag aufgetreten war. Wie sich herausstellte, handelte es sich um Karl Lukas, Vera Liebls Schwager. Daraus zog Wiesenthal den Schluss, dass das Ganze eine Finte war, und gab dem CIC einen entsprechenden Hinweis. Dieses intervenierte daraufhin bei Gericht, um die amtliche Todeserklärung zu verhindern. Wiesenthal war ungemein stolz auf dieses Ergebnis, denn wäre Eichmann für tot erklärt worden, hätte man seine Akte geschlossen, und jedes Interesse an ihm wäre erloschen. Stattdessen deutete Vera Eichmanns Täuschungsversuch darauf hin, dass sie ihren Ehemann zu schützen versuchte. »Dieser unspektakuläre Schritt«, stellte Wiesenthal fest, »war wahrscheinlich mein wichtigster Beitrag zum Fall Eichmann.«[39]

Offenbar war ihm entgangen, dass es für eine »geschiedene« Frau ungewöhnlich war, ihren Exmann für tot erklären zu lassen, selbst wenn sie wieder heiraten wollte. Aber wie dem auch sei, auf jeden Fall waren ihre angebliche Scheidung und die Vortäuschung von Eichmanns Tod Anzeichen eines konzertierten Vorgehens mit dem Ziel, dessen Verfolger in die Irre zu führen. Aus diesem Grund ist es erstaunlich, dass nach 1950 weder Vera Eichmann noch irgendjemand aus der Familie ihres Mannes observiert wurde. Nur indirekt erfuhr Wiesenthal davon, dass Vera Eichmann mit ihren Kindern Österreich verlassen hatte. Im Jahr 1951 entdeckte er, dass die Kinder ein Jahr zuvor mitten im Schuljahr von der Schule genommen und nirgendwo in Österreich oder Deutschland wieder angemeldet worden waren. Die Wohnung in Altaussee stand leer, obwohl die Miete weiter bezahlt wurde, so als wollte man verhindern, dass die Abreise publik wurde. Da die Möbel zurückgelassen worden waren, hatten sich auch auffällige Möbeltransporter erübrigt. Nicht weniger erstaunlich war, dass Vera Eichmann, wenn auch unter ihrem Mädchennamen, von der argentinischen Botschaft in Wien ein Visum erhalten hatte, ohne dass irgendwo Alarm ausgelöst worden war.[40]

Obwohl Eichmanns Name auf der Liste der bekannten und gesuchten Kriegsverbrecher stand, fiel keinem österreichischen Beamten und keinem Passkontrolleur in anderen europäischen Ländern der Umzug der Familie auf, zumindest hat niemand, der es vielleicht bemerkt hatte, entsprechend gehandelt. Dieser Mangel an Eifer war symptomatisch für die Stimmung seit Ende der vierziger Jahre. Nach Friedmans Beobachtung waren die Agenten des Jishuw 1948 zunehmend zwischen der Organisierung der illegalen Auswanderung nach Palästina, der Beschaffung von Waffen für die entstehende jüdische Armee und der Suche nach Nazis hin und her gerissen. Als Ben Gurion im Mai 1948 den unabhängigen Staat Israel ausrief und sich die kriegerischen Auseinandersetzungen mit der arabischen Bevölkerung innerhalb und außerhalb der Grenzen des neuen Staates verschärften, konzentrierten sich Hagana-Agenten wie Prier auf den Kampf um das Überleben Israels. Auch Kovner und seine Gruppe traten in die israelischen Streitkräfte ein. Und nach dem Unabhängigkeitskrieg war die politische Elite vollauf mit dem Staatsaufbau beschäftigt. »Alle wollten den Krieg, die Gräuel, die Nazis vergessen«, stellte Friedman fest. Dass ehemalige Nationalsozialisten in Justiz und Polizei der neu gegründeten Bundesrepublik Deutschland die Strafverfolgung von NS-Verbrechern behinderten, dafür hatte man in Israel damals keinen Sinn, und den Westalliierten hätte es nicht gleichgültiger sein können. Inzwischen ging es den Vereinigten Staaten darum, Westdeutschland wiederzubewaffnen und als Bollwerk gegen die sowjetische Expansion aufzubauen. Als der Kalte Krieg 1950 in Korea zum heißen Krieg wurde, verlor der Zweite Weltkrieg beträchtlich an Bedeutung. »Demgegenüber«, merkt Wiesenthal an, »verblasste das Bild eines Adolf Eichmann. Wenn ich versuchte, meine amerikanischen Freunde auf ihn anzusprechen, reagierten sie etwas ermüdet: ›Wir haben andere Probleme.‹«[41]

1952, ein Jahr nachdem Vera Eichmann Europa verlassen hatte, schloss Friedman sein Jüdisches Dokumentationszentrum in Wien. Er hatte nur noch wenige neue Informationen erhalten, und kaum jemand hatte sich noch für seine Erkenntnisse interessiert. Wiesenthal, der in Linz ein eigenes Dokumentationszentrum betrieb, kämpfte noch zwei Jahre weiter. Ironischerweise machte er ausgerechnet in dieser Phase seine zweite große Entdeckung bei der Jagd nach Eichmann. Er war ein eifriger Briefmarkensammler, und im März 1953 sagte ihm ein Sammlerfreund, er habe gehört, dass Eichmann in Argentinien gesehen worden sei. Das war der erste Hinweis darauf, dass Eichmann wahrscheinlich in Argentinien war – vermutlich wieder vereint mit seiner Familie. Wiesenthal informierte das israelische Konsulat in Österreich, doch damit endete die Geschichte. Er wandte sich auch an Nahum Goldmann, den angesehenen und einflussreichen Präsidenten des Jüdischen Weltkongresses, stieß aber auf wenig Interesse. Einer von Goldmanns Assistenten antwortete Wiesenthal, das FBI habe dem Weltkongress mitgeteilt, dass sich Eichmann in Syrien aufhalte. Als Wiesenthal, dessen persönliche Situation sich schwierig gestaltete, Goldmann um finanzielle Unterstützung für sein Dokumentationszentrum bat, erhielt er keine Antwort. Im Jahr 1954 schickte er seine Akten an Yad Vashem, das neue Museum, Archiv und Gedenkzentrum für den Holocaust in Jerusalem. Die Eichmann-Akte hatte er zwar behalten, aber er hatte »das Gefühl, mit einigen wenigen gleich gesinnten Narren vollkommen allein zu sein«.[42] »Die amerikanischen Juden hatten zu dieser Zeit wahrscheinlich andere Sorgen«, kommentierte er die damalige Lage später. »Die Israelis hatten kein Interesse mehr an Eichmann, sie mussten sich im Überlebenskampf gegen Nasser behaupten. Die Amerikaner hatten kein Interesse mehr an Eichmann, sie mussten sich im Kalten Krieg gegen die Sowjetunion behaupten.«

Das schwindende Interesse an NS-Verbrechern ermöglichte es Eichmann und seiner Familie, in Argentinien einige Jahre lang in relativer Ruhe zu leben. Nachdem sie die verschlüsselte Nachricht ihres Mannes erhalten hatte, dass er am Leben sei und sie zu ihm kommen könne, hatte Vera Eichmann begonnen, ihre Kinder auf den Wechsel ihrer Lebensumstände vorzubereiten, indem sie ihnen romantische Geschichten über einen Onkel Ricardo erzählte, der in Südamerika lebe und dort auf einem weißen Pferd herumreite. Aber sie wartete noch ein ganzes Jahr ab, bevor sie den Schritt unternahm. Um ihre Spur zu verwischen, beantragte sie einen deutschen Pass auf den Namen Liebl, da ihr Mann, wie sie behauptete, tot sei und sie als Volksdeutsche nach den Gesetzen der Bundesrepublik Deutschland Anspruch auf die deutsche Staatsangehörigkeit habe. Merkwürdigerweise behielten ihre drei Kinder jedoch ihren wirklichen Namen. Nachdem sie mit diesem Pass im argentinischen Konsulat in Wien Visa für sich und ihre Kinder erhalten hatte, reiste die Familie nach Italien und ging in Genua an Bord der *Salto*.[13]

Vera Liebl und ihre Söhne Klaus, Horst und Dieter Eichmann trafen Anfang Juli 1952 an einem regnerischen Tag in Buenos Aires ein, wo Eichmann/Klement und einige andere Deutsche sie erwarteten. »Da stand Adolf allein«, beschrieb Vera Eichmann später die Szene. »Er sah älter aus. Ich weinte vor Freude. Ich brachte die Kinder zu ihm und sagte: ›Das ist Onkel Ricardo.‹« Die Jungen scheinen ihren Vater nicht erkannt zu haben; immerhin hatten sie ihn in den sieben Jahren seit seiner Flucht nicht gesehen, und auch während des Krieges waren sie nur in unregelmäßigen Abständen mit ihm zusammen gewesen. Zudem war er gealtert: Seine Haare hatten sich gelichtet, und er trug eine Brille. Aber »Onkel Ricardo« gab ihnen einen großzügig bemessenen Geldbetrag für Süßigkeiten, und sie waren glücklich. Am Abend hatten sie das erste gemeinsame Essen in Argentinien. Fünf Tage blieben sie in einem Hotel, bevor sie nach Rio Portero reisten, wo die CAPRI-Filiale in Tucumán ihren Sitz hatte. Eichmann wohnte in einer nahe gelegenen Kleinstadt namens Graneros, wo er 1951 ein Haus gemietet hatte – vermutlich, um genügend Raum für seine Familie zu haben. Graneros war ein abgelegenes Gebirgsnest, in dem viele moderne Annehmlichkeiten fehlten. Für Klaus und seine Brüder war es dennoch ein »schönes Leben«. Die fehlenden Annehmlichkeiten wurden durch das Reiten und Cowboyspielen mehr als ausgeglichen. Die Jungen scheinen sich rasch an das Leben in Argentinien gewöhnt zu haben, und auch daran, wieder einen Vater zu haben. Sobald sie sich eingelebt hatten, klärten ihre Eltern sie darüber auf, wer »Onkel Ricardo« wirklich war, und sagten ihnen, wie

Der junge Eichmann, um 1930.

Eichmann als SD-Mann, Ende der dreißiger Jahre.

Eichmanns Verlobte Veronika (Vera) Liebl, seine spätere Ehefrau, um 1934.

Eichmann in SD-Uniform, um 1937/38.

Dieter Wisliceny.

Eichmann in Tucumán, 1950.

In Argentinien aufgenommenes Foto von Eichmann, das er mit seinem wahren Namen und seinem früheren SS-Rang signiert hat.

EXTRANJERO
SOLICITUD DE CEDULA DE IDENTIDAD CIVIL
1378538
Florida 3.8.1950
SEÑOR DIRECTOR DE IDENTIFICACIÓN CIVIL Y ESTADÍSTICA GENERAL
Nombre Ricardo
Apellido Klement
Hma Klement
Bs. Aires
Mayo
Belzano
Alemania
Soltero
Mecánico
Genova
Giovanna C
CAMBIOS DE ESTADO CIVIL
TACHESE LO QUE NO SE DEBE
DIRECCION DE IDENTIFICACION CIVIL Y ESTADISTICA GENERAL
PROVINCIA DE BUENOS AIRES

Eichmanns argentinischer Ausweis, ausgestellt auf seinen falschen Namen Ricardo Klement.

Kurz nach seiner Gefangennahme wird Eichmann einem israelischen Richter vorgeführt, Mai 1960.

Eichmann auf dem Gefängnishof von Camp Iyar.

Eichmanns Zelle. Auf dem Tisch Bücher, die er für seine Verteidigung und die Abfassung seiner »Memoiren« verwendete.

Der Gerichtssaal im Beit Ha'am in Jerusalem, 1961.

Die Richter: Benjamin Halevi, Mosche Landau und Jitzchak Raveh.

Verteidiger Robert Servatius bei seinem Plädoyer. Links neben ihm sein Assistent Dieter Wechtenbruch.

Gideon Hausner, israelischer Generalstaatsanwalt und Chefankläger; im Vordergrund Servatius.

Eichmann verteidigt sich mit Hilfe von Dokumenten und Diagrammen selbst.

Während einer ärztlichen Untersuchung im Gefängnis.

In israelischer Haft.

sie neugierige Fremde abwimmeln oder irreführen konnten. Sie entdeckten, dass ihr Vater ein strenger Schulmeister war, und das nicht nur, wenn es darum ging, ihre Tarngeschichte aufrechtzuerhalten. »[…] wir lernten mit großem Tempo Spanisch«, erinnerte sich Klaus Eichmann 1966. »Vater befahl mir, täglich hundert Vokabeln zu lernen, nicht mehr und nicht weniger. Es mussten genau hundert Vokabeln sein. Unser Vater war sehr korrekt, alles musste seine Ordnung haben.«[44]

Im Frühjahr 1953 brach das Wasserkraftprojekt der CAPRI in Tucumán infolge einer Wirtschaftskrise in Argentinien zusammen. Ende April hörte Eichmann auf, für das Unternehmen zu arbeiten, und drei Monate später zog er mit seiner Familie nach Buenos Aires, wo er ein kleines Haus in der Chacabucostraße 4261 im Stadtteil Olivos mietete. Olivos war ein heruntergekommenes Viertel, in dem viele deutsche Emigranten wohnten, aber Eichmann war arbeitslos und konnte sich nichts Besseres leisten. Sein ehemaliger Mitpassagier auf der *Giovanni C*, Herbert Kuhlmann, der inzwischen als wohlhabender Geschäftsmann in einem schicken Viertel wohnte, sprang als Bürge ein. In dem Haus in der Chacabucostraße sollte die Familie Eichmann über sechs Jahre lang leben.[45]

Eichmann versuchte, wirtschaftlich wieder auf die Beine zu kommen. Zuerst investierte er seine Ersparnisse zusammen mit zwei anderen Deutschen, die bei CAPRI gearbeitet hatten, in eine Wäscherei, doch sie fanden heraus, dass sie mit der chinesischen Konkurrenz nicht mithalten konnten, und gaben auf. Danach eröffnete Eichmann ein Textilgeschäft, aber auch dieser Versuch scheiterte, und da sein Kapital aufgebraucht war, musste er eine feste Anstellung annehmen. Er kam als Transportleiter bei einer Firma unter, die Sanitäreinrichtungen herstellte, kam aber auch hier nicht zurecht. Anschließend leitete er eine Zeit lang in einem Ort namens Joaquín Gorina, rund 60 Kilometer von Buenos Aires entfernt, eine Farm, die Angorakaninchen züchtete. Miteigentümer der Farm war ein weiterer deutscher Landsmann, Franz Pfeifer, der weitläufig mit Eichmann verwandt war. Eichmann genoss es zwar, wieder auf dem Land zu leben, aber die Trennung von seiner Familie, die in der Chacabucostraße geblieben war, belastete ihn. Auf jeden Fall war die

Farm wirtschaftlich nicht überlebensfähig und ging Mitte 1958 Bankrott. Eichmann kehrte nach Buenos Aires zurück und nahm bei der Gasfirma Orbis, die von einem weiteren Exnazi geleitet wurde, eine Stelle als Lagerarbeiter an. Im März 1959 erhielt er eine bessere Arbeit als Schweißer und Mechaniker in der Mercedes-Benz-Fabrik in González Catán, die zahlreiche Deutsche und frühere SS-Männer beschäftigte. Die Fabrik befand sich in einem nördlichen Industrievorort von Buenos Aires, was bedeutete, dass er täglich zweimal zwei Stunden mit dem Bus fahren musste. Diese Fahrten sollten ihm zum Verhängnis werden.[46]

Jahrelang führte die Familie Eichmann/Klement jedoch ein ruhiges, ereignisloses Leben. Sie unterschied sich nicht wesentlich von anderen Familien. 1953 wurde Vera Eichmann schwanger, und im Herbst brachte sie einen Sohn zur Welt, der den Namen Ricardo Francisco erhielt. Sein Vater liebte es, mit dem Nachkömmling zu spielen. Nachbarn erinnerten sich später an Eichmann als eine gebeugte Gestalt, die einem selten in die Augen sah und wenig sprach. Nur die Jungen, die inzwischen alle Teenager waren, suchten Kontakte jenseits der Familie. Eichmanns Söhne sahen gut aus, so dass nie Mangel an Freundinnen herrschte. Klaus, der sich schon in Tucumán mit einem einheimischen Mädchen verlobt hatte, war der Erste, der heiratete, das Haus verließ und Enkel in die Familie brachte. Dennoch waren die Beziehungen zwischen den Generationen nicht ungetrübt. Eichmann missfiel, dass seine Söhne ungebildet seien und sich nur für primitive Vergnügungen interessieren würden. Umgekehrt hielten diese ihren Vater für autoritär.[47]

Eichmann unterhielt sich mit seinen Söhnen nicht über Politik und verbot ihnen strikt, außerhalb des Hauses über solche Dinge zu sprechen. Vera Eichmann erklärte 1961 gegenüber Journalisten: »Er hat ihnen gesagt, er wolle nicht, dass sie Soldaten werden. Besser ein einfacher Arbeiter bleiben, als Offizier sein, hat er immer gesagt. Und niemals in eine Partei eintreten.« Ihr Ehemann grübelte indessen über seine Vergangenheit nach und las ein Buch nach dem anderen über das Dritte Reich, einschließlich der umfassenden Darstellungen von Leon Poliakov und Gerald Reitlinger. Seine Randbemerkungen in Büchern, die Ermittlern in die Hände fielen, lassen darauf schließen, dass er ein ungeläuterter Nationalsozialist geblieben war. Beispielsweise nahm er Anstoß an Gerhard Boldts Buch *Die letzten Tage der Reichskanzlei*, weil der Autor eine antinationalsozialistische Haltung einnahm. An einer Stelle kritzelte er an den Rand: »Mit solchen Lumpen musste der Krieg verloren werden.« Und auf dem Vorsatzpapier hielt er sein knappes Credo fest: Das wichtigste seien Pflicht und Gehorsam gegenüber Befehlen.[48]

Außerdem pflegte Eichmann weiterhin Kontakte zu ehemaligen SS-Männern. Einer seiner engsten Gefährten war Otto Skorzeny, der im Juli 1948 aus Europa geflohen und im folgenden Jahr in Argentinien eingetroffen war. Skorzeny machte Eichmann mit Willem Sassen bekannt, einem halb holländischen, halb deutschen Nationalsozialisten, der in der Waffen-SS gedient und später im Propagandaamt der NSDAP gearbeitet hatte. Sassen, dem in Belgien in Abwesenheit wegen Kriegsverbrechen der Prozess gemacht worden war, hatte Argentinien im September 1948 an Bord des Schoners *Jaconus Janssen* erreicht und sich problemlos ins Milieu der ehemaligen SS-Angehörigen eingefügt. Er wurde Redakteur der für die Kolonie der NS-Emigranten bestimmten Zeitung *Der Weg*, die eng mit dem Dürer-Verlag verbunden war, einem weiteren Unternehmen Ludwig Freudes. Sie stand derart weit rechts, dass selbst Perón davon überzeugt werden konnte, ihr Erscheinen zu verbieten. Sie zirkulierte jedoch heimlich weiter.[49]

Sassen kannte jeden in der SS-Bruderschaft. Er machte Eichmann mit Josef Mengele bekannt, der auf dem gleichen Weg wie dieser nach Argentinien gelangt war. Nachdem er mit einem in Termeno ausgestellten falschen Identitätsnachweis auf den Namen Helmut Gregor im Juni 1949 eingetroffen war, hatte er jedoch ein anderes, besseres Los gezogen als Eichmann. Als Spross einer reichen süddeutschen Familie, der ein Unternehmen für Landmaschinen gehörte, erhielt er den Posten des Firmenrepräsentanten in Buenos Aires und bewegte sich bald in gehobenen Kreisen. Im Gegensatz dazu stand Eichmann am Rand der Armut. Die beiden Männer trafen sich einige Male im Café ABC, verstanden sich aber nicht sonderlich gut. Mengeles Angebot kostenloser medizinischer Behandlung hat Eichmann möglicherweise als herablassende Geste verstanden, oder er erinnerte sich an Mengeles Rolle als »Todesengel«, der an den Gefangenen von Birkenau medizinische Experimente durchgeführt hatte. Wie dem auch sei, jedenfalls hielt er es für besser, das Angebot auszuschlagen. Danach trafen sie sich seltener, bis der Kontakt ganz abbrach.[50]

Sassen hingegen sah Eichmann immer öfter, und ihre Beziehung sollte sich als schicksalhaft herausstellen. Sassen verdiente sein Geld nicht nur als Journalist, sondern auch als Ghostwriter ehemaliger SS-Männer. Dabei arbeitete er in der Regel mit Eberhard Fritsch zusammen, der früher als einer der wichtigsten Mitarbeiter von Goebbels im NS-Propagandaministerium tätig gewesen war; jetzt war er Direktor des Dürer-Verlages und eng mit Ludwig Freude verbunden. 1955 oder 1956 schlug Sassen Eichmann in Absprache mit Fritsch vor, an einer Gesamtdarstellung der »Endlösung« mitzuarbeiten. Sie sollte die »Wahrheit« aus nationalsozialistischer Sicht enthalten und ihnen beiden eine hübsche Summe einbringen. Geplant war, dass Eichmann, unter Zuhilfenahme zeitgenössischer Dokumente und durch Expertenmeinungen von Angehörigen der SS-Kolonie in Argentinien unterstützt, seine Erinnerungen auf Tonband sprechen sollte, die dann als authentische Darstellung eines der Hauptbeteiligten veröffentlicht werden sollte. Eichmann und Sassen verfolgten allerdings unterschiedliche Zwecke. Eichmann wurde von Eitelkeit angetrieben. Es ärgerte ihn, dass er vergessen und mittellos dastand und dass seine Rolle bei der »Endlösung« seiner Meinung nach häufig falsch dargestellt worden sei. Insbesondere Wislicenys Version der Ereignisse verlangte, wie er fand, nach einer Korrektur. Sassen hingegen wollte jüdische und israelische Wiedergutmachungsansprüche gegenüber Deutschland entkräften und die den Deutschen angelastete Schuld am Massenmord an den Juden mindern. Eins seiner Hauptziele war die Verringerung der Zahl der Opfer des Völkermords, ein anderes die Entlastung Hitlers. Aber so wie Eichmann nichts von Sassens Absichten ahnte, so unterschätzte dieser die Halsstarrigkeit seines Interviewpartners. Das Ergebnis war gelegentlich geradezu komisch – schwarze Komik, wenn man so will.[51]

Anfangs war Eichmann froh über die Chance, sich gegenüber

einem wohl gesinnten und eingeweihten Menschen alles von der Seele reden und es »gewissermaßen erledigen« zu können. Doch dann entdeckte er, dass Sassens Perspektive nicht ganz mit seiner eigenen übereinstimmte. Als er zu Protokoll zu gab, dass Heydrich einen »Führerbefehl« zur Vernichtung der Juden erhalten habe, stellte Sassen in Frage, ob Hitler tatsächlich die Verantwortung trage, und verlangte nach einem konkreten Beweis für solch einen Befehl. Einmal wunderte sich Eichmann darüber, wie jemand annehmen konnte, dass es einen schriftlichen Befehl von Hitler selbst gebe; so habe das Dritte Reich nicht funktioniert. Während Sassen die Zahl der in die Todeslager deportierten Juden verringern wollte, prahlte Eichmann mit seinen »Leistungen«.[52]

Der Wein, den er bei den Sitzungen trank, löste Eichmann die Zunge mehr, als gut für ihn war. Sein Selbstmitleid und seine Selbstbeweihräucherung verleiteten ihn gleichermaßen zu inkriminierenden Äußerungen. So bedauerte er seine Schwäche bei der Überwindung der Hindernisse für die Vernichtung aller Juden. Unempfindlich oder gleichgültig gegenüber dem menschlichen Leid lamentierte er über Verzögerungen bei den »Transporten«, die er in der Slowakei, in Frankreich, den Niederlanden und Ungarn organisiert hatte. Voller Genugtuung erinnerte er sich hingegen an die Zeiten, in denen die Deportationen glatt liefen, insbesondere in Ungarn.[53]

Obwohl er beteuerte, kein Antisemit zu sein und die Juden persönlich nicht zu hassen – schließlich habe er viele jüdische Mitarbeiter gehabt –, gab er sich in anderen Momenten als unbelehrbarer Nationalsozialist, der nichts bedauere:

> »[…] mich reut gar nichts, ich krieche in keinster Weise zu Kreuze. […] es wäre zu leicht, und ich könnte es billig machen, der heutigen Meinung nach, dass ich gewissermaßen so spiele, dass aus einem Saulus ein Paulus würde, aber ich sage Ihnen, das kann ich nicht, weil ich nicht bereit bin, weil sich mein Inneres dagegen sträubt, zu sagen, wir hätten etwas falsch gemacht. Nein, ich muss Ihnen ganz ehrlich sagen, hätten wir von den 10,3 Millionen Juden, die Korherr ausgewiesen hat, […] 10,3 Millionen Juden getötet, dann wäre ich zu-

frieden und würde sagen, gut, wir haben einen Feind vernichtet.«[54]

Die Sitzungen mit Sassen wurden so etwas wie ein Ereignis. Alte Kameraden kamen vorbei, um zuzuhören, Getränke wurden serviert, nach einer Weile war Eichmann etwas angetrunken, und die Atmosphäre war manchmal recht rau. Einer der ersten Zuhörer war Fritsch, aber ihm sagte das Eichmann-Projekt nicht zu. Ein anderer war Rudolf Mildner, ehemals Gestapo-Offizier in Kattowitz, Auschwitz und Kopenhagen. Eichmann hatte 1943 während der gescheiterten »Aktion« gegen die Juden in Dänemark mit ihm zu tun gehabt.[55]

Wenn Eichmann sich etwas vorwarf, dann die Tatsache, dass er die »Endlösung« nicht zu Ende gebracht hatte. Als »Entschuldigung« dafür – und das konnte er auch mit noch so viel Alkohol nicht wegerklären – führte er am Ende des Sassen-Interviews an, »dass erstens es mir am umfassenden Geist fehlte, dass zweitens es mir an der notwendigen physischen Härte fehlte, und dass drittens ich selbst gegen mein Wollen eine Legion von Leuten hatte, die wieder gegen dieses Wollen anstanken, so dass ich selbst, der ich mich schon gehandicapt fühlte, auch den Rest, der mir etwa zum Durchbruch verholfen hätte, wiederum nicht durchführen konnte, weil ich mich verzetteln musste in einem jahrelangen Kampf gegen die sogen. Interventionisten«.[56]

Alles in allem erstreckten sich die Interviewsitzungen über fünf Monate, in denen Sassen nicht weniger als 67 Tonbänder aufnahm. Die Niederschrift der Interviews umfasste 695 Seiten, zu denen Eichmann 80 Seiten mit handschriftlichen Anmerkungen hinzufügte. Aber er war mit dem Resultat unzufrieden. Sassen hatte sich bei der Transkription nicht immer genau an das Gesagte gehalten, sondern es gelegentlich recht frei redigiert. Zudem waren seine Kommentare nicht immer von Eichmanns Äußerungen abgesetzt. Am Anfang der Aufnahmen hatte Eichmann häufig Tatsachen durcheinander gebracht und Fehler gemacht: »Man mag es mir glauben, ich habe in diesen Monaten mit nichts hinter dem Berg gehalten und gesagt, was ich weiß. Ich würde ohne Zaudern auch dies zugeben, wenn ich mich daran entsinnen könnte. Je mehr ich nachdachte, um so verschwommener wurden meine Vorstellungen, so dass es mir scheint, als ob es der Anfang einer Art Selbstsuggestion gewesen ist.« Wie vereinbart, schickte Sassen Eichmann mehrere Teile der Transkriptionen, die dieser mit umfangreichen handschriftlichen Korrekturen und Anmerkungen versah. Später behauptete er, mit dem Text derart unzufrieden gewesen zu sein, dass er das Projekt aufgegeben und eine eigene handschriftliche Darstellung begonnen habe – möglicherweise in der Hoffnung, die Aufnahmen wiederholen zu können. Gleichzeitig bestand er darauf, dass Sassen nur den Teil der Niederschrift verwenden dürfe, den er durch seine Unterschrift autorisiert habe. Doch der Holländer erwies sich als skrupelloser Partner, und das machte sein Material zu einer historischen, literarischen und juristischen Zeitbombe.[57]

Eichmann hatte sich unter anderem deshalb auf Sassens Vorhaben eingelassen, weil dieser ihm Geld in Aussicht gestellt hatte und seine Mittel überaus beschränkt waren. Im Jahr 1958 hatte Eichmann seine Ersparnisse in Höhe von 56 000 Pesos in ein Stück Feuchtland in Bancalari, einem Randbezirk von Buenos Aires, gesteckt. Das Gebiet wurde regelmäßig vom Tigre überschwemmt und war weder ans Trinkwasser- noch ans Abwasser- oder Stromnetz angeschlossen. Das 700 Quadratmeter große Grundstück war entsprechend billig und die Besitzer mussten keine kommunalen Steuern zahlen. Zusammen mit seinen Söhnen legte Eichmann das Land trocken und begann, vom Fundament an, ein Haus zu bauen, und zwar nach Bauplänen und Arbeitsabläufen, die er selbst ausgearbeitet hatte. Sogar sein Sohn Klaus war beeindruckt von den handwerklichen Fähigkeiten und der Disziplin seines Vaters: »Das Haus bauten wir mit unseren eigenen Händen. Da hätten Sie mal unseren Vater erleben sollen. Er ist so vielseitig, er konnte eigentlich alles, er hat alles sehr ernst genommen, er war korrekt, immer korrekt.«[58]

Das Haus in der Garibaldistraße 14 war ein Stück von der Straße zurückgesetzt und stand, von einer kleinen Hütte auf einer Seite abgesehen, allein. Wegen der Überschwemmungen war es auf einer erhöhten Platte errichtet, zu der sechs Stufen hinaufführten. Es war einstöckig, besaß ein tiefes Fundament, dicke Wände und nur wenige Fenster, die überwiegend auf der

Rückseite lagen. Anfang 1960 erklärte Eichmann, es sei fertig, obwohl weder Strom noch fließend Wasser vorhanden waren (Wasser kam aus einem Brunnen im Vorgarten), und die Familie zog trotz der Einwände seiner Frau ein.[59]

Warum wollte Eichmann unbedingt aus der Chacabucostraße in diese entlegene Gegend ziehen? Möglicherweise gab ihm das Haus, das weit von irgendwelchen lärmenden Nachbarn entfernt lag und seinen Bewohnern eine freie Rundumsicht bot, ein Gefühl der Sicherheit. Gerade die isolierte Lage sollte sich jedoch als Schwachpunkt herausstellen. Eichmann ging jeden Morgen von seinem Haus zur nächsten Bushaltestelle an der Straße Nr. 202 und fuhr mit der Buslinie 203 zur Arbeit. Abends kehrte er mit der gleichen Buslinie zurück. Pünktlich um 19.40 Uhr stieg er aus dem Bus, um die 300 Meter zu seinem Haus zu gehen. Da es um diese Zeit bereits stockdunkel war, benutzte er manchmal eine Taschenlampe, um den Pfützen und Löchern zwischen der Hauptstraße und der Veranda vor seinem Haus auszuweichen. Wenn er einen kleinen Laden vor der Kreuzung Straße 202 und Garibaldistraße passiert hatte, gab es keine Beleuchtung und keinen Anwohner mehr. Weder Geschäfte noch Wohnhäuser säumten die Straße. Es war der perfekte Ort für eine Entführung.

Ironischerweise wurden die Verfolger nach jahrelanger Untätigkeit und Apathie ausgerechnet in dem Augenblick wieder aktiv, als Eichmann in eine solche Gegend umzog. Auslöser war ein allem Anschein nach stichhaltiger Hinweis darauf, dass sich Eichmann in Argentinien aufhielt. Er kam aus einer ungewöhnlichen Quelle. Im Jahr 1956 war Klaus Eichmann mit einer jungen Frau namens Sylvia Hermann befreundet. Ihr Vater war ebenfalls ein deutscher Emigrant, den es allerdings unter völlig anderen Umständen nach Argentinien verschlagen hatte. Lothar Hermann war Halbjude und Ende 1938 nach Südamerika emigriert; davor hatte er wegen sozialistischer Untergrundaktivitäten im KZ gesessen. Mitte der fünfziger Jahre war er halb blind und lebte mit Frau und Tochter in beschränkten Verhältnissen in Buenos Aires. Sylvia Hermann brachte Klaus Eichmann gelegentlich mit nach Hause, und ihr Vater unterhielt sich mit ihm über dies und jenes. Als sie eines Tages auf die NS-Vergangenheit zu sprechen kamen, sagte der Freund seiner Tochter etwas, das ihm im Gedächtnis haften blieb: »Als sich das Gespräch einmal dem Schicksal der Juden im Zweiten Weltkrieg zuwandte, sagte er, dass es besser gewesen wäre, wenn die Deutschen die Aufgabe der Vernichtung vollendet hätten. Ein andermal sagte er, sein Vater sei Offizier in der deutschen Armee gewesen.« Sylvia Hermann brach den Kontakt zu Klaus Eichmann ab und verzog mit ihrer Familie mehrere hundert Kilometer weit weg nach Coronel Suárez. Ein Jahr später tauchte der Name Eichmann im Zusammenhang mit Kriegsverbrecherprozessen in Frankfurt am Main in den Zeitungen auf. Lothar Hermann fiel der Name des ehemaligen Freundes seiner Tochter ein, und er zählte eins und eins zusammen: Der junge Mann war der Sohn Adolf Eichmanns. Und das hieß: Eichmann war in Argentinien. Hermann schickte seine Informationen an die Justizstellen in Frankfurt am Main, wo sie glücklicherweise dem hessischen Generalstaatsanwalt Fritz Bauer zugeleitet wurden.[60]

In der Bundesrepublik der fünfziger Jahre war Bauer eine seltene Erscheinung. Im Jahr 1903 in Stuttgart in eine jüdische Familie hineingeboren, hatte er die juristische Laufbahn eingeschlagen, die jedoch durch eine dreijährige KZ-Haft abrupt unterbrochen wurde. Nach der Freilassung emigrierte der unerbittliche Nazigegner nach Dänemark, wo er sowohl seine juristische Tätigkeit als auch die antifaschistischen Aktivitäten fortsetzte. Als Deutschland 1940 Dänemark angriff, floh er nach Schweden. Er lehrte an der Stockholmer Universität, kehrte 1949 aber nach Deutschland zurück und trat ins Justizwesen ein, zunächst als Generalstaatsanwalt in Braunschweig und 1956 dann als Generalstaatsanwalt in Frankfurt am Main. Im Unterschied zu vielen seiner Kollegen, die während der NS-Ära juristische Berufe ausgeübt oder auf der Richterbank NS-Gesetze durchgesetzt hatten, war er von der Vergangenheit unbelastet. Er setzte sich für Wiedergutmachungsgesetze und Gerichtsverfahren gegen NS-Kriegsverbrecher ein. Damit machte er sich bei seinen Kollegen nicht gerade beliebt, aber er hatte ein dickes Fell und war engagiert. Er war genau der richtige Mann, um Lothar Hermanns Hinweis nachzugehen.[61]

Bauer schickte Hermann eine Beschreibung Eichmanns und

bat ihn, dessen Adresse herauszufinden. Daraufhin unternahmen Hermann und seine Tochter die beschwerliche Reise nach Buenos Aires, zogen bei Freunden von Klaus Eichmann, an die Sylvia Hermann sich erinnerte, Erkundigungen ein und gelangten ohne große Schwierigkeiten an die Adresse in der Chacabucostraße. Um die Angaben zu überprüfen, klopfte Sylvia Hermann sogar an die Haustür und fragte nach Klaus. Ihr öffnete ein Mann mittleren Alters, der sich als Klaus' Vater vorstellte. Für Lothar Hermann war damit der Beweis erbracht, und er teilte Bauer die Adresse in Olivos mit.[62]

Bauer fürchtete, dass Exnazis Eichmann warnen könnten, wenn er selbst den Fall weiterverfolgte und durch die westdeutsche Justiz ein Ermittlungsverfahren einleiten ließ. Deshalb übermittelte er dem israelischen Außenministerium die wichtigsten Fakten. Tatsächlich war Walter Eytan (ehemals Ettinghausen), der Generaldirektor des Außenministeriums, von der Möglichkeit elektrisiert, dass Eichmann am Leben war und sich in Argentinien aufhielt. Er verabredete sich mit Isser Harel, dem Chef des israelischen Geheimdienstes, aber Harel war skeptisch und fühlte sich von der Erregtheit seines sonst so gefassten Kollegen abgestoßen. Er sagte zu, einen Repräsentanten des Geheimdienstes zu Bauer zu schicken, aber mehr wollte er im Augenblick nicht tun. Bei der Begegnung, die am 6. November 1957 stattfand, gab Bauer seinem Gast die Adresse und erklärte ausdrücklich, dass die Israelis als Einzige willens und in der Lage wären, in Argentinien etwas gegen Eichmann zu unternehmen.[63]

Doch die Israelis waren nicht sonderlich an einer Jagd auf Eichmann interessiert, am wenigsten Isser Harel, der in solchen Angelegenheiten wichtigste Entscheidungsträger. Harel, 1912 in Witebsk geboren und als Kind mit seinen zionistischen Eltern nach Palästina ausgewandert, war in einem Kibbuz aufgewachsen und hatte sich später der Hagana angeschlossen, in deren Geheimdienst er sich während des israelischen Unabhängigkeitskrieges hervortat. Im Jahr 1952 war er zum Leiter des neu gegründeten israelischen Nachrichtendienstes ernannt worden. Dieser bestand aus zwei getrennten Organisationen, dem Inlandsgeheimdienst Shabak und dem außerhalb Israels operierenden Mossad. Harel kontrollierte beide Dienste. Und diesem mächtigen Mann war Eichmann, über den er kaum etwas wusste, relativ gleichgültig. In seinen Erinnerungen an den Fall gesteht er selbst ein, dass er sich »nie eingehend darüber informiert« habe, »welche Stelle er in der Nazihierarchie eingenommen und welch entscheidende Rolle er bei der ›Endlösung der Judenfrage‹, wie die Nationalsozialisten es nannten, gespielt hatte«. Der Mossad besaß weder eine Abteilung, die sich mit der Fahndung nach NS-Verbrechern beschäftigte, noch verfügte er über umfangreiche Informationen über sie, es sei denn, sie waren zufälligerweise in einem arabischen Land aufgetaucht, um dessen Kriegsanstrengungen gegen Israel zu unterstützen. Gerüchten zufolge hatte sich Eichmann in verschiedenen arabischen Ländern aufgehalten. Darüber gab es sogar eine Akte. Da Harel keinerlei Hintergrundwissen besaß, musste er von Null anfangen und legte eine Nachtschicht ein, um das Dossier durchzulesen.[64]

Er beschloss, den Agenten Yoel Goren nach Buenos Aires zu schicken, um Bauers Informationen zu überprüfen. Doch dieser reiste erst im Januar 1958 nach Südamerika ab. Goren sprach kaum Spanisch und ließ sich von einheimischen Helfern in Buenos Aires herumführen. Seine Haupttätigkeit bestand darin, sich die Umgebung der Chacabucostraße anzusehen. In seinen Augen war das Viertel viel zu heruntergekommen, als dass ein prominenter ehemaliger SS-Mann dort wohnen könnte. Er übersandte Harel einen entsprechenden Bericht, woraufhin dieser den Fall zu den Akten legte. Erst auf Bauers Drängen ließ Harel weitere Ermittlungen anstellen. Als Harel darauf bestand, dass er den Informanten selbst überprüfen müsse, schlug Bauer vor, einen Mossadagenten zu Hermann zu schicken, der sich als sein Vertreter ausgeben solle. Doch Harel wartete weiter ab, bis er im März 1958 zufällig erfuhr, dass ein ihm bekannter hoher Polizeioffizier eine Dienstreise nach Buenos Aires unternehmen würde. Er bat den Offizier, Ephraim Hofstädter, einen Abstecher nach Coronel Suárez zu machen und mit Hermann zu sprechen.[65]

Hofstädter, ein erfahrener Ermittler, war völlig perplex, als er entdeckte, dass Hermann blind war. Trotz seiner Skepsis schlug er Hermann vor, einige weitere Nachforschungen anzustellen, und gab ihm ein paar Dollar für die lange und teure Reise nach Buenos Aires. Außerdem sagte er ihm, wie er ihm auf sicherem Weg Informationen zukommen lassen könne. Danach stattete Hofstädter der Chacabucostraße selbst einen Besuch ab, sah in der Nähe der Nr. 4261 aber niemanden, der Eichmann ähnelte, und kam wie Goren zu dem Schluss, dass sich ein hochrangiger Naziflüchtling wohl kaum in einem derart bescheidenen Viertel niederlassen würde.[66]

An dieser nachlässig behandelten und ausgeführten Mission lässt sich ablesen, welchen Stellenwert man der Suche nach Eichmann einräumte. Zvi Aharoni, ein Mossadagent, der an Eichmanns Gefangennahme beteiligt war, gestand im Rückblick beschämt ein: »Es wurde dem blinden Hermann überlassen, weitere Beweise zu sammeln.« Lothar Hermann und seine Tochter sammelten Informationen über die Bewohner und Eigentümer des Hauses in der Chacabucostraße 4261 heraus. So erfuhren sie, dass der Eigentümer ein gewisser Francisco Schmidt war, obwohl auf den Stromzählern die Namen Dagoto und Klement standen. Hermann folgerte daraus, dass Schmidt ein Deckname von Eichmann sei, und gab diese Information Mitte 1958 an seinen Kontaktmann weiter (der, wie er glaubte, in Deutschland war). Als Harel Schmidt überprüfen ließ, stellte er rasch fest, dass Hermann sich irrte. Schmidt war Österreicher, aber damit endeten die Gemeinsamkeiten mit Eichmann auch schon. Soweit es Harel anging, war die Quelle damit diskreditiert; das Ganze hatte nichts eingebracht. Im September 1958 legte er den Fall zu den Akten.[67]

Jahre später beschrieb Meir Amit, Harels Nachfolger als Mossadchef, die Haltung seiner Kollegen so: »Die Operation von Adolf Eichmann in Argentinien wurde bei den israelischen Geheimdiensten mit gemischten Gefühlen betrachtet. Einige der Direktoren unserer Dienste (hauptsächlich beim militärischen Nachrichtendienst, der für die Analyse der nationalen Sicherheit Israels zuständig ist) wurden seinerzeit den Eindruck nicht los, dass der Mossad seinen eigentlichen Aufgaben nicht nachkam: Der wahre Feind Israels waren die arabischen Streitkräfte.« Der Mossad war eine relativ kleine Organisation, und die Entführung Eichmanns band später erhebliche Ressourcen, was »manche Leute beim militärischen Nachrichtendienst erzürnte.«[68] Mangels eines Entschlusses, diese Umverteilung der Ressourcen vorzunehmen, geschah über ein Jahr lang gar nichts.

Man erhielt zwar hin und wieder neue Informationen, aber keine von ihnen war bedeutsam genug, um die tief sitzende Skepsis der Israelis zu überwinden. Im April 1959 fiel dem wachsamen Simon Wiesenthal in einer Linzer Zeitung, den *Oberösterreichischen Nachrichten*, eine Todesanzeige für Maria Eichmann auf. Ungewöhnlich an der Anzeige war der Name einer der Trauernden, der Schwiegertochter Vera Eichmann. Warum benutzte die angeblich geschiedene Vera Liebl den Namen ihres angeblich toten Ehemannes? Im Februar 1960 erschien in der gleichen Zeitung eine Todesanzeige für Eichmanns Vater, und wieder wurden als trauernde Familienangehörige Vera Eichmann und ihre Söhne genannt. Wiesenthal schloss daraus, dass Vera Eichmann wieder mit ihrem Mann zusammen war und dass Eichmann lebte. Er nahm den Fall wieder auf und schickte einen seiner Leute zu Vera Eichmanns Mutter. Frau Liebl erklärte, dass ihre Tochter mit einem Mann namens Klems oder Klemt verheiratet sei. Warum benutze sie dann in den Todesanzeigen den Namen Eichmann, es sei denn, Klement, dessen Name rasch ermittelt werden konnte, war Eichmann? Wiesenthal gab die Information an die Israelis weiter, die sie dank der inzwischen erfolgten Neubelebung des Falls nun mit mehr Interesse aufnahmen.[69]

Der Anstoß für diese Neubelebung war erneut von Fritz Bauer gekommen. Im Dezember 1959 war er in amtlicher Funktion nach Israel gereist und hatte gegenüber seinem Gesprächspartner Haim Cohen, dem israelischen Generalstaatsanwalt, bedauert, dass sich der Mossad eine phantastische Spur entgehen lasse. Inzwischen hatte er, wahrscheinlich aus deutschen Nachrichtendienstquellen, zudem erfahren, dass Eichmann mit Hilfe der katholischen Kirche und eines Rotkreuzpasses auf den Namen Ricardo Klement aus Europa geflohen und Anfang der fünfziger Jahre in Buenos Aires aufgetaucht war, zuerst als Angestellter von CAPRI und dann als Wäschereibesitzer in Olivos. Cohen arrangierte ein Treffen zwischen Bauer und Harel, bei dem der Deutsche diese Informationen weitergab, während der

Mossadchef mit seinem Wissen über einen Klement, der in der Chacabucostraße wohnte, hinterm Berg hielt und sich insgesamt recht kühl gab. Bauer ereiferte sich zusehends, als er merkte, dass seine unschätzbaren Neuigkeiten auf so wenig Interesse stießen. »Jeder zweitrangige Polizist kann eine solche Spur verfolgen«, rief er aus. Tatsächlich wäre eine weitere Untätigkeit nach den Informationen aus westdeutschen Quellen nicht mehr zu rechtfertigen gewesen. Allerdings musste man erst noch mit absoluter Sicherheit feststellen, dass der Klement aus der Chacabucostraße tatsächlich Eichmann war. Das immerhin hatte Harel nun vor.[70]

Als Erstes schickte er Zvi Aharoni nach Frankfurt am Main, um die westdeutsche Akte über Eichmann einzusehen. Danach beriet sich Harel mit Ministerpräsident Ben Gurion. Dessen Einwilligung war notwendig, wenn man eine Operation durchführen wollte, die wertvolle Geheimdienstressourcen binden und einen großen Wirbel auslösen würde, ganz gleich, ob sie erfolgreich verlief oder scheiterte. Als Ben Gurion von Cohen erfuhr, dass Eichmann wahrscheinlich in Argentinien lebte, sagte er ihm, dass Israel keinen Auslieferungsantrag stellen, sondern verdeckt vorgehen solle, um Eichmann ins Land zu holen und vor Gericht zu stellen. Am 6. Dezember 1959 schrieb er in sein Tagebuch: »Wenn sich herausstellen sollte, dass er dort ist, werden wir ihn fangen und herbringen. Isser [Harel] wird sich darum kümmern.« Aber abgesehen von den operativen Schwierigkeiten einer solchen Mission, waren auch Komplikationen hinsichtlich des Völkerrechts und der internationalen Beziehungen zu erwarten. Harel bat deshalb Haim Cohen sowie Justizminister Pinhas Rosen und Außenministerin Golda Meir um Rat. Von juristischer Seite sprach nichts dagegen, Eichmann in Israel den Prozess zu machen, sofern er aus Argentinien herausgeholt werden konnte. Eine Auslieferung war ausgeschlossen, und Golda Meir hatte keine Bedenken gegen eine verdeckte Operation. Damit war der Weg frei für Aharoni, die erste ernsthafte israelische Erkundungsmission im Fall Eichmann zu unternehmen.[71]

Aharoni hatte Berlin 1938 im Alter von drei Jahren zusammen mit seinen Eltern verlassen. In Palästina lebte er fünf Jahre im Kibbuz Alonim. Mit 16 Jahren schloss er sich den paramilitärischen Kräften an und kam über die Landpolizei, welche die jüdischen Siedlungen bewachte, zur britischen Armee. Er kämpfte im Unabhängigkeitskrieg und trat 1948 in den israelischen Nachrichtendienst ein. Seine Stärken lagen auf dem Gebiet von Analyse und Verhör, nicht unbedingt im Außendienst. Wie er selbst in seinen 1996 erschienenen Erinnerungen an den Fall zugibt, verliefen seine Ermittlungen und die Observation der Zielperson beinahe katastrophal.[72]

Aharoni traf am 1. März 1960 mit falschen Papieren in Buenos Aires ein. Angeblich war er ein Diplomat, der antisemitische Vorfälle in Südamerika untersuchen sollte. Er stellte eine Gruppe von Freiwilligen zusammen, in Argentinien lebende Juden, die den Israelis als verlässliche Helfer bei kleineren Aufgaben bekannt waren. Zwei Tage später sah er sich in der Chacabucostraße um. Doch Haus Nummer 4261 war leer, abgesehen von einigen Handwerkern, die es renovierten. Einer von Aharonis Helfern erkundigte sich, wo die Familie hingezogen sei, aber niemand wusste es. Daraufhin kam Aharoni auf die Idee, einen Boten mit einem Geschenk für »Nikolas Klement« – Klaus Eichmann hatte am 3. März Geburtstag – zu dem Haus zu schicken. Das Geschenk kam angeblich von einer Freundin, und der Bote sollte fragen, wohin er es liefern könne. Die Arbeiter sagten ihm, er solle mit »Tito« reden, einem der jungen Männer, die in dem Haus gewohnt hätten; er arbeite ganz in der Nähe. Der Bote brachte das Geschenk also zu »Tito«, der jedoch nur vage Auskunft gab und das Geschenk annahm. Aharoni versuchte »Tito« zu folgen, bei dem es sich wahrscheinlich um Dieter Eichmann handelte, verlor ihn aber ständig aus den Augen. Es bestand die Gefahr, dass Klaus Eichmann seinem Vater erzählte, dass jemand ihm unter dem Namen Nikolas Klement ein Geschenk geschickt habe, obwohl er sich stets als Nikolas Eichmann vorstellte. Glücklicherweise steckte er aber nur das Geschenk, ein Feuerzeug, ein und alarmierte seinen Vater nicht.

Am 11. März sprach Aharonis Bote »Tito« an, um ihn zu fragen, ob das Geschenk den Adressaten erreicht habe. »Tito« erwiderte lachend, es hätte sowohl für seinen Vater als auch für seinen Bruder sein können, aber er habe es seinem Bruder gegeben. Daraus schloss Aharoni, dass der Vater von Nikolas Eichmann, wenn dieser sich mit dem Namen Klement angesprochen fühlte, ebenfalls ein Eichmann sein musste. Er schickte eine geheime Nachricht an Harel: »Klement ist Eichmann.« Außerdem hatte »Tito« dem Boten genau beschrieben, wie man zu dem Haus von Klement/Eichmann kam und wie es aussah, denn zu diesem Zeitpunkt hatte es noch keine Hausnummer. Am 12. März fuhr Aharoni, »Titos« Wegbeschreibung folgend, langsam die Straße 202 entlang und fand schließlich das einstöckige Haus mit dem flachen Dach, das ihm beschrieben worden war.

In den nächsten fünf Tagen beobachtete er das Haus und fotografierte es von weitem. Am 16. März ging er zusammen mit einem seiner Helfer zu dem Haus, um mit einer versteckten Kamera bessere Fotos des Hauses und seines Besitzers zu machen. Der Vorwand, den er sich zurechtgelegt hatte, war recht fadenscheinig. Als er und sein Helfer sich dem Haus näherten, machten sie mit Rufen auf sich aufmerksam, um zu sehen, ob jemand zu Hause war. Eine Frau mittleren Alters, Vera Eichmann, erschien, gefolgt von einer jüngeren Frau, bei der es sich um Klaus Eichmanns Ehefrau Margarita handelte. Aharoni gab sich als amerikanischer Bauunternehmer aus, der an der Gegend interessiert sei, und erkundigte sich nach dem Haus und den Nachbargrundstücken. Vera Eichmann übergab ihrer Schwiegertochter das Gespräch, da sie Englisch sprach und sich mit den »Amerikanern« daher besser verständigen konnte. So sahen sich die Ermittler plötzlich in ein Gespräch mit einer Frau verwickelt, die besser Englisch sprach als sie selbst. Zudem muss es merkwürdig erschienen sein, dass sich ein New Yorker Baulöwe für ein Stück morastiges, unerschlossenes Land interessierte. Aharoni und sein Helfer zogen sich zurück, ohne sich allzu sehr zum Narren gemacht zu haben. Von Eichmann erfuhren sie später allerdings, dass seine Frau ihm von dem Vorfall erzählt habe und sie ihn verdächtig gefunden hätten.

Andere Mitarbeiter Aharonis sahen unterdessen die Grundbücher durch und entdeckten, dass das Grundstück in der Garibaldistraße auf den Namen Veronica Catarina Liebl de Fichmann eingetragen war. Das sah wie ein Schreibfehler aus; das F hätte eigentlich ein E sein müssen. Die von der verkehrten Schreibweise hervorgerufenen Zweifel wurden zerstreut, als Aharoni am 19. März Eichmann bei der Heimkehr von der Arbeit zu Gesicht bekam. Er war überzeugt, die Zielperson gefunden zu haben, wollte aber, um ganz sicher zu sein, noch einen fotografischen Beweis. Dies hätte beinahe zu seiner Enttarnung geführt. Als ein Begleiter eines Tages seinen gemieteten Jeep zurücksetzte, um seinen Beobachtungsposten zu wechseln, tat er es so hastig, dass er in einen Graben fuhr und sich überschlug. Eichmanns Grundstück war nur 100 Meter entfernt, und er konnte von Glück reden, dass niemand aus dem Haus unter den Schaulustigen war, die zusahen, wie einige Einheimische dem verunglückten Israeli halfen.

Bis zum Ende seiner Mission blieben Aharoni nur noch wenige Tage, und er wollte unbedingt eine Nahaufnahme von Eichmann haben. Deshalb traten am Sonntag, dem 3. April, als Eichmann zu Hause im Garten arbeitete, auf Aharonis Anweisung zwei seiner Helfer an den Gartenzaun und verwickelten Eichmann in ein harmloses Gespräch. Dabei machte einer von ihnen mit einem in einer Aktentasche versteckten Fotoapparat eine Serie von Schnappschüssen. Es war allerdings das erste Mal, dass er sich dieser Technik bediente, und er wusste nicht, ob die Fotos etwas geworden waren.

Gemäß seinen Befehlen musste Aharoni am 5. April nach Israel zurückkehren. Aber er wollte den Film unbedingt noch vorher entwickeln lassen. Dafür bestand keine Notwendigkeit, und es bedeutete ein unnötiges Risiko, da er keinen Zugang zu einem sicheren Fotolabor hatte. Doch er wollte sicher sein, den richtigen Mann gefunden zu haben. Also gab er den Film in einem Fotogeschäft ab, das ihn in ein Fotolabor schickte. Als Aharoni ihn am nächsten Tag abholen wollte, sagte man ihm, dass er aufgrund eines Missverständnisses noch nicht da sei. Er war außer sich und verlangte zu wissen, wo der Film sei, und nachdem ein Verkäufer aus dem Geschäft das Fotolabor informiert hatte, fuhr er mit einem Taxi hin, um den Film selbst abzuholen. Es war pures Glück, dass angesichts der Zahl von Deutschen, ehemaligen SS-Männern und Flüchtlingen aus dem Dritten Reich, die in Buenos Aires lebten, niemand mit Sympathien für die Nazis und einem misstrauischen Geist an dieser hektischen Transaktion beteiligt gewesen war. Am nächsten Tag reiste Aharoni mit dem kostbaren Film im Gepäck ab.

Als Aharoni zu einem Zwischenstopp in Paris eintraf, war zufälligerweise auch Harel dort, und sie flogen zusammen nach Israel. Im Flugzeug sagte Aharoni seinem Chef, dass er sicher sei, Adolf Eichmann gefunden zu haben. »In diesem Fall holen wir ihn uns!«, erwiderte Harel. Als sie am 9. April in Israel eintrafen, entdeckte Aharoni, dass Harel die ersten Schritte bereits eingeleitet hatte, indem er Rafi Eitan, einen hohen Nachrichtendienstoffizier, zum Chef einer Spezialeinheit ernannt und mit der Zusammenstellung des Teams begonnen hatte. Nur etwas mehr als drei Wochen später befand sich Aharoni, zusammen mit vier Mossadagenten, wieder auf dem Weg nach Argentinien. Innerhalb der nächsten 14 Tage trafen weitere israelische Agenten mit unterschiedlichen Aufgaben ein. Zu ihnen gehörten ein Techniker, der geübt darin war, ein geeignetes Haus zu finden und es mit einer Zelle auszurüsten; ein Agent, der für Eichmann und die Mitglieder des Teams falsche Papiere anfertigen sollte; ein Arzt, der Eichmann nach Gift durchsuchen, ruhig stellen und dafür sorgen sollte, dass er gesund blieb; und eine Agentin, die für das Spezialkommando kochen und putzen und so den Anschein erwecken sollte, dass es sich bei der Basisstelle um einen ganz normalen Haushalt handelte.[73]

Harel selbst traf Anfang Mai ein, um die Gesamtleitung der Operation zu übernehmen. Das war ein ungewöhnlicher Schritt, aber die Konsequenzen der »Operation Eichmann« waren derart weit reichend, dass er es für richtig hielt, vor Ort zu sein, um, wenn nötig, rasche Entscheidungen treffen zu können. Sollten Schwierigkeiten auftreten, würde man keine Zeit haben, Tel Aviv zu konsultieren; vermutlich würde man nicht einmal die Gelegenheit haben, sich mit der israelischen Botschaft in Verbindung zu setzen. Das Team befand sich auf feindlichem Territorium. Auch wenn die Beziehungen zwischen Argentinien und Israel gut waren, war Buenos Aires doch voller Nazis und Nazisympathisanten, und zwar sowohl in der 80 000 Köpfe zählenden deutschen Kolonie als auch, was schlimmer war, in den Reihen der peronistischen Bewegung. Obwohl Perón ein halbes Jahrzehnt zuvor aus dem Amt gejagt worden war, stellten seine

Anhänger immer noch eine Macht dar, und viele hingen weiterhin jenem peronistischen Ideologiemix aus Nationalismus, Populismus, Katholizismus und Faschismus an. Selbst wenn die Mission erfolgreich verlief, musste Israel mit einer Gegenreaktion rechnen. Deshalb stattete Harel am 28. April, wenige Tage vor seiner Abreise, Ministerpräsident Ben Gurion einen letzten Besuch ab, um die Operation von ihm absegnen zu lassen. Ben Gurion stimmte zu.[74]

In den ersten Tagen beobachteten Mitglieder des Teams Eichmanns Haus und stellten fest, dass er einem festen Tagesablauf folgte. Am wichtigsten war, dass er werktags an jedem Abend um 19.40 Uhr aus dem Bus stieg und dann allein die dunkle, einsame Straße zu seinem Haus entlangging. Während einige Agenten damit beschäftigt waren, Autos für die Observierung und die Gefangennahme zu mieten, besorgten andere sichere Häuser, eines für das Team selbst und ein zweites, in dem Eichmann nach seiner Gefangennahme versteckt werden sollte. Harel, der peinlich genau auf jedes Detail achtete und übervorsichtig war, bestand darauf, dass jedes Haus, jedes Auto und jeder Agent, die in der heiklen Phase eine Rolle spielen würden, gedeckt wurde. Das hatte eine gewaltige und scheinbar endlose Anstrengung zur Folge, die viel Zeit, Energie und Geld verschlang.[75]

Harel fürchtete eine mögliche Entdeckung während der Operation und den Aufruhr, der entstehen könnte, wenn Eichmanns Familie Alarm schlug und eine kleine Armee aus SS-Veteranen und einheimischen Unterstützern zusammenströmte. Deshalb wollte er für jede Phase einen Rückzugsplan, insbesondere für den Abschluss. Der Zufall spielte der Spezialeinheit glücklich in die Hände, denn die Feierlichkeiten zum argentinischen Unabhängigkeitstag standen bevor. Zu dem großen Fest am 20. Mai würden einige Tage zuvor auch israelische Diplomaten anreisen, und zwar mit einer El-Al-Maschine, die man für die Flucht benutzen konnte. Da El Al eine staatliche Fluggesellschaft war, durfte man von ihrer Geschäftsführung und ihren Mitarbeitern volle Kooperation erwarten.[76]

Das Team beschloss, am 10. Mai zuzuschlagen. Wie El Al mitgeteilt hatte, würde das Flugzeug am 13. Mai starten. Doch in letzter Minute wurden die Pläne geändert: Die Diplomaten würden jetzt erst am 19. Mai eintreffen, und das Flugzeug würde am nächsten Tag nach Israel zurückfliegen. Das bedeutete, dass Harel und sein Team entweder den Zugriff verschieben oder Eichmann neun Tage in einem sicheren Haus festhalten mussten. Wenn sie das Datum der Gefangennahme jedoch zu kurz vor den Abflugtermin legten und etwas schief ging, hätten sie keine Zeit für einen zweiten Versuch. Andererseits würde sich die Gefahr, entdeckt zu werden, mit jedem Tag, den sie Eichmann gefangen hielten, vergrößern. Sie einigten sich schließlich auf Mittwoch, den 11. Mai 1960.[77]

An diesem Abend bezogen die Mitglieder des Teams in der Umgebung von Eichmanns Haus Stellung. Im Haus hielten sich nur Vera Eichmann sowie der kleine Ricardo und sein Bruder Dieter auf. Klaus Eichmann wohnte mit seiner Frau Margarita und ihrem Baby in einer eigenen Wohnung, und Horst Eichmann fuhr auf einem Handelsschiff zur See. Alles war still, während die Dunkelheit die beiden für die Entführung bestimmten Autos verschluckte. Das als Rückendeckung eingesetzte Auto mit zwei Männern parkte, halb von einer Eisenbahnbrücke verborgen, auf einer Straßenbrücke. Es stand so, dass seine Scheinwerfer Eichmann auf dem Weg von der Bushaltestelle zu seinem Haus blenden konnten. Das zweite Auto mit dem Zugriffsteam wartete in der Garibaldistraße auf halbem Weg zwischen der Kreuzung und Eichmanns Haus. Aharoni saß am Steuer. Bei ihm waren Rafi Eitan, Zeev Keren, der Techniker, der Eichmanns Zelle in dem sicheren Haus gebaut hatte, und Peter Malkin, ein Spezialist im Kampf ohne Waffen. Malkins Aufgabe war es, Eichmann zu ergreifen und so festzuhalten, dass er weder Gift nehmen noch um Hilfe rufen konnte.

Um 19.40 Uhr war nichts von dem Bus oder von Eichmann zu sehen. Zwanzig Minuten vergingen, und die beiden Teams verloren schon die Hoffnung. Doch dann, gerade als sie aufgeben wollten, traf der Bus ein, und ihre Zielperson stieg aus. Keren öffnete die Motorhaube des Autos in der Garibaldistraße, um eine Panne vorzutäuschen und Eichmann in Sicherheit zu wiegen. Der Plan war, dass Malkin auf Eichmann zugehen und ihn um Hilfe bitten sollte. Aber als Eichmann näher kam, sah Aharoni, wie er in die Manteltasche griff. Da er fürchtete, dass Eichmann eine Pistole bei sich hatte, zischte er Malkin aufgeregt zu, er solle auf dessen linke Hand achten. Als Malkin nah genug war, um Eichmann anzusprechen, sagte er: »*Un momentito, señor*«, um sich im nächsten Moment, während Eichmann vor dem Mann, der ihm den Weg versperrte, zurückwich, auf ihn zu stürzen. Er konnte ihn jedoch nicht wie geplant fassen, da er gleichzeitig versuchte, seine Hand abzufangen. Es entspann sich ein Kampf, in dem beide den Halt verloren und in den Straßengraben rollten. Als Malkin Eichmann überwältigt hatte, stieß dieser »einen durchdringenden Schrei aus – wie der Urschrei eines in die Enge getriebenen Tieres«. Aharoni ließ den Motor aufheulen, um die Schreie zu übertönen, aber Eichmann hörte erst auf, als Keren und Eitan Malkin zu Hilfe eilten. Zusammen schleppten sie ihren Gefangenen zum Auto, stießen ihn auf den Boden des Fonds und fesselten ihn. Dann setzten sie ihm eine mit Klebeband abgedeckte Motorradbrille auf und warfen eine Decke über die liegende Gestalt. Eichmann war inzwischen verstummt, doch Aharoni drohte ihm sicherheitshalber: »Ein Laut, und du bist tot.« Eichmann erwiderte: »Ich habe mich schon in mein Schicksal ergeben!«[78]

Auf der Fahrt zum sicheren Haus legte Aharoni zwei Zwischenstopps ein, um ausgeklügelte Täuschungsmanöver auszuführen. An dem Haus angekommen, fuhr er direkt in die frei stehende Garage. Eichmann wurde durch eine Verbindungstür in einen Raum geführt, der als »Zelle« hergerichtet war und nichts weiter enthielt als ein eisernes Bettgestell mit einer Matratze darauf. Weitere Matratzen waren an die Wände und vor die Fenster gestellt, damit weder Licht noch Geräusche hinausdrangen. Eichmann wurde ausgezogen und ans Bett gefesselt, während ein Arzt ihn nach verstecktem Gift absuchte. Trotz seiner Proteste nahm der Arzt auch das Gebiss heraus, um zu prüfen, ob in einem eventuell vorhandenen Hohlraum eine Zyanidkapsel verborgen war. Außerdem suchte der Arzt nach auffälligen Körpermerkmalen, wie der Narbe, die bei Eichmanns Versuch, die Blutgruppentätowierung der SS zu entfernen, entstanden war. Anschließend zog man Eichmann einen Schlafanzug an und begann das erste Verhör.[79]

Aharoni ging nach einer Wochen zuvor aufgestellten Liste vor.

Wegen der enormen juristischen Konsequenzen des Falles hatte der israelische Generalstaatsanwalt die Fragen zuvor persönlich formuliert. Aber zuerst musste Aharoni seiner Gefühle Herr werden. Was ihn in diesem Augenblick am meisten an Eichmann überraschte, war dessen schäbige Unterwäsche. Er begriff plötzlich, dass Eichmann keineswegs ein mit geraubtem Gold finanziertes glamouröses Leben geführt und mit anderen ehemaligen Nazigrößen in der Botschaftsstraße in Buenos Aires verkehrt hatte. Vielmehr war er ein armer, elender, gebrochener Kerl. »Ich erinnere mich noch genau«, schrieb Aharoni später, »wie sehr ich davon berührt und sogar etwas angeekelt war, als ich seine schäbige Kleidung und besonders seine Unterwäsche sah. Ich konnte mir nicht helfen und fragte mich spontan: Ist das wirklich der große Eichmann, der Mann, der über das Schicksal von Millionen meines Volkes entschieden hat?«[80]

Die erste Aufgabe des Verhörs bestand darin, von Eichmann eine Bestätigung seiner Identität zu erhalten. Auf die Frage nach seinem Namen sagte er zunächst: »Klement«. Die Nachfrage, wie sein richtiger Name laute, beantwortete er mit: »Otto Henninger.« Anschließend beglaubigte er verschiedene persönliche Daten, wie Größe und Gewicht. Dann las Aharoni Eichmann dessen NSDAP- und SS-Mitgliedsnummern vor und bat ihn, deren Richtigkeit zu bestätigen. Nachdem er es getan hatte, wurde er erneut nach seinem Namen gefragt, und diesmal sagte er: »Adolf Eichmann«. Von diesem Punkt an zeigte er sich kooperativ. »Er verweigerte niemals eine Antwort. Er wurde niemals laut«, wie Aharoni später berichtete. Im Verlauf der weiteren Verhöre fragte Aharoni Eichmann nach Josef Mengele und Martin Bormann, zwei weiteren Naziflüchtlingen, deren Ergreifung ganz oben auf der Prioritätenliste des Mossad stand. Harel hoffte, mit den damals in Argentinien versammelten Kräften vielleicht auch Mengele gefangen nehmen zu können. Aber Eichmann wusste nicht, wo sich die beiden Gesuchten aufhielten.[81]

Nach drei Tagen Gefangenschaft und Vernehmung wurde Eichmann gefragt, ob er sich schriftlich dazu bereit erklären würde, sich in Israel einem Gericht zu stellen. Diese Erklärung würden die Israelis aus juristischen Gründen benötigen, sofern es ihnen gelingen sollte, Eichmann nach Israel zu bringen; zudem wäre sie eine Absicherung für den Fall, dass die Operation in Argentinien entdeckt werden sollte. Eichmanns Widerstandsgeist war jedoch noch nicht ganz überwunden. Er sei bereit, sich einem Gericht zu stellen, erwiderte er, aber nur in Argentinien oder Deutschland. Doch unter dem Druck, den seine Entführer ausübten, bröckelte sein Widerstand, bis er schließlich seine Einwilligung gab. Wer die Erklärung verfasst hat, ist unklar. Laut Aharoni hatte er den Text diktiert, bis auf den letzten Satz. Malkin hingegen behauptete, er hätte während seiner Nachtwachen bei Eichmann eine besondere Beziehung zu ihm aufgebaut, sein Vertrauen gewonnen und ihn überredet, einen von Isser Harel stammenden Entwurf zu unterschreiben. Harel wiederum hat erklärt, Eichmann habe aus dem Text, den er erhalten habe, eine eigene Version erarbeitet. Auf jeden Fall besitzt die Erklärung angesichts mehrerer Hinweise darauf, dass Eichmann sich tatsächlich »in sein Schicksal ergeben« hatte, eine gewisse Glaubwürdigkeit, auch wenn er sie später für gefälscht erklärte. Sie lautete:

»Ich, der Unterzeichnete, Adolf Eichmann, erkläre hiermit aus freiem Willen: Nachdem nunmehr meine wahre Identität bekannt ist, sehe ich ein, dass es keinen Sinn hat zu versuchen, mich weiter der Gerechtigkeit zu entziehen. Ich erkläre mich bereit, nach Israel zu fahren, um dort vor ein zuständiges Gericht gestellt zu werden. Es versteht sich, dass ich einen Rechtsbeistand bekomme, und ich werde mich bemühen, die Tatsachen meiner letzten Amtsjahre in Deutschland ungeschmückt zu Protokoll zu bringen, damit der Nachwelt ein wahres Bild überliefert werden kann. Ich gebe diese Erklärung aus freiem Willen ab. Weder wurde mir etwas versprochen, noch bin ich bedroht worden. Ich will endlich meine innere Ruhe erlangen. Nachdem ich mich nicht an alle Einzelheiten mehr erinnern kann und auch manches verwechsle oder durcheinander bringe, bitte ich, mir dabei behilflich zu sein, durch Zurverfügungstellung von Unterlagen und Aussagen, bei meinen Bemühungen, die Wahrheit zu suchen, behilflich sein zu wollen.

Buenos Aires, Mai 1960.«

Diese Erklärung sollte im Prozess von Bedeutung sein, als es darum ging, festzustellen, ob Eichmann unter Druck oder mit seinem Einverständnis nach Israel gekommen war.[82]

Eichmanns Verhalten während der einwöchigen Gefangenschaft in Buenos Aires ist nur aus den Berichten seiner Entführer bekannt, die kaum als neutrale Beobachter gelten können. Nach Aharonis Darstellung war Eichmann die ganze Zeit über ruhig und gefasst. Seine Haltung entsprach seiner späteren Verteidigungsstrategie im Prozess: Er sei ein Offizier gewesen, der Befehle befolgt habe. Er habe lediglich Transporte organisiert und überwacht. Er sei kein Mörder und habe nichts gegen die Juden. Er verfiel nicht in Selbstmitleid, seine einzige Klage galt dem Fußeisen; unbedeutend war die Beschwerde, dass er bei der Entführung einen Herzanfall hätte erleiden können. Die ärztliche Untersuchung ergab, dass dies nicht zu befürchten gewesen war.[83]

Malkin, der Eichmann abends und nachts bewachte, behauptete, er sei dem Gefangenen in ihren nächtlichen Gesprächen näher gekommen: »Ich merkte bald, dass Eichmann gern redete, vor allem über sich, und dass er einen scharfen Verstand hatte. Obwohl sein Ton respektvoll, manchmal geradezu servil war, ein gehorsames Kind, das einen guten Eindruck machen will, war er auch gerissen.« Malkin war 1929 in Polen geboren und als Kind nach Palästina gekommen, wo er 1939 der Hagana beitrat und in der Armee diente, bis er 1950 zum Mossad wechselte. Er war überrascht, wie gut er sich mit Eichmann unterhalten konnte und wie viel sie gemeinsam hatten: »die Liebe zu Natur und zur Wildnis, gemeinsame Vorlieben für bestimmte Musik, ein ähnliches Interesse an dem, was sich auf der Welt tat«. Aber er bemerkte auch einen »totalen Mangel an Humor und eine noch auffälligere geistige Unbeweglichkeit«. Malkin berichtet auch von Eichmanns sentimentalen Monologen über seine Kinder und versichert, dass er einige Brocken Hebräisch gesprochen habe, um sich bei den Israelis einzuschmeicheln. Es hatte allerdings die gegenteilige Wirkung.[84]

Für Isser Harel schließlich war Eichmann ein »musterhafter Häftling«. Mehr als die anderen Israelis genoss er den Rollentausch. Eichmann, schrieb er später, habe sich verhalten »wie ein verängstigter, unterwürfiger Sklave, der nur den Wunsch hat, nicht den Unmut seiner neuen Herren zu erregen«. Anfangs habe er jedes Mal gezittert, »wenn etwas außer der Reihe geschah«: »Wenn ihm befohlen wurde aufzustehen, bebte er wie Espenlaub. Als man ihn das erste Mal in den Innenhof führte, wo er dann seinen täglichen Spaziergang absolvierte, dachte er offensichtlich, er sollte umgebracht werden.« Im Gegensatz zu diesem Bild von Eichmann als einem Häufchen Elend hob Harel aber auch dessen kühle Haltung hervor. So hatte er, laut Harel, über die Entführung gesagt: »Die Sache ist sportlich gemacht worden, und die Organisation und die beispielhafte Planung waren hervorragend.« Das war natürlich geschmeichelt, aber es zeigte auch, dass er hart im Nehmen war und es ihm nicht ganz an Humor fehlte. Seine Persönlichkeit löste bei seinen Entführern Verwirrung und Zwietracht aus. Es fiel ihnen immer schwerer, in der bedauernswerten, ans Bett gefesselten Gestalt das historische und mythische Monster zu erkennen. Wenn sie ihn zur Toilette führten, damit er seine Notdurft verrichten konnte, rührte sie seine Hilflosigkeit und auch sein Menschsein, während sie gleichzeitig Wut und Hass auf den Mann empfanden, von dem sie glaubten, dass er ihr Volk massakriert hatte. Im Haus stieg die Anspannung, während das Team von einem Gefühl von Enttäuschung und Niedergeschlagenheit ergriffen wurde. Harel, der spürte, dass seine Leute eine Pause brauchten, gab ihnen der Reihe nach einen freien Tag, damit sie in der Stadt ausspannen und neue Kraft schöpfen konnten.[85]

Schließlich war der Tag der Abreise gekommen. Geplant war, dass Eichmann die Stelle eines Stewards des El-Al-Fluges einnehmen sollte, mit dem die israelischen Teilnehmer an den Feierlichkeiten zum argentinischen Unabhängigkeitstag, unter ihnen der damalige Erziehungsminister Abba Eban, am 19. Mai anreisen würden. Shalom Dani, der für die Herstellung falscher Dokumente zuständige Agent, machte Fotos von Eichmann und fertigte die nötigen Ausweise an, um mit Eichmann auf dem Wartungsgelände des Flughafens Ezeiza das Flugzeug besteigen zu können. Als Eichmann mitgeteilt wurde, dass man abreisen werde, begann er sich, laut Harel, um seine Familie zu sorgen: »Ich habe ihnen kein Geld hinterlassen. Wovon sollen meine Frau und meine Söhne leben?«[86]

Am nächsten Tag setzte der Arzt Eichmann unter Drogen, so dass er mit etwas Hilfe zwar gehen, aber nicht sprechen konnte. Dann setzte man ihn in ein Auto, und zwei Mossadagenten, die ebenfalls als Crewmitglieder verkleidet waren, fuhren ihn zum Flughafen. Am Kontrollpunkt wurde das Auto durchgewinkt, und als es das wartende Flugzeug erreicht hatte, trugen ihn seine Wachen halb die Gangway hinauf; angeblich hatte er zu viel getrunken. Eichmann hatte die ganze Zeit die Augen geöffnet, und für den Fall, dass der Arzt die Drogendosis erhöhen musste, hatte man die Kanüle, durch welche die Drogen gespritzt worden waren, in seinem Arm stecken lassen. Aber es gab keinerlei Schwierigkeiten: Er wurde zu einem Sitz geführt und angeschnallt. Das Flugzeug, eine viermotorige Bristol Britannia, hob am 20. Mai kurz vor Mitternacht ab. Es war die modernste Interkontinental-Passagiermaschine im Besitz von El Al. Sie schaffte die Atlantiküberquerung ohne Zwischenstopp und landete nach 13 Stunden zum Auftanken in Dakar. Zwei französische Beamte vom Zoll und von der Passkontrolle inspizierten das Flugzeug. Sie gingen durch das gesamte Passagierabteil, nahmen aber keine Notiz von dem schläfrigen Steward, der in sich zusammengesunken in der ersten Klasse saß. Sollte Eichmann ihre Anwesenheit bemerkt haben, so gab er es durch keinen Laut zu erkennen. Die zweite und letzte Etappe der Reise dauerte zehneinhalb Stunden. Am 22. Mai 1960 um 7.35 Uhr traf Eichmann in Israel ein.[87]

Eichmanns Familie begriff erst nach mehreren Stunden, dass er verschwunden war, und bis sie etwas unternahm, ließ sie noch mehr Zeit verstreichen. Die Israelis hatten sich große Sorgen über die Reaktion der Angehörigen gemacht und ihren Gefangenen gefragt, welche Maßnahmen seine Familie ergreifen würde. Würde sie zur Polizei gehen? Oder würde sie sich nicht an die Behörden, sondern an die Nazibruderschaft wenden, um eine inoffizielle Suche zu starten? Wie sich herausstellte, waren alle Befürchtungen müßig gewesen. Sechs Jahre später erzählte Klaus Eichmann, wie sein Bruder Dieter ihn am 12. Mai auf der Arbeit aufgesucht und ihm gesagt hatte: »Der Alte ist weg.« Klaus

Eichmann behauptete, ihm sei sofort der Verdacht gekommen, dass sein Vater einem israelischen Kommando in die Hände gefallen sei. Jedenfalls alarmierte er umgehend einen engen Freund seines Vaters, einen früheren SS-Offizier, wahrscheinlich Carlos Fuldner, der die Eichmann-Söhne indessen beruhigte: Ihr Vater habe wahrscheinlich einen Unfall gehabt. Zwei Tage später, nachdem sie in jedem Krankenhaus und jedem Polizeirevier nachgefragt hatten, wussten sie jedoch, dass er weder einen Unfall gehabt hatte und noch aufgrund irgendeines Fehlverhaltens verhaftet worden war. Jetzt zogen sie die Schlussfolgerung, dass es sich um eine Entführung handeln musste. Klaus und Dieter Eichmann mobilisierten die Mitglieder einer peronistischen Jugendgruppe, welche die Umgebung des Hauses nach Spuren absuchten. Ein weiterer mit Eichmann bekannter ehemaliger SS-Offizier schickte die Beschreibung des Vermissten an freiwillige Posten an den großen Ausfallstraßen sowie auf Flughäfen, Docks, Bahnhöfen und Busstationen. Hunderte von Jugendlichen knatterten auf Mopeds und Motorrädern durch die Stadt, um ehemalige SS-Männer in mittleren Jahren bei der Suche zu unterstützen. Je deutlicher die Vergeblichkeit der Suche wurde, desto hektischer wurde sie. In merkwürdiger Spiegelbildlichkeit zu Tuvia Friedmans Vorschlag von 1945, Eichmann zu erpressen, schlug der Leiter der peronistischen Jugendgruppe vor, den israelischen Botschafter zu entführen. Jemand anders brachte die Idee auf, die israelische Botschaft in die Luft zu sprengen.[88]

An die Polizei wandte sich Eichmanns Familie nie. Eine offizielle Untersuchung begann erst, nachdem Jerusalem bekannt gegeben hatte, dass sich Eichmann in den Händen Israels befinde. Die argentinische Regierung drückte ihre Empörung über die Entführung und die Verletzung des internationalen Rechts aus. Doch dabei ging es weniger um Eichmann als vielmehr um die argentinische Souveränität. Eichmanns Familie und seinen Freunden war klar, dass kaum eine Chance bestand, ihn aus israelischer Haft befreien zu können. Gleichwohl wurde Eichmanns Ankunft in Israel von den höchsten Sicherheitsvorkehrungen begleitet. Auf dem Flughafen Lydda dirigierte man die Bristol in eine entlegene Ecke, wo der Gefangene an die Polizei übergeben wurde. Der Generalinspekteur der Polizei, Josef Nahmias, war persönlich an der Spitze einer starken Polizeitruppe erschienen, um Eichmann in Empfang zu nehmen. Der Gefangene wurde in eine eigens eingerichtete vorübergehende Arrestanstalt gebracht, wo er bis zur Identifikation und Anklageerhebung bleiben sollte. Unterdessen eilte Harel nach Jerusalem, um Ben Gurion und anderen führenden Politikern Bericht zu erstatten. Wie Harel später schrieb, war sich der Ministerpräsident »der vollen Bedeutung dieses Ereignisses anscheinend erst in dem Augenblick völlig bewusst, als [er] ihm sagte, dass Eichmann tatsächlich in Israel war«. Es sollte noch etwas dauern, bis Ben Gurion die ganze Bedeutung des Erreichten begriff.[89]

Vor der Erfüllung der juristischen Präliminarien kam eine öffentliche Bekanntgabe der Gefangennahme nicht in Frage. Solange Eichmann nicht identifiziert und unter Anklage gestellt war, konnte eine interessierte Partei eine Haftprüfung beantragen und seine sofortige Entlassung verlangen. Doch die Identifikation erwies sich als unerwartet schwierig. Eine der letzten Aufgaben des Mossadteams bestand darin, Personen ausfindig zu machen, die Eichmann in der Zeit, in der er die ihm vorgeworfenen Verbrechen begangen hatte, gekannt hatten und ihn positiv identifizieren konnten. Dabei stieß es auf Moshe Agami (vormals Auerbach) und Benno Cohn, die 1938/39 in Wien und Berlin mit Eichmann zu tun gehabt hatten. Vorerst war jedoch nur Agami erreichbar, der vertraulich über seine Aufgabe aufgeklärt und dann in der Arrestanstalt Eichmann gegenübergestellt wurde. Zuerst erkannten sie sich nicht wieder. Erst nachdem sie einige Erinnerungen an ihre Begegnung im Oktober 1938 ausgetauscht hatten, wobei Agami Fehler einstreute, die nur jemand erkennen konnte, der dabei gewesen war, konnte Agami bestätigen, dass es sich bei dem Mann, dem er gegenüberstand, um den ehemaligen SS-Obersturmbannführer Eichmann handelte.[90]

Am nächsten Tag stellte Richter Emanuel Jedid Halevy einen Haftbefehl gegen Eichmann aus. Damit waren die juristischen Formalitäten erledigt, und Eichmann wurde ins »Camp Iyar« verlegt, wie der Deckname eines Polizeigebäudes in Nordisrael lautete, das vollständig geräumt und in eine Festung mit einer für einen einzigen Gefangenen bestimmten Zelle im Mittelpunkt umgewandelt worden war. Eichmanns erster »Besucher« war Benno Cohn. Nachdem man ihn aufgespürt hatte, bat man ihn, die Identifikation Agamis vom vorangegangenen Tag zu untermauern. Nach einigem Zögern bestätigte er schließlich, dass der Gefangene derselbe Mann war, dem er 1938/39 als Vertreter der Zionistischen Vereinigung in Berlin gegenübergestanden hatte.[91]

Mittlerweile ging in Israel das Gerücht um, dass Eichmann gefangen genommen worden sei. Zum Zeichen des Respekts gegenüber den Deutschen, die so viel zur Ergreifung Eichmanns beigetragen hatten, informierte Harel Fritz Bauer vor der öffentlichen Bekanntgabe. Am 23. Mai 1960 schließlich hielt Ben Gurion eine außerordentliche Kabinettssitzung ab, in der er der Regierung mitteilte, dass Eichmann ein Gefangener Israels sei und seinem Prozess entgegensehe. Am Nachmittag um vier Uhr sprach er dann in der Knesset. Inzwischen war genug durchgesickert, dass alle die Geschichtsträchtigkeit des Augenblicks spürten. Ben Gurion gab vor dem bis auf den letzten Platz gefüllten Parlament bekannt, »dass vor kurzem einer der größten Naziverbrecher von den israelischen Sicherheitsdiensten aufgespürt worden ist: Adolf Eichmann, der zusammen mit der Naziführung für das verantwortlich ist, was man die ›Endlösung des Judenproblems‹ nannte – das heißt die Vernichtung von sechs Millionen Juden Europas. Adolf Eichmann befindet sich bereits in Israel in Haft, und er wird in Kürze in Israel vor Gericht gestellt werden, und zwar aufgrund des Gesetzes über Nationalsozialisten und Nazi-Kollaborateure vom Jahr 1950.«[92]

Einigen Darstellungen zufolge trat danach erschrockenes Schweigen ein, das nur von Keuchen und leisen Schreien unterbrochen wurde. Andere bezeugen eine Pause, nach der brausender Applaus ausbrach. Wie bei so vielem, was noch folgen sollte, war es schwer, Einigkeit über etwas zu erzielen, das mit Adolf Eichmann zu tun hatte.[93]

Verhör, Prozess und Hinrichtung, 1960–1962

»Als Häftling war er mustergültig sauber und ordentlich, und er hatte feststehende Gewohnheiten.«
Gideon Hausner, Generalstaatsanwalt von Israel[1]

»Ich bitte, entgegennehmen zu wollen, dass ich von mir aus ohnedies restlos bereit bin, alles, was ich vom Geschehenen weiß, rückhaltlos von mir zu geben. Innerlich bin ich schon längst zu dieser General-Aussage bereit, nur wusste ich nicht, wohin mich das Schicksal zu dieser Aussage stellen wird. [...] ich bin innerlich bereit, auch persönlich für das furchtbare Geschehen zu sühnen, und ich weiß, dass mir die Todesstrafe bevorsteht. Ich bitte auch gar nicht um Gnade, denn es steht mir nicht zu. Ja, wenn es einen größeren Akt der Sühneleistung bedeutet, bin ich bereit, als abschreckendes Beispiel für alle, wie letzte Vorkommnisse bekundeten, Antisemiten der Länder dieser Erde, mich selbst öffentlich zu erhängen.«
Eichmann, schriftliche Erklärung, übergeben während des Verhörs durch Avner Less,
Camp Iyar, 6. Juni 1960[2]

»[Mit] Reue ist nichts gemacht, Reue hat gar keinen Zweck, Reue ist etwas für kleine Kinder [...].«
Eichmann im Kreuzverhör, 13. Juli 1961[3]

»Mein Bruder ist Rechtsanwalt in Linz [...] er hat mir geschrieben, dass auf der Grundlage der dort vorgelegten Beweise nur ein Urteil möglich ist und dass ich freigelassen werden sollte.«
Eichmann gegenüber William L. Hull,
Gefängnis in Ramla, Israel, 1962[4]

Binnen weniger Stunden nach seiner Ankunft in Israel schrumpfte Eichmanns Welt auf die Größe einer Zelle von drei mal vier Metern, in der er in den nächsten anderthalb Jahren lebte. Dabei stand er, von einem aufwendigen Sicherheitskordon umgeben, unter ständiger Beobachtung. Zuerst wusste er nicht, wie lange er noch am Leben bleiben würde, aber sobald er angeklagt war und das Verhör durch die israelische Polizei begonnen hatte, entspannte er sich. Die Israelis andererseits machten sich Sorgen darüber, wie er sich im Verhör verhalten würde. Würde er kooperieren, oder würden sie den unsicheren und beschwerlichen Weg gehen und die Anklage gegen ihn allein auf Dokumente und Zeugenaussagen stützen müssen? Seine Redseligkeit verblüffte sie. Hinter seiner scheinbaren Aufrichtigkeit verbarg sich indessen ein Gewirr von Lügen, Halbwahrheiten und Ausweichmanövern, das sich auch heute noch jedem Entwirrungsversuch widersetzt.[5]

Unterdessen hatte die Entführung einen diplomatischen Schlagabtausch zwischen Argentinien und Israel ausgelöst, der sich zu einer kleinen internationalen Krise auswuchs. Was die argentinische Regierung ebenso wie die Bevölkerung in Wut versetzte, war die Verletzung der argentinischen Souveränität, und das ausgerechnet zu dem Zeitpunkt, als das Land den 150. Jahrestag seiner Unabhängigkeit beging.[6] Am 1. Juni 1960 wurde der israelische Botschafter Arieh Levavi ins argentinische Außenministerium einbestellt, um sich für die Ereignisse zu verantworten. Die offizielle israelische Erwiderung vom 3. Juni war auf geradezu verletzende Weise unglaubwürdig. Eine Gruppe von Privatpersonen, hieß es darin, habe Eichmann aufgespürt und entführt. Eichmann habe sich freiwillig bereit erklärt, nach Israel zu kommen, um sich dort einem Gericht zu stellen. Dem israelischen Geheimdienst sei er erst außerhalb Argentiniens übergeben worden. Die Regierung bedauere die Verletzung internationalen Rechts, aber sie sei erst nach der Durchführung der Operation informiert worden. Außerdem erläuterte Ministerpräsident Ben Gurion dem argentinischen Präsidenten Arturo Frondizi in einem Brief, welche Bedeutung Israel der Gefangennahme Eichmanns beimaß, weil es sich bei ihm um den Mann handelte, »der direkt für die Ausführung von Hitlers Befehl der ›Endlösung‹

verantwortlich war«. Argentinien forderte gleichwohl »Wiedergutmachung«, einschließlich der Bestrafung derjenigen, die die Operation durchgeführt hatten, und Eichmanns sofortige Rückkehr.[7]

Frondizi wurde von rechten Parteien und Nazisympathisanten bedrängt. Aber der argentinische Präsident hatte eine solide antifaschistische Einstellung und unterhielt gute Beziehungen zur jüdischen Gemeinde des Landes. In der Hoffnung auf eine Entschärfung der Krise forderte er die UNO auf zu vermitteln. Leider war der UN-Botschafter Argentiniens, Mario Amadeo, weit weniger verständnisvoll. Er erreichte die Einberufung des Sicherheitsrats und ließ einen wütenden Angriff auf Israel vom Stapel, dessen Handeln seiner Meinung nach den Weltfrieden gefährdete. Israels Vertreter bei der UNO war damals Golda Meir, die zum einen die Entschuldigung ihrer Regierung wiederholte, zum anderen aber auch ihre Empörung über Amadeos Unterstellung ausdrückte, das Verbrechen der Verletzung der argentinischen Grenzen sei nicht weniger schwer wiegend als die Eichmann vorgeworfenen Verfehlungen. Meirs Erwiderung verfehlte ihren Eindruck auf die internationale Gemeinschaft, die über die Konsequenzen des israelischen Vorgehens besorgt war. Die mit acht zu null Stimmen verabschiedete Resolution des Sicherheitsrats verurteilte Israels Aktion und unterstützte die Forderung nach »Wiedergutmachung«. Allerdings hatten die Vereinigten Staaten die Stoßkraft der Resolution insofern abgeschwächt, als sie eine Präambel durchgesetzt hatten, die das Grauen der Judenverfolgung im Dritten Reich hervorhob und den Wunsch ausdrückte, dass Eichmann »auf angemessene Weise gerichtlich belangt werden« solle.[8]

In der Öffentlichkeit wies Argentinien die israelische Entschuldigung zurück und beharrte auf seiner Forderung nach »Wiedergutmachung«. Hinter den Kulissen fanden Ben Gurion und Frondizi jedoch einen Weg aus der Sackgasse, ohne Eichmann Hilfestellung zu leisten. Levavi wurde zur Persona non grata erklärt und musste Argentinien verlassen, und am 3. August verurteilten beide Länder in einer gemeinsamen Erklärung das Handeln »israelischer Bürger«, welche »die fundamentalen Rechte des Staates Argentinien verletzt« hätten. Doch der Prozess in

Jerusalem konnte ungehindert stattfinden. Die Rechten in Argentinien vermochte dieser Kompromiss kaum zu beschwichtigen. Im August 1960 wurde in einer Schule in Buenos Aires bei einem Handgemenge mit rechten Schlägern ein jüdischer Jugendlicher erschossen. Die antijüdischen Angriffe in den Medien und auf den Straßen gingen bis zum Ende des Prozesses weiter und erreichten nach Eichmanns Hinrichtung ihren Höhepunkt. Einen Tag nach der Hinrichtung entführte eine Bande von Faschisten Graciel Sirota, eine junge Jüdin, und schnitt ihr als Rachegeste ein Hakenkreuz in die Brust. Eine andere Jüdin, die angeblich mit dem israelischen Entführungskommando »kollaboriert« haben soll, wurde erschossen.[9]

Nicht nur in Argentinien gab die Entführung dem Antisemitismus Auftrieb. Mehrere führende Vertreter des Judentums in den Vereinigten Staaten und Europa forderten Ben Gurion auf, den Prozess abzusagen. Nahum Goldmann, der Vorsitzende der Zionistischen Weltorganisation, schlug vor, Israel solle Richter aus allen Ländern, in denen Eichmann Verbrechen begangen habe, einladen, ein Tribunal zu bilden, vor dem Eichmanns Fall verhandelt werden könne. Der Präsident des American Jewish Committee, Joseph Proskauer, griff die in amerikanischen Zeitungen erhobene Forderung auf, Eichmann an Westdeutschland auszuliefern und ihn dort vor Gericht zu stellen. Proskauer warnte Ben Gurion, dass es eine Gegenreaktion nach sich ziehen und selbst die Diasporajuden zur Zielscheibe von Nazisympathisanten machen werde, wenn Israel bei seinem Vorhaben bleibe und für sich in Anspruch nehme, alle Juden auf der Welt zu repräsentieren.[10]

Ben Gurion ging zum Gegenangriff auf die Kritiker Israels über. In einem Artikel in der Zeitung *Davar* vom 27. Mai 1960 hatte er bereits vor dem Schlagabtausch erklärt, dass der Prozess stattfinden müsse, »damit die in Israel aufgewachsene und hier erzogene Jugend, die nur eine schwache Vorstellung von den beispiellosen Grausamkeiten hat, erfahren kann, was sich wirklich ereignet hat«. An Proskauer schrieb er nun: »Der jüdische Staat (der Israel heißt) ist der Erbe der sechs Millionen, die ermordet wurden, und zwar der einzig rechtmäßige Erbe [...].« Diese Juden wären nach Israel gekommen, wenn sie nicht hingeschlachtet worden wären. »Sie fragen, was uns der Eichmann-Prozess einbringen wird. Er wird uns nichts einbringen, aber wir werden unsere historische Pflicht gegenüber sechs Millionen Angehörigen unseres Volks, die ermordet worden sind, erfüllen.« Der Prozess werde eine symbolische Bekräftigung des israelischen Rechts sein, die Juden der Vergangenheit und Gegenwart zu repräsentieren, eine Demonstration der jüdischen Souveränität, die vor 1948 unmöglich gewesen sei, als Juden nur als Einzelne bei der Justiz der Länder, in denen sie lebten, Wiedergutmachung hätten anmahnen können. Das weltweite Interesse an Eichmanns Leben und Verbrechen hatte Ben Gurion in vollem Umfang bewusst gemacht, welche Möglichkeiten in dem Prozess in Jerusalem steckten. Während die Ermittler der Polizei mühevoll das Material für die Anklage zusammensuchten und sich im Verhörraum tagtäglich mit Eichmann auseinander setzen mussten, unterstrich Ben Gurion die politische Bedeutung des Prozesses. Auch am Ende war Eichmann, was er während nahezu seiner ganzen Laufbahn gewesen war: ein Instrument von Mächten, die größer waren als er.[11]

Der von Richter Halevy ausgestellte Haftbefehl war auf 14 Tage befristet. Halevy war zwar so aufgeregt gewesen, dass er das falsche Gesetz als Grund angegeben hatte, so dass Eichmann vorläufig nach dem Gesetz gegen Völkermord angeklagt war, und nicht nach dem gegen Nationalsozialisten und NS-Kollaborateure, nach dem er schließlich vor Gericht stehen sollte.[12] Aber Eichmann war erleichtert, denn nun war klar, dass man ihn nicht standrechtlich erschießen, sondern vor Gericht stellen würde. Von welcher Dauer dieser Aufschub sein würde, wusste er allerdings nicht, und er war sich keineswegs sicher, dass er lange genug leben würde, um einen Gerichtssaal von innen zu sehen. Wie nervös er war, zeigte sich, als die Routine der Verhöre nach nur zwei Wochen unterbrochen wurde. Dass es lediglich darum ging, seinen Haftbefehl zu erneuern, wusste er nicht. Er befürchtete, dass die Israelis glaubten, sie hätten alles von ihrem Gefangenen erfahren und er sei jetzt nutzlos für sie. Als man ihm für die Fahrt zum Gericht die Augen verband und Handschellen anlegte, rief er tief erschrocken: »Aber Herr Hauptmann, ich habe Ihnen doch noch nicht alles erzählt!« Erst nachdem der angesprochene Vernehmungsoffizier, Avner Less, ihm versichert hatte, dass er nur wegen einer Formalität zu einem Richter gebracht werde, beruhigte er sich und gewann seine »stramme Haltung« zurück.[13]

Während der Verhörphase war Eichmann in einem befestigten Polizeigebäude in Jagur bei Haifa untergebracht. Der von den Briten in der Mandatszeit errichtete Komplex mit dem Decknamen Camp Iyar war in ein Gefängnis für einen einzigen Gefangenen umgewandelt worden. Die normalerweise dort stationierten Offiziere hatte man woanders untergebracht, und an ihrer Stelle waren das Ermittlungsteam und ein Wachkommando eingezogen, insgesamt 30 Mann. Um jeden Versuch, Eichmann zu befreien oder zu töten, zu verhindern, wurden außergewöhnliche Sicherheitsmaßnahmen ergriffen. Für den Fall eines Hubschrauberangriffs auf das Gefängnis hatte man die mit der äußeren Verteidigung betraute paramilitärische Grenzpolizeieinheit sogar mit Flugabwehrwaffen ausgerüstet.[14]

Umständliche Vorkehrungen wurden getroffen, um zu verhindern, dass Eichmann Selbstmord beging. Nach seiner Ankunft übergab man ihm einen Satz Kleidung, bestehend aus Khakihose, Khakihemd, Pullover, Unterwäsche, Socken, Hausschuhen, Sandalen und Halbschuhen. Die Gläser seiner Brille wurden durch Kunststofflinsen ersetzt, und er durfte die Brille nur unter Aufsicht tragen. Seine weiß getünchte Zelle enthielt ein schmales Bett, einen Tisch und einen Stuhl. Von der Zelle gingen Duschraum und Toilette ab. Ein Wachmann in der Zelle beobachtete ihn Tag und Nacht, während ein zweiter vor der Zelle postiert war, um darauf zu achten, dass sein Kollege in der Zelle nicht mit Eichmann sprach oder ihm etwas antat. Hinter der nächsten Tür saß ein dritter Posten, der den zweiten im Auge behielt und den Eingang bewachte. Sämtliche Wachen waren durchleuchtet worden, um alle auszuschließen, die durch die NS-Verfolgung Verwandte verloren hatten. Keiner der Männer konnte Deutsch oder Spanisch, also eine der beiden Sprachen, die Eichmann beherrschte. In Eichmanns Zelle brannte ständig eine Glühbirne, und es war ihm nicht einmal erlaubt, beim Schlafen die Bettdecke über den Kopf zu ziehen. Zweimal am Tag wurde er von einem Arzt untersucht, um sicherzugehen, dass er verhandlungsfähig war und kein Gift versteckt hatte oder irgendwelche sich selbst zugefügte Wunden aufwies.[15]

Es war ein dürftiges Leben, aber Eichmann passte sich rasch an. Jeden Tag reinigte er seine Zelle sowie die Toilette und den Duschraum. Den Wachen fiel auf, dass er seine Hausschuhe abends, oder wenn er hinausgeführt wurde, an immer der gleichen Stelle ordentlich nebeneinander stellte. Die Verpflegung war einfach, aber gut; einheimische nahöstliche Gerichte wechselten mit europäischen ab. Eichmann aß gewöhnlich gut. Außerdem erhielt er eine großzügige Zigarettenration, insbesondere nachdem sein Vernehmungsoffizier bemerkt hatte, dass das Rauchen ihn lockerer machte und seine Konzentrationsfähigkeit steigerte. Nach einer Weile wurde ihm gestattet, Bücher zu bestellen, und nach dem Eintreffen seines Verteidigers begann er auch Dokumente durchzusehen. Wie Hannah Arendt bemerkte, war das zweiköpfige Verteidigerteam derart überlastet, dass es sich bei der Recherche auf Eichmann stützen musste. So wurde er zu seinem eigenen Rechtsberater, und auf seinem Tisch stapelten sich historische Werke.[16]

Das Ermittlungsverfahren lag in den Händen einer Spezialeinheit der Polizei – des so genannten Büro 06 –, die von Abraham »Romi« Selinger, einem Generalmajor der israelischen Polizei, geleitet wurde. Selinger war in Polen geboren worden, hatte seine Ausbildung in Deutschland erhalten und war 1933 nach Palästina ausgewandert. Im Jahr 1936 war er in die von den Briten geführte palästinensische Polizei eingetreten und hatte bereits in Jagur gedient, als es noch ein britischer Stützpunkt gewesen war. Nachdem er 1938 bei einem Einsatz gegen arabische Guerillas ein Bein verloren hatte, war er zur Kriminalpolizei versetzt worden. 1960 war er dann zum Kommandeur des nördlichen Bezirks aufgestiegen, wo sich zufälligerweise auch die Kriminalpolizei befand.[17] Für die Eichmann-Ermittlungen stellte er nun ein Team von 30 Deutsch sprechenden Polizeioffizieren zusammen, von denen einige vor den Nationalsozialisten geflohen waren oder Konzentrationslager überlebt hatten. Selinger teilte das Team in mehrere Gruppen mit unterschiedlichen Aufgaben ein. Die wichtigste war die elfköpfige Gruppe 1 mit Selingers Stellvertreter, Ephraim Hofstädter, an der Spitze; sie war sowohl für die Durchführung der Verhöre als auch für die Beschaffung von Dokumenten und Zeugenaussagen zuständig. Andere Gruppen beschäftigten sich mit der Übersetzung der auf Deutsch geführten Verhöre und der in großer Zahl hereinkommenden Dokumente. Eine weitere hatte die Sisyphusaufgabe, das Material zu katalogisieren und zu archivieren, damit es im Verhör und später im Prozess jederzeit verfügbar war.[18]

Hofstädter war der Chef der Kriminalpolizei des Polizeibezirks Tel Aviv und ein sehr erfahrener Polizeioffizier. Die Vernehmung übertrug er Oberinspektor Avner Less vom Landeskriminalamt. Less war 1916 in Berlin geboren worden, hatte Deutschland 1933 verlassen und war 1938 nach Palästina gegangen. Während des Krieges war er in die Wirtschaftsabteilung der britischen Mandatspolizei eingetreten, und diese Arbeit hatte er bei der israelischen Polizei fortgesetzt. Der kahlköpfige Brillenträger Less machte den Eindruck eines Buchhalters, doch das sanftmütige Erscheinungsbild trog. Er gewann Eichmanns Vertrauen und brachte ihn dazu, mehr zu sagen, als es ihm im Nachhinein lieb war. Nach jeder Sitzung ging Less zusammen mit seinen Kollegen die Niederschrift des Verhörs vom Tage durch und analysierte jedes Wort und jede Redewendung. Sie analysierten, was Eichmann zu den Dokumenten und Büchern geäußert hatte, und formulierten Anschlussfragen für das nächste Verhör. Es war ein intensiver, aufreibender Arbeitsprozess, der tagtäglich um sieben Uhr früh begann und erst um neun Uhr abends endete.[19]

Das erste Verhör fand am 29. Mai 1960 statt. Eichmann wurde aus seiner Zelle in einen großen, kahlen Raum geführt, in dem lediglich ein Tisch, zwei Stühle sowie ein Hocker standen. Auf dem Tisch befanden sich zwei in entgegengesetzte Richtung zeigende Mikrofone, und auf dem Hocker stand ein Tonbandgerät. Acht Monate lang ging Less vier- oder fünfmal pro Woche vom Verwaltungsgebäude von Camp Iyar über den Innenhof zum Zellenblock hinüber, in dem sich der Verhörraum befand. Dort angekommen, sah er noch einmal die Fragen und Dokumente durch, die den Ablauf des bevorstehenden Gesprächs bestimmen würden. Dann rief er zu einer festgelegten Zeit den Wachposten vor Eichmanns Zelle an, um ihm zu sagen, dass er den Gefangenen zum Verhör bringen solle. Von zwei Wachen begleitet, betrat Eichmann den Verhörraum, wo er so lange in Habachtstellung stehen blieb, bis Less ihn zum Platznehmen aufforderte, obwohl dieser derlei Förmlichkeiten für überflüssig hielt. Ein Wärter postierte sich dann so, dass er Eichmann beobachten konnte, während der zweite seinen Kollegen im Auge behielt. Dem Verhör vermochten beide nicht zu folgen, da es auf Deutsch geführt wurde. Alle zwei Stunden wurden die Wachen abgelöst.[20]

Am Ende jeder Sitzung übergab Less das Tonband deutschsprachigen Sekretärinnen, die es umgehend transkribierten. Eichmann und Less gingen später jede Niederschrift durch, während das jeweilige Tonband lief, und machten Korrekturen. Sobald Eichmann mit der Niederschrift zufrieden war, unterschrieb er sie auf dem letzten Blatt. Dieses Vorgehen unterschied sich stark von den alkoholisierten Sitzungen mit Sassen und deren chaotischen Folgen. In dieser Hinsicht, schrieb Eichmann an seinen Bruder Robert, müsse er die Vorgehensweise der israelischen Polizei loben. Am Ende der Verhöre lagen Tonbandmitschnitte von insgesamt 275 Stunden vor, deren Transkript 3564 Seiten umfasste. Außerdem hatte Eichmann auf Less' Aufforderung hin »Memoiren« von 127 Seiten Umfang verfasst, die er ihm Mitte Juni übergab.[21]

Am ersten Tag eröffnete Hofstädter das Verhör, indem er Eichmann zu bestätigen bat, dass er zur Aussage bereit sei. Außerdem forderte er ihn auf, fürs Protokoll zu erklären, dass er nicht unter Druck aussage, und versicherte ihm, dass man ihm nach Möglichkeit jedes von ihm verlangte Dokument zugänglich machen werde. Dann übergab Hofstädter an Less. Was danach geschah, war ebenso unvorhersehbar wie überraschend. Die Polizei hatte befürchtet, dass Eichmann alle Anklagepunkte abstreiten oder behaupten könnte, sich an nichts zu erinnern. Doch stattdessen begann er seine Lebensgeschichte zu erzählen, angefangen mit der Kindheit, über den Entschluss, sich der NSDAP anzuschließen, und den Eintritt in den SD bis hin zur Karriere im Dritten Reich.[22]

Womit lässt sich diese Redseligkeit erklären? Zunächst einmal scheint Eichmann geglaubt zu haben, dass man ihn nur so lange am Leben lassen würde, wie er redete. Nach Less' Beobachtung war er anfangs trotz der Versicherung, dass man keine Gewalt anwenden und sich an die Rechtsvorschriften halten werde, ein »Nervenbündel«. Sein Gesicht zuckte ständig, und seine Hände zitterten. Zudem versuchte er sich bei Less einzuschmeicheln. So sprach er ihn als »Herr Hauptmann« an und versicherte: »Ich war ja auch einmal Polizist« – so als hätte es irgendwelche Kameraderie zwischen ihm und seinem Vernehmungsoffizier geben können. Less gab sich unberührt, empfand aber eine Mischung aus Mitleid und Verachtung. »Ich spürte seine Angst«, schrieb er später.[23]

Zweifelsohne *wollte* Eichmann reden. Am 6. Juni 1960 brachte er eine schriftliche Erklärung zum Verhör mit, die er fürs Protokoll verlesen wollte. Sie ähnelte dem, was er in Argentinien gegenüber Sassen geäußert hatte. Unter anderem erklärte er: »Ich bitte, entgegennehmen zu wollen, dass ich von mir aus ohnedies restlos bereit bin, alles, was ich vom Geschehenen weiß, rückhaltlos von mir zu geben. Innerlich bin ich schon längst zu dieser General-Aussage bereit, nur wusste ich nicht, wohin mich das Schicksal zu dieser Aussage stellen wird.« Damit bezog er sich auf eine Begegnung mit einer Wahrsagerin in Buenos Aires im Januar 1960, die ihm gesagt hätte, dass er noch im selben Jahr vor Gericht gestellt werden und seinen 56. Geburtstag nicht erleben würde. »Dieses Wissen alleine schon«, fuhr er fort, »gibt mir eine restlose innere Bereitschaft, freiwillig von mir aus auch ohne Rücksicht auf meine eigene Person, die mir gar nicht mehr wichtig ist, alles, was ich weiß, von mir zu geben.« Was folgte, kam einem Geständnis gleich. Während seines gesamten Lebens, sagte er, von der Kindheit bis zum Ende des Dritten Reichs, sei er strenge Disziplin und Gehorsam gewohnt gewesen. »Trotz allem weiß ich natürlich, dass ich meine Hände nicht in Unschuld waschen kann, weil die Tatsache, dass ich ein absoluter Befehls-Empfänger war, heute sicherlich nichts mehr bedeutet.« Er begriff, dass es gleichgültig war, dass die Befehlsgeber tot oder verschwunden waren. »Obgleich an meinen Händen kein Blut klebt, werde ich sicherlich der Beihilfe zum Mord schuldig gesprochen werden. Aber wie dem auch sei, ich bin innerlich bereit, auch persönlich für das furchtbare Geschehen zu sühnen, und ich weiß, dass mir die Todesstrafe bevorsteht. Ich bitte auch gar nicht um Gnade, denn es steht mir nicht zu. Ja, wenn es einen größeren Akt der Sühneleistung bedeutet, bin ich bereit, als abschreckendes Beispiel für alle, wie letzte Vorkommnisse bekundeten, Antisemiten der Länder dieser Erde, mich selbst öffentlich zu erhängen.«[24]

Less ließ sich von dem partiellen Schuldeingeständnis nicht hinters Licht führen. Sein Mitgefühl mit dem Nervenbündel auf dem Stuhl ihm gegenüber verflog, als dessen Selbstvertrauen zurückkehrte und er erkannte, dass Eichmanns scheinbar ehrliche Antworten mehr verbargen als enthüllten. Er fand Eichmann »spöttisch und gleichzeitig aggressiv«. Im Verlauf der Verhöre wuchs bei Less die innere Wut darüber, dass Eichmann völlig unfähig war, das Ungeheuerliche seiner Verbrechen zu begreifen, und keinerlei Anzeichen von Reue zeigte. Als er erwähnte, dass sein Vater zuerst nach Theresienstadt und dann nach Auschwitz geschickt worden sei, rief Eichmann aus: »Aber das ist ja entsetzlich, Herr Hauptmann, wie entsetzlich!«, so als hätte es nichts mit ihm selbst zu tun. Less war für einen Augenblick sprachlos. Ihm dämmerte, dass Eichmanns Sprache ein Teil des Panzers war, den er um seine Vergangenheit herum errichtet hatte. Ebenso irritiert war Less über Eichmanns »grausiges Deutsch«: »Anfangs hatte ich die größte Mühe, ihn zu verstehen – ein oberösterreichisch-berlinerisches Nazibeamtendeutsch mit ellenlangen Schachtelsätzen, in denen auch er sich gelegentlich verirrte.« Less musste ihn regelmäßig unterbrechen, um den Sekretärinnen, die das Transkript anfertigten, eine Chance zu geben. Doch die Abschweifungen waren keine Folge natürlicher Gesprächigkeit. Eichmann ließ Dokumente, die ihn persönlich oder sein Referat belasteten, absichtlich hinter einer Nebelwand verschwinden, indem er in überwältigender Detailliertheit bürokratische Strukturen von derart byzantinischer Komplexität und Dichte beschrieb, dass er selbst zu völliger Unbedeutendheit schrumpfte.[25]

Nach zwei Wochen, in denen Eichmann nahezu ohne Lenkung hatte reden dürfen, begann Less, den Gefangenen mit Dokumenten zu konfrontieren. Das erste waren die Erinnerungen von Auschwitz-Kommandant Höß, nach dessen Aussage Eichmann ihn im Sommer 1941 besucht hatte, um mit ihm über die

Verwendung von Giftgas zu sprechen. Das brachte Eichmanns Verteidigungslinie durcheinander, denn er beharrte darauf, dass er erst Monate später von dem Befehl zur »physischen Vernichtung« der Juden erfahren habe. Less bemerkte, dass seine Hände wieder zitterten. (Später schrieb Eichmann in einer Mitteilung an seinen Verteidiger, er müsse »dem Erzlügner Höß beweisen [...], dass [er] mit ihm und seinen Gaskammern und seinem Tötungslager überhaupt nichts zu tun gehabt habe«.) Danach wurden seine Kommentare deutlich vorsichtiger. Bis Mitte Juni hatte er der israelischen Polizei Informationen gegeben, die sie aus keiner anderen Quelle hätte bekommen können. Nach diesem Zeitpunkt gestand er nur noch ein, was anderweitig belegbar war, und reagierte, wenn er mit belastenden Beweisen konfrontiert wurde, ausweichend oder stritt sie rundweg ab. Nach Less' Erfahrung war es umso wahrscheinlicher, dass Eichmann log, je heftiger er die von einem Dokument nahe gelegten Folgerungen zurückwies. Doch selbst dann, wenn Eichmann schließlich eine bestimmte Tat zugab, zog er sich auf die Behauptung zurück, er habe nur Befehle befolgt und in der Sache keine Wahl gehabt, er sei nur ein kleines, ersetzbares Rädchen in der großen NS-Maschinerie gewesen.[26]

Aber nicht nur Eichmanns Vernebelungsstrategie, sondern auch die Vorurteile auf Seiten der Polizei trugen zur Verwirrung bei. Teils aufgrund ihrer vorbereitenden Lektüre und teils wegen der Imperative der Strafverfolgung wollte sie nachweisen, dass Eichmann von Beginn des Krieges an Komplize eines Programms zur Vernichtung der Juden gewesen war und danach dessen zentrale Leitung innegehabt hatte. Als Eichmann dies bestritt, warf man ihm häufig zu Unrecht vor, er würde lügen. Sein Pech war, dass er keine plausiblen alternativen Erklärungen für das, was er getan hatte, vorbringen konnte.

Als Less ihm das Protokoll der Besprechung vom 21. September 1939 zeigte, in dem von einem langfristigen Ziel für die Behandlung der Juden die Rede war und versichert wurde, dass damit die »Endlösung« gemeint sei, war Eichmann sprachlos. Er schien vergessen zu haben, dass Begriffe wie »Endziel« und »Endlösung« schon lange benutzt worden waren, in verschiedenen Phasen des Krieges allerdings mit unterschiedlicher Bedeutung. So blieb ihm nur die schwache Ausflucht, vorzugeben, er wisse nichts über die Besprechung, was natürlich unglaubhaft war. Auch zu den Aktivitäten des Referats IV D 4 in Polen im Jahr 1940 legte Less Dokumente vor, die bewiesen, dass Eichmann in seiner Eigenschaft als dessen Leiter an der Vertreibung von Juden beteiligt gewesen war. Mit einem Bericht über die Besprechung am 30. Januar 1940 über »Nah- und Fernpläne« für Bevölkerungsverschiebungen konfrontiert, griff Eichmann erneut zur Leugnungstaktik. Die Anklage nahm an, dass er log, befand sich aber im Irrtum, denn der Plan war keineswegs das Vorspiel zur massiven Verfolgung polnischer Juden gewesen. Zwar hatte das Referat IV D 4 die Deportation Tausender von Juden organisiert, seine Hauptaufgabe aber hatte in der Umsiedlung von Polen bestanden.[27]

Eichmanns Konfusion ist zum Teil auf das Fehlen eines Rechtsbeistandes zurückzuführen – ein Mangel, aufgrund dessen in manchen Rechtssystemen seine Aussage vermutlich ungültig gewesen wäre. Aber einen Rechtsbeistand für Eichmann zu finden stellte sich als enormes Problem heraus. Ursprünglich hatte das israelische Justizministerium erwogen, einen einheimischen Rechtsanwalt zu bestellen, doch man erkannte rasch, dass ein jüdischer israelischer Verteidiger international unglaubwürdig gewesen wäre. Als Nächstes dachte man an einen deutsch-schweizerischen Anwalt oder an einen Amerikaner mit Erfahrungen in Kriegsverbrecherprozessen und setzte sich mit der Internationalen Juristenkommission wegen eines geeigneten Kandidaten in Verbindung. Doch der Mossad erhob gegen einen Anwärter nach dem anderen Einspruch, und alle wurden abgelehnt, einschließlich eines Amerikaners, der sich als Neonazi entpuppte.[28]

Schließlich meldete sich Dr. Robert Servatius bei der israelischen Staatsanwaltschaft, ein einundsechzigjähriger Rechtsanwalt aus Köln, der Eichmanns Bruder Robert, der selbst in Linz als Rechtsanwalt praktizierte, seine Dienste angeboten hatte. Servatius hatte von 1935 bis 1945 in der Wehrmacht gedient und vertrat eine betont konservativ-nationale Einstellung, war jedoch nie Nationalsozialist gewesen. Nach dem Krieg hatte er sich als Rechtsbeistand inhaftierter Nationalsozialisten einen Namen gemacht und, allerdings erfolglos, 1945/46 vor dem Militärgerichtshof in Nürnberg Fritz Sauckel verteidigt. Ebenso wenig Erfolg hatte er bei der Verteidigung prominenter Nationalsozialisten in den anschließend von den Amerikanern durchgeführten Gerichtsverfahren gehabt, etwa als Anwalt von Karl Brandt, einem der Leiter der »Euthanasie«-Aktion, oder von Paul Pleiger, einem im so genannten Ministerienprozess angeklagten Wirtschaftsbeamten. Auch gegen Servatius legte der Mossad sein Veto ein. Nach Ansicht des Geheimdiensts hatte er eine »militaristische und rechts gerichtete Einstellung, ohne dass man sagen könnte, er hätte nationalsozialistische Neigungen«. Um ganz sicher zu sein, ließ sich das israelische Justizministerium sowohl vom früheren Nürnberger Ankläger Robert Kempner als auch vom Präsidenten der Kölner Rechtsanwaltskammer versichern, dass gegen Servatius keine Bedenken bestanden.[29]

Die Berufung eines Ausländers als Eichmanns Rechtsbeistand zog neue Probleme nach sich. So musste die Gesetzeslage geändert werden, damit ein ausländischer Staatsbürger vor einem israelischen Gericht als Anwalt auftreten durfte; dies geschah in einer kurzen Sitzung der Knesset am 8. August. Ferner war zu klären, wer sein Honorar zahlen sollte. Die Familie Eichmann behauptete, wenn auch nicht ganz glaubwürdig, dass sie sich den Anwalt nicht leisten könne. Israel andererseits wollte weder, dass Eichmann sich vom Wohlwollen von Sympathisanten, die möglicherweise Neonazis waren, abhängig machte, noch selbst das Anwaltshonorar begleichen. Schließlich einigte man sich darauf, dass Israel Servatius 30 000 Dollar zahlen, er aber die westdeutsche Regierung bitten werde, Israel den Betrag zurückzuerstatten; nach seiner Ansicht war es die Pflicht der Bundesrepublik, für die Kosten von Eichmanns Verteidigung aufzukommen. Am Ende weigerte sich die deutsche Regierung jedoch, und Israel zahlte den gesamten Betrag. In dem Honorar eingeschlossen waren auch die Kosten für Servatius' Assistenten, den neunundzwanzigjährigen Dieter Wechtenbruch, den Hausner als Mann mit »klarem, scharfem und raschem Verstand« beschrieb.[30]

Servatius war eine gute Wahl, auch wenn sein militärisches Auftreten, der preußische Bürstenhaarschnitt, das kräftig rote

Gesicht und die massige Figur bei Gideon Hausner, dem Anklagevertreter, Misstrauen auslösten. Zudem stieg er im King David Hotel ab, dem damals einzigen Luxushotel in Jerusalem. Laut Hausner machte er sich »wenig aus Politik und mehr aus den Freuden der Tafel«. Der Philosoph Karl Jaspers hingegen schrieb ominös an seine Freundin Hannah Arendt, Servatius sei »in allen Tricks erfahren«. Als Arendt ihn in Aktion erlebte, fand sie dies bestätigt. Sie beschrieb ihn Jaspers als »ölig, schmierig, geschickt, kurz und bündig«, als jemanden, der »weiß, was er will«. Auch Hausner lernte Servatius bald als »kämpferisch, findig und einfallsreich« respektieren. Sein Eröffnungsangriff auf die Zuständigkeit des Gerichts und seine geschickte Taktik zerstreute bald jeden Verdacht, dass der Prozess eine abgekartete Sache sein könnte.[31]

Als Servatius' Berufung im Oktober 1960 bestätigt wurde, war Eichmann erleichtert. Er war froh, einen solch erfahrenen Anwalt an seiner Seite zu haben, von dem er erwarten durfte, dass er sowohl sachkundig als auch mitfühlend sein würde. Außerdem konnte er nunmehr endgültig sicher sein, dass die Israelis ihn nicht einfach standrechtlich erschießen würden. Er konnte sich auf einen langen Prozess einstellen, in dem er ausreichend Gelegenheit haben würde, für die Geschichtsbücher und die Ehre seiner Familie seinen Standpunkt darzulegen. Im Februar 1961 schrieb er an seinen Bruder Robert: »Ich weiß nicht, was bei diesem Prozess herauskommt; was meine Person angeht, muss ich sagen, dass ich nur von zweitrangiger Bedeutung bin. Mit Hilfe meiner Verteidigung werde ich mich natürlich bemühen, die Wahrheit über die 15 Jahre der Verleumdungen und Unterstellungen herauszubringen, die bis in die letzten Tage hinein die öffentliche Meinung rund um die Welt in einem Maße gegen mich eingenommen haben, das nicht mehr zu überbieten ist. Soweit es nur meine Person betrifft, ist im Hinblick auf meinen fast überbeanspruchten Fatalismus die Gefahr der Resignation am größten. Aber ich darf diese Angelegenheit nicht auf sich beruhen lassen; nicht, wenn ich an meine Kinder und euch als meine Brüder und Schwestern und nicht zuletzt an das Andenken unseres verstorbenen Vaters denke.« In einer Mitteilung an Servatius erklärte er, dass er wenig Hoffnung habe, lebendig davonzukommen, aber zum Wohle der Nachkommen die Wahrheit sagen wolle: »Sie werden wissen, dass ihr Vater, Großvater und so weiter kein Mörder ist. Das allein zählt für mich, nicht nur zu überleben.«[32]

Sein Verteidiger jedoch hatte keine Illusionen über die Aufgabe, die bevorstand. Das Justizministerium sorgte dafür, dass Servatius und Wechtenbruch mit dem israelischen Rechtssystem vertraut gemacht wurden, und ihnen stand die juristische Bibliothek der Hebräischen Universität offen. Aber sie hatten nicht mehr als sieben Monate Zeit, um sich vorzubereiten, und verfügten nur über wenige Mittel, um Dokumente und Zeugen aufzuspüren. Die meisten potentiellen Zeugen der Verteidigung waren frühere Mitglieder von NSDAP, SD oder SS, und einige von ihnen waren bereits von alliierten oder westdeutschen Gerichten verurteilt worden. Das bedeutete, dass man sie, sobald sie israelischen Boden betreten hätten, vermutlich festgenommen hätte, und zwar nach demselben Gesetz, nach dem Eichmann vor Gericht stand. Und selbst wenn sie irgendwie bis in den Gerichtssaal gekommen wären, hätten sie sich wahrscheinlich mit jeder Aussage nur selbst belastet. Hinzu kam, dass der Mossad Servatius ständig observierte und sämtliche Begegnungen mit Eichmann überwachte. Es war der Verteidigung daher buchstäblich unmöglich, während des Prozesses einen Überraschungseffekt zu erzielen.[33]

Obwohl also alles gegen Eichmann sprach, hatten die Mitarbeiter des Büros 06 häufig das Gefühl, als befänden sie sich im Nachteil. Sie wussten, wie Selinger es formulierte, »ungefähr so viel über das Naziregime und den Holocaust wie der Durchschnittsisraeli«. Less gestand ein: »Keiner von unserem Team hatte bis dahin genaue Kenntnisse über den Holocaust.« Sie mussten sich dieses Wissen im Selbststudium aneignen, indem sie die wenigen vorhandenen historischen Werke zum Thema durcharbeiteten. »Reitlingers *Endlösung*«, schrieb Less später, »wurde beinahe zu einer Art Bibel für uns, unentbehrlich wurden uns Poliakovs Werke und Adlers *Theresienstadt*.« Doch diese Bücher standen beispielhaft für die frühe Forschung über den Völkermord und neigten dazu, die Nürnberger Sichtweise wiederzugeben, das heißt, einen hierarchischen, problemlos ablaufenden Zerstörungsprozess zu schildern. Und sie vermittelten einen irreführenden Eindruck darüber, an welchem Platz in dieser mörderischen Hierarchie Eichmann gestanden hatte.[34]

Während den Ermittlern die Stolperdrähte der historischen Literatur entgingen, waren sie sich der Tatsache, dass ihnen selbst die elementarsten dokumentarischen Fundamente fehlten, nur allzu deutlich bewusst. Aber woher sollten sie die benötigten Dokumente und Zeugen nehmen? Eichmanns Name war zwar in dem berüchtigten Verleumdungsprozess um Rudolf Kasztner häufig gefallen, aber niemand hatte laut Hausner »bisher das dokumentarische Beweismaterial gegen ihn vollständig zusammengetragen«. Verzweifelt sah sich das Team nach einem »ersten Anhalts- und Ausgangspunkt« um und stieß dabei auf Tuvia Friedmans Dokumentationszentrum, das sich bequemerweise in Haifa befand. Dort erhielt das Büro die ersten Angaben über Eichmanns Lebenslauf, darunter Teile seiner SS-Personalakte, Wislicenys Aussage, das Protokoll der Wannsee-Konferenz und einige von Eichmann unterzeichnete Anweisungen des Referats IV B 4. Wie Hausner schrieb, glich diese »Detektivarbeit [...] häufig der mühsamen Zusammensetzung eines riesigen Puzzlespiels«.[35]

Zur Hauptquelle wurde jedoch das Archiv der nur wenige Jahre zuvor gegründeten nationalen Gedenkstätte Yad Vashem. Im Jahr 1956 hatte sie von Großbritannien Mikrofilme mit Fotos erbeuteter deutscher Akten erworben. Nur drei Tage nach der Bekanntgabe von Eichmanns Gefangennahme kamen Archivare von Yad Vashem mit den Ermittlern zusammen und bildeten ein Spezialteam, das die Verbindung mit Büro 06 aufrechterhalten sollte. Mit Hilfe von Archivmitarbeitern, die im Zusammenhang mit in Deutschland geführten Prozessen gegen NS-Verbrecher bereits Erfahrungen in der Materialsuche gesammelt hatten, durchforstete eine Gruppe von Polizisten fast ununterbrochen die Archivbestände. Bis zum 6. Juni hatte sie die erste Lieferung für Camp Iyar zusammengestellt. Weitere sollten folgen.[36]

Von Yad Vashem erhielt das Team auch die 42 Bände mit dem Protokoll und den Dokumenten des Nürnberger Prozesses, die 15 Bände mit den Protokollen der von den Amerikanern durchgeführten Nachfolgeprozesse sowie die Protokolle der Gerichtsverfahren in Prag, zusammen mit Zeugenaussagen und Dokumenten, welche die Abteilung für jüdische Dokumentation in der Slowakei gesammelt hatte. Aber das reichte immer noch nicht aus. Deshalb wandte sich das Büro 06 an Archive und Sammlungen überall auf der Welt, und Selinger reiste auf Spurensuche in die Vereinigten Staaten, die Niederlande, nach Frankreich und Großbritannien.[37] Aus der Sowjetunion kam eine eisige Ablehnung. Auch die britische Regierung erwies sich als nicht sehr kooperativ. Sie weigerte sich, den Ermittlern Dokumente über die Verhandlungen zwischen Eichmann und ungarischen Juden im Jahr 1944 zur Verfügung zu stellen. Diese Haltung rief viel Unmut hervor, aber trotz der Appelle von Parlamentsabgeordneten blieb die Regierung unnachgiebig.[38]

Als das Büro 06 seine Arbeit aufnahm, legte das Justizministerium keinerlei Richtlinien über Umfang und Grenzen der Untersuchung fest. Die Beamten folgten daher der erprobten polizeilichen Vorgehensweise und suchten stichhaltige und glaubwürdige Beweise dafür, dass der Verdächtige persönlich in kriminelle Handlungen verwickelt gewesen war. Mangels Zeugen, die aussagen konnten, dass er bestimmte Befehle gegeben habe, mussten sie sich an Dokumente, die seine Unterschrift trugen, sowie an Protokolle von Besprechungen halten, in denen wichtige Entscheidungen gefällt worden waren. Bestärkt fühlten sie sich durch das Vorbild des Nürnberger Prozesses, der zum großen Teil auf Dokumenten beruht hatte. Angesichts der Materiallage beschloss man zunächst, die Strafverfolgung auf die Ereignisse in Ungarn im Jahr 1944 zu beschränken, denn wenigstens hierfür gab es ausreichend Dokumente und zudem glaubwürdige Zeugen, die beschwören würden, dass Eichmann persönlich an den Deportationen beteiligt gewesen sei. Noch im Dezember 1960 beabsichtigten die Mitarbeiter des Büros 06, die Anklage auf Eichmanns Tätigkeit in Deutschland, Österreich und dem »Protektorat«, in Polen, der Slowakei, Ungarn, Griechenland, Rumänien, Jugoslawien und den baltischen Staaten sowie auf seine Rolle in Auschwitz, Majdanek, Treblinka, Sobibor und Bergen-Belsen zu beschränken. Es sollten lediglich 40 bis 50 Zeugen aufgerufen werden, von denen die eine Hälfte antijüdische

Maßnahmen beschreiben und die andere Hälfte Begegnungen mit Eichmann wiedergeben würde.[39]

Als die Ermittlungen bereits mehrere Monate liefen, geriet Selinger unter politischen Druck durch den neuen Generalstaatsanwalt Gideon Hausner. Dessen Ernennung war das Nebenprodukt einer Regierungsumbildung. Hausner war 1915 in Lwow geboren und 1937 zusammen mit seinen Eltern nach Palästina ausgewandert. Sein Vater war sowohl in der zionistischen als auch in der polnischen Politik aktiv gewesen, und Hausner war in seine Fußstapfen getreten, indem er zu einem führenden Mitglied der israelischen Fortschrittspartei wurde. Dank seiner Parteiverbindungen bot man ihm im Mai 1960, kurz nach Eichmanns Entführung, den Posten des Generalstaatsanwalts an. Als er den Posten im Juni antrat, beschloss er, die Anklage gegen Eichmann selbst zu vertreten, obwohl er in seiner Laufbahn lediglich Wirtschaftsrecht praktiziert und dem Fall aufgrund seiner sonstigen Verpflichtungen nicht seine ungeteilte Aufmerksamkeit widmen konnte. So war er mit der Untersuchung eines der berüchtigtsten Sicherheitsskandale des Landes beschäftigt, der Lavon-Affäre.[40] Gleichwohl forderte Ben Gurion rasche Ergebnisse, was Hausner umgehend an die Polizei weiterleitete: »Das Büro 06 arbeitete unter großer Anspannung. Es hatte zu wenig Personal, und der Zeitdruck war gewaltig. Man drängte mich, den Prozess bald zu eröffnen, aber ich konnte nicht beginnen, bevor das Büro mit seiner Arbeit fertig war; infolgedessen musste ich den Druck an das Büro weitergeben, und dies führte manchmal zu ein wenig gespannten Beziehungen.«[41]

Ende 1960 übergab die Polizei dem Generalstaatsanwalt 26 einzelne Berichte über die verschiedenen Länder und Themenbereiche. Hausner reagierte aufbrausend. Das Material sei zwar »vom Polizeistandpunkt aus sehr gut«, erzähle aber nicht die ganze Geschichte der nationalsozialistischen Verfolgung und des Massenmords an den Juden; es werde kaum die Aufmerksamkeit der weltweiten Öffentlichkeit erregen. »Dies war die Methode, die man bei den Nürnberger Prozessen angewandt hatte«, schrieb Hausner später, »wenige Zeugen und einige Filme der Konzentrationslagerschrecken, und dazwischen Berge von Dokumenten. Das Ganze ging sehr zügig und einfach vor sich.

Aber es war auch einer der Gründe, warum die Vorgänge vor Gericht die Herzen der Menschen nicht erreichten.« Hausner war nicht damit zufrieden, auf der Grundlage von belastenden Dokumenten Eichmanns Schuld nachzuweisen: »[...] mir war bewusst, dass wir mehr brauchten als nur eine Verurteilung; wir brauchten ein lebendes und lebendiges Protokoll einer gigantischen menschlichen und nationalen Katastrophe [...].«[42]

Da nur noch zwei Monate bis zum geplanten Prozessbeginn blieben, trieb Hausner die erschöpften Polizisten zu einer neuerlichen Anstrengung an. Die Anklage sollte nunmehr auf Eichmanns Aktivitäten in Westeuropa gestützt werden, und Augenzeugen sollten den Hintergrund der antijüdischen Maßnahmen von Anfang der dreißiger Jahre bis zum Ende des Krieges erhellen, unabhängig davon, ob sie eine direkte Beziehung zu Eichmanns Handeln besaßen. Die daraus folgende Hast strapazierte die Nerven der Ermittler, die sich gewünscht hätten, noch ein Jahr länger ermitteln zu können, um die Untersuchung zu vervollständigen. Doch Hausner stand unter immensem Druck: »In Israel lag den Menschen daran, dass wir mit dem Prozess so bald wie möglich begannen. Es war für die Öffentlichkeit eine zu große Nervenbelastung, sehr lange auf ihn warten zu müssen. Daher wurde ich immer wieder ersucht, die Vorbereitungsarbeiten zu beschleunigen und die Verhandlung selbst so kurz wie möglich zu halten.«[43]

Hausner hatte sich selbst ausgesprochen wenig Zeit für die Vorbereitungen gegeben, und jetzt, zu einem gefährlich späten Zeitpunkt, unternahm er es, die gesamte Anklage gegen Eichmann neu zu gestalten. Zu jedem Aspekt der nationalsozialistischen Kampagne gegen die Juden wollte er Dokumente präsentieren und sie mit dramatischen Aussagen von Augenzeugen verlebendigen. Allerdings war das Büro 06 bereits aufgelöst, so dass er sich nur auf Chefinspektor Michael Goldman, Rachel Auerbach, die Leiterin der Yad-Vashem-Abteilung für Zeugenaussagen, sowie seinen eigenen kleinen Mitarbeiterstab stützen konnte. Zusammen gingen sie in atemberaubendem Tempo Hunderte von Aussagen aus der Yad-Vashem-Sammlung mündlicher Geschichtszeugnisse durch und prüften Vorschläge der Verbände der Einwanderer aus der Tschechoslowakei und Ungarn sowie der Organisation früherer NS-Häftlinge. Schließlich wählten sie 110 Überlebende aus, die über die Auswirkungen der nationalsozialistischen Maßnahmen in fast jedem betroffenen Land aussagen und gleichzeitig möglichst viele Aspekte des jüdischen Lebens in der Vorkriegszeit repräsentieren würden. Andere wurden ausgewählt, weil sie Widerstandsakte bezeugen konnten.[44]

Viele Überlebende meldeten sich von sich aus, um zu berichten, dass sie Eichmann in diesem oder jenem Ghetto oder Lager gesehen hätten. Hausner war solchen Zeugen gegenüber allerdings vorsichtig; allzu oft erwiesen sie sich als unzuverlässig oder psychisch labil. Tatsächlich kippten die meisten derjenigen, die in den Zeugenstand traten und aussagten, sie hätten Eichmann gesehen, im Kreuzverhör um. Von dem ungarischen Überlebenden Avraham Gordon war Hausner jedoch überzeugt; er wollte gesehen haben, wie Eichmann im Sommer 1944 auf dem Grundstück seiner Villa in Budapest einen jüdischen Jungen ermordet hatte. Die Ermittler hatten seine Aussage vorher zwar als unglaubwürdig eingeschätzt, aber Hausner konnte die Gelegenheit nicht ungenutzt lassen. Er wollte beweisen, dass Eichmann ein Mörder war. Gordons Aussage bildete die Grundlage für den einzigen Anklagepunkt, der Eichmann einen eigenhändig ausgeführten Mord vorwarf.[45]

Unterdessen musste Hausner auch sein Einführungsplädoyer vorbereiten. Wenigstens diese Aufgabe konnte er jedoch teilweise Mitarbeitern seines Anklageteams übertragen. Es bestand aus Gabriel Bach, einem vierunddreißigjährigen, in England ausgebildeten Rechtsanwalt, der dem Büro 06 vom Justizministerium als Berater zur Seite gestellt worden war, und Jaacov Bar-Or, dem fünfundvierzigjährigen Bezirksstaatsanwalt von Tel Aviv. Angesichts der Aufregung über Eichmanns Entführung war sich Hausner im Klaren darüber, dass er Israels Recht, ihn überhaupt vor Gericht zu stellen, untermauern musste, zumal zu erwarten war, dass Servatius die Rechtsgrundlage des Verfahrens in Frage stellen würde. Bei der Verteidigung von Nationalsozialisten in Nürnberg hatte Servatius regelmäßig argumentiert, die Anklagen wegen »Verbrechen gegen die Menschlichkeit« und Völkermordes beruhten auf rückwirkender Gesetzgebung von zweifelhafter Gültigkeit. Für die Abwehr eines solchen Angriffs verließ sich Hausner auf die anerkannten Fähigkeiten des einundsiebzigjährigen Jacob Robinson, der in Nürnberg Richter Robert Jackson assistiert hatte. In der Zwischenzeit war dieser als Rechtsberater der israelischen UN-Delegation und Völkerrechtsexperte tätig gewesen. Letztlich lastete die Verantwortung jedoch allein auf Hausners Schultern. Um sie bewältigen zu können zog er sich »mit zwei Wagenladungen voll Büchern und Akten« für sechs Wochen in ein Tel Aviver Hotel zurück und arbeitete »in völliger Abgeschlossenheit nahezu ›rund um die Uhr‹«.[46]

Die Anklageschrift gegen Eichmann, die aus Hausners fieberhaften Anstrengungen hervorging, spiegelte sowohl seine eigenen Präferenzen für den Prozess als auch die von Ben Gurion vorgegebenen politischen Imperative wider. Hausner beschloss, nicht der Vorliebe der Polizei für klare Beispiele von Eichmanns Fanatismus und Brutalität zu folgen, denn damit hätte der Prozess »seinen Hauptsinn eingebüßt, nämlich die Darstellung der gesamten jüdischen Katastrophe«. Andererseits war sich Hausner bewusst, dass er, wenn er Eichmann »die Verantwortung für alle seine vielfältigen und weit ausgreifenden verbrecherischen Betätigungen anlastete«, Gefahr lief, die verfügbaren Beweise zu verwässern und nicht in jedem Anklagepunkt eine Verurteilung zu erreichen. Insbesondere hatte er es darauf abgesehen, Eichmann mit Verbrechen in Osteuropa in Verbindung zu bringen. Dort hatte das Zentrum der »Endlösung« gelegen, aber ausgerechnet dort hatte Eichmann anscheinend die wenigsten Spuren hinterlassen. Letztlich jedoch, sagte sich Hausner, war Eichmann der Leiter des mit der Durchführung der »Endlösung« beauftragten Judenreferats im RSHA gewesen, und er hatte diese Stellung bis zum Ende innegehabt. Deshalb konnte er wegen aller Aspekte des Völkermords angeklagt werden. »Es war eine der schwierigsten Entscheidungen, die ich zu treffen hatte«, gestand Hausner später ein.[47]

Am 2. Februar 1961 wurde die Anklageschrift bei der Geschäftsstelle des Bezirksgerichts von Jerusalem eingereicht. Eichmann und sein Verteidiger hatten am Tag zuvor ein Exemplar erhalten. Die Anklage enthielt 15 sich wiederholende und auf verwirrende Weise angeordnete Abschnitte. Die Punkte eins bis vier betrafen Verbrechen gegen das jüdische Volk nach Paragraph 1 des Gesetzes über die Bestrafung von Nationalsozialisten und NS-Kollaborateuren von 1950. Im ersten Punkt wurde festgestellt, dass der Angeklagte »in der Zeit von 1939 bis 1945 die Tötung von Millionen Juden [verursachte], in seiner damaligen Eigenschaft als Beauftragter für die Ausführung des Naziplans zur physischen Vernichtung der Juden, der als so genannte ›Endlösung der Judenfrage‹ bekannt ist«. Anschließend ging die Anklage im Einzelnen auf die Eichmann »zusammen mit anderen« zur Last gelegte Tätigkeit im RSHA-Referat IV B 4 und dessen Unterorganisationen ein: Eichmanns Dienststelle habe Anweisungen zur Vernichtung der Juden in Deutschland, den Achsenländern und den besetzten Staaten erlassen, einschließlich solcher, Juden in Lagern zu töten. Ferner habe Eichmann »die Kommandanten dieses Lagers [Auschwitz] an[gewiesen], das Gas ›Zyklon B‹ anzuwenden« und dafür gesorgt, dass Auschwitz mit Gas beliefert wurde. Unmittelbar nach der deutschen Besetzung Polens habe er »Deportierungs-, Aussiedlungs- und Vernichtungsmaßnahmen« verübt. Darüber hinaus wurde er sowohl für die Operationen der Einsatzgruppen in Russland im Jahr 1941 als auch für die Ermordung von Juden, die man in Ghettos im Osten deportiert hatte, verantwortlich gemacht. Man warf ihm die Vernichtung einzelner jüdischer Gemeinden vor, und auch der Tod von Hunderten und Tausenden von Juden in Zwangsarbeitslagern, Ghettos und Durchgangslagern in jedem Land, das von der »Endlösung« betroffen war, wurde ihm angelastet; insbesondere warf man ihm vor, für die Vernichtung von »etwa einer halben Million der Juden Ungarns« verantwortlich gewesen zu sein. All dies sei »mit dem Vorsatz der Vernichtung des jüdischen Volkes« geschehen.

Im zweiten Punkt wurde Eichmann beschuldigt, Millionen von Juden versklavt, ghettoisiert und unter unmenschlichen Umständen deportiert und auf diese Weise Lebensbedingungen ausgesetzt zu haben, von denen zu erwarten gewesen sei, dass sie den Tod herbeiführen würden. Der dritte Anklagepunkt betraf den »ernsthaften physischen und seelischen Schaden«, den Millionen von Juden während der »Zeit des Naziregimes« durch Versklavung, Hunger, Massenverhaftungen, Misshandlungen und Wirtschaftsboykott erlitten hatten – alles »mit dem Vorsatz, das jüdische Volk zu vernichten«. Dem vierten Punkt zufolge hatte Eichmann seit 1942 an verschiedenen Orten, einschließlich Theresienstadt, und unter unterschiedlichen Umständen bei Juden Sterilisierungen und Abtreibungen vornehmen lassen.

Anschließend wandte sich die Anklage den »Verbrechen gegen die Menschlichkeit« und Kriegsverbrechen zu, die nach anderen Paragraphen des Gesetzes zur Aburteilung von Nationalsozialisten und ihrer Helfer strafbar waren. Dabei handelte es sich, mit Ausnahme des hinzugekommenen Vorwurfs der Ausplünderung, um dieselben Anklagen wie in den Punkten eins bis vier, nur dass sie unter anderen Überschriften abgehandelt wurden. Die Punkte fünf bis sieben umfassten wiederum die Anklagen wegen Mordes sowie Vernichtung, Versklavung, Aushungerung und Vertreibung der jüdischen Zivilbevölkerung, wegen der Verfolgung der Juden aus nationalen, rassischen und religiösen Gründen und wegen bestimmter Fälle der Beraubung, Enteignung und Ausplünderung von Juden. Punkt acht betraf Kriegsverbrechen an Juden. Die Punkte neun bis zwölf behandelten Verbrechen gegen Nichtjuden, wie die Deportation von 500 000 polnischen Zivilisten unter unmenschlichen Bedingungen, um in ihren Wohnungen Deutsche ansiedeln zu können, die Deportation von 14 000 Slowenen, die Konzentration und Deportation Zehntausender von »Zigeunern« sowie die Deportation von 100 Kindern aus Lidice nach Polen, wo sie, der Anklage zufolge, ermordet worden waren. In den letzten Punkten ging es um Eichmanns Mitgliedschaft in »feindlichen Organisationen«, also in SS, SD und Gestapo.[48]

Während Hausner und Servatius hektisch an den Rechtsargumenten für die bevorstehende Auseinandersetzung feilten, kümmerten sich Teddy Kollek, der Leiter des Amts des Ministerpräsidenten, und der Jerusalemer Polizeipräsident Jekutiel Keren um den Verhandlungsort. Kollek wollte Ben Gurions Absichten gemäß ein internationales Ereignis organisieren, was bedeutete, dass man einen Ort finden musste, der groß genug war, um Hunderte Vertreter ausländischer Medien aufzunehmen. Da es in Jerusalem keinen derart geräumigen Gerichtssaal gab, entschieden sich Kollek und Keren für das Beit Ha'am, das »Haus des Volkes«, ein damals noch nicht ganz fertig gestelltes Kulturzentrum in Westjerusalem. Sie ließen Richterzimmer sowie Büros für Anklage und Verteidigung, einen Raum für den Angeklagten und einen leicht erreichbaren Lagerraum für die Berge von Dokumenten einrichten. Im Gerichtssaal wurde eine speziell angefertigte Zelle aufgestellt, die Tisch und Stuhl für den Angeklagten sowie zwei Stühle für Wachen enthielt. Sie war nach oben abgeschlossen und bestand auf zwei Seiten aus schusssicherem Glas. So konnten die Richter zum einen Eichmann direkt ansehen, und zum anderen war ein Mordanschlag aus dem Publikum nicht möglich. Viel Aufmerksamkeit widmete man den Einrichtungen für die Medien. Der Raum unter dem Gerichtssaal wurde für Journalisten eingerichtet und mit einer internen Fernsehanlage ausgestattet, so dass sie den Prozess auch dort verfolgen konnten. Für Presse und Publikum würden Simultanübersetzer die Verhandlung dolmetschen, und man sorgte dafür, dass das Protokoll der Sitzungen am nächsten Morgen, in drei Sprachen übersetzt, an die ausländischen Korrespondenten verteilt werden konnte.[49]

Ein heftiger Streit entbrannte über die Frage, ob der Prozess über das temporäre Gerichtsgebäude hinaus im Fernsehen übertragen werden sollte. Kollek und Hausner hielten dies für notwendig, »damit die ganze Welt zusehen kann«, während Keren und Servatius dies strikt ablehnten. Servatius, der bereits über die öffentliche Aufmerksamkeit vor Prozessbeginn verärgert war, befürchtete, dass Kameras im Gerichtssaal den Prozess stören würden. Das Wissen, dass alles, was sie sagten, rund um die Welt verfolgt wurde, würde die Zeugen der Verteidigung möglicherweise hemmen und diejenigen der Anklage dazu verleiten, ihre Aussagen auszuschmücken. Am 10. März 1961 vertraten Hausner und Servatius ihre Standpunkte vor den für den Prozess abgestellten Richtern, die aus dem altehrwürdigen Grund »Wo keine Öffentlichkeit ist, ist keine Gerechtigkeit« zugunsten der Fernsehübertragung entschieden. Man hatte ihnen versichert, dass die Aufnahme keinerlei Störung verursachen würde. Bei der Aufstellung der drei Kameras wurde tatsächlich sorgfältig darauf geachtet, dass sie völlig geräuschlos und unsichtbar waren.

Eine war auf das Publikum gerichtet, die zweite auf den Zeugenstand, und die dritte behielt Eichmann ständig im Bild.[50]

Da es in Israel damals noch keinen Fernsehsender gab und das Land nicht über die technischen Mittel verfügte, um den Prozess zu übertragen und aufzuzeichnen, erhielt eine amerikanische Fernsehgesellschaft, die Capitol Cities Broadcasting Corporation, den Auftrag. Ironischerweise *sahen* nur wenige Israelis den Prozess. Die meisten hörten die Zusammenfassungen und Höhepunkte in einer speziellen Abendsendung im Radio, dem »Prozesstagebuch«. Die Amerikaner dagegen genossen dank der Zeitverschiebung den Vorzug, den Prozess gewissermaßen live miterleben zu können, denn die Aufnahmen wurden jeden Tag vom Flughafen Lod nach New York geflogen und dort nach Ortszeit fast zur selben Stunde ausgestrahlt, in der sie in Israel gefilmt worden waren. Laut dem Vertrag mit Capitol Cities durften alle amerikanischen Fernsehsender das Material in ihren Nachrichtensendungen verwenden. ABC produzierte daraus einstündige Zusammenfassungen, die regelmäßig eine große Zuschauerzahl anzogen.[51]

Kollek war auch für die Verteilung der 750 Sitze im Gerichtssaal zuständig. Die Zusammensetzung des Publikums änderte sich im Verlauf des Prozesses erheblich, aber an den ersten Tagen bestand es aus 450 Journalisten, 45 Diplomaten und 50 prominenten Vertretern in- und ausländischer Organisationen. So lud das Justizministerium Beobachter der westdeutschen Regierung und der Internationalen Juristenkommission ein. Nachdem außerdem Plätze für Vertreter der Regierung sowie für 30 Touristen reserviert worden waren, blieben nur noch 165 Sitze für das allgemeine Publikum übrig. Doch wie Hannah Arendt anmerkte, lichteten sich die Reihen der Journalisten bald, und ihre Plätze wurden von Israelis eingenommen. Sie entdeckte allerdings nur wenige junge Leute. Stattdessen saßen »in dem oft halbleeren Saal [...] die ›Überlebenden‹, alte, bestenfalls ältere Menschen, Emigranten aus Europa wie ich selbst«.[52]

Die Richter waren entschlossen, den Prozess nicht in eine spektakuläre Geschichtsstunde ausarten zu lassen. Letztlich sind sie zwar gescheitert, aber sie sorgten zumindest dafür, dass der Prozess fair blieb. Die Auswahl der Richter lag in den Händen des

Präsidenten des Jerusalemer Bezirksgerichts, Richter Benjamin Halevi, der auch das Recht hatte, sich selbst zum Vorsitzenden Richter zu ernennen. Das warf für die Regierung ein heikles politisches Problem auf, denn Halevi hatte durch die Art, wie er 1954/55 den umstrittenen Verleumdungsprozess um Rudolf Kasztner geführt hatte, Ben Gurions Zorn auf sich gezogen. Kasztner war von dem Journalisten Malkiel Grunwald beschuldigt worden, mit den Nazis kollaboriert zu haben. Daraufhin wurde Grunwald der Prozess gemacht. Halevi hatte in jenem Verfahren, das zu einem Forum für Angriffe auf linke Zionisten wurde, Eichmann als Teufel bezeichnet und konnte daher als befangen gelten. Der Präsident des Obersten Gerichtshofs, Richter Itzhak Olshan, forderte Halevi deshalb auf, auf sein Recht zu verzichten, die Richter zu berufen und selbst den Vorsitz zu übernehmen. Doch Halevi dachte gar nicht daran, sich diese phantastische Gelegenheit entgehen zu lassen, als vorsitzender Richter den Kasztner-Fall erneut aufzurollen. Schließlich überredete ihn Olshan, einem Kompromiss zuzustimmen. Dazu musste das Gesetz geändert werden, damit ein von Olshan berufener Richter des Obersten Gerichtshofs den Vorsitz führen konnte, während es Halevi weiterhin offen stand, die übrigen Richter zu ernennen – einschließlich, wenn er wollte, sich selbst.[53]

Olshan berief Richter Mosche Landau zum vorsitzenden Richter. Landau war 1912 in Deutschland geboren und hatte dort und an der Universität von London Jura studiert, bevor er 1933 gezwungen gewesen war, nach Palästina auszuwandern. Er wirkte gelegentlich steif und pedantisch, aber seine Genauigkeit und sein Beharren darauf, dass im Gerichtssaal Ordnung und Form eingehalten wurden, trugen entscheidend dazu bei, dass die Integrität des Verfahrens gewahrt blieb. Halevi ernannte sich selbst, wie angekündigt, zum Beisitzer. Er war 51 Jahre alt, ebenfalls in Deutschland geboren und hatte vor der Auswanderung nach Palästina an der Berliner Universität studiert. Zum zweiten Beisitzer berief er den fünfundfünfzigjährigen Jitzchak Raveh, einen Richter vom Jerusalemer Bezirksgericht. Raveh hatte in Berlin und Halle Jura studiert und war in Berlin als Richter tätig gewesen, bis er von den Nationalsozialisten entlassen wurde und ebenfalls nach Palästina emigrierte.[54] In den Augen von Hannah

Arendt repräsentierten diese Männer »bestes deutsches Judentum«.

Als der Tag der Prozesseröffnung näher rückte, geriet Hausner unter außergewöhnlichen politischen Druck. Ben Gurion war nach der anfänglichen Aufregung um die Rechtmäßigkeit von Entführung und Prozess mittlerweile zu der Auffassung gelangt, dass die historischen Ereignisse, die in dem Prozess aufgerollt werden würden, die absolute Notwendigkeit der Existenz eines jüdischen Staates demonstrierten. In flagranter Missachtung der Trennung von Exekutive und Justiz »arbeitete er intensiv an der Formulierung des Prozesskonzepts mit«. So schickte ihm Hausner den Entwurf seines Eröffnungsplädoyers, und Ben Gurion machte umfangreiche Anmerkungen dazu. Er bestärkte Hausner in seinem Entschluss, die gesamte Geschichte zu behandeln, bat aber darum, im Zusammenhang mit den Verhandlungen mit dem NS-Regime über die ungarischen Juden im Jahr 1944 seinen Namen unerwähnt zu lassen. Außerdem milderte er, um Bundeskanzler Konrad Adenauer nicht zu verärgern, kritische Bemerkungen über die Rolle des deutschen Volkes ab. Auch von anderen Regierungsmitgliedern wurde Hausner mit Vorschlägen bombardiert. Dabei tat sich insbesondere Golda Meir hervor, die von Hausner verlangte, die Ähnlichkeit des Schicksals der Juden und der unter kolonialen oder rassistischen Regimen lebenden schwarzafrikanischen Völker hervorzuheben. Außerdem forderte sie Hausner auf, den Alliierten wegen ausgebliebener Rettungsversuche keine Vorwürfe zu machen. Stattdessen sollte er seine Angriffe gegen den Mufti von Jerusalem und jene arabischen Staaten richten, die flüchtigen Nationalsozialisten Unterschlupf gewährten.[55]

Überall auf der Welt sahen Politiker und Öffentlichkeit dem Prozess mit großen Erwartungen entgegen. Eichmann war vor Prozessbeginn ins näher bei Jerusalem gelegene Gefängnis in Ramla gebracht worden, wo er eine eigens umgebaute Zellensuite bezog. Einer der Räume war durch eine schusssichere Glasscheibe geteilt, so dass er sich mit Hilfe eines Mikrofons mit Servatius beraten konnte, ohne dass ein körperlicher Kontakt möglich war. Am 11. April 1961 wurde er früh geweckt und zog sich die Kleider an, die am Abend zuvor für ihn bereitgelegt worden waren – ein weißes Hemd mit einem gestreiften hellblauen Schlips und ein dunkler Anzug. Er hatte sich eine Erkältung zugezogen und schniefte an diesem bedeutenden Tag unentwegt und putzte sich ständig die Nase. Nachdem man ihn unter großen Sicherheitsvorkehrungen aus dem stark bewachten Gefängnis zum Beit Ha'am gefahren hatte, führte man ihn in seine Arrestzelle, und um Punkt neun Uhr eskortierten ihn dann zwei Wachen durch die Tür, die direkt in den Glaskasten im Gerichtssaal führte. »Bei seinem lautlosen Eintritt«, schrieb Hausner später, »hörte man geradezu, wie der dicht gedrängte Gerichtssaal den Atem anhielt.«[56]

Seine normale Erscheinung verblüffte Hausner ebenso wie viele Zuschauer. »Seine Haltung als Gestapoführer war dahin«, bemerkte Hausner, »keinerlei Anzeichen deuteten jetzt noch auf seine teuflische Stärke, und wenig oder nichts auf seine wohl bekannte Verruchtheit, seine Anmaßung und sein Vermögen, Böses zu tun.« Für Moshe Pearlman war die »schiere Gewöhnlichkeit des Mannes« am überraschendsten; der Angeklagte sei »›Herr Durchschnitt‹« gewesen, »in den Fünfzigern, mit sich lichtenden Haaren auf einem kahl werdenden Kopf, an den Seiten grau und offenbar frisch geschnitten, eine dicke Hornbrille auf einer kräftigen Nase, der Mund klein und schmallippig und die blasse Haut seines glatt rasierten Gesichts zerknittert von Sorgen- oder Altersfalten oder von beiden«. Dabei habe man angesichts des Ausmaßes der Verbrechen erwartet, dass »irgendein Ungeheuer« den Gerichtssaal betreten würde. Hausner verspürte eine ähnliche Enttäuschung: Ihm war »beinah zumute, als müsste [er] ihn nach Fangzähnen und Klauen durchsuchen. Denn rein äußerlich deutete wenig auf seine Wesensart hin.« Hannah Arendt bemerkte in einem Brief an Karl Jaspers: »Eichmann, kein Adler, eher ein Gespenst, das noch dazu Schnupfen hat und gleichsam von Minute zu Minute in seinem Glaskasten an Substantialität verliert.«[57]

Simon Wiesenthal hatte solche Reaktionen vorausgesehen. Um dem trügerischen Schein von Eichmanns Nachkriegsverhalten entgegenzuwirken, hatte er empfohlen, ihn zu zwingen, in einer SS-Uniform in den Zeugenstand zu treten. Dieser Rat war allerdings unannehmbar, so dass eine fast mit Händen zu greifende Spannung blieb zwischen Eichmanns absichtlich banaler Fassade und den Anklagen, die Hausner ihm entgegenschleuderte. »[Je] großartiger Herrn Hausners Rhetorik wurde, desto bleicher und gespenstischer wurde die Figur in dem Glaskasten«, beschrieb Hannah Arendt ihren Eindruck. Andere zogen die Schlussfolgerung, »dass die Männer, die Millionen unschuldiger Menschen drangsaliert und vergewaltigt und gefoltert und erschossen und vergast hatten, gewöhnliche Leute waren«.[58]

Auffällig waren sowohl Eichmanns Erscheinung als auch sein Gebaren. Bei der Ankunft im Gerichtssaal nahm er sein Taschentuch heraus und wischte den Tisch ab. Dann ordnete er Papiere, Bücher und Stifte seinen Vorstellungen gemäß. Das Publikum schien er überhaupt nicht wahrzunehmen, und Gefühle zeigte er fast nie. »Tag für Tag«, beobachtete Martha Gellhorn, »lehnt er sich ausdruckslos auf seinem Stuhl zurück und hört den Aussagen von Frauen und Männern zu, denen er Qualen zugefügt hat. Für gewöhnlich scheinen ihn ihre Worte zu langweilen; nur manchmal ist ein irritiertes Zucken oder ein Stirnrunzeln zu sehen. Wach wird er nur, wenn Dokumente als Beweisstücke eingebracht werden, wenn er die Stapel von Ordnern auf seinem Tisch umschichten, sortieren, nach einem Papier suchen, Notizen machen kann.« Wie viele andere Journalisten schrieb Gellhorn dies der vertrockneten Weltsicht eines »Bürokraten bei seiner auserwählten Aufgabe« zu.[59]

Hannah Arendt baute auf dieses Verhalten ein ganzes philosophisches Gebäude auf. Doch Eichmanns uninteressierte Pose war Teil seiner Verteidigungsstrategie: Er musste jede Äußerung eines aufbrausenden Temperaments vermeiden, um nicht die Ansicht zu rechtfertigen, er wäre seiner Arbeit mit Leidenschaft nachgegangen. Außerdem passte die eingeübte Gleichgültigkeit zu seinem Verhalten in den Monaten der Verhöre, in denen er geradezu besessen auf Sauberkeit und Ordnung geachtet hatte. Gegen den Aufruhr der Gefühle in seiner Umgebung schien er immun oder unempfindlich zu sein. In diesem Sinn war er in der Tat »gespenstisch«: Er machte den Eindruck eines Menschen, dessen Gefühle abgestorben oder zutiefst unterdrückt waren. Was für ihn zählte, war Ordnung, und er reagierte gereizt, wenn dieser bevorzugte Zustand in irgendeiner Weise gestört wurde.

Richter Landau verlas die Anklageschrift und fragte Eichmann, ob er sie verstanden habe. »Jawohl«, antwortete Eichmann. Servatius legte sofort Einspruch ein. Zum Entsetzen und Unmut der mit juristischen Gepflogenheiten nicht vertrauten Zuschauer bezweifelte er die Rechtsgrundlage des Verfahrens. Als Juden und Israelis könnten die Richter nicht unvoreingenommen sein, erklärte er und griff die Forderung auf, den Fall vor einem internationalen Gerichtshof zu verhandeln. Dem Bezirksstaatsanwalt von Jerusalem fehle die Zuständigkeit: Das israelische Gesetz zur Bestrafung von Nationalsozialisten und ihren Helfern widerspreche dem Völkerrecht. Weder der Angeklagte noch die mutmaßlichen Opfer seien zum Zeitpunkt der vorgeblichen Verbrechen Bürger Israels gewesen. Damals habe der Staat Israel noch nicht einmal existiert. Ein fairer Prozess sei hier unmöglich. Der Staat Israel habe ein »politisches Interesse« an dessen Ausgang und sei ein ungeeigneter Verhandlungsort, da wichtige Zeugen aus Furcht vor Verhaftung nicht aufgerufen werden könnten. Darüber hinaus stellte Servatius die Prinzipien des Nürnberger Tribunals, wie sie im israelischen Rechtswesen verkörpert waren, in Frage. Der Gerichtshof in Nürnberg habe auf der Grundlage rückwirkender Gesetze, die zuvor nicht inkriminierte Handlungen zu Verbrechen erklärt hätten, Siegerjustiz geübt. Im Übrigen habe Eichmann Staatshandlungen vollzogen, für die nicht der Einzelne, der sie durchgeführt habe, sondern der Staat verantwortlich gewesen sei. Aber ein Staat könne nicht einem anderen Staat den Prozess machen. Eichmann könne daher nicht für etwas angeklagt werden, was Deutschland getan habe. Zudem zahle Westdeutschland Wiedergutmachungsleistungen an Israel, womit das Kapitel der alten Verbrechen abgeschlossen sei. Zudem könne man angesichts der Presseberichte nicht hoffen, dass sein Mandant angemessen angehört werde. Entgegen dem von den Zeitungen entworfenen Bild habe er nicht zur Führung gehört, sondern sei lediglich eine untergeordnete Figur gewesen, ein Befehlsempfänger. Sein Mandant widerrufe die Erklärung, durch die er sich angeblich der israelischen Gerichtsbarkeit übergeben habe; er sei unter Zwang und auf illegale Weise vor Gericht gebracht worden. Aufgrund dessen beantrage er die Einstellung des Verfahrens.[60]

Der Fehdehandschuh war geworfen, und Hausner musste ihn aufheben. Leider brauchte er zweieinhalb Verhandlungstage, um die Argumente der Verteidigung Punkt für Punkt zu widerlegen, während Servatius nur rund eine Stunde gesprochen hatte. Der Öffentlichkeit war nicht mitgeteilt worden, dass er, entgegen der üblichen Vorgehensweise, einen hundertseitigen Schriftsatz hatte einreichen dürfen, in dem er ausführlich auf seine Rechtsquellen einging. Deshalb hatte er sich im mündlichen Vortrag auf die Grundaussagen beschränken können. Und während sich Servatius ausschließlich an das Gericht gewandt hatte, meinte Hausner, dass er zu einem weltweiten Publikum sprechen müsse. Er war entschlossen, die Argumente sowohl gegen die israelische Jurisdiktion als auch gegen die Nürnberger Prinzipien ein für alle Mal zu widerlegen. Sein Auftritt wirkte jedoch lähmend. So beklagte sich die israelische Zeitung *Jediot Ahronot:* »Hausners Beweisführung wäre geeignet, wie die Fachleute versichern, auf Universitäten studiert zu werden. Aber ist dies die richtige Art, diesen Prozess zu eröffnen?« Warum sei er so defensiv aufgetreten? »Seine Spezialität ist offenbar, Höhepunkte abzutöten. Haben wir es nötig, einen Fall aus Idaho anzuführen, um zu beweisen, dass wir berechtigt sind, Eichmann vor Gericht zu stellen?« Am Ende des zweiten Tages notierte der holländische Journalist Harry Mulisch, dass der Saal inzwischen »halb leer« sei. Sogar Richter Landau drängte Hausner irgendwann, zum Ende zu kommen.[61]

Hausner begann mit dem Hinweis, dass der UN-Sicherheitsrat empfohlen habe, Eichmann vor Gericht zu stellen, und fügte sarkastisch hinzu, dass sich niemand sonst um diese Aufgabe beworben habe. Die Behauptung, Israel sei kein geeigneter Ort für den Prozess, wies er entschieden zurück. Die Richter seien durchaus qualifiziert und in keiner Weise voreingenommen; Richter würden ständig Fälle verhandeln, bei denen ihre Empfindungen als Mensch und Staatsbürger revoltieren würden. Was die Zeugen der Verteidigung angehe, die das Land nicht betreten könnten, so bestehe die Möglichkeit, im Ausland eidesstattliche Erklärungen abzugeben. Anschließend bewies Hausner mit Hilfe scheinbar endloser Verweise auf Präzedenzfälle und Rechtsauffassungen aus der Geschichte, dass es keine Rolle spiele, auf welche Weise Eichmann vor die Schranken des Gerichts gelangt sei. Das Gesetz, nach dem er angeklagt werde, sei uneingeschränkt gültig und beruhe auf den allgemein anerkannten Prinzipien des Völkerrechts für die extraterritoriale Jurisdiktion über Verbrechen wie Völkermord. Israel habe das Recht, Eichmann vor Gericht zu stellen, weil die meisten seiner Opfer Juden gewesen seien. Zum Tatzeitpunkt habe es den Staat Israel zwar noch nicht gegeben, aber er habe während des Krieges bereits als »politischer Kern« existiert. Schließlich bestritt er unter Verweis auf die im Nürnberger Prozess angeführte Begründung das Verteidigungsargument, der Staat, nicht der Angeklagte sei schuldig.[62]

Nach einer kurzen Replik von Servatius zogen sich die Richter zur Beratung zurück. Am 17. April verkündeten sie die Ablehnung des von Servatius gestellten Antrags und setzten die Verhandlung fort. Landau nahm die Befragung des Angeklagten wieder auf und verlangte zu jedem der 15 Anklagepunkte seine Stellungnahme. Eichmann gab jedes Mal die gleiche Antwort: »Im Sinne der Anklage nicht schuldig.« Damit meinte er, dass er zwar die moralische, nicht aber die juristische Schuld anerkenne.[63]

Als der Generalstaatsanwalt sich zu seinem Eröffnungsplädoyer erhob, konnte er das Gewicht der Verantwortung förmlich spüren: »Nachdem die einleitenden verfahrensrechtlichen Punkte erledigt waren, hatte ich die Tatsachen der Vernichtung vorzulegen, Eichmanns Rolle bei dieser Vernichtung festzustellen und zu beweisen, dass er zu den Herren und Herrschern des Systems gehörte und nicht der unbedeutende Handlanger war, der er gewesen zu sein vorgab.« Seine Rede war bereits, in vier Sprachen übersetzt, gedruckt und am Tag zuvor an die Presse verteilt worden, aber er war mit dem Anfang nicht zufrieden gewesen und hatte bis in die Nacht hinein nach einem dramatischeren Beginn gesucht.[64] Er hatte ihn schließlich gefunden, indem er sich zum Sprecher von sechs Millionen Anklägern machte und auf einen einzigen Täter konzentrierte. In der gesamten Geschichte des Antisemitismus, erklärte er, habe es zuvor niemanden wie Hitler und Eichmann, den Ausführenden der »Endlösung«, gegeben. Der Angeklagte repräsentiere einen neuen Typ von Mörder, der seine Verbrechen von einem Schreibtisch aus begehe: »Eichmanns Wort setzte die Vergasungszellen in Gang, sein Telefonanruf brachte die Eisenbahnzüge nach den Vernichtungslagern ins Rollen, seine Unterschrift bedeutete das Todesurteil für Tausende und Zehntausende.« Eichmann habe sich selbst als Angestellten des Massenmordes beschrieben: »Für ihn bedeutet der Ausrottungsbeschluss ein Stück Papier, dessen Inhalt es auszuführen gilt. Aber er selbst ist es, der diesen Inhalt geplant, der seine Ausführung betrieben, organisiert und der andere angewiesen hat, ein Meer von Blut zu vergießen [...].« Deshalb sei er »schuldig, als ob er selbst die Peitsche geführt und die Opfer in die Vergasungsanstalten getrieben, sie durch Schüsse in den Nacken getötet und in die vorbereiteten offenen Gräber geworfen hätte«. Zusammen mit seinen Komplizen – Hausner wies stets darauf hin, dass er nicht allein gehandelt hatte – war er juristisch und moralisch schuldig an dem neuen, »beispiellosen« Verbrechen des Völkermords.

In den folgenden acht Stunden erläuterte Hausner die Anklage. Ein großer Teil des Plädoyers war der Geschichte des Antisemitismus, speziell in Deutschland, dem Aufstieg der Nationalsozialisten, der Entwicklung von SS, SD, Gestapo und RSHA gewidmet. Dabei betonte er ein ums andere Mal die Einzigartigkeit Eichmanns: »Nur einen gibt es, dessen Hand fast ausschließlich gegen die Juden erhoben war, der die Juden und ihre Vertilgung zu seinem Geschäft gemacht hatte, dessen Anteil am Reiche des Bösen sich in der Hauptsache auf den jüdischen Kreis beschränkte. Das war Adolf Eichmann.« Hausner schilderte das Leben und die Laufbahn Eichmanns als eine gerade Linie von der Jungfrontkämpfer-Vereinigung zur SS. Der Generalstaatsanwalt erweckte den Anschein, als sei Eichmann dank seines Weitblicks und Eifers auf einem Gebiet, das für die Nationalsozialisten von zentraler Bedeutung war, im SD mühelos aufgestiegen, bis er schließlich 1940 in Polen eintraf. Laut Hausner hatte Eichmann 1941 seine Macht mittels der in jedem Polizeipräsidium vorhandenen Judenreferate auf ganz Deutschland ausgedehnt, mittels der Einsatzgruppen auf Russland und den Osten und mittels Abgesandter des Referats IV B 4 auf jedes andere besetzte oder verbündete Land, in dem ein solcher Berater tätig war. Im Januar 1942 sei er zu »Heydrichs Sonderbevollmächtigtem zur Lösung der Judenfrage« und zum »offiziellen Vollstrecker des Vernichtungsplanes« geworden. »Er herrschte über Ghettos und Vernichtungslager«, so Hausner, »er nahm eine Sonderstellung im RSHA ein. Über den Kopf seiner Vorgesetzten hinweg stand er in direkter Verbindung mit Himmler. Sein anscheinend bescheidener Rang als Leiter einer Unterabteilung entsprach nicht seiner Stellung.« Von Heydrich und Himmler bevollmächtigt, habe er persönlich mit deutschen Ministern, ausländischen Regierungschefs und Armeekommandeuren verhandelt. Er habe Ranghöheren Befehle erteilen können. Das Gefühl seiner eigenen Bedeutung sei derart gewesen, dass er sich im Dezember 1944 sogar Himmler widersetzt habe.

Danach charakterisierte Hausner Eichmann anhand der Aussagen von Wisliceny, Höß und Kurt Becher, um das Ausmaß seines Fanatismus, seiner Rücksichtslosigkeit und seines Judenhasses nachzuweisen. Daran hatte sich, laut Hausner, auch nach dem Ende des NS-Regimes nichts geändert: »Er bereute nicht; er ist noch der Ansicht, dass er mit der Vernichtung jener Millionen etwas Gutes und Richtiges getan hat.«

Hausner teilte die NS-Politik gegenüber den Juden in drei Phasen ein: Auswanderung, territoriale Lösung und Vernichtung. Eichmann sei »für das Exekutivorgan der verschiedenen Vernichtungsprojekte verantwortlich« gewesen, die Hausner anschließend im Einzelnen beschrieb. Den Beginn der Vernichtung datierte er auf den Juni 1941, fügte aber den entscheidenden Zusatz hinzu, dass eine »ausdrückliche Äußerung in dem betreffenden Sinne bereits 1939 gefallen« sei. Mit der »langfristigen Lösung der Judenfrage«, von der Heydrich in seinen Anweisungen vom 21. September 1939 gesprochen habe, sei »ohne jeden Zweifel regelrechte Vernichtung« gemeint gewesen. Görings Schreiben an Heydrich vom 31. Juli 1941 sei das amtliche Startsignal für den Völkermord gewesen. Dessen Planung und Ausführung habe Heydrich einem »grausamen und fanatischen Menschen« übertragen, einem Menschen »voll Hass und Bosheit – diesem Eichmann hier«. Zwischen Juli und Oktober 1941 habe Eichmann die Vorbereitungen für den Übergang von der Politik der Auswanderung zum Völkermord getroffen. Dabei habe es Probleme und interministerielle Streitigkeiten gegeben. Deshalb habe Eichmann vorgeschlagen, »eine Zusammenkunft der für die Durchführung des Mordplans in Frage kommenden zentralen höheren Beamtenschaft anzuberaumen. Heydrich kam diesem Vorschlag nach.« Damit hatte Hausner Eichmann zur treibenden Kraft und zum Ausrichter der Wannsee-Konferenz gemacht.

Der Ankläger erwähnte zwar die merkwürdige Befehlskette in der NS-Hierarchie, betonte aber, dass sie einem nicht den Blick für Eichmanns Position als Herr über sämtliche Aspekte der »Endlösung« verstellen dürfe. Er führte Beispiele für konkrete Interventionen Eichmanns an, etwa seine Bemühungen, die Auswanderung nach Palästina zu unterbinden, und seine Kontakte zum Großmufti von Jerusalem. Anschließend wandte er sich den einzelnen Ländern zu, mit denen Eichmann hinsichtlich der Durchführung der antijüdischen Politik in Verbindung gebracht werden konnte. Hausner warf Eichmann vor, sowohl für die Zustände in den polnischen Ghettos und die Deportationen in die Todeslager als auch für die von den Einsatzgruppen in Russland verübten Massaker verantwortlich gewesen zu sein: »Die Judenfrage im Ostgebiet, so entschied Eichmann, wird nicht *nach* dem Kriege, sondern noch während des Krieges, und zwar sofort gelöst.« Dieselbe einzigartige dominierende Rolle Eichmanns entdeckte der Generalstaatsanwalt in Westeuropa und auf dem Balkan. Ungarn war ein eigenes Kapitel seines Plädoyers gewidmet. Danach wandte er sich den Konzentrations- und Todeslagern zu, in denen Eichmann »maßgebend« gewesen sei »für alles, was die Juden betraf«. In der nachfolgenden ausführlichen Beschreibung der Todeslager kam Eichmanns Name dann jedoch kaum einmal vor.[65]

Hausner hatte einen furiosen Auftritt hingelegt, der den drögen Beginn vergessen ließ. In gewisser Hinsicht jedoch setzte er den Prozess auf das falsche Gleis, wie Hannah Arendt beißend anmerkte: »Ganz abgesehen von der Geschichtsklitterung und der billigen Rhetorik dieser Interpretationen, vertrugen sie sich ganz und gar nicht damit, Eichmann in den Mittelpunkt der Verhandlungen zu stellen, weil aus ihnen ja eigentlich folgte, dass er nichts weiter war als der ›unschuldige‹ Vollstrecker irgendeines geheimnisvollen vorausbestimmten Geschicks bzw.

das historisch notwendige Ausführungsinstrument des ewigen Judenhasses [...].«[66] Noch problematischer war, dass Hausner Eichmann nicht nur zur Zentralfigur des Völkermords gemacht hatte, sondern auch zu dessen Hauptinitiator.

Es folgte die Beweisaufnahme. Sie dauerte 56 Tage mit täglich zwei Sitzungen, nur freitags fand lediglich eine statt, und am Sabbat und Sonntag pausierte man. Neben der Verlesung und Erwähnung von Hunderten von Dokumenten sollten insgesamt 112 Zeugen aussagen. Als Erste rief Hausner Mitglieder des Polizeiteams auf, die erklärten, wie die Dokumente beschafft worden waren, und ihre Echtheit bestätigten. Danach trat Avner Less in den Zeugenstand, um über Eichmanns Verhöre auszusagen. Dabei wurden Auszüge aus den Tonbandmitschnitten abgespielt, um dem Publikum und der Welt einen ersten Eindruck von Eichmanns Stimme zu vermitteln.[67]

Außerdem führte Hausner Eichmann betreffende Artikel aus den Zeitschriften *Stern* und *Life* als Beweismittel ein. Willem Sassen hatte in ihnen die Interviews verarbeitet, die er in Argentinien mit Eichmann geführt hatte. Sie wurden zugelassen, obwohl Richter Halevi Bedenken wegen ihrer Herkunft und insbesondere wegen der in ihnen erwähnten Randbemerkungen aus Eichmanns Büchern hatte. Die Artikel belasteten Eichmann schwer, und Servatius legte Einspruch ein, weil sie die Untersuchung präjudizieren würden. Auch sei ihre Authentizität fraglich, da sie, wie sein Mandant zu bedenken gebe, »von einem gewissen Bekannten in einer verstümmelten Form veröffentlicht« worden seien. In der Vernehmung von Avner Less erkundigte er sich, ob Less aus den Artikeln oder in den Verhören von Eichmanns Reise nach Minsk erfahren habe. Er zog die Gültigkeit der Verhöre insgesamt in Zweifel, indem er fragte, ob Eichmann unter Druck gesetzt worden sei, vor Beginn der formellen Befragung zu reden. Less antwortete, dass Eichmann freiwillig ausgesagt und aus freien Stücken über die Massenerschießung während seines Besuchs in Minsk gesprochen habe.[68]

Als ersten Experten rief die Staatsanwaltschaft Salo Baron, seit 1930 Professor für jüdische Geschichte an der Columbia University, in den Zeugenstand. Baron hielt in klassischem Hebräisch einen weit ausholenden Vortrag über das jüdische Leben vor der NS-Katastrophe. Eichmann schien hingerissen zuzuhören.[69] Weniger erfreut dürfte er über die Dokumente gewesen sein, die Hausner anschließend vorlegte. Sie stammten aus seiner SS-Personalakte und umfassten seinen Antrag auf Finanzierung von Hebräischunterricht bei einem Rabbi, Beförderungsempfehlungen, die seinen Arbeitseifer hervorhoben, und eine Aufstellung seiner Auszeichnungen für gute Arbeit, Tapferkeit und Eigeninitiative.[70]

Als Nächstes führte Hausner Wislicenys Verhör vom November 1945 als Beweismittel ein. Unter normalen Verfahrensregeln wäre es als mittelbarer Beweis unzulässig gewesen, aber das Gesetz zur Bestrafung von Nationalsozialisten und NS-Kollaborateuren erlaubte beträchtliche Abweichungen von der üblichen Praxis. Trotz des Einspruchs von Servatius, dass Wisliceny ein unzuverlässiger Zeuge gewesen sei, wurde die für Eichmann belastende Aussage verlesen. Sie enthielt Wislicenys Darstellung darüber, wie er von dem Befehl zum Massenmord an den Juden erfuhr, und seine Erinnerung an Eichmanns geringschätzige Reaktion, als er Bedenken geäußert hatte. Danach bat Hausner das Gericht, eine zweite Aussage Wislicenys, die er zu einem späteren Zeitpunkt ebenfalls in Bratislava gemacht hatte, einbringen zu dürfen. Erneut erhob Servatius Einspruch gegen die Zulassung des Dokuments eines Verstorbenen, zumal es Ereignisse betraf, die geraume Zeit zurücklagen. Aber auch dieser Einspruch wurde abgelehnt.[71] Servatius und Eichmann mussten erfahren, dass das Gericht bei der Zulassung von Beweismitteln überaus großzügig vorzugehen gedachte. Da war es nur ein kleiner Trost, dass die Richter beteuerten, sie würden den Wert solcher Beweise sorgfältig abwägen.

Dann wurden die Ereignisse in Deutschland und Österreich in den Jahren 1938 und 1939 behandelt. Hausner rief mit Unterstützung Bar-Ors einen Zeugen nach dem anderen auf, welche die Auswirkungen der NS-Verfolgung schilderten. Einige von ihnen waren mehrfach mit Eichmann zusammengetroffen, wie Benno Cohn, Aharon Lindenstrauss, Moritz Fleischmann und Franz Meyer. Während Meyer Eichmanns durch »keinerlei persönliche Verbindlichkeit« ausgezeichnetes, aber »korrektes« Verhalten bezeugte, beschrieben Lindenstrauss und Cohn einen bösartigen Antisemiten, der zu gewalttätigen Wutausbrüchen neigte.[72]

Zwischen den Zeugenbefragungen präsentierten Hausner und Bar-Or nicht minder belastendes Dokumentenmaterial. Sie begannen mit Höß' Aussage, der zufolge ihm Himmler im Sommer 1941 einen Besuch Eichmanns angekündigt hätte, bei dem dieser ihn über die geplante Vernichtung der Juden instruieren solle. Laut Höß hatte Eichmann beschlossen, nach einem wirksameren Giftgas zu suchen. Bar-Or führte ferner Dokumente über Eichmanns Palästinareise ein, verschwieg aber, dass die Einladung von Feivel Polkes, einem Agenten der Hagana, gekommen war. Ebenso wenig erwähnte er, dass Eichmann hinterher freundliche Beziehungen zu in Europa tätigen jüdischen Aktivisten aus Palästina unterhalten hatte.[73]

Richter Landau verfolgte mit zunehmender Sorge, wie viel Zeit die Präsentation der Dokumente und die Zeugenbefragungen in Anspruch nahmen. Am 27. April forderte er Hausner nachdrücklich auf, die Verhandlung zu beschleunigen, indem er Dokumente knapper zusammenfasse, Zeugenaussagen abkürze und generell Wiederholungen vermeide. Ungeachtet dessen begann der Generalstaatsanwalt, Beweise über die Ereignisse in der Tschechoslowakei im Jahr 1939 und das Nisko-Projekt vorzulegen. Außerdem verkomplizierte er den Fall zusätzlich, indem er nachzuweisen versuchte, dass es 1939/40 eine Verschwörung zur totalen Vernichtung der Juden gegeben habe, auch wenn »die Deutschen, jedenfalls gewisse Kreise, noch mit dem Gedanken einer territorialen Lösung, z. B. nach Madagaskar, vielleicht Guinea, [...] vielleicht Nisko« gespielt hätten. Eine Reihe von Zeugen berichtete über die entsetzlichen Lebensumstände der polnischen Juden in den Jahren 1939/40, die ersten antijüdischen Gewalttätigkeiten und die furchtbare Zwangsarbeit, zu der Juden herangezogen worden waren. Eichmann war aber anscheinend in keine dieser Gräuel direkt verwickelt gewesen.[74]

Bis zu diesem Zeitpunkt hatte Servatius keinen der Zeugen ins Kreuzverhör genommen, und zwar aus zwei Gründen: Zum einen hatte er nicht die Absicht, die Tatsachen der nationalsozialistischen Judenverfolgung und der Vernichtungskampagne zu bestreiten, und zum anderen wollte er das Gericht nicht unnötig gegen sich aufbringen, indem er Holocaustüberlebende einer strengen Befragung unterzog. Seine Strategie bestand lediglich darin, seinen Mandanten von dieser entsetzlichen Chronik abzuheben. Dementsprechend beschränkte er seine Interventionen auf Augenzeugen, die Eichmann direkt mit ihr in Verbindung brachten, sowie auf Zeugen, deren Aussage gegen ihn verwendet werden konnte. Dennoch war er nicht bereit, Hausner allein die Bühne zu überlassen. Als dieser am 1. Mai 1961 Leon Wells aufrief, einen Überlebenden der jüdischen Gemeinde von Lwow, der Erinnerungen an seine Zeit im gespenstischen Janowska-Lager und in Blobels Sonderkommando 1005 veröffentlicht hatte, legte er Einspruch ein, weil die Aussagen des Zeugen zwar »von großer Bedeutung für die Feststellung der geschichtlichen Wahrheit und der geschichtlichen Vorgänge« seien, aber für das Gerichtsverfahren »bisher unerheblich« gewesen seien, »da sie mit der Verantwortung des Angeklagten in keinen Zusammenhang zu bringen waren«. Darüber hinaus wiederhole der Zeuge, was bereits in dokumentarischer Form verfügbar und vorgelegt worden sei, weshalb »die weitere Vernehmung des Zeugen als unerheblich zurückgewiesen werden soll«. Der Zeuge könne offenbar keine Verbindung zwischen dem Kommando 1005 und Eichmann herstellen. Der Schlag hatte gesessen. Hausner war gezwungen, sein Vorgehen zu rechtfertigen.[75]

Obwohl Servatius' Einspruch den Verlauf des Prozesses nicht änderte, hatte er doch dessen versteckte Funktion offen gelegt. Die Richter hatten ihn gut verstanden. In ihrer Entscheidung über den Einspruch erklärten sie zwar die Aussage für relevant, allerdings in einem gewissen Rahmen und nur bei angemessener Strukturierung. Die Frage, die es zu klären gelte, sei die persönliche Verantwortung des Angeklagten. Der Generalstaatsanwalt müsse beweisen, dass die Taten begangen worden seien und dass Eichmann für sie verantwortlich sei. Hausner hatte indessen nicht die Absicht, seine Zeugen zu zügeln und ihre Aussagen auf Gebiete zu beschränken, die direkt mit Eichmanns Tätigkeit in Verbindung standen.[76]

Servatius zweifelte die Aussagen der Überlebenden von Lodz, Lwow oder Przemysl nicht an, griff aber bei den wenigen Chancen, die Anklage zu schwächen, augenblicklich ein. An vielen

Dokumenten war offensichtlich nicht zu rütteln, wie beispielsweise an Höppners Brief vom 16. Juli 1941, in dem er Eichmann eine »humanere« Methode vorschlug, die Juden aus dem Ghetto von Lodz loszuwerden; oder an einem Briefentwurf Wetzels, in dem er Eichmanns Zustimmung zur Verwendung von Gaswagen im Baltikum anführte. Bei anderen hingegen war der Zusammenhang mit Eichmann eher dürftig. In solchen Fällen intervenierte Servatius entschieden und versuchte, die gesamte Anklagekonstruktion in Misskredit zu bringen. Einen kleinen Erfolg erzielte er etwa, als die Anklage Hans Franks Diensttagebuch als Beweismittel einführte. Vorgelegt wurde es von Richter Uriel Carmel, der es eingehend studiert hatte. Als Servatius ihn fragte: »Hat man den Namen des Angeklagten Adolf Eichmann in diesen 20 Bänden genannt?«, antwortete er: »Der Name Adolf Eichmann ist nicht genannt.«[77]

Servatius überließ es darüber hinaus klugerweise den Richtern, die Relevanz von Aussagen über das Warschauer Ghetto und den dortigen Aufstand in Frage zu stellen. Richter Landau erinnerte den Generalstaatsanwalt eindringlich an ihren früheren Wortwechsel und die Vereinbarung, dass die Anklage die Entscheidung der Verteidigung honorieren werde, Hintergrundzeugen nicht ins Kreuzverhör zu nehmen, solange diese sich auf Dinge beschränkten, die in direktem Zusammenhang mit den gegen Eichmann erhobenen Anklagen standen. Hausner gab sich zunächst einsichtig, ignorierte dann aber die Mahnung. Die Folge war, dass Landau ihm während des gesamten restlichen Verfahrens zusetzte. Er unterbrach die Zeugen so freundlich wie möglich, nahm aber auf Hausners Gefühle keine Rücksicht mehr. Währenddessen saß Eichmann in seinem Glaskasten und verfolgte ausdruckslos, wie ein Zeuge nach dem anderen die Gräueltaten und Tragödien in den Ghettos und Lagern in Polen, die Geschehnisse während der Ghettoaufstände und den Heldenmut der Partisanen bezeugte.[78]

Auch Servatius schwieg während solcher Prozessphasen, war aber nicht untätig – genauso wenig wie Eichmann. Außerhalb des Gerichtssaals kamen sie regelmäßig im Gefängnis in Ramla zusammen, um die Verteidigung zu besprechen, Dokumente zu prüfen und auszuwählen sowie potentielle Zeugen der Verteidigung zu benennen. Außerdem bereiteten sie die Angriffe auf Zeugen der Anklage aus den Reihen ehemaliger Nationalsozialisten vor. Als Hausner das Gericht bat, die Nürnberger Aussagen von Wilhelm Höttl, Walter Huppenkothen und Eberhard von Thadden als Beweismittel zuzulassen, erhob Servatius Einspruch. Diese Männer, erklärte er, seien noch am Leben und könnten daher sowohl von der Anklage als auch von der Verteidigung direkt vernommen werden. Darauf erwiderte Hausner, dass er als Generalstaatsanwalt verpflichtet wäre, sie festnehmen zu lassen, sobald sie israelischen Boden beträten. Man könne ihnen keine Immunität gewähren. Das Gericht beschloss, die Affidavits von 1946 zuzulassen, forderte die Zeugen aber auf, persönlich zu erscheinen. Nach einigem juristischen Hin und Her sowie Konsultationen mit dem israelischen Kabinett willigte Hausner schließlich ein, Höttl und Huppenkothen, ungeachtet dessen, was sie vor Gericht aussagen würden, unbehelligt ein- und ausreisen zu lassen. Wie kaum anders zu erwarten gewesen war, weigerten sich die Zeugen dennoch, in Jerusalem zu erscheinen. Servatius musste sie bitten, im Ausland unter lokaler Jurisdiktion eidesstattliche Erklärungen abzugeben, die in Israel als zulässig anerkannt werden würden.[79]

Vor dem gleichen Hindernis stand Servatius bei der Bestellung von Zeugen der Verteidigung. Das Gericht entschied, im Ausland beeidigte Affidavits zuzulassen, sofern Vertreter beider Seiten das Recht erhielten, bei ihrer Aufnahme zugegen zu sein. Hausner und Servatius arbeiteten daraufhin Fragen aus, welche die Zeugen vor örtlichen Justizstellen unter Eid beantworten sollten. Servatius organisierte auf diese Weise Aussagen von Franz Six, Maximilian Merten, Hermann Krumey (der in Österreich in Untersuchungshaft war), Franz Novak, Otto Winkelmann, Edmund Veesenmayer, Erich von dem Bach-Zelewski, Herbert Kappler und Franz Slawik. Mit der Ausführung beauftragte er seinen Assistenten Wechtenbruch, der deshalb mehrmals für längere Zeit nicht im Gerichtssaal anwesend war, so dass Servatius und Eichmann allein zurechtkommen mussten.[80]

Die Verhandlung wandte sich der Vernichtung der westeuropäischen Juden zu. »Wir werden es erweisen«, erklärte Gabriel Bach dazu, »dass der Angeklagte der Verantwortliche für jedes

Stadium und jeden Abschnitt der Aktion ist.« Neue Aktenberge wurden eingeführt, sehr zum Unmut der Richter, und weitere Zeugen befragt, darunter George Wellers. Sie hatten herzergreifende Geschichten über die Deportationen aus Frankreich, Belgien, den Niederlanden, Dänemark, Norwegen und Italien zu erzählen. Servatius griff nur selten ein, außer, um gelegentlich gegen die Verwendung von Affidavits früherer Nationalsozialisten, die zu den Deportationen vernommen worden waren, Einspruch zu erheben. Er argumentierte, solche selbst belasteten Zeugen würden von sich selbst ablenken, indem sie Eichmann die Schuld zuschöben.[81]

Servatius wählte die Momente, in denen er seine juristischen Fähigkeiten einsetzte, sorgfältig aus. So protestierte er energisch, als die Anklage Richter Michael Musmanno aufrief, der berichten sollte, was er von den in Nürnberg Angeklagten über Eichmann gehört hatte. Musmanno hatte im Zuge der Untersuchung über das Schicksal von Adolf Hitler Göring, Ribbentrop, Kaltenbrunner und Hans Frank befragt. Später war er in den von den Amerikanern durchgeführten Kriegsverbrecherverfahren als Richter tätig gewesen und hatte im Einsatzgruppenprozess den Vorsitz innegehabt. Servatius wandte nun ein, dass ein Richter nicht als Zeuge für Angelegenheiten aussagen sollte, über die er selbst Urteile gesprochen habe. Im Übrigen könne er sowieso nur Aussagen über Äußerungen Dritter machen. Das Gericht müsse selbst zu einer Meinung darüber gelangen, ob Eichmann bestimmte Taten begangen habe, und dürfe sich nicht darauf verlassen, was ein Richter oder sonst irgendjemand in der Vergangenheit darüber gesagt habe. Nachdem das Gericht sich beraten hatte, ließ es Musmannos Aussage zu, der daraufhin zu Protokoll gab, dass Göring, Ribbentrop, Kaltenbrunner und Frank allesamt Eichmann belastet hätten. Außerdem habe Walter Schellenberg ihm gesagt, dass Eichmann die Leiter der Einsatzkommandos ausgewählt und »die Verordnungen und Bestimmungen der Einsatzgruppen« erlassen habe. Servatius unterzog Musmanno einem scharfen Kreuzverhör, das zwei Stunden dauerte. Er zwang ihn zuzugeben, dass Eichmanns Name im Urteil des Einsatzgruppenprozesses nicht ein einziges Mal erwähnt worden war, dass Müller die Befehle an die Einsatzgruppen ausgegeben hatte und dass diese unter dem Oberbefehl von Heydrich operiert hatten. Darüber hinaus entlarvte Servatius mit großem Geschick viele andere Aussagen Musmannos als tendenziös und aus zweiter Hand stammend.[82]

Ähnlich wirkungsvoll war Servatius' Kreuzverhör von Professor Gustave M. Gilbert, der später als Sachverständiger aufgerufen wurde. Gilbert, ein in Deutschland geborener Psychologe, hatte für den Nürnberger Gerichtshof psychologische Gutachten über die Angeklagten angefertigt. In Jerusalem musste er eingestehen, dass Eichmann in den Gesprächen mit den damals angeklagten NS-Größen fast gar nicht erwähnt worden sei: »Die Hauptnaziverbrecher hielten nicht sehr viel von ihm, und ich hatte damals Grund, annehmen zu dürfen, dass er tot war.« Nur Höß habe Eichmann als denjenigen benannt, der für die Anlieferung der Juden verantwortlich gewesen sei, die Anweisungen für ihre Behandlung gegeben und über die Zahlen der Deportierten und Getöteten Buch geführt habe.[83] Das aber war bestenfalls Hörensagen, und nach Servatius' Ansicht wies Gilberts Aussage noch mehr Mängel auf. Denn, so fragte er, könne man Höß als zuverlässigen Zeugen betrachten? Habe Gilbert eine juristische oder eine psychologische Meinung geäußert? Und hätten die Angeklagten in Nürnberg sich nicht verschworen, Eichmann die ganze Schuld zuzuschieben? Gilbert erwiderte, dass nicht alle Eichmann belastet hätten; dessen Name sei vielmehr erst nach und nach hervorgetreten. Und Höß, der mit der Todesstrafe hätte rechnen müssen, habe keinen Grund gehabt zu lügen. Doch Servatius hatte sein Ziel erreicht: Gilberts Aussage war erschüttert.[84]

Den Auftritt eines anderen sachverständigen Zeugen der Anklage, Professor Hans Günther Serafim, konnte Servatius verhindern. Serafim hatte in westdeutschen Gerichtsverfahren über die Möglichkeit ausgesagt, als SS-Mann verbrecherische Befehle zu verweigern. Da er sich jedoch mit den Einsatzgruppen beschäftigt hatte, wandte Servatius ein, dass Serafims Untersuchung in Bezug auf Eichmann irrelevant sei, da dem Angeklagten »ja nicht die Teilnahme an Erschießungskommandos vorgeworfen« werde, »sondern die Tätigkeit in einem bürokratischen Apparat, wo die Sachlage eine ganz andere ist, wo er eingeflochten ist in die höchsten Dienststellen«, die auf ihn eingewirkt hätten, »im Gegensatz zu einem Erschießungskommando, das nur einen kleinen Vorgesetzten über sich hat«. Die Richter gaben dem Einspruch statt, allerdings nicht aus den von Servatius vorgebrachten Gründen. Nach ihrer Ansicht war es ihre Aufgabe, und nicht die eines Sachverständigen, darüber zu befinden, ob Eichmann bestimmte Aufgaben hätte ablehnen können.[85]

Erheblichen Widerstand leistete Servatius auch gegen die Aussage von Pfarrer Heinrich Grüber, den einzigen nichtjüdischen Augenzeugen der Anklage. Vor dem Krieg war Grüber Pfarrer in einer Berliner Vorortgemeinde und mit Rabbi Leo Baeck befreundet gewesen. Auf Bitten führender Juden hatte er sich Ende der dreißiger Jahre wiederholt an Eichmann gewandt, um die Freilassung von Juden aus dem Gefängnis oder die Abmilderung antijüdischer Maßnahmen zu erwirken. Nach dem Krieg wurde er von Yad Vashem als »Gerechter unter den Völkern« geehrt und setzte sich für die Entwicklung der deutsch-israelischen Freundschaft ein. Seine Aussage entfaltete, wie beabsichtigt, eine tiefe Wirkung auf das Publikum, doch Servatius wusste, dass er es sich bei einem nichtjüdischen Zeugen, auch wenn er im KZ gesessen hatte, erlauben konnte, mit harten Bandagen vorzugehen. Grüber hatte erwähnt, dass Eichmann ihn stets auf eine Antwort warten ließ, wenn er ihn um etwas gebeten hatte, und Servatius fragte nun, ob dies nicht darauf hindeute, dass Eichmann die Entscheidung einer höheren Stelle habe einholen müssen. Warum, fragte er Grüber außerdem, habe er Eichmann keine Vorhaltungen darüber gemacht, dass sein Verhalten »unmoralisch und unsittlich« sei? Habe das nicht daran gelegen, dass die evangelische Kirche nazifreundlich und antijüdisch gewesen sei? Anders gesagt, hätte Eichmann in dieser Phase nicht jeden Grund gehabt anzunehmen, dass er das Richtige tue, mit dem Segen von Staat und Kirche? Grüber musste zugeben, dass die religiösen Autoritäten den Christen in Deutschland damals kein Vorbild gewesen seien.[86]

Es folgten Verhandlungstage, an denen es um die Ereignisse in Griechenland, Rumänien und der Slowakei ging. Es gehörte zum Konzept der Anklage, einzelnen Ländern bestimmte Tage zu widmen, die vorher angekündigt wurden, so dass das Publikum ständig wechselte. Aber auch solche Abwechslungen verhinderten nicht, dass von den Journalisten nur noch die hartnäckigsten geblieben waren. Reverend Hull, ein freundlich gesinnter Beobachter, bemängelte die »langen, ermüdenden Phasen, in denen es nichts Ungewöhnliches war, einen Pressekorrespondenten oder Zuschauer mit offenem Mund im Tiefschlaf zu sehen«.[87] Servatius hingegen blieb aufmerksam. Als die Anklage Eichmann mit dem Schicksal der Kinder von Lidice, die im Zuge der Vergeltungsaktion für das Attentat auf Heydrich deportiert worden waren, in Verbindung bringen wollte, erzielte er einen weiteren Erfolg. Er konnte nachweisen, dass einige Kinder überlebt hatten, und zwar im Rahmen des Programms zur »Eindeutschung« ausländischer Kinder unter verhältnismäßig guten Lebensumständen. Was aus den übrigen Kindern geworden war, blieb unklar, aber für ihr letztendliches Schicksal konnte man Eichmann nicht verantwortlich machen.[88]

Am 24. Mai schließlich wandte sich die Anklage Ungarn zu. Schon seit Tagen hatte man voller Spannung auf die Behandlung dieses Kapitels gewartet. Servatius und Hausner waren wegen der Zulassung eidesstattlicher Aussagen von Kurt Becher, Horst Grell und Hans Jüttner, die ein Licht auf die Geschehnisse von 1944 werfen konnten, aneinander geraten. Da die Zeugen allesamt am Leben waren und in Westdeutschland lebten, wollte Servatius sie zum Kreuzverhör vorladen. Aber auch diesmal verweigerte Hausner den früheren Nationalsozialisten freies Geleit. Später versuchte Servatius, die Zulassung des nach dem Krieg geschriebenen Berichts von Rudolf Kasztner zu verhindern. Darin waren eine Menge von Informationen über Eichmanns Tätigkeit in Ungarn enthalten, aber Servatius erklärte, dass er »für dieses Verfahren [...] in großem Umfange unerheblich« sei, und fügte hintersinnig hinzu: »Wir haben es hier nicht mit den Differenzen zwischen den einzelnen Gruppen der jüdischen Seite zu tun [...].« Mit Blick auf die Kasztner-Affäre war klar, dass Eichmann nicht als Einziger »am Pranger« stehen würde – wenigstens metaphorisch.[89]

Die Sitzungen über die Ereignisse in Ungarn erfüllten in der Tat alle Erwartungen und Befürchtungen. Als Erster trat Pinhas Freudiger in den Zeugenstand. Im März 1944 war der damalige

Vorsteher der orthodoxen jüdischen Gemeinde von Budapest, noch als Baron Fülöp von Freudiger, zum Vorsitzenden des Judenrates gewählt worden, dem viele Juden seinen mangelnden Widerstand gegen die nationalsozialistischen Deportationspläne vorwarfen. Während Freudigers Aussage begann ein Zuschauer ihn mit Beschuldigungen zu überhäufen, so dass die Sitzung unterbrochen werden musste; es war im gesamten Verlauf der Zeugenaussagen das einzige Mal, dass dies geschah. Servatius war an solchen innerjüdischen Debatten im Grunde nicht interessiert. Er nahm Freudiger vielmehr ins Kreuzverhör, um Eichmanns Rolle in Ungarn herunterzuspielen: Seien die Ungarn nicht schon vor dem Eintreffen der Deutschen zutiefst antisemitisch gewesen? Hätten sie nicht eigene antijüdische Gesetze erlassen und Lager für die Juden errichtet? Habe er, Freudiger, der ungarischen Gendarmerie 1945 nicht Grausamkeit vorgeworfen? Habe er nicht in Ungarn ausgesagt, dass László Baky und László Endre über das Schicksal der ungarischen Juden entschieden hätten? Auch den einzigen Augenzeugen, der miterlebt haben wollte, wie Eichmann in einen Mord verwickelt war, nahm Servatius in die Mangel. Avraham Gordon behauptete, Eichmann habe Leuten aus seinem Umkreis befohlen, einen jüdischen Jungen zu töten, der von einem Baum im Garten seiner Villa einen Apfel gestohlen haben sollte. Wie Servatius nachwies, gab es jedoch keinerlei Beweis, der bestätigt hätte, dass Eichmann diesen Befehl erteilt hatte. Schlimmer noch, er zwang Gordon zu dem Eingeständnis, dass er gar nicht gesehen haben konnte, was in der Hütte, in welcher der angebliche Mord geschehen sein sollte, vor sich ging.[90]

Am intensivsten nahm Servatius jedoch Joel und Hansi Brand ins Kreuzverhör, deren Aussagen für seinen Mandanten verheerend sein konnten. Von Joel Brand versuchte er eine Bestätigung dafür zu erlangen, dass Eichmann in Budapest nicht selbständig gehandelt und dass vielmehr Kurt Becher und Otto Klages, ein weiterer SD-Offizier, das Sagen gehabt hätten. Er warf Brand vor, Eichmann in den dunkelsten Farben zu malen, um Becher, mit dem er nach dem Krieg Kontakt gehabt habe, rein zu waschen. Außerdem beschuldigte er ihn, frei erfunden zu haben, dass Eichmann als »Geste des guten Willens« eine zehnprozentige »Anzahlung« von Juden, die von den Deportationen ausgenommen werden sollten, verlangt und auch erhalten haben sollte. Infolgedessen könne Eichmann nicht vorgeworfen werden, das Versprechen gebrochen zu haben, diese Juden nicht nach Auschwitz zu schicken. Schließlich versuchte Servatius Brands Glaubwürdigkeit zu erschüttern, indem er die Diskrepanzen zwischen dem Bericht über seine Verhandlungen, den er 1944 Vertretern der Jewish Agency erstattet hatte, und der in seinen veröffentlichten Memoiren enthaltenen Version aufdeckte. Nach Servatius' Ansicht hatte Brand gelogen, was Eichmanns Zusage anging, den Betrieb der Gaskammern einstellen zu lassen, sofern Brand die verlangten Güter lieferte. Wenn Eichmann dies gesagt habe, warum habe er, Brand, es dann Mosche Scharett nicht mitgeteilt? Scharett hätte ein derart dramatisches Angebot gewiss in seinem Bericht über die Verhandlungen erwähnt. Servatius' Argumente waren ausgesprochen wirkungsvoll, und Brand war mehrmals derart aufgewühlt, dass er die Stimme hob und Richter Landau ihn beruhigen musste. Ähnlich scharf ging Servatius im Kreuzverhör von Hansi Brand vor, die er auf Unstimmigkeiten zwischen ihrer Darstellung und derjenigen ihres Mannes hinwies.[91]

Im Lauf dieser Kreuzverhöre konnte Servatius der Anklage mehrere schwere Schläge beibringen. Es gelang ihm, die Glaubwürdigkeit mehrerer Zeugen zu erschüttern und anhand der Dokumente nachzuweisen, dass Eichmann nicht der Regisseur der Vorgänge in Budapest gewesen sei. Außerdem hatte er die Aufmerksamkeit auf die Rolle anderer deutscher Dienststellen sowie auf den Verfolgungseifer der Ungarn gelenkt.[92]

Doch das Gerichtsdrama war noch lange nicht vorüber. Hausner wandte sich nun dem Beweismaterial über die Todeslager zu. Weitere erschreckende Zeugenaussagen und ergreifende Geschichten folgten. Allerdings vermochte die Anklage keine direkte Verbindung zwischen Eichmann und den Lagern nachzuweisen. Die Behauptungen von Zeugen, die Eichmann – manchmal zusammen mit Himmler – bei einem Besuch in Sobibor oder Treblinka gesehen haben wollten, brachen bei Nachfragen von Servatius oder der Richter in sich zusammen. Da es keine Überlebenden von Belzec gab, legte Hausner den Bericht vor, den Kurt Gerstein bei Kriegsende über seine Rolle bei der

Beschaffung von Giftgas und seine Besuche in Belzec verfasst hatte. Aber Servatius erhob gegen seine Einführung Einspruch, und selbst Hausner musste zugeben, dass er »keinen direkten Bezug auf den Angeklagten« enthalte.[93]

Fast am Ende der Beweisaufnahme der Anklage spielte Hausner einen seiner stärksten Trümpfe aus: die Sassen-Tonbänder. Einige Wochen zuvor hatte er über die Suche der Staatsanwaltschaft nach diesen Tonbändern und den Transkriptionen, auf denen die Artikel in den Zeitschriften *Stern* und *Life* beruhten, berichtet. Als seine Mitarbeiter schließlich die Transkriptionen von 62 der 66 auf Tonband aufgenommenen Interviewsitzungen, zusammen mit Eichmanns handschriftlichen Korrekturen und über 80 Seiten mit Notizen, erhalten hatten, beantragte Hausner bei Gericht, sie als Beweismittel einführen zu dürfen. Es handle sich um authentische Dokumente, auch wenn der Text nicht mit den Tonbändern übereinstimme. Eichmann und Servatius, denen bewusst war, dass die Interviews ihre sorgfältig aufgebaute Verteidigungslinie ruinieren konnten, kämpften um ihre Nichtzulassung. Eichmann, führte Servatius aus, betrachte den auf den Tonbändern beruhenden Text nicht als korrekt. Er habe nicht alle Transkriptionen lesen können und Willem Sassen bereits zu dem Zeitpunkt, als sie niedergeschrieben worden seien, im Verdacht gehabt, sie durch Einfügungen und Verzerrungen verändert zu haben. Ferner würden mehrere Transkriptionen fehlen. Im Übrigen sei Eichmann bei den Aufnahmen angetrunken gewesen und von Sassen zu übertriebenen Äußerungen verleitet worden. Servatius beantragte, Sassen zum Kreuzverhör vorzuladen, damit er die Echtheit der Transkriptionen bestätigen und über die Art und Weise ihres Zustandekommens aussagen könne. Außerdem forderte er das Gericht auf, auch die Originaltonbänder zu beschaffen.[94]

Hausner saß in der Falle, denn er konnte weder der verschwundenen Tonbänder noch des ebenso schwer zu fassenden Sassen, noch der fünf fehlenden Transkriptionen habhaft werden. Stattdessen behauptete er, Eichmann habe die Transkriptionen praktisch autorisiert, indem er sie korrigiert habe. Er hatte dennoch einen harten Strauß mit den Richtern auszufechten, die wenig davon hielten, zu diesem späten Zeitpunkt noch neues Beweismaterial einzuführen. Hausner musste den Beweiswert der Transkriptionen deutlich machen, da sie ohne eine Bestätigung ihrer Echtheit durch Eichmann oder Sassen lediglich mittelbare Beweise darstellten, die selbst nach den großzügigen Vorschriften des Gesetzes zur Bestrafung von Nationalsozialisten und NS-Kollaborateuren ausgeschlossen werden konnten. Nach einigem Hin und Her beschlossen die Richter, lediglich Eichmanns handschriftliche Notizen sowie die von ihm mit Randbemerkungen versehenen Transkriptionsseiten zuzulassen. Damit war Mappe 17, wie sie genannt wurde, auf einen Bruchteil der ursprünglich 790 Seiten geschrumpft. Für die Verteidigung war der verbliebene Inhalt allerdings schlimm genug. Am 20. Juni, dem Tag, an dem sie ihren Standpunkt darzulegen begann, wurden fünf Auszüge verlesen. In einem von ihnen spekulierte Eichmann darüber, ob Wisliceny und Krumey sich 1944 verschworen hatten, die Deportationen in Ungarn zu behindern. Sollte dies der Fall gewesen sein, so Eichmann, dann hätten sie die Erfüllung der von ihm mit »rücksichtslosem Fanatismus« verwirklichten Aufgabe verhindert. Denn »das Ende«, fuhr er fort, »konnten wir nicht erreichen, nämlich die Freimachung Ungarns von sämtlichen Juden. Dann hätten Wisliceny und Krumey letztlich die Schuld auch dafür mitzunehmen, dass das heutige magyarische Volk von jüdischen Geheimpolizisten terrorisiert wird.« Für die Verteidigung war das nicht gerade viel versprechend.[95]

Das Gericht legte vom 12. bis 20. Juni eine Verhandlungspause ein, um der Verteidigung Zeit für ihre Vorbereitungen zu geben. Servatius wählte die Strategie, Eichmanns Rolle so gering wie möglich erscheinen zu lassen, nachzuweisen, dass er niemals Eifer oder Eigeninitiative gezeigt hatte, und ihn als jemanden darzustellen, der bloß als Empfänger und Übermittler von Befehlen fungiert hatte. Schuld an den fraglichen Verbrechen war nicht der Mann, sondern der Staat. Um diese nicht sehr originelle Argumentation zu untermauern, nutzte Servatius die von der Anklage präsentierten Dokumente sowie solche, die Eichmann und er selbst in veröffentlichten Quellen, insbesondere im Protokoll des Nürnberger Prozesses und in den Büchern von Poliakov und Reitlinger, gefunden hatten. Er verfügte weder über die Zeit noch über die Mittel für umfangreiche Recherchen.[96]

An Eichmann wandte sich Servatius hauptsächlich, um Dokumente von ihm interpretieren zu lassen. Doch im weiteren Verlauf der Vernehmung sollte er zunehmend dazu übergehen, durch die Papiere zu hasten und Präsentation sowie Analyse außer Acht zu lassen. Martha Gellhorn fand sein Auftreten infolgedessen immer weniger beeindruckend: »Dr. Servatius stammelte; er verwechselte Dokumente; er konnte das Papier, das er suchte, nicht finden.« Häufig musste Eichmann dann seinem Anwalt zu Hilfe eilen, indem er ihm das richtige Dokument nannte, denn wenigstens er verlor nie den Überblick über das Material. In seiner Ungeduld ließ er sogar die Maske der Gleichgültigkeit zuweilen weit genug sinken, dass aufmerksame Beobachter wie Gellhorn den Mann dahinter wahrzunehmen vermochten: »Als Dr. Servatius stockte, wurde Eichmanns Stimme schärfer: Da war es, das Schnarren, das Bellen, an das sich viele Zeugen erinnerten.«[97]

Dann hielt Servatius sein Eröffnungsplädoyer. Er entwarf das Bild einer Welt, in der die kleinen Leute der riesigen Maschinerie des Staates gegenüberstanden; auch Eichmann befand sich unter den Opfern: »Eine richtige Beleuchtung der Urkunden durch die Verteidigung des Zeugen [wird zeigen], dass die Verantwortung für die Geschehnisse allein bei der politischen Führung liegt […].« Sie habe die Grundlage für die »Geschehnisse« gelegt, und Eichmann habe nicht zur Führung gehört. Minister hätten die Gesetze und Verordnungen erlassen, ohne die Eichmann nicht hätte handeln können; er sei ein »Befehlsempfänger einer unteren Stufe« gewesen und habe keine Wahl gehabt, als zu gehorchen. Er sei für die Vernichtungspolitik nicht verantwortlich und habe darüber hinaus sogar versucht, Juden das Entkommen zu ermöglichen, indem er das Angebot gemacht habe, »einer Million Juden« die Auswanderung zu gestatten.[98]

Als der Zeitpunkt für das Hauptverhör gekommen war, wirkte Eichmann blass und nervös, und Gellhorn glaubte ein Zögern in seiner Stimme wahrzunehmen. Aber nicht lange. Getreu den Prinzipien, die er in der SS angenommen hatte, weigerte er sich, auf die Bibel zu schwören: »Ich schwöre nicht auf die Bibel, ich schwöre bei Gott, weil ich nicht konfessionell gebunden bin, sondern gottgläubig.« Das ließ auf eine herausfordernde, kompromisslose Haltung schließen. Auf eine entsprechende Frage von Servatius stritt er ab, freiwillig nach Israel gekommen zu sein. Die in Argentinien geschriebene Erklärung sei ihm diktiert worden, nachdem man ihm zuvor die Fesseln, mit denen er an ein Bett gebunden gewesen sei, abgenommen habe. »Ich meine«, fügte er hinzu, »das kann man nicht gut ›freiwillig‹ nennen.«[99]

Von Servatius danach gefragt, erklärte Eichmann, dass Nationalismus und Wut über den Versailler Vertrag die Gründe gewesen seien, aus denen er der NSDAP beigetreten sei. Im Jahr 1932 sei »das Programm der Judenbekämpfung in ein Stadium der sekundären Linie abgerutscht gewesen, denn mit dem Kampf gegen die Juden konnte die Partei nie an die Macht kommen«. Nach dem Machtantritt sei Hitler in diesen Fragen wie in allen anderen zum unumschränkten Herrscher geworden. Dass die Führung im Krieg dann »zu törichten, sinnlosen, hemmungslosen Maßnahmen schritt« sei eine »Tragik [gewesen], die niemand vorausahnen konnte«. Anschließend beschrieb er seine Laufbahn im SD, wobei er die Anerkennung, die er sich auf jeder Stufe verdient hatte, als die in Personalakten üblichen Phrasen abtat. Ein Hinweis auf Eifer oder »Härte« seien sie nicht. Im Gegenteil, er habe zwischen 1941 und 1945 mehrfach um eine Versetzung zur Waffen-SS an der Front ersucht.[100]

Anschließend beschrieb er seine frühe Tätigkeit in der Abteilung II/112 des SD-Hauptamts. Seine Fähigkeiten, erklärte er, hätten »auf dem Gebiete des Auswanderungswesens« gelegen. Dies sei eine »sehr komplizierte« Arbeit gewesen, »die beiden Teilen zugute kam«, den Nationalsozialisten wie den Juden. Formulierungen wie »es konnten ja in jener Zeit zwei Drittel des in Österreich wohnhaft gewesenen Judentums zur Auswanderung gebracht werden« verrieten, dass er immer noch wie ein Nationalsozialist dachte. Die Gewalt, die er hier der Sprache antat, um vorgeben zu können, die Juden hätten stets freiwillig gehandelt, war einst eben diesen Juden angetan worden. Ganz ähnlich präsentierte er den Antrag auf Hebräischunterricht als Beweis für sein ehrliches Interesses am Judentum, und dass er den Rabbi nicht einfach verhaften ließ, sondern bezahlen wollte, unterstrich in seinen Augen seine guten Absichten. Zudem behauptete er, ihm sei der grobe, gewalttätige Antisemitismus zuwider gewesen, er habe »die *Stürmer*-Methoden von Haus aus abgelehnt«. Gewiss sei er für die »Forcierung und Förderung der Auswanderung« zuständig gewesen, doch das sei Politik des SD gewesen. Er habe den Zionismus gefördert, »und zwar, wie es verlangt war, forciert«; er habe mit Zionisten zusammengearbeitet und sie nie in ihrer Tätigkeit behindert. Für den negativen Bericht über die Palästinareise machte er Herbert Hagen verantwortlich.[101]

Eichmann, der Zionist – das wurde zu einem Hauptthema der Verteidigung. Nach den Ursprüngen des Madagaskarplans befragt, beschrieb Eichmann ihn als Initiative mit dem Ziel, die jüdische Heimatlosigkeit auf Dauer zu beenden, ähnlich wie Herzl die Gründung eines jüdischen Staats vorgeschlagen habe. Später stellte er sich sogar als Urheber des Plans hin: »Mein Bestreben war einzig und allein das gewesen, und von dem habe ich mich leiten lassen, irgendeinen Vorschlag zu machen, dass irgendwo Land, wie ich mich immer wieder ausdrückte, den Juden unter die Füße gestellt wird.« Diese Bemerkung löste im Saal ungläubiges Gemurmel und wütende Ausrufe aus, so dass Richter Landau um Ruhe bitten musste. Die Idee, die Ansiedlung in Form eines Polizeistaats zu führen, stammte laut Eichmann von anderen Beteiligten im RSHA und in der Parteikanzlei.[102]

Das Bild eines Mannes, der mit einer Unzahl von Widersachern zu kämpfen hatte, die ihn daran hindern wollten, seine guten Absichten zu verwirklichen, war ein weiteres sich abzeichnendes Grundthema. Nach Eichmanns Darstellung war das RSHA geschaffen worden, um nach Himmlers Aufstieg zum Reichskommissar für die Festigung deutschen Volkstums (RKF) das in Polen angerichtete Chaos in den Griff zu bekommen. In Polen habe »jeder auf eigene Faust« gehandelt, »und der Leidtragende war an sich der zu Evakuierende, Pole oder Jude«. Deshalb habe Heydrich ein Sonderreferat gebildet, dem die Koordination mit dem Reichsverkehrsministerium oblag. Die »Auswanderung und Räumung« von Juden sei bloß eine Folge der Tätigkeit des RKF gewesen, und seine Aufgabe im Referat IV D 4 habe lediglich darin bestanden, Fahrpläne zu erstellen. Bei dessen Umwandlung ins Referat IV B 4 mit der erweiterten Zuständigkeit für »Judenangelegenheiten, Räumungsangelegenheiten« im März

1940 habe es sich nur um eine bürokratische Ordnungsmaßnahme gehandelt. Sein Referat sei nicht das einzige gewesen, das jüdische Angelegenheiten bearbeitet habe; seine Aufgabe habe lediglich darin bestanden, diese Aktivitäten zu zentralisieren. Anschließend erläuterte Eichmann anhand einer Zeichnung des Längeren und Breiteren, wie die Verantwortung für die Umsetzung der »Judenpolitik« unter den verschiedenen Dienststellen verteilt war. Dabei hob er besonders hervor, dass IV B 4 Heinrich Müller unterstellt gewesen sei, der letztlich über die Tätigkeit des Referats entschieden habe.[103]

Servatius veranlasste Eichmann zu einem Exkurs über die Befehlskette, über welche die antijüdische Politik in den verbündeten oder besetzten Ländern durchgesetzt worden war. Das Ergebnis war ein nahezu unentwirrbares Gemisch aus Jargon und Diagrammen, die zeigen sollten, dass die verschiedenen in diese Politik verstrickten Abteilungen und Ämter nicht dem Referat IV B 4 in Berlin, sondern anderen zentralen oder lokalen Dienststellen unterstellt gewesen waren. So gehörte die Prager Zentralstelle für jüdische Auswanderung in den Zuständigkeitsbereich des dortigen BdS, und die »Judenberater« in den verbündeten und besetzten Ländern waren den Auslandsvertretungen zugeordnet und daher deren Chefs gegenüber verantwortlich. Eichmann beteuerte, er habe mit ihnen nur über das Auswärtige Amt in Verbindung treten und ihnen lediglich Anweisungen im Rahmen dessen geben können, was Heinrich Müller mit seinem Gegenüber im Auswärtigen Amt vereinbart habe.[104]

Als Nächstes erzählte Eichmann, wie ihn seine Laufbahn von Wien nach Prag und von dort nach Berlin geführt habe. Dabei wiederholte er, dass seine Tätigkeit in Polen im Auftrag des RKF auf die Erstellung von Fahrplänen beschränkt gewesen sei. Die konkreten Maßnahmen seien Aufgabe der von Himmler persönlich ernannten HSSPF und ihrer Vertreter gewesen. Daher sei er nicht für die Vertreibung von Juden aus Stettin, Posen und Schneidemühl im Jahr 1940 verantwortlich gewesen. Er habe lediglich die Deportationszüge organisiert – und sich darum bemüht, dass genügend Verpflegung bereitgestellt wurde, um den Deportierten eine angenehme Reise zu ermöglichen. Auch seine Beteiligung an der Vertreibung deutscher Juden nach Vichy-

Frankreich sei auf die »reine Transportangelegenheit« beschränkt gewesen. Zugleich behauptete er jedoch, dass man sie in Konzentrationslager in Deutschland gebracht hätte, wenn er nicht dafür gesorgt hätte, dass die Deportationszüge die Grenze überqueren konnten.[105]

Von Servatius aufgefordert, die Beschlagnahme des Eigentums der Deportierten zu erläutern, räumte Eichmann ein, dass man die Elfte Verordnung zum Reichsbürgergesetz mit einem »Trick« umgangen habe, um Geld in die eigene Kasse zu spülen. Nach der Verordnung wäre das Vermögen der Juden beim Grenzübertritt an den Staat, das heißt ans Finanzministerium, gefallen. Um dem zuvorzukommen, habe man das »Sonderkonto W« eingerichtet. Erdacht und ausgeführt hätten diesen »Trick« Suhr und Hunsche in der Rechtsabteilung – mit der er nichts zu tun gehabt habe. Damit zog sich Eichmann erneut den Unmut der Zuschauer zu, denn er behauptete, dass die Gestapo das Vermögen der deportierten Juden eingezogen habe, sei »im Interesse beider Teile« gewesen. Diese Mittel seien im Reich tätigen jüdischen »[Hilfs-]Organisationen« zugute gekommen. Obwohl sie mit diesem Argument auf wenig Gegenliebe gestoßen waren, wiederholten es Servatius und Eichmann im weiteren Verlauf des Verfahrens noch einmal – mit der gleichen negativen Wirkung.[106]

Während seines Verhörs geriet Eichmann nur einmal ins Stolpern. Auf die Frage, ob er oder Müller im März 1942 die Anweisung gegeben habe, die Deportationen wegen der »Aufnahmemöglichkeiten« im Osten zu beschleunigen, gab er der Reichsführung die Schuld. Nach der Niederlage von Stalingrad habe sie die verstärkten Deportationen als »Mittel [...] zur Ablenkung« eingesetzt. Richter Halevi nagelte ihn sofort auf den Fehler fest: Das Debakel von Stalingrad habe im Januar 1943 stattgefunden. Doch Eichmann gewann rasch seine Haltung wieder und fuhr fort, jede Frage so zu beantworten und jedes Dokument über die Deportationen so zu interpretieren, dass Müller, Heydrich und Himmler die Schuld traf. Angesichts der großen Anzahl der dem Referat IV B 4 vorgelegten Einzelfälle habe man sie, auch wenn sie dann durch einen von ihm, Eichmann, unterzeichneten Brief erledigt worden seien, routinemäßig auf der Grundlage von Weisungen Müllers bearbeitet. Er bat das Gericht, ihm zu glauben, dass er die 20 000 im Herbst 1941 deportierten »Reichsjuden« nach Lodz geschickt habe, um ihre Ermordung in Russland zu verhindern. Richter Halevi vermochte seinen Unglauben nicht für sich zu behalten, und in der Tat hatte Eichmann gelogen. Anschließend beschrieb er jedoch die anderen Transporte in den Osten weitgehend wahrheitsgetreu. So erzählte er, dass die Züge Verpflegung für die Lager transportiert hätten, in welche die deutschen Juden geschickt worden seien. Zudem berichtete er, dass man im Referat IV B 4 nicht geahnt habe, dass die nach Riga und Minsk geschickten Juden erschossen werden würden. Daraufhin unterbrach ihn Halevi erneut, um ihn daran zu erinnern, dass er selbst dort zum Zeugen von Erschießungen geworden sei. Eichmann erwiderte, dass es sich bei diesen Opfern um »ansässige Juden« gehandelt habe. Paradoxerweise hatte er Recht – falls man das in diesem Zusammenhang überhaupt sagen darf –, doch aufgrund seiner vorherigen offenkundigen Falschaussage schenkten ihm die Richter keinen Glauben.[107]

Servatius kam dann auf die Einsatzgruppen und die Herausbildung der »Endlösung« zu sprechen. Er betonte den späten Zeitpunkt, zu dem Eichmann von dem Völkermordplan erfahren haben wollte – das war ein wichtiges Argument für die Verteidigung. Zwar gab Eichmann zu, Berichte der Einsatzgruppen erhalten zu haben, doch stritt er jede Beteiligung an den Mordtaten ab: Die seien von Müllers Stab geleitet worden. Als Halevi ihn fragte, ob er die Bedeutung der Phrase »im Hinblick auf die kommende Endlösung der Judenfrage« kenne, die benutzt worden sei, um die Auswanderung zu unterbinden, leugnete er jede genauere Kenntnis. Er merkte jedoch an, dass viele Dienststellen auf eine Lösung »im Osten« gedrängt hätten. Von Vorschlägen für einen systematischen Massenmord wollte er aber vor der Wannsee-Konferenz nichts gewusst haben. Höppners Brief von 16. Juli 1941 hatte er seiner Aussage zufolge nie gesehen, und bei Wetzels Schreiben über die Gaswagen für Riga handelte es sich nach seiner Ansicht wahrscheinlich um einen Entwurf, der nie abgeschickt worden war.[108]

Hinsichtlich der Wannsee-Konferenz ließ sich Servatius von

Eichmann die Vorgeschichte und seine Rolle in der Konferenz selbst erläutern. Eichmann charakterisierte die Besprechung als »Rivalitätskampf zwischen dem Generalgouverneur [Hans Frank] und Heydrich«. Für Letzteren war es die Gelegenheit gewesen, seine alleinige Autorität in jüdischen Angelegenheiten durchzusetzen, und Eichmann hatte den Auftrag erhalten, die dafür nötigen Zahlen zusammenzustellen. Er gestand ein, dass das überlieferte Protokoll alles andere als genau sei, denn »ein gewisser Jargon« sei von ihm geglättet und »in dienstmäßiger Form ausgearbeitet« worden. Servatius wollte wissen, warum Eichmann im Interview mit Willem Sassen davon gesprochen hatte, dass er am Ende der Konferenz eine gewisse »Zufriedenheit« verspürt habe. Eichmann antwortete, dass er sich bis dahin um eine ordnungsmäßige Auswanderung, ob nun freiwilliger oder erzwungener Art, bemüht und dabei das Ziel verfolgt hätte, den Juden Land zu geben, entweder in Nisko oder auf Madagaskar. Diese Phase sei jetzt zu Ende gewesen, und für das, was gefolgt sei, trage er keine Verantwortung. »[...] in dem Augenblick«, erklärte er, »hatte ich eine Art Pilatus'sche Zufriedenheit in mir verspürt, denn ich fühlte mich bar jeder Schuld. Hier auf der Wannsee-Konferenz sprachen nun die Prominentesten des damaligen Reiches, es befahlen die ›Päpste‹, ich hatte zu gehorchen und daran dachte ich in all den kommenden Jahren.« Dies hatte er als freier Mann »am Rande der argentinischen Pampa« zu Protokoll gegeben, und es war der einzige Teil der Sassen-Transkriptionen, den er als authentisch anzuerkennen bereit war.[109]

Bei dieser Pontius-Pilatus-Verteidigung blieb Eichmann aber nicht durchgängig. In der Regel zog er es vor, zu leugnen und jede Verantwortung von sich zu weisen. Er wollte dem Gericht weismachen, dass er an den Nachfolgebesprechungen der Wannsee-Konferenz zwar teilgenommen habe, aber nur als Berichterstatter ohne jegliche Entscheidungsbefugnis. Mit Sterilisationen oder der Beschaffung von Skeletten für die anatomische Forschung habe er nichts zu tun gehabt. Exekutionsbefehle habe er lediglich weitergeleitet. Über die aus Lidice verschleppten Kinder wisse er rein gar nichts. An der Deportation von Juden ins Generalgouvernement sei er nur insofern beteiligt gewesen, als er die Fahrpläne der Züge aufgestellt habe. Für den Befehl zur Deportation der Theresienstädter Juden in den Osten sei Karl Hermann Frank in Prag verantwortlich gewesen. Wenn er Briefe über Eingaben zugunsten einzelner Juden unterzeichnet habe, dann nur auf Weisung Müllers. Die »Austauschlager«, namentlich Bergen-Belsen, hätten unter der Kontrolle des WVHA gestanden; sein eigenes Referat habe bloß Anfragen über die »Austauschjuden« weitergeleitet. »Mehr als die aktenmäßige, bürokratische Bearbeitung hatte ich nicht zu tun.«[110]

Servatius führte Eichmann durch den heiklen Themenbereich der Auswanderung nach Palästina und der Beziehungen zum Großmufti. Dabei ließ er sich von Eichmann versichern, dass die Abkehr von der prozionistischen Politik anderswo beschlossen und auf Weisung Müllers durchgeführt worden sei. Wenn ihm ein Dokument gezeigt wurde, das darauf hindeutete, dass er die Auswanderung nach Palästina abgelehnt hatte, beteuerte er regelmäßig, dass er nur der Stimme seines Herrn gefolgt sei. Ganz sicher habe er nicht versucht, dem Großmufti gefällig zu sein. Er könne sich überhaupt nur an eine einzige Begegnung mit ihm auf einem vom SD-Hauptamt gegebenen Empfang erinnern. »Sachlich habe ich mit dem Mufti überhaupt nichts zu tun gehabt«, beteuerte er.[111]

Da die Richter zur Eile mahnten, handelte Servatius die einzelnen Länder, auf die sich Eichmanns Tätigkeit erstreckt hatte, gewissermaßen im Schnelldurchgang ab. Aufgrund des raschen Tempos fielen Eichmanns Antworten recht oberflächlich und sogar unbedacht aus. In Österreich war er seiner Aussage zufolge genötigt gewesen, die Gestapo entsprechend zu »entwickeln« und von ihrer Vorliebe fürs »Verbieten« und »Inhaftnehmen« abzubringen – so als hätte er nie etwas dergleichen getan. Das Novemberpogrom sei ein schwerer Schlag für ihn gewesen, er hätte »gerade das jüdische organisatorische Gebilde auf die Beine gebracht« und »mit viel Freude und Interesse« zu arbeiten begonnen – »da wurde es mir zerschlagen«. Dass zwischen seiner »Freude« und dem Elend der mittellosen österreichischen Flüchtlinge ein gewisser Widerspruch bestanden hatte, war ihm offenbar entgangen. Die letzten Deportationen von Wiener Juden nach Theresienstadt im Februar 1943, versicherte er, hätten Hans Günther und Alois Brunner, obwohl beide seinem Referat angehört hätten, auf Weisung des SD und der Sipo ausgeführt, nicht auf Befehl von IV B 4. Für irgendwelche Vorkommnisse in Theresienstadt sei er nicht verantwortlich, da das Ghettolager dem BdS in Prag unterstanden habe; er habe es allerdings auf Müllers Geheiß besucht und inspiziert.[112]

Servatius legte eine Reihe von Dokumenten über Frankreich vor, die zeigen sollten, dass die dortige »Judenpolitik« von anderen Stellen festgelegt und umgesetzt worden sei. Als treibende Kraft der Deportationen benannte er Botschafter Abetz, während bei der Organisation Müller und Richard Glücks, der Inspekteur der Konzentrationslager, federführend gewesen seien. In das den Transporten von Frankreich nach Polen zugedachte Schicksal sei er nicht eingeweiht worden, und wenn er in Besprechungen oder Aktenvermerken Einzelheiten erwähnt habe, etwa das Alter oder die Anzahl der Deportierten, dann habe er lediglich Entscheidungen von Himmler oder Müller weitergeleitet. Nach der schrecklichen Behandlung der Kinder in Drancy befragt, erklärte er, die Situation in dem Lager sei auf Himmlers Beschluss, staatenlose Juden aus Frankreich zu deportieren, zurückzuführen gewesen. Umgesetzt worden sei dieser Beschluss von der französischen Polizei, und das unvorhergesehene Problem der Kinder sei an Berlin weitergereicht worden. Aber, beteuerte Eichmann, er habe nicht von sich aus »ohne jede Weisung [...] so etwas entscheiden« können. Die Dokumente bewiesen und zeigten vielmehr, dass seine Position die einer »Übermittlungsstelle« gewesen sei.[113]

Nach der summarischen Behandlung von Holland und Belgien befragte Servatius Eichmann über Dänemark. Sein Referat, behauptete Eichmann, habe lediglich den Auftrag gehabt, die Reisearrangements für die dänischen Juden zu treffen. Nachdem ihre Deportation vereitelt worden sei, habe man ihn zwar nach Dänemark geschickt, aber nur, um dort »mit dem Befehlshaber der Sicherheitspolizei SD und dem Reichsbevollmächtigten die Fragen zu besprechen, die zu diesem Aufruhr geführt haben, und ihn zu glätten«.[114] Im Gegensatz dazu sagte er über die Ereignisse in Serbien mehr oder weniger die Wahrheit. Dagegen stritt er wenig später wiederum jede Beteiligung an den Deportationen aus Kroatien und Griechenland ab. In Kroatien, erklärte er, seien sie vom Auswärtigen Amt, dem Regime in Zagreb und dem WVHA organisiert worden. Sein Referat habe die Befehle bloß weitergeleitet. Was Griechenland angehe, so sei Wisliceny von Müller entsandt worden, und Günther, der in Saloniki zu ihm gestoßen sei, habe ebenfalls dem Gestapochef unterstanden – als hätte es ihn, Eichmann, gar nicht gegeben. Gleiches galt angeblich für Bulgarien: Dannecker sei von Müller dorthin geschickt worden und habe sich nur an IV B 4 gewandt, um Fahrpläne aufstellen zu lassen. Und als Eichmann Richter, seinen Vertreter in Rumänien, im August 1942 nach Berlin bestellte, hatten sie selbstverständlich nur über Fertigbaracken für Russland gesprochen.[115]

Am 3. Juli hörte das Gericht Eichmanns Darstellung der Ereignisse in Ungarn im Jahr 1944. Es war die schwierigste Aufgabe, vor der Servatius in diesem Prozess stand, denn er musste das Gericht davon überzeugen, dass sich Eichmann sogar hier in einer untergeordneten Position befunden habe. Der Verteidiger erklärte, treibende Kraft der Deportation der ungarischen Juden sei das Auswärtige Amt gewesen. Der Anteil seines Mandanten sei auf Transportfragen beschränkt gewesen. Eichmann selbst betonte: »Ich war nicht Kommandeur in Ungarn, sondern hatte ein Kommando – daher hatte ich in den einzelnen Kommandeurbereichen keine Zuständigkeit, es sei denn mit Genehmigung der Kommandeure der Sicherheitspolizei SD.« Servatius führte ein Dokument nach dem anderen an, das nach Eichmanns Ansicht bewies, dass höhere Mächte den Ton angegeben hatten. Beispielsweise zitierte er aus einem Schreiben von Thaddens an Veesenmeyer, dem zufolge Eichmann die Transporte organisieren würde, »[s]obald abschließende Weisung von Obergruppenführer Kaltenbrunner vorliege«. Als maßgebliche Personen in Budapest nannte Servatius Winkelmann, Jüttner und Becher. Und Eichmann? Der fand, die Dokumente würden beweisen, dass er »selbst mit der Fahrplanerstellung oder Gestellung nur am Rande beteiligt gewesen war«. Er habe beobachtet, berichtet und die Verbindung zur ungarischen Regierung aufrechterhalten. Das sei alles gewesen, versicherte er. Er habe nur ein kleines Büro gehabt, und darin sei es zumeist ruhig zugegangen. »Ich weiß, dass es unglaubwürdig klingt«, hatte er wohlweislich vorausgeschickt. Damit log er nicht.[116]

Als wollte er die Leichtgläubigkeit von Gericht und Publikum auf die Probe stellen, gab er sich anschließend wieder einmal als Freund der Juden aus. Nach den Verhandlungen mit Joel Brand gefragt, hob er hervor, dass er sie angeregt habe, weil Becher die Zuständigkeit in Auswanderungsfragen an sich zu ziehen versucht habe. Den bekannten Ablauf der Ereignisse umkehrend, erklärte er, Becher habe die Deportationen beschleunigen wollen, um die ungarischen Juden in Schrecken zu versetzen, damit sie seine Forderungen erfüllten. Über diesen Übergriff in seinen Kompetenzbereich verärgert, habe er nach einem Ausweg gesucht, um zurückzuerobern, was er als seine »persönliche Domäne« betrachtet habe. Dafür habe er eine Idee gebraucht, die Müllers Aufmerksamkeit habe wecken können. So sei es zu dem Angebot gekommen, eine Million Juden auswandern zu lassen, wenn Brand Lastkraftwagen und Verbrauchsgüter lieferte. Mit dem Vorschlag einer zehnprozentigen »Anzahlung« – 100 000 Juden – habe er Brand helfen wollen, die Alliierten davon zu überzeugen, dass die Nationalsozialisten es ernst meinten. Aber er bestritt, zu Brand gesagt zu haben, dass er den Betrieb von Auschwitz einstellen lassen könne – das habe allein in der Macht Berlins gelegen. Nachdem Berlin grünes Licht gegeben habe, sei er in Brand und später Kasztner gedrungen, die Angelegenheit voranzutreiben. Nur noch an den guten Ausgang der Sache habe er denken können, hätte sie ihn doch in sein »früheres Fahrwasser«, die Auswanderungsangelegenheiten, zurückgebracht.[117]

Als Servatius ihn mit Dokumenten konfrontierte, die ganz offenbar seine ablehnende Haltung gegenüber der jüdischen Auswanderung bestätigten, gab Eichmann der Behinderung durch Himmler die Schuld. Die Verantwortung für die letzten hektischen Deportationen schob er Veesenmeyer und dem HSSPF zu. Er selbst habe lediglich Vorbereitungen für die »Fußmärsche« getroffen.[118]

Drei Tage nach Beginn der Befragung über Ungarn kam Servatius auf die besonders schwer wiegenden konkreten Vorwürfe der Anklage zu sprechen, dass Eichmann an der unter Missachtung des Verbots der ungarischen Regierung durchgeführten Deportation von Juden aus dem Lager in Kistarcsa sowie an der Ermordung eines jüdischen Jungen in seiner Villa in Budapest beteiligt gewesen sei. Eichmann entgegnete, dass er nie eine Anweisung des ungarischen Staatschefs, die Deportationen zu beenden, unterlaufen habe. Dann schwächte er sein Dementi jedoch insofern ab, als er auf eine Vielzahl praktischer Hindernisse hinwies, die sich ihm entgegengestellt hätten, wenn er ungarische Vorschriften missachtet habe. Was die Ermordung des Jungen in seinem Garten anging, stritt er sie rundweg ab: »Zu dieser Frage kann ich nur sagen, dass ich nie einen Menschen getötet habe.«[119]

Im letzten Teil der Befragung seines Mandanten legte Servatius eine Reihe von Dokumenten vor, die Eichmann teilweise zu entlasten schienen. Das wichtigste war die Aussage des früheren SS-Richters Konrad Morgen im Nürnberger Prozess. Morgen, der Fälle von Korruption und Fehlverhalten in den Lagern verhandelt hatte, führte die Vernichtungspolitik auf Himmler zurück, der für die Ausführung die Dienste von Höß und Wirth in Anspruch genommen habe. Seiner Aussage zufolge war die »Organisation Eichmann« von deren Kommandos getrennt. Eichmanns Aufgabe habe »lediglich darin bestanden, die europäischen Juden in die KZ bezw. Vernichtungslager zu schaffen«.[120]

Danach blieb Servatius noch die Aufgabe, die Aussagen über Besuche an Mordstätten und in Todeslagern, die Eichmann ohne Zwang in seinen Verhören gemacht hatte, zu relativieren. Dazu bat er ihn, sich noch einmal an seine Reisen im Herbst 1941 und Anfang 1942 zu erinnern. Eichmann erzählte, dass er im Spätsommer oder Herbst 1941 zu Globocnik geschickt worden sei. In der Dezemberkälte habe er Chelmno besucht und Müller anschließend Bericht erstattet. Im Winter 1941/42 habe er in Minsk eine Massenerschießung miterlebt, und im Frühjahr 1942, nach der Entscheidung, die französischen und holländischen Juden zu deportieren, sei er nach Auschwitz gefahren. Mitte 1942 sei er dann erneut nach Lublin gereist, um Globocnik Briefe zu überbringen, durch die er im Nachhinein ermächtigt worden sei, die im Generalgouvernement lebenden Juden zu ermorden. »Ich habe diese Befehle [...] mit dem größten Widerwillen entgegengenommen«, betonte Eichmann. Er habe sogar darum gebeten, ihn von seinen neuen Pflichten zu entbinden, allerdings vergeblich. Er bestritt, jemals einen schriftlichen Befehl zum Völkermord gesehen zu haben oder über diese Reisen hinaus in irgendeiner Weise in die Vernichtung der Juden verwickelt gewesen zu sein.[121]

Am letzten Tag der Hauptvernehmung ging Eichmann kurz auf die eidesstattlichen Erklärungen der Zeugen der Verteidigung ein. Sie waren keine große Hilfe. Merten und Winkelmann hätten genauso gut als Zeugen der Anklage aussagen können, so sehr waren sie bemüht, sich selbst zu entlasten und Eichmann die ganze Schuld zu geben. Daher schenkte er ihnen nicht viel Beachtung. Ihre Hauptverwendung sollten die Erklärungen erst im weiteren Verlauf des Prozesses finden.[122]

Schließlich versuchte Servatius, Eichmanns Gewissen zu ergründen: Ob er gewusst habe, dass ein Teil der Menschen, deren Deportation er organisiert habe, getötet werden würden? Darauf antwortete Eichmann: »Ich habe die Transporte befehlsgemäß durchführen müssen. Und ich habe auch gewusst, dass ein Teil dieser Menschen in den Lagern getötet wird, das muss ich der Wahrheit gemäß bekennen.« Habe er sich deswegen schuldig gefühlt? Eichmann lavierte herum. Was einmal »gültig« gewesen sei, sei es nicht mehr. Juristische Schuld sei etwas anderes als »menschliche Schuld«. Die Deportationen seien von der politischen Führung beschlossen worden, die daher auch die Verantwortung für sie trage. Als Untergebener sei man verpflichtet gewesen, die von oben kommenden Befehle auszuführen. »Bei einer guten Staatsführung hat der Untergebene Glück«, erklärte er, »bei einer schlechten Unglück. Ich hatte kein Glück, denn das damalige Staatsoberhaupt gab den Befehl zur Vernichtung der Juden.« Ihm hätte der Tod gedroht, wenn er auf seinem Posten den Befehl verweigert hätte. Infolgedessen empfinde er persönlich keine Schuld. Er sei 1950 nicht nach Argentinien geflohen, weil er sich schuldig gefühlt habe, sondern weil er dem neuen westdeutschen Staat nicht zugetraut habe, einen fairen Prozess gewährleisten zu können. »Meine Stellung«, gab er zu bedenken, »ist die gleiche wie die von Millionen anderen, die zu gehorchen hatten. Der Unterschied ist nur der, dass ich einen viel schwereren Auftrag hatte, den ich befehlsgemäß durchzuführen hatte.« Und als »Geheimnisträger« habe er keine Möglichkeit gehabt, dem auszuweichen. Abschließend bleibe ihm »die Feststellung und das Bekenntnis: Ich bedaure und verurteile die von der damaligen deutschen Staatsführung angeordnete Vernichtungstätigkeit gegen die Juden. Ich selbst aber vermochte auch nicht über meinen Schatten zu springen. Ich war lediglich ein Werkzeug in der Hand stärkerer Mächte und stärkerer Kräfte und eines unerbittlichen Schicksals.«[123]

Am Nachmittag des 7. Juli 1961, nach einer zwanzigminütigen Pause, stand Gideon Hausner an seinem Pult, um das mit Spannung erwartete Kreuzverhör zu eröffnen. Es sollte fünfzehneinhalb Sitzungen in Anspruch nehmen, 50 Stunden, die den Höhepunkt von Hausners Karriere bildeten, den Augenblick, auf den er seit Wochen mit jedem Gedanken und aller Kraft hingearbeitet hatte. Doch seine Herangehensweise stellte alle vor ein Rätsel. Später behauptete er, er habe sich eines wütenden Frontalangriffs mit dem Ziel, Eichmanns Zusammenbruch zu erreichen, bewusst enthalten, um ihn langsam zu zermürben. Journalisten gegenüber sagte er, er wolle das von Eichmann aufgebaute passive Selbstbild zermalmen und durch ein Bild ersetzen, das Eichmann als einen Mann von grenzenloser Energie und umfassender Verantwortlichkeit zeige, der im Zentrum eines durch seinen Willen und seine Entscheidungen in Bewegung gesetzten Mordapparates gestanden habe. Er werde beweisen, dass Eichmann systematisch lüge, was sowohl seine Glaubwürdigkeit erschüttern als auch seine Fähigkeit schwächen werde, einzelne Anklagpunkte zu entkräften. Wie Hausner später schrieb, hatte er seinen Assistenten von Anfang an gesagt, dass es ihm »darauf ankomme, mit dem Kreuzverhör eben diesen Zweck zu erreichen. Es sei klüger, ihn Stück für Stück zu ›demontieren‹, als zu versuchen, ihn zusammenzuknüppeln [...].«[124]

Hausners Strategie ging nicht so auf, wie er es geplant hatte, und auch Eichmann ging nicht unvorbereitet in die Auseinandersetzung. Leon Poliakov schrieb später: »Die letzten beiden Wochen des eigentlichen Prozesses waren ein Duell zwischen Gideon Hausner und Adolf Eichmann, in dem der Angeklagte, seinen Verteidiger in den Hintergrund schiebend, außergewöhnliche geistige Beweglichkeit bewies und dem Ankläger einige Schläge beibrachte.« Der Generalstaatsanwalt begann betont aggressiv, indem er kurze Fragen quasi im Stakkato aufeinander folgen ließ und Eichmann ein ums andere Mal unterbrach. Dabei ging er derart rabiat vor, dass Richter Landau schließlich einschritt, um ihn zu zügeln. Eichmann war sichtlich beeindruckt von diesem Ansturm: Sein Gesicht zuckte, und er schluckte nervös. In seinen Memoiren prahlte Hausner: »Nach der ersten Kreuzverhörssitzung erklärte Eichmann, er habe eine schlaflose Nacht verbracht und könne die Befragung nicht aushalten; deshalb wurde die Fortsetzung auf den Nachmittag vertagt [...].« Tatsächlich wurde die nächste Sitzung abgebrochen, weil Eichmann sich nicht wohl fühlte, doch sie fand gar nicht am nächsten Tag statt. Hausner war offenbar entfallen, dass er das Kreuzverhör an einem Freitag begonnen hatte, so dass Eichmann über das Wochenende Zeit gehabt hatte, sich zu erholen. Dass die Verhandlung erst am Montagnachmittag fortgesetzt wurde, lag also nicht am machtvollen Auftritt des Generalstaatsanwalts, sondern daran, dass sich Eichmann tatsächlich krank fühlte.[125]

Es konnte keine Rede davon sein, dass sich Eichmann am Rande des physischen oder psychischen Zusammenbruchs befand. Im Gegenteil, »am Ende der ersten Sitzung war Hausner derjenige, der verärgert und kurzatmig wirkte«, wie Moshe Pearlman süffisant anmerkte. Eichmann erwies sich als überaus harte Nuss. Und Hausners Strategie war nicht geeignet, diese Nuss zu knacken. Seine Art der Befragung war abwechselnd auftrumpfend oder ging ins Leere. Häufig missdeutete er Dokumente oder verstand nicht, worauf Eichmanns Antworten abzielten, und mehr als einmal mussten die Richter ihn aus einer peinlichen Lage befreien.[126] Gegen Ende des Kreuzverhörs erlebte Hausner sogar die Demütigung, von Richter Landau zur Eile ermahnt zu werden. Eichmann hatte ihm mit einer Mischung aus schamlosen Lügen, Abschweifungen, Ausweichmanövern und ausgewählten Eingeständnissen der Wahrheit ausgebremst. Auf lange Sicht halfen diese Manöver Eichmann zwar nicht, aber der Anklage waren ein klarer Sieg und ein Schuldbekenntnis versagt geblieben.[127]

Zweifellos wurde immer wieder deutlich, zu welchen haarsträubenden Lügen Eichmann griff. Aber er verlor nur einmal die Fassung, und zwar im Zusammenhang mit den Sassen-Tonbändern. Als Hausner ihn gegen Ende des Kreuzverhörs auf seine Schilderungen über die Ereignisse in der Slowakei ansprach, gab er gereizt zurück: »Ich weiß nur eines, dass ich ab jetzt überhaupt nicht Stellung nehmen werde und keine Frage mehr beantworten werde, weil ich diese gesamten Dokumente als nicht wahr und nicht gegeben und nicht korrekt ansehe, aus den Gründen, die ich erklärt habe.« Das brachte Eichmann eine Ermahnung durch Richter Landau ein: »Auf Fragen werden Sie antworten, bis ich – der Vorsitzende – Sie davon befreien werde.« Eichmann entschuldigte sich, murrte aber weiter: »[...] ich habe das Gefühl, dass ich hier so lange gebraten werde, bis das Rumpsteak eben gar ist. Aufgrund einer Sache, die so voller Unzulänglichkeiten ist, wie dies ja haarscharf beweisbar ist.« Daraufhin unterbrach Landau die Verhandlung, damit Eichmann sich beruhigen konnte.[128]

Seine Verärgerung war nicht allein darin begründet, dass er mit seinen eigenen unbedachten Worten gefangen werden sollte. Vielmehr waren die Sassen-Tonbänder zweifelhaftes Beweismaterial. Eichmann legte nachdrücklich Einspruch dagegen ein, für Äußerungen zur Rechenschaft gezogen zu werden, die er nach eigenem Bekunden nicht getan hatte und deren Authentizität nicht über jeden Zweifel bewiesen worden war. Er hatte wiederholt verlangt, dass die Anklage die Echtheit der Transkriptionen beweisen solle, indem sie entweder die Tonbänder oder den Mann, der sie aufgenommen hatte, präsentiere oder aber Eberhard Fritsch, der bei einigen der Aufnahmesitzungen anwesend gewesen war, als Zeugen aufrufe. Dazu war die Anklage nicht in der Lage, obwohl Hausner sogar die Verhandlung in die Länge zog, um seinen Mitarbeitern mehr Zeit für die Verhandlungen über den Ankauf der Tonbänder zu geben. Unterdessen nutzte er das von den Richtern offen gelassene Schlupfloch, um Auszüge aus den Transkriptionen zu verwenden, so als ob Eichmann sie als echt anerkannt hätte – was er nicht getan hatte.[129]

Eichmann fand das umso frustrierender, als man ihm, wenn er

einmal die Wahrheit sagte, nicht glaubte. Zu seinem Pech interpretierte Hausner zudem viele Dokumente falsch. Aufgrund des begrenzten historischen Wissens der damaligen Zeit und der Art, wie die Anklagen gefasst waren, warf die Staatsanwaltschaft Eichmann Verbrechen vor, die er nicht begangen hatte. So wurde Eichmann geradezu gezwungen, den Inhalt von Dokumenten abzustreiten, aus denen die Anklage mehr herauslas, als sie enthielten. Das ließ ihn allerdings in noch schlechterem Licht erscheinen, als es ohnedies schon der Fall gewesen wäre, und machte den Prozess, im Nachhinein betrachtet, zur Farce.

Hausner begann das Kreuzverhör mit der Frage, ob Eichmann bei dem im Polizeiverhör abgelegten Geständnis bleibe, ein Mordkomplize zu sein, der keine Gnade verdiene. Eichmann bejahte es. Als Hausner ihn aufforderte, es vor Gericht zu wiederholen, machte er jedoch einen Rückzieher: Er gebe lediglich Komplizenschaft »von der menschlichen Schuldfrage heraus« zu. Einschränkend fügte er hinzu: »Vom rechtlichen Sektor aus gesehen, blieb mir nichts anderes übrig, [...] die Befehle [...] auszuführen.« Hausner wurde ungeduldig und drängte Eichmann, mit einem einfachen Ja oder Nein zu antworten. Doch mehr als das Bekenntnis »Menschlich schuldig, ja, weil ich an der Deportierung schuldig bin« erhielt er nicht.[130]

Danach versuchte Hausner ein Geständnis anderer Art zu bekommen, indem er Eichmann fragte, ob er in den Ruinen von Berlin gegenüber seinen Mitarbeitern nicht erklärt habe, dass er »fröhlich in die Grube springen« werde, da er wisse, dass er für die Vernichtung von fünf Millionen Juden verantwortlich sei. Eichmann wiederholte daraufhin die absurde Behauptung, er habe von fünf Millionen Feinden des Reichs gesprochen, also insbesondere von Russen, nicht von Juden. Als Hausner jedoch von ihm bestätigt haben wollte, dass er Juden mit Feinden gleichgesetzt hatte, verwies Eichmann auf Chaim Weizmanns angebliche »Kriegserklärung« gegen Deutschland von 1939 und bestätigte damit indirekt den Generalstaatsanwalt. Der nächste Angriff erfolgte mit Hilfe von Eichmanns Notizen aus Argentinien: Habe er nicht in dem Abschnitt über die »Endlösung der Judenfrage« geschrieben, dass Hitler den Juden den Krieg erklärt und sie als Feinde bezeichnet habe, die zu »vernichten« seien?

Eichmann entgegnete ausweichend, »Vernichtung« habe zu unterschiedlichen Zeitpunkten Verschiedenes bedeutet. Außerdem verwies er auf jene Passagen, in denen er seinen Widerwillen gegen den Übergang von der Auswanderung zur physischen Vernichtung – bei der andere Teile der SS federführend gewesen seien – ausgedrückt und über seine Bemühungen berichtet hatte, nicht in sie hineingezogen zu werden.[131]

Hausner wollte danach wissen, warum er sich dann 1945 versteckt habe und geflohen sei, wenn er sich nicht als Kriegsverbrecher betrachtet habe? Man habe ihm gesagt, dass er gesucht werde, antwortete Eichmann. Er sei abgetaucht, weil unterschiedslose Verhaftungen stattgefunden hätten und er kein Vertrauen in das Rechtssystem gehabt habe. Hausner fragte weiter, ob er glaube, dass Göring und die anderen in Nürnberg verurteilten NS-Führer den Tod verdient hätten? Doch damit gab er Eichmann nur eine weitere Gelegenheit, sein Verteidigungsargument zu wiederholen: »Nachdem es Befehlsgeber waren und daher verantwortlich waren, selbstverständlich«, und: »[…] die Verantwortlichkeit hängt an dem Befehlenden, nicht an dem Befehlsempfänger.«[132]

Da dieser Kurs ihn nicht weiterbrachte, wechselte Hausner zu der Frage, welche Einstellung Eichmann gegenüber den Juden gehabt habe. Sei er nicht schon immer ein Antisemit gewesen? Eichmann leugnete strikt, Juden jemals gehasst zu haben. Daraufhin zitierte Hausner die Passage aus Eichmanns argentinischen Notizen, in der er Wisliceny und Krumey vorwarf, sie hätten ungarische Juden entkommen lassen und Ungarn dadurch der Gnade der »jüdischen Geheimpolizei« überantwortet. Eichmann stritt ab, jemals etwas dergleichen geschrieben oder gesagt zu haben. Auch einen von antijüdischem Geist getränkten Brief über persische Juden wollte er nicht geschrieben haben: »Ich habe den Brief unterschrieben, aber der Text stammt nicht von mir.« Das Publikum reagierte darauf mit Hohn und Spott, was ihm eine Ermahnung von Seiten des Gerichts eintrug. Hausner hatte Fortschritte gemacht, aber den Nachweis, dass Eichmann Juden nicht gemocht hatte, konnte man wohl kaum einen Durchbruch nennen.[133]

Hausner versuchte, das Bild des notorischen Judenhassers zu

untermauern, indem er Eichmanns Eintritt in die NSDAP und seine Karriere in SS und SD abhandelte. Eichmann wiederholte, dass er bei seinem Eintritt in die NSDAP zwar über deren antisemitische Einstellung Bescheid gewusst, dem aber keine große Bedeutung beigemessen habe. Dem SD habe er sich aufgrund eines Missverständnisses über dessen Tätigkeitsfeld angeschlossen, und geblieben sei er nur aufgrund seines Eides. Während seiner Zeit im SD habe er die Juden als »Gegner« betrachtet, aber nicht als solche, die zu vernichten seien: »[...] ich nahm hier dauernd Bezug auf die selbst im Judentum vorhandenen Bestrebungen und Wünsche, eigenen Grund und Boden, ein eigenes Land unter die Füße zu bekommen, und schloss mich dieser Meinung voll und ganz an [...].«[134]

Eichmann beharrte auch in der nächsten Verhandlungswoche darauf, dass er sich zwar ganz auf die »Judenpolitik« konzentriert, aber wie der SD insgesamt keine gewalttätige Lösung der »Judenfrage« angestrebt habe. Jüngst aufgefundene Dokumente über den SD zeigen, dass er Recht hatte, aber 1961 klangen seine Antworten höchst unglaubwürdig. Als Hausner Eichmann verwundert fragte, ob er Hitlers Prophezeiung vom Januar 1939 gekannt habe, dass ein Weltkrieg zur Vernichtung der Juden führen würde, gab er zurück, damals habe niemand angenommen, dass damit die physische Vernichtung gemeint gewesen sei. In dieser Phase sei die Haltung gegenüber den Juden, ganz im Sinne des SD, ein »Politikum« gewesen. Selbst nachdem Hausner ihm das Eingeständnis abgenötigt hatte, dass er die Juden nach 1939 als Feind angesehen habe, fügte Eichmann hinzu, sie seien für ihn nicht mehr als ein »potentieller Gegner, der meinem Vaterland gefährlich werden konnte« gewesen. Es habe Feindschaft gegeben, aber er habe eine »beiderseitige Lösung« angestrebt. An diesem Punkt überreizte Eichmann sein Blatt. Indem er die Wahrheit, so unwahrscheinlich sie klingen mochte, ausschmückte, gab er sich eine Blöße. Die Zuschauer murrten über so viel Unsinn, und Hausner nutzte den Augenblick für den Nachweis, dass es keine jüdische »Kriegserklärung« gegeben hatte, die es gerechtfertigt hätte, die Juden als einen »Feind« einzustufen.[135]

Geschickt ging Hausner anschließend daran, Eichmanns Behauptung, er sei ein versteckter Zionist gewesen, als unglaubwürdig zu widerlegen. Wie habe er prozionistisch sei können, wenn er 1938 gehofft habe, in Palästina mit dem Großmufti zusammenzutreffen, und mit einer derart negativen Ansicht über die jüdischen Siedlungen nach Deutschland zurückgekehrt sei? Eichmann reichte die Verantwortung für den Bericht über seine Palästinareise an Herbert Hagen weiter. Das Gericht möge daran denken, dass er im selben Jahr die zionistischen Organisationen in Wien wiederbelebt habe. Das war zwar kaum ein Beweis für projüdische Neigungen, aber Hausner beließ es dabei und versuchte zum entscheidenden Stoß auszuholen, indem er auf die zahlreichen von Eichmann unterschriebenen Dokumente aus der Kriegszeit hinwies, in denen die Auswanderung nach Palästina abgelehnt wurde. Eichmann versuchte den Schlag zu parieren, indem er die Dokumente auf Himmlers Politik zurückführte, die umzusetzen seine Pflicht gewesen sei, oder sie auf wenig überzeugende Weise als Fälschungen abtat.[136]

Als Eichmann mit seinen Äußerungen aus dem Verhör konfrontiert wurde, erkannte er nur noch einen Teil von ihnen an: »Bei dem polizeilichen Verhör vergaß ich sowohl sehr viel, verwechselte sehr viel und hatte sogar auch zu meinen Lasten Dinge ausgesagt, die sich in Wahrheit gar nicht zugetragen haben [...].« Er habe nur einen Bruchteil der Dokumente einsehen können, deshalb habe er sich »nach 15, 20 und mehr Jahren kein Bild mehr machen« können.[137] Die Fehler in seinen Aussagen gegenüber Avner Less sollten ihn weiterhin verfolgen, aber es handelte sich bei ihnen tatsächlich nicht ausschließlich um juristische Kniffe, sondern ebenso um Irrtümer und Gedächtnislücken.

Auf Eichmanns Wiener Zeit zurückkommend, zitierte Hausner eine Stelle aus Mappe 17, in der Eichmann von der Befriedigung und Freude sprach, die er 1938/39 aus dem Programm der »forcierten Auswanderung« gezogen habe. Eichmann blieb bei seiner Linie und verteidigte sein Handeln: Sein Ziel sei es gewesen, die finanziellen Voraussetzungen für die Auswanderung armer Juden zu schaffen, indem er reiche gezwungen habe, »die kostspielige Auswanderung der armen Juden zu finanzieren«. Eine Beteiligung am Ausschluss der Juden aus Gesellschaft und

Wirtschaft stritt er rundweg ab. Er habe die jüdischen Funktionäre niemals missbraucht, »sondern die Zusammenarbeit war eine sachlich korrekte beiderseits«. Als er zu Günther sagte, er habe die Juden »in der Hand«, habe er bloß einen Witz gemacht. »Ich habe schließlich die ganzen Sachen aufgebaut«, fügte er hinzu, »und ich habe die Juden aus den Gefängnissen herausgeholt, und die jüdischen Funktionäre hatten sehr gerne mit mir zusammengearbeitet, ich habe nie das Gegenteil gehört.« In der Kristallnacht hätten jüdische Funktionäre in seiner Dienststelle Zuflucht gesucht. Er sei empört gewesen über die Zerstörung von Einrichtungen, die für die Bearbeitung von Auswanderern genutzt worden seien. Aber habe der Gewaltausbruch nicht die Auswanderung beschleunigt, wollte Hausner wissen? »Das bestreite ich nicht«, erwiderte Eichmann, »aber ich habe damit nichts zu tun.« Als Hausner ihn nach der Ohrfeige fragte, die er Josef Löwenherz gegeben hatte, reagierte er fast gekränkt darüber, dass dieser Vorfall erwähnt wurde: Das sei eine »Privatangelegenheit« zwischen den Beteiligten gewesen. Eichmann bestritt, dass er in Wien irgendwelche Vollzugsgewalt besessen hatte und irgendjemandem mit der Einweisung in ein Konzentrationslager gedroht habe. Der zweite Tag des Kreuzverhörs endete damit, dass Hausner aufgebracht und Eichmann augenscheinlich unerschütterlich war.

Am 11. Juli wandte sich Hausner dem ersten Kriegsjahr zu. Als Erstes kam er auf das Protokoll der von Heydrich geleiteten Sitzung am 21. September 1939 zu sprechen, auf der, wie er behauptete, die Vernichtung der Juden besprochen worden war. Eichmann bestritt, an ihr teilgenommen zu haben, und zog seine Aussagen im Verhör zurück. Hausner zeigte sich schlecht vorbereitet, denn er brachte Eichmanns Tätigkeiten in Berlin und Polen in den Jahren 1939/40 durcheinander, indem er die Referate IV D 4 und IV B 4 in einen Topf warf.[138]

Im Jahr 1939 hatte die NS-Führung den Massenmord an den Juden noch nicht ins Auge gefasst, und es ist kaum glaublich, dass Eichmann dies entfallen sein sollte. Aber aufgrund solcher Verwirrungen wurde die wahre Bedeutung der Nisko-Episode nicht deutlich. Eichmann antwortete auf Hausners Fragen mit einer Mischung aus Erfindungen und Fälschungen. So schrieb er den Plan fälschlicherweise jüdischen Funktionären zu und beschrieb ihn in quasi-zionistischen Begriffen als Siedlung auf dem Lande und Alternative zur Auswanderung. Es entsprach zwar der Wahrheit, dass die Deportierten Werkzeuge mitnahmen, aber er überzog dadurch den schäbigen Ausgang des Projekts mit falschem Glanz. Offenbar aber reichte es Hausner nicht aus, die Täuschung zu entlarven. Er wollte Nisko vielmehr als Auftakt des Völkermords hinstellen und Eichmann persönlich dafür verantwortlich machen. Eichmann war gekränkt und verfiel in sentimentales Geschwätz, aber was er hinzufügte, traf durchaus zu: »Und wenn ich hier erklärte, dass ich um jene Zeit von einem Vernichtungswillen, von einem Vernichtungsprogramm überhaupt noch nicht gehört habe, sondern dass die Tatsache, dass ich in Radom oder in Lublin [...] ein solches autonomes Gebilde habe fassen wollen, dann entspricht das der *Wahrheit*. Dass es mir schief gegangen ist, dafür kann ich nichts [...].«[139]

Der Schlagabtausch zwischen Staatsanwalt und Angeklagtem wurde immer erbitterter. Als Hausner Genaueres über den Madagaskarplan wissen wollte und Eichmann sich wiederum als Vorreiter zionistischer Ziele ausgab, verlor der Generalstaatsanwalt die Geduld. Er wollte Eichmann zu dem Eingeständnis bewegen, dass der Plan im antisemitischen Denken wurzelte, doch stattdessen führte Eichmann ihn auf Theodor Herzl zurück. Das war zu viel für Hausner: »Ich bin dafür, dass Sie nicht Namen anrufen, die zu erwähnen Sie nicht würdig sind.« Richter Landau ermahnte Hausner daraufhin: »Herr Hausner, ich verstehe die Bemerkung, aber ich muss Ihnen sagen, dass diese Bemerkung nicht am Platze ist, falls eine solche Bemerkung zur Erklärung erforderlich ist, ist der Angeklagte berechtigt, solche Bemerkungen zu machen und sich zu beziehen, auf wen er will.«[140]

Eichmann wies alle Beweise für den genozidalen Charakter des Planes zurück und behauptete, wenn die Nationalsozialisten 1940 die Absicht gehabt hätten, die Juden zu ermorden, wäre es nicht notwendig gewesen, sie nach Übersee zu schaffen. Als man den Plan zugunsten der Abschiebung nach Russland aufgegeben habe, sei er »sehr erbittert« gewesen. Das Ergebnis habe ihm vor Augen geführt, dass er »zu schwach und zu ohnmächtig«

gewesen sei, um seine Vorstellungen zu verwirklichen. Danach habe Himmler jede Gelegenheit versäumt, die Auswanderung wieder aufzunehmen, und er, Eichmann, habe die Politik weder im großen Ganzen noch in Einzelfällen ändern können.[141]

Hausner befand sich zwar auf dem richtigen Weg, als er den Madagaskarplan als im Wesentlichen genozidales Vorhaben charakterisierte, aber er irrte sich, als er ihn mit einem angeblichen Entschluss, alle Juden Europas zu ermorden, in Verbindung brachte. Auch als er das Ausmaß von Eichmanns Machtbefugnissen im Apparat des RSHA zu bestimmen versuchte, geriet Hausner in Schwierigkeiten. Er bat Eichmann zu bestätigen, dass er, wenn er Briefe mit dem Hinweis »i. A.« (im Auftrag) unterschrieb, eine Formel verwendet habe, die ihm eine Entscheidungsbefugnis zubilligte. Doch Eichmann widersprach: »i. A.« habe bedeutet, dass er erst nach Rücksprache mit seinem Vorgesetzten (Müller) seine Unterschrift unter das jeweilige Schriftstück habe setzen dürfen. Hausner hielt dies irrtümlich für eine Lüge und es gelang ihm nicht, zur Aufklärung des Falls beizutragen.[142]

In der folgenden Befragung über seine Kenntnis des Beschlusses zur physischen Vernichtung der Juden schlüpfte wieder Eichmann in die Rolle desjenigen, der Verwirrung stiftete. Er wiederholte, dass er Ende August oder im September 1941 davon erfahren habe. Hausner erinnerte ihn daran, dass er bereits vor dem September von der »kommenden Endlösung« gesprochen habe. Eichmann schien vergessen zu haben, dass sich die angesprochene Formel auf die erhoffte Abschiebung der Juden in die Weiten Russlands bezogen hatte, denn er erwiderte, dass damit der Madagaskarplan gemeint gewesen sei, den man, wie er versicherte, noch im August 1941 als reale Möglichkeit angesehen habe. Das war reiner Unsinn, denn es hatte keinerlei Vorbereitungen für eine Massenverschiffung auf die Insel gegeben, die sowieso wenig später vom Freien Frankreich besetzt worden war. Der Madagaskarplan war schon seit langem keine Option mehr gewesen. Auf Drängen Hausners und angesichts des lauter werdenden Murrens der Zuschauer wurde Eichmann unsicher und gab schließlich zu, dass die Deportationen vom Herbst 1941 nicht die Umsiedlung nach Madagaskar zum Ziel gehabt haben könnten.[143]

Dieser Schlag war schmerzlich für Eichmann, und es ist schwer verständlich, warum er nicht die Wahrheit gesagt hatte. Denn die Tatsachen hätten seiner Verteidigung weniger geschadet als seine in sich unschlüssige Erklärung. Möglicherweise hatte er die Zwischenphase vom März 1941 bis zum Ende des Jahres, in der die NS-Führung ihre Hoffnungen auf eine rasche Eroberung Russlands und die Abschiebung der Juden dorthin gesetzt hatte, einfach vergessen. Oder er hatte diese Pläne mit der Praxis der Deportation von Juden in »den Osten« zum Zweck ihrer Ermordung verwechselt, mit der er so wenig wie möglich in Verbindung gebracht werden wollte. Allerdings könnte es auch so gewesen sein, dass die Deportation nach Osten in den Gedanken der NS-Planer stets mit dem Massenmord verknüpft war. Dann befänden sich jene Historiker im Irrtum, die sie als letzten Versuch einer »territorialen Lösung« betrachten.

Aber wie dem auch sei, Hausner und Eichmann setzten ihr groteskes Wechselspiel aus Fehlinterpretationen und Missverständnissen mit Bezug auf Dokumente von Mitte 1941 fort. Hausner zitierte einen von Eichmann unterschriebenen Brief mit der Anweisung, die Auswanderung von Juden aus Belgien und Frankreich zu unterbinden, als weiteren Beleg dafür, dass die Vernichtung geplant gewesen sei. Wie sich herausstellte, war dies keineswegs der Fall, denn Eichmann erklärte, Zweck dieser Anweisung sei es gewesen, die Auswanderungsmöglichkeiten deutscher Juden zu verbessern. Als Hausner bei seiner falschen Anschuldigung blieb, wies ihn Richter Landau freundlich darauf hin, dass der Angeklagte in der Tat Recht habe. Hausner ließ sich gleichwohl nicht beirren. Daraufhin forderte Richter Raveh ihn auf, den Brief als Beweis fallen zu lassen. Jetzt endlich gab der Generalstaatsanwalt, wenn auch in ungnädigem Tonfall, auf – »wenn aber der Gerichtshof der Auffassung ist, dass der Brief eine Erklärung hat, dann lasse ich das fallen«.[144]

Eichmann konnte sich nicht lange an der Demütigung seines Gegenspielers weiden, denn der schwarze Peter wanderte umgehend zu ihm zurück, als er auf ebenso unüberlegte Weise abstritt, dass er Görings Ermächtigungsschreiben für Heydrich vom 31. Juli 1941 diktiert habe. Das widerspreche seiner Aussage im Sassen-Interview, wie Hausner erfreut feststellte. Seine

Behauptung, dass er nichts mit dem Schreiben zu tun habe, klang auch insofern unglaubwürdig, als Heydrich es später im Zusammenhang mit Eichmanns Aufgaben bei der Vorbereitung der »Endlösung« ausdrücklich erwähnte. Eichmann tat sich auch keinen Gefallen damit, dass er erneut eine Attacke auf das Sassen-Material ritt.[145] Er erweckte damit nur den Eindruck, als sei er ertappt worden. Dabei war die Angelegenheit vergleichsweise unbedeutend; er hätte ruhig zugeben können, dass er das Schreiben entworfen hatte, ohne sich als Helfershelfer des Völkermords zu belasten. Denn in dem Schreiben wurde Heydrich lediglich aufgefordert, die Mittel für eine »Gesamtlösung der Judenfrage« zu erkunden. Worin sie bestehen würde, wurde nicht gesagt. Zudem gab es Ende Juli 1941 noch keinen Völkermord, auch wenn die umfangreichen Massaker in der Sowjetunion bereits begonnen hatten: Die Politik blieb noch monatelang zweideutig. Aber aus irgendeinem Grund hatte sich Eichmann, statt eine einfache Wahrheit zu konstatieren, für ein kompliziertes Ausweichmanöver entschieden.

Hausner setzte den Versuch fort, Eichmann als Dreh- und Angelpunkt der »Endlösung« darzustellen. Habe Heydrich ihn nach der Wannsee-Konferenz nicht als seinen »berufenen Referenten« in dieser Angelegenheit bezeichnet? Eichmann bestritt dies vehement: »Ich bin kein berufener Referent für all diese Angelegenheiten gewesen. Ich habe die administrative Arbeit bekommen, um diese Sachen zu erledigen. Mit dem Sachlichen und Fachlichen habe ich nichts zu tun gehabt. Ich war zuständig für die Fahrplanerstellung [...].« Was die Konferenz angehe, so habe er lediglich die Einladung entworfen; an der anschließenden Durchführung der Politik seien zahlreiche Abteilungen des RSHA beteiligt gewesen. Sein Vorgesetzter sei weiterhin Müller gewesen, nicht Heydrich. Diese nicht sehr glaubwürdigen Ausführungen lösten unter den Zuschauern erneut Unruhe aus, und die Richter verlangten eine genauere Auskunft. Richter Halevi fragte Eichmann, was er denn allein geleitet habe? Eichmann antwortete, dass er bloß für »Transportangelegenheiten« zuständig gewesen sei und Befehle höherer Dienststellen an ausführende Organe weitergeleitet habe. Als Hausner die eidesstattlichen Erklärungen von Mildner, Six und Wisliceny, in denen Eichmann eine etwas größere Rolle zugeschrieben wurde, ins Feld führte, bestritt Eichmann erneut deren Richtigkeit. Hausner fragte sarkastisch: »Und Sie erwarten wirklich, dass Ihnen jemand Glauben schenkt? Dass [Sie] als Nachrichtenübermittler, als Sendejunge, als Megaphon [gedient haben]?« Eichmann blieb eisern bei seiner Linie und antwortete: »Jawohl, das würde man mir glauben, wenn man die Urkunden liest.«[146]

Am dritten Tag des Kreuzverhörs versuchte Hausner, Eichmann auf dem falschen Fuß zu erwischen, indem er von einem Dokument zum anderen sprang. Aber Eichmann hielt stand. Er bestritt, in ständiger Verbindung zu den Konzentrationslagern gestanden zu haben, und unterstrich zum wiederholten Mal, dass er bloß den Transport von Juden von einem Ort zum anderen organisiert habe. Aber habe er Auschwitz denn nicht häufig besucht? Darauf Eichmann: Wenn er dorthin gefahren sei, dann nur auf Befehl. Er habe Befehle empfangen, nicht gegeben. Doch seine Bemühungen, seine Funktionen und die Praxis des Massenmords voneinander zu trennen, zahlten sich nicht aus. Wenn er etwa ausführte, dass andere Abteilungen und höhere Beamte, wie Müller und Glücks, die Schlüsselentscheidungen darüber getroffen hätten, wie viele Juden wann nach Auschwitz geschickt werden sollten, blieb immer noch die Frage offen, wie er diese Befehle hatte weiter befolgen können, nachdem er gesehen hatte, was sie bewirkten.[147]

Während Hausner also das Ausmaß von Eichmanns Aufgabengebiet zu beweisen versuchte, wollte Eichmann zeigen, dass seine Arbeit auf die Organisation der Transporte beschränkt war. Nach seiner Darstellung waren andere Abteilungen damit befasst, Rechtsvorschriften zu entwerfen, Finanz- und Eigentumsfragen zu klären oder die Behandlung ausländischer Juden zu regeln. Nachdrücklich hob er hervor, dass er weder im Generalgouvernement noch in den Ghettos irgendwelche Befugnisse gehabt habe; dort seien die Befehlshaber der Sipo und des SD zuständig gewesen, und die Konzentrationslager seien vom WVHA betrieben worden. In den Augen des Anklageteams und der Richter, die von einem einfachen Bild des Dritten Reichs als eines zentralisierten Führerstaats mit einer streng integrierten

Organisationsstruktur ausgingen, musste die Vorstellung einer solchen Kompetenzaufteilung absurd erscheinen.[148]

Wie bewertete Eichmann selbst seine instrumentelle Funktion in einem Programm, durch das immerhin Millionen von Menschen in den Tod geschickt wurden? »Das störte mich wohl sehr«, versicherte er und verwies erneut auf sein Unbehagen und seine Versetzungsgesuche. Daraufhin hielt ihm Hausner vor, dass er sich gegenüber Sassen als »Idealisten« bezeichnet habe. Eichmann erwiderte, er habe dies über seine Tätigkeit auf dem Gebiet der Auswanderung gesagt. Das Transkript sei irreführend. »[...] ich habe diese jüdische Angelegenheit aus Idealismus so lange gemacht, solange es sich um aufbauende Werte handelte, aber nicht ab dem Augenblick, als es sich um abbauende Werte handelte. Das Negative habe ich nie als Idealist gemacht, sondern das Gegenteil, als Pessimist [...]« Das war nicht überzeugend. Hausner beendete den Tag mit einem starken Auftritt, indem er konkrete Beispiele für die Entschlossenheit anführte, mit der Eichmann eine Politik umgesetzt hatte, die er angeblich für »negativ« hielt. Eines der vernichtendsten Beispiele war der Wutausbruch gegenüber Röthke, nachdem dieser einen Deportationszug gestrichen hatte. Eichmann mochte einen innerbürokratischen Streit ausgetragen haben, als er Röthke zurechtwies, doch zwei Jahrzehnte später war die Wirkung seiner Worte gewaltig. Sie zeigten ihn in der Tat als Idealisten oder, genauer gesagt, als fanatischen »Völkermörder«.[149]

Als das Kreuzverhör am 13. Juli fortgesetzt wurde, trat Hausner ruhiger und gemäßigter auf. Er befragte Eichmann erneut über die Aufgaben des Referats IV B 4 und den Umfang seiner eigenen Verantwortlichkeit, erhielt aber nur die üblichen ausweichenden Antworten. Dann verengte er das Thema auf die Gaslieferungen in die Vernichtungslager. Eichmann behauptete, dass Günther sie mit einem Sonderauftrag von Müller bearbeitet haben müsse. Mit dieser Antwort nicht zufrieden, warf Richter Landau eine einfache Frage ein: Warum hätte man die Gaslieferungen vor ihm geheim halten sollen, wenn er von den Gaskammern gewusst habe? Darauf wusste Eichmann zuerst keine Antwort: »Das sind Dinge, Herr Präsident, die ich mir selbst nicht zusammenreimen kann [...].« Er sei verwirrt und bringe die Dinge mit dem, was er später gelesen habe, durcheinander. Zum ersten Mal schien Eichmann unverkennbar in die Defensive gedrängt zu sein.[150]

Hausner brachte seinen Angriff mit größerer Zuversicht zu Ende, indem er Eichmann weiter über seine Pflichten und Befugnisse befragte und zu einem lehrbuchmäßigen Schlag hinsichtlich seiner Motive ausholte. In Argentinien, begann er, habe Eichmann angedeutet, dass er immer noch ein Nazisympathisant sei, indem er jemandem Illoyalität vorgehalten habe. Was habe ihn damals aufgebracht, der Vertrauensbruch dieser Person oder die Tatsache, dass dieser den nationalsozialistischen Idealen abgeschworen hatte? Was sei ihm wichtiger gewesen, seinen Eid einzuhalten oder einen Massenmord zu vermeiden? Eichmann versuchte sich aus dem Dilemma herauszuwinden, indem er jede Beteiligung am Massenmord leugnete. Also fragte ihn Hausner, ob er jemanden, der am Judenmord beteiligt gewesen sei, als Verbrecher betrachte, beispielsweise Höß. Darauf Eichmann: »Es war ein unglücklicher Mensch gewesen.« Er versuchte unter allen Umständen zu vermeiden, Höß als kriminell zu denunzieren, da er genau wusste, dass dies früher oder später auf ihn zurückfallen würde. Es hänge alles von der jeweiligen Person ab, erklärte er. Er könne nur sagen, wie er selbst gehandelt hätte. Hausner fragte ihn, ob er seinen Vater erschossen hätte, wenn man ihm dies befohlen hätte. Darauf antwortete er, dass er sogar das getan hätte, wenn man ihm einen Beweis für dessen Verrat vorgelegt hätte. Hätte er die Juden getötet, wenn sie nachweislich Verräter gewesen wären? Eichmann versuchte einer eindeutigen Antwort auszuweichen, indem er feststellte, dass er keine Juden getötet habe, und den Gedanken äußerte, dass er ein Buch schreiben wolle »als abschreckendes Beispiel für die jetzige und für die kommende Generation«. Richter Landau reichte dies nicht aus, er verlangte eine Antwort. Jetzt war Eichmann in die Enge getrieben: »[…] dann muss ich erklären, dass ich diesen Mord, diese Vernichtung an den Juden für eines der kapitalsten Verbrechen innerhalb der Menschheitsgeschichte betrachte.« Aber was, hakte Richter Halevi nach, habe er in der NS-Zeit davon gehalten? Eichmann wiederholte, dass er schockiert gewesen sei, als er tote Juden *en masse* gesehen habe, und um seine Versetzung ersucht habe. »Ich habe abschließend zu erklären«, betonte er, »dass ich persönlich diese gewaltsame Lösung schon damals als nicht zu Recht bestehend betrachtet habe, schon damals als eine grässliche Tat betrachtet habe, zu der ich bedauerlicherweise die Aufgaben auf meinem Sektor, die transporttechnischen Angelegenheiten, bearbeiten musste und von diesem Eid nicht entbunden wurde.« Aber sei das ein Verbrechen gewesen? Wenn, so habe er damals gedacht, dann träfe seine Vorgesetzten die Schuld, denn diese hätten die Befehle erteilt. Daher habe er sich »vor seinem Innern nicht verantwortlich und [...] der Schuld ledig« gefühlt. »Ich war heilfroh gewesen«, fuhr er fort, »dass ich mit der direkten physischen Vernichtung nichts zu tun hatte. Mir reichte schon allerdings jener Teil, zu dem ich befohlen war.«[151]

Hausner ließ nicht locker. Habe er nicht Sassen gegenüber bestritten, dass er jemals vor seinen Pflichten habe fliehen wollen? Die Tatsache, dass Eichmann seinen angeblichen Versetzungswunsch nicht durch Dokumente belegen konnte, sprach für sich, sosehr Eichmann das Sassen-Material auch in Zweifel zog. Zu seinem Leidwesen teilte Hausner dem Gericht noch einen weiteren Satz daraus mit: »Nein, mich reut gar nichts, ich krieche in keiner Weise zu Kreuze.« Tatsächlich habe er sogar gesagt, dass er »zufrieden« gewesen wäre, wenn die 10,3 Millionen Juden allesamt getötet worden wären. Eichmann wies den Wortlaut zurück, gab aber zu, dass er gesagt haben könnte, dass »mit Reue [...] nichts gemacht« sei. Möglicherweise war es dumm, aber er fügte noch hinzu, dies bedeute, dass Reue »etwas für kleine Kinder« sei; wichtiger sei es, seine Lehren zu ziehen.[152] Es ist schwer nachvollziehbar, was er damit zu erreichen hoffte. Glaubte er, mit nüchterner Objektivität seine Glaubwürdigkeit stärken zu können? Fürchtete er, Bekundungen von Mitleid oder Sentimentalität würden als aufgesetzt angesehen werden? Oder sprach hier der unverbesserliche SD-Mann? Aufgrund der geschickten Manöver des Generalstaatsanwalts spielte es diesmal wohl keine Rolle, in welche Richtung er sich bewegte.

Während der restlichen Sitzung fielen Eichmanns Antworten recht unsicher aus. Er zog weitere Teile seiner Aussagen im Polizeiverhör zurück, indem er bestritt, dass er die direkte Befehlsgewalt über seine Vertreter im Ausland hatte, und behauptete, er habe lediglich Befehle von Müller an sie weitergeleitet. Hausner wandte spöttisch ein: »Es gibt eine Grenze für das, was Sie zurücknehmen können.« Als Eichmann sich spitzfindig über die Bedeutung eines von Dannecker verfassten Dokuments stritt, in dem von seiner, Eichmanns, »Führung« die Rede war, sagte ihm Hausner, wenn er sich »weiter lächerlich machen« wolle, könne er das tun. Der Tag endete damit, dass Eichmann seine frühere Aussage korrigierte und behauptete, er sei im Jahr 1941 nicht zum Zeugen der Ermordung von Juden geworden. Der 13. Juli war kein Glückstag für ihn gewesen. Hausner konnte das Beit Ha'am zum ersten Mal mit dem sicheren Gefühl verlassen, dass er Eichmanns Image zerstört und seine Glaubwürdigkeit beträchtlich vermindert hatte.[153]

Als das Kreuzverhör am nächsten Tag weiterging, verlor Hausner zwar seine Schwungkraft, aber das verschaffte Eichmann wenig Erleichterung. Thema der Befragung waren zunächst die Befehls- und Kontrollbefugnisse des Referats IV B 4, dann Eichmanns Beziehungen zu Beamten in Frankreich, Rumänien, Bulgarien und Serbien. Erneut stellte sich Eichmann durch die mittlerweile geläufige Mischung aus Weitschweifigkeit, Leugnen, Täuschung und Teilgeständnissen in ein schlechtes Licht. Und wenn er einmal die Wahrheit sagte, stellte er sich durch seinen Hang zum Ausschmücken selbst ein Bein. Anstatt beispielsweise unmissverständlich zu erklären, was in Serbien geschehen war, warf er Rademacher vor, er hätte die Bemerkung »Eichmann schlägt Erschießen vor« frei erfunden. Allem Anschein nach akzeptierte Eichmann nur solche Dokumente, die es ihm erlaubten, seinen Tätigkeitsbereich so eng wie möglich zu begrenzen, und bestritt alles, was sich nicht durch solche Dokumente belegen ließ. Gleichzeitig lehnte er alle Dokumente ab, die für seine Verteidigung nicht von Nutzen waren. »Gibt es überhaupt einen Adolf Eichmann ohne Dokumente«, spottete Hausner über die zuckende Gestalt in dem Glaskasten, »oder ist Adolf Eichmann lediglich eine Sammlung von den 1600 Dokumenten, welche das Büro 06 sammeln konnte?«[154]

Die Rademacher-Bemerkung verschaffte Hausner einen großen Tag, auch wenn er sie völlig falsch interpretierte. Dass Eichmann seine Verantwortung bestritt und versicherte, er habe nicht die Macht besessen, irgendwelche Mordaktionen in Serbien anzuordnen, war wenig überzeugend. Am Ende jammerte er nur noch Mitleid heischend: »[...] ich werde nun ein Opfer einer solchen unbegründeten Randnotiz.«[155] Es klang, als wäre er weniger über das Verbrechen als vielmehr darüber bekümmert, dass seine Komplizen Spuren hinterlassen hatten. Am Ende der ersten vollen Woche des Kreuzverhörs herrschte eine völlig andere Atmosphäre als am Anfang. Eichmanns Hauptverteidigungslinie war zusammengebrochen, und er befand sich in einem verzweifelten Rückzugsgefecht.

Nach dem Wochenende kam Hausner auf Eichmanns Rolle bei den Deportationen in Polen in den Jahren 1939/40 zurück. Insbesondere interessierten ihn die Vertreibung der Juden aus Stettin und die Behandlung der Einwohner des Ghettos von Zichenau (Ciechanów). Eichmann wich wie üblich aus und bestritt jegliche Verantwortung, was im Publikum die gewohnten Unmutsäußerungen auslöste. Als Eichmann wieder einmal die in sich widersprüchliche Behauptung von sich gab, er habe Juden gerettet, indem er sie nach Lodz schickte, musste der vorsitzende Richter die Zuschauer zur Ordnung rufen. Doch Hausner vermochte seine frühere Schwungkraft nicht wiederzuerlangen. Er wiederholte sich und machte Fehler. Manchmal konnte er auch Erfolge verbuchen, etwa, als er Eichmann dazu brachte, Wetzels Briefentwurf für eine Fälschung zu erklären und seine Aussagen im Polizeiverhör zu widerrufen. Bei anderen Gelegenheiten aber übertrieb er seine Bemühungen, Eichmann mit den Gräueln in den Lagern und Ghettos in Verbindung zu bringen, auch wenn er damit offensichtlich die Wünsche des Publikums erfüllte. Auf das Wissen um einen Warschaubesuch Eichmanns gestützt, warf er ihm vor, er sei an der Liquidierung des Warschauer Ghettos beteiligt gewesen. Das war Unsinn, auch wenn einige Zuschauer Eichmanns Hinweis, dass das RSHA im Generalgouvernement lediglich begrenzte Befugnisse gehabt habe, erneut mit wütenden Zwischenrufen quittierten.[156]

Ab dem 18. Juli versuchte Hausner scheinbar, Eichmann zu einem Geständnis zu bringen, indem er bestimmte Themen aus einem anderen Blickwinkel betrachtete. Später gab er zu, dass die

Wiederholungen einen anderen Grund gehabt hatten: Er wollte das Kreuzverhör hinausziehen, damit seine Mitarbeiter mehr Zeit hatten, die Sassen-Tonbänder zu erwerben. Die Folge war, dass Richter Landau ihn mehrfach zur Eile mahnte, etwa während eines Streites über die Wannsee-Konferenz und die ins Auge gefassten Opferzahlen. Landaus Unmut hatte schließlich zur Folge, dass Hausner die Ereignisse in den Niederlanden und die Aktivitäten des Referats IV B 4 in Westeuropa gewissermaßen im Galopp abhandelte. Besonders erhellend war weder die eine noch die andere Methode.[157]

Vom Gericht dazu gedrängt, zum Ende zu kommen, geriet Hausner ins Stolpern, etwa, als er Eichmann über die Bedeutung des Begriffs »Sonderbehandlung« befragte. Eichmann antwortete zutreffend, dass er mehrere Bedeutungen besessen habe, darunter auch diejenige der »Tötung«. Hausner beharrte jedoch darauf, dass er nichts anderes als ein Euphemismus für Mord gewesen sei, doch Eichmann blieb trotz des von Hausner ausgeübten Drucks hartnäckig bei seiner Antwort und verwies darauf, dass die Behandlung der KZ-Insassen auf jeden Fall Sache des WVHA gewesen sei. An dieser Stelle mischte sich Richter Landau erneut ein, um Hausner darauf aufmerksam zu machen, dass Eichmann den historischen Studien zufolge nichts verberge.[158]

Bei anderen Gelegenheiten war Eichmann derjenige, dem es an Überzeugungskraft mangelte. So blieb er eine schlüssige Erklärung dafür schuldig, warum sein Referat die Beschaffung von Skeletten für die anatomische Forschung übernommen hatte, und die Darstellung der Beteiligung seiner Mitarbeiter an den Gesprächen über die Sterilisation war geradezu lächerlich: Angeblich hätten die Vertreter des Referats IV B 4 an einer Sitzung teilgenommen, weil dies eine Gelegenheit gewesen sei, ihre »normale, trockene Schreibtischarbeit zu unterbrechen«. Die eigentlich für die Sterilisation zuständigen Rechtsexperten hätten die Besprechung nur deshalb in der Kurfürstenstraße abgehalten, weil in ihren eigenen Dienststellen kein Raum verfügbar gewesen sei. Hausner konnte mit seiner Gießkannenmethode also einige Treffer erzielen, wenn auch eher zufällig. Als er jedoch nachzuweisen versuchte, dass Eichmann eine Sonderbeförderung erhalten hatte, wendete sich das Blatt wieder. Erneut machte er den Eindruck, als wären ihm die Fakten nicht ganz geläufig.[159]

Auch Hausners wohl hundertster Versuch, Eichmann in die Aktivitäten der Einsatzgruppen zu verwickeln, führte zu neuen Verwechslungen und Verwirrungen, diesmal wieder auf Seiten Eichmanns. Als Hausner erneut auf die Sassen-Tonbänder zu sprechen kam, hatte Eichmann schließlich genug und weigerte sich, weitere Fragen zu beantworten. Es war ein dramatischer Augenblick.[160]

Am vorletzten Tag des Kreuzverhörs kam Hausner endlich auf die Ereignisse in Ungarn zu sprechen. Er befragte den nun wieder zur Aussage bereiten Eichmann nach den Vorbereitungen der Operation und hielt ihm vor, dass er im Interview mit Sassen geprahlt habe, Himmler hätte Müller angewiesen, den »Meister selbst« hinzuschicken. In seiner Erwiderung beteuerte Eichmann zunächst, er habe keine Ahnung davon gehabt, dass die Aktion auf die Deportation der Juden nach Auschwitz abgezielt habe. Sich selbst widersprechend, fügte er jedoch hinzu, er sei lediglich nach Budapest geschickt worden, um ausländische Juden von der Deportation auszunehmen. Alles andere sei von den Ungarn selbst angeregt, organisiert und durchgeführt worden. Er bestritt, irgendwelche Lager oder Ghettos in Ungarn besucht zu haben, und beschrieb die Fahrt in die Karpaten, die er zusammen mit Endre unternommen hatte, als eine Art Urlaubsreise: »Endre ging seinen dienstlichen Obliegenheiten nach – ich bin im Hotel geblieben während dieser Zeit [...].« Zum lautstarken Missfallen der Galerie beharrte er darauf, dass er dem lokalen BdS sowie dem HSSPF Winkelmann unterstellt gewesen sei. Seine langatmigen, abschweifenden Antworten erschöpften sogar Richter Landaus Geduld.[161]

Dann betrat Hausner das Minenfeld von Eichmanns Verhandlungen mit Brand und Kasztner. Eichmann erzählte die bekannte Geschichte, der zufolge er über Bechers Einmischung in sein ureigenes Gebiet der jüdischen Auswanderung empört gewesen sei und sich, um die Initiative wiederzuerlangen, den Plan ausgedacht habe, eine Million Juden im Gegenzug für die Lieferung von Lastkraftwagen und Verbrauchsgütern auswandern zu lassen. Mit den Deportationen nach Auschwitz wollte er nichts zu tun gehabt haben; Höß habe ihn nur in Budapest besucht, »um die Altersgrenze und die Arbeitsfähigkeit der zu deportierenden Juden zu überprüfen«. Das war kaum glaubhaft, und selbst wenn es wahr gewesen sein sollte, warf es doch die Frage auf, wie er in aller Unschuld den Transport der Arbeitsunfähigen in ein ihm nur zu vertrautes Vernichtungslager organisieren konnte. Von Hausner bedrängt, war er schließlich zu dem Eingeständnis gezwungen, dass er selbst nach Auschwitz gefahren sei, um die Zahl der zu Deportierenden und das Tempo der Deportationen zu vereinbaren.[162]

Am letzten Tag des Kreuzverhörs befand sich Eichmann in seiner schwächsten Position, und er schlug sich nicht gut. Trotz eines Berges von Beweisen bestritt er, dass er die Fußmärsche initiiert hatte, und schob Winkelmann und Veesenmayer die Schuld zu. Mit seinen eigenen gegenteiligen Worten aus dem Interview mit Sassen konfrontiert, gestand er jedoch ein: »Dazu« – die Fußmärsche vorgeschlagen zu haben – »bekenne ich mich, jawohl.« Anschließend versuchte er sich allerdings wieder herauszuwinden, indem er erklärte, er habe lediglich die Verpflegung und die »Rastplätze« organisiert; seine Bemühungen seien indes von den Ungarn durchkreuzt worden. Im Saal wurde es laut, und Richter Landau musste um Ruhe bitten. Aber Hausner ging offenbar nicht nur die Zeit, sondern auch die Kraft aus. Hastig handelte er den Anklagepunkt der Beteiligung an der Ermordung eines Jungen im Garten von Eichmanns Budapester Villa sowie dessen angebliche Zusammenarbeit mit dem Großmufti, um die Auswanderung von Juden nach Palästina zu verhindern, sowie eine Reihe weniger bedeutender Themen ab.[163]

Das Kreuzverhör endete mit einem Streit über die Sassen-Transkriptionen. Hausner bat das Gericht, alle Transkriptionen als Beweismittel anzuerkennen, die Eichmann nicht bestritten hatte und die durch seine Aussagen in der Verhandlung praktisch bestätigt worden waren. Außerdem forderte er das Gericht auf, die Transkriptionen in Gänze zu berücksichtigen. Doch Richter Landau erklärte, dass es zu spät sei, solches Material vorzulegen, und fragte Servatius nach seiner Meinung. Unnötig zu sagen, dass der Verteidiger die Transkriptionen für »unzulässig« hielt und fand, dass es zu spät war, neue Beweismittel einzubringen. Zudem habe sein Mandant die Authentizität des Materials bestritten, und die Staatsanwaltschaft hätte Sassen vorladen müssen, um die Glaubwürdigkeit seiner Transkriptionen zu untermauern. Nachdem sich das Gericht beraten hatte, ließ es jene Passagen zu, die Eichmann mit Korrekturen versehen hatte. Das war mehr als genug Munition für den Generalstaatsanwalt.[164]

Servatius versuchte in der nochmaligen Vernehmung Eichmanns, den von Hausner verursachten Schaden wenigstens teilweise zu beheben. Er gab seinem Mandanten Gelegenheit zu der Erklärung, dass er, wenn er Dokumente als »Fälschungen« bezeichnet habe, gemeint habe, dass er sie nicht kenne. Wenn sein lückenhaftes Gedächtnis ihn veranlasst habe, die Echtheit von Dokumenten anzuzweifeln, bedeute dies nicht, dass er nicht bereit sei, ihren Inhalt zu akzeptieren. Servatius tat sein Möglichstes, um die Beweiskraft der Sassen-Tonbänder zu untergraben. Sie seien unter besonderen Umständen aufgenommen worden; sein Mandant sei betrunken gemacht und dazu verleitet worden, seine Aussagen auszuschmücken und aufzubauschen. Sassen habe eine »Tendenz« verfolgt, und Eichmann sei aufgrund seines lückenhaften Gedächtnisses, und weil ihm weder Bücher noch Dokumente zur Verfügung gestanden hätten, für die Unterstellungen seines Gegenübers anfällig gewesen. Sein Mandant habe schon damals Tatsachenverdrehungen befürchtet, aber Sassen habe solche Bedenken beiseite gewischt. Das Ergebnis sei eine unentwirrbare Mischung von Tatsachen und Erfindungen.[165]

An einer anderen für die Verteidigung entscheidenden Front ging es um Eichmanns Stellung und Befugnisse in Ungarn. Zum Beweis seiner untergeordneten Position und seines geringen Handlungsspielraums ließ Servatius seinen Mandanten erklären, dass er wohl kaum Veesenmayer oder Winkelmann hätte Befehle erteilen können. Das Beispiel Ungarn verallgemeinernd, wies Servatius anschließend darauf hin, dass Eichmanns Vertreter an anderen Orten den diplomatischen Vertretungen des Dritten Reichs zugeordnet gewesen seien und daher nicht dem Referat IV B 4, sondern dem Auswärtigen Amt unterstanden hätten. Er gab Eichmann Gelegenheit, klar und deutlich zu wiederholen, dass Müller, das Auswärtige Amt und das WVHA sowohl das Tempo als auch die Zielorte der Deportationen bestimmt hätten. Er selbst habe weder die Deportations- noch die Massenmordmaschinerie stoppen können. Zu einem anderen schwierigen Thema übergehend, legte Servatius in knappen Worten dar, dass die Juristen des Referats IV B 4 und des Innenministeriums für Entwurf und Umsetzung der Vorschriften über das Eigentum der inner- wie außerhalb des Reichs lebenden Juden verantwortlich gewesen seien.[166]

Im Zuge seiner Aufräumarbeiten ließ Servatius seinen Mandanten auch die unglaubliche Behauptung einschränken, Günther habe innerhalb des Referats IV B 4 auf Befehl Müllers insgeheim die Gasbeschaffung für die Vernichtungslager organisiert. Eichmann blieb aber dabei, dass er nichts damit zu tun gehabt habe. Überzeugender war Servatius, als er den gegen Eichmann erhobenen Vorwurf zurückwies, er habe die Erschießungen in Belgrad angeordnet. Auch die Schlussfolgerung, SS-Richter Morgen hätte wegen Schwerverbrechen gegen Eichmann ermittelt, konnte er entkräften. Eichmann erfreute das Gericht mit einem Bericht darüber, wie er 1943 in den Verdacht geraten sei, Diamanten veruntreut zu haben, der Ermittler sich später aber bei ihm entschuldigt habe.[167]

Während Servatius in einzelnen Punkten Boden gutmachte, blieb die allgemeine Linie der Verteidigung dieselbe und ebenso angreifbar wie bisher. Von Servatius aufgefordert zu erläutern, inwiefern seine Vorkriegstätigkeit in Wien, das Nisko-Projekt und der Madagaskarplan »vorteilhaft« für die Juden gewesen seien, wiederholte Eichmann seine Behauptung, die jüdischen Funktionäre, mit denen er zu tun gehabt habe, hätten die »Auswanderungsforcierung« selbst angestrebt. Für sie sei eine Ansiedlung im Ausland besser gewesen als die höllischen Zustände in Wien und Berlin. Wer für diese Zustände verantwortlich war, ließ er wohlweislich unerwähnt. Der Abbruch des Nisko-Projekts sei ein dauerhafter Rückschlag für sein Anliegen gewesen.[168]

Servatius ging das Risiko ein, Eichmann Fragen zu stellen, die auf dessen Interview mit Sassen beruhten. Trotz seiner vehementen Diskreditierung dieser Quelle benutzte er Eichmanns erinnerte Äußerungen gegenüber Kasztner, um das Argument zu untermauern, dass nur Himmler oder Pohl den Vernichtungsprozess hätten stoppen können. Außerdem zitierte er einzelne positive Bemerkungen, die Eichmann über Juden gemacht hatte, um dessen Bild als Mann ohne antisemitische Vorurteile zu stärken. Eichmann war vorsichtiger und lehnte es ab, die Tonbänder anzuerkennen. Er ergänzte lediglich, dass er »nicht Antisemit sein konnte aus verschiedenen privaten Gründen«, und zog den Schluss: »Und daraus [...] resultiert automatisch, dass ich nicht in den Juden von mir aus meinen persönlichen Feind gesehen habe [...].« Welches diese mysteriösen Gründe waren, sollte sich noch in der Befragung durch die Richter herausstellen.[169]

Jetzt waren die Richter an der Reihe. Ihre Befragung war intensiv und wurde sowohl in Bezug auf die Methode als auch hinsichtlich des Ergebnisses allgemein als beispielhaft betrachtet. Aber sie befanden sich auch in einer einfacheren Position als Hausner. Eichmann betrachtete sie als gebildete Deutsche, und als wollten sie diese kulturelle Affinität unterstreichen, führten sie ihre Vernehmung in Deutsch durch. Eichmann hoffte offenbar, dass sie als seine Landsleute weniger bestrebt sein würden, ihn in einem negativen Licht erscheinen zu lassen. Immerhin hatte Richter Landau während des Kreuzverhörs wiederholt eingegriffen, um ihn vor Hausners Sperrfeuer in Schutz zu nehmen, und er hatte miterlebt, wie grob die Richter mit dem Ankläger umgegangen waren. Aufgrund ihres gemäßigten Auftretens und ihres bisherigen Verhaltens mochte Eichmann in der Tat phantastische Vorstellungen über ihre Haltung ihm gegenüber gehegt haben, zumal sie in gewisser Weise den Vaterfiguren ähnelten, die stets sein Leben gelenkt hatten. Jedenfalls besteht kein Zweifel daran, dass er eifrig bemüht war, einen guten Eindruck bei ihnen zu hinterlassen und zu tun, was sie verlangten.[170]

Richter Raveh eröffnete das Kreuzverhör durch die Richter, indem er Eichmann nach seinem erklärten Lebensgrundsatz, Kants kategorischem Imperativ, fragte. Raveh wollte wissen, wie dieser Grundsatz mit blindem Gehorsam und der Verstrickung in den Massenmord in Einklang zu bringen sei. Eichmann antwortete, dass er zwischen 1940 und 1945 nicht in der Lage gewesen sei, sein Handeln selbst zu bestimmen. Er bedauere, dass er gezwungen gewesen sei, vom Pfad der Kantschen Rechtschaffenheit abzuweichen. Während seiner langen Autofahrten kreuz und quer durch Europa habe er immer wieder über sein Schicksal nachgegrübelt. Aber diese moralischen Gedanken waren schwerlich mit seiner Genugtuung über das Massaker an den Juden in Einklang zu bringen. Richter Raveh forderte ihn auf, doch einmal nachzulesen, was er in seinen im Gefängnis verfassten Memoiren über seine Ansprache an seine Mitarbeiter am Ende des Krieges festgehalten habe. Dort habe er unmissverständlich geschrieben, er werde zufrieden sterben, da er den Tod von »fünf Millionen Juden« herbeigeführt habe. Mit einem Hieb hatte Raveh das von Hausners Kreuzverhör in diesem Punkt geschaffene Wortdickicht durchhauen. Mit seinen eigenen Worten konfrontiert, war Eichmann zu dem Bekenntnis gezwungen, dass sie seinem Denken von 1945 entsprachen. Obwohl Raveh auch eine Klärung von Eichmanns Rolle, Kompetenzen und Stellung erreichte, kam nichts anderes diesem Eingeständnis gleich. Im Gegenteil, Eichmann vergrößerte die Verwirrung über den Verlauf der Wannsee-Konferenz zusätzlich, indem er seinen Bericht über das Beisammensein mit Heydrich und Müller »bei einem Glas Kognak und einer Zigarette« nach Schluss der Konferenz durch weitere Einzelheiten ausschmückte.[171]

Richter Halevi ließ sich zu Beginn seiner Befragung von Eichmann bestätigen, dass er froh sei, aussagen zu können, obwohl man ihn gegen seinen Willen nach Israel gebracht habe. Eichmann räumte auch bereitwillig ein, dass er nicht mit »Methoden der Geheimen Staatspolizei« verhört worden sei. Da dies so sei, fuhr Halevi fort, hoffe er, dass Eichmann Mut beweisen und die Wahrheit sagen werde. Dann versuchte er Eichmanns Antisemitismus auszuloten, indem er ihn zunächst fragte, ob Weizmanns angebliche Kriegserklärung gegen Deutschland wirklich der Grund für seine Antipathie gegenüber den Juden gewesen sei, wo es den Antisemitismus doch schon lange vorher gegeben habe. Eichmanns Antwort war interessant: Antisemitismus mochte es auch früher gegeben haben, aber der sei von anderer Art gewesen. Sie ermöglichte die nachfolgende Frage, wodurch Eichmanns spezieller Antisemitismus gekennzeichnet war. Halevi wollte wissen, ob es zutreffe, dass es damals »für eine Ruhmestat angesehen [wurde], die Juden zu vernichten«; und ob die

Juden »als ein Bazillus« angesehen worden seien, der »vernichtet werden müsse, wie jede andere Krankheit auch«; schließlich, ob »Erbarmungslosigkeit [...] als Tugend« gegolten habe? Darauf Eichmann: »Jawohl, das stimmt, das muss ich zugeben.« Mit diesen Fragen war Halevi zum Kern von Eichmanns komplexer und offenbar widersprüchlicher Haltung gegenüber einzelnen Juden einerseits und den Juden als Kollektiv andererseits vorgedrungen. Und er trug weiter zum Verständnis von Eichmanns moralischem Bezugsrahmen bei, indem er ihn fragte, wie es möglich sei, die Tötung durch Luftangriffe mit der Tötung in Gaskammern zu vergleichen. Eichmann räumte ein, dass es Unterschiede gebe, fügte aber hinzu, dass man während der NS-Ära in »einer Zeit [...] von Staats wegen legalisierter Verbrechen« gelebt habe. Halevi wies ihn darauf hin, dass viele der von ihm und seinesgleichen begangenen Taten gegen die damals geltenden Völkerrechtskonventionen verstoßen hätten. Eichmann pflichtete ihm bei. Auf seine Haltung gegenüber Juden zurückkommend, erwähnte Halevi die jüdischen Verwandten, die Eichmann durch seine Stiefmutter hatte. Er habe ihnen 1943 oder 1944 die Ausreise in die Schweiz ermöglicht, stellte Halevi fest und fragte dann: »Sie haben also Ihren menschlichen Regungen in diesen Fällen stattgegeben?« Hier lag also, entgegen Eichmanns viel beschworener Treue zum Eid, ein klarer und unerzwungener Fall von Ungehorsam vor. Damit war ein Hauptargument seiner Verteidigungslinie des bedingungslosen Gehorsams kompromittiert.[172]

Anschließend erkundigte sich Halevi, ob Eichmann niemals einen »Gewissenkonflikt« erlebt habe. »Man könnte es eher Gespaltenheit nennen«, antwortete Eichmann, »und zwar eine bewusste Gespaltenheit, wo man sich von der einen Seite auf die andere flüchtete.« Seine Wahlmöglichkeiten seien allerdings auf Selbstmord und das Risiko einer Bestrafung wegen Ungehorsams begrenzt gewesen. Eine Versetzung sei für jemanden in seiner Position nicht in Frage gekommen, behauptete er, gestand aber auch einen Mangel an Zivilcourage ein. Ob er jetzt wenigstens die Tatsachen zugeben würde, fragte Richter Halevi. Eichmann tat es, nahm aber das Sassen-Material aus. Daraufhin veränderte sich Halevis Tonfall merklich. Für ihn war Eichmanns Antwort nur ein neuerliches Beispiel fehlenden Muts. Eichmann gebe zwar die faktische Richtigkeit dessen zu, was die Dokumente belegen würden, erklärte er, übernehme aber keinerlei Verantwortung für die Handlungen selbst.[173]

Nach der Wochenendpause war Richter Landau an der Reihe. In Landaus Kreuzverhör modifizierte Eichmann einige Teile seiner Aussage, aber der größte Durchbruch war das Eingeständnis, dass im zweiten, informellen Teil der Wannsee-Konferenz in offenen Worten über Tötungsmethoden gesprochen worden sei. Außerdem versuchte Landau wie seine Richterkollegen Eichmanns Antisemitismus und Motivation auszuloten. Eichmann wiederholte, dass er nationalsozialistische Zeitungen gelesen habe, aber an ideologischen Fragen nicht besonders interessiert gewesen sei. In die NSDAP sei er fast zufällig geraten: »[...] denn ich wurde wider mein Erwarten und auch ohne, dass ich den Vorsatz gefasst hatte, gewissermaßen in die Partei vereinnahmt, wie ich das geschildert habe. Das ging so schnell und so plötzlich [...].« Weniger überzeugend war seine Behauptung, mit der »Judenfrage« habe er sich erst ab 1935 beschäftigt – vermutlich seit von Mildenstein ihn unter seine Fittiche genommen hatte. Wie, fragte Richter Landau weiter, könne er die »forcierte Auswanderung« als »positive Angelegenheit« betrachten? Eichmann brachte seine bekannte Entschuldigung vor, dass andere für die Terrorisierung der Juden verantwortlich gewesen seien; er selbst habe den Juden nur helfen wollen, das Land zu verlassen. Mit den jüdischen Funktionären habe er »gleichberechtigt« zusammengearbeitet. Landau hakte nicht nach, sondern ging zu den Gründen über, die Eichmann bewogen hatten, in der Gestapo zu bleiben. Es treffe doch zu, fragte er, dass man ihn wegen seiner Entschlussfreudigkeit und Härte geschätzt habe? Wie solle man dies mit seinem Selbstbildnis als von Zweifeln zerrissener Mann vereinen? Eichmann entgegnete, dass er wohl »hart« gewesen sei, aber sich selbst gegenüber. Müller habe ihn behalten, weil er, Eichmann, »sehr, sehr genau« gewesen sei und »gemäß den Vorschriften und Befehlen gehorcht« habe. Vermutlich habe er es gemocht, einen Untergebenen zu haben, der nicht ehrgeizig und aggressiv gewesen sei.[174]

Nach einer neuerlichen kurzen Befragung durch Hausner[175] folgte am 24. Juli ein merkwürdiger Anhang zum eigentlichen Verfahren. Servatius legte eidesstattliche Erklärungen von Zeugen der Verteidigung vor, die nicht in der Lage oder nicht willens gewesen waren, nach Israel zu reisen, und in Gegenwart von Dieter Wechtenbruch und Vertretern der israelischen Justiz vor lokalen Gerichten schriftlich gestellte Fragen beantwortet hatten. Während des Prozesses hatte die Verteidigung sie wiederholt erwähnt, doch jetzt erhielten beide Seiten Gelegenheit zu einem ziemlich sonderbaren virtuellen Kreuzverhör. Servatius las zumeist einfach Auszüge aus den Erklärungen vor, die Eichmann nach seiner Ansicht in einem guten Licht zeigten, und Hausner ließ ihn ungehindert gewähren. Nur ab und an griff er die eine oder andere Passage aus einer Erklärung heraus, die, wie er fand, das Gegenteil beweise. Hermann Krumey, Franz Novak und Erich von dem Bach-Zelewski, die in Untersuchungshaft befragt worden waren, hatten sich aus Furcht, sich selbst zu belasten, nur vorsichtig geäußert. Für die Verteidigung am nützlichsten war Krumeys Aussage, der zufolge Eichmanns Kommando im März 1944 ohne konkrete Pläne in Budapest eingetroffen war. Laut Krumey hatte Eichmann häufig nichts zu tun gehabt und nie aus eigener Initiative gehandelt. Herbert Kappler, der in einem Militärgefängnis im italienischen Gaeta vernommen worden war, hatte jede Verbindung zu Eichmann abgestritten. Franz Six, Otto Winkelmann und Edmund Veesenmayer, die sich in Freiheit befanden, als man an sie herantrat, hatten sorgsam darauf geachtet, dass sie nichts sagten, was sie selbst in Gefahr bringen konnte. Am aufschlussreichsten war Six' Erklärung. Er bestätigte, dass Hagen den Bericht über die Palästinareise geschrieben hatte, und konnte sich an keine antijüdischen Äußerungen von Eichmann aus jener Zeit erinnern. Außerdem bestätigte er, dass Eichmann keinerlei Beziehungen zu den Einsatzgruppen gehabt habe. Für Hausner waren andere Passagen interessanter, in denen Eichmanns ehemaliger Vorgesetzter erklärte, dass das Referat IV B 4 eine »Sonderstellung« im RSHA eingenommen und dessen Leiter »größere Befugnisse als andere Referenten« besessen habe. Ungünstig für den Angeklagten war auch Six' Aussage, dass Eichmann »im gewissen Sinne [Müller] zur Seite stand«; die beiden seien auch recht gut miteinander ausgekommen. Außerdem hob er Eichmanns »nationalsozialistische Weltanschauung« hervor; Heydrich habe seine ideologische Zuverlässigkeit geschätzt. Ebenso abträglich für Eichmann war Six' Feststellung, dass eine Versetzung in eine andere Abteilung, wenn er sie gewollt hätte, durchaus möglich gewesen wäre. Franz Slawik, Eichmanns Fahrer in Ungarn, war in einem Untersuchungsgefängnis in Wien befragt worden. Er konnte sich, was den Mord anging, den Eichmann angeblich im Garten der Aschner-Villa begangen hatte, an nichts erinnern. Von Ehre und Kameradschaft zwischen Eichmann und seinen früheren Kollegen war kaum etwas übrig geblieben.[176]

Hausner und Servatius erhielten für die Vorbereitung ihrer Schlussplädoyers mehrere Tage Zeit. Als Erster war am 8. August Gideon Hausner an der Reihe. Sein Plädoyer bestand aus zwei Teilen. Im ersten beschrieb er Eichmanns Charakter und seine einzigartige Stellung im NS-Regime, im zweiten ging er die einzelnen Anklagepunkte durch, allerdings nicht so, wie sie ursprünglich präsentiert worden waren. Stattdessen führte er die Idee einer Verschwörung ein, um festzustellen, dass Eichmann der ihm zur Last gelegten Verbrechen als Komplize ebenso schuldig war, wie er es als Haupttäter gewesen wäre. Der Vorwurf der Verschwörung war zuvor nicht behandelt worden, auch wenn er in sämtlichen Hauptanklagepunkten implizit enthalten war, und jetzt komplizierte er den Fall beträchtlich, denn der halb gegorene neue Vorwurf lief den anderen Anklagepunkten zuwider und verwandelte Hausners Darstellung in ein heilloses Durcheinander.[177]

Dabei hatte er ausgesprochen kraftvoll begonnen, indem er die beiden Adolfs – Hitler und Eichmann – einander gegenüberstellte. Er erinnerte daran, dass Eichmann während des gesamten Prozesses keinerlei Reue bezeigt und stattdessen den Völkermord mit dem Verweis auf eine angebliche Kriegserklärung der Juden gegen Deutschland gerechtfertigt habe. Eichmann habe Dokumente bestritten und als Fälschungen abgetan sowie eigene Aussagen zurückgezogen. Er habe sich hinter einer »Mauer von Papier und Lügen« verschanzt. Aber trotz seiner Pose der gekränkten Unschuld habe er bei Kriegsende gewusst, dass er schuldig sei – warum sonst hätte er sich verstecken und aus Deutschland fliehen sollen? Wenn er sich wirklich als Warnung für andere, die auf Abwege zu geraten drohten, habe aufhängen wollen, warum habe er mit dieser dramatischen Geste gewartet, bis man ihn vor Gericht gestellt habe? Das Gegenteil sei der Fall, alle Beweise sowie seine eigenen Worte gegenüber Sassen würden zeigen, dass er es schon in Wien genossen habe, Juden zu verfolgen. Seit September 1939 habe er gewusst, dass die Vernichtung der Juden geplant gewesen sei, sich aber nicht auf einen anderen Posten versetzen lassen. Auch wenn er, wie er bestätigt habe, bloß ein Komplize gewesen sei, sei er als Mitverschwörer für das begangene Verbrechen voll verantwortlich. Darüber hinaus beweise die Tatsache, dass er auch später keine Versetzung aus den Hauptorganisationen der Verschwörung angestrebt habe, die Freiwilligkeit seiner Mitarbeit. Allerdings – fügte der Generalstaatsanwalt hinzu – sei auch Befehlsgehorsam keine Entschuldigung. Anschließend ging Hausner die Beweise und Anklagepunkte durch. Eichmann, behauptete er, habe seit Mitte 1941 über das Vernichtungsprogramm Bescheid gewusst und »einen gewaltigen Anteil an der Durchführung desselben« gehabt. Er berief sich auf Wislicenys Aussage als Beweis dafür, »dass die Idee der Vernichtung im Osten in den Köpfen von Eichmann und Globocnik geschaffen worden war«. Sie hätten die Idee Himmler vorgetragen. Eichmann habe dann Juden wissentlich in die Lager deportiert und alles daran gesetzt, dass die Züge pausenlos rollten.[178]

An diesem Punkt unterbrach Richter Landau Hausners Redefluss, um ihn darauf aufmerksam zu machen, dass Wislicenys Äußerungen und andere Beweise, die er zitiert hatte, kaum mehr als Gerüchte enthielten. Hausner verteidigte seine Beweisführung, doch als er wiederholte, den Befehl, die Juden in Polen zu töten, müsse Globocnik von Eichmann erhalten haben, griff Landau erneut ein. Ob es dafür einen »spezifischen Beweis« gebe, wollte er wissen? Hausner war für einen Augenblick sprachlos, während er offensichtlich nach einer passenden Erwiderung suchte, musste dann jedoch einräumen, dass es einen solchen Beweis nicht gebe. Aber – so gab er zu bedenken – warum sonst hätte sich Eichmann in Angelegenheiten des Generalgouvernements einmischen sollen? Jetzt war Richter Halevi derjenige, der den Ankläger darauf hinwies, dass Planung und Vorbereitung der späteren »Aktion Reinhard« der Wannsee-Konferenz, also dem Zeitpunkt, an dem Eichmann zu einer Schlüsselfigur des Völkermords geworden sei, vorausgegangen seien. Diese Unterbrechungen von Seiten der Richterbank wirkten sich verheerend auf Hausners Anklage und sein Selbstvertrauen aus. Kaum war er wieder in Schwung gekommen und hatte begonnen, die Deportation der Juden von Stettin, das Nisko-Projekt und die Deportationen in Polen nachzuzeichnen, als Landau wieder eingriff, um darauf hinzuweisen, dass die Befehlskette hier an Eichmann vorbei verlaufen sei. Hausner versuchte seine Argumentation mit dem Gedanken zu stützen, der entscheidende Punkt sei die »praktische Gesamtplanung«. Es sei »nicht wichtig, ob er in der Lage war, Befehle zu geben, oder ob er Weisungen oder Richtlinien weitergeben konnte«.[179]

Dann fuhr er, die Warnzeichen von der Richterbank ignorierend, fort, seine überzogene Anklage darzulegen. Eichmann, behauptete er unverdrossen, sei für die Mordaktionen der Einsatzgruppen verantwortlich gewesen und habe den Mördern in Riga und Minsk Juden zugeführt. Dann sei ihm eine elegantere Lösung eingefallen – Gas. Er habe sich Blobels bedient, um an den Mordstätten und in den Vernichtungszentren die Beweise zu vernichten: »Er war der Drahtzieher, und er war die lenkende, dirigierende Hand in allen Abtransporten und Deportationsangelegenheiten.« Auch in die Konzentrationslager, über die er die direkte oder indirekte Kontrolle besessen habe, habe Eichmanns Arm gereicht. Schließlich kam Hausner auf Ungarn zu sprechen, wo Eichmann eine Haltung eingenommen habe, »die extremer ist als die Auffassung oder Stellungnahme Hitlers selbst«. Dort habe er eigenhändig gemordet.[180]

Am dritten Tag seines Plädoyers fasste Hausner, nachdem er das Argument des Befehlsgehorsams gegenüber Vorgesetzten und Staatshandlungen behandelt hatte, die Beweise über Eichmanns Antisemitismus und moralische Kurzsichtigkeit zusammen. Danach ging er die Anklagepunkte durch, so wie sie in der Anklageschrift aufgeführt waren. Dies erlaubte ihm immer neue rhetorische Höhenflügen, doch als er dazu ansetzte, den biblischen Propheten Joel zum Zeugen anzurufen, wurde er von Richter Landau unterbrochen: »Herr Hausner, wir müssen eine Weile zu einer juridischen Frage zurückkehren, bezüglich der Konspiration. Was ist Ihr Antrag letzten Endes?« Mitten im Redefluss gestoppt, musste sich Hausner auf einen trockenen Disput einlassen über das Wesen von Verschwörungen, juristische Präzedenzfälle und den speziellen Gesetzesparagraphen, auf den man sich berufen würde, wenn die Anklage auf Verschwörung zur Begehung bestimmter Verbrechen lauten sollte, und nicht auf Begehung der Verbrechen selbst. Es dürfte Eichmann zwar ein schwacher Trost gewesen sein, aber Hausners Auftritt, der ihm eigentlich zum Ruhm verhelfen sollte, endete mit einem demütigenden Dämpfer.[181]

Der Gegensatz zu Servatius hätte nicht deutlicher sein können. Servatius hatte dem Gericht eine hundertfünfzigseitige Schlusserklärung übergeben, in der er seine Rechtsargumente ausführlich dargelegt hatte. Deshalb konnte er eine knappe Rede halten, die ein Musterbeispiel an Klarheit war. Der Generalstaatsanwalt, mokierte er sich, habe Eichmanns Verantwortlichkeiten derart übertrieben, dass Hitler und alle anderen im Dritten Reich aus dem Schneider seien. Andererseits habe er in Bezug auf die Punkte neun bis elf der Anklageschrift (in denen es um Verbrechen an Polen, Slowenen und den Kindern von Lidice ging) nicht einmal einen »flüchtigen Anknüpfungspunkt« zum Angeklagten aufgezeigt. Auf jeden Fall habe ein israelisches Gericht keine Jurisdiktion in diesen Angelegenheiten. Sicherheitshalber wiederholte Servatius auch seinen Einwand, dass es keinerlei Jurisdiktion über das Schicksal der Juden vor 1948 habe. Punkt acht der Anklage (Kriegsverbrechen) sollte vor den nationalen Gerichten der Länder, in denen die angeblichen Verbrechen begangen worden seien, verhandelt werden. Plünderung, der Hauptvorwurf in Punkt sieben, sei kein Verbrechen gegen die Menschlichkeit: »So geschieht es überall in der Welt mit dem Feindvermögen.« Zudem habe Eichmann nichts mit der Ausarbeitung der Gesetze und Verordnungen über die Enteignung von Juden zu tun gehabt. Wenn er Vermögenswerte, die Juden genommen worden seien, verwendet habe, dann, um ihnen bei der Auswanderung zu helfen. Punkt zwei, in dem Eichmann vorgeworfen wurde, Juden in Lager verschleppt und in Ghettos eingesperrt zu haben, war Laut Servatius gegen den Falschen gerichtet, da diese Dinge in die Zuständigkeit des WVHA fielen. Keiner der Zeugen für diese Ereignisse, betonte er, habe seinen Mandanten auch nur erwähnt. Die Deportationen seien von örtlichen Dienststellen auf politische Befehle hin durchgeführt worden. Was schließlich den ersten Anklagepunkt angehe, den Massenmord an den Juden, so habe man in Nürnberg die Schuld fälschlicherweise Eichmann zugeschrieben. Bis zum März 1940 seien jüdische Angelegenheiten im RSHA von jemand anders bearbeitet worden, und selbst noch nach Eichmanns Ernennung habe er ohne Zustimmung der lokalen Sicherheitschefs und der diplomatischen Vertretungen keine Anweisungen in Bezug auf Juden in anderen Ländern geben können. Das Schicksal von Storfer belege die Grenzen seiner Macht in den vom WVHA betriebenen Lagern, wie etwa Auschwitz. Genauso wenig gebe es irgendeinen Beweis für eine Verbindung zur »Aktion Reinhard«.

Darüber hinaus versuchte Servatius die Rechtsgrundlage der ersten vier Anklagepunkte zu erschüttern, wenn auch nicht sehr überzeugend. Er griff die Nürnberger Prinzipien und die Idee von »Verbrechen gegen die Menschlichkeit« an, kritisierte die Definition des jüdischen Volks, bestritt die Jurisdiktion des Gerichts und zog das Gesetz zur Bestrafung von Nationalsozialisten und NS-Kollaborateuren in Zweifel. Im Zusammenhang mit der Abwehr des Vorwurfs, Eichmann sei an der Entwicklung der Gaskammern beteiligt gewesen, erklärte er, solche Fragen würden »das medizinische Gebiet berühren«. Er betonte erneut, dass Eichmann weder die Deportierten ausgewählt noch die Deportationen angeordnet habe. Das sei hohe Politik gewesen. Ebenso wenig habe die Anklage Eichmann mit den Massenerschießungen im Osten in Verbindung bringen können. Direkt beteiligt gewesen sei Eichmann in Westeuropa und in Ungarn. In Westeuropa hätten Himmler und örtliche Befehlshaber die Deportationen angeregt, und sogar in Ungarn sei Eichmann mehreren höherrangigen SS-Offizieren sowie Vertretern des Auswärtigen Amts unterstellt gewesen. Einer von ihnen, Becher, habe ihn dann zum Sündenbock für alle andern gemacht.

Die von der Anklage vorgelegten Beweise galten, laut Servatius, nicht viel. Die Dokumente seien unvollständig, die Augenzeugen voreingenommen. Die jüdischen Funktionäre, die mit Eichmann zusammengearbeitet hätten, hätten seine Macht übertrieben, um das Ausmaß ihrer eigenen freiwilligen Kooperation herunterzuspielen. Die Aussagen aus dem Nürnberger Prozess würden von Männern stammen, die alles gesagt hätten, um ihre Haut zu retten. Andererseits habe man die Verteidigung daran gehindert, Dokumente, Sachverständige und wichtige Zeugen beizubringen. Zudem sei ihre Arbeit durch den »Lärmfeldzug der Presse« beeinträchtigt worden. Diese Atmosphäre sowie die drohende Haltung des Generalstaatsanwalts hätten potentielle Zeugen eingeschüchtert. Die Befragungen, die er, unter Verwendung von Fragebögen, aus der Ferne habe durchführen müssen, seien schlecht geführt worden. Doch dies sei weder das erste noch das letzte Hindernis gewesen, das man der Verteidigung in den Weg gelegt habe. Während der Verhöre hätten seinem Mandanten kaum Dokumente und anderes Quellenmaterial zur Verfügung gestanden. Aus diesem Grund sei es ungerecht, seine Irrtümer als Beweis einer bösen Absicht hinzustellen; sie seien vielmehr in echtem Vergessen und Verwirrung begründet. Man müsse sich vor Augen führen, dass er freiwillig über Dinge wie die Reisen zu den Mordstätten gesprochen habe. »Niemand«, so Servatius, »hätte ihm diese Dinge nachweisen können«, wenn er sie nicht selbst aus freien Stücken eingestanden hätte. Er verdiene daher Anerkennung dafür, dass er die Wahrheit gesagt habe, selbst wenn eine Lüge einfacher und glaubwürdiger gewesen wäre. Die Sassen-Tonbänder »scheinen für den Angeklagten vernichtend« zu sein, seien aber das Ergebnis von Provokation und Alkohol. Es sei zu beachten, dass die Staatsanwaltschaft nicht in der Lage gewesen sei, den Autor der Transkriptionen als Zeugen aufzurufen.

Schließlich wies Servatius auf die Verwirrung der Anklage hin: »Der Angeklagte ist hier in den Mittelpunkt der Geschehnisse gestellt. Ist er Täter, Teilnehmer oder an einer Verschwörung beteiligt?« Das seien bedeutsame Unterscheidungen. Eichmann sei weder an der Herausbildung der Politik der Verfolgung und des Massenmords an den Juden beteiligt gewesen, noch habe er am Anfang oder am Ende an ihrer Umsetzung mitgewirkt. Zudem habe er stets auf Befehl hin gehandelt. Unter der Annahme, dass es eine Befehlskette gegeben habe, könne er gar nicht in eine Verschwörung verwickelt gewesen sein, denn »Befehle werden nicht nach einer gemeinsamen Verabredung ausgeführt«. Die angeblichen Kriegsverbrechen und »Verbrechen gegen die Menschlichkeit« seien nicht heimlich, sondern in einem öffentlichen organisatorischen Rahmen begangen worden. Außerdem müsse das Gericht anerkennen, dass sein Mandant keine Führungsfigur gewesen sei. Er sei nicht über den Rang eines Oberstleutnants hinausgekommen und habe bei seiner Arbeit stets die Zustimmung von Befehlshabern der Sipo und des SD sowie der Leiter der deutschen Gesandtschaften einholen müssen. Auch die militärischen Vorschriften von Großbritannien, der Vereinigten Staaten und Israels erlaubten keinen Ungehorsam. In Deutschland sei der Gehorsam gegenüber einer politischen Anweisung ein Verteidigungsargument. Und was sei Eichmann zu tun befohlen worden? Fälle von Völker- und Massenmord, einschließlich Dresden und Hiroshima, seien nicht selten, und nur wenige Täter seien vor Gericht gestellt worden. Warum also ausgerechnet Adolf Eichmann – ein Mann, dessen Pflicht es gewesen sei, eine Politik auszuführen, gegen die er innerlich revoltiert habe, an der er jedoch festgehalten habe, um nicht als »Drückeberger« abgestempelt zu werden.[182]

An diesem Punkt unterbrach Richter Landau das Plädoyer mit der Frage, ob Eichmann jemals Anzeichen von schlechtem Gewissen gezeigt habe. Servatius antwortete, sein Mandant habe die Gültigkeit der Befehle, die er ausgeführt habe, zurückgewiesen, ähnlich wie andere Nationalsozialisten, etwa Gerstein und Lösener. Landau unterließ es nachzuhaken, obwohl dieser Vergleich, zumal in Bezug auf Gerstein, einen religiös motivierten Widerständler, mehr als zweifelhaft war. Servatius konnte fortfahren, sorgsam eine kraftvolle Schlussfolgerung aufzubauen. Der Staat, nicht der Mann, sei der Missetäter, erklärte er. Die Nürnberger Prinzipien und das auf ihnen beruhende israelische Gesetz, die das Verfahren überhaupt erst ermöglicht hätten, seien fragwürdig. Wäre Eichmann in Argentinien geblieben, hätte er aufgrund der abgelaufenen Verjährungsfrist juristisch nicht einmal mehr belangt werden können, selbst wenn seine Identität enthüllt worden wäre. Im Gegensatz zu Hausner schloss Servatius mit einem bewegenden, ausgewogenen und gut formulierten Appell an das Gericht: »Der Sinn und Zweck dieses Prozesses soll nicht sein, Rache zu nehmen an dem Angeklagten für Taten der politischen Führung. Die Verurteilung des Angeklagten kann auch keine Sühne sein für die Gräuel, die geschehen sind. Der Sinn des Verfahrens kann nur darin bestehen, das Geschehene durch gerichtliche Prüfung festzustellen. Eine Feststellung als ein Mahnmal der Geschichte.« Das Gericht sollte sich von der jüdischen Idee des »heiligen Jahrs«, des Gegenstücks zur Verjährung, leiten lassen. »Es ist eine religiöse Erkenntnis, dass die Zeit begnadigend wirkt und wirken muss. Die Verjährung bringt den Segen des Friedens. [...] Man muss zurückkehren zum Maßhalten, zur Selbstbeherrschung, zur humanitas. Es sollte ein Urteil ergehen, das über den Fall Eichmann hinauswirkt. Ein Salomonisches Urteil, das der Welt die Weisheit des jüdischen Volkes zeigt [...].« Servatius beantragte nicht, Eichmann freizusprechen oder zu begnadigen, sondern forderte, »das Verfahren gegen den Angeklagten einzustellen und den Angeklagten außer Verfolgung zu setzen«. Er sollte wieder in den Status und die Rechte, die er vor seiner Entführung besessen habe, eingesetzt werden.[183]

Am 14. August 1961 um 14.30 Uhr zogen sich die Richter zur Beratung über das Urteil zurück. Sie hofften es im November verkünden zu können, doch tatsächlich trat das Gericht erst am 11. Dezember wieder zusammen. In der Zwischenzeit nahm Servatius eine wohl verdiente Auszeit und kehrte nach Deutschland zurück, um sich seinen dortigen Angelegenheiten zu widmen. Eichmann erfüllte unterdessen sein Versprechen, ein Buch zu schreiben, das künftigen Generationen als Warnung dienen solle. Es erwies sich indessen als eine weitere weitschweifige, zusammenhanglose Rechtfertigung. Im Unterschied zu seinem ersten, von Mai bis Dezember 1960 unternommenen »Memoiren«-Versuch hatte er sich diesmal auf Dokumente und seine Lektüre während des Prozesses stützen können. Das Resultat war eine stärker auf Geschichtswerk getrimmte Schrift; in der Tat gibt es Anzeichen dafür, dass Eichmann beim Schreiben insbesondere die Zunft der Historiker im Blick gehabt hat. Daneben enthält sie sentimentales, hohles Philosophieren. Letztlich waren die »Götzen« – so betitelte Eichmann sein Manuskript – ein Täuschungsversuch, mit dem Eichmann seine mangelnde Bereitschaft oder die Unfähigkeit bewies, sich der ihm von den Richtern gestellten Aufgabe, sich ehrlich mit seiner Rolle bei der Vernichtung der europäischen Juden auseinander zu setzen, gewachsen zu zeigen.[184]

Zwei Wochen vor der Urteilsverkündung wurden Staatsanwaltschaft und Verteidigung über die Fortführung des Prozesses informiert. Servatius kehrte nach Jerusalem zurück, und Eichmann wappnete sich für das große Ereignis. Schon früh bildeten sich an jenem 11. Dezember Schlangen von Zuschauern vor dem Gerichtssaal, und die Presse war in großer Zahl vertreten. Als Eichmann seine Glaszelle betrat, konnte man die Spannung im gedrängt vollen Gerichtssaal fast knistern hören. »Es herrschte völlige Stille«, erinnerte sich Hausner später. »Die Menschen hielten buchstäblich den Atem an.« Dann erschienen die Richter mit der 211 Seiten starken Urteilsbegründung, einer der besten Synthesen der Geschichtsschreibung über die nationalsozialistische Judenverfolgung und den Massenmord an den Juden der damaligen Zeit. Ihre Verlesung, bei der die Richter einander ablösten, dauerte 15 Stunden, vom Vormittag des 11. Dezember bis in den Abend und am nächsten Tag bis zum Nachmittag. Als Geste der Menschlichkeit teilten sie Eichmann das Urteil gleich am Anfang mit. Man forderte ihn auf, sich zu erheben, und dann sprach ihn Richter Landau schuldig, Verbrechen gegen das jüdische Volk, »Verbrechen gegen die Menschlichkeit« und Kriegsverbrechen begangen sowie feindlichen Organisationen angehört zu haben. Auf Eichmanns Gesicht malte sich sein Entsetzen ab. Es zuckte fast unkontrollierbar. Noch 20 Minuten, nachdem er wieder Platz genommen hatte, verzog er nervös das Gesicht. Später stellte er fest, dass dies nicht das Urteil sei, das er erwartet habe.[185]

Richter Halevi begann die Rechtsgrundsätze zu verlesen, welche die Jurisdiktion und Zuständigkeit des Gerichts bestätigten, wobei er die von der Anklage angeführten Argumente wiederholte, die das Gericht bei Prozessbeginn übernommen hatte. Als

Nächstes folgten eine Rechtfertigung der Art und Weise, wie Eichmann vor Gericht gebracht worden war, und die Zurückweisung des Einwandes, dass ihm in Israel nicht der Prozess gemacht werden dürfe, weil er in Argentinien aufgrund der abgelaufenen Verjährungsfrist nicht hätte angeklagt werden können. Verjährungsfristen seien nicht allgemein gültig.[186]

An dieser Stelle übernahm Richter Raveh die Rolle des Vorlesers. Zunächst las er einen Abschnitt über Eichmanns Karriere in SD und RSHA. Nach Ansicht der Richter ging aus den vorgelegten Beweisen nicht hervor, dass er an der »Kristallnacht« beteiligt gewesen war, auch wenn er von den Folgen des Terrors profitiert hatte. Seine Erfolge in Wien hätten zu seiner Beförderung geführt und ihm schließlich einen Posten mit »zentraler« Zuständigkeit für die Umsetzung der antijüdischen Politik eingebracht. In den Jahren 1939 bis 1941 habe in der NS-Hierarchie eine Debatte über diese Politik stattgefunden und Unklarheit in Bezug auf das Endziel geherrscht. In dieser Phase der Ungewissheit sei Eichmann für die jüdische Auswanderung zuständig gewesen, habe aber auch die Deportation nach Nisko organisiert, vermutlich als Vorstufe für die Verschleppung weiter nach Osten. Später, als Chef des Referats IV D 4, hätten unter seiner Leitung die Deportationen aus dem Reich und die Vertreibung großer Bevölkerungsgruppen im besetzten Polen stattgefunden. Er habe die Deportationen der Juden aus Stettin und Baden organisiert und sei an der Planung der Verschickung von Juden nach Madagaskar beteiligt gewesen. Im März 1941 sei er zum Leiter des für »Judenangelegenheiten, Räumungsangelegenheiten« zuständigen Referats IV B 4 bestellt und im folgenden November zum Obersturmbannführer befördert worden. In dieser Zeit sei die »Judenpolitik« in eine Übergangsphase eingetreten. Zuerst seien die russischen Juden ermordet worden. Dann habe man die deutschen Juden an der Auswanderung gehindert und nach Osten verschleppt. Im Juli 1941 habe die NS-Führung beschlossen, dass die »Endlösung« im Sinne der »physischen Vernichtung« zu verstehen sei. Eichmann und sein Referat hätten den Auftrag erhalten, den europaweiten Völkermord vorzubereiten. Auf der Wannsee-Konferenz, auf der Eichmann eine Schlüsselrolle gespielt habe, seien die Arrangements formell abgeklärt worden. Heydrich selbst habe Eichmann in seiner Funktion als einziger Koordinator der antijüdischen Maßnahmen bestätigt. Anschließend handelten die Richter in ihrer Urteilsbegründung Land für Land die Durchführung der »Endlösung« ab. Dabei gingen sie auf die wichtigsten Anlässe ein, bei denen Eichmann konkrete Maßnahmen abgesegnet hatte, und fügten hinzu, dass sein Referat im Ausland mittels Vertretern gehandelt habe, die dem Sicherheitsapparat und den diplomatischen Vertretungen zugeordnet gewesen seien. Weder die Komplexität der Befehlskette noch die Schwierigkeit, ein klares Bild zu zeichnen, wurde verschwiegen. In Bezug auf Serbien beispielsweise gaben die Richter zu, dass die Beweislage undurchsichtig sei.[187]

Den Abschnitt über Ungarn verlas Richter Landau. Ungarn nehme eine »Sonderstellung« im Gesamtzusammenhang der Ereignisse ein. Dort habe Eichmann eine »strategische« Funktion besessen und »Hartnäckigkeit und List« bewiesen. Seine Behauptung, mit jüdischen Funktionären verhandelt zu haben, um Leben zu retten, sei »ausgesprochene Heuchelei«. Er habe diese Geschichte in seine Aussage aufgenommen, nachdem er in der Haft das Buch von Joel Brand gelesen habe. In Wirklichkeit sei er die »Treib- und Antriebskraft in der Durchführung der Endlösung in Ungarn« gewesen. Die Beweise dafür, dass er persönlich in Budapest einen Mord begangen habe, fanden die Richter jedoch nicht ausreichend.[188]

Mit »sehr leiser, kaum hörbarer Stimme« verlas Richter Halevi die Einschätzung von Eichmanns Verwicklung in den Vernichtungsprozess in Osteuropa. Da Eichmann jede Beteiligung an ihm abgestritten hatte, hatten die Richter entschieden, Beweise zu allen Aspekten der Ereignisse zuzulassen. Ihr Urteil über sie fiel indessen unterschiedlich aus. Sie wiesen Eichmanns Behauptung zurück, das Referat IV B 4 sei im Warthegau nicht tätig gewesen, befanden aber, dass Eichmanns Befugnisse sich nicht auch auf das Generalgouvernement erstreckt hätten, wo seine Vertreter hauptsächlich mit zweitrangigen logistischen Aufgaben innerhalb des Vernichtungsprozesses beschäftigt gewesen seien. Trotz der Vielzahl der von Hausner vorgelegten Dokumente und Zeugenaussagen kamen sie zu dem Schluss, dass »die

Haupttätigkeit des Angeklagten nicht dort, sondern an anderen Orten ausgeübt wurde«. Da er Juden aus ganz Europa zu den Mordstätten verschleppt hatte, bescheinigten sie ihm jedoch eine moralische und juristische Verantwortung, auch wenn manche allzu weit hergeholte Behauptung, etwa die über seine angebliche Kontrolle über die Einsatzgruppen, nicht bewiesen worden war. Als Nächstes verlas Halevi das Urteil über Eichmanns Verbindungen zu den Vernichtungslagern. Danach war er für Planung und Durchführung der »Aktion Reinhard« nicht verantwortlich zu machen, obwohl er mehrere Lager besucht und Globocnik Ermächtigungsschreiben überbracht habe. Auschwitz-Birkenau, so die Urteilsbegründung, sei vom WVHA betrieben worden, und einige der von Höß vorgebrachten Anschuldigungen hätten nicht erhärtet werden können. Es gebe aber keinen Zweifel daran, dass das Referat IV B 4 Juden den Mördern zugeführt habe und Eichmann in der Lage gewesen sei, Einzelne davon auszunehmen. Andererseits entlasteten ihn die Richter von jeder Verbindung zu Chelmno sowie von der Verantwortung für Blobels Sonderkommando 1005.[189]

Auch hinsichtlich des Vorwurfs, für die Zustände in den Konzentrationslagern, Todesmärsche, Massensterilisationen und Zwangsabtreibungen verantwortlich gewesen zu sein, vermochten die Richter der Staatsanwaltschaft nicht zu folgen. Die Beweise dafür seien nicht untermauert worden und die Anklage in diesen Punkten daher unhaltbar. In Theresienstadt, wo Eichmann die Autorität für Zwangsabtreibungen gewesen sei, habe er jedoch eine unheilvolle Rolle gespielt, und in Bergen-Belsen habe er die Kontrolle über die inhaftierten ausländischen Juden besessen, die das elende Los der anderen Insassen geteilt hätten. Ebenso wenig könne er die Verantwortung für die grauenhaften Zustände in den von seinem Referat organisierten Deportationszügen von sich abwälzen. Ferner habe er nach 1937 die Auswanderung nach Palästina unterbunden und enge Beziehungen zum Großmufti unterhalten, der gleichfalls die Vernichtung der Juden angestrebt habe. Schließlich sei Eichmann für die Bereitstellung von Juden für die anatomische Forschung verantwortlich.[190]

In der entscheidenden Frage, seit wann Eichmann in die Entwicklung des Massenmordsystems verwickelt gewesen war, kamen die Richter zu dem Schluss, »dass es dem Angeklagten schon im Sommer 1941 klar war, dass alles mit der Deportation der Juden Zusammenhängende letzten Endes zu ihrer physischen Vernichtung führen musste«. Er habe gelogen, als er behauptet habe, er hätte im Oktober 1941 deutsche Juden zu retten versucht, indem er sie nach Lodz geschickt habe. Zu diesem Zeitpunkt seien sämtliche Deportationen Teil einer Völkermordoperation gewesen. Tatsächlich sei Eichmann bereits im August 1941 damit beschäftigt gewesen, die Mittel für Massentötungen durch Giftgas zu beschaffen. Das »Staunen erregende Porträt«, das er selbst von sich innerhalb der RSHA-Hierarchie entworfen habe, müsse zurückgewiesen werden. Vielmehr seien ihm sowohl unterwürfiges Verhalten als auch rücksichtslose Eigeninitiative im Rahmen weit gefasster Befehle vorzuwerfen. Genauso stehe außer Frage, dass seine »Hauptarbeit [...] nicht im Beschaffen von Eisenbahnwaggons« bestanden habe, »sondern im Beschaffen von Juden, um diese Waggons zu füllen und sie der Vernichtung mit allem, was damit zusammenhing, zuzuführen«. Entgegen seiner Behauptung, er sei nur ein »Zahnrad in der Vernichtungsmaschine« gewesen, habe er »einen Platz unter den Drahtziehern« eingenommen.[191]

Dann verlas der vorsitzende Richter die Rechtsargumente in Bezug auf die einzelnen Anklagepunkte. Mit unterschwelligen Zweifeln an der Kompetenz des Generalstaatsanwalts verwarf das Gericht die Idee einer Verschwörung, die Hausner ihm in seinem Schlussplädoyer hatte nahe bringen wollen. Das Urteil stütze sich auf jene Taten, »an denen er persönlich mitgetan hat«, vor allem in Deutschland sowie in West- und Südosteuropa, und auf die »Endlösung«, an der er als Komplize beteiligt gewesen sei, in ihrer Gesamtheit. Zu den Punkten eins bis drei, die Verbrechen gegen das jüdische Volk betrafen, befanden die Richter, dass es zwischen 1941 und 1945 »in der Tat keinen einzigen Abschnitt gibt, in dem der Angeklagte nicht in der einen oder anderen Weise tätig war und mehr oder weniger rege Tätigkeit an den Tag legte«. Aber aus den Jahren 1938 bis 1941 sei kein Beweis für die Absicht vorgelegt worden, die Juden zu vernichten oder Zustände herbeizuführen, die wahrscheinlich zu ihrer Vernichtung geführt hätten. Eichmann wurde daher in diesen Punkten freigesprochen. Auch Punkt vier, der Vorwurf der Zwangssterilisationen, war laut Urteilsbegründung nur für Theresienstadt erhärtet worden. Schuldig gesprochen wurde Eichmann in den Punkten fünf bis sieben, »Verbrechen gegen die Menschlichkeit«, einschließlich derjenigen gegen das jüdische Volk, und zwar für sein Handeln im gesamten Zeitraum von 1938 bis 1945. Ebenfalls für schuldig befand man ihn im achten Anklagepunkt, Kriegsverbrechen, sowie in den Punkten neun bis elf, Verbrechen gegen Polen, Slowenen und Zigeuner. Aber für die angebliche Ermordung der Kinder von Lidice hatte die Staatsanwaltschaft nach Auffassung des Gerichts nicht genügend Beweise beigebracht, um Eichmann dafür verurteilen zu können. Was die Mitgliedschaft in SS, SD und Gestapo anging, »feindlichen Organisationen«, die nach der Charta des Internationalen Militärgerichtshofs in Nürnberg als »verbrecherisch« galten, war seine Schuld hingegen eindeutig, wenn auch aufgrund der Verjährungsfrist nur für den Zeitraum nach dem Mai 1940 strafbar.[192]

Nach diesen Schuldsprüchen erwog das Gericht die Frage, ob mildernde Umstände zu berücksichtigen waren. Eichmanns wichtigstes Verteidigungsargument, so die Urteilsbegründung, habe gelautet, dass er lediglich Befehle seiner Vorgesetzten befolgt habe. Doch dieses Argument sei bereits in Nürnberg zurückgewiesen worden. Eichmann habe gewusst, dass seine Handlungen extremes Unrecht gewesen seien, und er habe dies auch erkennen lassen, indem er die bindende Kraft seines Eids bedauert und behauptet habe, um eine Versetzung ersucht zu haben. Entgegen seinen Nachkriegsbeteuerungen seien jedoch aus der Zeit, als er seine Taten begangen habe, keine Anzeichen einer inneren Zerrissenheit bekannt. Im Gegenteil habe er sogar »Freude« und »Genugtuung« über seine Arbeit geäußert. Es gebe schwerwiegende Beweise für seinen persönlichen Antisemitismus sowie für seine Bereitschaft und seinen Eifer, diese Arbeit zu tun. Umgekehrt habe er durch nichts zu erkennen gegeben, dass er Mitleid mit den Opfern empfunden habe – mit einer einzigen Ausnahme, als er der Tochter seines angeheirateten jüdischen Onkels geholfen habe. Nach Erwägung aller Beweise und der Einschätzung der inneren Einstellung des Angeklagten müsse man den Schluss ziehen, dass er ein gläubiger Nationalsozialist gewesen sei, der Hass auf Juden empfunden habe: »Sein Hass war kühl und berechnet. Er war nicht so sehr gegen den Juden als Individuum gerichtet, wie gegen das jüdische Volk in seiner Gesamtheit, und deshalb war er in all seinen Ausdrucksformen so allvernichtend.« Selbstverständlich habe er nicht allein gehandelt, aber er habe sich im Zentrum des Völkermordes befunden. Seine Nachkriegsäußerungen und sein Verhalten im Verhör sowie vor Gericht würden jedoch darauf hindeuten, dass er sich nicht geändert habe. Er habe gelogen und geleugnet, um der Verurteilung zu entgehen. Die Richter machten ihm sogar das zweifelhafte Kompliment, er sei dabei »nicht ohne Talent« vorgegangen, »mit Hilfe der Eigenschaften, durch die er sich auch seinerzeit in seinen Handlungen ausgezeichnet hatte, nämlich des regen Geistes, raschen Zurechtfindens in jeder schwierigen Situation, List und Glattzüngigkeit«. Gegenüber Avner Less habe er aus nicht ganz einsichtigen Gründen offen gewisse belastende Einzelheiten zugegeben, doch dies könne seine vielen Täuschungsmanöver nicht aufwiegen. Dann forderte Landau Eichmann auf, sich zu erheben, verlas die Urteilszusammenfassung und hob die Verhandlung auf.[193]

Eichmann war sichtlich erschüttert über das Urteil, nicht wegen des Schuldspruchs, den er bereits gekannt hatte, sondern wegen der Schärfe, mit der es vorgetragen wurde. Seine Hoffnungen auf die Richter waren zerplatzt. Sie hatten ihm gegenüber eine grenzenlose Verachtung und Abneigung an den Tag gelegt. Zu Servatius hat er nach dessen Bericht gesagt: »Das war etwas, das ich immerhin nicht erwartet habe, dass sie mir überhaupt nicht glauben würden. Natürlich war ich nicht das kleinste Rädchen, und ich kann dieses Wort ›Rädchen‹ nicht mehr hören, weil es nicht wahr ist. Aber andererseits war ich auch nicht die Quelle.« Doch es sollte noch schlimmer kommen, denn ihm war klar, dass die Staatsanwaltschaft am nächsten Tag die Höchststrafe beantragen würde.[194]

Der Generalstaatsanwalt tauchte die Frage des Strafmaßes in ein düsteres, Unheil verkündendes Licht. Mildernde Umstände, verkündete er, gebe es nicht: »Durch den Komplex seiner Handlungen hat Adolf Eichmann sich selbst aus dem Bereich der menschlichen Gemeinschaft abgesondert.« Er habe aufgehört, ein Mensch zu sein, und sei zu einem Feind der Menschheit geworden. Reuelos, immer noch ein gläubiger Nationalsozialist, verdiene er kein Mitleid. Da keine Strafe seinen Verbrechen angemessen sein könne, sei der Tod das Mindeste, was man fordern müsse.[195]

Der Verteidiger erinnerte daran, dass das Gericht die Möglichkeit habe, mildernde Umstände anzuerkennen, und führte die seit den Verbrechen vergangene Zeitspanne ins Feld – obwohl Hausner diesem Argument vorgebeugt hatte, indem er den Zeitverzug auf Eichmanns Flucht und sein Leben im Verborgenen zurückgeführt hatte. Servatius wiederholte, dass Eichmann die »Befehlsmaschine« nicht habe stoppen können. Sein Vergehen sei der Gehorsam gewesen: Der Staat trage die Schuld, nicht dessen loyaler Diener. Tatsächlich habe er sich »innerlich zur Wehr gesetzt«, zumindest bis zu dem Zeitpunkt, als seine Vorgesetzten sich auf den Völkermord festgelegt hätten und seine »Auflehnung erlahmt« sei. Er diene der internationalen Gemeinschaft als »Sündenbock [...] für die Schuld der Epoche«. Wenn jedoch die Ursachen von Antisemitismus und Judenverfolgung nicht auf gewisse menschliche Ursprünge zurückgeführt werden könnten, stelle die Bestrafung eines Einzelnen keine wirkungsvolle Abschreckung dar. Auch einem Erziehungszweck würde sein Tod nicht dienen. Was zähle, seien die Tatsachen, nicht das Schicksal des Einzelnen. Seit dem Kriegsende habe sein Mandant ein anständiges Leben geführt, und er wolle alle, die ihm zuzuhören bereit seien, vor dem falschen Weg, den er genommen habe, warnen. Es sei »irrational«, ihm das Leben zu nehmen, so als könne damit das entstandene Leid gesühnt werden. Es wäre besser, Gott das Urteil über ihn sprechen zu lassen. Um nichts unversucht zu lassen, wies Servatius schließlich noch darauf hin, dass Eichmann, wenn er in Westdeutschland vor Gericht stände, nicht mit der Todesstrafe bedroht wäre.[196]

Danach wurde Eichmann aufgefordert, sein Schlusswort zu halten. Er stand auf und las eine schriftliche Erklärung in gemessenem, sogar herausforderndem Tonfall vor. Er sei »enttäuscht«. Er verstehe die Forderung nach Buße und teile das Entsetzen über die in der Verhandlung dargestellten Ereignisse. Aber Verantwortung und Schuld lägen bei der politischen Führung; sein Fehler sei sein unerschütterlicher Gehorsam gewesen. Seine Loyalität sei missbraucht worden: »Aber auch die Untergebenen sind jetzt Opfer. Ich bin ein solches Opfer.« Er sei kein Fanatiker gewesen. Im Gegenteil, was er getan habe, sei normal gewesen. Niemand sei ihm entgegengetreten oder habe die Stimme gegen die von ihm umgesetzte Politik erhoben. Niemals habe er jemanden getötet. Genauso wenig habe er im Verhör und vor Gericht absichtlich gelogen; er habe lediglich Irrtümer begangen. Zum Abschluss beteuerte er, dass er stets versucht habe, ethisch richtig zu leben, aber »von Staats wegen daran gehindert [wurde], nach dieser Forderung zu leben«: »Aus der Einheit der Ethik musste ich in eine der Vielheiten der Moral umsteigen. Ich hatte mich der staatlicherseits vorgeschriebenen Umkehrung der Werte zu beugen gehabt.« Auf die Gefahr hin, wie er selbst erkannte, als Heuchler betrachtet zu werden, erklärte er: »[...] ich würde jetzt das jüdische Volk von mir aus um Verzeihung bitten und bekennen, dass mich Scham überfällt beim Bedenken des Unrechts, welches den Juden geschah, und der Taten, die an ihnen verübt wurden.« In einer letzten Anstrengung, Sympathie für sich zu wecken, verwies er darauf, dass er von anderen Nazis, die schuldiger seien als er, angeschwärzt und von der Weltpresse verleumdet worden sei: »Ich bin nicht der Unmensch, zu dem man mich macht. Ich bin das Opfer eines Fehlschlusses.«[197]

Das Gericht vertagte sich bis zur Urteilsverkündung am nächsten Tag. Eichmann »stand stramm da, wie versteinert. Seine starke innere Erregung war unverkennbar«, wie Hausner später schrieb. Richter Landau erklärte, dass man sich nicht sicher gewesen sei, ob die Todesstrafe zwingend geboten sei; doch das Gericht habe die Entscheidung über das Strafmaß treffen wollen, als hätte sie in seinem freien Ermessen gelegen. Dann verkündete er das Todesurteil. Dem Verurteilten wurde eine Frist von zehn Tagen eingeräumt, um Berufung gegen das Urteil einzulegen. Nach 16 Minuten war der letzte Verhandlungstag des Prozesses beendet. Die Polizei führte Eichmann aus seinem

Glaskasten und brachte ihn in seine Zelle. Dort angekommen, erhielt er von den Wachen eine Zigarette und eine Tasse Tee.[198]

Während Servatius die Berufung auszuarbeiten begann, reagierte die Welt auf das Todesurteil. Vera Eichmann, die vor einem geheim gehaltenen Besuch bei ihrem Mann nach Westdeutschland gereist war, befand das Urteil für »lächerlich«. Dem britischen Journalisten Colin Lawson sagte sie: »Jetzt gibt es wenig zu tun, außer darauf zu warten, dass mein Mann zu mir zurückkehrt. Ich bin mir vollkommen sicher, dass er zurückkehren wird. Diese ganze schreckliche Angelegenheit wird in Ordnung kommen.« Beim israelischen Justizministerium gingen Hunderte an Eichmann oder Hausner adressierte Briefe ein. Die Chicagoer Ortsgruppe der Nazipartei telegrafierte Eichmann Geburtstagsgrüße und versicherte ihm, er gebe »ein Beispiel, dem wir folgen können«. Aus Hamburg schrieb ein Unverbesserlicher: »Der Geist des deutschen Volkes lebt in der nationalsozialistischen Weltanschauung fort.« Ein österreichischer Landsmann tröstete ihn mit der Versicherung, dass Millionen von Deutschen ihn nicht für einen Mörder halten würden. Es gab jedoch auch Millionen, die dies anderes sahen. So erhielt Eichmann Briefe von Deutschen und von gläubigen Christen, die von Kummer und Scham erfüllt waren; einige von ihnen forderten ihn auf, öffentlich Buße zu tun. Hausner wurde unterdessen mit erfindungsreichen, rachsüchtigen und offen sadistischen Vorschlägen dafür überschwemmt, auf welche Weise Eichmann zu Tode gebracht werden sollte. Unnötig zu sagen, dass viele es gern gesehen hätten, wenn Eichmann in einer Gaskammer hingerichtet worden wäre.[199]

Die Berufungsverhandlung fand vom 22. bis 29. März 1962 statt. Aufgrund der Bedeutung des Falls konstituierte sich das Oberste Gericht selbst als Berufungsgericht. Die Richter waren der Präsident des Obersten Gerichts, Itzhak Olshan, sowie Schimon Agranat, Mosche Silberg, Joel Sussman und Alfred Wikton. Servatius reichte einen neunundfünfzigseitigen Schriftsatz ein, der kaum etwas zu den bereits vorgebrachten Argumenten hinzufügte. Er warf dem Jerusalemer Bezirksgericht Voreingenommenheit vor und bestritt dessen Zuständigkeit für das Verfahren gegen Eichmann. Mit Sicherheit, so Servatius, habe es kein Recht gehabt, Verbrechen zu verhandeln, die an Nichtjuden und Nichtisraelis begangen worden seien. Die beigebrachten Belege hätten als Tatsachenbeweise nicht ausgereicht: Das Dokumentenmaterial sei fragmentarisch gewesen, und das Gericht habe die zweifelhaften Aussagen früherer SS-Männer nicht angemessen bewertet. Mehrere Zeugen der Anklage, insbesondere Joel Brand, hätten fehlerhafte Aussagen gemacht, während Passagen aus den Erklärungen von Höttl, Höß und Wisliceny, die Hinweise auf mildernde Umstände enthalten hätten, ignoriert worden seien.[200]

Servatius beklagte sich bitter über den Ausschluss von Zeugen, deren Aussagen Licht in die Frage der angeblichen Freiwilligkeit von Eichmanns Reise nach Israel gebracht hätten. Er wolle sie vor Gericht befragen und beantrage außerdem, in Abkehr von seiner bisherigen Haltung, Professor Serafim vorzuladen, damit er über das Schicksal von SS-Angehörigen, die um eine Versetzung gebeten hätten, aussagen könne. Geradezu spektakulär war der Antrag, ihm Gelegenheit zu geben, Chaim Barlas, Ehud Avriel, Menachem Bader, Reuven Zaslani und Mosche Scharett zu befragen, die allesamt im Jahr 1944 als zionistische Aktivisten an den Verhandlungen über die ungarischen Juden beteiligt gewesen waren. Einige der genannten waren inzwischen bekannte israelische Politiker, und es hätte peinlich werden können, wenn sie vor Gericht bestellt worden wären. Noch verblüffender war Servatius' Ersuchen, Hans Globke einvernehmen zu können, der 1936 einen Kommentar zu den Nürnberger Gesetzen verfasst hatte und jetzt in Westdeutschland als Staatssekretär die Verwaltung des Bundeskanzleramts leitete. Solange Servatius noch die Hoffnung gehabt hatte, dass die westdeutsche Regierung Eichmanns Auslieferung beantragen würde, hatte er es unterlassen, Westdeutsche in hohen Positionen in den Prozess hineinzuziehen. Da inzwischen aber feststand, dass die Bundesrepublik nicht bereit war, Eichmann zu retten, hatte er nichts mehr zu verlieren. Außerdem drohte er damit, dass Eichmann eine Entschädigungsklage gegen die Bundesregierung einreichen werde, weil sie einem entführten deutschen Staatsbürger nicht zu Hilfe gekommen sei.[201]

Im Grunde handelte es sich dabei um leere Rhetorik, und

Servatius blieb nicht mehr übrig, als zu wiederholen, dass Eichmann weniger wichtig gewesen sei, als die Anklage es dargestellt habe, dass er ein bloßer Befehlsüberbringer und letzten Endes selbst Opfer eines totalitären Systems gewesen sei, das seinen Untergebenen das Recht auf Ungehorsam verweigert habe, selbst wenn sie schwere moralische Bedenken gegen eine bestimmte Handlungsweise gehabt hätten. Als sich der Generalstaatsanwalt diesmal zur Erwiderung erhob, hatte er relativ leichtes Spiel: Er brauchte nur auf die Berge der vorliegenden Beweise zu zeigen.[202]

Während das Gericht über seine Entscheidung nachdachte, ersuchten mehrere Historiker um ein Gespräch mit Eichmann, um die vermutlich letzte Gelegenheit zu nutzen, diese Informationsquelle anzuzapfen. Keines dieser Gesuche wurde bewilligt. Professor Shaul Esh, dem Direktor des Instituts für zeitgenössisches Judentum, wurde höflich mitgeteilt, dass Eichmann »zu beschäftigt« und im Übrigen nicht vertrauenswürdig sei.[203] Auch Reverend William Hull, ein in Kanada geborener Missionar, der die Zion Christian Mission in Jerusalem leitete, fühlte sich durch Eichmanns prekäre Lage veranlasst, einen Besuchsantrag zu stellen. Er hatte dem Ministerium für religiöse Angelegenheiten bereits früher seine Dienste als religiöser Berater Eichmanns angeboten, für den Fall, dass dieser zum Tode verurteilt werden sollte, doch das Angebot war höflich als hypothetisch begründet abgelehnt worden. Nach der Verkündung des Todesurteils unternahm Hull einen neuen Versuch und wandte sich mit einem Brief an den Chef der Gefängnisverwaltung. Da Eichmann nominell Christ sei, schrieb er, verdiene er geistlichen Beistand. Die israelische Regierung ließ sich einen Monat Zeit, bis sie Hulls Angebot erneut ablehnte. Im März 1962 suchte Hull Servatius auf, der in Deutschland eine Krankheit auskuriert hatte und erst kurz zuvor zur Berufungsverhandlung zurückgekehrt war. Der Anwalt erklärte ihm, dass Eichmann keinen geistlichen Beistand wünsche. Und falls er jemanden sehen sollte, würde er einen Jesuiten bevorzugen. Ein Jesuit »würde seine Position besser verstehen als irgendjemand sonst«.[204]

Am Vorabend der Berufungsverhandlung überlegte es sich Eichmann jedoch anders, und Servatius teilte Hull mit, dass

Eichmann ihn zu sehen wünsche. Die israelischen Behörden erteilten Hull widerstrebend eine Besuchserlaubnis, und er verabredete für den 11. April 1962 die erste Begegnung mit dem Gefangenen im Gefängnis von Ramla. Hull brachte seine Frau, die fließend Deutsch sprach, als Dolmetscherin mit. Im Gefängnis angekommen, vereinbarte er mit dem Wachoffizier bei einer Tasse Kaffee, dass er sich mit dem Gefangenen bekannt machen und dann eine »Bibelstunde« über ausgewählte Texte durchführen würde, die ihn dazu bewegen sollten, zu bereuen und in den Schoß der Kirche zurückzukehren; nach diesem ersten Treffen würden zweimal pro Woche weitere Stunden folgen – »bis zum Ende«. Anschließend passierten Hull und seine Frau die verschiedenen Sicherheitsschranken, bis sie Eichmanns Zelle erreichten. Hinter der kugelsicheren Glasscheibe, die den Raum teilte, erblickten sie Eichmann, der sich mit gewohnter Höflichkeit erhob, um seine Gäste zu begrüßen.[205]

In den folgenden Monaten besuchte der Reverend Eichmann zwölfmal. Ihre Begegnungen bieten fast den einzigen Einblick in Eichmanns Innenleben, auch wenn Hulls Bericht von seinem Missionarseifer gefärbt ist und die Umstände nicht eben günstig waren. Eichmann sprach in ein Mikrofon, und das Gespräch verlief zudem über Mrs. Hull als Vermittlerin. Anfangs verhielt sich Eichmann ablehnend. »Ich kenne Gott«, sagte er. »Ich habe nie den Kontakt zu ihm verloren.« Als Hull mit der Bibelstunde begann, ließ Eichmann ihn auflaufen: »Ich werde das Alte Testament nicht lesen; das sind nichts als jüdische Geschichten und Märchen. Ich weigere mich, sie zu lesen.« Auf Hulls Drängen, er solle doch Gottes Wort und sein Urteil über den Menschen erwägen, erwiderte er: »Ich glaube nicht an die Hölle. Es gibt keine Hölle.«[206]

Hull war von dieser ersten Begegnung enttäuscht, obwohl der Wachoffizier ihn beglückwünschte, weil er seiner Ansicht nach dem Ziel, Eichmann zur Lektüre der Bibel anzuregen, näher gekommen war. Am 12. April rief der Chef der Gefängnisverwaltung Hull an, um ihm mitzuteilen, dass Eichmann die Treffen beenden wolle. In einem Brief an Hull erklärte er, dass er nicht dessen Zeit vergeuden wolle. Er sei aus tiefen Gründen, die jede weitere Diskussion sinnlos machen würden, aus der Kirche ausgetreten. Allerdings überlasse er ihm, Hull, die letzte Entscheidung darüber, ob er weitermachen wolle. Hull gab nicht so leicht auf und erschien am 20. April wieder im Gefängnis. Im Vorbereitungsgespräch mit dem Wachoffizier machte dieser ihm Mut, indem er ihm mitteilte, dass Eichmanns Blutdruck nach seinem ersten Besuch erhöht gewesen sei, wie man in der anschließenden ärztlichen Untersuchung festgestellt habe. So bestärkt, beschloss Hull, nicht auf der Bibellektüre zu bestehen und sich stattdessen mit Eichmann zu unterhalten. Zur Eröffnung fragte er ihn, warum er aus der Kirche ausgetreten sei. Man habe ihn dazu aufgefordert, als er in die NSDAP eingetreten sei, erklärte Eichmann. Aber er habe sich noch bis 1937 dem vorherrschenden Trend widersetzt. Dann sei er ausgetreten, weil er im Konflikt zwischen Staat und Kirche Anzeichen dafür entdeckt habe, dass es auch der organisierten Religion um Politik gegangen sei. Desillusioniert habe er sich der Philosophie zugewandt, um seine Sehnsucht nach »spiritueller Wahrheit« zu befriedigen. Er habe die griechischen Philosophen, Kant und Nietzsche gelesen. Auch mit dem Buddhismus habe er sich beschäftigt.[207]

In seinen Gesprächen mit Hull enthüllte Eichmann eine tiefe Selbstverachtung. Er vermochte nicht zu glauben, dass irgendjemand oder irgendetwas ihn erlösen wolle. Außerdem bezeigte er einen Hang zum Fatalismus, der mit einem Gefühl der Machtlosigkeit und des Ausgeliefertseins an höhere Mächte einherging: »Meine Vorstellung von Gott ist so groß, dass ich nicht glauben kann, dass Gott auf seinen Sohn als einzigen Weg vertrauen würde; darauf, dass wir nur über seinen Sohn zu ihm gelangen können und dass das der einzige Weg sein soll.« Wenn der christliche Gott allmächtig sei, warum habe er dann nicht bewirkt, dass alle dasselbe glauben?[208] In Eichmanns Augen bewies die Existenz einer Vielzahl von Religionen, dass das Christentum kein Monopol auf die Wahrheit hatte. Daher vertrat er eine Art von Pantheismus, die einerseits seine Sehnsucht nach einer spirituellen Dimension erfüllte, andererseits aber keine moralische Fundierung besaß. Sein Naturgott war derart machtvoll, dass alles vorherbestimmt war und der Einzelne weder über einen freien Willen verfügte noch irgendeine Verantwortung trug. Paradoxerweise entließ diese allmächtige Gottheit den

Menschen aus allen moralischen Bindungen. Wenn man Hulls Wiedergabe von Eichmanns Worten Glauben schenken kann, betrachtete Eichmann das Universum ebenso, wie er die Wannsee-Konferenz sah – oder vielleicht auch umgekehrt: Sobald Eichmanns Götter/Vorgesetzte gesprochen hatten und ihm sein Kurs vorgegeben war, konnte er gehorchen und ihm ohne Gewissenbisse folgen.

Hulls theologische Gespräche mit Eichmann wurden zeitweise davon überschattet, dass die israelische Presse Wind von ihnen bekommen hatte. Die Zeitungen waren empört darüber, dass Eichmann eine Fürsorge gewährt wurde, die er seinen Opfern versagt hatte. Hull hielt den Aufruhr, den ihre Treffen verursachten, vor Eichmann geheim, weil er weiterhin hoffte, ihn zu einem Bekenntnis bewegen zu können, das seine beharrlichen Bemühungen rechtfertigen würde. Aber er scheiterte. Eichmann weigerte sich hartnäckig, das Prinzip der Erlösung und Christi Gnade anzuerkennen. Letztlich glaubte er nicht, dass er irgendeinen Grund hatte, sich der Gnade eines göttlichen Wesens zu überantworten. »Ich habe nichts zu beichten«, beschied er Hull am 10. Mai. »Ich habe nicht gesündigt. Ich bin mit Gott im Reinen. Ich habe es nicht getan. Ich habe nichts Falsches getan. Ich bedauere nichts.« Tatsächlich verströmte er umso mehr Zuversicht, je näher der Termin der Verkündung der Berufungsentscheidung rückte. Sein Bruder in Linz, erklärte er Hull, sei Rechtsanwalt, und er habe ihm versichert, dass seine Berufung aufgrund der Beweise Erfolg haben und man ihn frei lassen werde. Als Hull entgegnete, wahrscheinlicher sei es, dass er bald vor der Hinrichtung stehen werde, erschrak er. Zusätzliche Sorgen bereitete ihm die Intensivierung der ärztlichen Untersuchungen, denen er sich täglich unterziehen musste – und die diesmal gewährleisten sollten, dass kein medizinischer oder psychologischer Grund für einen Einspruch gegen die Hinrichtung oder für ihren Aufschub vorlag.[209]

Bis zum 20. Mai hatte Hull sein theologisches Arsenal erschöpft. Er hatte es mit Bibellektüre, Disputen und Gebeten versucht, aber wenn er etwas erreicht hatte, dann höchstens, dass Eichmann noch hochfahrender geworden war. Er erinnerte Hull herausfordernd daran, dass Geistliche während des Krieges auf allen Seiten die Mörder gesegnet hätten. Aber Hull lief die Zeit davon, und so gab er Eichmann ein Formular für eine schriftliche Beichte. Eichmann entgegnete, er habe mündlich seine Reue bekundet und hege nicht die Absicht, eine schriftliche Beichte abzulegen, die ihn als Heuchler erscheinen lassen würde. Um sicherzugehen, dass man sie nicht fälschen konnte, zerriss er den Teil des Formulars, auf den sein Name gedruckt war. Bei der letzten Begegnung vor der Hinrichtung waren Eichmanns Gedanken beim Berufungsurteil, und er hatte keinen Sinn für Hulls Fürsorge.[210]

Eichmann hatte noch einen anderen Besucher: seine Frau Vera. Sie hatte vorher bereits zweimal darum ersucht, ihren Ehemann besuchen zu dürfen, der zwei Jahre zuvor an ihrem Hochzeitstag aus ihrem Leben verschwunden war, hatte aber keine Einreiseerlaubnis für Israel erhalten. Schließlich gab man ihrem Antrag doch noch statt, und so flog sie am 28./29. April in Begleitung einer Sekretärin von Servatius nach Tel Aviv. Ihr Besuch wurde mit größtmöglicher Geheimhaltung behandelt. Sie reiste unter falschem Namen und blieb auf dem Flughafen Lod im Flugzeug, bis alle anderen Passagiere von Bord gegangen waren. Dann brachte ein Polizeiwagen sie direkt zum Gefängnis von Ramla, wo es ihr nicht anders erging als Servatius und Hull. Auch sie war durch die Glasscheibe von ihrem Mann getrennt und konnte nur über ein Mikrofon mit ihm sprechen. Ein körperlicher Kontakt war ausgeschlossen. Über das Gespräch zwischen den Eheleuten ist kaum etwas bekannt, abgesehen davon, dass Eichmann seiner Frau Anweisungen für die Erziehung ihres jüngsten Kindes, Ricardo, gab. Er riet ihr, ihn taufen zu lassen und auf eine katholische Schule zu schicken.[211]

Am 23. Mai kehrte Servatius zum letzten Mal nach Israel und ins King David Hotel zurück. Für zwei Tage reiste er nach Ramla, um mit Eichmann über das Urteil und seine Folgen zu sprechen. Als der entscheidende Tag näher rückte, bemerkten seine Wärter Anzeichen wachsender Anspannung bei Eichmann. Zufälligerweise wurde am Tag der Verkündung des Berufungsurteils, dem 29. Mai, das Purimfest gefeiert, an dem die Juden der Befreiung von einer mörderischen Verschwörung im alten Persien gedenken. Es ist einer der wenigen frohen Anlässe im jüdischen Feiertagskalender. Im Beit Ha'am wurde indessen nicht gefeiert. Kaum jemand rechnete mit einer Überraschung, und der Saal war vergleichsweise leer, als das Berufungsgericht seine Entscheidung bekannt gab.[212]

Die fünf hohen Richter wiesen alle von Servatius vorgebrachten Rechtsargumente zurück und sahen keinen Grund, einen der von ihm benannten Zeugen aufzurufen. Bemerkenswert an der Entscheidung war allenfalls, dass sie noch schärfer formuliert war als das Urteil des Bezirksgerichts. Eichmann wurde als führende Figur in der NS-Hierarchie mit nahezu unbegrenzter Machtfülle geschildert. Er könne sich, befanden die Richter, nicht im Geringsten darauf berufen, dass er unter irgendeinem wie immer gearteten Druck gehandelt habe. Vielmehr habe er in keiner Weise Unzufriedenheit oder Schwäche zu erkennen gegeben – genauso wenig wie Reue.[213]

Während die Richter abwechselnd ihre Entscheidung verlasen, fixierte Eichmann den in Amerika geborenen Agranat, vielleicht weil er erwartete, von einem Angelsachsen freundlicher behandelt zu werden. Doch als Agranat die Gründe für die Bestätigung des Urteils der untergeordneten Instanz darlegte und Eichmann begriff, dass damit jede Aussicht zu entkommen geschwunden war, wurde sein Gesicht »starr und hart. Er blickte unverwandt geradeaus.« Ebenso fassungslos nahm er die Neuigkeit auf, dass die westdeutsche Regierung auf Servatius' Ersuchen, seine Auslieferung zu beantragen, nicht eingegangen war. Laut Hull packte Eichmann die kalte Wut, als Richter Silberg seine Verteidigungsargumente lächerlich machte und ihn als jene mächtige, mörderische Figur beschrieb, die zu sein er stets bestritten hatte. Innerhalb von gut drei Stunden wies das Gericht die Berufung sowohl in Bezug auf das Urteil als auch hinsichtlich des Strafmaßes zurück. Am nächsten Tag reiste Robert Servatius aus Israel ab. Eichmann hingegen war am Ende seines Weges angelangt.[214]

Wie er es mit Servatius geplant hatte, reichte er unverzüglich ein Gnadengesuch an Staatspräsident Itzhak Ben-Zwi ein. Der Präsident verlangte eine schriftliche Stellungnahme des Justizministers, bevor er eine Entscheidung treffen wolle. Zugleich erhielt er aus aller Welt unerbetenen Rat. Eichmann hat vermutlich nie erfahren, dass er so viele Anwälte hatte, noch dazu von solch unwahrscheinlicher Provenienz. Richter Haim Cohen, einer der renommiertesten Juristen Israels, hatte die Mitwirkung am Berufungsverfahren abgelehnt, da er ein prinzipieller Gegner der Todesstrafe war. Eine ganze Reihe von herausragenden israelischen Philosophen und Gelehrten ersuchten Ben-Zwi in einem Brief, die Todesstrafe auszusetzen. Martin Buber, Hugo Bergman, Gerschom Sholem, Ernst Simon, Nehemia Liebowitz und Nathan Rotenstreich wandten ein, dass es ein falsches Gefühl der Sühne hervorrufen würde, ein Leben für den Verlust von sechs Millionen Leben zu nehmen. Es sei ein sinnloser Akt, der in den Augen vieler nur den Mythos von der Rachsucht der Juden bestätigen würde. Sogar Jacob Robinson aus dem Team der Staatsanwaltschaft bat um eine Aufschiebung der Hinrichtung, weil es töricht sei, einen solch einzigartigen Zeugen der Geschichte zu töten. Auch aus dem Ausland kam Fürsprache für Eichmann. Der britische Historiker Arnold Toynbee, Lord Russell, der für die britische Presse über den Prozess berichtet hatte, und der als Israelfreund bekannte Abgeordnete Richard Crossman protestierten gegen eine Strafe, die als Racheakt verstanden werden würde. Victor Gollancz und Arthur Koestler, beides Juden, die versucht hatte, die Welt auf die »Endlösung« aufmerksam zu machen, als sie im Gange gewesen war, schickten in letzter Minute Telegramme nach Jerusalem, in denen sie ihren Abscheu vor staatlichen Tötungsakten ausdrückten. Und auch die weltberühmte Schriftstellerin Pearl S. Buck, die für viele Menschen damals eine Art Weltgewissen war, erhob ihre Stimme.[215]

Der Protest gegen die Hinrichtung erschütterte Ben Gurion. Er berief eine Sondersitzung des Kabinetts ein, um kollektiv die Todesstrafe zu bestätigen, und versuchte, Buber von seiner öffentlichen Gegnerschaft abzubringen. Auch Hausner suchte den Philosophen auf, vermochte ihn aber ebenso wenig umzustimmen. Unterdessen wies Justizminister Dov Joseph Reverend Hull darauf hin, dass nach einer möglichen Ablehnung des Gnadengesuchs durch Ben-Zwi alles sehr schnell gehen könnte. Eichmann hatte kürzlich Besuch von seiner Frau erhalten, und man hatte ihn oft genug gewarnt und ihm genügend Zeit gegeben, seine Angelegenheiten zu ordnen. Aus dem Ausland waren weder Auslieferungsanträge eingegangen noch andere juristische Einwände erhoben worden. Dennoch gab es ein Problem. Das israelische Recht sah für kein anderes Verbrechen die Todesstrafe vor, und da zuvor noch kein vergleichbarer Prozess geführt worden war, verfügte man über keine Hinrichtungsstätte. Arieh Nir, der Leiter der Gefängnisverwaltung, musste in aller Eile improvisieren. Am 29. und 30. Mai wurde im dritten Stock der ehemaligen Unterkunft der Wärter des Gefängnisses von Ramla ein Raum abgedichtet, ein Loch in den Fußboden gestemmt und darüber ein Galgen mit einer Falltür errichtet. Ein Test zeigte, dass er funktionierte. Am 31. Mai um acht Uhr abends wurde Eichmann mitgeteilt, dass der Staatspräsident sein Gnadengesuch abgelehnt habe und das Urteil noch am selben Tag um Mitternacht vollstreckt werde. Eichmann nahm die Nachricht ruhig auf. Er bat um eine Flasche Wein und setzte sich an seinen Tisch, um Abschiedsbriefe zu schreiben.[216]

Reverend Hull war von Dov Joseph zum geistlichen Beistand bestimmt worden, falls Eichmann in der Todeszelle eine Beichte ablegen wollte. Hull würde auch zusammen mit vier als Beobachtern ausgewählten Journalisten, zwei Israelis und zwei Vertretern der internationalen Presse, an der Hinrichtung teilnehmen. Früher am selben Tag hatte er Eichmann zum letzten Mal in seiner Zelle besucht. Er hatte ihn in kalter, hochmütiger Stimmung angetroffen. »Ich bereite mich auf meinen letzten Gang vor und habe keine Zeit, über ihren Weg und Ihre Ideen zu diskutieren«, blaffte er den Geistlichen an. Er mokierte sich über die Vorstellung, dass Millionen für seine Seele beten würden und er immer noch die Chance habe, zu bereuen. Als Hull Hans Franks im Gefängnis abgelegtes Geständnis erwähnte, reagierte Eichmann gereizt: »Er hat bereut, aber er war auch schuldig. Er war General, er hat Befehle und Anweisungen gegeben. Er hatte es nötig zu bereuen. Aber ich bin unschuldig.« Dann sagte er Hull: »Ich bin bereit zu sterben.« Hull war an jenem Nachmittag nach Jerusalem zurückgefahren, wo man ihm um 19.50 Uhr mitgeteilt hatte, dass um Mitternacht die Hinrichtung stattfinden würde. Daraufhin eilte er bei einbrechender Dunkelheit zurück nach Ramla. Als er um 23.20 Uhr dort eintraf, war das Gefängnis von Dutzenden von Polizisten und Soldaten abgesperrt.

Die Schutzmaßnahmen waren verstärkt worden, um einem Rettungsversuch in letzter Minute vorzubeugen, auch wenn es nicht öffentlich bekannt war, dass der Staatspräsident das Todesurteil bestätigt hatte. Nachdem Hull die Kontrollpunkte passiert hatte und Eichmanns Zellenkomplex betrat, bot sich ihm ein recht merkwürdiges Bild. Eichmann hatte seine Henkersmahlzeit gegessen und dazu eine Flasche Wein getrunken, so dass er nicht mehr ganz nüchtern war. Als er Hull erblickte, sagte er: »Guten Abend. Sie sehen so traurig aus. Warum sind Sie traurig? Ich bin nicht traurig.« Dann wischte er Hulls letzten Versuch, ihn zur Buße zu bewegen, beiseite und übergab ihm mehrere Briefe an seine Familie. »Er erweckte den Anschein, als wäre er glücklich, sogar heiter. Nichts deutete darauf hin, dass er Angst hatte. Er schien das Ende willkommen zu heißen.«[217]

Die improvisierte Hinrichtungskammer war mit Eichmanns Zellenkomplex durch eine grob in eine Trennwand geschlagene Öffnung verbunden. Kurz vor Mitternacht wurde Eichmann an Händen und Füßen gefesselt. Dann gab man ihm auf seine Bitte einen Moment für ein stilles Gebet, bevor er von mehreren Polizisten aus seiner Zelle geführt wurde, gefolgt von Arieh Nir, mehreren Gefängnisbeamten, einem Arzt, den Journalisten und Hull. Eichmanns Schritte waren aufgrund des Alkohols und der Fesseln unsicher. Auf dem Weg begann seine Nase zu laufen, und er musste einen der Wärter bitten, sie ihm zu putzen. Vor dem Hinrichtungsraum angekommen, stellte man fest, dass der Galgen noch nicht bereit war, so dass man warten musste. Nach dieser unangenehmen Pause wurde Eichmann hineingeführt. Die Beobachter folgten ihm und sahen zu, wie das Exekutionsteam ihm ein mit einer Gummischicht ummanteltes Seil in zwei Schlingen um den Hals legte. Man bot ihm eine Kapuze an, aber er lehnte sie ab. Dann nahmen die beiden Henker ihre Positionen am Mechanismus der Falltür unter Eichmanns Füßen ein. Nur einer der beiden Knöpfe würde die Tür öffnen, und keiner der beiden Männer würde jemals wissen, ob er den letzten Akt vollzogen hatte. Eichmann wurde gefragt, ob er noch etwas sagen wolle, und Hull hörte diesem letzten Test seiner Überzeugungskraft gespannt zu. Aber Eichmann bereute nicht. Seine letzten Worte waren: »Es lebe Deutschland. Es lebe Argentinien. Es lebe Österreich. Das sind die drei Länder, mit denen ich am engsten verbunden war. Ich werde sie nicht vergessen. Ich grüße meine Frau, meine Familie und meine Freunde. Ich hatte den Gesetzen des Krieges und meiner Fahne zu gehorchen. Ich bin bereit.« Mit einem Klicken öffnete sich die Falltür, Eichmann fiel drei Meter in die Tiefe, und das Seil zuckte. Die nachfolgende Reglosigkeit und Stille wurde nur durch das Pendeln des Seils und die auf dem Boden auftreffenden Tropfen von Eichmanns Körperflüssigkeiten unterbrochen.[218]

Eichmann war mit Mut und so viel Würde, wie es beim Erhängen möglich ist, gestorben. Was folgte, erinnert eher an eine Farce. Eichmann hatte darum gebeten, seinen Leichnam einzuäschern. Das Justizministerium war einverstanden, doch die Gefängnisverwaltung hatte festgestellt, dass die sterblichen Überreste eines in der Haft verstorbenen Gefangenen nach den Vorschriften den Familienangehörigen zu übergeben waren. Zudem gab es keine Einrichtung für die Einäscherung, da Verstorbene nach jüdischem Gesetz begraben werden müssen. Hastig wurde eine Ergänzung der Gefängnisvorschriften aufgesetzt und den zuständigen Stellen zugeleitet, um die Einäscherung und das Verstreuen der Asche zu ermöglichen. Während die Bürokraten die gesetzlichen Voraussetzungen für die Beseitigung von Eichmanns Leiche schufen, errichteten Ingenieure der Armee, Polizisten und Arbeiter ziviler Firmen in einem Orangenhain an der Küste unter strengster Geheimhaltung ein zum einmaligen Gebrauch bestimmtes einfaches Krematorium.[219]

Nachdem man Eichmanns Leiche von dem Seil abgenommen und der Gefängnisarzt seinen Tod bestätigt hatte, wurde sie in ein Tuch eingeschlagen und auf einen Lastwagen gebracht, der mit hoher Geschwindigkeit und schwer bewacht zu dem geheimen Ort fuhr. Hull folgte in einem Polizeiwagen voller Armeeoffiziere. Vor dem Gefängnis und an jeder größeren Straßenkreuzung auf der Strecke standen Truppentransporter und bewaffnete Polizisten. Die Polizei hatte sämtliche zur Autobahn führenden Straßen gesperrt und Furcht erregende Hindernisse errichtet, um einen Durchbruchsversuch zu verhindern. Als Hull am Ort der Kremation eintraf, sah er im gespenstischen Licht von Bogenlampen und der Scheinwerfer zahlreicher Lastwagen, Polizeiautos und gepanzerter Mannschaftsfahrzeuge auf einer Lichtung einen improvisierten Ofen stehen. Er bestand aus einem Metallzylinder von anderthalb Metern Höhe, 90 Zentimeter Breite und gut zwei Metern Länge sowie einem drei Meter hoch aufragenden Kamin. Als die Eisentür mit einem Hebel geöffnet wurde, sah man, dass im Innern ein starkes Feuer brannte. Hull wurde gebeten, Eichmanns eingehüllte Leiche zu identifizieren. Danach trat er zurück, während sie von Polizisten auf eine Vorrichtung gelegt wurde, die einer dreieinhalb Meter langen Stahlgabel mit zwei Zinken ähnelte. Diese Gabel wurde so gehalten, dass man sie in den Ofen schieben konnte, doch das Ganze war offenbar zu einfach konstruiert, denn der erste Versuch ging schief. Die Polizisten verloren die Balance, die Gabel kippte, die Leiche rollte herunter und fiel zu Boden. Die Szene, die sich danach abspielte, hätte auch in dem Wäldchen bei Chelmo oder im Krematorium von Birkenau spielen können: uniformierte Gestalten, die im gleißenden Licht der Scheinwerfer und glühenden Feuerschein aus dem Ofen darum kämpften, die Leiche wieder auf die Metallzinken zu heben, um sie in den Ofen zu schieben. Schließlich gelang es ihnen, die Zinken wurden herausgezogen und die Ofentür geschlossen. Es war ein Uhr nachts.[220]

Am frühen Morgen verfolgten Hull und die verbliebenen Beobachter, einschließlich Nir, wie Eichmanns Asche aus dem auskühlenden Ofen genommen und in einen Metalleimer getan wurde. Ein Polizeiwagen brachte die Beamten und Beobachter mit der Asche zum Hafen von Jaffa, wo sie an Bord eines Schiffs der israelischen Marine gingen. Das Schiff fuhr in internationale Gewässer hinaus. Gegen vier Uhr hatte man die erforderliche Entfernung zurückgelegt, und der Kapitän stoppte die Maschine. Im trüben Licht der heraufziehenden Dämmerung streute Nir die Asche von Adolf Eichmann ins Mittelmeer. Während Hull ein stilles Gebet für die Seele des Verschiedenen sprach, tauchte Nir den Eimer in das kalte Wasser, spülte ihn aus und schüttete das restliche Wasser aus. Kurz nach 4.30 Uhr startete der Kapitän wieder die Maschine und hielt auf die israelische Küste zu, die Eichmann fast auf den Tag genau zwei Jahre zuvor auf dem Luftweg überquert hatte.[221]

Nach Eichmann

»… Nun bist du gekommen, unser kostbarer Feind,
Du, vereinsamtes Geschöpf, von Tod umgebener Mann.
Was wirst du nun sagen vor unserer Versammlung?«
*Aus Primo Levis Gedicht »Für Adolf Eichmann«,
Turin, 20. Juli 1960*[1]

»Herr Musmanno hat [in seiner Rezension] nicht begriffen, dass das Hauptproblem nicht Eichmann, sondern der Totalitarismus war.«
Bruno Bettelheim 1963 in seiner Rezension von Hannah Arendts Buch Eichmann in Jerusalem[2]

»Eichmann hatte es wirklich drauf, wissen Sie. ›Die Juden – die liberalsten Menschen auf der Welt – werden mir einen fairen Abschied bereiten.‹ Fair? Aber sicher. ›Rabbi‹ bedeutet Anwalt. Er wird den besten Prozess der Welt bekommen, Eichmann, ha! Sie haben ihm schon den Nacken rasiert, während er noch Berufung einlegte! Das ist doch so was von Wahnsinn, Mann.«
Lenny Bruce, Nachtklubkomiker, USA, um 1963[3]

»Als ich älter wurde und das lang anhaltende Nachkriegsschweigen über den Holocaust (über das jetzt viel gesprochen wird) nach und nach gebrochen wurde (der Eichmann-Prozess war eine frühe Taufe für mich), fiel mir auf, dass sich in meiner Malerei eine bestimmte Art von Jüdischsein bemerkbar zu machen begann.«
R. B. Kitaj, 1974[4]

In einer Hinsicht, der einzigen, die zählt, besteht Eichmanns Vermächtnis aus unermesslichem Schmerz und Verlust. Jeder Überlebende der Deportationen, für die er verantwortlich war, trägt diese Last mit sich und wird sie an seine Nachkommen weitergeben. Jedes Land, das von der »Endlösung« betroffen war, ist von den Spuren, die Eichmann hinterlassen hat, gezeichnet, auch wenn sie zu manchen Zeiten und an manchen Orten offensichtlicher sind als zu anderen. Eichmanns Vermächtnis ist überall dort gegenwärtig, wo eine bewusste Auseinandersetzung mit der NS-Vergangenheit stattfindet, wo man die Mörder der Gerechtigkeit zuzuführen und Wiedergutmachung zu leisten versucht und wo man die Erinnerung an die Ermordeten lebendig erhält.

Eichmanns Gefangennahme, Prozess und Hinrichtung waren weltweite Medienereignisse, die Millionen von Menschen an die Kriegsjahre erinnerten. Zum ersten Mal stand die Geschichte dessen, was den Juden in Europa widerfahren war, im Mittelpunkt der Darstellung. Der Prozess hat die Veröffentlichung von schnell geschriebenen Biografien, Dokumentensammlungen und nüchternen historischen Studien angeregt, die weiteren Millionen, die zu jung waren, um den Krieg selbst erlebt zu haben, ein Bild von der »Endlösung« vermittelten. Der Anblick von Überlebenden, die Zeugnis ablegten, und die freundliche Aufnahme ihrer Berichte ermutigte Juden in Israel und andernorts, über ihre Erlebnisse von Verfolgung und Leid zu sprechen. Zu der zunehmenden Zahl historiographischer Werke kam eine Welle von Memoiren. Der Befund, die überlebenden Juden hätten in den 15 Jahren nach Kriegsende »geschwiegen«, ist zwar stark übertrieben, doch der Eichmann-Prozess hat zweifellos das Bewusstsein für die Katastrophe geschärft und die intellektuelle und kulturelle Landschaft auf Dauer umgestaltet. Auch dies gehört zu seinem Vermächtnis.

Ironischerweise war diese Wirkung vielleicht weniger auf den Prozess selbst zurückzuführen, der sehr unterschiedlich aufgenommen wurde, als vielmehr auf Hannah Arendts 1963 veröffentlichten Bericht über ihn. Nicht die im Prozess vorgelegten Beweise, sondern ihre Darstellung des Angeklagten hat die Ikone gestaltet, zu der Eichmann werden sollte. *Eichmann in Jerusalem* hat eine weltweite Kontroverse ausgelöst, die Millionen von Zeitungslesern und Kulturinteressierten die »Endlösung« nahe gebracht hat. Mit ihren Thesen über Eichmann und die jüdischen Reaktionen auf die NS-Verfolgung, die einen wichtigen Aspekt des Buchs ausmachen (wenn auch einen, der dem Prozessbericht aufgepfropft ist), hatte Arendt bei Wissenschaftlern und Intellektuellen in ein Wespennest gestochen. Über 200 Bücher und Artikel sind als Antwort auf ihr Buch geschrieben worden. Man kann durchaus sagen, dass diese Debatte die Geburtsstunde der »Holocauststudien« markierte.[5]

Mehr als 700 Journalisten hatten an der Eröffnung des Prozesses teilgenommen. Die großen Zeitungen fast sämtlicher entwickelter Länder schickten ihre Starreporter, auch wenn nur wenige von ihnen länger als ein paar Wochen blieben. Auf den Pressebänken im Beit Ha'am saßen Professor Hugh Trevor-Roper und Lord Russell of Liverpool aus England, Brigadegeneral Telford Taylor, früherer Chefankläger der Amerikaner in Nürnberg, Elie Wiesel, damals ein jiddisch schreibender Journalist, Martha Gellhorn und natürlich Hannah Arendt. In ihren Heimatländern formulierten bekannte Herausgeber, Kommentatoren und Politiker ihre Ansichten über den Prozess in Jerusalem. David Astor, Besitzer und Herausgeber des Londoner *Observer*, veröffentlichte in seiner Zeitung einen seiner seltenen Namensartikel über »The Meaning of Eichmann« (Die Bedeutung Eichmanns). In deutschen und französischen Zeitungen erschienen Artikel von Guy Mollet, dem früheren Ministerpräsidenten von Frankreich. Der prominente Labour-Abgeordnete Richard Crossman schrieb für den *New Statesman* über den Prozess. Lucy Dawidowicz nahm für das American Jewish Committee Stellung. Und mehrere junge europäische Schriftsteller, wie etwa Harry Mulisch, machten sich mit der Berichterstattung über den Prozess einen Namen.[6]

Bereits die ersten Leitartikel machen deutlich, warum Eichmanns Gefangennahme eine solche Sensation war und Ben Gurion nicht ganz Unrecht hatte, wenn er den Prozess als Gelegenheit ansah, einer selbstzufriedenen, vergesslichen Welt die jüdische Katastrophe vor Augen zu führen. Am 4. Juni 1960 erklärte Woodrow Wyatt, ein britischer Labour-Abgeordneter, in den englischen *Reynold's News:* »Für uns mag der Krieg weit weg sein, und die Nazis mögen fast zu einer bedeutungslosen Legende geworden sein.« Durch Eichmanns Gefangennahme werde die

Welt nun jedoch an ein beinah schon vergessenes furchtbares Kapitel der Geschichte erinnert. Am Vorabend des Prozesses bekannte David Astor, dass die von Eichmann und seinen Verbrechen ausgehende Faszination etwas Unheimliches habe, aber »den Tod dieser Menschen aus dem Gedächtnis zu streichen, wie es die Welt tatsächlich weitgehend getan hat, offenbart nicht nur einen Mangel an Respekt, sondern auch die Unfähigkeit zu reagieren«.[7]

Aber die Einsicht, dass sich die Welt um ihrer selbst willen erinnern sollte, war nicht selbstverständlich. Als die Zeitschrift *Life* im November und Dezember 1960 Eichmanns »Memoiren« (das gekürzte Sassen-Interview) abdruckte, entschuldigte sie sich fast dafür. Das Magazin verzichtete darauf, das Interview als Titelstory zu bringen. Auch fühlte sich die Redaktion unter Rechtfertigungszwang. In einem das Interview einführenden Text hieß es, Eichmanns Ausführungen besäßen »eine bittere Relevanz für unsere eigene Zeit«. Eichmann habe »aus pervertiertem Patriotismus und als Gegenleistung für vorgebliche Solidarität und Sicherheit, die ein totalitärer Staat ihm versprach, diesem sein Gewissen übergeben. Aufgrund seiner Taten ist er natürlich ein extremes Beispiel. Aber unter Nazis, Kommunisten und anderen Totalitären in Vergangenheit und Gegenwart fände er viele Gleichgesinnte.« Mit anderen Worten, Eichmanns Geschichte war wichtig, weil sie etwas über die Sowjetunion aussagte. Die Einleitung der zweiten Folge des Interviews war sogar noch defensiver: »Manche Menschen können es nicht ertragen, daran erinnert zu werden, dass diese Verbrechen sich in unserem Zeitalter ereignet haben [...]. Andere weichen angewidert vor seiner anmaßenden Selbstrechtfertigung zurück, vor seinem ›Ich bedaure nichts‹, seiner Behauptung, er sei ›ein kleines Rädchen in der Maschine‹ gewesen. Wir glauben jedoch, dass es gesünder ist, diesem Ungeheuer ins Antlitz zu blicken und sich anzuhören, was es zu sagen hat, denn die Lektion, die er verkörpert, gilt für alle Menschen und alle Zeiten.«[8]

Außer für die Veröffentlichung von Eichmanns »Memoiren« bot seine Gefangennahme in Amerika und Europa auch Anlass für diverse biografische »Schnellschüsse« sowie für hastig geschriebene Darstellungen der Erfolge von »Nazijägern« und

Neuauflagen älterer Bücher über NS-Kriegsverbrecher. Zudem erschienen ernsthafte, von Journalisten oder Wissenschaftlern herausgegebene Dokumentensammlungen, die den »Hintergrund« ausleuchten sollten.[9] Constantine FitzGibbon, der die im Gefängnis geschriebenen Erinnerungen von Rudolf Höß ins Englische übersetzt hatte, klagte darüber, dass diese eilig produzierten Bücher bloß aufwärmen würden, was von Höß und aus historischen Studien wie denen von Gerald Reitlinger und Leon Poliakov bereits bekannt sei. Gleichwohl waren diese Second-Hand-Schnellschüsse für die meisten Menschen neu und sensationell.[10]

Einen Tag vor Prozessbeginn brachten sämtliche großen Zeitungen der Welt die Story auf der Titelseite, häufig zusammen mit Features und Leitartikeln. Die *New York Times* beispielsweise druckte neben einem Foto, auf dem Eichmann bei einer ärztlichen Untersuchung zu sehen war, die gesamte Anklageschrift ab. Die pädagogische Wirkung war enorm, auch wenn die Art, wie die Geschichte verpackt wurde, die Botschaft verwässerte. Viel Tinte wurde über die Frage verspritzt, ob Israel das Recht gehabt hatte, Eichmann zu entführen, und ob es legitim, um nicht zu sagen klug sei, ihn in dem jüdischen Staat vor Gericht zu stellen. Die konservative britische Wochenzeitung *The Spectator* hätte es besser gefunden, wenn man ihn in Westdeutschland oder vor einem internationalen Tribunal zur Rechenschaft gezogen hätte. Den Fall vor einem israelischen Gericht zu verhandeln würde wie ein jüdischer Racheakt wirken. Um die Wünschbarkeit einer Verlegung des Gerichtsortes zu unterstreichen, endete der Artikel mit einer Paraphrase auf einen Vers aus Shakespeares *Der Kaufmann von Venedig:* »Dann dürfte der Jude in der Tat Gnade erwiesen haben.« Solche Vorbehalte, ob sie nun auf Vorurteilen oder Prinzipien beruhten, waren nicht auf Publikationen der Rechten beschränkt. Richard Crossman, ein Sozialist mit untadeliger proisraelischer Einstellung, wandte ein, dass der Prozess »eine beunruhigende Mischung aus alttestamentarischer Ethik und moderner Sensationshascherei« darstelle, »so dass zwar zweifellos Gerechtigkeit geübt werden wird, es aber leicht wie primitive Rache *aussehen* könnte«.[11]

Von Anfang an wurde Eichmann der Stempel des gesichtslosen Bürokraten aufgedrückt. In Lord Russells Augen verkörperte er den »nüchternen Beamten«. Telford Taylor beschrieb ihn als »kurzsichtigen Büromenschen mittleren Alters«. »Ganz sicher ist er kein passendes visuelles Symbol für den Holocaust, mit dem sein Name verknüpft ist.«[12] Diese Charakterisierung ist nicht unwesentlich auf den zeitgenössischen Kontext zurückzuführen: Die Wahrnehmung von Eichmanns Verhalten und Verbrechen war häufig Ausdruck von Ängsten, die mit dem Kalten Krieg zusammenhingen, so zum Beispiel die Furcht vor Atomwaffen. Der Ikone Eichmann kam eine universalistische Bedeutung zu, womit die Person jedoch unabsichtlich auch aus ihrem historischen Kontext herausgelöst wurde. Am 14. April 1961 etwa meinte der linke *New Statesman*, Eichmann sei »keine Ausnahmeerscheinung mehr. Der Kommandeur eines einzigen britischen V-Bombers, beispielsweise, transportiert heute in seinem Flugzeug Waffen, die eine vergleichbare Zerstörung menschlichen Lebens anrichten können.« Dieser Art von Analogiebildung bediente sich auch die amerikanische Zeitschrift *Life*, und sie war geeignet, die Aufmerksamkeit von der Einzigartigkeit von Eichmanns Verbrechen und der Besonderheit seiner Opfer abzulenken.[13]

Die Anklage beabsichtigte, eine Geschichte darzulegen, in deren Mittelpunkt das Leid und der Widerstand von Juden während der »Endlösung« standen. Hausner war daran gelegen, das Recht Israels zu unterstreichen, den Prozess durchzuführen, und den langwierigen juristischen Disput auf offener Bühne zu führen. Wie James Morris, der Korrespondent des *Guardian* aus Manchester allerdings schrieb, hatte er mit seiner »ermüdend pedantischen« Umständlichkeit nur erreicht, dass sich der Gerichtssaal leerte. Telford Taylor etwa merkte verärgert an, dass 500 Journalisten nicht nach Jerusalem gekommen seien, »um durch lange Vorträge und Rechtsdispute zu Tode gelangweilt zu werden«. Die meisten der Berichterstatter reisten vorzeitig ab. Das war umso bedauerlicher, als die Verhandlung, sobald die ersten Zeugen auftraten, die Mängel des Nürnberger Prozesses ausbügelte. Das wusste kaum jemand mehr zu schätzen als Telford Taylor: »In Jerusalem sprachen die Opfer, und der Holocaust stand im Mittelpunkt des Verfahrens. Seine Ungeheuerlichkeit lässt sich aus der Distanz des Rückblicks wohl noch besser ermessen als im Chaos der Nachkriegszeit.«[14]

Aber für viele Herausgeber und Redakteure von Zeitschriften kam diese Entwicklung zu spät. Der Invasionsversuch auf Kuba, den von Amerika unterstützte antikommunistische Emigranten am 17. April 1961 unternahmen, fegte alles andere von den Titelseiten. Der Prozess verschwand weitgehend aus den Zeitungen, abgesehen von einem kurzen Zwischenspiel, als Eichmann im Juli 1961 seine Aussage machte. Dann verhinderte die durch den Mauerbau in Berlin ausgelöste Krise eine größere Aufmerksamkeit für den Jerusalemer Prozess. Erst als Ende des Jahres das Urteil verkündet wurde, fand er wieder breitere Beachtung. Das bevorstehende Ereignis füllte die Pressebänke, aber nach Ansicht vieler Reporter wurde hier ein eindeutiger Fall verhandelt. Man nahm an, man könne kaum noch etwas Neues über den Angeklagten und seine Verbrechen erfahren. James Cameron kommentierte in der Londoner *Daily Mail:* »Das war von Anfang an kein Prozess: Es war eine Übung in Buchhaltung.« Für Cameron hatten die Aussagen der endlosen Reihe von Überlebenden eine »betäubende« Wirkung gehabt. Er interessierte sich mehr für Eichmanns »tadellose« Haltung und seine »Würde«, die zu beobachten ihn schmerze. Sobald das Urteil verkündet war, wandte sich die Diskussion rasch dem Für und Wider der Todesstrafe im Allgemeinen und der Hinrichtung Eichmanns im Besonderen zu.[15]

Manche Zeitungen, insbesondere die populären britischen Massenblätter, entpolitisierten die Wirkung des Prozesses, indem sie ihn durch eine »menschliche Perspektive« betrachteten. Der Londoner *Daily Express* führte in München ein Interview mit Vera Eichmann, das nicht das Geringste von der Schwere der Vergehen ihres Mann erahnen ließ. »Ich bin überzeugt, dass mein Adolf unschuldig ist«, sagte sie dem Reporter Colin Lawson. »Es ist lächerlich, ihm die Schuld an diesen Tötungen zu geben. Ich bin absolut sicher, dass er zu mir und meinen Kindern zurückkommen wird.« Auf die Standardfrage, ob Eichmann mit ihr jemals über seine Arbeit gesprochen habe, antwortete sie: »Wir haben nie über seine Arbeit gesprochen.« Zu Hause sei

»nie über Politik diskutiert« worden. »Aber wir waren so glücklich.«[16]

Ernsthaftere Kommentare beschäftigten sich mit Eichmanns Persönlichkeit und seiner Rolle in der NS-Maschinerie. Lange bevor Hannah Arendt ihre Artikelserie für den *New Yorker* beendet hatte, war die Meinung darüber geteilt, ob Eichmann ein farbloser kleiner Handlanger gewesen war, der gehorsam einem totalitären Staat gedient habe, oder aber ein Fanatiker, der außerordentliche und beispiellose Verbrechen begangen habe. Richard Crossman bedauerte, dass es Hausner nicht gelungen war, Eichmann zu »knacken« und »als Erzverbrecher zu entlarven, der fähig ist, einen Völkermord zu initiieren«. Letztlich sei es seine scheinbare Gewöhnlichkeit, so Crossman, die ebenso erschreckend wie aktuell sei: »Im Atomzeitalter nimmt sein Befehlsgehorsam universale Bedeutung an.« Diese Neigung, die Wirkung des Prozesses zu verwässern, indem man Eichmann zu einem Symbol des modernen Zeitalters machte, war weit verbreitet, wurde aber nicht von allen geteilt. Der Historiker Edward Crankshaw zog den gegenteiligen Schluss: Eichmann sei ein »menschlicher Dynamo« gewesen und »nicht das Musterbild eines gedankenlosen Bürokraten, der half, die von einem obersten Diktator konstruierte und in Gang gesetzte Maschine zu ölen«. Er sei ein »Fanatiker« gewesen, der »mit seiner Art des Wahnsinns auf erstaunliche Weise herausragende administrative und organisatorische Fähigkeiten verband«. Hugh Trevor-Roper betrachtete den Prozess wie Telford Taylor als »notwendige Ergänzung zu Nürnberg (denn die Juden waren in Nürnberg nicht vertreten)«. Er habe »die schreckliche Geschichte des nationalsozialistischen Antisemitismus und die ›Endlösung‹ endgültig zur Sprache gebracht und ins volle Tageslicht gerückt«. Er werde die Deutschen fortwährend an ihre Vergangenheit erinnern und sollte bei den Bürgern der alliierten Staaten ein Nachdenken über ihre bisherige Haltung gegenüber den Juden auslösen. James Parkes, der bahnbrechende Historiker auf dem Gebiet der jüdisch-christlichen Beziehungen, hatte nichts für verschwommene Verallgemeinerungen über Totalitarismus und Atomtod übrig. Ein Mann war abgeurteilt worden, aber Deutschland und die christliche Welt habe wegen der »Endlösung« vor

Gericht gestanden: »Wegen des Antisemitismus lastet eine historische Schuld auf der gesamten Christenheit, und es gibt eine ununterbrochene Kette, die von Hitlers Todeslagern zurückführt zu den antijüdischen Brandmarkungen von Seiten der frühen Kirche.«[17]

Eichmanns Berufungsverfahren blieb praktisch unbemerkt, und erst als das Berufungsgericht Urteil und Strafmaß bestätigte, richtete sich das Augenmerk der Welt erneut für kurze Zeit auf Jerusalem. Über die Hinrichtung wurde groß berichtet, und Leitartikel zeichneten den Prozessverlauf sowie Eichmanns berüchtigte Karriere nach. Obwohl es immer noch Vorbehalte wegen seiner Entführung gab, gelangten die meisten Kommentatoren zu dem Schluss, dass das juristische Verfahren vorbildlich und die Todesstrafe gerechtfertigt gewesen sei.[18] Was das gesteigerte Bewusstsein über die »Endlösung« infolge des Prozesses anging, hatten feinfühligere Beobachter indessen ihre Bedenken.

Im November 1961 bezeichnete Harold Rosenberg den Prozess in einem brillanten Artikel in *Commentary* als Fehlschlag. Er unterschätzte seine Bedeutung für die Erinnerung an die Verbrechen durchaus nicht: »Durch seine Präsenz hat Eichmann das Verbrechen aus dem Irrenhaus geholt und in der Geschichte platziert. Im Unterschied zu anderen Pogromen wurde die deutsche Gräueltat jetzt zum Bestandteil der Chronik einer großen Nation, zu einem denkwürdigen Ereignis sowohl für deren Angehörige als auch für die Juden.« Die Masse der Aussagen von Überlebenden sei hingegen kontraproduktiv gewesen, bestenfalls betäubend, schlimmstenfalls aufgrund des juristischen Verfahrens zusammenhanglos. Bedauerlicherweise sei es der Anklage nicht gelungen zu beweisen, dass Eichmann Juden persönlich gehasst habe. Tatsächlich sei die »notwendige Nüchternheit eines Gerichtssaals« ein Vorteil für ihn gewesen, denn sie habe seine penible, leidenschaftslose Persönlichkeit in den Vordergrund treten lassen. Der Prozess habe »der Welt nur die Gerichtssaalidentität« vorgeführt, »die Eichmann über Jahre hinweg genau für diese Gerichtssituation geschaffen und die er in den langen Monaten seiner Haft bis zum Äußersten ausgefeilt hatte«. Hier antizipierte Rosenberg einen wesentlichen Fehler

Hannah Arendts, wobei die Philosophin den Auftritt vor Gericht allerdings nie von der Geschichte getrennt hat, an die im juristischen Kontext erinnert wurde.[19]

Auch Elie Wiesel war von dem Prozess enttäuscht und betrachtete ihn als gescheitert. Vor allem sei es Eichmann gelungen, einen überaus normalen Eindruck zu hinterlassen: »Der Gedanke, dass Eichmann ein menschliches Wesen ist, empört mich; ich sähe ihn lieber mit dem Kopf eines Ungeheuers [...].« Wie auch Rosenberg aufgefallen war, hatte Eichmanns Normalität aufgrund des Fehlens jeglichen Anzeichens von Hass oder Gewalt die Wirkung der gegen ihn erhobenen Anklagen gedämpft. Darüber hinaus bemängelte Wiesel, dass es die Staatsanwaltschaft unterlassen habe, die Rolle der NS-Kollaborateure, das Verhalten der Außenwelt und die Reaktion des Weltjudentums darzulegen. Dies passe nur zu gut dazu, dass im intellektuellen Leben seit 1945 die Auseinandersetzung mit dem Völkermord unterblieben sei.[20]

In Israel wurde der Prozess jedoch nicht als Fehlschlag angesehen. Das Land hatte monatelang wie gebannt auf das Schauspiel geschaut, und es ging mit einem veränderten Nationalbewusstsein aus ihm hervor. Das soll nicht heißen, dass in den vierziger und fünfziger Jahren »in der israelischen Gesellschaft ein großes Schweigen über den Holocaust« geherrscht habe.[21] Im Gegenteil, die Katastrophe des europäischen Judentums hatte in den Anfangsjahren stets auf dem Land gelastet und sich immer wieder im politischen Leben bemerkbar gemacht. Die Ghettokämpfer und Partisanen, die nach 1945 in Palästina/ Israel angekommen waren, wurden von der jüdischen Bevölkerung als Helden verehrt. Im Dezember 1949 hatte die Knesset nach einer erbitterten Debatte ein Gesetz verabschiedet, nach dem mutmaßliche jüdische Kollaborateure vor Gericht gestellt werden konnten – das gleiche Gesetz, auf dessen Grundlage schließlich auch Eichmann angeklagt werden sollte. Im Jahr 1952 war das Land in der Frage gespalten gewesen, ob es Wiedergutmachungszahlungen von Westdeutschland annehmen solle oder nicht. 1954/55 hatte der Verleumdungsprozess Grunwald/ Kasztner die Schlagzeilen beherrscht und in den Parlamentswahlen von 1955 eine große Rolle gespielt. »Von Anfang an«, merkt Tom Segev dazu an, »sollte sich die Erinnerung an den Holocaust nahtlos in die säkulare Symbolik der zionistischen Bewegung und des Staates Israel einfügen.« 1953 hatte die Knesset die Gründung von Yad Vashem beschlossen, der nationalen Gedenkinstitution, die eine Erinnerungsstätte, ein Museum und ein Archiv umfasst. Gleichzeitig hatte man einen Gedenktag für die »Märtyrer und Helden« festgelegt. Und 1959 hatte Ben Gurion einem Gesetz zugestimmt, durch das der Jom HaShoa, der Holocaust-Gedenktag, eingeführt wurde.[22]

Die Überlebenden von Ghettos, Lagern und deutscher Besatzung waren kaum in Schweigen verfallen. Vielmehr spielten sie eine führende Rolle in diesen Entwicklungen und Auseinandersetzungen. Einzelne indessen sträubten sich dagegen, über ihre persönlichen Erlebnisse zu sprechen. Jeder Israeli hatte seine Last zu tragen, immerhin war ein Zehntel der Bevölkerung im Unabhängigkeitskrieg ums Leben gekommen. Deshalb hatten die Überlebenden der NS-Verfolgung nicht das Gefühl, besonderen Anspruch auf Aufmerksamkeit zu haben. Aber die jüngste Vergangenheit war in den Medien stets gegenwärtig. Es war fast so, als würde die offizielle Gedenkkultur dem Ausdruck der persönlichen Erinnerung zuvorkommen. Der Schriftsteller Haim Gouri sprach für viele, als er feststellte: »Der Holocaust ist überall und nirgends im Land.«[23]

Aus diesem Grund hatten Eichmanns Gefangennahme und der Prozess gegen ihn eine kathartische Wirkung. Der Strom von Zeugen rechtfertigte es, seine persönliche Geschichte von Leid, Verlust, Durchhaltevermögen und Widerstand zu erzählen. Die Wirkung auf die Jugend war enorm. »Erst mit der Gefangennahme Eichmanns«, schrieb Gouri, selbst ein Angehöriger der Nachkriegsgeneration, »war die jüngere Generation von Israelis genötigt, sich mit diesem schrecklichen Kapitel der jüdischen Geschichte auseinander zu setzen. Endlich hatten Holocaust-Überlebende Gelegenheit zu sprechen. Über Nacht traten sie in den Mittelpunkt der landesweiten Aufmerksamkeit.« Über 380 000 israelische Bürger besuchten den Prozess, entweder im Gerichtssaal selbst, oder indem sie in einer nahe gelegenen Halle der Fernsehübertragung folgten. Zum erstenmal wurde den Jüngeren das schreckliche Dilemma verständlich gemacht, vor dem die Älteren in Europa gestanden hatten, und dementsprechend nahm das Mitgefühl für ihre verzweifelte Lage zu. Gideon Hausner kommentierte später stolz: »Jetzt ging es dem jungen Israeli, der den Prozess verfolgte, allmählich auf, dass er sich von den Millionen, die zugrunde gegangen waren, nicht unterschied. Sie waren sein eigenes Fleisch und Blut. Er hatte lediglich das Glück gehabt, dass er während der Hitlerzeit nicht in Europa gewesen war [...].« Nach Beobachtung des Bildungsministeriums hatte der Prozess eine »umwälzende Wirkung« auf die israelische Jugend und diejenigen Juden, die aus von der NS-Verfolgung unberührten arabischen Ländern eingewandert waren und die Shoa daher bislang nur als abstrakten Begriff gekannt hatten.[24]

Dennoch entsprach Eichmanns Vermächtnis in Israel nicht ganz dem, was Ben Gurion erwartet hatte. Er hatte gehofft, der Prozess würde Israelis, die weder die Verwundbarkeit der Diasporajuden noch den Unabhängigkeitskampf erlebt hatten, den Wert der staatlichen Souveränität vor Augen führen. Dies wurde erreicht, aber der Prozess hatte gleichzeitig auch eine größere Wertschätzung für das europäische Judentum und für den Verlust hervorgerufen, den sein Verschwinden bedeutete. Unabsichtlich hatte er bewirkt, dass die Erfahrung der Diaspora mehr und mehr die Staatsraison bestimmte. Künftig sollte es in Debatten über die nationale Sicherheit zunehmend ums jüdische Überleben und um die Verhinderung einer Katastrophe wie des Völkermords an den europäischen Juden gehen. Zudem verknüpfte sich der Eindruck des Prozesses mit der kollektiven Erfahrung der diplomatischen Isolation und der militärischen Gefahr vor dem Sechstagekrieg von 1967 und der verheerenden Anfangsphase des Jom-Kippur-Krieges von 1973. Letztlich verstärkte der Prozess also das Gefühl der Israelis als Juden, allein in der Welt dazustehen und sich auf niemanden verlassen zu können. Bis zu den achtziger Jahren war der »Holocaust« zu einem monumentalen Komplex aus historischen Darstellungen, Gedenkritualen, Erinnerungen und Ängsten im Kern der israelischen Gesellschaft angewachsen. Dank Eichmann hatte er Gestalt angenommen und war im Guten wie im Schlechten zu einem Teil der zivilen Religion der Israelis geworden.[25]

Nächst Israel war Westdeutschland das Land, wo der Prozess

die direktesten Auswirkungen hatte und wo man sich mit Eichmanns Vermächtnis und dem Völkermord, den zu organisieren er anderen Deutschen und deren Kollaborateuren geholfen hatte, auseinander setzen musste. Zufälligerweise fielen die Gefangennahme und der Prozess in eine Zeit, als das Land in dieser Hinsicht besonders aufnahmebereit war. In den Jahren 1959/60 hatten eine Reihe antisemitischer Vorfälle und ein mäßiges Wiederaufleben der extremen Rechten eine verstärkte Beschäftigung mit sich selbst, einen Aufschwung der Forschung über das Dritte Reich sowie zahlreiche Bildungsinitiativen ausgelöst, welche die NS-Vergangenheit mit den aktuellen Ereignissen in Verbindung brachten. Das war jedoch keine beispiellose Entwicklung. Wie im Fall Israels ist es ein Irrtum, die Zeit von 1949 bis 1960 als eine des Schweigens über den Krieg und die Verfolgung der Juden zu betrachten. In den fünf Jahren vor Eichmanns Gefangennahme war infolge einer Entspannung des Kalten Krieges ein zunehmendes Interesse an der NS-Ära zu beobachten gewesen. Nach der Rückkehr der deutschen Kriegsgefangenen aus der Sowjetunion im Jahr 1955 hatte sich die Aufmerksamkeit unweigerlich auf die Ereignisse an und hinter der Ostfront gerichtet. Eine lebhafte Debatte entspann sich über die Frage der Verjährung von Verbrechen, die in der NS-Zeit im Allgemeinen und von zurückgekehrten Kriegsgefangenen im Besonderen begangen worden waren. Auch die Kultur beschäftigte sich mit der nationalsozialistischen Verfolgung und dem Massenmord an den Juden. Die Veröffentlichung des Tagebuchs von Anne Frank stieß auf gewaltiges Interesse, ebenso wie zwei Jahre später das darauf beruhende Theaterstück. Im Jahr 1958 wurde eine Hörspielfassung gesendet, und im Jahr darauf kam eine Spielfilmversion heraus. Reges Interesse fand auch der Dokumentarfilm *Nacht und Nebel* von Alain Resnais über die NS-Verfolgung im besetzten Europa, der im Dezember 1956 in die deutschen Kinos kam. Ferner taten sich in dieser Zeit ehemalige KZ-Insassen und junge Leute zusammen, um in den ehemaligen Lagern Denkmäler und Studienzentren zu errichten. 1958 begann in Ulm der erste große Prozess gegen am Massenmord im Osten beteiligte Täter. Im Mittelpunkt standen die Einsatzkommandos, die 1941/42 im Baltikum Juden massakriert hatten. Ein Nebeneffekt des Verfahrens war die Erkenntnis, wie viele Mörder sich noch unbehelligt auf freiem Fuß befanden. Der Prozess geriet zur Sensation und hatte im Dezember 1958 die Gründung der Zentralen Stelle der Landesjustizverwaltungen zur Aufklärung nationalsozialistischer Verbrechen in Ludwigsburg zur Folge, die eine ganze Reihe solcher Gerichtsverfahren einleiten sollte.[26]

Dennoch wäre es übertrieben zu sagen, dass die westdeutsche Gesellschaft insgesamt die Auseinandersetzung mit der Geschichte gesucht hätte. Bundeskanzler Adenauer tat alles, um ehemalige Nationalsozialisten in die neue, demokratische Bundesrepublik zu integrieren, und zog ritualisierte Statements und große Gesten, wie die Wiedergutmachung an Israel, einer ins Einzelne gehenden Beschäftigung mit der Vergangenheit vor. So kam es, dass in Justiz und öffentlichem Dienst viele frühere Nationalsozialisten zu finden waren und ganze Legionen von »Schreibtischtätern« ihrer Bestrafung entgingen.[27]

Der Eichmann-Prozess brachte die westdeutschen Vermeidungs- und Eindämmungsstrategien jedoch ins Wanken. Eichmann war immer noch deutscher Staatsbürger. Seit Servatius als Verteidiger ausgewählt worden war, wurde eine Debatte darüber geführt, wer sein Honorar zahlen und ob das Geld aus Bonn kommen sollte. Zur Enttäuschung des Anwalts weigerte sich die Bonner Regierung, die Verteidigungskosten direkt zu übernehmen. Den israelischen Behörden gab sie allerdings zu verstehen, dass sie erwäge, für die Israel entstehenden Kosten aufzukommen. Noch enttäuschter war Servatius, als die Bundesregierung seinen Antrag ablehnte, Eichmanns Auslieferung zu erwirken, um ihn in Deutschland vor Gericht zu stellen. Obwohl im Bundestag mehrmals über diese Frage debattiert wurde und Servatius ein zweites Ersuchen einreichte, um seinen Mandanten aus Israel herauszubekommen, nutzte Eichmann seine deutsche Staatsbürgerschaft nichts. Erst war er von einem westdeutschen Beamten »verpfiffen« worden, und jetzt ließen ihn sein Land und dessen Regierung im Stich.[28]

Verzweifelt oder aus Rache lenkte Eichmann in seinem Prozess die Aufmerksamkeit auf die Tatsache, dass Hans Globke, der die von ihm umgesetzten antijüdischen Gesetze entworfen oder kommentiert hatte, eine hohe Stellung in Adenauers Regierung bekleidete. Adenauer sah sich gezwungen, eine Ehrenerklärung für Globke abzugeben. Servatius erhöhte den Einsatz, indem er in der Berufungsverhandlung den förmlichen Antrag stellte, Globke als Zeugen vorzuladen. Doch das Gericht entschied, dass die Aussage Globkes über die Genese der nationalsozialistischen antijüdischen Gesetze für den Prozess irrelevant sei.[29]

Daher war es fast unvermeidlich, dass die Ereignisse in Jerusalem die Westdeutschen stärker beschäftigten als alle früheren Abrechnungen mit der NS-Vergangenheit. Joel Carmichael stellte für die amerikanisch-jüdische Zeitschrift *Midstream* fest, dass »die dramatische Gefangennahme Adolf Eichmanns in Argentinien die öffentliche Aufmerksamkeit wieder auf das grausige Thema gelenkt [hat], vielleicht, weil sie mit einer zyklischen Belebung des Interesses am letzten Krieg im Allgemeinen und am Aufstieg und Niedergang von NS-Deutschland im Besonderen zusammenfiel«. Über den Eichmann-Prozess sei ausführlich berichtet worden, nicht zuletzt, weil aus Westdeutschland mehr Korrespondenten nach Israel geschickt worden seien als aus jedem anderen Land. Die Auflagen der Zeitungen stiegen, und die Leserbriefseiten seien gefüllt mit häufig schmerzlichen Reaktionen auf den Prozess. Das westdeutsche Fernsehen berichte ausführlich. Zufälligerweise habe man 1960/61 eine zwölfteilige Serie über das Dritte Reich gesendet, die 17 Millionen Menschen gesehen hätten, 41 Prozent der Bevölkerung; 72 Prozent der Menschen wüssten von der Serie oder hätten darüber diskutiert. Jüngere Menschen seien »unübersehbar aufgewühlt«, nicht zuletzt deshalb, weil ihre Lehrer sie bisher von dem Thema abgeschottet hätten.[30]

Selbst in den Schulen spreche man über den Jerusalemer Prozess: Der Fall Eichmann wurde zu einer Geschichtslektion. Eine Reihe von Aufklärungsschriften erschien, und hastig zusammengestellte Ausstellungen wurden veranstaltet, um seine Laufbahn zu dokumentieren und in den Kontext des Dritten Reichs zu stellen. Umfragen ergaben, dass 90 bis 95 Prozent der Deutschen von dem Prozess wussten oder verstanden, worum es ging.[31] Verstärkt wurde seine Wirkung durch die Veröffentlichung von philosophischen Schnellschüssen wie Günter Anders' Buch *Wir Eichmannsöhne* und Reportagebüchern, von denen vor allem Bernd Nellessens *Der Prozess in Jerusalem* erwähnenswert ist, eine klare, wirkungsvolle Darstellung des Prozesses und der Hinrichtung. Anders hingegen verstieg sich in wenig hilfreiche Vergleiche zwischen Eichmanns Verbrechen und dem zerstörerischen Potential der modernen Technologie, bis, wie es bereits der Titel des schmalen Bandes andeutete, alle und niemand schuldig waren.

Gestärkt und vertieft wurde das Wissen über das Thema durch die Kontroverse um Hannah Arendts Buch *Eichmann in Jerusalem* und Rolf Hochhuths im Februar 1963 uraufgeführtes Theaterstück *Der Stellvertreter.* Letzteres beruhte auf im Prozess vorgelegten Beweisen über das Verhalten der katholischen Kirche und des Vatikans unter Papst Pius XII. Es war, wenn möglich, noch umstrittener als *Eichmann in Jerusalem.* Die Druckfassung von Hochhuths theatralischer Anklage der katholischen Kirche, in der als fiktionalisierte Gestalten auch Eichmann und Kurt Gerstein auftraten, verkaufte sich 200 000 Mal. In der Folgezeit erschienen ein Dutzend Bücher für oder wider das Stück, die sich mit historischen Fragen in Bezug auf die katholische Kirche und das Dritte Reich befassten.[32]

Als wollte man den Nachwirkungen des Eichmann-Prozesses die Krone aufsetzen, folgte eine Reihe von Festnahmen und Gerichtsverfahren gegen frühere Mitstreiter, wie Richard Baer, Franz Novak, Otto Hunsche, Hermann Krumey, Willi Zöpf und Gustav Richter. Die Ermittlungen gegen sie waren zwar bereits vor dem Prozess gegen Eichmann in Gang gewesen, aber nun wirkte ihre Verhaftung wie ein Nebenprodukt seines Untergangs und erzeugte den Eindruck, als würde in der westdeutschen Gesellschaft immer noch sein Vermächtnis abgearbeitet.[33]

Die Berichterstattung über den Prozess und die Kontroverse um Hannah Arendts Buch markierten auch für die Vereinigten Staaten eine Wasserscheide. In den 15 Jahren seit Kriegsende hatte die Vernichtung der europäischen Juden keinen besonders prominenten Platz im nationalen Bewusstsein eingenommen, wie etwa Peter Novick festgestellt hat: »Zwischen dem Kriegsende und den sechziger Jahren tauchte der Holocaust im öffentlichen Diskurs der Vereinigten Staaten kaum auf [...]. Auch im jüdischen Diskurs wurde er selten erwähnt – vor allem im Diskurs, der an Nichtjuden gerichtet war.«[34] Ein genauerer Blick auf die amerikanische Kultur dieser Periode differenziert dieses Urteil. Jeffrey Shandler etwa hat dargelegt, dass amerikanische Fernsehsender in den fünfziger Jahren durchaus viele Dokumentarberichte und Fernsehspiele brachten, die von der Verfolgung und Ermordung der europäischen Juden handelten. Letztere hatten, laut Shandler, eine »tief greifende Wirkung auf das öffentliche Gedenken an den Holocaust in Amerika, indem sie ein Millionenpublikum mit einem bestimmten Repertoire von Ereignissen, Orten, Personen, Themen und Bildern vertraut machten«. Diese Sendungen hätten allgemeine theologische, moralische oder psychologische Botschaften vermittelt und dabei Stoffe verwendet, die sich mit der NS-Ära und dem Schicksal der Juden beschäftigten.[35] Gleichzeitig erschien eine ganze Reihe von Büchern – Memoiren von Überlebenden, historische und sozialpsychologische Studien sowie literarische Werke –, die den Grundstock dessen bildeten, was sich zu einem eigenen Zweig von Forschung und Publizistik auswachsen sollte. Verglichen mit der Bücherschwemme in den achtziger und neunziger Jahren war der Umfang dieser Publikationstätigkeit allerdings bescheiden, wenn auch in den fünfziger Jahren andere Maßstäbe herrschten.[36]

Dem Prozess ist es jedoch zu verdanken, dass das Wissen über den völkermörderischen Angriff auf die Juden auch in Gegenden der USA verbreitet wurde, wo er bisher allenfalls vorübergehende Aufmerksamkeit geweckt hatte. Die Zeitungen im ganzen Land berichteten über den Prozess, und Tausende von Leitartikeln erschienen in Blättern, die sowohl in Großstädten als auch in kleinen Landgemeinden gelesen wurden. Im Mai 1961 ergaben Umfragen, dass 87 Prozent der Bevölkerung von dem Prozess gehört oder über ihn gelesen hatten – »ein außerordentlich großer Prozentsatz für eine öffentliche Angelegenheit«. Noch ungewöhnlicher war, dass 80 Prozent der jungen Leute die Ereignisse in Jerusalem verfolgten – nur die Hälfte von ihnen hatte bereits in der Schule von den nationalsozialistischen Gräueln erfahren. Die Umfrageergebnisse waren umso erstaunlicher, als zur selben Zeit das Kuba-Debakel und der Start des sowjetischen Sputniks, des ersten künstlichen Erdsatelliten, die Schlagzeilen beherrschten. Dabei waren die Kommentare durchaus nicht alle positiv. Anfangs ging es in vielen Leitartikeln um die Rechtmäßigkeit des israelischen Vorgehens, sowohl was die Entführung als auch was den Schauplatz des Prozesses betraf. Außerdem neigte man dazu, Eichmanns Fall zu verallgemeinern und den Totalitarismus zu diskutieren.[37]

Wichtiger war indessen, dass das Fernsehen das Thema auf noch nie da gewesene Weise in die Wohnzimmer der Menschen brachte. Als zum Beispiel der Fernsehsender ABC seinen Zuschauern anbot, ihnen ein Exemplar der Anklageschrift zuzuschicken, wurde er von 24 000 Anfragen geradezu überschwemmt. Laut Jeffrey Shandler war die Berichterstattung das »erste große öffentliche Ereignis« gewesen, »das den Holocaust als eigenes, von der umfassenden Darstellung des Zweiten Weltkriegs oder des Dritten Reichs abgesetztes Kapitel der Geschichte ins Bewusstsein rückte«. Die Fernsehübertragung der Zeugenaussagen habe die Wahrnehmungsweise der Überlebenden verändert, ihnen ein Gefühl für die eigene Bedeutung gegeben. Amerika habe die Überlebenden entdeckt, und diese hätten ihr Potential als Zeugen der Geschichte erkannt. Auch dank der Vielzahl der dem Thema gewidmeten Fernsehsendungen im vorangegangenen Jahrzehnt habe man die Geschichte, die sie durchlebt hätten, nunmehr als bedeutsam betrachtet: Der »Holocaust« sei als »moralisches Paradigma« etabliert worden.[38]

Örtliche jüdische Organisationen in Amerika verfolgten die Auswirkungen des Prozesses aufmerksam und nicht ohne eine gewisse Besorgnis. Anfangs fürchteten sie, das eigenmächtige israelische Vorgehen in Argentinien und die Aussicht auf einen einseitigen Prozess würden antijüdische Reaktionen hervorrufen. Die Anti-Defamation League (ADL) arbeitete eng mit dem Staat Israel zusammen, um nachteiliger Kritik in den amerikanischen Medien entgegenzutreten. Später schickte die ADL ihren besten Mann nach Jerusalem, um ebenso positive wie informative Berichte für amerikanische Zeitungen zu liefern.[39]

Außerdem gab die ADL eine große Studie über die Auswirkungen des Prozesses auf die öffentliche Meinung in Auftrag, die auf der Befragung eines repräsentativen Querschnitts der Bevölkerung von Oakland in Kalifornien beruhte. Das Ergebnis war sowohl ermutigend als auch beunruhigend, denn zum einen hatte sich herausgestellt, dass 84 Prozent der Befragten von dem Prozess gehört hatten. Andererseits aber war der Prozess auch nach wochenlanger umfangreicher Berichterstattung in der nationalen wie der lokalen Presse sowie in Rundfunk und Fernsehen »weder sehr breit noch sehr tief in das Bewusstsein der Bevölkerungsstichprobe eingedrungen«. Im Hinblick auf das mit dem Prozess verfolgte erzieherische Ziel fanden die Meinungsforscher dies »in der Tat erschreckend«. Besorgt registrierten sie, dass »die Mehrheit der Bevölkerung von Oakland [...] den Prozess nicht als persönlich relevant oder interessant« wahrnahm. Bei genaueren Nachfragen sank der Bekanntheitsgrad beträchtlich: Nur 58 Prozent wussten, dass Eichmann ein Nationalsozialist war, lediglich die Hälfte der Befragten war sich sicher, dass der Prozess in Israel stattfand, und nur ein Drittel gab die Zahl der während des Krieges ermordeten Juden korrekt mit sechs Millionen an. Die Meinungsforscher unter der Leitung von Charles J. Glock kamen zu dem Schluss: »Die Hoffnung, dass die Öffentlichkeit die einzigartige Bedeutung des Eichmann-Prozesses erkennen und der Prozess außerordentliche öffentliche Aufmerksamkeit auf sich ziehen würde, haben sich, wie man jetzt sieht, nicht erfüllt. Zwar wusste die große Mehrheit der Bevölkerung, dass der Prozess stattfand, aber lediglich ein enttäuschend geringer Teil war genügend interessiert oder gebildet, um sich auch nur die grundlegendsten Kenntnisse über das Verfahren anzueignen.« Bedauernd konstatierte die 1966 im Anschluss an die heißeste Phase der Debatte über Hannah Arendts *Eichmann in Jerusalem* veröffentlichte Studie: »Trotz der anhaltenden Diskussion gibt es kaum einen Zweifel daran, dass der Prozess bei den meisten Menschen so gut wie vergessen ist.«[40]

Wie lässt sich diese pessimistische Schlussfolgerung mit der hoch gestimmten Auffassung von Kulturhistorikern wie Shandler in Übereinstimmung bringen? Die ADL hatte Glock nicht beauftragt herauszufinden, wie viel die Menschen über den Prozess wussten, sondern in welcher Weise er ihre Haltung gegenüber Juden beeinflusst hatte. Die Studie zeigte, dass zwar viele von dem Prozess erfahren hatten, sie deshalb aber nicht unbedingt besser oder schlechter über Juden oder Israel dachten. Vor allem dieses Resultat hatte die Meinungsforscher wie die ADL überrascht.[41] Für ein Ereignis im Nahen Osten, das 15 Jahre zurückliegende Geschehnisse in Europa betraf, hatte der Prozess indessen einen außergewöhnlichen Bekanntheitsgrad erlangt, vergleichbar mit der Invasion in die Schweinebucht oder der Bürgerrechtskampagne im Süden der USA. Außerdem hatte er langfristige und allgemeine Auswirkungen auf das öffentliche Bewusstsein, welche eine Meinungsumfrage, die einen Augenblickszustand erfasst, nicht zutage fördern kann. Eine solche nicht unmittelbar messbare Wirkung des Prozesses könnte die allgemeine Ablehnung jeglichen Totalitarismus, insbesondere des sowjetischen Kommunismus, gewesen sein. In einem Aufsatz im *American Jewish Year Book* bemerkte George Saloman: »Zum größten Teil sah die amerikanische Presse den Prozess weniger als Präsentation vergangener Tragödien denn als Warnung für die Zukunft – als Warnung vor Totalitarismus, Demagogie und Hass.« Die Berichte im amerikanischen Fernsehen hätten den Weg vorgezeichnet, indem sie den Prozess als Moralität interpretiert hätten, in der das Böse entlarvt worden sei – ein Böses, das immer noch auf der Welt vorhanden sei. Jeffrey Shandler ergänzte: »Das Wissen darum, welch riesiges Fernsehpublikum der Prozess in den Vereinigten Staaten erreichte, beeinflusste die Art, wie amerikanische Journalisten und andere über Eichmann und seinen Fall diskutierten: Sie zogen die Aufmerksamkeit von den historischen Ereignissen des Holocaust und dem israelischen Kontext ab und lenkten sie auf die physische Präsenz des Angeklagten und die Verhandlung als Spektakel.«[42]

Scharfsinnige Beobachter wie Harold Rosenberg bemerkten, dass ein Gerichtsformat nicht die beste Bühne war, um ein komplexes Geschehen darzustellen. Die unaufhörliche Kette von grausigen Zeugenaussagen wirkte einschläfernd, und das Bemühen der Richter (und der Staatsanwaltschaft), die Form zu wahren und Gefühlsausbrüche zu vermeiden, förderte paradoxerweise nicht das Verständnis des Beweismaterials, sondern ebnete es tendenziell ein: »Es wurden Dinge diskutiert, die nicht diskutierbar sind.« Das Gerichtsformat war unweigerlich befremdlich und langweilig. Auch wenn Hausner die dokumentengestützte Herangehensweise von Nürnberg ablehnte, wurde die Verhandlung in Jerusalem von der Masse der papiernen Beweise belastet. Zeugenaussagen wurden regelmäßig durch die Vorlage von Dokumenten unterbrochen, die den Augenzeugenbericht vervollständigen sollten. Das war unvermeidlich, denn nur wenige Zeugen konnten etwas über Eichmann aussagen, und es war von entscheidender Bedeutung, Dokumente beizubringen, die seine Verbrechen belegten. Die Folge war, dass Reporter und andere Zuschauer die Geduld verloren und fortblieben. So war der Saal, als Ada Lichtman eine der herzergreifendsten Zeugenaussagen des Prozesses machte, halb leer, weil man sich in der Vormittagssitzung durch schriftliches Beweismaterial gekämpft hatte. Auch gab es keine Garantie dafür, dass die Richter Zeugen wie Ada Lichtman genügend Raum gaben. Obwohl sie Hausners Wunsch, ein Bild von der Gesamtheit der nationalsozialistischen Verfolgung und Ermordung von Juden zu entwerfen, verstanden und weitgehend guthießen, bereitete ihnen die tendenziöse Art vieler Zeugenaussagen zunehmendes Unbehagen. Nachdem sie dem Generalstaatsanwalt erlaubt hatten, mehrere Zeugen in aller Ausführlichkeit zu befragen, griffen sie ein, als er Zeugen für den jüdischen Widerstand aufzurufen begann. Nur wenig von dem, was diese zu sagen hatten, war für Eichmanns Handeln von Bedeutung, und Richter Landau fing an, Hausner zur Eile zu drängen. Schließlich intervenierte er selbst, um den Zeugen das Wort abzuschneiden. Den Richtern zuliebe beschleunigte Hausner seine Vernehmungen und beschränkte die Zeugen auf grausam kurze Antworten. So wurden ihre persönlichen Erzählungen noch stärker zerstückelt, als es ohnehin der Fall gewesen wäre, und mehrere von ihnen gaben ihre Verwirrung, Frustration und Verärgerung darüber deutlich zu verstehen, dass ihnen entweder vom Anklagevertreter oder vom vorsitzenden Richter Schranken gesetzt worden waren. In dieser Situation war es kaum möglich, die ganze Geschichte zu erzählen, und das breite Publikum außerhalb des Gerichtssaals erlebte sowieso nur die Höhepunkte ausgewählter Episoden.[43]

Laut Jeffrey Shandler war auch die Wirkung der Fernsehübertragung in den USA nur vorübergehend. Die juristischen Argumente wirkten ermüdend. Es gab zu viele Geschichten und zu viele unterschiedliche Zuschauergruppen. Die Grundbotschaft ging verloren, weil sie verallgemeinert wurde; und sie wurde verallgemeinert, damit sie für ein überwiegend nichtjüdisches amerikanisches Publikum Bedeutung hatte. Die Bilder, die Eichmann zeigten, wie er ruhig in seiner Glaszelle saß oder nüchtern etwas sagte, bestärkten die Vorstellung von seiner Normalität. Wie Rosenberg klug beobachtet hatte, war die »notwendige Nüchternheit eines Gerichtssaals« ein Vorteil für ihn. Im Unterschied zu Hannah Arendt, die nur einen Bruchteil des Prozesses miterlebt hatte, nahm Rosenberg die verzerrende Wirkung des prozessualen Rahmens wahr, der allein Eichmanns »Gerichtssaalidentität« in Erscheinung treten ließ. Der Gerichtssaal bot Eichmann ein Forum, auf dem er seine Geschichte so erzählen konnte, wie er sie verstanden wissen wollte, durchsetzt mit Erzählungen über seine Ängste und Enttäuschungen. Nur die Sassen-Tonbänder konnten dieses Image teilweise aufbrechen.[44]

In der Einschätzung von Eichmanns Vermächtnis für Geschichte und Kultur nimmt sein Prozess notwendigerweise einen zweideutigen Platz ein. So enorm die unmittelbare Wirkung war, so rasch ließ sie wieder nach. Langfristig betrachtet, wird jedoch deutlich, dass das Gerichtsverfahren in Jerusalem Kräfte freisetzte und Kontroversen auslöste, die die intellektuelle und kulturelle Landkarte verändert haben. Der Prozess prägte sowohl das Bild der Überlebenden als auch dasjenige der Täter und trug entscheidend zur Entwicklung der Geschichtsschreibung über den Holocaust und des Gedenkens an ihn bei.

Die Überlebenden fühlten sich durch den Prozess ermutigt, ihre Erinnerungen auf Tonband, Video oder Papier aufzuzeichnen. Dieses Phänomen machte sich zuerst in Israel bemerkbar, wo sich bei Yad Vashem immer mehr Überlebende meldeten, die der Gedenkstätte ihre mündlich erzählte persönliche Geschichte anboten. »Der Prozess rechtfertigte die Offenlegung der eigenen Vergangenheit«, erinnert sich Haim Gouri. »Was verschwiegen und unterdrückt worden war, sprudelte nun hervor und wurde zum allgemeinen Wissen.« Aber auch außerhalb

Israels zeigte sich diese Wirkung. Noch während des Prozesses veröffentlichten die Zeitungen knappe Memoiren von Überlebenden, und Rundfunk und Fernsehen interviewten sie im Rahmen ihrer Berichterstattung über das Verfahren. Geoffrey Hartman, der Deutschland als Junge mit einem Kindertransport verlassen hatte und inzwischen an einer amerikanischen Universität englische Literatur lehrte, war vom Anblick der Überlebenden und ihrem Redefluss wie elektrisiert: »Es war während des Eichmann-Prozesses 1960/61, als ich zum ersten Mal die Macht des persönlichen Zeugnisses begriff.« Dieses Erlebnis regte ihn an, an der Yale University das Fortunoff-Videoarchiv für Zeugenaussagen über den Holocaust zu gründen, eines der ersten und bedeutendsten seiner Art. Dass das Projekt erst Mitte der siebziger Jahre geschaffen wurde, war symptomatisch für die erst spät sichtbare Wirkung des Prozesses. Auch auf dem Gebiet von Memoiren und literarischen Werken war der Eichmann-Prozess ein Türöffner: 1960 verzeichnete Yad Vashem das Erscheinen von 17 Memoiren in verschiedenen Sprachen. Ein Jahr darauf war diese Zahl auf 29 gestiegen. Nachdem sie 1962 vorübergehend zurückgegangen war, lag sie 1963 wieder bei 23 und erreichte 1964 mit 35 den Höchststand. Alles in allem erschienen zwischen 1961 und 1971 nicht weniger als 250 Memoiren von Überlebenden, und zwar überwiegend auf Englisch, Deutsch, Hebräisch, Jiddisch und Polnisch. Das waren mehr als in den fünfzehn Jahren nach dem Zweiten Weltkrieg auf der ganzen Welt publiziert worden waren, und ihre Veröffentlichung markierte den Anfang eines zyklischen Anstiegs, der 1997 seinen Höhepunkt erreichte, als in *einem* Jahr 261 Memoiren gedruckt wurden.[45]

Langfristige Auswirkungen hatten Eichmanns Verbrechen und sein Prozess auch auf das humanitäre Völkerrecht und das internationale Strafrecht. Die Staatsanwaltschaft in Jerusalem stützte sich mit Bedacht auf die in Nürnberg gelegten Fundamente und verstand ihre Arbeit als Fortentwicklung des internationalen Rechts auf dem Gebiet von Kriegsverbrechen, Verbrechen gegen die Menschlichkeit und Völkermord. Obwohl Hausner für eine ganze Reihe umstrittener Neuerungen verantwortlich zeichnete, insbesondere für die gegen Eichmann erhobene Anklage wegen »Verbrechen gegen das jüdische Volk«, berief er sich regelmäßig auf die Charta und die Praxis von Nürnberg, um das Jerusalemer Verfahren zu rechtfertigen – so auch das Berufungsgericht, etwa bei der Zurückweisung des Vorwurfs, dass es sich bei dem Prozess um »Siegerjustiz« und um die Anwendung rückwirkender Gesetze gehandelt habe.[46] Dennoch lösten Eichmanns Entführung und sein Prozess eine juristische Debatte aus, die auch Jahre nach der Urteilsverkündung noch andauerte. Anfangs konzentrierte sie sich auf eng begrenzte völkerrechtliche Fragen in Bezug auf die Entführung sowie die Angemessenheit und Rechtmäßigkeit der Prozessführung in Israel im Hinblick auf Alternativen wie ein internationales Tribunal. Nachdem juristische Beobachter festgestellt hatten, dass die Richter in Israel den Prozess auf vorbildliche Weise geführt hatten, verlagerte sich die Diskussion auf die Frage, inwieweit der Prozess der Gerechtigkeit Genüge getan habe und ob ein Gerichtsverfahren dies in einem Fall von Völkermord überhaupt leisten könne. Zur Nachwirkung von Eichmanns Fall gehörte neben der Stärkung des Nürnberger Grundsatzes, dass Befehlsgehorsam keine Entschuldigung für offenkundig ungesetzliche und inhumane Taten ist, auch die neue Rolle von Gerichten als Foren, auf denen die Opfer Gehör finden. Zeugnis ablegen zu können ist an sich schon ein Akt der Wiedergutmachung – diese Idee hat tief greifende Auswirkungen auf die Gesetzgebung seit 1962 gehabt und findet ihren Ausdruck noch in zeitlich so weit entfernten Institutionen wie den Ad-hoc-Tribunalen zur Untersuchung der Völkermorde im früheren Jugoslawien und in Ruanda sowie der Wahrheits- und Versöhnungskommission in Südafrika.[47]

Auch in der Kultur machte sich Eichmanns Vermächtnis im Lauf der Zeit deutlicher bemerkbar. Vor dem Prozess waren die verfügbaren Informationen über die nationalsozialistische Verfolgung und Ermordung der Juden begrenzt und häufig an unerwarteten Orten versteckt, etwa in Büchern und Zeitschriften über Sozialpsychologie. Im April 1962 stellte M. Muszkat im *Yad Vashem Bulletin* fest: »Innerhalb der 16 Jahre, die seit dem Krieg vergangen sind, ist vieles, das mit der europäischen Tragödie zusammenhängt, in Vergessenheit geraten.« In dieser Hinsicht sei der Prozess ein Wendepunkt gewesen, fügte er hinzu und verwies zum Beweis auf ein halbes Dutzend »spektakuläre Darstellungen« von Eichmanns Leben sowie Dokumentensammlungen und ernsthafte Analysen von Wissenschaftlern aus verschiedenen Ländern. Anfangs spielten viele Historiker den Beitrag, den der Prozess zu ihrem Fachgebiet geleistet hatte, allerdings herunter. So verkündete Nahman Blumental in derselben *Bulletin*-Ausgabe leichthin, der Prozess habe »keine Informationen zutage gefördert, die unsere Ansicht über diese Periode verändert hätten. Die den Dokumenten und mündlichen Aussagen entnommenen neuen Einzelheiten dienen lediglich zur Untermauerung dessen, was wir vorher bereits gewusst hatten.«[48]

Tatsächlich waren die Forschungsanstrengungen in Israel schon vor dem Prozess intensiviert worden. Die Hebräische Universität und Yad Vashem hatten 1957 ein Forschungsinstitut gegründet, und an der Bar-Illan-Universität war ein Lehrstuhl für den Holocaust eingerichtet worden. Raul Hilbergs *The Destruction of the European Jews* erschien am Vorabend des Prozesses und hätte auch ohne diesen gewaltigen Einfluss gehabt. Gleichwohl darf man Blumentals Feststellung als Flucht nach vorne interpretieren, denn was hatten jüdische Wissenschaftler in Israel seit über einem Jahrzehnt eigentlich getan, wenn es eines Eichmann-Prozesses bedurfte, um wichtiges neues Material über den Völkermord an den Juden zutage zu fördern? Immerhin erkannte Blumental an, dass durch den Prozess bedeutendes neues Material zugänglich geworden war, insbesondere Zeugenaussagen über die Erlebnisse der Juden und Dokumente über die Reaktion der Alliierten. Leon Poliakov hat für das *American Yewish Year Book* berichtet, mit welcher Empörung die Dokumente über die Alliierten und die Bombardierung von Auschwitz aufgenommen worden waren: »Am 30. Mai 1961 hatte es für einige Stunden tatsächlich den Anschein, als stände nicht Eichmann, sondern die Regierung des Vereinigten Königreichs vor Gericht.« Für Poliakov, einen Historiker, der weniger unter Rechtfertigungszwang stand als seine israelischen Kollegen, bestand kein Zweifel an der epochalen Bedeutung des Prozesses. Eichmann war der bedeutendste überlebende Augenzeuge der Wannsee-Konferenz. Später, als die Wissenschaftler Zeit gehabt hatten, seine voneinander abweichenden Darstellungen durchzuarbeiten, wurde zwar deutlich, wie ungenau seine Aussage war, aber er hatte dennoch aus erster Hand über den zur »Endlösung« führenden Entscheidungsprozess berichtet.[49]

Binnen weniger Jahre nach dem Prozess konnten sich Historiker, Studenten und das breite Publikum dank mehrerer kompetenter Darstellungen über das Verfahren in Jerusalem informieren und eine Vielzahl von Dokumenten einsehen, die ein Licht auf die nationalsozialistische Politik gegenüber den Juden warfen. Im Unterschied zum veröffentlichten Nürnberger Beweismaterial, das nur wenige verstreute Dokumente zum Holocaust enthält, boten diese Bücher einen konzentrierten Überblick über die »Endlösung«. Außerdem wurden Bücher wie Martin Gilberts *Nürnberger Tagebuch* wieder aufgelegt und andere Quellen wie Rudolf Kasztners langer Bericht über die Ereignisse in Ungarn und seine Kontakte zu NS-Vertretern in den Jahren 1944/45 veröffentlicht.[50] Eine merkwürdige, aber viel sagende Bestätigung der Bedeutung des Prozesses ist die Tatsache, dass er die Holocaustleugner auf den Plan brachte und eine anrüchige Nischenliteratur entstand, die Eichmanns Aussage und die Sassen-Tonbänder wegzuerklären versuchte.[51]

Auf konventionellere Weise trat die umwälzende Wirkung des Prozesses auf das öffentliche Bewusstsein darin zutage, wie die »großen Schriftsteller und Dichter« – an die Richter Landau letztlich die Aufgabe delegiert hatte, die Geschichte zu erzählen – den Fall Eichmann und die Vernichtungspolitik aufgriffen. Einige hatten das Thema bereits behandelt, und zwar mehr, als man zumeist wahrnimmt. Zwischen 1955 und 1962 hatten drei Träger des Prix Goncourt in Frankreich über die Jahre des nationalsozialistischen Massenmords geschrieben. 1950/51 war John Herseys Roman *Der Wall* über den Warschauer Ghettoaufstand ein Bestseller gewesen. Leon Uris hatte 1958 den Roman *Exodus* veröffentlicht und drei Jahre später den ebenso erfolgreichen Roman *Mila 18* folgen lassen. Von Jehiel Dinur, der unter dem Pseudonym Ka-Tzetnik schrieb, waren zwei grausame, fast pornografische Romane erschienen, die auf Generationen hinaus das Bild prägten, das Israelis von den Konzentrations- und Vernichtungslagern hatten. Seine Bücher, etwa der

Roman *Das Haus der Puppen*, erzielten in Amerika und ganz Europa riesige Auflagen. Ähnlich bahnbrechende Romane erschienen auf Deutsch, Italienisch, Holländisch und Polnisch. Die Auflagen waren beträchtlich, wenn auch nicht so spektakulär, wie sie in den neunziger Jahren werden sollten, als der »Holocaust«, von einer ganzen Reihe von filmischen Darstellungen und der ständigen Präsenz in den Nachrichtenmedien getragen, »en vogue« war.[52]

Dennoch gab der Eichmann-Prozess dem sich herausbildenden Genre neue Anstöße und trug zu einem Perspektivenwechsel bei. Bis 1960 hatten insbesondere amerikanische Schriftsteller die Judenverfolgung anhand der Geschichte von Flüchtlingen dargestellt, die es in die USA oder nach Palästina verschlagen hatte. Einige Autoren erzählten autobiografisch aus dem Blickwinkel alliierter Soldaten, die nach dem Krieg in Europa Überlebenden begegneten. Andere behandelten das Weiterleben des Antisemitismus in Amerika und anderswo, was sie unweigerlich zur Beschäftigung mit den NS-Jahren und der nationalsozialistischen Judenverfolgung führte. Durch den Prozess in Jerusalem und die Reportagen über ihn erhielten die Schriftsteller nun neuen Stoff. Darüber hinaus lieferte er einen Handlungsrahmen, der ansonsten unvollendeten Ereignissen Sinn verlieh. »Der Eichmann-Prozess«, führt Sidra DeKoven Ezrahi aus, »erwies sich als Wasserscheide in der amerikanischen Wahrnehmung des Holocaust, da er bei jenen, die ihn in den öffentlichen Medien verfolgten, einen fast persönlichen Kontakt mit Überlebenden und ein beispielloses Eintauchen in die Tatsachen ermöglichte.« Er habe dem »Außenstehenden eine Landkarte und mögliche Zugangswege« gezeigt.[53]

Binnen weniger Jahre erschienen mehrere Romane, die sich entweder mit dem Prozess und der Figur Eichmanns beschäftigten oder über deren Implikationen nachgrübelten. Dazu gehörten Muriel Sparks *Das Mandelbaumtor* von 1965, Robert Shaws *The Man in the Glass Booth* von 1967 und Saul Bellows *Mr. Sammlers Planet*, ebenfalls von 1969. Auch früher erschienene Memoiren und Romane, wie Elie Wiesels *Die Nacht* (1958) und Primo Levis *Ist das ein Mensch?* (1947), erhielten durch den Prozess eine neue Aufmerksamkeit. So erschienen die deutsche und die französische Ausgabe von Levis Memoiren gleichzeitig mit dem Prozess. Im Unterschied zu Wiesel reiste Levi nicht nach Jerusalem und schrieb auch nicht über den Prozess. Anlässlich der Gefangennahme Eichmanns hatte er allerdings eines seiner eindrucksvollsten und bittersten Gedichte verfasst. Andere Dichter, wie die Amerikanerin Denise Levertov und der in England lebende gebürtige Deutsche Michael Hamburger, reagierten ähnlich aufgewühlt.[54]

Die Wirkung des Prozesses reichte weit über den Kreis der Überlebenden, der betroffenen Gruppen sowie der »großen Schriftsteller und Dichter« hinaus. So erwähnte der amerikanisch-jüdische Nachtklubkomiker Lenny Bruce ihn in seinen beißenden Kommentaren zur zeitgenössischen Politik. Dabei scheint er von dem Dichter Thomas Merton angeregt worden zu sein, der dichterisch erklärte, die Vertreter der modernen Kriegführung seien nicht besser als der fragliche Nazi.[55] Andere Künstler zogen den entgegengesetzten Schluss. So waren Eichmanns Leben und Verbrechen für den Maler R. B. Kitaj ein Zeichen dafür, dass der Antisemitismus ein einzigartiges Phänomen darstelle. Diese Erkenntnis wirkte sich unweigerlich auf die Identität von Juden aus, die wie Kitaj über ihr Jüdischsein bis dahin kaum nachgedacht hatten.[56]

Das Geschehen in Jerusalem und das, was man daraus über NS-Täter sowie deren Helfer und Mitläufer erfuhr, hatte nicht nur Romanciers, Dichter und Maler aufgewühlt, sondern auch Filmemacher und Dramatiker. Der erste Dokumentarfilm, *Operation Eichmann*, kam 1961 heraus. Eine stärker geglättete Version der Ereignisse um Eichmanns Gefangennahme, *Die Affäre Garibaldi* in der Regie von Peter Collinson, erschien 1979. Robert Shaws *The Man in the Glass Booth* wurde 1975 verfilmt. Rolf Hochhuths Stück *Der Stellvertreter* musste hingegen bis zum Jahr 2001 warten, ehe Costa-Gavras es auf die Leinwand brachte. In der Zwischenzeit waren in den USA, in der Bundesrepublik Deutschland und in Israel eine ganze Reihe von Dokumentarfilmen über Eichmann und seinen Prozess entstanden. Die Wannsee-Konferenz war Gegenstand zweier Dokumentarspiele, in denen Eichmann eine wichtige Nebenrolle zukam. Das neuere von beiden – *Conspiracy* – wurde im Auftrag der BBC gedreht und lief im Januar 2001 aus Anlass des ersten britischen Holocaust-Gedenktages im Fernsehen (deutsche Erstausstrahlung im Mai 2004 unter dem Titel *Die Wannseekonferenz*). In dieser Produktion wird Eichmann von Stanley Tucci gespielt, der durch seine herausragende Leistung diese historische Gestalt abwechselnd als schmierigen Kriecher gegenüber Vorgesetzten, effizienten, stahlharten Beamten und fanatischen Judenhasser vorführt.[57]

Für viele ist Eichmann jedoch der von Hannah Arendt in *Eichmann in Jerusalem* porträtierte untergeordnete Beamte geblieben: der klassische Schreibtischtäter, der mechanisch und gedankenlos als Höhepunkt eines zur Routine gewordenen, von allen negativen Aspekten gereinigten Vernichtungsprozesses den Tod von Millionen Menschen organisierte – die Verkörperung der »Banalität des Bösen« und eine durch und durch moderne Gestalt. Arendts Einfluss auf Eichmanns Nachwirkung kann gar nicht überschätzt werden. Laut Sidra DeKoven Ezrahi war Arendts Interpretation des Prozesses »der Filter, mit dessen Hilfe die Amerikaner gedanklich aufzunehmen vermochten, was ansonsten ein Morast aus unverdaulichen, unverständlichen Fakten gewesen wäre«. Durch die Hervorhebung der Bürokratie des Völkermords und die Entmystifizierung Eichmanns habe sie Ordnung in die Katastrophe gebracht und den Täter verständlicher gemacht, denn er sei ja »wie wir«. Dies habe es den Menschen ermöglicht, Eichmann und die »Endlösung« mit ihrem eigenen Erfahrungsbereich in Verbindung zu setzen und über deren Bedeutung für die Gegenwart und Zukunft nachzudenken. Arendt habe das makabre Puzzle des Dritten Reichs, der Judenvernichtung und des Charakters der Mörder in ein universelles »persönliches moralisches Problem« verwandelt. Damit habe sie zwar dazu beigetragen, das Wissen über den Völkermord zu verbreiten, sich aber die Kritik eingehandelt, sie habe dies nur durch eine grundsätzliche Fehlinterpretation Eichmanns und der zur Judenvernichtung führenden Entwicklung erreicht. So schreibt Yaacov Lozowick, einst ein Bewunderer von Arendts Buch: »An Eichmann und seinen Helfershelfern war sehr wenig banal, und das Wenige, das man findet, war für das, was sie getan haben, nicht relevant. Arendts Ausgangspunkt war falsch. Obwohl sie in erster Linie Philosophin war, hat sie eine historische Analyse unternommen – und zwar ohne die Fakten zu überprüfen. Darüber hinaus hat sie viele möglicherweise bedeutsame Informationen außer Acht gelassen. Vor allem aber war ihre Position nicht das Ergebnis sorgfältiger Forschungen, sondern das Resultat ideologischer Überlegungen.«[58]

Hannah Arendt war nicht zufällig oder als naive Beobachterin nach Jerusalem gereist. Sie wollte den Prozess beobachten und hatte sich, um ihre Kosten zu decken, von sich aus um einen journalistischen Auftrag bemüht. Sie kam nicht unvoreingenommen ins Beit Ha'am. In ihren bisherigen Schriften hatte sie einen festen Bezugsrahmen herausgearbeitet, mit dessen Hilfe sie den Prozess und Eichmann interpretieren (und vorschnell beurteilen) sollte. In den vierziger Jahren hatte sie viel über den Zionismus geschrieben und sich von einer aktiven jüdischen Nationalistin zu einer Kritikerin Israels und der israelischen Führung gewandelt. Ihr erstes Buch, eine Biografie der jüdischen Salonjüdin Rahel Varnhagen aus dem 19. Jahrhundert, war getragen von der Kritik an Juden, die die Anerkennung der Mehrheitsgesellschaft erstrebten. In ihren Augen waren diese Juden Parvenüs, und sie warf ihnen vor, sie seien politisch unfähig und würden die Staatsmacht anbeten sowie gegenüber den Gefahren des Antisemitismus die Augen verschließen. Diese Vorstellungen hatte sie in ihrem 1950 erschienenen Hauptwerk *Elemente und Ursprünge des Totalitarismus* weiterentwickelt. Hier legte sie ihre Ansichten darüber dar, wie moderne Staaten einen Völkermord initiieren und managen können, und spekulierte darüber, dass Menschen, die einem totalitären Regime dienten, notwendigerweise einen Tunnelblick brauchten.[59]

Ihre Ansichten waren nicht immer das Ergebnis sorgfältigen Nachdenkens: Auch sie war zutiefst vorurteilsvoll. Sie stammte aus dem deutsch-jüdischen Bürgertum, das für die Juden aus Polen und Russland, die so genannten Ostjuden, lange Zeit nur Verachtung übrig gehabt hatte. Diese Jiddisch sprechenden, überwiegend orthodoxen und traditionellen Juden, die ihren Lebensunterhalt als Händler und Kleinhersteller verdienten, erregten den Abscheu der betuchten, hoch gebildeten deutschen Juden, zumal wenn sie nach Deutschland einwanderten – wo ihnen ihre Glaubensgenossen die Schuld am Antisemitismus zuschoben. Gideon Hausner, der aus dem polnischen Galizien stammte, brachte Arendts grundlegende Vorurteile zum Vorschein. Am 13. April 1961 beschrieb sie Hausner in einem Brief an Karl Jaspers als »typisch galizischen Juden, sehr unsympathisch, macht dauernd Fehler. Vermutlich einer von denen, die keine Sprache können.« Das war nur wenige Tage nach Eröffnung des Prozesses geschrieben, kennzeichnet aber ihren fast irrationalen Drang, an allem, was Hausner tat, etwas auszusetzen. Im Gegensatz dazu fand sie Richter Landau, der bis dahin wenig gesagt oder getan hatte, aber das angeborene Verdienst hatte, ein deutscher Jude wie sie zu sein, »vorzüglich«. In der Folgezeit sollte sie die Richter, »bestes deutsches Judentum«, ständig mit dem Staatsanwalt vergleichen, und zwar stets zu dessen Nachteil.[60]

Arendts Bemerkungen über Israel und die Israelis haben nachgerade rassistische Untertöne. So schrieb sie an Jaspers: »Das Interesse im Lande an dem Prozess künstlich hochgepeitscht. Vor dem Gerichtssaal lungert ein orientalischer Mob, der überall lungern würde, wo was vorgeht.« Über die Polizisten, die das Beit Ha'am und Eichmann bewachten und überwiegend »orientalische« Juden waren, also Einwanderer aus Nordafrika, dem Jemen oder dem Nahen Osten, berichtete sie: »Alles organisiert von einer Polizei, die mir unheimlich ist, hebräisch spricht und arabisch aussieht; manche ausgesprochen brutale Typen darunter. Die gehorchen jedem Befehl. Und vor den Türen der orientalische Mob, als sei man in Istanbul oder einem anderen halbasiatischen Land. Dazwischen, sehr prominent in Jerusalem, die Peies- [Schläfenlocken] und Kaftan-Juden, die allen vernünftigen Leuten hier das Leben unmöglich machen.«[61]

Viele der Autoren, die über Hannah Arendt geschrieben haben, neigen dazu, ihre hässlichen, stereotypen Bemerkungen über Juden zu ignorieren oder herunterzuspielen. So räumt Steven Aschheim zwar ein, dass diese »große Kritikerin des assimilatorischen, bürgerlichen deutschen Judentums viele seiner Vorurteile teilte«, fährt dann aber fort, dass es sich um »private Äußerungen« handle, »die uns hier nicht weiter zu beschäftigen brauchen«. Doch ihre Vorurteile wurden in ihrer privaten Korrespondenz bloß offen ausgesprochen; implizit sind sie in allem enthalten, was sie über Eichmann und dessen Prozess geschrieben hat. Wenn Eichmann zu einer Ikone des 20. Jahrhunderts geworden ist, zum archetypischen Völkermörder unserer Zeit, dann wegen Hannah Arendt. Und wenn ihr Bild von Eichmann ein Mythos oder Missverständnis war, das auf blinden Vorurteilen beruhte, dann sind ihre Vorlieben relevant. Arendt war empfänglich für Eichmanns Behauptungen über das Ausmaß, in dem jüdische Funktionäre bereit gewesen seien, seinen Wünschen entgegenzukommen. Sie war prädisponiert dafür, Eichmanns Antisemitismus zu übersehen oder nicht ernst zu nehmen. Sich mit Eichmanns Vorurteilen auseinander zu setzen hätte bedeutet, sich den eigenen Vorurteilen stellen zu müssen. »Arendts kaum verschleierte und fast rassistische Äußerungen über die ›ostjüdische‹ Herkunft von Generalstaatsanwalt Gideon Hausner, ihre infantile Parteilichkeit für die ›deutsch gebildeten‹ Richter, ihr Erschrecken über den ›orientalischen Mob‹ vor dem Gerichtsgebäude in Jerusalem: all das«, fasst Seyla Benhabib zusammen, »deutet auf einen gewissen Mangel an Mut und fehlende Distanz zu ihrem Gegenstand hin.«[62]

Für ihre Analyse von Eichmanns Persönlichkeit vielleicht noch bedeutsamer ist die Tatsache, dass sie nur an einem Bruchteil der Verhandlungen teilgenommen hat und nur wenige Stunden seiner Aussage miterlebt haben kann. Obwohl sie schon vor Prozessbeginn in Israel eingetroffen war, reiste sie bereits Ende Mai wieder ab, um einige Zeit mit ihrem Mann in der Schweiz zu verbringen. Danach kehrte sie noch einmal für kurze Zeit, vom 10. bis 24. Juni, nach Jerusalem zurück. Sie hat Eichmann also höchstens vier Tage lang in Aktion erlebt, und in diesem Zeitraum beantwortete er freundlich alle Fragen und kehrte den Bürokraten hervor, während er dem Gericht trocken den Verlauf seiner Karriere und die Funktionsweise seines Referats erklärte. Servatius war in seiner Befragung gerade bei der Wannsee-Konferenz angekommen, als Arendt wieder abreisen musste. Sie hat Hausner nie im Kreuzverhör gesehen und nie Eichmanns energische Verteidigung verfolgen können. Sie bezog ihre Einsichten über seinen Charakter aus dem Anblick des stumm in seinem Glaskasten sitzenden Angeklagten und den wenigen vorgespielten Tonbandmitschnitten aus seinen Verhören, vor allem aber aus dem Prozessprotokoll, das ihr Freund Kurt Blumenfeld ihr nach New York schickte. Auf diesem recht schmalen Fundament ruht eines der einflussreichsten Bücher über den nationalsozialistischen Massenmord an den Juden und den Völkermord im 20. Jahrhundert.[63]

Arendt beschrieb Eichmann als »deklassierten Sohn aus solidem bürgerlichen Hause« und verglich ihn zu seinem Nachteil mit Kaltenbrunner. Aber Eichmann war immerhin ähnlich wie Kaltenbrunner in die Fußstapfen seines Vaters getreten, indem er nach mehreren Fehlstarts auf bescheidener Ebene im Geschäftsleben Fuß gefasst hatte. Merkwürdigerweise gibt Arendt, nachdem sie Eichmann fälschlicherweise als Versager gekennzeichnet hat, keineswegs soziale Verbitterung als Grund für seinen Eintritt in die NSDAP an. Aber genauso wenig nimmt sie an, dass er sich den Nationalsozialisten aus Idealismus angeschlossen hat: »[...] er ist nicht aus Überzeugung in die Partei eingetreten, auch ist nie ein überzeugtes Parteimitglied aus ihm geworden [...].« Trotz aller Beweise für Eichmanns rechte und antisemitische Einstellung reduziert sie seinen Entschluss auf Karrieredenken, ohne allerdings zu erklären, wie die Mitgliedschaft in einer angefeindeten Partei, die immer noch weit von der Macht entfernt war, seiner Karriere hätte nutzen können – zumal in einem von Juden geleiteten Unternehmen wie der Vacuum Oil Company. Anschließend beschreibt Arendt, wie sich Eichmann in SS und SD abmühte, bis ihn von Mildenstein unter seine Fittiche nahm und er in der Abteilung II/112 als »Fachmann in der Judenfrage«, mit dem Spezialgebiet des Zionismus, seine Berufung entdeckte. Doch Arendt ist derart darauf bedacht, ihn von jedem ideologischen Motiv freizusprechen und jedes Anzeichen von Eigeninitiative herunterzuspielen, dass sie behauptet, er habe bloß angeben wollen, als er die Urheberschaft der Idee der Wiener Zentralstelle und des Madagaskarplans für sich in Anspruch genommen habe. Sie zeichnet Eichmann als ehrgeizig, ansonsten aber als gedankenlos und unfähig, andere Standpunkte als den seinen zu verstehen. Er habe in Klischees gedacht und gesprochen. Dies, und nicht Sadismus oder ideologischer Fanatismus, habe es ihm ermöglicht, ohne Zögern und Reue furchtbare Dinge zu tun. »Trotz der Bemühungen des

Staatsanwalts«, schrieb sie, »konnte jeder sehen, dass dieser Mann kein ›Ungeheuer‹ war, aber es war in der Tat sehr schwierig, sich des Verdachts zu erwehren, dass man es mit einem Hanswurst zu tun hatte.«[64]

Arendts Antipathie gegenüber dem Zionismus und Ben Gurions vermeintlichen Motiven für die Abhaltung des Prozesses brachten sie dazu, Eichmanns angeblichen zionistischen Idealismus und die Verbundenheit hervorzuheben, die er nach ihrer Ansicht gegenüber den zionistischen Funktionären empfand. Das lag nicht einfach nur an ihren Vorurteilen. Es war vielmehr für ihre Argumentation unerlässlich, Beispiele dafür zu finden, dass führende Vertreter der jüdischen Gemeinden und zionistische Funktionäre mit Nationalsozialisten zusammengearbeitet hatten; schließlich behauptete sie, dass Eichmann nie mit Beweisen für seine Übeltaten konfrontiert worden sei. Anschaulichere Beispiele als Fälle von jüdischer Willfährigkeit, anstelle von Ablehnung oder Widerstand, konnte es dafür nicht geben. Wenn Juden Eichmann geholfen hatten, so Arendts Schlussfolgerung, dann hatte er sich mit Recht darin bestätigt fühlen können, dass er kein moralisches oder ziviles Gesetz verletzt habe. Aus diesem Blickwinkel gesehen, untermauerte der Fall Eichmann ihre These, dass in dem chaotischen totalitären Universum Recht zu Unrecht geworden sei und normalerweise als ungesetzlich geltende Taten als korrekt betrachtet worden seien. Nach ihrer Ansicht funktionieren totalitäre Regime nicht allein durch Terror, sondern auch dadurch, dass sie Willfährigkeit erzeugen: Wichtig sei nicht der Befehlsgehorsam aufgrund der Angst vor Bestrafung, sondern der Vorsatz, ein »gesetzestreuer Bürger« zu sein. Der Nachweis der Komplizenschaft von Juden bei ihrer eigenen Vernichtung war notwendig, um den von totalitären Regimen bewirkten »moralischen Zusammenbruch« zu beweisen, für den die Gestalt Eichmanns ein typisches Symptom gewesen sei: »[…] die traurige und beunruhigende Wahrheit war vermutlich, dass nicht sein Fanatismus Eichmann zu einem kompromisslosen Verhalten im letzten Kriegsjahr getrieben hat, sondern sein Gewissen […].«[65]

Im Gegensatz zu ihrer eigenwilligen Interpretation von Eichmanns Persönlichkeit war Arendt in Bezug auf seine Stellung in der NS-Hierarchie ausgesprochen klarsichtig. Sie erkannte, dass er seinen Aufstieg allein der Tatsache zu verdanken hatte, dass die »Judenfrage« immer breiteren Raum einnahm und seine Dienststelle zufälligerweise die einzige war, die sich ausschließlich mit jüdischen Angelegenheiten befasste. Ferner glaubte sie ihm, dass ihm die Oberaufsicht über die »Endlösung« ohne eigenes Zutun zugefallen war. Entscheidend dafür war seine Zeit in Polen. Das Referat IV D 4 sei ein »Sprungbrett« gewesen, »eine Art Übergang zwischen dem Auswanderungsgeschäft, das zum Stillstand gekommen war, und den Deportationen, die sich anbahnten«. Und sie begriff, dass der Umschlag zum Massenmord für den Auswanderungsexperten einen gewaltigen potentiellen Rückschlag bedeutet hatte. Als in der Sowjetunion die Einsatzgruppen zu wüten begannen, sei sein Referat »in die zweite Reihe versetzt worden«, wie sie Eichmann zustimmend zitierte. Sie akzeptierte auch Eichmanns Beteuerung, er sei über die Massenmorde im Osten entsetzt gewesen und habe Erleichterung verspürt, als seine Vorgesetzten auf der Wannsee-Konferenz die Verantwortung für die Völkermordpolitik, mit deren Ausführung er beauftragt gewesen sei, übernommen hätten. Zu diesem Zeitpunkt sei die Arbeit seines Referats, wie Arendt anmerkte, »nur noch Mittel zum Zweck« gewesen. Eichmann sei es nie möglich gewesen, die Politik zu formulieren oder sie ohne Einmischung umzusetzen. 1943 habe er »sein Monopol längst verloren« gehabt.[66]

Als *Eichmann in Jerusalem* erschien, wurde diese Darstellung von jenen, die lediglich die hastig zusammengeschusterten Biografien und die Presseberichte über die Anklage kannten, mit Erstaunen aufgenommen. Umstritten war vor allem Arendts Analyse von Eichmanns Geisteszustand. Sie verwies auf ein »halbes Dutzend« psychiatrischer Untersuchungen, die Eichmann allesamt für »normal« erklärt hätten. Daraus zog sie den Schluss, dass er weder ein Psychopath noch ein Fanatiker war: »Eichmann war nicht Jago und nicht Macbeth, und nichts hätte ihm ferner gelegen, als mit Richard III. zu beschließen, ›ein Bösewicht zu werden‹. Außer einer ganz ungewöhnlichen Beflissenheit, alles zu tun, was seinem Fortkommen dienlich sein konnte, hatte er überhaupt keine Motive; und auch diese Beflissenheit war an sich keinesfalls kriminell, er hätte bestimmt niemals seinen Vorgesetzten umgebracht, um an dessen Stelle zu rücken. Er hat sich nur, um in der Alltagssprache zu bleiben, *niemals vorgestellt, was er eigentlich anstellte*.« Seine Verbrechen seien keinen »bösen Trieben« entsprungen, sondern »schierer Gedankenlosigkeit«. Darin bestehe die »Banalität des Bösen«.[67]

Diese Aussagen waren, für sich genommen, schon explosiv genug. Für zusätzliche Aufregung sorgten Arendts Bemerkungen über das Verhalten der Juden und der jüdischer Führung gegenüber den nationalsozialistischen Verfolgern. Angriffsfläche bot schließlich die Dauerpolemik gegen Ben Gurion und Hausner hinsichtlich ihrer Motive für die Abhaltung des Prozesses. Nach Arendts Auffassung war es ein Fehler, Eichmann hauptsächlich wegen Verbrechen gegen das jüdische Volk anzuklagen und die »Endlösung« als Höhepunkt einer jahrhundertelangen Geschichte des Judenhasses zu verstehen. Für sie war der Völkermord eine Folge der totalitären Macht und hatte universelle Implikationen, die über das jüdische Leid hinausgingen. Sie behauptete, die Staatsanwaltschaft habe das Thema der jüdischen Kooperation mit den Nationalsozialisten, namentlich von Seiten zionistischer Organisationen, absichtlich übergangen. Dabei habe die jüdische Führung mitgeholfen, das eigene Volk der Vernichtung zu überantworten. In der Phase, als die Auswanderung nach Palästina noch möglich gewesen sei, habe sie bestimmte Gruppen bevorzugt. Als dann die Deportationen und schließlich die Vernichtung an die Stelle der Auswanderung getreten seien, habe sich »die nicht ausgewählte Mehrheit der Juden unausweichlich von zwei Feinden bedrängt« gesehen: von den Nazibehörden einerseits und von den jüdischen Behörden andererseits. Später hätte sich die jüdische Führung statt für Flucht oder Widerstand für Anbiederung entschieden, um auf Kosten der Vielen einige wenige zu retten: »Wäre das jüdische Volk wirklich unorganisiert und führerlos gewesen, so hätte die ›Endlösung‹ ein furchtbares Chaos und ein unerhörtes Elend bedeutet, aber [...] die Gesamtzahl der Opfer hätte schwerlich die Zahl von viereinhalb bis sechs Millionen Menschen erreicht.«[68]

Mit diesen Thesen löste Arendt unabsichtlich eine »beispiellose öffentliche Diskussion über historische Fragen im Zusammenhang mit dem Holocaust« aus. »Kein Buch über den Holocaust oder andere jüdische Themen«, konstatiert Richard Cohen, »hatte seit Kriegsende eine solche öffentliche Aufmerksamkeit erregt wie *Eichmann in Jerusalem*.« Arendt sei es gelungen, das öffentliche Interesse in einem Maß zu wecken, wie es der Prozess nicht vermocht hatte. Hugh Trevor-Roper bemerkte in seiner Rezension des Buchs in der Londoner *Sunday Times*, dass die Kontroverse um Eichmann zwölf Monate nach dessen Hinrichtung erneut aufgeflammt sei.[69]

In Israel und der gesamten jüdischen Welt galten die Angriffe vor allem Arendts beißenden Bemerkungen über die jüdischen Reaktionen auf die NS-Verfolgung und die Prozessführung in Jerusalem. Binnen weniger Monate nach der Veröffentlichung der Artikelserie im *New Yorker*, die noch missgünstigere Formulierungen enthielt als die Buchausgabe, wurde sie vom Council of Jews from Germany, der Zehntausende von aus Deutschland und Österreich emigrierten Juden vertrat, in aller Form geächtet; der Jüdische Weltkongress veranstaltete ein Symposium zur Kritik ihres Buchs und sorgte dafür, dass in zahlreichen jüdischen Zeitschriften gegen sie gerichtete Artikel erschienen; enge Freunde wie Kurt Blumenfeld brachen den Kontakt zu ihr ab; der Philosoph Gershom Sholem, den sie seit den dreißiger Jahren kannte, warf ihr vor, sie verhalte sich gegenüber ihrem eigenen Volk herzlos und verwische die Trennlinie zwischen Opfern und Tätern; und Jacob Robinson verfasste, gewissermaßen als Sprecher der Staatsanwaltschaft, eine minutiös dokumentierte Widerlegung von Arendts Behauptungen, in der er ihr zahlreiche faktische Fehler vorhielt und darüber hinaus die Belege dafür aufzählte, dass Eichmann aus einem antisemitischen Umfeld kam, politisch stets rechte Einstellungen vertreten hatte und auf seine fanatische Verfolgung der Juden stolz war. Eichmann, so Robinson, sei »ein Mann von außerordentlicher Tatkraft« gewesen, »ein Meister in der Kunst der Täuschung und Irreführung, intelligent und kompetent auf seinem Gebiet, unbeirrbar in seiner leidenschaftlichen Hingabe an die Aufgabe, Europa ›judenrein‹ zu machen«.[70]

Dem jüdisch-amerikanischen Schriftsteller und Akademiker

Irving Howe zufolge hatte *Eichmann in Jerusalem* unter den amerikanischen Juden im Allgemeinen und den New Yorker jüdischen Intellektuellen im Besonderen einen »Bürgerkrieg« ausgelöst: »Viele von uns hatten noch mit den verzögerten Nachwirkungen des Holocaust zu tun. Je mehr wir darüber nachdachten, desto weniger kamen wir damit zu Rande. Und jetzt wurde uns von der brillanten Hannah Arendt gesagt, dass Adolf Eichmann keineswegs das ›moralische Monster‹ gewesen sei, als das der israelische Ankläger ihn bezeichnet hatte, sondern in Wirklichkeit als stumpfsinniger, langweiliger, trivialer kleiner Mann betrachtet werden müsse, der nichts weiter war als ein passives Rädchen in der Todesmaschinerie, die die Juden auf so effektive Weise in die Gaskammern geschafft hatte. Dieser Eichmann, sagte sie, sei ein Rädchen gewesen, das mehr von Routine als von ideologischem Eifer angetrieben worden sei.« Wie zuvor Lionel Abel wies auch Howe Arendts Behauptung zurück, Eichmann habe mit seiner Rolle beim Genozid bloß geprahlt: »Wie viele würden sich damit brüsten, fünf Millionen Menschen ermordet zu haben?«, und bemerkte dazu: »Diese Art von Prahlerei passte kaum zu einem gesichtslosen Rädchen in einer bürokratischen Maschinerie.« Dass Eichmanns Handeln nur das Ergebnis von »Gedankenlosigkeit« gewesen sein solle, sei nicht plausibel: »Es musste in irgendeiner grundlegenden Verdorbenheit der Absichten oder Monstrosität des Denkens wurzeln.« Kritisch äußerte sich auch der Schriftsteller Saul Bellow, der einen Teil seines Romans *Mr. Sammlers Planet* der Antwort auf Arendts Thesen gewidmet hat. Er lässt seine Titelfigur, einen Holocaust-Überlebenden, sagen: »Die Idee, das große Verbrechen des Jahrhunderts langweilig erscheinen zu lassen, ist nicht banal«, und fügt mit scharfer persönlicher Spitze hinzu: »Jeder Mensch (ein paar Blaustrümpfe ausgenommen) weiß, was Mord ist.«[71]

Doch Arendt erhielt auch Unterstützung von bedeutenden Intellektuellen. In einer von der Zeitschrift *Dissent* organisierten Veranstaltung entspann sich eine erbitterte Diskussion, in der sie von Raul Hilberg, Daniel Bell und Alfred Kazin vor einem Publikum von mehreren Hundert Menschen verteidigt wurde. In zahlreichen Polemiken in der Presse schlossen sich ihnen weitere ebenso treue wie einflussreiche Anhänger Arendts an, namentlich Mary McCarthy und Dwight Macdonald. Viele, insbesondere nichtjüdische Intellektuelle, fühlten sich von der universellen Tragweite von Arendts Thesen angesprochen. Richard Cohen hat ihre Haltung zusammengefasst: »Als Paradigma der im modernen Menschen angelegten Gefahr wurde Arendts Bild von Eichmann als Warnung an die Menschheit verstanden, die darauf aufmerksam machte, welch furchtbare Phänomene politische Passivität heraufbeschwören kann.«[72]

Die Trennlinie zwischen den Lagern der Befürworter und Gegner von Arendts Eichmannbild war schwer zu bestimmen. Sie verlief keinesfalls entlang konfessioneller, ethnischer oder nationaler Grenzen. In England äußerte Trevor-Roper scharfe Kritik an Arendt, der er vorwarf, sie sei »zuzeiten unerträglich arrogant«, und Richard Crossman schrieb im Londoner *Observer:* »So absurd es wäre, [Eichmann] als Architekten der Endlösung zu bezeichnen, so verkehrt ist es sicherlich auch, ihn als gewissenhaften kleinen Bürokraten zu porträtieren, der in die Irre ging, weil er, ohne nachzudenken, den Befehlen seiner Vorgesetzten gehorchte.« Für den Gedanken, dass es keine direkte Verbindungslinie vom Antisemitismus zur »Endlösung« gebe, hatte er nur Spott übrig, und auch Arendts Bemerkungen über die jüdische Führung wies er entschieden zurück.[73]

In Deutschland fiel die Reaktion auf Arendts Buch zunächst gedämpft aus, weil es den Deutschen kaum einen Trost bot. Die Idee, dass Eichmann »normal« sei, untergrub die Alibivorstellung, das NS-Regime habe aus einer Bande von Psychopathen bestanden, die sich mit Gewalt zum Herrn über das anständige deutsche Volk aufgeschwungen habe. In den siebziger Jahren begannen Historiker, die eine »funktionalistische« Interpretation des nationalsozialistischen Deutschland entwickelten, Arendt als begabte, wenn auch unabsichtliche Vorgängerin zu betrachten.[74] Im Jahr 1986 verfasste Hans Mommsen, einer der Vorreiter des »funktionalistischen« Ansatzes zur Beschreibung des NS-Herrschaftssystems, eine Einleitung zu einer deutschen Ausgabe von Arendts Buch. Im Gegensatz zu vorangegangenen Generationen deutscher Autoren und Historiker, die es für taktvoll hielten, auf interne jüdische Debatten nicht einzugehen, pflichtete er ihrer Kritik an der Prozessführung in Jerusalem bei. Ferner lobte er sie dafür, dass sie den Völkermord an den Juden nicht als Folge des »ewigen Antisemitismus«, sondern als Ausdruck eines totalitären Staaten innewohnenden Rassismus betrachtet hatte. Solche Staaten würden Männer wie Eichmann brauchen, er verkörpere die Parzellierung der Zuständigkeiten und die »lange vor 1933 anzutreffende moralische Indifferenz der Mitglieder der Funktionselite«. 15 Jahre nach diesem Aufsatz ging Mommsen noch einen Schritt weiter, indem er ausführte, die von den Nationalsozialisten ausgelöste »antijüdische Zerstörung« sei, »einmal in Gang gesetzt, in vieler Hinsicht selbsttragend« gewesen. Eichmann verschwand als Akteur jetzt vollends: »Der vorwiegend anonyme Prozess, der zur Ermordung von fast sechs Millionen Juden führte, entstand aus der selbsttätigen Dynamik der totalitären Herrschaft und war in erster Linie weder die Folge von rassischem Fanatismus noch von langfristigen Planungsverfahren.«[75]

Mommsens Interpretation interessierte sich im Grunde nicht für Eichmanns Karriere und seine Verbrechen. Bereits Hannah Arendt hatte trotz der massiven und berechtigten Kritik auf ihrer These beharrt, dass Eichmann weder Antisemit noch ideologisch motiviert gewesen sei. Noch im September 1963 schrieb sie Mary McCarthy, dass Eichmann »viel weniger ideologisch beeinflusst war, als ich im Buch über den Totalitarismus angenommen hatte. Den Einfluss von Ideologie auf das Individuum habe ich vielleicht überbewertet.« Ihre Schlussfolgerung lautet: »Ausrottung *per se* ist wichtiger als Antisemitismus oder Rassismus.«[76] Daher zeichnete sie Eichmann als eine Art unspezifischen, zerstörerischen Jedermann, an dessen Stelle man auch den Kommandeur eines Atomraketensilos, den Schützen eines Hubschraubers in Vietnam oder den Pentagonbeamten, der ihn dorthin geschickt hatte, setzen konnte.[77]

Arendts Verbündete in der Kontroverse drückten ihre Botschaft sogar noch deutlicher aus. So stimmte der renommierte Kinderpsychologe Bruno Bettelheim mit ihr darin überein, dass die Staatsanwaltschaft in Jerusalem den Kern der Sache verfehlt habe, denn »das Problem heißt auch Völkermord, aber vor allem heißt es Totalitarismus«, dieser sei »das größte Problem unserer Zeit«. Hätte sich der Eichmann-Prozess »in erster Linie mit diesem Thema befasst, es wäre tatsächlich der Jahrhundert-Prozess gewesen, denn der Totalitarismus fand mit Hitler kein Ende«. Arendts irregeleiteten Vorstellungen werden verständlicher, wenn man Bettelheims kühne Behauptung liest, ein »tieferes Verständnis des Totalitarismus« setze voraus, »dass wir Eichmann in seiner ganzen Mittelmäßigkeit begreifen und dass wir uns immer wieder vor Augen führen, wie dieser Mann lediglich aufgrund seiner mehr oder minder zufälligen Position im nazistischen System zu solcher Bedeutung gelangte«. Laut Bettelheim war Arendts *Eichmann in Jerusalem* »ein Buch über unsere Unfähigkeit, voll zu begreifen, wie es der modernen Technologie und einer sozialen Organisation, wenn sie im Dienst eines totalitären Systems stehen, gelingen kann, eine normale, ja eher mittelmäßige Person wie zum Beispiel Eichmann dahin zu bringen, dass sie eine so entscheidende Rolle bei der Ausrottung von Millionen Menschen spielt. Aufgrund des gleichen Missverhältnisses besteht heute theoretisch die Möglichkeit, dass ein kleiner Beamter – etwa in der Position eines Oberstleutnant, um die Eichmann-Parallele fortzuführen – die Vernichtung der meisten unter uns ausführt, indem er auf einen Knopf drückt.«[78]

Bettelheims Analogie war irreführend. Doch seine Besorgnis über die mögliche atomare Auslöschung wurde von Millionen Menschen geteilt, und es lag nahe, Eichmann als Repräsentanten ansonsten unbekannter, verborgener Figuren zu behandeln. Auf die »wissenschaftliche« Ebene gehoben wurde diese Tendenz, Eichmann zu universalisieren und aus der historischen Verankerung zu reißen, durch das berühmt gewordene Milgram-Experiment.

Unter dem Einfluss seines Mentors Solomon Asch, eines Pioniers der Erforschung von Konformität und Gruppenverhalten, testete Stanley Milgram in den Jahren 1959/60 den Gehorsam gegenüber Autorität. Seine Forschungen verfolgten anfangs keineswegs das Ziel, das Verhalten der Nationalsozialisten gegenüber den Juden zu erhellen. Tatsächlich hätten die Laborexperimente nicht weiter von den historischen Ereignissen entfernt sein können, mit denen sie assoziiert wurden. Im Sommer 1961 setzte Milgram eine Annonce in eine Lokalzeitung, mit der er bezahlte Freiwillige für ein Lernexperiment suchte. Die Freiwilligen, die eine zufällige und repräsentative Stichprobe der Bevölkerung bilden sollten, wurden in einen Raum in der Linsley-Chittendon Hall der Yale University geführt, wo sie dem »Lernenden« und einem »Lehrer« in einem weißen Kittel, der wie ein Wissenschaftler wirkte und vorgeblich das Experiment leitete, vorgestellt wurden. Dem Probanden wurde erklärt, dass man den Lernenden an einen Stuhl binden und ihm dann sprachliche Fragen stellen würde. Wenn er eine Frage falsch beantworte, sollte der Proband dem Lernenden einen Elektroschock versetzen, um ihn zu »ermutigen«, besser zu lernen. In Wirklichkeit war der Lernende ein Schauspieler, dessen Text vorsah, dass er die Fragen falsch beantwortete, während der »Wissenschaftler« im weißen Kittel den Probanden laut Drehbuch anweisen sollte, die Stromstärke des Elektroschocks Schritt für Schritt zu erhöhen. Auf einer Anzeige konnte der Proband ablesen, wann der Elektroschock, den er verabreichen sollte, eine gefährliche Stärke erreichte. Der »Lernende« spielte unterdessen seine Rolle, indem er bei jedem Elektroschock vor Schmerz aufstöhnte, dann darum bat, losgebunden zu werden, dann flehte, das Experiment zu beenden, und schließlich verstummte, so als hätte er eine schwere Verletzung erlitten. Der Wissenschaftler drängte die Probanden trotzdem weiterzumachen, und 60 Prozent von ihnen gehorchten und gingen bis ans Limit.[79]

Milgram schloss aus dem Experiment, dass die meisten Menschen in Situationen, in denen sie einer Autorität untergeordnet sind, Anweisungen mehr oder weniger fraglos befolgen würden, selbst wenn dies bedeutete, anderen Schmerzen zuzufügen. Dabei sei ihre Bereitschaft zum Gehorsam größer, wenn sie von dem Opfer, dem sie Schmerz zufügen würden, räumlich getrennt seien. Wenn es ihnen möglich sei zu »betrügen«, würden es viele jedoch vermeiden, die Elektroschocks auszulösen. Die Anwesenheit eines Partners – eines weiteren Schauspielers – könne, je nachdem, die Bereitschaft zum Gehorsam oder zum Widerstand stärken. Dies demonstriere den Aspekt der Konformität oder des Gruppendrucks. Milgrams Hypothese lautete nun, dass der Gehorsam eine verinnerlichte Reaktion sei, die durch Erziehung, Sozialisierung, Ausbildung und institutionellen Kontext in der modernen Gesellschaft verwurzelt sei. Ungehorsam verursache psychische Spannungen, die nur wenige aushalten würden, obwohl manche auf »persönlichen Werten« beharren und ein Selbstbewusstsein behalten würden, das sie in die Lage versetze zu widerstehen. Nach Milgrams Ansicht waren seine Resultate für Demokratien ebenso bedeutsam wie für totalitäre Gesellschaften, vermochten sie doch das Verhalten der Sklavenhaltergesellschaften in den amerikanischen Südstaaten ebenso zu erklären wie solch unterschiedliche Ereignisse wie den Genozid an den amerikanischen Indianern und die Internierung der japanischen Amerikaner während des Zweiten Weltkriegs, vom Vietnamkrieg ganz zu schweigen.[80]

Berühmt wurde Milgram jedoch nicht deshalb, weil er das Phänomen Eichmann zu erklären versucht hätte, sondern weil er sich an den Eichmann-Prozess angehängt hatte und mit Arendts Studie in Verbindung gebracht wurde. Es waren eher opportunistische Gründe, die ihn veranlasst hatten, sich auf Eichmann und Arendt zu beziehen. Wie ein Kritiker schrieb, hatte er »Eichmanns Namen im ersten Absatz seines ersten Gehorsamspapiers erwähnt und [...] damit einen Platz in einer zeitgenössischen Grundsatzdebatte« beansprucht.[81]

Wenige Tage nachdem Milgram das erste Experiment abgeschlossen hatte, wurde Eichmann gehängt. Im Jahr 1963 veröffentlichte Milgram seinen ersten Artikel über Befehl und Gehorsam. Mit jeder weiteren Publikation – sie waren allesamt kurz und erschienen in unregelmäßigen Abständen; Milgram war kaum sehr produktiv – wurde die Verbindung zu dem nationalsozialistischen Massenmord an den Juden enger, bis er das einzige Motiv für die Experimentreihe zu sein schien. 1967 beispielsweise veröffentlichte er in der damals jungen Zeitschrift *Patterns of Prejudice* einen Artikel, der mit den Sätzen begann: »Die Vernichtung der europäischen Juden in den Jahren 1933 bis 1945 war nicht das Ergebnis der Handlungen eines Mannes allein. Niemand ist in diesem direkten Sinne allmächtig. Vielmehr entsteht Macht, einschließlich derjenigen, Menschen zu vernichten, aus der Kontrolle über soziale Organisationen, denen zahllose Personen angehören.« Später hieß es: »Die nationalsozialistische Vernichtung der europäischen Juden ist das extremste Beispiel abscheulicher unmoralischer Taten, die von Tausenden von Menschen im Namen des Gehorsams begangen wurden.« In den weiteren Ausführungen betonte Milgram ausdrücklich die Nähe seiner Forschungen zu denen von Arendt: »Eine verbreitete Erklärung lautet, dass diejenigen, die dem Opfer Schocks mit der höchsten Dosis versetzten, Monster gewesen seien, sadistische Randerscheinungen der Gesellschaft. Wenn man jedoch bedenkt, dass nahezu zwei Drittel der Teilnehmer in die Kategorie der ›gehorsamen‹ Probanden fielen und dass sie normale Menschen repräsentierten, Arbeiter, Manager und Akademiker, dann wird diese Erklärung fadenscheinig. Tatsächlich erinnert das Ganze stark an das Thema von Hannah Arendts *Eichmann in Jerusalem*. [...] Selbst Eichmann war erschüttert, als er die Konzentrationslager besuchte, doch um am Massenmord beteiligt zu sein, brauchte er nur an einem Schreibtisch zu sitzen und Papiere umzuschichten.«[82]

Milgrams Experiment war überaus einflussreich. »Von den sechziger Jahren an«, bemerkte Peter Novick, »entwickelte sich eine Art Synergie zwischen dem Symbol von Arendts Eichmann und dem Symbol von Milgrams Versuchspersonen, die in Diskussionen zu jedem Thema zitiert wurden, vom Vietnamkrieg bis zur Tabakindustrie, und sich natürlich in Diskussionen über den Holocaust widerspiegelten.« Eine neue Generation von Gelehrten, die das Dritte Reich als Verkörperung der »Modernität« betrachteten, bezogen Arendt und Milgram in ihre Beschreibung einer Gesellschaft ein, in der die individuelle Verantwortung durch die Aufteilung der Funktionen geschwächt wurde. So hat der Soziologe Zygmunt Bauman ein Kapitel seines 1989 erschienenen Buchs *Modernity and the Holocaust* (deutsch: *Dialektik der Ordnung*) der »Lektüre Milgrams« (»Reading Milgram«) gewidmet.[83] Aber nicht nur Soziologen, auch Historiker erlagen Milgrams Zauber. Christopher Browning, Autor einer wegweisenden Studie über gewöhnliche Deutsche, die in einem Reserve-Polizeibataillon dienten, bekannte, dass ihm die Studien von Stanley Milgram und andere soziologische Forschungsergebnisse geholfen hätten, das von ihm zusammengetragene Material und seine Darstellung in einen sinnvollen Zusammenhang zu bringen. Wie er feststellte, wurden viele von Milgrams Erkenntnissen »durch das Verhalten und die Aussagen der Männer des Reserve-Polizeibataillons 101 plastisch bestätigt«.[84]

Milgrams Forschungen waren jedoch zweifelhaft, und für das Verständnis Eichmanns sind sie nicht dienlich. Zunächst einmal waren seine Experimente methodologisch fehlerhaft. Seine Probanden wurden bezahlt, und viele glaubten, sie würden, wenn sie vorzeitig aufhörten, nicht das volle Entgelt erhalten. Zudem war fast die Hälfte von ihnen überzeugt, dass das Ganze nur vorgetäuscht war. Sie wurden zwar mit dem »Lernenden«, der als sanftmütiger irisch-amerikanischer Buchhalter auftrat, bekannt gemacht, hatten vorher aber keinerlei Beziehung zu ihm gehabt; sie hatten keinen besonderen Grund, ihn zu verachten, und waren nicht indoktriniert worden, ihn als Feind anzusehen. Vorurteile mögen die Bereitschaft, den Elektroschock einzusetzen, verstärkt haben, aber die Information, dass der »Lernende« ein Jude oder ein Schwarzer sei, hätte genauso gut zu Hemmungen führen können. Der »Lehrer« war eine bestimmte Art von Autoritätsfigur, aber hätten die Probanden einem Mann in einer schwarzen Uniform mit SS-Runen ebenso gehorcht? Es gibt verschiedene Autoritäten und Machtbeziehungen, und jemand, der in einer wertfreien Angelegenheit die Anweisungen eines Technikers oder Wissenschaftlers befolgt, reagiert vielleicht anders, wenn die Anweisungen von einem Behördenvertreter oder einer von ihm verachteten Partei kommen. Eine völlig abstrakte und universelle Beziehung kann keine von Geschichte, Politik und vorgefassten kulturellen Vorstellungen geprägten Verhältnisse erklären.[85]

Außerdem waren NS-Mörder keine reinen Befehlsempfänger. Wie schon Hilberg gezeigt hat, gingen sie mit Eigeninitiative und Eifer vor und besaßen häufig einen beträchtlichen Ermessensspielraum. Diese Punkte unterstreicht Daniel Jonah Goldhagen in seinem Buch *Hitlers willige Vollstrecker*, das in mancher Hinsicht eine Widerlegung von Arendt und Milgram darstellt. Hannah Arendt selbst hat im Übrigen darauf hingewiesen, dass Servatius Eichmann nicht einfach mit dem (in Nürnberg gescheiterten) Argument verteidigte, er habe auf höheren Befehl gehandelt, sondern sich darauf berief, er sei Ausführender von Staatshandlungen gewesen. Diese Unterscheidung war wesentlich für ihre Theorie des Totalitarismus, der zufolge die Rechtmäßigkeit in einem totalitären Staat auf den Kopf gestellt und die Bevölkerung so indoktriniert wird, dass sie Unrecht für Recht hält. Und Eichmann hat Arendt mit seiner Aussage, er habe die Anweisungen des Regimes willentlich befolgt, weil sie Gesetzeskraft besessen hätten und er sich als gesetzestreuen Bürger betrachtet habe, sowohl das Paradigma als auch eine Bestätigung ihrer Theorie geliefert. Im Gegensatz zu Milgrams unterwürfigen Probanden hatte er also nach eigenem Verständnis keineswegs als willenloser Befehlsempfänger gehandelt.[86]

Dennoch beherrschte genau jenes Eichmannbild die populären Vorstellungen von NS-Tätern und lag vielen Forschungen zugrunde. Es bildete einen wesentlichen Aspekt der Erklärungsansätze, die »den Holocaust« als eine Folge der »Moderne« betrachteten. Diese Perspektive haben insbesondere postmoderne Theoretiker eingenommen. Für Alan Milchman und Alan Rosenberg zum Beispiel ist die angeblich von Arendt entdeckte und von Milgram bestätigte Gedankenlosigkeit des Schreibtischtäters »ein Kennzeichen der Modernität«.[87]

Seit 1996 und dem Erscheinen von Goldhagens Buch ist das Pendel indessen in die andere Richtung geschwungen und das von Arendt und Milgram stammende Eichmannbild einer grundlegenden Neubewertung unterzogen worden. Arendt wurde vorgeworfen, sie hätte »die Spezifität dieses besonderen Genozids, das heißt die Tatsache, dass er sich speziell gegen die europäischen Juden richtete«, nicht erfasst oder sei ihr möglicherweise auch ausgewichen. Wäre sie den Argumenten der Staatsanwaltschaft gegenüber offener und weniger darauf bedacht gewesen, ihre Thesen über den Totalitarismus zu bestätigen, wären ihr die Anzeichen von Eichmanns Antisemitismus und Fanatismus vielleicht aufgefallen. Stattdessen übernahm sie in weiten Teilen Eichmanns eigene Version, dass er nichts weiter als ein »Rädchen« im großen Getriebe gewesen sei, und reproduzierte schließlich seine Behauptungen über das Verhalten der Juden – ein Charakteristikum ihrer Schriften, das bei Holocaust-Überlebenden Entsetzen und Empörung auslöste. Die Universalisierung des Typus Eichmann war im Kontext des Kalten Krieges wirkungsvoll, da er auf diese Weise mit dem sowjetischen Totalitarismus in Verbindung gebracht wurde. Heute erscheint eine solche Verallgemeinerung des NS-Verbrechers merkwürdig: »Eichmann unterstrich die Einzigartigkeit des nationalsozialistischen Verhaltens«, wie Yaacov Lozowick betont. In diesem Licht erscheine es unsinnig zu behaupten, ein Eichmann stecke »in jedem von uns«.[88] Zum großen Teil dank der Debatte über Goldhagens *Hitlers willige Vollstrecker* kann man sich heute mit Eichmann als Person beschäftigen, als einem gewöhnlichen Deutschen, der zum »Völkermörder« wurde.

Schlussbetrachtung

Am Ende des 20. Jahrhunderts waren »ethnische Säuberungen«, Massenvergewaltigungen und Völkermorde in aller Welt auf bedrückende Weise an der Tagesordnung. Aus Ruanda stammt der Begriff *»génocidaire«*, der die Beteiligten an einem Völkermord bezeichnet. Da sie den Handelnden mit dem Verbrechen verknüpft, ist diese französische Wortneubildung weit aussagekräftiger als der üblicherweise benutzte Begriff des »Täters«.[1] Die Figur des wegen »Verbrechen gegen die Menschlichkeit« und Kriegsverbrechen angeklagten *génocidaire* ist mittlerweile zu einer vertrauten Erscheinung geworden – zu beobachten in Kigali, in Den Haag oder im früheren Jugoslawien. Dass Völkermorde unter Umständen geschahen, die weder vom Totalitarismus noch von »Modernität« geprägt waren, hat die bisherigen Erklärungsmodelle erschüttert und einen enormen Aufschwung der Forschung über die Ursprünge von Massenmord und Genozid bewirkt. Zugleich legt die Allgegenwart, ja Normalität des *génocidaire* eine Neubewertung Eichmanns nahe, den man so lange als pathologische Verirrung oder Symptom eines größeren Problems betrachtet hat.[2]

Aber können wir Adolf Eichmann erklären? Die Frage, was ihn dazu trieb und in die Lage versetzte, so zu handeln, wie er es getan hat, wird sich wahrscheinlich nie endgültig klären lassen. Deshalb haben Beobachter und Kommentatoren nach seinem Prozess derart stark voneinander abweichende Ansichten über ihn vertreten. Nach Moshe Pearlmans Auffassung, zum Beispiel, war Eichmann »unterwürfig gegenüber seinen Vorgesetzten, tyrannisch gegenüber Untergebenen und Opfern, arrogant und ehrgeizig, ein Opportunist mit Blick für die große Chance«. Im Gegensatz dazu hielt Hannah Arendt ihn für wichtigtuerisch, egozentrisch und gedankenlos. Als seine größte

Sünde betrachtete sie seine Unfähigkeit, andere Standpunkte nachzuvollziehen.[3]

Die Psychologen, die Eichmann untersuchten, haben wenig zur Erhellung seiner Persönlichkeit beigetragen. So wurde ein von dem ungarischen Psychologen Lipot Szondi entwickelter Test angewandt: Eichmann wurden die Fotografien von verschiedenen Menschen gezeigt, darunter auch solche von Mördern, Wahnsinnigen und Sadisten. Als man Szondi die Testergebnisse zeigte, meinte dieser, die getestete Person, deren Identität man vor ihm geheim gehalten hatte, »enthülle in sämtlichen Phasen einen Mann, der von Machtgier und einem unersättlichen Drang zu töten besessen sei«. Ein anderer Psychologe, der Israeli I. M. Kulscar, unterzog Eichmann dem Rorschach-Test; man kam zu der Auffassung, dass man es mit einem »recht gut erkennbaren Persönlichkeitstyp« zu tun hatte, nämlich dem des »mörderischen Roboters der SS«. Entgegen diesen Resultaten vermeldete Hannah Arendt, wie erwähnt, dass »ein halbes Dutzend Psychiater zu dem Ergebnis gekommen« sei, »er sei ›normal‹ – ›normaler jedenfalls, als ich es bin, nachdem ich ihn untersucht habe‹, soll einer von ihnen gesagt haben; ein anderer fand, dass Eichmanns ganzer psychologischer Habitus, seine Einstellung zu Frau und Kindern, Mutter und Vater, zu Geschwistern und Freunden, ›nicht nur normal, sondern höchst vorbildlich‹ sei«. Bruno Bettelheim teilte Arendts Auffassung. Aus den im Prozess vorgelegten Beweisen und seinen eigenen Erlebnissen in Dachau zog er den Schluss, dass die meisten NS-Täter wie Eichmann Menschen gewesen seien, »die man unter anderen Umständen als normale, gewöhnliche Leute betrachten würde«.[4] Da keine der eingehenden Analysen von Szondi, Kulscar und anderen Psychologen der Öffentlichkeit zugänglich gemacht wurde, fällt es schwer, zwischen diesen divergierenden Aussagen über den Fall Eichmann zu vermitteln. Zwischen den Vertretern der Rorschach-Lehre der psychologischen Tests, die eine unterscheidbare abnorme »Nazipersönlichkeit« annehmen, und den Anhängern von Milgram, nach deren Ansicht jeder in bestimmten Situationen anderen Menschen Schreckliches antun könne, besteht eine tiefe theoretische und interpretatorische Kluft.[5]

Die Freud'sche Psychoanalyse schneidet nicht besser ab. José Brunner hat Eichmanns »Gedankenlosigkeit«, wie Arendt sie genannt hat, als Ausdruck des Wunschs interpretiert, seine individuelle Autonomie aufzugeben und durch die eigene Auslöschung die narzisstische Selbstbeherrschung zu erlangen. Laut Brunner hatte Eichmann, indem er »sich selbst seiner Autonomie beraubte, das heißt sich einen Willen, Bewusstsein und eine eigene Stimme verweigerte, tatsächlich die meisten seiner menschlichen Eigenschaften verloren. Aber indem er als autonomes Subjekt verschwand, erreichte er auch die Kontrolle über Spontaneität, Wünsche und Neigungen und gewann übermenschliche Vorhersehbarkeit und Beständigkeit. Darüber hinaus wurde er, indem er sich selbst symbolisch als Individuum tötete, zum aktiven Bestandteil eines allmächtigen politischen Apparats, der in beispiellosem Ausmaß Tod und Zerstörung verursachte.« Leider ist so gut wie jede Aussage dieser Diagnose falsch. Wie gesehen, war Eichmann eine tatkräftige Persönlichkeit, die voller Eifer und mit Eigeninitiative agierte. Er setzte sich in einem Staatsapparat durch, der improvisiert, konfliktträchtig und alles andere als allmächtig war. Laut Brunner empfand Eichmann nur am Tod Vergnügen, aber seine eigenen Schriften sind voller Erinnerungen an die Freuden des Lebens – von seinen jugendlichen Ausflügen ins Mühlviertel bis zum Geigenspiel an Musikabenden in der Kurfürstenstraße 115–116.[6]

Eichmanns »Seelenkomödie« (Arendt) stellte jedoch nicht nur Psychologen, Sozialpsychologen und Psychoanalytiker vor ein Rätsel, sondern auch Eichmanns Zeitgenossen. Auch deren unmittelbare Beobachtungen sind uneindeutig und zweifelhaft. Laut seiner dienstlichen Beurteilung von 1937 war Eichmann »zuverlässig und sehr gewissenhaft«. Seine »Kameradschaft« sei »vorbildlich«, hieß es; er sei ein »überzeugter Nationalsozialist« und führe ein »sauberes und anständiges« Familienleben. Diese Beurteilung stammte von Dieter Wisliceny, der damals Eichmanns Vorgesetzter gewesen war. Nach dem Krieg schrieb er, Eichmann sei »der typische Subalternbeamte« gewesen, »pedantisch, ordnungsliebend auch in seinen persönlichen Verhältnissen«. Gleichfalls in einer Nachkriegsaussage erklärte Franz Six, Eichmann habe »absolut« an den Nationalsozialismus geglaubt: »Im Wesentlichen war durch die nationalsozialistische Weltanschauung die Welt für ihn erfüllt.« Er habe »im Zweifel immer nach der Parteidoktrin in ihrer äußersten Auslegungsmöglichkeit« gehandelt, sei aber nicht besonders antijüdisch eingestellt gewesen. Wilhelm Höttl erinnerte sich, nach dem Angeklagten von Jerusalem befragt, dass er ihn für einen »eigentlich unkomplizierten Menschen« gehalten habe, »dem es nur darauf ankam, Karriere zu machen«. Allerdings neigte Höttl dazu, Ursache und Wirkung zu vertauschen, etwa wenn er Eichmann unterstellte, er hätte sich nur deshalb Kenntnisse über jüdische Angelegenheit angeeignet, weil dies ein Weg zu rascher Beförderung zu sein schien.[7] Es ist zu bezweifeln, dass Eichmann den Antisemitismus als Karriereoption gewählt hatte, denn allem Anschein nach war er umgekehrt für das Judenreferat des SD ausgewählt worden, und das in einer Periode, als der SD noch keine besonders starke Stellung in der »Judenfrage« hatte.

Rudolf Höß hat Eichmann in seinen in der Haft geschriebenen Memoiren nicht als Karrieristen beschrieben, der in der »Judenfrage« eine neutrale oder opportunistische Position vertrat. Vielmehr charakterisierte er seinen einstigen Kollegen als »lebendigen, stets tätigen Mann in den 30er Jahren, voller Tatkraft«. Möglicherweise tat er das, um selbst in einem besseren Licht zu erscheinen. Höß führte aus: »Er hatte immer neue Pläne und suchte immer nach Neuerungen und Verbesserungen. Er kannte keine Ruhe. Von der Judenfrage und der befohlenen Endlösung war er besessen!« Wisliceny bezeichnete Eichmann 1946 in Nürnberg als »fanatischen Nationalsozialisten«, der nie an Befehlen von Himmler oder Hitler gezweifelt habe: »Für ihn waren die Befehle seiner Vorgesetzten absolut bindend. Das Gleiche erwartete er von seinen Untergebenen.« Wisliceny mag diese Aussage aus ähnlichen Beweggründen getroffen haben wie Höß. Dennoch unterscheidet sich seine Charakterisierung von derjenigen des ehemaligen Auschwitz-Kommandanten. Laut Wisliceny unternahm Eichmann nichts »ohne Zustimmung höherer Autoritäten und achtete extrem darauf, Akten und Berichte zu haben, die die Verantwortlichkeit von Himmler, Heydrich und später Kaltenbrunner belegten«. Er erschien keineswegs als forscher Fanatiker, sondern legte jede Maßnahme gegen Juden »Heydrich und später Kaltenbrunner zur Zustimmung vor«. Noch verwirrender ist, dass Wisliceny Eichmann nicht als eingefleischten Judenhasser beschrieb. Im Gegenteil, ihm zufolge war er »sehr zynisch in seiner Haltung zur Judenfrage. Er gab durch kein Anzeichen irgendwelche menschlichen Gefühle gegenüber diesen Menschen erkennen. Er war nicht unmoralisch, er war amoralisch und völlig eiskalt in seiner Einstellung.«[8]

Wisliceny war geschickt darin, Eichmanns eigene Worte, so wie er sich an sie erinnerte, gegen ihn zu richten. So erfuhren die Ermittler durch ihn von Eichmanns Ansprache bei Kriegsende, in der dieser erklärt hatte, er würde in dem Wissen, Millionen »Reichsfeinde« mit sich genommen zu haben, »freudig in die Grube springen«. Doch Eichmanns eigene Äußerungen verstärken, als Ganzes genommen, das Dickicht der Doppeldeutigkeiten, das seine Persönlichkeit, seine Überzeugungen und Motive umgibt. In allen seinen biografischen Aussagen und Niederschriften beschreibt er eine bemerkenswert normale Kindheit und eine glückliche Jugendzeit. Es gibt nicht den geringsten Beweis dafür, dass Eichmanns frühe Jahre, wie Arnold Roger Manvell und Heinrich Fraenkel meinten, »von der Unterdrückung durch eine harte und beherrschende Stiefmutter überschattet« waren. Näher an der Wahrheit waren Manvell und Fraenkel, als sie im Gegensatz zu vielen anderen Autoren der sechziger Jahre schrieben, Eichmann habe »den Antisemitismus aus Karrieregründen angenommen; persönlich war er nicht antisemitisch«.[9]

In Eichmanns Beschreibungen seines Eintritts in NSDAP, SS und SD werden antijüdische Gefühle als Motiv jedenfalls nicht erwähnt. Es ist jedoch unglaubwürdig, wenn er für die späteren Jahre jegliche Feindseligkeit gegenüber Juden abstreitet. Aus seinen erhalten gebliebenen Berichten und Vorträgen aus den Jahren 1936 bis 1938 sticht ein ideologisch-rassischer Antisemitismus und der Glaube an die Legende der jüdischen Weltverschwörung deutlich hervor. In dieser Phase seiner Laufbahn waren Juden für ihn bereits als mächtige »Reichsfeinde« definiert. Und später äußerte er sich voller Stolz über die furchtbaren Leiden, die das jüdische Volk infolge der von ihm umgesetzten Politik erdulden musste. Noch in den Ruinen von Berlin, angesichts des nahenden Untergangs, rechnete er sich den Tod von Millionen »Feinden« als Verdienst an, und ein Dutzend Jahre später vertraute er Willem Sassen an: »Nein, ich muss Ihnen ganz ehrlich sagen, hätten wir von den 10,3 Millionen Juden, die Korherr ausgewiesen hat, wie wir nun wissen, 10,3 Millionen Juden getötet, dann wäre ich zufrieden und würde sagen, gut, wir haben einen Feind vernichtet.«[10] Gleichzeitig allerdings deutete Eichmann in Argentinien ein gewisses Unbehagen an der Entwicklung von der Auswanderungs- und Vertreibungspolitik zu Massenmord und Genozid an – zu einem Zeitpunkt also, als ihm eine solche Regung nichts einbrachte.

Seine nationalsozialistischen Überzeugungen und sein bedingungsloser Gehorsam gehörten in ein und denselben ideologischen Zusammenhang. Bis 1945 waren seine Vorurteile und Vorlieben derart tief verwurzelt, dass sie in den Randbemerkungen, die er in Argentinien in Bücher schrieb, zutage traten. Aber bedeutet dies auch, dass er eine ohnmächtige Marionette der NS-Hierarchie war? War er bloß der roboterhafte Untergebene, als den er sich in israelischer Haft ausgab? Wiederum liefert er selbst den Beweis des Gegenteils, denn Sassen hatte er anvertraut: »Ich war ein Idealist gewesen«, und an anderer Stelle des Interviews erläutert: »[...] und als ich die Notwendigkeit [des Vorgehens gegen die Juden] erkannte, da habe ich sie mit jenem Fanatismus ausgeführt, den man an sich als alter Nationalsozialist von sich erwartete [...].« Sicherlich kann Gehorsam neben Eifer existieren, aber das selbstverleugnende Bild, das Eichmann in Jerusalem von sich selbst entwarf, wird von seinem Sinn für Machtspiele im Dritten Reich und seiner Bereitschaft, zumindest im Jahr 1944, verschiedene Machtzentren gegeneinander auszuspielen, Lügen gestraft.[11]

Vielleicht löst man das Rätsel Eichmann am besten dadurch, dass man seiner Lebens- und Karrierekurve folgt. Er hatte, trotz des frühen Verlusts der Mutter und des Umzugs von Deutschland nach Österreich, eine normale Kindheit. Immerhin erleben viele Kinder Trauerfälle und andere tief greifende Veränderungen ihrer Lebensumstände, ohne deshalb zu hartherzigen Managern des Grauens zu werden. Er war ein ziemlich fauler Teenager, aber auch das ist nicht außergewöhnlich. Er hatte Freunde und führte in Linz das für die damalige Zeit typische soziale Leben eines Jugendlichen seines Alters. Nichts wies auf abnormales Verhalten hin. Sicher hatte er einen strengen Vater, und er zeigte von Anfang an eine Neigung zu Autoritätspersonen. Aber es war nicht vorherbestimmt, dass er unter den Einfluss der »falschen« Männer geraten würde. Wichtiger ist die Tatsache, dass sein Vater einem gesellschaftlichen und politischen Netzwerk angehörte, das alldeutsch, antisozialistisch und antijüdisch geprägt war. Eichmann wurde in einem rechts gerichteten, politisch antisemitischen Milieu sozialisiert und politisiert, doch auch dies war für Tausende von Österreichern (und Deutschen) die Norm. Der Antisemitismus, den er dabei übernahm, war eine eigentümlich österreichische Variante, für die deutsche Nationalsozialisten nur Verachtung übrig hatten und die es nicht ausschloss, jüdische Freunde oder Geschäftspartner zu haben.[12]

Eichmann trat der österreichischen NSDAP und der SS wahrscheinlich nicht deshalb bei, weil er Juden hasste. Zum ideologischen Angebot der Nationalsozialisten gehörten Antibolschewismus und Rassenantisemitismus, aber diese Kombination war auch anderswo zu finden. Auch die Erfahrung der politischen Krise, Armut und Arbeitslosigkeit spielten bei Eichmanns Entwicklung zum Nationalsozialisten kein Rolle. Im Gegenteil, Linz war während der gesamten zwanziger Jahre politisch stabil und vergleichsweise wohlhabend. Seine eigene Familie erlebte zwar wirtschaftlich ein ständiges Auf und Ab, doch das war der Preis des Unternehmertums und weder einem ungerechten Frieden noch der Politik einer verhassten Regierung anzulasten. Dass Eichmann einen Groll gegenüber Juden hegte, weil seine jüdischen Arbeitgeber ihn ungerecht behandelt hatten, gehört ebenfalls ins Reich der Legenden. Sie scheinen seine NS-Verstrickung vielmehr über ein Jahr lang toleriert und ihn allein aus wirtschaftlichen Gründen entlassen zu haben, noch dazu mit einer großzügigen Abfindung. Er schloss sich den Nationalsozialisten an, weil ihr Auftreten ihm gefiel, weil er bewunderte, was er in ihren Zeitungen über ihre Aktivitäten las, und weil er die kommende politische Kraft in ihnen sah. Entscheidend war seine

Überzeugung, dass die Zugehörigkeit zu ihnen seine gesellschaftliche Stellung abrunden würde. Er trat der NSDAP auf Anraten zweier Männer bei, Bolek und Kaltenbrunner, beides bekannte lokale Persönlichkeiten und Freunde seiner Familie.

Augenscheinlich hielt die Einstellung der Nationalsozialisten gegenüber den Juden Eichmann nicht davon ab, selbst einer zu werden, andererseits gab es in der NSDAP keine spezifische Aufstiegsmöglichkeit für jemanden mit besonderem Hass auf das jüdische Volk. Als Eichmann Österreich verließ und in die Österreichische Legion der SS eintrat, erwartete er eine rasche und triumphale Rückkehr in seine zweite Heimat und nicht, dass es seine Aufgabe werden würde, die Juden in Deutschland zu verfolgen und sie unsäglichen Qualen auszusetzen. Beim Übertritt zum SD wusste er wahrscheinlich, dass es sich um eine spezielle Sicherheitsorganisation der SS handelte, aber er hätte wahrsagerische Kräfte besitzen müssen, um zu ahnen, dass der SD einst zur Zentrale der antijüdischen Politik im NS-Sicherheitsapparat werden würde. Der Wechsel zum SD spricht also für seinen Ehrgeiz, aber nicht für die Absicht, die Laufbahn eines professionellen Antisemiten einzuschlagen. Dass er einer Organisation beitrat, die das Tempo der antijüdischen Politik bestimmen sollte, war ebenso ein Zufall wie sein Eintritt in die Abteilung, die diese Politik formulierte.

Doch sobald er dem SD-Hauptamt in Berlin angehörte, durchlief er eine ständige politische Ausbildung und Indoktrination in Bezug auf die »Judenfrage«. Zuerst wurde er durch Schwarz-Bostunitsch mit einem vulgären rassistischen Antisemitismus und einer antibolschewistischen und antijüdischen Verschwörungstheorie der schlimmsten Art konfrontiert. Anschließend trieb ihm von Mildenstein einen Teil davon wieder aus, allerdings nur, um eine noch unheilvollere »rationale« Haltung gegenüber den Juden an seine Stelle zu setzen. Juden, fand von Mildenstein, würden nicht nach Deutschland gehören: Sie seien rassisch fremd und nicht assimilierbar. Aber sie hätten Anspruch auf ein eigenes Heimatland – Palästina –, und Deutschland sollte alles tun, um ihnen zu helfen, dorthin zu gelangen.

Bis 1937 hatte Eichmann eine Doktrin über die Juden entwickelt. Der von ihm mitverfasste Bericht über die in jenem Jahr gemeinsam mit Hagen unternommene Palästinareise illustriert, dass er Juden inzwischen in stereotypen Begriffen wahrnahm und nur das sah, was er sehen wollte. In seinem Vortrag über das »Weltjudentum« vom November 1937 charakterisierte er die Juden als gefährlichen, mächtigen Rassenfeind, der einen Krieg gegen das arische deutsche Volk führe. Juden könnten im Reich nicht geduldet werden, und die gesamte »Judenpolitik« müsse dem Ziel gewidmet sein, sie so rasch und effektiv wie möglich an einen Ort zu verbringen, an dem sie keine Gefahr für deutsche Interessen mehr darstellen würden. Einzelne Elemente seiner Doktrin waren »rational«, wie etwa die Förderung der jüdischen Auswanderung und die Zusammenarbeit mit zionistischen Gruppen zu diesem Zweck. Andere Teile waren phantastisch und Unheil verkündend, insbesondere die Vorstellung, dass die Juden ein enorm mächtiges weltweites Netzwerk bildeten und dass einzelne Juden, ganz gleich, wie harmlos sie erscheinen mochten, irgendwie in Verbindung zu einflussreichen und bedrohlichen Juden in anderen Ländern standen – sei es im kapitalistischen Amerika oder im kommunistischen Russland.[13]

Die Tätigkeit in SS und SD erzog Eichmann zudem zu rücksichtsloser Effektivität und Entschlossenheit. Das Verhalten sollte durch »ethische« Kriterien bestimmt sein, die auf das Wohl der arischen Rasse, der NSDAP und der Interessen des Deutschen Reichs ausgerichtet waren. Außer aus pragmatischen Gründen, etwa wenn unnötiger Widerstand gegen deutsche Interessen vermieden werden sollte, waren die Bürger- und Menschenrechte »nichtarischer« Deutscher schlicht kein Faktor, der bei der Gestaltung und Umsetzung der Politik in Rechnung gezogen wurde. Man achtete darauf, legalistisch zu handeln, aber in diesem Zusammenhang nahmen die Gesetze für gewöhnlich die Form willkürlicher Erlasse an, und ihre Hauptfunktion bestand in der Regelung der Beziehungen zwischen Behörden des NS-Staates, die sich in einem ständigen Wettstreit um die Macht über Menschen und Eigentum befanden. 1938 in Wien bewies Eichmann zum ersten Mal, dass er fähig war, Strukturen zu schaffen, um eine beschlossene Politik umzusetzen, und Richtlinien für die Dienststellen zu entwerfen, die sie durchführen sollten. Als guter Nationalsozialist und SD-Mann war er in der

Lage, die normalerweise mit berücksichtigten moralischen und menschlichen Folgen seines Handelns von dessen rein formalem und »gesetzestreuem« Zweck abzuspalten.[14]

In Wien perfektionierte Eichmann mit Hilfe der unglücklichen Repräsentanten der jüdischen Gemeinde die Verfahren der Zwangsauswanderung. Gnadenlos betrieb er eine Maschinerie, die den Juden ihre Rechte nahm, sie ausraubte und zu erniedrigten, verarmten Flüchtlingen machte. Es gibt deutliche Anzeichen dafür, dass ihn seine exekutive Macht dabei berauscht hat. So brüstete er sich gegenüber Hagen damit, dass er die Juden vollständig in der Hand habe. Von physischen oder verbalen Übergriffen gegenüber Vertretern der jüdischen Gemeinde hielt er nichts. Allerdings beruhte die Tätigkeit der Zentralstelle für jüdische Auswanderung auf Terror und der Drohung mit dem Konzentrationslager: Warum sonst hätten Juden sich zu mittellosen Auswanderern machen sollen? Dabei verhielt sich Eichmann »rational«. Er arbeitete höflich, wenngleich kühl mit Juden zusammen, um sicherzustellen, dass die Enteignungsmaschinerie reibungslos lief, wobei er Zionisten bevorzugte, die ihm halfen, die von den Briten verhängten Einreisebeschränkungen für Juden nach Palästina zu umgehen. Gelegentlich verlor er im Umgang mit Juden die Fassung, aber solche Gewaltausbrüche waren nicht systematischer Art.[15]

Dank seiner »Erfolge« in Wien erlebte Eichmann einen Aufschwung seiner Karriere. Er wurde zum Protegé von Heydrich, der den Wert des »Wiener Modells« als sichtbaren Beweis dafür erkannte, dass der SD den Schlüssel zur »Lösung der Judenfrage« im Großdeutschen Reich in der Hand halte. In den folgenden drei Jahren schwamm Eichmann auf Heydrichs Erfolgswelle mit. In diesem Zusammenhang sind die jüngsten Forschungen über Heydrich, Himmler, Hitler und die Entwicklung der Judenpolitik von Bedeutung. Heute stimmen die meisten Historiker darin überein, dass die oberste NS-Führung nach Ausbruch des Zweiten Weltkriegs potentiell genozidale Lösungen der »Judenfrage« anvisierte, obgleich eine definitive zentrale Entscheidung über die Vernichtung der europäischen Juden frühestens im September oder Oktober 1941 und spätestens zwischen Januar und Mai 1942 gefällt wurde. Vor diesem Zeitpunkt war Eichmann, wie furchtbar seine Taten auch waren, also keineswegs der Vollstrecker der »Endlösung«.[16]

Tatsächlich machten jüdische Angelegenheiten in dieser Zeit nur einen Teil seiner Aufgaben aus. Als Leiter des RSHA-Referats IV D 4 vom Januar 1940 bis zum Frühjahr 1941 war er mit der »ethnischen Säuberung« der ins Dritte Reich eingegliederten polnischen Gebiete von Polen und Juden betraut. Diese vernachlässigte Phase seiner Laufbahn passt nicht zu der Vorstellung, er sei ein geborener Völkermörder gewesen, hilft aber zu erklären, wie er sich viele der praktischen Fähigkeiten und die Geisteshaltung aneignete, die er benötigen sollte, als er seine neue Rolle übernahm. Wenngleich er nicht ausschließlich mit jüdischen Angelegenheiten beschäftigt war, verschärfte die Durchführung der Zwangsumsiedlungen seine negative Haltung gegenüber allen »Nichtariern«. Außerdem sammelte er wertvolle Erfahrungen bei der Liquidierung ganzer Gemeinden mittels Razzien und Deportationen. Bereits im September und Oktober 1939 versuchten Eichmann und seine Kollegen Tausende von Juden aus Wien, Ostrava und Kattowitz nach Polen zu deportieren. Sie versuchten, unter Einsatz der am Gängelband des NS-Regimes hängenden jüdischen Gemeinde- und Auswanderungsorganisationen und der Sicherheitspolizei mit geringsten Kosten und Störungen die Verschiebung ganzer jüdischer Bevölkerungsteile zu bewerkstelligen. Das Experiment schlug aufgrund von Schwierigkeiten am Zielort fehl, aber Eichmann hatte gezeigt, dass diese Variante antijüdischer Politik prinzipiell möglich war. In den folgenden zwölf Monaten organisierte sein Referat kurzfristig mehrere große Vertreibungen von Juden.[17]

Der erste umfassende Plan für die Entfernung der jüdischen Bevölkerungsgruppe aus Europa wurde im Mai und Juni 1940 entworfen: der so genannte Madagaskarplan. Bis zu diesem Zeitpunkt hatte die Polizei die Juden aus Großdeutschland und den deutsch kontrollierten Ländern in Randgebiete vertreiben sollen. In Polen mit seinem großen jüdischen Bevölkerungsanteil wurden die Juden bis zur Abschiebung in Ghettos konzentriert. Aber die Versuche, Polen als Unterbringungsort für Juden zu benutzen, stießen ständig auf Schwierigkeiten, und durch die

Eroberung von Westeuropa gelangten weitere jüdische Bevölkerungszentren unter deutsche Herrschaft. Der Madagaskarplan markierte eine Wegscheide im nationalsozialistischen Denken. Nunmehr dachten Parteifunktionäre und Staatsbeamte darüber nach, sämtliche Juden aus deutsch kontrollierten oder beeinflussten Gebieten in Europa an einen völlig ungeeigneten Ort zu verschleppen und dem dort unvermeidlichen Massensterben zu überantworten. Eichmann arbeitete voller Begeisterung an dem Plan. Seine spätere Rechtfertigung, dass er ihn als quasizionistisches Projekt betrachtet habe, ist lächerlich, denn er war zutiefst barbarisch. Allerdings sah der Plan keinen Massenmord oder einen vorsätzlichen Genozid vor. Tatsächlich konnte Eichmann ihn als grandiose Version seiner früheren Vorhaben, Polen und Juden in großer Zahl »umzusiedeln«, ansehen – als barbarische »ethnische Säuberung« und nicht als Vernichtungsaktion.[18]

Mitte 1941 änderte sich dies. Zwei bis drei Monate nach dem deutschen Überfall auf die Sowjetunion wurde Eichmann auf einen Politikwechsel in jüdischen Angelegenheiten aufmerksam. Nach dem Scheitern des Madagaskarplans diskutierte man über Russland als alternatives Zielgebiet für die unerwünschte jüdische Bevölkerung Europas, sobald die Rote Armee besiegt sei. Die dort lebenden Juden wurden bereits im Rahmen des Krieges gegen den »jüdischen Bolschewismus« und der genozidalen Politik gegenüber den Bewohnern der eroberten Gebiete von mobilen Tötungseinheiten hingeschlachtet. Wenig später beschloss Hitler, die Juden noch vor Kriegsende aus Deutschland und Österreich zu entfernen, und lokale Verantwortliche in Polen und den besetzten baltischen Staaten begannen »Platz zu schaffen« für deutsche Juden, die in ihre Territorien deportiert werden sollten. Nach ihren Vorschlägen sollten Unterkünfte für die unwillkommenen Neuankömmlinge frei gemacht werden, indem man einheimische Juden durch Massenerschießungen oder unter Einsatz von Gaswagen oder stationären Gaskammern ermordete. Unterdessen verlor die Aussicht, in ganz Europa Juden zusammentreiben und ins russische Hinterland schaffen zu können, angesichts der hinhaltenden Gegenwehr der Roten Armee zusehends an Wahrscheinlichkeit. An ihre Stelle trat ein Plan zur »physischen Vernichtung« während des Krieges. Zu einem bislang unklaren Zeitpunkt beschlossen Heydrich, Himmler und Hitler, die lokalen Massaker und regionalen Völkermorde zusammenzufassen und zu einem europaweiten Vernichtungsprogramm auszuweiten.[19]

Aus dieser Übergangsphase sind nur wenige zusammenhängende Dokumente erhalten, und es ist äußerst schwierig, Eichmanns Äußerungen zu entnehmen, welche Rolle er spielte und wie er auf die Entwicklungen reagierte. Bekannt ist, dass er zwischen September 1941 und Januar 1942 auf Geheiß von Heydrich und Müller häufig in die Ostgebiete reiste. In Argentinien erzählte er freimütig davon, dass er Massaker und den Massenmord an Juden mittels Giftgas mit angesehen habe. Aber was genau bedeutete das? Hingen die Massenmorde mit dem reibungslosen Empfang von Deportationszügen aus Deutschland und Österreich zusammen? War Eichmann immer noch mit solchen Deportationen befasst und führte eine frühere Politik aus, nur eben mit anderen Mitteln? Oder bereitete er die »Endlösung« vor?[20]

Welche Aufgabe er auch erfüllt haben mag, Eichmann erklärte sowohl in Argentinien als auch in Israel, dass ihn der Anblick von Massenerschießungen und Morden mit Giftgas tief erschüttert habe.[21] Das war, um Bruno Bettelheim zu zitieren, sein »Rubikon«. Zum Zeugen eines Völkermords zu werden und sich nicht vom ihm zu distanzieren sei für Eichmann der Punkt gewesen, »von dem an er nicht mehr zurückkonnte. Von da an weigerte er sich, als ein Mensch zu reagieren, und wurde zum ausschließlichen Werkzeug des Staates.«[22]

Im Prozess beteuerte er, vergeblich um eine Versetzung ersucht zu haben. In der Folgezeit sei er an seinen Eid als SS-Mann sowie durch seinen Glauben an die höchste Tugend des Gehorsams gegenüber Befehlen gebunden gewesen, selbst wenn er diese abgelehnt habe. Und er behauptete, stets eine »politische« Lösung der »Judenfrage« angestrebt zu haben. Nach der Wannsee-Konferenz, auf der die »Päpste« gesprochen hätten, habe er keine Verantwortung für das Schicksal der Juden mehr empfunden. Er habe sie lediglich in Ghettos und Lagern abgeliefert – was danach geschehen sei, sei ihm nicht klar und im Übrigen auch nicht seine Sache gewesen.

Diese Verteidigungsstrategie erstaunte die Staatsanwaltschaft, verblüffte die Richter und beschäftigt seither die Kommentatoren, denn sie ist der springende Punkt für das Verständnis von Eichmann. Eichmann gab zu, dass er gewusst habe, was im »Osten« und in Auschwitz geschehen sei – wie also konnte er Juden dem Tod überantworten? Es ist nicht mehr möglich, in ihm bloß einen Bürokraten zu sehen, einen Schreibtischtäter, der, durch die Maschinerie des modernen Staats von den Konsequenzen seines Handelns abgeschirmt, in einer sterilen Umgebung handelte. Eichmann sah das unheimliche Geschäft des Mordens mit eigenen Augen und stieß in Ungarn, wo er persönlich einen Einsatz seiner Männer leitete, beinahe buchstäblich selbst Juden in Deportationszüge. Möglicherweise entwickelte er eine Dissoziation des Bewusstseins, doch das ist ein anderes Thema, und auf jeden Fall wäre sie nur notwendig geworden, wenn er unmittelbar in Blut und Leid gewatet wäre.[23]

Nachdem die Richter in Jerusalem festgestellt hatten, dass er die Konsequenzen seiner Handlungen gekannt und sie dennoch ausgeführt hatte, gingen sie die einzelnen Elemente seiner Verteidigung durch. Sie fragten ihn, was wichtiger sei, zu gehorchen oder nicht zum Mordkomplizen zu werden? Eichmann wich einer Antwort teilweise aus, indem er erklärte, niemanden ermordet zu haben. Eichmann räumte aber ein, dass er auf höheren Befehl seinen Vater getötet hätte, wenn man ihm gute Gründe dafür genannt hätte. Zum Unglück für seine Verteidigung musste er die Beschwörung des absoluten Gehorsams durch das Eingeständnis untergraben, dass er ein jüdisches Mitglied seiner eigenen Familie gerettet habe. Es gab aus Ungarn noch mehr Beispiele von Insubordination, obwohl er sich in diesen Fällen damit rechtfertigen konnte, dass er, wenn schon nicht mit Billigung der nominellen Staatsspitze, so doch in Übereinstimmung mit einem Teil der NS-Führung gehandelt habe. Allein mit Gehorsam konnten seine Aktivitäten also nicht erklärt werden, und auch Stanley Milgram hat durch seine Experimente keine magische Lösung des Rätsels seines Verhaltens gefunden.

Die unausweichliche Schlussfolgerung lautet, dass Eichmann nichts dagegen einzuwenden hatte, wenn Juden unsägliches Leid zugefügt wurde und man sie in den sicheren Tod schickte. Kein

Aspekt der antijüdischen Politik des NS-Regimes beunruhigte ihn aus politischen oder moralischen Gründen oder auch nur aus vorausschauender Vorsicht genug, um aufzubegehren und Widerstand zu leisten oder sich zu entziehen, als man ihn mit ihrer Durchführung betraute. Mit der Aussicht konfrontiert, zum Komplizen der »physischen Vernichtung« zu werden, hatte er anfangs zwar Skrupel, aber die waren bald überwunden, und danach erfüllte er hingebungsvoll seine Aufgabe. Entweder er wollte Juden umbringen, oder es war ihm gleichgültig, ob sie starben. Diese Unterscheidung ist insofern von gewisser Bedeutung, als er nie persönlich jemanden ermordete; man könnte allerdings hinzufügen, dass es für ihn bequemer war, wenn jemand anders das Morden erledigte. Seine bewusst genozidalen Absichten wurden sowohl in seiner letzten Rede in Berlin, in der er seine Zufriedenheit über den Mord an Millionen von »Reichsfeinden« kundtat, als auch in seinen Äußerungen in Argentinien deutlich, in denen er bedauerte, nicht alle Juden auf der Welt getötet zu haben.[24]

Für den indoktrinierten Eichmann besaßen die Juden kein angeborenes Lebensrecht, als »der Feind« *mussten* sie vernichtet werden. In seinen Augen befanden sich Juden und »Arier« in einem Kampf auf Leben und Tod, und er war bereit, in diesem Kampf eine Rolle zu spielen, auch wenn er eher einer Kampagne gegen eine Epidemie gleichkam. Er betrachtete sich als Teilnehmer an einem wissenschaftlichen, wenn auch manchmal erschreckend schmutzigen Unternehmen zur Eliminierung einer rassisch-biologischen Bedrohung des »arischen« Volks. Nach seiner Ansicht war dieses Bedrohungspotential jedem Juden angeboren, ganz gleich, wie schwach er zu sein schien. Hinter der Gefahr der rassischen Degeneration stand für Eichmann die politische und militärische Macht der USA, des britischen Empire und der Sowjetunion, die angeblich allesamt von Juden kontrolliert worden seien. Folgt man Eichmanns Anschauungen, waren Juden, wenn nötig, in der Lage, sich in Terroristen, Partisanen und sogar Soldaten zu verwandeln, und der jüdische Widerstand, etwa im Warschauer Ghetto, bestärkte ihn in seiner Überzeugung, dass die Juden mit allen Mitteln ausgerottet werden müssten.

In dieser Phase war sich Eichmann vage bewusst, dass der Massenmord an den Juden juristisch wie moralisch ein Verbrechen darstellte – daher sein Bemühen, sich »abzudecken«. Angesichts des alliierten Sieges dürfte er nach 1945 endgültig begriffen haben, dass es sich um eine Gräueltat sondergleichen handelte. Aber er bereute dennoch nicht. Tatsächlich wimmelt es in seinen Memoiren von Selbstrechtfertigungen und Verweisen auf die angebliche Macht des »Weltjudentums«. Er hatte zu hassen gelernt und sich selbst zum Praktiker des Völkermords ausgebildet, und zwar so gut, dass er nie wirklich begriff, dass er verwerflich gehandelt hatte. Eichmann war gleichwohl nicht von vornherein dafür »geschaffen«, zum Komplizen von Gräueltaten zu werden. Der Schlüssel zum Verständnis des Handelns von Adolf Eichmann liegt nicht in seiner Person, sondern in den Ideen, von denen er besessen war, in der Gesellschaft, in der sie verbreitet waren, in dem politischen System, das sie aufgriff, und in den Umständen, die sie akzeptabel machten. Eichmanns Taten wurden möglich durch die Entmenschlichung der Juden, durch die Konstruktion des jüdischen Volks als einer abstrakten rassisch-biologischen Bedrohung und eines politischen Feindes sowie durch den Abbau der Hemmungen zu töten. Jeder, der diesen Einflüssen ausgesetzt war, hätte in gleicher Weise handeln können, ob nun in einem totalitären Staat oder in einer Demokratie.[25]

Reverend Hull, der in Eichmanns Leben wohl derjenige war, der am ehesten als sein Beichtvater zu bezeichnen wäre, resümierte: »Er ist ein sehr gewöhnlicher, normaler Mann. Das ist das Geheimnisvolle an ihm. Wie konnte ein solch gewöhnlicher Mann wissentlich solche Gräueltaten begehen?«[26] Die Antwort darauf haben der weitere Verlauf des 20. Jahrhunderts und die jüngsten Jahre geliefert. Der *génocidaire* ist zu einer vertrauten Figur geworden; in dieser Hinsicht ist Eichmann eher typisch als abnorm. Das soll nicht heißen, dass »wir alle potentielle Eichmanns« sind; vielmehr bedeutet es, dass der Nährboden für Grausamkeiten und Völkermorde größer geworden ist. Unter diesen Umständen können normale Menschen Massenmorde begehen oder organisieren, und sie tun dies auch.[27]

Jede Generation hat in Eichmann gesehen, was sie sehen

wollte. In der unmittelbaren Nachkriegszeit, als Faschismus und Völkermord anscheinend überwunden waren, konnte er als Abweichung betrachtet werden – als pathologischer Charakter. Nachdem der Prozeß gegen ihn seine offensichtliche Normalität enthüllt hatte, wurde er von den Vertretern der Totalitarismustheorie als Musterbeispiel der gehorsamen, gedankenlosen, brutalen »totalitären Persönlichkeit« vereinnahmt. Dann diente er angesichts der Gefahr der atomaren Vernichtung als Symbol für die Möglichkeit, dass mit moderner Technik ausgerüstete und in bürokratische Strukturen eingebundene Menschen selbst in Demokratien schreckliche Verbrechen gegen die Menschlichkeit begehen können, wenn sie nur weit genug von den Opfern entfernt sind. Dieses Bild wurde anschließend von den Historikern zerstört, die erneut die physische Unmittelbarkeit und schiere Bestialität der von den Deutschen während des Zweiten Weltkriegs ausgeführten Verfolgungsmaßnahmen und Massenmorde hervorhoben. Endgültig zunichte gemacht wurde die Vorstellung, daß Eichmann die »totalitäre Persönlichkeit« personifiziere, durch den Untergang des Staatensystems, das sie angeblich geschaffen hatte, denn gleichzeitig erlebte der Völkermord ein furchtbares Comeback. Heute, am Beginn des 21. Jahrhunderts, in einer Welt voller Flüchtlinge und Opfer von »ethnischen Säuberungen«, in der die Politik weiterhin von Rassismus und Fanatismus geprägt wird und internationale Tribunale den Fußsoldaten des Völkermords und ihren Befehlshabern aus den oberen Rängen von Militär und Politik den Prozeß zu machen versuchen, erscheint Eichmann in zunehmendem Maße als Zeitgenosse – ein Jedermann als *génocidaire*.

Abkürzungen

Zu den kursiv gesetzten Abkürzungen siehe die Bibliographie.

ABC	American Broadcasting Company
ADL	Anti-Defamation League (Anti-Defamierungs-Liga)
BA	Bundesarchiv
BdS	Befehlshaber der Sipo und des SD
CIA	Central Intelligence Agency
CIC	Counterintelligence Corps
DNB	Deutsches Nachrichtenbüro
DRK	Deutsches Rotes Kreuz
EP	Akten zum Eichmann-Prozess, in: BA Koblenz, All. Proz. 6
EV	Eichmann-Verhör, in: *TAE*, Bde. 7 & 8
FBI	Federal Bureau of Investigation
Gestapo	Geheime Staatspolizei
HSSPF	Höherer SS- und Polizeiführer
HTO	Hauptreuhandstelle Ost
IAE	Adolf Eichmann: *Ich, Adolf Eichmann*
IKG	Israelitische Kultusgemeinde von Wien
IMG	*Der Prozess gegen die Hauptkriegsverbrecher vor dem internationalen Militärgerichtshof*
IRK	Internationales Rotes Kreuz
JDC	Joint Distribution Committee
KdS	Kommandeur der Sipo und des SD
KZ	Konzentrationslager
NBC	National Broadcasting Company
NSDAP	Nationalsozialistische Deutsche Arbeiterpartei
OKW	Oberkommando der Wehrmacht
OSS	Office of Strategic Services
RFSS	Reichsführer-SS
RKF	Reichskommissar für die Festigung deutschen Volkstums
RSHA	Reichssicherheitshauptamt
RuSHA	Rasse- und Siedlungshauptamt der SS
SD	Sicherheitsdienst
Sipo	Sicherheitspolizei

SS	Schutzstaffel
T 4	Aktion T 4, bezieht sich auf die »Euthanasie«-Zentrale in der Tiergartenstraße 4
TAE	*The Trial of Adolf Eichmann*
USHMM	United States Holocaust Memorial Museum, Washington, D. C.
UWZ	Umwandererzentralstelle
VT	Verfügungstruppe der SS
WVHA	Wirtschafts- und Verwaltungshauptamt der SS
YVA	Yad-Vashem-Archiv
ZVfD	Zionistische Vereinigung für Deutschland

Anmerkungen

Einführung

1 Zu Wislicenys Aussage siehe Overy, *Verhöre,* S. 355–374. Im Faksimile sind die Vernehmungen abgedruckt in: *The Holocaust,* Bd. 15, S. 6–55, und Bd. 17, S. 31–129.

2 Zum Verhör von Höß siehe: *The Holocaust,* Bd. 15, S. 56–127, Bd. 17, S. 130–141; Overy, *Verhöre,* S. 386–406. Zu Wislicenys Aussage in Nürnberg am 3. Januar 1946 siehe *IMG,* Bd. 4, S. 393–413; Höß' Aussage am 15. April 1946, *IMG,* Bd. 11, S. 438–466; vgl. auch Höß, *Kommandant in Auschwitz;* Smith, *Der Jahrhundertprozess,* S. 132. Auch während ihrer Gefangenschaft in der Tschechoslowakei beziehungsweise in Polen machten Wisliceny und Höß längere Aussagen und verfassten Erklärungen, in denen sie Eichmann mit der »Endlösung« in Verbindung brachten.

3 Wiesenthal, *Recht, nicht Rache,* S. 93; vgl. auch Friedman, *The Hunter,* S. 122. Zu Eichmanns Flucht siehe Goñi, *The Real Odessa,* S. 292–319.

4 Reitlinger, *Die Endlösung,* S. 31; Russell, *Geißel der Menschheit,* S. 245, 359.

5 Harel, *Das Haus in der Garibaldistraße,* S. 10.

6 Siehe zum Beispiel Clarke, *Eichmann;* Donovan, *Eichmann, Man of Slaughter;* Reynolds/Katz/Aldouby, *Adolf Eichmann.*

7 Adorno, *Studien zum autoritären Charakter;* Reich, *Die Massenpsychologie des Faschismus;* Fromm, *Die Furcht vor der Freiheit.*

8 *EP,* Sitzung 6-7-8, Bl. I1 (*TAE,* Bd. 1, S. 62), Sitzung 112, Bl. L1 (*TAE,* Bd. 5, S. 2015), Sitzung 113, Bl. D1 (*TAE,* Bd. 5, S. 2028). In seinem Schlussplädoyer fügte Hausner hinzu: »[...] er ist verantwortlich für alles, was dem jüdischen Volke vom Eismeer bis zum Ägäischen Meer, von den Pyrenäen bis zum Ural zugestoßen ist« (Sitzung 111, Bl. Gg1 [*TAE,* Bd. 5, S. 1995]).

9 Arendt, *Eichmann in Jerusalem,* S. 400.

10 Kulka, »Major Trends and Tendencies in German Historiography on National Socialism and the ›Jewish Question‹«; Rubinstein, *After Auschwitz,* Kap. 6; Baumann, *Modernity and the Holocaust,* insbesondere S. 18–20, 104–106. Zu einem kritischen Kommentar über Arendts Einfluss siehe Berghahn, »Preface«.

11 Viele Erkenntnisse aus Brownings innovativer, wenn auch von einigen Mängeln behafteter Studie hat Daniel J. Goldhagen später in seinem weit mangelhafteren Buch über *Hitlers willige Vollstrecker* vertieft und popularisiert.

12 Herbert (Hg.), *Nationalsozialistische Vernichtungspolitik;* Aly/Heim, *Vordenker der Vernichtung;* Aly, *»Endlösung«;* Heer/Naumann (Hg.), *Vernichtungskrieg.*

13 Zu unterschiedlichen, in wesentlichen Punkten aber übereinstimmenden Interpretationen siehe Browning, *Die Entfesselung der »Endlösung«;* Roseman, *Die Wannsee-Konferenz;* Longerich, »The Wannsee Conference in the Development of the ›Final Solution‹«; ders., *Der ungeschriebene Befehl.*

14 Reitlinger, *Die Endlösung,* S. 30; Kempner, *Eichmann und Komplizen,* S. 41; Aharoni/Dietl, *Der Jäger,* S. 26; Pearlman, *The Capture and Trial of Adolph Eichmann,* S. 56 f.

15 Browning, »Die nationalsozialistische Umsiedlungspolitik und die Suche nach einer ›Lösung der Judenfrage‹ 1939–1941«; Aly/Heim, »The Holocaust and Population Policy«; dies., »Forced Emigration, War, Deportation and Holocaust«. Hannah Arendt hat diesen Schritt vom Auswanderungs- zum Deportationsexperten in *Eichmann in Jerusalem* ebenfalls bemerkt (S. 254 f.).

16 J. und D. Kimche, *Des Zornes und des Herzens wegen,* S. 45.

17 Arendt, *Eichmann in Jerusalem,* S. 119, 158, 257.

18 Browning, »Von der ›ethnischen Säuberung‹ zum Völkermord und zur ›Endlösung‹«; vgl. auch Witte, »Zwei Entscheidungen in der ›Endlösung der Judenfrage‹«; Gerlach, »Die Wannsee-Konferenz«; Longerich, *Der ungeschriebene Befehl,* S. 103–112, 122–137.

19 Arendt, *Eichmann in Jerusalem,* S. 168.

20 *EP,* Sitzung 79, Bl. C1 (*TAE,* Bd. 4, S. 1423 f.).

21 Broszat, *Der Staat Hitlers;* Mommsen, »National Socialism – Continuity and Change«; vgl. Berg, *The Invention of »Functionalism«.*

22 Arendt, *Eichmann in Jerusalem,* S. 246–248, 402–404; Milgram, »Obedience to Criminal Orders«, S. 6.

23 Arendt, *Eichmann in Jerusalem,* S. 152.

24 Hausner, *Gerechtigkeit in Jerusalem,* S. 205–242; Lozowick, *Hitlers Bürokraten,* S. 297.

25 Auch Hannah Arendt hat dies vermutet (*Eichmann in Jerusalem,* S. 353).

26 Yablonka, *The State of Israel vs. Adolf Eichmann,* S. 46–51, 64–69, 88–99, 108–120, 236–249.

27 Cole, *Images of the Holocaust,* S. 68–71.

Kindheit, Jugend und Beruf, 1906–1933

1 *EV* 7, S. 114 f.

2 Siehe zum Beispiel Clarke, *Eichmann,* S. 13–31; Donovan, *Eichmann, Man of Slaughter,* S. 17–19; Reynolds/Katz/Aldouby, *Adolf Eichmann,* S. 60–62; Pearlman, *Die Festnahme des Adolf Eichmann,* S. 69–71. Nachdem er über Eichmanns Prozess berichtet und dessen eigene Darstellung seines Lebens gehört hatte, ließ Pearlman diese erfundenen Behauptungen in seinem zweiten Buch *(The Capture and Trial of Adolf Eichmann)* fallen.

3 Clarke, *Eichmann*, S. 13–31.
4 Reynolds/Katz/Aldouby, *Adolf Eichmann*, S. 60–62.
5 Donovan, *Eichmann*, S. 17 f. Der britische Journalist Charles Wighton porträtierte Eichmann nach dem Vorbild von Hitler (Wighton, *Eichmann*, S. 29, 33 f., 37).
6 Zu Eichmanns Personenangaben siehe: *EV* 7, S. 1–5. Zeitgenössische Akten befinden sich in seiner SD-Personalakte (YVA, TR.3) und im KGB-Sonderarchiv (Zentrum für die Aufbewahrung historisch-dokumentarischer Sammlungen, Moskau; YVA, O.51–61). Die für den Prozess zusammengetragenen Dokumente sind als Mikrofiches veröffentlicht in: *TAE*, Bd. 9; die persönlichen Dokumente tragen die Signatur T/37(1)-(6). Sassen-Interview, Tonband 29, S. 1 f.; Eichmann, »Meine Memoiren«, 12. August 1999.
7 *EP*, Sitzung 106, Bl. Ff1 (*TAE*, Bd. 4, S. 1819 f.). Eine gute Beschreibung von Linz in dieser Periode findet sich in Bukey, *»Patenstadt des Führers«*, S. 12–27.
8 Hull, *The Struggle for a Soul*, S. 97–99; Sassen-Interview, Tonband 29, S. 4.
9 *EV* 7, S. 2; Hull, *The Struggle for a Soul*, S. 97. Sein Stiefbruder Richard wurde Rechtsanwalt und spielte später bei der Organisation seiner Verteidigung eine Rolle.
10 *EV* 7, S. 114; Hausner, *Gerechtigkeit in Jerusalem*, S. 45 f.; Sassen-Interview, Tonband 29, S. 2. Eichmann konnte sich allerdings an mehrere Lehrer erinnern.
11 *EV* 7, S. 20 f.
12 *EV* 7, S. 59 f.; Sassen-Interview, Tonband 29, S. 2.
13 *EV* 7, S. 5 f.; Sassen-Interview, Tonband 29, S. 2 f.
14 *EV* 7, S. 5–8, 17 f. In den sechziger Jahren des letzten Jahrhunderts gab es im Zentrum von Linz immer noch ein Geschäft für Elektrogeräte, das den Namen Eichmann trug.
15 Bukey, *»Patenstadt des Führers«*, S. 98–104.
16 *EV* 7, S. 7–9.
17 *EV* 7, S. 10 f.
18 *EV* 7, S. 13 f.; Eichmann, »Götzen«, S. 20 f.
19 *EV* 7, S. 11–14, 28.
20 Eichmann, »Götzen«, S. 20; Sassen-Interview, Tonband 29, S. 5 f.; vgl. auch die von Rudolf Aschenauer herausgegebene, stark redigierte Druckversion der Tonbänder von Willem Sassen (*IAE*, S. 65 f.).
21 *IAE*, S. 68 f.; Sassen-Interview, Tonband 29, S. 56, Tonband 30, S. 1–3.
22 *EV* 7, S. 27 f.
23 *EV* 7, S. 15–17; *EP*, Sitzung 75, Bl. Z1 (*TAE*, Bd. 4, S. 1374), Sitzung 88, Bl. Bb1-Cc1 (*TAE*, Bd. 4, S. 1580).
24 *EP*, Sitzung 6–7–8, Bl. III1-III2 (*TAE*, Bd. 1, S. 71 f.), Sitzung 75, Bl. U1 (*TAE*, Bd. 4, S. 1372), Sitzung 88, Bl. Cc1-Dd1 (*TAE*, Bd. 4, S. 1580 f.).
25 Bukey, *»Patenstadt des Führers«*, S. 21, 38–98.
26 *EV* 7, S. 20.
27 Hull, *The Struggle for a Soul*, S. 97–99. 1933 standen einer katholischen Be-

völkerung von rund zehn Millionen Menschen nur etwa 248 000 Protestanten gegenüber (Pauley, *Der Weg in den Nationalsozialismus*, S. 98).

28 Schorske, *Wien*, S. 115–126; Pauley, *Der Weg in den Nationalsozialismus*, S. 32, 98.

29 Sassen-Interview, Tonband 30, S. 2 f.; Hausner, *Gerechtigkeit in Jerusalem*, S. 47; Bukey, *»Patenstadt des Führers«*, S. 136; Black, *Ernst Kaltenbrunner*, S. 11–21.

30 Im Rückblick auf die Notlage der Familie unmittelbar nach dem Zweiten Weltkrieg erklärte Eichmanns Ehefrau Veronika gegenüber Journalisten: »Mein Schwiegervater war ein Nazi. Sein Besitz wurde konfisziert« (*Daily Express*, 12. Dezember 1961).

31 Hausner, *Gerechtigkeit in Jerusalem*, S. 45; Hamann, *Hitlers Wien*, S. 23–27, 37; Bukey, *»Patenstadt des Führers«*, S. 20–30; *EV* 7, S. 19 f.

32 *EV* 7, S. 12–14, 59 f. Zum Wandervogel siehe Stern, *Kulturpessimismus als politische Gefahr*, S. 216–220; Laqueur, *Die deutsche Jugendbewegung*.

33 Pauley, *Eine Geschichte des österreichischen Antisemitismus*, S. 126–128, 227 f.; Bukey, *»Patenstadt des Führers«*, S. 110–120.

34 *EV* 7, S. 21; *IAE*, 65 f.

35 *EV* 7, S. 22; Black, *Ernst Kaltenbrunner*, S. 43–45, 58–62; Bukey, *»Patenstadt des Führers«*, S. 110–120, 125–139.

36 Pauley, *Der Weg in den Nationalsozialismus*, Kap. 3; Bukey, *»Patenstadt des Führers«*, S. 125–134; *EP*, Sitzung 75, S. U1 (*TAE*, Bd. 4, S. 1372); Sassen-Interview, Tonband 30, S. 2 f.

37 Pauley, *Der Weg in den Nationalsozialismus*, S. 57, 70, 74–83; Bukey, *»Patenstadt des Führers«*, S. 137–150.

38 Sassen-Interview, Tonband 30, S. 2 f.; *IAE*, S. 66 f.

39 Sassen-Interview, Tonband 30, S. 3; *IAE*, S. 67; Eichmann, »Götzen«, S. 23; Bukey, *»Patenstadt des Führers«*, S. 125 f.

40 Sassen-Interview, Tonband 30, S. 3; *IAE*, S. 67 f. In der Version der schicksalhaften Begegnung, die er seinem Vernehmer in Israel erzählte, benutzte Eichmann zunächst das Wort »gehören« (»Du gehörst zu uns«), änderte es dann aber handschriftlich in »kommen« (»Du kommst zu uns«; *EV* 7, S. 24). Zu den Beziehungen von Eichmanns Familie zu Alfred Bolek siehe Eichmanns Vernehmungsnotizen, 7. Juni 1960, I-S, 1–3, YVA, TR3, 1491.

41 *EV* 7, S. 24. Zur Veränderung in der sozialen Zusammensetzung der Mitgliedschaft der Linzer NSDAP siehe Bukey, *»Patenstadt des Führers«*, S. 155 f.

42 *EP*, Sitzung 88, Bl. T1-Dd1 (*TAE*, Bd. 4, S. 1578–1581).

43 *EV* 7, S. 325–328; *EP*, Sitzung 75, Bl. U1 (*TAE*, Bd. 4, S. 1372).

44 Eichmann, »Götzen«, S. 22 f.

45 Pulzer, *Die Entstehung des politischen Antisemitismus in Deutschland und Österreich 1867 bis 1914*, S. 109–233; Schorske, *Wien*, S. 111–168; Black, *Ernst Kaltenbrunner*, S. 29 f.; Pauley, *Eine Geschichte des österreichischen Antisemitismus*, S. 43–79, 116–181, 199–256.

46 Reitlinger, *Die Endlösung*, S. 29; Schorske, *Wien*, S. 137. Bruce F. Pauley wirft Eichmann mit geborenen Österreichern wie Odilo Globocnik und Alois

Brunner in einen Topf (*Eine Geschichte des österreichischen Antisemitismus*, S. 357 f.).

47 Sassen-Interview, Tonband 30, S. 3 f.; *IAE*, S. 65, 68; *EV* 7, S. 25–27.

48 Black, *Ernst Kaltenbrunner*, S. 30.

49 Ebd., S. 70–78.

50 Sassen-Interview, Tonband 30, S. 4–6; *EV* 7, S. 27–29.

51 Sassen-Interview, Tonband 30, S. 3 f.; *IAE*, S. 68.

52 Pauley, *Der Weg in den Nationalsozialismus*, S. 92, 105–107.

53 Sassen-Interview, Tonband 30, S. 5; *IAE*, S. 69.

Von der SS zum SD, 1933–1938

1 Personalakte, YVA, O.51–61; Kempner, *Eichmann und Komplizen*, S. 27; Pearlman, *Die Festnahme des Adolf Eichmann*, S. 74 f.

2 *EP*, Affidavit von Six, Bl. 6 (*TAE*, Bd. 5, S. 1925).

3 *EP*, Sitzung 17, Bl. Kk1 (*TAE*, Bd. 1, S. 265 f.).

4 *EV* 7, S. 35–37. Hans Safrian spricht von einer »pseudomilitärischen« Ausbildung (»Adolf Eichmann«, S. 136).

5 *EV* 7, S. 38–40.

6 *EV* 7, S. 41–44; Sassen-Interview, Tonband 30, S. 6–8; *IAE*, S. 69–71. Im Verhör in Israel verlegte Eichmann das Drillerlebnis nach Klosterlechfeld, während er in *IAE* von Dachau gesprochen hatte. In Dachau lernte er auch seinen späteren Adjutanten Rudolf Jänisch kennen.

7 Handschriftlicher Bericht Eichmanns, 30. April 1934; Bericht eines SS-Sturmführers, 23. April 1934, YVA, O.51–61. Im Verhör ließ Eichmann den Grund für den Streit unerwähnt und behauptete, er sei in Schwierigkeiten geraten, weil eine SS-Streife ihm seinen SS-Ausweis abgenommen habe, woraufhin er von der nächsten Streife in Gewahrsam genommen worden sei, weil er ihn nicht vorweisen konnte (*EV* 7, S. 323 f.).

8 Pauley, *Der Weg in den Nationalsozialismus*, S. 123–137; Höhne, *Der Orden unter dem Totenkopf*, S. 247–254.

9 Dokumente zu Eichmanns Versetzung vom SS-Hilfswerk befinden sich in: YVA, O.51–61; *EV* 7, S. 43–45. Eine Organisationstafel des SD-Hauptamts ist abgedruckt in: Browder, *Hitler's Enforcers*, S. 252 f. In Israel behauptete Eichmann, dass er beim Eintritt in den SD nicht einmal gewusst habe, was Freimaurer seien. Er war indes schon mindestens einmal welchen begegnet, nämlich in der Loge Schlaraffia in Linz.

10 *EV* 7, S. 49; *EP*, Sitzung 110, Bl. G1 (*TAE*, Bd. 5, S. 1981); Browder, *Foundations of the Nazi Police State*, S. 33 f.

11 Browder, *Foundations of the Nazi Police State;* ders., *Hitler's Enforcers;* Buchheim, »Die SS – das Herrschaftsinstrument«, S. 59–83.

12 *EP*, Sitzung 6-7-8, Bl. III1 (*TAE*, Bd. 1, S. 71); Hausner, *Gerechtigkeit in Jerusalem*, S. 52.

13 Deschner, *Reinhard Heydrich*, S. 38–40, 47, 50–60; Höhne, *Der Orden unter dem Totenkopf*, S. 68 f., 160–163; Browder, *Hitler's Enforcers*, S. 112–116.

14 Deschner, *Reinhard Heydrich*, S. 55 f.

15 Johnson, *Der nationalsozialistische Terror*, S. 98–117, 190–192; vgl. Gellately, *Hingeschaut und weggesehen*, S. 23–53.

16 Schleunes, *The Twisted Road to Auschwitz*, S. 62–116.

17 Der beste Überblick über die Herausbildung der NS-Politik und die Reaktionen, die sie hervorrief, findet sich in Friedländer, *Das Dritte Reich und die Juden*. Eine knappe Darstellung ist Longerich, *Der ungeschriebene Befehl*.

18 Friedländer, *Das Dritte Reich und die Juden*, S. 24–36; Bankier (Hg.), *Probing the Depths of German Antisemitism 1933–1941*.

19 Friedländer, *Das Dritte Reich und die Juden*, S. 30–33; Longerich, *Der ungeschriebene Befehl*, S. 42–48.

20 Longerich, *Der ungeschriebene Befehl*, S. 44–46.

21 Friedländer, *Das Dritte Reich und die Juden*, S. 40–43.

22 Ebd., S. 134–140; Noakes, »The Development of Nazi Policy towards the German-Jewish ›Mischlinge‹ 1933–1945«.

23 Friedländer, *Das Dritte Reich und die Juden*, S. 156 f., 160 f., 164–170; Longerich, *Der ungeschriebene Befehl*, S. 49–56.

24 Wildt, »Einleitung«, S. 21–25; *Die Judenpolitik des SD 1935 bis 1938*, S. 70 f.; Wildt, »Vor der ›Endlösung‹«, S. 420.

25 Höhne, *Der Orden unter dem Totenkopf*, S. 195 f.; Browder, *Foundations of the Nazi Police State*, S. 90–97, 132–135; ders., *Hitler's Enforcers*, S. 116–125.

26 Höhne, *Der Orden unter dem Totenkopf*, S. 196–200; Herbert, »Weltanschauungseliten«.

27 *EV* 7, S. 49–53; Sassen-Interview, Tonband 3, S. 1 f.; *IAE*, S. 72–74.

28 *EV* 7, S. 52 (im Verhörprotokoll taucht er als Schwarz-Bostowitsch auf); Browder, *Hitler's Enforcers*, S. 119.

29 Sassen-Interview, Tonband 3, S. 1 f.; *IAE*, S. 77.

30 Ebd., S. 74 f.

31 *EV* 7, S. 62 f.; Sassen-Interview, Tonband 3, S. 1 f.; *IAE*, S. 76. In *IAE* sind die Daten verwechselt worden. In Israel erinnerte sich Eichmann, er hätte damals »zu allem Ja und Amen gesagt, wenn man mich etwas gefragt hätte, nur um von dieser Siegelaufkleberei wegzukommen« (*EV* 7, S. 63).

32 Eichmanns Lebenslauf vom 21. Oktober 1934, YVA, O.51–61; *Daily Express*, 12. Dezember 1961; vgl. auch Pearlmann, *Die Festnahme des Adolf Eichmann*, S. 72 f.

33 Eichmann ans RuSHA, 30. Oktober 1934, YVA, O.51–61.

34 *EV* 7, S. 332 f.

35 Eichmann ans RuSHA, 3. März 1936, YVA, O.51–61; Eichmanns Gefängnisnotizen, 7. Juni 1960, in: *TAE*, Bd. 9, T/43.

36 Wildt (Hg.), »Einleitung«, S. 19 f.; Höhne, *Der Orden unter dem Totenkopf*, S. 302; Segev, *Die siebte Million*, S. 45 f.; Browder, *Hitler's Enforcers*, S. 189 f.

37 Höhne, *Der Orden unter dem Totenkopf*, S. 304.

38 *Die Judenpolitik des SD 1935 bis 1938*, S. 66–69; vgl. auch den Bericht vom 19. Juni 1936 über die Reichsführerschulung für SA-Männer in München am 16. Juni 1936, bei der von Mildenstein einen Vortrag über »Die Juden und ihren Kampf« hielt (BA Koblenz, R58/544).

39 Herbert, »Weltanschauungseliten«, S. 5, 8; vgl. auch Wildt, *Generation des Unbedingten*, S. 41–142.

40 Ebd., S. 16.

41 *EV* 7, S. 63–67.

42 *EV* 7, S. 71; Wildt, »Einleitung«, S. 20, 26 f.

43 *EV* 7, S. 70–73; YVA, O.51–1–2 (Dokumente über die Tätigkeit der Abteilung II/112); BA Berlin, R58/544 (frühe Tätigkeitsberichte Eichmanns); Lozowick, *Hitlers Bürokraten*, S. 38 f.

44 Notiz Eichmanns vom 18. Juni 1937, in: *TAE*, Bd. 9, T/37.

45 *EV* 7, S. 53, 71–74, 79–81; Tätigkeitsbericht, 17. Februar 1937, in: *TAE*, Bd. 9, T/37; Aussage von Wisliceny, Nürnberg, 14. November 1945, in: *The Holocaust*, Bd. 12, S. 6–24; Wildt, »Einleitung«, S. 28–30; ders., »Vor der ›Endlösung‹«, S. 422; Browder, *Hitler's Enforcers*, S. 190–192.

46 Browder, *Hitler's Enforcers*, S. 216 f.

47 Browder, *Foundations of the Nazi Police State*, S. 187–230. Zur Tätigkeit der Gestapo siehe Gellately, *Die Gestapo und die deutsche Gesellschaft*.

48 Browder, *Hitler's Enforcers*, S. 231–244.

49 *EV* 7, S. 71–77. Laut Eichmann hatte die Abteilung »keinen Einfluss, hatte auch keine Bedeutung« (ebd., S. 71). Zu Dannecker siehe Steur, *Theodor Dannecker*.

50 Wildt, »Einleitung«, S. 35–39; Höhne, *Der Orden unter dem Totenkopf*, S. 183–185, 202–211, 233–235.

51 Browder, *Hitler's Enforcers*, S. 190 f.

52 Wildt, »Vor der ›Endlösung‹«, S. 423.

53 *Die Judenpolitik des SD 1935 bis 1938*, S. 110–115; Wildt, »Vor der ›Endlösung‹«, S. 423.

54 *Die Judenpolitik des SD 1935 bis 1938*, S. 95–105.

55 *EP*, Sitzung 15, Bl. X1-Y1 (*TAE*, Bd. 1, S. 220 f.); *EV* 7, S. 77–79.

56 Sitzungsbericht, 29. Juni 1937, YVA, O.51-1-12; vgl. auch: Tätigkeitsbericht, 1. Oktober 1936–15. Februar 1937, zit. in: *EP*, Sitzung 18, Bl. H1-H2 (*TAE*, Bd. 1, S. 275 f.); Browder, *Hitler's Enforcers*, S. 190 f.; Buchheim, »Die SS – das Herrschaftsinstrument«, S. 62 f.

57 Wildt, »Einleitung«, S. 34 f.; ders., »Vor der ›Endlösung‹«, S. 424.

58 Wildt, »Einleitung«, S. 35–39; Eichmanns Denkschrift vom Juni 1937 befindet sich in: YVA, O.51-1-2; *EP*, Sitzung 75, Bl. Bb1 (*TAE*, Bd. 4, S. 1375), Sitzung 88, Bl. Ee1 (*TAE*, Bd. 4, S. 1581).

59 *EV* 7, S. 82. Zum Hintergrund dieser Episode siehe Nicosia, »The End of Emancipation and the Illusion of Preferential Treatment«.

60 *EV* 7, S. 88 f.; Nicosia, *Hitler und der Zionismus*, S. 115–119.

61 *EV* 7, S. 90; *EP*, Sitzung 18, Bl. P1-Q1 (*TAE*, Bd. 1, S. 281 f.); Vermerk über

den Reisevorschlag, 2. September 1937, Vermerk mit bedingtem Einverständnis von Six, 4. September 1937, Reisebudget, 16. September 1937, BA Berlin, R58/623; Nicosia, *Hitler und der Zionismus*, S. 116 f.

62 Eichmanns Antrag auf Unterstützung, 1. September 1937, und Vermerk von Six über Vorsichtsmaßregeln, 4. September 1937, in: YVA, M.38/194, BA58/623; Safrian, »Adolf Eichmann«, S. 136 f.

63 Hagens Reisebericht, 4. November 1937, in: *TAE*, Bd. 9, T/124; vgl. *EV* 7, S. 91–94; Sassen-Interview, Tonband 1, S. 12–14; *IAE*, S. 78–80; Nicosia, *Hitler und der Zionismus*, S. 115–119; Wildt, »Vor der ›Endlösung‹«, S. 427.

64 Sassen-Interview, Tonband 1, S. 12–14; *IAE*, S. 79.

65 Hagens Reisebericht, 4. November 1937, in: *TAE*, Bd. 9, T/124, zit. in *EP*, Sitzung 18, Bl. Q1 (*TAE*, Bd. 1, S. 282).

66 *EV* 7, S. 93; Sassen-Interview, Tonband 1, S. 14; *IAE*, S. 80.

67 Hagens Reisebericht, 4. November 1937, in: *TAE*, Bd. 9, T/124; *EV* 7, S. 91–94, 340–350; *EP*, Sitzung 75, Bl. Cc1 (*TAE*, Bd. 4, S. 1376), Sitzung 90, Bl. D1-E1 (*TAE*, Bd. 4, S. 1585 f.).

68 Vgl. Eichmanns negativen Kommentar zur arabischen Ablehnung der jüdischen Einwanderung nach Palästina in seiner Denkschrift vom Januar 1937 (*Die Judenpolitik des SD 1935 bis 1938*, S. 103).

69 *Die Judenpolitik des SD 1935 bis 1938*, S. 123–128.

70 Ebd., S. 128–132.

71 Ebd., S. 139–142.

72 Ebd., S. 133–139; Bericht über die Judentagung, 2. November 1937, YVA, O.51-1.

73 *EV* 7, S. 328; Lozowick, *Hitlers Bürokraten*, S. 39–44; Wildt, »Before the ›Final Solution‹«, S. 255 f.

74 Gesprächsbericht, 10. Januar 1938, YVA, O.51-1-2.

75 Browder, *Hitler's Enforcers*, S. 192 f.

76 *EP*, Sitzung 17, Bl. Jj1-Kk1 (*TAE*, Bd. 1, S. 265 f.). Eichmann erklärte später, er hätte seine Vorzimmerleute angewiesen, jüdische Besucher nicht unnötig warten zu lassen, und betonte: »Sie nahmen Platz und wir sprachen und verhandelten, wie es unter Gentlemen üblich ist« (*IAE*, S. 83).

77 *EP*, Sitzung 15, Bl. X1-Y1 (*TAE*, Bd. 1, S. 220 f.).

78 *Die Judenpolitik des SD*, S. 139.

79 *EP*, Sitzung 75, Bl. Bb1, Ff1 (*TAE*, Bd. 4, S. 1375).

80 Vermerk vom 5. März 1938, zit. in Friedländer, *Das Dritte Reich und die Juden*, S. 240.

Der Auswanderungsexperte, 1938–1941

1 *EP*, Sitzung 17, Bl. Dd1 (*TAE*, Bd. 1, S. 261).

2 Ebd., Bl. Ll1 (*TAE*, Bd. 1, S. 268).

3 YVA, 03/3912.

4 *EV* 7, S. 94 f.

5 Pauley, *Eine Geschichte des österreichischen Antisemitismus*, S. 338–353.

6 Sassen-Interview, Tonband 1, S. 9 f.; *IAE*, S. 85.

7 Reitlinger, *Die Endlösung*, S. 30; Kempner, *Eichmann und Komplizen*, S. 41.

8 Pearlman, *The Capture and Trial of Adolf Eichmann*, S. 56 f.; Aharoni/Dietl, *Der Jäger*, S. 26.

9 Rabinovici, *Instanzen der Ohnmacht*. 1933 hatten deutsche Juden eine zentrale Interessenvertretung gegründet, die sie gegenüber dem NS-Regime und ausländischen Organisationen repräsentierte. Aber der zentrale österreichische Judenrat war der erste, der mit Genehmigung des Regimes ins Leben gerufen wurde und keinerlei autonome Eigenverantwortung besaß.

10 *EP*, Sitzung 6–7–8, Bl. III1-III2 (*TAE*, Bd. 1, S. 71 f.), Sitzung 110, Bl. F1 (*TAE*, Bd. 5, S. 1976 f.).

11 *EV* 7, S. 95–100; *EP*, Sitzung 81, Bl. J1 (*TAE*, Bd. 4, S. 1456). Eichmann sprach irrtümlicherweise von *Richard* Löwenherz.

12 Sassen-Interview, Tonband 1, S. 9 f.; *IAE*, S. 86; Safrian, *Eichmann und seine Gehilfen*, S. 36 f.; Rabinovici, *Instanzen der Ohnmacht*, S. 70 f.

13 Safrian, *Eichmann und seine Gehilfen*, S. 31–33; ders., »Beschleunigung der Beraubung und Vertreibung«.

14 Safrian, »Adolf Eichmann«, S. 137 f.; Anderl/Rupnow, *Die Zentralstelle für jüdische Auswanderung als Beraubungsinstitution*, S. 18–22, 47–61.

15 Sassen-Interview, Tonband 1, S. 9 f., Tonband 40, S. 7–10; *EP*, Sitzung 16, Bl. T1-V1 (*TAE*, Bd. 1, S. 253 f.); Rabinovici, *Instanzen der Ohnmacht*, S. 83–86.

16 Sassen-Interview, Tonband 40, S. 7–10; *IAE*, S. 86 f.; Safrian, *Eichmann und seine Gehilfen*, S. 38; Rabinovici, *Instanzen der Ohnmacht*, S. 100.

17 *EP*, Sitzung 18, Bl. S1-T1 (*TAE*, Bd. 1, S. 284 f.); Safrian, *Eichmann und seine Gehilfen*, S. 39 f.

18 Six an Naumann, 16. Mai 1938, in: *TAE*, Bd. 9, T/133, zit. in: *EP*, Sitzung 18, Bl. U1 (*TAE*, Bd. 1, S. 284 f.).

19 Safrian, »Beschleunigung der Beraubung und Vertreibung«, S. 78 f., 84; vgl. auch Anderl/Rupnow, *Die Zentralstelle für jüdische Auswanderung als Beraubungsinstitution*, S. 112–116.

20 *EV* 7, S. 101–103.

21 Sassen-Interview, Tonband 40, S. 7–10; *IAE*, S. 89 f. Es gab 16 Schalter und Büros, die ihre Zustimmung zur Emigration geben mussten, erforderliche Dokumente ausstellten oder Zahlungen entgegennahmen, die vor der Ausreise getätigt werden mussten. Vertreten waren: Bürckels Reichsstatthalterei, die Gauleitungen der NSDAP, die österreichische Landesregierung, die Gestapo, der SD, eine Devisenstelle, das Oberbürgermeisteramt von Wien, die Bezirksregierung, das »Zentral- und Gebührenbemessungsamt«, der Magistrat, die Steuerverwaltung und die Finanzbehören, das Passamt der Polizeidirektion Wien, das Auswanderungsamt der Polizei, die Polizeikommissariate sowie das Zentralmeldeamt (Aktenvermerk zum Aufbau der Zentralstelle, 20. August 1938, YVA, M.38/194).

22 Safrian, *Eichmann und seine Gehilfen*, S. 41 f.; Rabinovici, *Instanzen der Ohnmacht*, S. 111 f.; vgl. Anderl/Rupnow, *Die Zentralstelle für jüdische Auswanderung als Beraubungsinstitution*.

23 Vgl. Stahleckers Ermächtigungsschreiben vom 27. August 1938 und Eichmanns Tätigkeitsbericht ans SD-Hauptamt vom 14. September 1938, BA Berlin, R58/486.

24 *EV* 7, S. 99 f.; BA Berlin, R58/486 (Eichmanns Berichte über die Arbeit der Zentralstelle); Safrian, *Eichmann und seine Gehilfen*, S. 44 f.; Rabinovici, *Instanzen der Ohnmacht*, S. 102 f., 105 f.

25 Berichte Eichmanns ans SD-Hauptamt, 21. Oktober 1938, BA Berlin, R58/486; Safrian, *Eichmann und seine Gehilfen*, S. 40 f., 45.

26 Safrian, »Adolf Eichmann«, S. 139.

27 Lösener, »Als Rassereferent im Reichsinnenministerium des Innern«, S. 292.

28 Gelber, »Murder on Command«. Zu Eichmanns Anweisungen an Löwenherz siehe dessen Bericht in: *TAE*, Bd. 9, T/37(233).

29 *EP*, Sitzung 90, Bl. L1-N1 (*TAE*, Bd. 4, S. 1591); Safrian, *Eichmann und seine Gehilfen*, S. 41.

30 Friedländer, *Das Dritte Reich und die Juden*, S. 197–207, 268 f., 279–281; Longerich, *Der ungeschriebene Befehl*, S. 54 f.; Kershaw, *Hitler*, Bd. 2, S. 51–58, 81 f.

31 Friedländer, *Das Dritte Reich und die Juden*, S. 282–290. Eichmann war auch für einige Vertreibungen aus dem österreichischen Grenzgebiet verantwortlich (Rabinovici, *Instanzen der Ohnmacht*, S. 123).

32 Höhne, *Der Orden unter dem Totenkopf*, S. 311–318; Deschner, *Reinhard Heydrich*, S. 175–177. Nach Eichmanns Angaben hat er Grynszpan 1943 oder 1944 persönlich verhört (*EP*, Sitzung 11, Bl. M1 [*TAE*, Bd. 1, S. 154 f.]).

33 Pehle (Hg.), *November 1938;* Friedländer, *Das Dritte Reich und die Juden*, S. 291–301.

34 *EV* 7, S. 110–112; *EP*, Sitzung 81, Bl. S1-T1 (*TAE*, Bd. 4, S. 1460 f.), Sitzung 90, Bl. N1–01 (*TAE*, Bd. 4, S. 1590 f.).

35 Sassen-Interview, Tonband 1, S. 9; *IAE*, S. 92; *EP*, Sitzung 17, Bl. Hh1-Gg1 (*TAE*, Bd. 1, S. 261 f.).

36 Rabinovici, *Instanzen der Ohnmacht*, S. 141 f.

37 *EV* 7, S. 109, 113 f.

38 *EP*, Sitzung 16, Bl. T1-V1 (*TAE*, Bd. 1, S. 253 f.), Sitzung 17, Bl. Dd1 (*TAE*, Bd. 1, S. 261).

39 *EP*, Sitzung 41, Bl. L1-M1, Aa1 (*TAE*, Bd. 2, S. 737 f., 744), Sitzung 42, Bl. Kk1-Ll1 (*TAE*, Bd. 2, S. 750).

40 *EP*, Affidavit von Höttl, Bl. 45 (*TAE*, Bd. 5, S. 1889).

41 Friedländer, *Das Dritte Reich und die Juden*, S. 302–307.

42 Safrian, *Eichmann und seine Gehilfen*, S. 46–49; Deschner, *Reinhard Heydrich*, S. 179–181.

43 *EP*, Sitzung 15, Bl. Mm2-Nn2 (*TAE*, Bd. 1, S. 233–235).

44 *EP*, ebd., und Sitzung 17, Bl. Ll1-Mm1 (*TAE*, Bd. 1, S. 268 f.).

45 *EP,* Sitzung 15, Bl. Hh1-Ii1 (*TAE,* Bd. 1, S. 228).
46 *EV* 7, S. 112, 115 f.
47 *EP,* Sitzung 19, Bl. Hh1-Ii1 (*TAE,* Bd. 1, S. 296–298). Die Zentralstelle befand sich im Prager Vorort Stresovice in einer beschlagnahmten Villa, die vorher einem jüdischen Besitzer gehörte.
48 Wasserstein, *Britain and the Jews of Europe 1939–1945,* S. 7 f., 11–18; J. und D. Kimche, *Des Zornes und des Herzens wegen,* S. 31–38; Ofer, *Escaping the Holocaust,* S. 11–17.
49 Avriel, *Open the Gates!,* S. 91 f.
50 Ebd., S. 72, 75 f.; Rabinovici, *Instanzen der Ohnmacht,* S. 187 f.; Bauer, *Freikauf von Juden?,* S. 84–87; Friedländer, *Das Dritte Reich und die Juden,* S. 325–328.
51 Buchheim, »Die SS – das Herrschaftsinstrument«, S. 66–69; Höhne, *Der Orden unter dem Totenkopf,* S. 237–239.
52 Lozowick, *Hitlers Bürokraten,* S. 87; Aly, *»Endlösung«,* S. 29.
53 Reinhard Heydrich, Schnellbrief vom 21. September 1939, in: *TAE,* Bd. 9, T/165.
54 *EV* 7, S. 127; *EP,* Sitzung 76, Bl. U1-W1 (TAE, Bd. 4, S. 1387 f.); Lösener, »Als Rassereferent im Reichsministerium des Innern«, S. 297. Eichmann betonte mehrfach, er sei aufgefordert worden, die Reichszentrale aufzubauen, aber sie existierte bereits, und sei es nur auf dem Papier.
55 *EV* 7, S. 126–128; Hull, *The Struggle for a Soul,* S. 99.
56 Sassen-Interview, Tonband 1, S. 14; *IAE,* S. 118–123; *EV* 7, S. 124–126.
57 Arendt, *Eichmann in Jerusalem,* S. 155–158; vgl. Goshen, »Eichmann und die Nisko-Aktion im Oktober 1939«, S. 76–80; Safrian, *Eichmann und seine Gehilfen,* S. 70 f.
58 Longerich, *Der ungeschriebene Befehl,* S. 79 f.; Safrian, *Eichmann und seine Gehilfen,* S. 72 f.; Lozowick, *Hitlers Bürokraten,* S. 87; vgl. auch Steinbacher, *»Musterstadt« Auschwitz,* S. 89–96.
59 Goshen, »Eichmann und die Nisko-Aktion im Oktober 1939«, S. 78 f.
60 Safrian, *Eichmann und seine Gehilfen,* S. 73–76, 81; Aly, *»Endlösung«,* S. 73. Zu Heydrichs »Reservats«-Ansprache vom 19. Dezember 1939 siehe: Notizen über eine Amtschefbesprechung im RSHA, 19. Dezember 1939, in: *Verfolgung, Vertreibung Vernichtung,* S. 253.
61 Longerich, *Der ungeschriebene Befehl,* S. 81.
62 Safrian, *Eichmann und seine Gehilfen,* S. 74–76; Bericht über die Arrangements, Mährisch-Ostrau, 18. Oktober 1939, YVA, M.138–194.
63 *EP,* Sitzung 91, Bl. K1-L1 (*TAE,* Bd. 4, S. 1601 f.); Moser, »Nisko«, S. 8–12.
64 Safrian, *Eichmann und seine Gehilfen,* S. 75.
65 Arendt, *Eichmann in Jerusalem,* S. 157; *EP,* Sitzung 19, Bl. Mm (*TAE,* Bd. 1, S. 299).
66 Koehl, *RKFDV;* Aly, »Endlösung«, S. 38–41, 44–46.
67 Longerich, *Der ungeschriebene Befehl,* S. 78–82; Moser, »Nisko«, S. 18.
68 Safrian, *Eichmann und seine Gehilfen,* S. 76–80; Moser, »Nisko«, S. 15–18.
69 *EP,* Sitzung 19, Bl. Jj1–Oo2 (*TAE,* Bd. 1, S. 298–302).

70 Safrian, *Eichmann und seine Gehilfen*, S. 80 f.
71 Aly, *»Endlösung«*, S. 67–69.
72 Ebd., S. 73; Lozowick, *Hitlers Bürokraten*, S. 88; *EP*, Sitzung 75, Bl. Hh1 (*TAE*, Bd. 4, S. 1378), Sitzung 76, S. Aa1 (*TAE*, Bd. 4, S. 1391 f.); Heydrich an Befehlshaber der Sipo und des SD im Generalgouvernement und den eingegliederten Gebieten, 21. Dezember 1939, in: *TAE*, Bd. 9, T/170.
73 Aly, *»Endlösung«*, S. 73 f., 93–103.
74 Vermerk über die Besprechung vom 4. Januar 1940, 8. Januar 1940, in: *TAE*, Bd. 9, T/171; Aly, *»Endlösung«*, S. 75.
75 *EP*, Sitzung 91, Bl. 01-P1 (*TAE*, Bd. 4, S. 1605); *EV* 7, S. 125; Housden, »Hans Frank – Empire Builder in the East, 1936–41«; Aly, *»Endlösung«*, S. 78–80, 113.
76 Aly, *»Endlösung«*, S. 80–83, 96 f.
77 Ebd., S. 84–88; Lozowick, *Hitlers Bürokraten*, S. 90 f.; Himmler, *Geheimreden*, S. 135–140.
78 Aly, *»Endlösung«*, S. 90–92, 131.
79 *EP*, Sitzung 75, Bl. Hh1 (*TAE*, Bd. 4, S. 1378).
80 Richtlinien des HSSPF im Warthegau, betreffend die »Abschiebung von Juden und Polen«, 12. November 1939, in: *Verfolgung, Vertreibung, Vernichtung*, S. 247; Protokoll von Besprechungen zwischen Eichmann und Siegfried Seidl, 22. und 23. Januar 1940, in: *TAE*, Bd. 9, T/172; *EP*, Sitzung 76, Bl. Cc1-Ee1 (*TAE*, Bd. 4, S. 1391 f.).
81 Lukas, *Forgotten Holocaust*, S. 17–20; vgl. Arendt, *Eichmann in Jerusalem*, S. 254 f.
82 Browning, *The Final Solution and the German Foreign Office*, S. 35–40.
83 Aly, *»Endlösung«*, S. 142, 145; Longerich, *Der ungeschriebene Befehl*, S. 55 f.
84 Deschner, *Reinhard Heydrich*, S. 188 f.; Lozowick, *Hitlers Bürokraten*, S. 92–96.
85 Aktennotiz, »Rücksprache im Reichssicherheitshauptamt von Jakob Edelstein, Prag, Dr. Franz Weidmann, Prag, Dr. Josef Israel Löwenherz, Wien, Dr. Paul Israel Eppstein, Berlin, am 3. Juli 1940« (bei der Eichmann über eine »Gesamtlösung der europäischen Judenfrage« für »etwa 4 Millionen Juden in den in Betracht kommenden europäischen Staaten« referierte), in: *TAE*, Bd. 9, T/802; Aly, *»Endlösung«*, S. 146.
86 Aly, *»Endlösung«*, S. 101, 146 f.
87 Reichssicherheitshauptamt, »Madagaskar-Projekt«, in: *TAE*, Bd. 9, T/174; Lozowick, *Hitlers Bürokraten*, S. 95 f.
88 Browning, *The Final Solution and the German Foreign Office*, S. 41 f.
89 *EP*, Sitzung 91, Bl. R1-U1 (*TAE*, Bd. 4, S. 1606 f.).
90 Reichssicherheitshauptamt, »Madagaskar-Projekt«, in: *TAE*, Bd. 9, T/37(40); *EP*, Sitzung 77, Bl. D1-E1 (*TAE*, Bd. 4, S. 1399 f.), Sitzung 91, Bl. X1 (*TAE*, Bd. 4, S. 1607).
91 *EV* 7, S. 122 f., 129 f.; *EP*, Sitzung 75, Bl. Ii1-Jj1 (*TAE*, Bd. 4, S. 1378 f.); Aly, *»Endlösung«*, S. 84 f., 97 f.

92 *EV* 7, S. 141–146; *EP,* Sitzung 77, Bl. G1–I1 (*TAE,* Bd. 4, S. 1397 f.). Im Verhör in Israel verwechselte Eichmann Chalon-sur-Saône mit Chalon-sur-Marne.

93 Aktennotiz über eine Besprechung über rückkehrwillige Juden am 30. Oktober 1940, 3. November 1940, in: *TAE,* Bd. 9, T/672, zit. in: *EP,* Sitzung 77, Bl. L1 (*TAE,* Bd. 4, S. 1400); Lozowick, *Hitlers Bürokraten,* S. 97.

94 Ofer, *Escaping the Holocaust,* S. 98, 106 f., 117–123; Bauer, *Freikauf von Juden?,* S. 85, 88.

95 Aly, *»Endlösung«,* S. 196–198.

96 Ebd., S. 269–272; Longerich, *Der ungeschriebene Befehl,* S. 88 f.

97 Aly, *»Endlösung«,* S. 269; Longerich, *Der ungeschriebene Befehl,* S. 89.

98 Aly, *»Endlösung«,* S. 209, 219–221.

99 Eichmann an Rademacher, 12. März 1941, in: *TAE,* Bd. 9, T/37(20); Rundschreiben des Referats IV B 4, März 1941, YVA, TR10/767, S. 72 f.

100 Aly, *»Endlösung«,* S. 249 f.; *EV* 7, S. 134; Kershaw, »Improvised Genocide?«, S. 52–59; Browning, »Die nationalsozialistische Ghettoisierungspolitik in Polen 1939–1941«.

»Physische Vernichtung«, 1941/42

1 *EV* 7, S. 169. In der für gewöhnlich verwendeten Ausgabe der Eichmann-Verhöre sind die letzten beiden Sätze weggelassen worden (*Das Eichmann-Protokoll,* S. 94).

2 *EV* 7, S. 176 f.

3 *EP,* Sitzung 79, Bl. C1 (*TAE,* Bd. 4, S. 1423).

4 Zwei knappe Darstellungen und Erklärungen der antijüdischen Politik des NS-Regimes sind Roseman, *Die Wannsee-Konferenz,* und Longerich, *Der ungeschriebene Befehl.* Die jüngste umfassende Darstellung der neuesten Forschungsergebnisse ist Browning, *Die Entfesselung der »Endlösung«.*

5 Aly, *»Endlösung«,* S. 270–273.

6 Lozowick, *Hitlers Bürokraten,* S. 121 f.; Safrian, *Eichmann und seine Gehilfen,* S. 98.

7 Aly, *»Endlösung«,* S. 285; Eichmann ans Auswärtige Amt, 9. und 27. Mai 1941, in: *TAE,* Bd. 9, T/212 und T/213.

8 Die Aufgaben der Einsatzgruppen sind Gegenstand einer umfangreichen Debatte gewesen (vgl. Longerich, »Vom Massenmord zur ›Endlösung‹«).

9 Höhne, *Der Orden unter dem Totenkopf,* S. 326–328; *EV* 7, S. 249 f.; *EP,* Sitzung 102, Bl. L1-N1 (*TAE,* Bd. 4, S. 1756 f.). Zur Tätigkeit und zu den Berichten der Einsatzgruppen siehe Headland, *Messages of Murder.*

10 Aly, *»Endlösung«,* S. 306 f., 317.

11 Unsigniertes Schreiben von Höppner an Eichmann, 16. Juli 1941, in: *TAE,* Bd. 9, T/219, zit. in: *EP,* Sitzung 23, Bl. U1 (*TAE,* Bd. 1, S. 377); Aly, *»Endlösung«,* S. 327 f.; Lozowick, *Hitlers Bürokraten,* S. 101 f.

12 Burleigh, *Tod und Erlösung;* Friedlander, *Der Weg zum NS-Genozid.*

13 Göring an Heydrich, 31. Juli 1941, in: *TAE,* Bd. 9, T/179; Aly, *»Endlösung«,* S. 295, 307.

14 Eichmann ans Auswärtige Amt, 28. August 1941, in: *TAE,* Bd. 9, T/683.

15 Aly, *»Endlösung«,* S. 334–336.

16 Lösener, »Als Rassereferent im Reichsministerium des Innern«, S. 297, 302 f.; *Legislating the Holocaust,* S. 81 f. Zur Mischlingsfrage siehe Roseman, *Die Wannsee-Konferenz,* S. 114–119; Noakes, »The Development of Nazi Policy towards the German-Jewish ›Mischlinge‹ 1933–1945«. Eichmann versuchte unablässig, die von diskriminierenden Maßnahmen ausgenommenen Kategorien der »gemischtrassigen« Juden einzuengen, wogegen Lösener einwandte, dass diese Frage in die Zuständigkeit des Innenministeriums falle. Außerdem fürchtete er, dass derartige Schritte bei den vielen »arischen« Deutschen, die mit »Mischlingen« verwandt waren, Unmut erregen könnte.

17 Aly, *»Endlösung«,* S. 350 f.

18 Witte, »Zwei Entscheidungen in der ›Endlösung der Judenfrage‹«; Roseman, *Die Wannsee-Konferenz,* S. 60–64.

19 Uebelhör an Himmler, 9. Oktober 1941, in: *TAE,* Bd. 9, T/220; Aly, *»Endlösung«,* S. 353; Safrian, *Eichmann und seine Gehilfen,* S. 115–119.

20 *TAE,* Bd. 9, T/37(36); Kempner, *Eichmann und Komplizen,* S. 29.

21 Besprechungsprotokoll, 10. Oktober 1941, in: *TAE,* Bd. 9, T/37(299); Safrian, *Eichmann und seine Gehilfen,* S. 124 f.; Lozowick, *Hitlers Bürokraten,* 111 f.; Aly, *»Endlösung«,* S. 355–357.

22 Lozowick, *Hitlers Bürokraten,* S. 113 f.

23 Ebd., S. 113–115; vgl. auch Friedlander, »The Deportation of the German Jews«; Dean, »The Development and Implementation of Nazi Denaturalization and Confiscation Policy up the Eleventh Decree to the Reich Citizenship Law«.

24 *EV* 7, S. 169–182, 210–219, 229 f., 240.

25 Gerlach, »The Eichmann Interrogations in Holocaust Historiography«; ders., »Die Wannsee-Konferenz«; Browning, »Der Entscheidungsprozess im Machtzentrum. Weichenstellungen für die ›Endlösung‹«, S. 65–68.

26 Wojak, *Eichmanns Memoiren,* S. 163–188; Gerlach, »The Eichmann Interrogations in Holocaust Historiography«; Browning, »Perpetrator Testimony«, S. 5–11; vgl. auch Yahil, »Memoirs of Adolf Eichmann«.

27 Sassen-Interview, Tonband 3, S. 4–8, Tonband 18, S. 4.

28 *EV* 7, S. 167–173; Sassen-Interview, Tonband 18, S. 1; *IAE,* S. 178; vgl. auch: *EP,* Sitzung 96, Bl. Vv1-Zz1 (*TAE,* Bd. 4, S. 1673).

29 *EV* 7, S. 174–177.

30 *EV* 7, S. 210–215; vgl. Wojak, *Eichmanns Memoiren,* S. 170–172.

31 *EV* 7, S. 218–220, 226 f., 380; van Pelt/Dwork, *Auschwitz: von 1270 bis heute,* S. 334–338; van Pelt, *The Case for Auschwitz,* S. 180.

32 *EV* 7, S. 229 f.; *Nationalsozialistische Massentötungen durch Giftgas,* S. 161–163.

33 *Nationalsozialistische Massentötungen durch Giftgas*, S. 151–156.

34 Ebd.; *The Einsatzgruppen Reports*, Bericht 140, 1. Dezember 1941, S. 246, Bericht 178, 9. März 1942, S. 307; Safrian, *Eichmann und seine Gehilfen*, S. 142 f. (Safrian datiert die Erschießung einige Wochen früher); Gerlach, »The Eichmann Interrogations in Holocaust Historiography«, S. 435 f.; vgl. Browning, »Perpetrator Testimony«, S. 18 f.

35 Höß, *Kommandant in Auschwitz*, S. 157.

36 Ebd., S. 157 f.

37 Browning, »Der Entscheidungsprozess im Machtzentrum«, S. 68; ders., »The Development and Production of the Nazi Gas Van«, S. 57–67.

38 Orth, »Rudolf Höß und die ›Endlösung der Judenfrage‹«.

39 Ebd., S. 48; *EV* 7, S. 227; Hilberg, »Auschwitz and the Final Solution«, S. 83 f.

40 *EP*, Sitzung 98, Bl. Aa1-Cc1 (*TAE*, Bd. 4, S. 1704 f.); Himmler, *Der Dienstkalender Heinrich Himmlers 1941/42*, S. 513.

41 Gefängnisnotizen, 7. Juni 1960, S. 9.

42 Safrian, *Eichmann und seine Gehilfen*, S. 142 f., 155 f.; ders., »Adolf Eichmann«, S. 141 f.

43 Wetzel an Lohse, 25. Oktober 1941, in: *TAE*, Bd. 9, T/37(188).

44 Safrian, *Eichmann und seine Gehilfen*, S. 123–125; ders., »Adolf Eichmann«, S. 141 f.

45 Arendt, *Eichmann in Jerusalem*, S. 169–184, 196–199, 204–208.

46 Zu abweichenden, indes wohl überlegten Einschätzungen siehe Browning, *Die Entfesselung der »Endlösung«*, und Longerich, *Der ungeschriebene Befehl.* Nach Christian Gerlachs Ansicht datierte Eichmann seine Reisen und die Entscheidung für den Völkermord im Rahmen seiner Verteidigungsstrategie so früh wie möglich (»Die Wannsee-Konferenz«, S. 134).

47 Sassen-Interview, Tonband 3, S. 5–7.

48 *EV* 7, S. 169; *Das Eichmann-Protokoll*, S. 93 f.

49 *EV* 7, S. 335.

50 *EP*, Sitzung 6-7-8, Bl. IV8 (*TAE*, Bd. 1, S. 79).

51 Die jüngste, umfassendste und schlüssigste Analyse ist Roseman, *Die Wannsee-Konferenz.*

52 Friedlander, *Der Weg zum NS-Genozid*, S. 228–248.

53 *The Einsatzgruppen Reports;* Headland, *Messages of Murder*, S. 59–62; Longerich, »Vom Massenmord zur ›Endlösung‹«.

54 Heer/Naumann (Hg.), *Vernichtungskrieg.*

55 *EV* 8, S. 2351–2357; Randnotiz Rademachers auf Benzlers Telegramm ans Auswärtige Amt vom 12. September 1941, in: *TAE*, Bd. 9, T/37(193); Manoschek, *»Serbien ist judenfrei«*, S. 102–108; ders., »Gehst mit Juden erschießen?«.

56 Safrian, *Eichmann und seine Gehilfen*, S. 112–115; Manoschek, »Die Vernichtung der Juden in Serbien«; Browning, *The Final Solution and the German Foreign Office*, S. 56–64.

57 Kershaw, »Improvised Genocide?«, insbesondere S. 67–74.

58 Sandkühler, »Judenpolitik und Judenmord im Distrikt Galizien, 1941–1942«; Pohl, »Hans Krüger and the Murder of the Jews in the Sanislawow Region (Galicia)«.

59 Globocnik an Himmler, 1. Oktober 1941, zit. in Musial, »Ursprünge der ›Aktion Reinhardt‹«; ders., *Deutsche Zivilverwaltung und Judenverfolgung im Generalgouvernement*, S. 203 f.; Pohl, »Die Ermordung der Juden im Generalgouvernement«.

60 Eintrag in Franks Diensttagebuch vom 16. Dezember 1941, zit. in Aly, *»Endlösung«*, S. 366.

61 Sassen-Interview, Tonband 18, S. 10; *TAE*, S. 180 f.

62 Hilberg, *Die Vernichtung der europäischen Juden*, Bd. 1, S. 222–224; Safrian, *Eichmann und seine Gehilfen*, S. 115–119.

63 Hilberg, *Die Vernichtung der europäischen Juden*, Bd. 2, S. 371 f.; Safrian, *Eichmann und seine Gehilfen*, S. 143–152.

64 Browning, *Die Entfesselung der Endlösung*, S. 444; Roseman, *Die Wannsee-Konferenz*, S. 77 f. Zu den allgemeineren Folgen von Himmlers Unmut über diese ungeplanten Massaker siehe Witte, »Zwei Entscheidungen in der ›Endlösung der Judenfrage‹«; Gerlach, »Die Wannsee-Konferenz«.

65 *Tagesordnung: Judenmord;* Longerich, »Die Wannsee-Konferenz am 20. Januar 1942«; Roseman, *Die Wannsee-Konferenz.*

66 Roseman, *Die Wannsee-Konferenz*, S. 114–125.

67 Zu filmischen Darstellungen siehe die Bibliographie. Genannt seien hier *Die Wannsee-Konferenz* von 1984, *The Road to Wannsee: Eleven Million Sentenced to Die* von 1992 und *Conspiracy* von 2000.

68 Das Folgende stützt sich auf Eichmanns verschiedenen Darstellungen in: Sassen-Interview, EV, TAE. Zu einer umfassenden Wertung sämtlicher Beweise, einschließlich der von Eichmann hinterlassenen, siehe *Tagesordnung: Judenmord.* Die beste allgemeine Darstellung und Analyse ist Roseman, *Die Wannsee-Konferenz.* Vgl. auch Longerich, »Die Wannsee-Konferenz am 20. Januar 1942«.

69 *EV* 7, S. 1004 f.; *EP*, Sitzung 78, Bl. Jj1 (*TAE*, Bd. 4, S. 1422).

70 Sassen-Interview, Tonband 50, S. 9–13; *EP*, Sitzung 75, Bl. L1 (*TAE*, Bd. 3, S. 1367), Sitzung 106, Bl. K1 (*TAE*, Bd. 4, S. 1810).

71 *EV* 7, S. 409 f., 877, vgl. auch S. 238 f., 818–878; *EP*, Sitzung 79, Bl. C1 (*TAE*, Bd. 4, S. 1423).

72 *EP*, Sitzung 78, Bl. Hh1 (*TAE*, Bd. 4, S. 1422), Sitzung 79, Bl. A1–C1 (*TAE*, Bd. 4, S. 1423 f.), Sitzung 107, Bl. F1 (*TAE*, Bd. 4, S. 1826 f.).

73 *EV* 7, S. 218; Höß, *Kommandant in Auschwitz*, S. 133

74 *EV* 7, S. 335.

75 *EP*, Sitzung 88, Bl. X1 (*TAE*, Bd. 4, S. 1577).

76 Vgl. Arendt, *Eichmann in Jerusalem*, S. 162–167.

77 Götz Aly charakterisiert Eichmanns Position als »Schnittstelle zwischen oben und unten, zwischen zentralen Vorgaben und tatsächlichen Möglichkeiten« (»›Judenumsiedlung‹«, S. 96).

78 Hannah Arendt hat klug beobachtet, dass sein Selbstmitleid und seine Sorgen keine bloßen Phantasmagorien waren (*Eichmann in Jerusalem*, S. 162–167). Vgl. auch Wojak, *Eichmanns Memoiren*, S. 170 f.

Manager des Völkermords, 1942–1944

1 *EV* 7, S. 196.
2 *EV* 7, S. 526.
3 *EV* 7, S. 717.
4 *EP*, Sitzung 32, Bl. L1 (*TAE*, Bd. 2, S. 585).
5 Heydrich an Luther, 26. Januar 1942, in: *TAE*, Bd. 9, T/186.
6 *EP*, Sitzung 6-7-8, Bl. III3-III4 (*TAE*, Bd. 1, S. 72 f.).
7 *EV* 7, S. 155–157, 190, 717.
8 Safrian, *Eichmann und seine Gehilfen*, S. 11; Arnold Brecht, *The Art and Technique of Administration in German Ministries*, Harvard 1940, zit. in Lozowick, *Hitlers Bürokraten*, S. 67. In diesem Kapitel stütze ich mich weitgehend auf Lozowicks Darstellung der bürokratischen Prozeduren im Referat IV B 4.
9 *EP*, Sitzung 97, Bl. G1-K1 (*TAE*, Bd. 4, S. 1684 f.); Lozowick, *Hitlers Bürokraten*, S. 67–70.
10 Protokoll der Besprechung vom 6. März 1942, in: *TAE*, Bd. 9, T/100; Hilberg, *Die Vernichtung der europäischen Juden*, Bd. 2, S. 439–441, 447 f.
11 Protokoll der Sitzung am 27. Oktober 1942, in: *TAE*, Bd. 9, T/37(94).
12 *EP*, Sitzung 6-7-8, Bl. IV11-IV12 (*TAE*, Bd. 1, S. 80), vgl. Sitzung 43, Bl. H1-H2 (*TAE*, Bd. 2, S. 768 f.).
13 Lozowick, *Hitlers Bürokraten*, S. 127–129; Hilberg, *Die Vernichtung der europäischen Juden*, Bd. 2, S. 426–435.
14 Hilberg, *Die Vernichtung der europäischen Juden*, Bd. 2, S. 476–505.
15 Lozowick, *Hitlers Bürokraten*, S. 127–133.
16 Broszat, »Nationalsozialistische Konzentrationslager 1933–1945«, S. 108–120; Schulte, »Rüstungsunternehmen oder Handwerksbetrieb?«; Allen, *The Business of Genocide*, S. 171–201.
17 *EV* 7, S. 255–258, 423 f., 618–622, 776; Pätzold/Schwartz, *»Auschwitz war für mich nur ein Bahnhof«*, S. 29–43; Hilberg, *Die Vernichtung der europäischen Juden*, Bd. 2, S. 429–435, 487; Lozowick, *Hitlers Bürokraten*, S. 134–136.
18 Mierzejewski, »A Public Enterprise in the Service of Mass Murder«, S. 36 f.
19 Hilberg, *Die Vernichtung der europäischen Juden*, Bd. 2, S. 436–469; Arendt, *Eichmann in Jerusalem*, S. 260–262.
20 Lozowick, *Hitlers Bürokraten*, S. 145–150. Zur unmittelbar vorhergehenden Phase siehe Browning, *The Final Solution and the German Foreign Office*, S. 67–72.
21 Vgl. zum Beispiel: Von Hahn an Eichmann, 5. März 1943, über in Deutschland lebende ungarische Juden, in: *TAE*, Bd. 9, T/763; Auswärtiges Amt an Eichmann, 25. Februar 1943, über Ausreisegenehmigungen für spanische

Juden, in: *TAE*, Bd. 9, T/768; Eichmann ans Auswärtige Amt, 27. März 1943, Erwiderung auf Beschwerden ausländischer Botschaften, in: *TAE*, Bd. 9, T/772; von Thadden an Eichmann, 17. April 1943, in: *TAE*, Bd. 9, T/774; Kempner, *Eichmann und Komplizen*, S. 268–273; Browning, *The Final Solution and the German Foreign Office*, S. 104–108, 154–158.

22 Eichmann ans Auswärtige Amt, 9. Juli 1942, in: *TAE*, Bd. 9, T/347; *EP*, Sitzung 81, Bl. E1-F1 (*TAE*, Bd. 4, S. 1454).

23 Lozowick, *Hitlers Bürokraten*, S. 139–147; Lewy, *Die katholische Kirche und das Dritte Reich*, S. 294–337; Büttner, »›The Jewish Problem Becomes a Christian Problem‹«.

24 Hilberg, *Die Vernichtung der europäischen Juden*, Bd. 2, S. 449–459.

25 Herbert, »Labour and Extermination«; Hilberg, *Die Vernichtung der europäischen Juden*, Bd. 2, S. 469–476; Höß, *Kommandant in Auschwitz*, S. 138 f., 163; Lozowick, *Hitlers Bürokraten*, S. 143–145.

26 Hunsche an Rademacher, 1. Mai 1942, in: *TAE*, Bd. 9, T/1088; Browning, *The Final Solution and the German Foreign Office*, S. 96–99.

27 Eichmann an Richter, 23. August 1942, in: *TAE*, Bd. 9, T/1028; Kempner, *Eichmann und Komplizen*, S. 219–223.

28 Von Thadden an Eichmann, 17. April 1943, in: YVA, M.38/194; Eichmann an von Hahn im Auswärtigen Amt, 3. März 1943, in: YVA, O.51.61; *EP*, Sitzung 80, Bl. X1-Dd1 (*TAE*, Bd. 4, S. 1451 f.).

29 Referat IV B 4, »Aktenplan«, YVA, O.51–11.

30 *EV* 7, S. 395.

31 Lozowick, *Hitlers Bürokraten*, S. 122.

32 *EP*, Sitzung 95, Bl. L1 (*TAE*, Bd. 4, S. 1654 f.), Sitzung 102, Bl. Aa1 (*TAE*, Bd. 4, S. 1764 f.); Aussage von Wisliceny, Bratislava, 27. Oktober 1946, in: *TAE*, Bd. 9, T/84; *EV* 7, 178, 523 f.; vgl. auch Lozowick, »Malice in Action«, S. 289–291.

33 Pätzold/Schwarz, *»Auschwitz war für mich nur ein Bahnhof«*, S. 13–18, 21–29, 38–48; Lozowick, *Hitlers Bürokraten*, S. 19. Zu Novak und anderen Österreichern, die 1938 eingestellt wurden, siehe Safrian, *Eichmann und seine Gehilfen*, S. 49–56.

34 Steur, *Theodor Dannecker*, S. 14–21.

35 *EP*, Sitzung 102, Bl. Dd1 (*TAE*, Bd. 4, S. 1765 f.); Aussage von Wisliceny, Nürnberg, 14. November 1945, in: *The Holocaust*, Bd. 12, S. 6–24.

36 Felstiner, »Alois Brunner«.

37 Lozowick, *Hitlers Bürokraten*, S. 123 f.; Safrian, *Eichmann und seine Gehilfen*, S. 49–56.

38 Aussage von Wisliceny, Bratislava, 27. Oktober 1946, in: *TAE*, Bd. 9, T/84.

39 Aussage von Wisliceny, Nürnberg, November 1945, in: *Nazi Conspiracy and Aggression*, Bd. 8, S. 606–621; Eichmann an Richter, 23. August 1942, in: *TAE*, Bd. 9, T/1028; Bericht über die Arbeitstagung im RSHA und die anschließende Besprechung am 28. August 1942, 1. September 1942, in Kempner, *Eichmann und Komplizen*, S. 220–222.

40 *EP*, Sitzung 96, Bl. Vv1-Zz1 (*TAE*, Bd. 4, S. 1673 f.), Sitzung 97, Bl. D1-F1 (*TAE*, Bd. 4, S. 1675–1677); *Daily Express*, 12. Dezember 1961; zu Lodz siehe Dobroszycki (Hg.), *The Chronicle of the Lodz Ghetto*, S. 417.

41 Mitteilung ans RuSHA, 31. März 1942, in: YVA, O.51–61; Aussage von Wisliceny, Bratislava, 27. Oktober 1946, in: *TAE*, Bd. 9, T/84; Diamant, *Geheimauftrag*, S. 209–214; Hull, *The Struggle for a Soul*, S. 98 f.; Aussagen von Rosemarie von Godlewski und Emilie Finnegan, in: »Adolf Eichmann – Begegnungen mit einem Mörder«, BBC/NDR, und in den vorbereitenden Gesprächen für diese Fernsehdokumentation.

42 *EP*, Sitzungen 95, Bl. S1 (*TAE*, Bd. 4, S. 1658), Sitzung 97, Bl. F1-J1 (*TAE*, Bd. 4, S. 1678), Affidavit von Huppenkothen, Bl. 6–9 (*TAE*, Bd. 5, S. 1898); Höß, »Aufzeichnungen«, S. 340; Seeger, *»Gestapo-Müller«*, S. 115–143.

43 Sassen-Interview, Tonband 3, S. 37; *IAE*, S. 450–454.

44 *EP*, Sitzung 76, Bl. J1–01 (*TAE*, Bd. 4, S. 1385); Birn, *Die Höheren SS- und Polizeiführer*, S. 176–185.

45 Eichmann an Rosenberg, 29. Januar 1942, in: *TAE*, Bd. 9, T/37(312); Kempner, *Eichmann und Komplizen*, S. 165–168.

46 Eichmann an Stapoleitstellen und Zentralstellen für jüdische Auswanderung, 31. Januar 1942, in: *TAE*, Bd. 9, T/730, zit. in: *EP*, Sitzung 43, Bl. H1 (*TAE*, Bd. 2, S. 768); Aly, *»Endlösung«*, S. 403.

47 Bericht über die Besprechung im RSHA über die Deportation von Juden aus Deutschland, Österreich und dem Protektorat am 6. März 1942, in: *TAE*, Bd. 9, T/734, zit. in: *EP*, Sitzung 43, Bl. H1-H2 (*TAE*, Bd. 2, S. 768 f.).

48 Rundschreiben von Eichmann an die Gestapodienststellen, 17. April 1942, in: *TAE*, Bd. 9, T/739; Lozowick, *Hitlers Bürokraten*, S. 130–132, 143.

49 Lozowick, *Hitlers Bürokraten*, S. 143.

50 Schnellbrief Müllers an Stapo(leit)stellen, 21. Mai 1942, in: *TAE*, Bd. 9, T/742; *EP*, Sitzung 77, Bl. Aa1 (*TAE*, Bd. 4, S. 1405 f.).

51 Knappe Darstellungen finden sich in Arndt/Boberach, »Deutsches Reich«; Moser, »Österreich«; Yahil, *Die Shoa*, S. 542–547.

52 *EP*, Sitzung 51, Bl. Mm1-Nn1 (*TAE*, Bd. 2, S. 926 f.).

53 *EV* 7, S. 116–118, 1359; *EP*, Sitzung 44, Bl. F1-G1 (*TAE*, Bd. 2, S. 787 f.); Protokoll der Besprechung über die »Endlösung« am 10. Oktober 1942, in: *TAE*, Bd. 9, T/37(299); Safrian, *Eichmann und seine Gehilfen*, S. 124 f. Zu den Ursprüngen des Ghettolagers Theresienstadt siehe Adler, *Theresienstadt 1941–1945*, S. 16–29.

54 *EV* 7, S. 118–120; Berkley, *Hitler's Gift*, S. 23–25.

55 Berkley, *Hitler's Gift*, S. 63 f.; Adler, *Theresienstadt 1941–1945*, S. 37–57 (mit detaillierten Angaben zu Transporten nach und aus Theresienstadt).

56 *EV* 7, S. 118, 135 f.

57 Zit. in Aly, *»Endlösung«*, S. 404; vgl. Bericht über die Besprechung im RSHA über die Deportation von Juden aus Deutschland, Österreich und dem Protektorat am 6. März 1942, in: *TAE*, Bd. 9, T/37(39); Rundschreiben von Eichmann an die Gestapodienststellen, 17. April 1942, in: *TAE*, Bd. 9, T/739.

58 EV 7, S. 135 f.; Schnellbrief Eichmanns an die Nürnberger Stapoleitstelle, 1. August 1942, in: *TAE*, Bd. 9, T/747.

59 *EV* 8, S. 2134–2143; Berkley, *Hitler's Gift*, S. 46, 50; Adler, *Theresienstadt 1941–1945*, S. 59 f.

60 Holliday (Hg.), *Children in the Holocaust and World War II.*, S. 76 f.

61 EV 7, S. 1003; Aussage des ersten Lagerkommandanten, Victor Seidl, zit. in: *EP*, Sitzung 44, Bl. J1-M1 (*TAE*, Bd. 2, S. 790–792); Edith Kramer, »As a Doctor in Theresienstadt«, Zeugenaussage Nr. 4009, Wiener Library, London (ich danke Sarah Kavanaugh für den Hinweis auf diese Aussage); Berkley, *Hitler's Gift*, S. 31 f.

62 *EV* 7, S. 1022–1024, 3404–3406; Favez, *Das Internationale Rote Kreuz und das Dritte Reich*, S. 146; Berkley, *Hitler's Gift*, S. 164 f.; Stern, *Gold und Eisen*, S. 664.

63 N. Keren, »The Family Camp«; Berkley, *Hitler's Gift*, S. 159–162.

64 Berkley, *Hitler's Gift*, S. 165–179; Favez, *Das Internationale Rote Kreuz und das Dritte Reich*, S. 206 f.; Aussage von Karl Rahm, dem Kommandanten von Theresienstadt, vom März 1946, zit. in: *EP*, Sitzung 45, Bl. Ee1 (*TAE*, Bd. 2, S. 803 f.). Zur Zahl der Opfer und zur »Verschönerung« des Lagers und den Rot-Kreuz-Besuchen siehe auch Adler, *Theresienstadt 1941–1945*, S. 39–57, 161–171.

65 Vgl. Safrian, *Eichmann und seine Gehilfen*, S. 225–319.

66 Herbert, »Die deutsche Militärverwaltung in Paris und die Deportation der französischen Juden«; Lozowick, *Hitlers Bürokraten*, S. 225–230; Steur, *Theodor Dannecker*, S. 45–57; Safrian, *Eichmann und seine Gehilfen*, S. 202–208.

67 Steur, *Theodor Dannecker*, S. 57–68; Herbert, »Die deutsche Militärverwaltung in Paris und die Deportation der französischen Juden«, S. 185–201; Zuccotti, *The Holocaust, the French, and the Jews*, S. 54, 56 f., 60 f., 86–89; vgl. auch Marrus/Paxton, *Vichy France and the Jews*, S. 78–83.

68 *EV* 7, S. 621–630; Vermerk Danneckers über Judenreferentenbesprechung am 4. März 1942 in Berlin, 10. März 1942, in: *TAE*, Bd. 9, T/37(61); Korrespondenz zwischen Eichmann und Auswärtigem Amt, 9. März 1942, in: *TAE*, Bd. 9, T/37(60); Eichmanns Anweisungen an BdS und Stapoleitstellen in Frankreich und Belgien, 12. März 1942, in: *TAE*, Bd. 9, T/407; *EP*, Sitzung 31, Bl. Tt1-Vv1 (*TAE*, Bd. 2, S. 570 f.), Sitzung 82, Bl. J1 (*TAE*, Bd. 4, S. 1473); Steur, *Theodor Dannecker*, S. 71 f.; Herbert, »Die deutsche Militärverwaltung in Paris und die Deportation der französischen Juden«, S. 202–206; Lozowick, *Hitlers Bürokraten*, S. 235–237. Laut Ulrich Herbert (»Die deutsche Militärverwaltung in Paris und die Deportation der französischen Juden«, S. 203) fuhr der erste Zug am 24. März 1942 aus Paris ab.

69 Steur, *Theodor Dannecker*, S. 74–77; Marrus/Paxton, *Vichy France and the Jews*, S. 218 f., 227–249.

70 Steur, *Theodor Dannecker*, S. 78 f.; Lozowick, *Hitlers Bürokraten*, S. 238–240.

71 Vermerk Danneckers über die Besprechung am 11. Juni 1942, 15. Juni 1942, in: *TAE*, Bd. 9, T/419; vgl. auch die Korrespondenz zwischen Dannecker und Eichmann, 23. Mai-4. Juni 1942, in: *TAE*, Bd. 9, T/37(23).

72 Longerich, *Der ungeschriebene Befehl*, S. 167–174.

73 Eichmann an Rademacher, 22. Juni 1942, in: *TAE*, Bd. 9, T/37(62).

74 Steur, *Theodor Dannecker*, S. 78–80; Lozowick, *Hitlers Bürokraten*, S. 243 f.

75 Vermerk von Eichmann und Dannecker, 1. Juli 1942, in: *TAE*, Bd. 9, T/428; *TAE*, Bd. 9, T/37(25) (zur Vorbereitung der Reise); *EV* 7, S. 639–668; Steur, *Theodor Dannecker*, S. 80 f.

76 Marrus/Paxton, *Vichy France and the Jews*, S. 249–269; Zuccotti, *The Holocaust, the French, and the Jews*, S. 103–117.

77 Vermerk Röthkes über das Telefongespräch mit Eichmann am 14. Juli 1942, 15. Juli 1942, in: *TAE*, Bd. 9, T/37(27); *EV* 7, S. 683–688. Nach Yaacov Lozowicks Auffassung ist dieser Vorfall nicht das, was er zu sein scheint – oder was in Eichmanns Prozess aus ihm gemacht wurde. Eichmann verhielt sich demzufolge keineswegs wie ein Raubtier, dem man die Beute entrissen hatte, sondern übte sich in Büropolitik. Laut Lozowick hatte Röthke die Standpauke der Tatsache zu verdanken, dass Eichmann wütend darüber war, dass Oberg und Knochen am Stuhl seines Freundes und Kollegen Dannecker sägten. Darauf habe er nur damit reagieren können, dass er den Protegé seiner Rivalen demütigte (Lozowick, *Hitlers Bürokraten*, S. 249–252). Oberg und Knochen erreichten tatsächlich Danneckers Ablösung, aber erst einen Monat später (Steur, *Theodor Dannecker*, S. 84–89).

78 Vermerk Danneckers über die Besprechung zwischen ihm, Eichmann und Novak am 20. Juli 1942, 21. Juli 1942, in: *TAE*, Bd. 9, T/37(32); EV 7, S. 700 f.; Marrus/Paxton, *Vichy France and the Jews*, S. 263–265; Zuccotti, *The Holocaust, the French, and the Jews*, S. 102, 113–116; Steur, *Theodor Dannecker*, S. 83 f.

79 Aussage von George Wellers, in: *EP*, Sitzung 32, Bl. I1-L1 (*TAE*, Bd. 2, S. 583–585). Bertha Pakman, eine Cousine ersten Grades meiner Mutter, war unter den Kindern.

80 Marrus/Paxton, *Vichy France and the Jews*, S. 250–255; Zuccotti, *The Holocaust, the French, and the Jews*, S. 103–110; Steur, *Theodor Dannecker*, S. 84–89.

81 Bericht über die Arbeitstagung im RSHA und die anschließende Besprechung am 28. August 1942, 1. September 1942, in: *TAE*, Bd. 9, T/37(34); Kempner, *Eichmann und Komplizen*, S. 220–222; vgl Lozowick, *Hitlers Bürokraten*, S. 259 f.

82 Eichmann an Knochen, 19. Dezember 1942, in: *TAE*, Bd. 9, T/465; Knochen an Eichmann, 31. Dezember 1942, in: *TAE*, Bd. 9, T/466.

83 Marrus/Paxton, *Vichy France and the Jews*, S. 302–310; Zuccotti, *The Holocaust, the French, and the Jews*, S. 172–189.

84 Auswärtiges Amt an Eichmann, Januar 1943, in: *TAE*, Bd. 9, T/469; Knochen an Müller, 12. Februar 1943, in: *TAE*, Bd. 9, T/471.

85 Eichmann an Knochen, 26. Februar 1943, in: *TAE*, Bd. 9, T/473; von Thadden an Eichmann, 6. Mai 1943, in: *TAE*, Bd. 9, T/481; Eichmann an von Thadden, 31. Mai 1943, in: *TAE*, Bd. 9, T/37(290); von Thadden ans Auswärtige Amt, 1. Juni 1943, in: *TAE*, Bd. 9, T/483; Browning, *The Final Solution and the German Foreign Office*, S. 164–170.

86 *EV* 7, S. 199 f.; vgl. Sassen-Interview, Tonband 34, S. 5.

87 Moore, *Victims and Survivors*, S. 2. Zu einer detaillierten Darstellung siehe Presser, *Ashes in the Wind*.

88 Eine vergleichende Darstellung findet sich in Moore, *Victims and Survivors*, insbesondere S. 193 f. Zu politischen Studien zum Gegensatz von Wettbewerb und Zentralisation siehe Seibel, »A Market for Mass Crime?«, und ders., »The Strength of the Perpetrators«, S. 22–28.

89 Lozowick, »Malicious Clerks«.

90 Aussage von Josef Melkman, in: *EP*, Sitzung 34, Bl. F1-H1 (*TAE*, Bd. 2, S. 610–612); Moore, *Victims and Survivors*, S. 53–61, 73–75.

91 Moore, *Victims and Survivors*, S. 86–88, 91–100; Lozowick, *Hitlers Bürokraten*, S. 182–204.

92 Auch das Ausmaß der lokalen Kollaboration war entscheidend (vgl. Meershoek, »The Amsterdam Police and the Persecution of the Jews«; Vermerk von Willi Zöpf über »Diamant-Juden«, 11. November 1943, in: *TAE*, Bd. 9, T/563).

93 Safrian, *Eichmann und seine Gehilfen*, S. 227–244; Apostolou, »›The Exception of Salonika‹«; Felstiner, »Alois Brunner«, S. 11–14.

94 Hilberg, *Die Vernichtung der europäischen Juden*, Bd. 2, S. 737–747; von Thadden an Eichmann, 26. Juli 1944, in: *TAE*, Bd. 9, T/988; *EV* 7, S. 1353–1364, *EV* 8, S. 1846–1850.

95 Yahil, *Die Shoa*, S. 258–261, 485–488; Hilberg, *Die Vernichtung der europäischen Juden*, Bd. 2, S. 766–774.

96 Aussage von Wisliceny, 15. November 1945, in Overy (Hg.), *Verhöre*, S. 358 f.; vgl. Aussage von Wisliceny, Bratislava, 20. Februar 1942, in: *TAE*, Bd. 9, T/84; *EP*, Sitzung 49, Bl. Bb1-DD1 (*TAE*, Bd. 2, S. 883–885); Yahil, *Die Shoa*, S. 485–488.

97 Aussage von Wisliceny, 15. November 1945, in Overy (Hg.), *Verhöre*, S. 358 f.; Luther an die deutsche Gesandtschaft in Bratislava, 16. Februar 1942, in: *TAE*, Bd. 9, T/1078; Luther an die deutsche Gesandtschaft in Bratislava, 20. März 1942, in: *TAE*, Bd. 9, T/1080; Vermerk Luthers über Telefongespräch mit dem deutschen Gesandten in Bratislava, Ludin, 29. März 1942, in: *TAE*, Bd. 9, T/1081; Auswärtiges Amt an deutsche Gesandtschaft in Bratislava, 21. April 1942, in: *TAE*, Bd. 9, T/1083; deutsche Gesandtschaft in Bratislava an slowakisches Außenministerium, 1. Mai 1942, in: *TAE*, Bd. 9, T/1086; Hilberg, *Die Vernichtung der europäischen Juden*, Bd. 2, S. 776 f.

98 Auswärtiges Amt an deutsche Gesandtschaft in Bratislava, 13. März 1942, in: *TAE*, Bd. 9, T/1079; *EP*, Sitzung 49, Bl. Dd1 (*TAE*, Bd. 2, S. 884), Sitzung 50, Bl. C1-D1 (*TAE*, Bd. 2, 899 f.).

99 Laqueur, *Was niemand wissen wollte*.

100 *EP*, Sitzung 50, Bl. L1-M1 (TAE, Bd. 2, S. 906 f.).

101 Ludin an Auswärtiges Amt, 13. April 1943, mit einem Pastoralbrief vom 21. März 1943, in: *TAE*, Bd. 9, T/1106; Eduard Nisnensky, Papier für das International Institute for Holocaust Research, Yad Vashem 2003.

102 Eichmann an von Thadden, 2. Juni 1943, in: *TAE*, Bd. 9, T/37(70); Hilberg, *Die Vernichtung der europäischen Juden*, Bd. 2, S. 788 f.

103 Ludin an Auswärtiges Amt, 22. November 1943, in: *TAE*, Bd. 9, T/37(71); Eichmann an von Thadden, 8. Januar 1944, in: *TAE*, Bd. 9, T/37(72); Eichmann an von Thadden, 7. Februar 1944, in: *TAE*, Bd. 9, T/37(73), zit. in: *EP*, Sitzung 50, Bl. N1 (*TAE*, Bd. 2, S. 908).

104 Ludin an Auswärtiges Amt, 4. Oktober 1944, in: *TAE*, Bd. 9, T/1127; Yahil, *Die Shoa*, S. 707–709.

105 Eichmann an Auswärtiges Amt, 14. April 1942, in: *TAE*, Bd. 9, T/37(256); Hilberg, *Die Vernichtung der europäischen Juden*, Bd. 2, S. 812–815, 821–827; Yahil, *Die Shoa*, S. 344–350; Ioanid, *The Holocaust in Romania*, S. 19–43, 52–108, 111–174, 177–187.

106 Von Killinger an Auswärtiges Amt, 7. August 1941, in: *TAE*, Bd. 9, T/1001; von Killinger an Auswärtiges Amt, 31. November 1941, in: *TAE*, Bd. 9, T/716; von Killinger an Auswärtiges Amt, 24. Januar 1942, in: *TAE*, Bd. 9, T/37(173); von Thadden an Eichmann, 3. März 1942, in: *TAE*, Bd. 9, T/37(50); von Killinger an Auswärtiges Amt, 8. April 1942, in: *TAE*, Bd. 9, T/1026; Eichmann an Rademacher, 13. Mai 1942, in: *TAE*, Bd. 9, T/1016.

107 Müller an Luther, 26. Juli 1942, in: *TAE*, Bd. 9, T/37(130); Rintelen an Luther, 19. August 1942, mit Bericht Heydrichs an Himmler vom 26. Juli 1942, in: *TAE*, B. 9, T/1023; Luther an Weizsäcker, 17. August 1942, in: *TAE*, Bd. 9, T/1027.

108 Von Killinger an Auswärtiges Amt, 27. August 1942, in: *TAE*, Bd. 9, T/1029; von Killinger an Auswärtiges Amt, 12. September 1942, in: *TAE*, Bd. 9, T/1031(1); Rademacher an Luther, 14. September 1942, in: *TAE*, Bd. 9, T/1031(2); Klingenfuß an Eichmann, 22. September 1942, in: *TAE*, Bd. 9, T/1031(3); Ioanid, *The Holocaust in Romania*, S. 240–248.

109 Richter an Eichmann, 15. Oktober 1942, in: *TAE*, Bd. 9, T/1035; Richter an Lecca, 14. November 1942, in: *TAE*, Bd. 9, T/1036; Richter an Lecca, 9. Dezember 1942, in: *TAE*, Bd. 9, T/1037; von Killinger an Auswärtiges Amt, 12. Dezember 1942, in: *TAE*, Bd. 9, T/1041; Hilberg, *Die Vernichtung der europäischen Juden*, Bd. 2, S. 849 f.

110 Von Killinger an Auswärtiges Amt, 7. Dezember 1942, in: *TAE*, Bd. 9, T/37(46); von Killinger an Auswärtiges Amt, 31. Dezember 1942, in: *TAE*, Bd. 9, T/1043; Eichmann an Auswärtiges Amt, 11. Januar 1943, in: *TAE*, Bd. 9, T/37(47).

111 Richter an Eichmann, 29. Januar 1943, in: *TAE*, Bd. 9, T/1045; Eichmann an von Hahn im Auswärtigen Amt, 3. März 1943, in: *TAE*, Bd. 9, T/37(48); Eichmann an Auswärtiges Amt, 3. Mai 1943, in: *TAE*, Bd. 9, T/37(282); Richter an Eichmann, 10. März 1943, in: *TAE*, Bd. 9, T/1049; Eichmann an von Thadden, 10. September 1943, in: *TAE*, Bd. 9, T/37(17); Eichmann an von Thadden, 30. September 1943, in: *TAE*, Bd. 9, T/37(16); von Thadden an Eichmann, 17. Februar 1943, in: *TAE*, Bd. 9, T/37(49).

112 *EP*, Sitzung 81, Bl. F1 (*TAE*, Bd. 4, S. 1455); *EV* 7, S. 599; *EV* 8, S. 1830 f.

113 Höß, »Aufzeichnungen«, S. 335.

114 *EV* 7, S. 151 f.; Aussage von Hildegard Henschel, in: *EP,* Sitzung 37, Bl. 001 (*TAE,* Bd. 1, S. 671); Lozowick, »Malice in Action«, S. 324–327.

115 *EV* 7, S. 1395–1420; *EP,* Sitzung 79, Bl. M1-S1 (*TAE,* Bd. 4, S. 1427–1430); vgl.: *TAE,* Bd. 9, T/1363–1366.

116 *EV* 8, S. 2256–2277.

117 Zit. in Pätzold/Schwarz, *»Auschwitz war für mich nur ein Bahnhof«,* S. 171 f.; Lozowick, »Malice in Action«, S. 321–328.

118 *EV* 7, S. 219–225.

119 *EV* 7, S. 264 f.; *EP,* Sitzung 87, Bl. R1 (*TAE,* Bd. 4, S. 1556 f.).

120 Eichmann an Klingenfuß, 8. Dezember 1942, in: *TAE,* Bd. 9, T/37(83).

121 Höß, *Kommandant in Auschwitz,* S. 133; ders., »Aufzeichnungen«, S. 334, 336.

122 Aussage von Wisliceny, Nürnberg, 15. November 1945, in Overy (Hg.), *Verhöre,* S. 360–362.

123 *EP,* Sitzung 106, Bl. W1 (*TAE,* Bd. 4, S. 1816).

124 *EP,* Sitzung 102, Bl. A1 (TAE, Bd. 4, S. 1751). Yaacov Lozowick hat in Himmlers Akten einen Hinweis auf einen Bericht mit ähnlichem Umfang und Titel aufgespürt (Lozowick, *Hitlers Bürokraten,* S. 364, Anmerkung 104).

125 *EP,* Sitzung 102, Bl. B1-D1 (in: *TAE,* Bd. 4, S. 1751).

126 *EP,* Sitzung 106, Bl. W1 (*TAE,* Bd. 4, S. 1815).

127 S. 476; *EV* 7, S. 231–236, 523–528; *EV* 8, S. 1788–1798. Zu Eichmanns Bericht und Himmlers Brief siehe Witte/Tyas, »A New Document on the Deportation and Murder of Jews during ›Einsatz Reinhardt‹ 1942«. Aufgrund der Funksprüche der Außenstellen, die der britische militärische Nachrichtendienst abfing, kannten die Alliierten die Zahl der bei der »Aktion Reinhardt« ermordeten Juden (ebd.; siehe auch Lozowick, *Hitlers Bürokraten,* S. 119).

»Mitten drinnen im Todeswirbel«, 1944/45

1 *EV* 7, S. 272.

2 *EP,* Sitzung 56, Bl. Mm1 (*TAE,* Bd. 3, S. 1020).

3 *EP,* Sitzung 53, Bl. Yy1 (*TAE,* Bd. 3, S. 972).

4 *EV* 7, S. 266–268; *IAE,* S. 330.

5 *EV* 7, S. 267; Einladung und Protokoll, 10. und 29. März 1944, in: *TAE,* Bd. 9, T/1250 und 1251, zit. in: *EP,* Sitzung 62, Bl. Zz1 (TAE, Bd. 3, S. 1132 f.); Berkley, *Hitler's Gift,* S. 189 f., 220.

6 Eichmann ans Auswärtige Amt, 25. September 1942, zit. in: *EP,* Sitzung 6-7-8, Bl. VIII1 (*TAE,* Bd. 1, S. 105); Luther an deutsche Gesandtschaft in Budapest, 14. Oktober 1942, in: *TAE,* Bd. 9, T/37(164); Klingenfuß an Eichmann, 7. Dezember 1942, in: *TAE,* Bd. 9, T/1139, zit. in: *EP,* Sitzung 51, Bl. P1 (*TAE,* Bd. 3, S. 928).

7 Braham, *The Politics of Genocide*, Bd. 1, S. 27–29, 125–130, 151–158, 200 f., 205–214, 313 f.

8 Ebd., S. 381–388, 396 f.

9 Ebd., S. 388 f., 421–426.

10 Bericht Veesenmayers über die Lage in Ungarn, 10. Dezember 1943, in: *TAE*, Bd. 9, T/1144, zit. in: *EP*, Sitzung 51, Bl. Qq1 (TAE, Bd. 3, S. 929); Aly/Gerlach, *Das letzte Kapitel*, S. 91–114, 149–186, 212–229, 313–325.

11 *EV* 7, S. 268 f.; Sassen-Interview, Tonband 26, S. 5; *IAE*, S. 331 f.; *EP*, Sitzung 86, Bl. L1-M1 (*TAE*, Bd. 4, S. 1537); Safrian, *Eichmann und seine Gehilfen*, S. 295.

12 *EV* 7, S. 268 f., 1070. Eichmanns Erinnerungen an Ungarn sind über das gesamte Sassen-Interview verstreut (Tonband 12, S. 1–9; Tonband 13, S. 1–3; Tonband 16, S. 6 f.; Tonband 17, S. 1–8; Tonband 20, S. 1–10; Tonband 21, S. 1–9; Tonband 26, S. 5); zusammengefasst sind sie in: *IAE*, S. 330–408.

13 *EV* 7, S. 271; *EP*, Aussage von Pinhas Freudiger, Sitzung 52, Bl. F1-G1 (*TAE*, Bd. 3, S. 940 f.), Affidavit von Alfred Josef Slawik, Bl. 2, 5 f. (*TAE*, Bd. 5, S. 1970 f.), Aussage von Avraham Gordon, Sitzung 54, Bl. B1-C1 (*TAE*, Bd. 3, S. 975); Tschuy, *Carl Lutz und die Juden von Budapest*, S. 136.

14 Braham, *The Politics of Genocide*, Bd. 1, S. 406–418, 558–560; Aly/Gerlach, *Das letzte Kapitel*, S. 117–132.

15 *EP*, Sitzung 86, Bl. M1-N1 (*TAE*, Bd. 4, S. 1537 f.), Affidavit von Krumey, Sitzung 107, Bl. Z1-Bb1 (*TAE*, Bd. 5, S. 1837–1839).

16 *EV* 7, S. 1565–1568; *EP*, Sitzung 84, Bl. FF1-Gg1 (*TAE*, Bd. 4, S. 1511); Braham, *The Politics of Genocide*, Bd. 1, S. 421–426.

17 Sassen-Interview, Tonband 23, S. 5 f.; *IAE*, S. 251–253; »Eichmann Tells His Damning Story«, in: *Life*, 28. November 1960 (deutsche Übersetzung), in: *TAE*, Bd. 9, T/47, S. 45 f.

18 *EP*, Sitzung 83, Bl. L1-P1 (*TAE*, Bd. 4, S. 1488 f.); *IAE*, S. 291, 335; Hilberg, *Die Vernichtung der europäischen Juden*, Bd. 2, S. 586–596; Paulson, »The ›Bridge over the Øresund‹«.

19 Vermerk über Besprechung mit dem Judenrat, 20. März 1944, in: *TAE*, Bd. 9, T/1155, zit. in: *EP*, Sitzung 54, Bl. M1 (*TAE*, Bd. 3, S. 987 f.); Braham, *The Politics of Genocide*, Bd. 1, S. 447–450.

20 *EV* 7, S. 272, 279; *IAE*, 333.

21 Braham, *The Politics of Genocide*, Bd. 1, S. 510–528, 548–553; zum wirtschaftlichen Nationalismus und zur Gier der Ungarn siehe Zweig, *The Gold Train*, S. 27–36, 51–61.

22 *EP*, Affidavit von Ernö Boda, Sitzung 54, Bl. N1–O1 (*TAE*, Bd. 3, S. 988 f.); Braham, *The Politics of Genocide*, Bd. 1, S. 528–548; Lozowick, *Hitlers Bürokraten*, S. 317–319.

23 Braham, *The Politics of Genocide*, Bd. 1, S. 662–666.

24 Ritter an Veesenmayer, 31. März 1944, N70, zit. in: *EP*, Sitzung 84, Bl. Ff1 (*TAE*, Bd. 4, S. 1512); Lozowick, *Hitlers Bürokraten*, S. 308 f.

25 Braham, *The Politics of Genocide*, Bd. 1, S. 583–652, 688–704, Bd. 2, S. 711–733, 755–780.

26 Lozowick, *Hitlers Bürokraten*, S. 309–311; Aly/Gerlach, *Das letzte Kapitel*, 249–261.

27 Veesenmayer an Ritter, 14. April 1944, N71, zit. in: *EP*, Sitzung 84, Bl. Hh1 (*TAE*, Bd. 4, S. 1512 f.).

28 Lozowick, *Hitlers Bürokraten*, S. 311; Braham, *The Politics of Genocide*, Bd. 1, S. 664–668. Braham hat Endre als Haupttriebkraft in dieser Entscheidungskette identifiziert. Als ihm der Innenminister die Anweisung des Ministerpräsidenten übermittelte, die Evakuierung der Juden wie von den Deutschen gefordert aus der »Militärzone« zu organisieren, antwortete Endre seinen Vorgesetzten, die ungarischen Behörden könnten sie allein weder evakuieren noch im Inland versorgen. Andererseits böten die Deutschen an, die Arbeitsfähigen zu übernehmen und den Rest in »Konzentrationslager« zu bringen. Daher empfahl Endre Innenminister Jaross, diese Gelegenheit zu ergreifen. Jaross sprach daraufhin mit dem Ministerpräsidenten, der ebenfalls einwilligte. Diese Darstellung stützt sich auf Wislicenys Aussage in Nürnberg (zit. in: *EP*, Sitzung 60, Bl. Cc1-Dd1 [*TAE*, Bd. 3, S. 1074]).

29 Von Thadden an Ribbentrops Büro, 22. April 1944, in: *TAE*, Bd. 9, T/1182, zit. in: *EP*, Sitzung 84, Bl. Hh1 (TAE, Bd. 4, S. 1513).

30 Von Thadden an Eichmann, 24. April 1944, in: *TAE*, Bd. 9, T/1185, zit. in: *EP*, Sitzung 58, Bl. Ff1 (*TAE*, Bd. 3, 1044 f.); Lozowick, *Hitlers Bürokraten*, S. 309 f.

31 *IAE*, S. 365.

32 *EV* 7, S. 279–282; *EV* 8, S. 2013 f.; Braham, *The Politics of Genocide*, Bd. 1, S. 622–626.

33 Sassen-Interview, Tonband 35, S. 4 f.

34 Braham, *The Politics of Genocide*, Bd. 1, S. 604 f. Erinnerungen an die unhaltbaren Zustände finden sich in Spielberg/Survivors of the Shoah Visual History Foundation, *The Last Days*.

35 Günther an von Thadden, 24. April 1944, in: *TAE*, Bd. 9, T/1186, zit. in: *EP*, Sitzung 58, Bl. Ff1 (*TAE*, Bd. 3, S. 1045); Veesenmayer an Auswärtiges Amt, 4. Mai 1944, in: *TAE*, Bd. 9, T/1188, zit. in: *EP*, Sitzung 86, Bl. D1-E1 (*TAE*, Bd. 4, S. 1534).

36 Veesenmayer ans Auswärtige Amt, 8. Mai 1944, N76, zit. in: *EP*, Sitzung 86, Bl. E1 (*TAE*, Bd. 4, S. 1534); Pohl an Himmler, 25. April 1944, in: *TAE*, Bd. 9, N77.

37 Zu Novaks Aktivitäten siehe Pätzold/Schwarz, *»Auschwitz war für mich nur ein Bahnhof«*, S. 47–50. Veesenmayer an Auswärtiges Amt, 4. Mai 1944, in: *TAE*, Bd. 9, T/1188, zit. in: *EP*, Sitzung 58, Bl. Ff1 (*TAE*, Bd. 3, S. 1045); Veesenmayer an Auswärtiges Amt, 29. April 1944, in: *TAE*, Bd. 9, T/1187, zit. in ebd.; Braham, *The Politics of Genocide*, Bd. 1, S. 666–668; Lozowick, *Hitlers Bürokraten*, S. 311 f.

38 *EP*, Sitzung 93, Bl. S1-T1 (*TAE*, Bd. 4, S. 1633); Höß, »Aufzeichnungen«,

S. 335; van Pelt/Dwork, *Auschwitz*, S. 373; Müller, *Sonderbehandlung*, S. 211. Zu den grauenhaften Erlebnissen der Deportierten siehe Spielberg/Survivors of the Shoah Visual History Foundation, *The Last Days*.

39 Braham, *The Politics of Genocide*, Bd. 1, S. 671–673, Bd. 2, S. 773 f., 779 f.

40 Veesenmayer an Auswärtiges Amt, 25. Mai 1944, in: *TAE*, Bd. 9, T/1192, zit. in: *EP*, Sitzung 60, Bl. Dd1 (*TAE*, Bd. 3, S. 1074); Denkschrift von Thaddens, 25. Mai 1944, in: *TAE*, Bd. 9, T/1194, zit. in ebd. (*TAE*, Bd. 3, S. 1075).

41 Joel Brand hat seine Geschichte Alex Weissberg erzählt (Weissberg, *Die Geschichte von Joel Brand*). Diese Version weicht allerdings von derjenigen ab, die sich aus seinen Berichten, Befragungen und Vernehmungen in den Jahren 1944/45 sowie seiner Zeugenaussage in Jerusalem ergibt. Zu einer ausgewogenen Analyse siehe Bauer, *Freikauf von Juden?*, S. 241–243, 257–308. Zum Unterstützungs- und Rettungskomitee siehe Rozett, »From Poland to Hungary«, und A. Cohen, *The Hechalutz Resistance in Hungary 1942–1944*.

42 *EP*, Sitzung 56, Bl. Ii1 (*TAE*, Bd. 3, S. 1015). Andreas Biss' *Der Stopp der Endlösung* ist eine ausgedehnte Attacke gegen Brands Version der Geschichte; sie wirft gleichwohl einiges Licht auf die Rolle der Abwehr (vgl. insbesondere S. 46–51). Vgl. Bauer, *Freikauf von Juden?*, S. 193–230.

43 Bauer, *Freikauf von Juden?*, S. 257.

44 *EP*, Sitzung 56, Bl. Ll1-Nn1 (*TAE*, Bd. 3, S. 1015, 1020 f.); Bauer, *Freikauf von Juden?*, S. 258 f.

45 *EP*, Sitzung 56, Bl. Nn1–Oo1 (*TAE*, Bd. 3, S. 1021); Braham, *The Politics of Genocide*, Bd. 2, S. 1078–1088.

46 *EP*, Sitzung 56, Bl. 001 (*TAE*, Bd. 3, S. 1021 f.); Bauer, *Freikauf von Juden?*, S. 262–264; Braham, *The Politics of Genocide*, Bd. 2, S. 1079–1081.

47 *EP*, Sitzung 56, Bl. Pp1-Rr1 (*TAE*, Bd. 3, S. 1021 f.)

48 Ebd., Bl. Rr1 (*TAE*, Bd. 3, S. 1022 f.)

49 Ebd., Bl. Ss1-Tt1 (*TAE*, Bd. 3, S. 1023–1025); Bauer, *Freikauf von Juden?*, S. 263 f., 272.

50 *EP*, Sitzung 57, Bl. N1 (*TAE*, Bd. 3, S. 1035 f.); Bauer, *Freikauf von Juden?*, S. 265; vgl. auch Breitman, »Nazi Jewish Policy in 1944«.

51 Porat, *The Blue and the Yellow Stars of David*, S. 188–211, zur Antwort der Jewish Agency insbesondere S. 190–193. Anschauliche Darstellungen von Beteiligten an der Tragödie sind Bader, *Sad Missions*, S. 97–106, und Avriel, *Open the Gates!*, S. 174–187.

52 Wasserstein, *Britain and the Jews of Europe 1939–1945*, S. 223–226; Braham, *The Politics of Genocide*, Bd. 2, S. 1254–1260.

53 Breitman/Kraut, *American Refugee Policy and European Jewry*, S. 214–216; Wasserstein, *Britain and the Jews of Europe 1939–1945*, S. 229–233; vgl. auch Aronson, »The ›Quadruple Trap‹ and the Holocaust in Hungary«.

54 Bauer, *Freikauf von Juden?*, S. 275–286.

55 *EP*, Sitzung 58, Bl. Ll1 (*TAE*, Bd. 3, S. 1048). Kasztner wurde nach dem Krieg wiederholt befragt und verfasste mehrere Berichte von unterschiedlicher Länge über seine Erlebnisse mit Wisliceny, Eichmann und Becher. Sie

weichen in Einzelheiten voneinander ab, und vieles von dem, was er über Eichmann zu sagen hatte, kam von Wisliceny, dessen Fehler und Erfindungen über Eichmanns frühe Karriere er wiederholte. So bezeichnete er ihn als Schwager Himmlers. Vgl. den von Kasztner stammenden »Bericht des jüdischen Rettungskomitees aus Budapest, 1942–1945«, in: *TAE*, Bd. 9, T/1113; zu einer vorsichtigen Bewertung siehe Aronson, »Preparations for the Nuremberg Trial«, S. 268, 272.

56 *EP*, Sitzung 58, Bl. 001 (*TAE*, Bd. 3, S. 1049 f.); Zweig, *The Gold Train*, S. 223–232.

57 *EP*, Sitzung 58, Bl. Ss1 (TAE, Bd. 3, S. 1052).

58 Kasztner-Bericht, zit. in: *EV* 8, S. 2926. Eichmann tat diese Darstellung als »sehr theatralisch« ab (ebd., S. 2927).

59 *EP*, Sitzung 58, Bl. Tt1 (*TAE*, Bd. 3, S. 1053), Sitzung 59, Bl. Aa1-Bb1 (*TAE*, Bd. 3, S. 1071).

60 *EV* 7, S. 1086–1092.

61 *EP*, Sitzung 86, Bl. O1-S1 (*TAE*, Bd. 4, S. 1538–1540).

62 Braham, *The Politics of Genocide*, Bd. 1, S. 556–566; Bauer, *Freikauf von Juden?*, S. 316–321; Zweig, *The Golden Train*, S. 51–53; Arendt, *Eichmann in Jerusalem*, S. 238–246.

63 *EP*, Sitzung 86, Bl. O1-T1 (*TAE*, Bd. 4, S. 1538–1540).

64 *EV* 8, S. 2929–2931; *EP*, Sitzung 58, Bl. Rr1 (*TAE*, Bd. 3, S. 1050), Sitzung 59, Bl. Aa1-Bb1 (Kasztner-Bericht; *TAE*, Bd. 3, S. 1071 f.). Zur Bedeutung der Zwangsarbeit für Eichmanns Handeln siehe auch Braham, *The Politics of Genocide*, Bd. 2, S. 733–736; Kwiet, »Forced Labour of German Jews in Nazi Germany«.

65 Veesenmayer ans Auswärtige Amt, 8. Juni 1944, in: *TAE*, Bd. 9, T/1200, zit. in: *EP*, Sitzung 97, Bl. B1 (*TAE*, Bd. 4, S. 1676); Veesenmayer an Auswärtiges Amt, 13. Juni 1944, in: *TAE*, Bd. 9, T/1207, zit. in: *EP*, Sitzung 60, Bl. Tt1 (*TAE*, Bd. 3, S. 1085); Braham, *The Politics of Genocide*, Bd. 2, S. 1212–1225, 1233–1239, 1251–1253.

66 Veesenmayer an Ribbentrop, 6. Juli 1944, in: *TAE*, Bd. 9, T/1212, zit. in: *EP*, Sitzung 60, Bl. Uu1 (*TAE*, Bd. 3, S. 1087); Braham, *The Politics of Genocide*, Bd. 2, S. 861–882.

67 Winkelmann an Himmler, 7. Juli 1944, N80, zit. in: *EP*, Sitzung 86, Bl. K1 (*TAE*, Bd. 4, S. 1537); Ribbentrop an Veesenmayer, 17. Juli 1944, in: *TAE*, Bd. 9, T/1214, zit. in: *EP*, Sitzung 60, Bl. Vv1 (*TAE*, Bd. 3, S. 1087).

68 Aussage von Pinhas Freudiger, in: *EP*, Sitzung 52, Bl. H1, M1-N1 (*TAE*, Bd. 3, S. 946–948).

69 Aussage von Alexander Brody, in: *EP*, Sitzung 52, Bl. Z1-Dd1 (*TAE*, Bd. 3, S. 955–958); Braham, *The Politics of Genocide*, Bd. 2, S. 890–893.

70 Sassen-Interview, Tonband 1, S. 9; *IAE*, S. 385 f.

71 Eichmann an Günther, 24. Juli 1944, in: *TAE*, Bd. 9, T/1216, zit. in: *EP*, Sitzung 60, Bl. Ww1-Xx1 (*TAE*, Bd. 3, S. 1088).

72 Veesenmayer an Auswärtiges Amt, 25. Juli 1944, in: *TAE*, Bd. 9, T/1215, zit. in: *EP*, Sitzung 60, Bl. Vv1-Ww1 (*TAE*, Bd. 3, S. 1088).

73 Veesenmayer an Auswärtiges Amt, 14. August 1944, in: *TAE*, Bd. 9, T/1217, zit. in: *EP*, Sitzung 60, Bl. Xx1 (*TAE*, Bd. 3, S. 1089); Grell an Auswärtiges Amt, 19. August 1944, in: *TAE*, Bd. 9, T/1218, zit. in ebd. (*TAE*, Bd. 3, S. 1089); Braham, *The Politics of Genocide*, Bd. 2, S. 719–797.

74 Veesenmayer an Auswärtiges Amt, 24. August 1944, in: *TAE*, Bd. 9, T/1219, zit. in ebd., Bl. Yy1 (*TAE*, Bd. 3, S. 1089); Veesenmayer an Ribbentrop, 25. August 1944, in: *TAE*, Bd. 9, T/1222, zit. in: *EP*, Sitzung 60, Bl. Zz1 (*TAE*, Bd. 3, S. 1090); Becher an Himmler, 25. August 1944, in: *TAE*, Bd. 9, T/1220, zit. in ebd., Bl. Yy1 (*TAE*, Bd. 3, S. 1089 f.); Vermerke von Wagner, 16. September 1944, in: *TAE*, Bd. 9, T/1231 und 1232, zit. in: *EP*, Sitzung 61, Bl. G1 (*TAE*, Bd. 3, S. 1095 f.); Bauer, *Freikauf von Juden?*, S. 346; Braham, *The Politics of Genocide*, Bd. 2, S. 1101–1103.

75 *EV* 8, S. 1975; *EP*, Affidavit von Becher, Bl. 22–25 (*TAE*, Bd. 5, S. 1920).

76 *EP*, Affidavit von Krumey, Bl. 13 (TAE, Bd. 5, S. 1940). Die Information über Eichmanns Aufenthalt auf der Burg Derekegyhaza stammt von Wisliceny.

77 Clarke, *Eichmann*, S. 123–125. Eichmann wurde 1943 wegen eines Korruptionsvorwurfs von einem SS-Richter vernommen, aber völlig entlastet (*EP*, Sitzung 87, Bl. H1 [*TAE*, Bd. 4, S. 1552]).

78 *EV* 7, S. 287–289.

79 *EP*, Sitzung 58, Bl. Vv1 (*TAE*, Bd. 3, S. 1054); Sassen-Interview, zit. in: *EP*, Sitzung 104, Bl. L1 (*TAE*, Bd. 4, S. 1787); *IAE*, S. 333; Höß, »Aufzeichnungen«, S. 336.

80 *EP*, Sitzung 94, Bl. Mm1 (*TAE*, Bd. 4, S. 1643 f.).

81 *EV* 7, S. 296 f.

82 *EV* 7, S. 297–303; *EV* 8, 2903–2910; *IAE*, S. 386–388.

83 Bericht von Theodor Grell, 29. September 1944, in: *TAE*, Bd. 9, T/1225, zit in: *EP*, Sitzung 61, Bl. E1 (*TAE*, Bd. 3, S. 1094).

84 Braham, *The Politics of Genocide*, Bd. 2, S. 942–952.

85 Vermerk von Horst Wagner, 12. Oktober 1944, in: *TAE*, Bd. 9, T/1230, zit. in: *EP*, Sitzung 61, Bl. G1 (*TAE*, Bd. 3, S. 1095); Veesenmayer an Auswärtiges Amt, 18. Oktober 1944, in: *TAE*, Bd. 9, T/1235, zit. in ebd., Bl. H1 (*TAE*, Bd. 3, S. 1096 f.).

86 *EP*, Sitzung 61, Bl. H1 (*TAE*, Bd. 3, S. 1096); Kasztner-Bericht, in: *TAE*, Bd. 9, T/1113, S. 109.

87 Braham, *The Politics of Genocide*, Bd. 2, S. 952–962, 995–1004.

88 Ebd., S. 963–969. Eine bewegende, lebendige Darstellung findet sich in Szép, *Drei Wochen in 1944*.

89 *EP*, Sitzung 61, Bl. M1 (*TAE*, Bd. 3, S. 1100 f.); vgl. Tschuy, *Carl Lutz und die Juden von Budapest*, S. 252 f.; Levine, *From Indifference to Activism;* ders., »Bureaucracy, Resistance, and the Holocaust«.

90 *EV* 7, S. 290–293; Veesenmayer an Auswärtiges Amt, 13. November 1944, in: *TAE*, Bd. 9, T/1247; *EP*, Sitzung 61, Bl. Dd1 (*TAE*, Bd. 3, S. 1116).

91 Kasztner-Bericht, zit. in: *EP*, Sitzung 61, Bl. X1 (*TAE*, Bd. 3, S. 1112); *EV* 8, S. 2939; *EP*, Affidavit von Jüttner, Bl. 2 f. (*TAE*, Bd. 5, S. 1907 f.), Affidavit von Becher, Bl. 4 f., 17–19 (*TAE*, Bd. 5, S. 1919).

92 Veesenmayer an Auswärtiges Amt, 21. November 1944, in: *TAE*, Bd. 9, T/1242, zit. in: *EP*, Sitzung 61, Bl. Z1 (*TAE*, Bd. 3, S. 1113); Sassen-Interview, Tonband 11, S. 68. Vgl. aber Sassen-Interview, Tonband 3, S. 26, wo Eichmann dieselbe Bemerkung Müllers in Bezug auf seine Vorsichtsmaßnahmen für den Fall von Luftangriffen auf Berlin anführt.

93 Tschuy, *Carl Lutz und die Juden von Budapest*, S. 191, 202–204.

94 Vgl. Anger, *With Raoul Wallenberg in Budapest*; Levine, »Bureaucracy, Resistance, and the Holocaust«; A. Cohen, »Resistance and Rescue in Hungary«; Braham, *The Politics of Genocide*, Bd. 2, S. 1225–1239.

95 Auswärtiges Amt an Veesenmayer, 17. Dezember 1944, in: *TAE*, Bd. 9, T/1243, zit. in: *EP*, Sitzung 61, Bl. Z1 (*TAE*, Bd. 3, S. 1113 f.); Veesenmayer an Auswärtiges Amt, 20. Dezember 1944, in: *TAE*, Bd. 9, T/1244, zit. in ebd., Bl. Z1-Aa1 (*TAE*, Bd. 3, S. 1114); Steur, *Theodor Dannecker*, S. 144 f.; Anger, *With Raoul Wallenberg in Budapest*, S. 75.

96 Aussage von Wisliceny, in: *TAE*, Bd. 9, T/1116, zit. in: *EP*, Sitzung 52, Bl. U1 (*TAE*, Bd. 3, S. 953).

97 *EV* 8, S. 2888–2901, 2938–2941; *EP*, Affidavit von Becher, Bl. 21 f. (*TAE*, Bd. 5, S. 1920). Eichmann bestritt diese Episode nicht, erzählte sie indessen etwas anders. Danach war Himmler keineswegs laut geworden, sondern sei vielmehr »völlig normal, sachlich, korrekt« gewesen. Im Übrigen wäre er, wenn er einen Befehl des Reichsführers-SS missachtet hätte, nicht ermahnt, sondern verhaftet worden. Becher habe sich die ganze Geschichte, von der Tatsache des Besuchs bei Himmler abgesehen, aus den Fingern gesogen, weil er sich auf seine, Eichmanns, Kosten in ein gutes Licht habe rücken wollen. *EV* 8, S. 2892–2904.

98 *EV* 7, S. 303 f.; Ungváry, »The Second Stalingrad«.

99 *EP*, Affidavit von Höttl, Bl. 60, 62 (*TAE*, Bd. 5, S. 1892); Aussage von Wisliceny, Bratislava, 26. Oktober 1946; *EP*, Sitzung 104, Bl. P1 (*TAE*, Bd. 4, S. 1789); Friedman, *The Hunter*, S. 173 f.

100 *EV* 7, S. 305 f.

101 *EV* 7, S. 306 f. Eichmann fügte hinzu: »Im Hinblick auf die lächerliche Falschpapieraktion, die mir einen Ekel erregte, war ich bereit, mir lieber sofort eine Kugel durch den Kopf zu schießen als mir öffentlich hier ein falsches Dokument auszustellen« (S. 308).

102 *EV* 7, S. 305–309; Höttl, *The Secret Front*, 308 f.

103 *EV* 7, S. 309 f.; *EP*, Sitzung 44, Bl. H1 (*TAE*, Bd. 2, S. 788 f.); Adler, *Theresienstadt 1941–1945*, S. 197–199; Robinson, *And The Crooked Shall Be Made Straight*, S. 231 f. Nach dem Krieg ereiferte sich Eichmann über die »Dummheit der Leute des WVHA«, derentwegen diese Dinge in die »einzelnen jüdischen Literaturen« durchsickere, »weil sie ihr ganzes Material aufgehoben haben« (Sassen-Interview, Tonband 37, S. 9).

104 Berkley, *Hitler's Gift*, S. 220, 227 f.

105 Adler, *Theresienstadt 1941–1945*, S. 199–202; Berkley, *Hitler's Gift*, S. 229–232; Favez, *Das Internationale Rote Kreuz und das Dritte Reich*, S. 483–490.

106 Favez, *Das Internationale Rote Kreuz und das Dritte Reich*, S. 499.

107 Aussage von Wisliceny, in: *IMG*, Bd. 4, S. 412; Sassen-Interview, Tonband 1, S. 3, zit. in: *EP*, Sitzung 105, Bl. Qq1 (*TAE*, Bd. 4, S. 1804); *EV* 7, S. 307 f.

108 EV 7, S. 308–315; Vera Eichmanns Erinnerungen, in: *Daily Express*, 12. Dezember 1961. Wisliceny hat behauptet, Eichmann habe seine Frau, seine Kinder und sich selbst in Prag erschießen wollen (Verhör in Nürnberg, 14. November 1945, in: *The Holocaust*, Bd. 12, S. 21 f.).

109 *EV* 7, S. 310, 313–315; *IAE*, S. 417–421; Sassen-Interview, Tonband 13, S. 7; Höttl, *The Secret Front*, S. 315 f.

110 *EV* 7, S. 314 f., *EV* 8, S. 2523; *IAE*, S. 418–421.

Flucht und Gefangennahme, 1945–1960

1 *IAE*, S. 423; vgl. Sassen-Interview, Tonband 13, S. 7.

2 Zit. in Smith, *Der Jahrhundertprozess*, S. 132.

3 Harel, *Das Haus in der Garibaldistraße*, S. 198.

4 Malkin/Stein, *Ich jagte Eichmann*, S. 193.

5 *Quick* 1 (1966), S. 26.

6 Eichmann, »Meine Memoiren«, 12. August 1999.

7 *IAE*, S. 423; Sassen-Interview, Tonband 13, S. 7; Vera Eichmann im *Daily Express*, 12. Dezember 1961.

8 *IAE*, S. 422–425; Sassen-Interview, Tonband 13, S. 7.

9 *IAE*, S. 421.

10 *IAE*, S. 426; Sassen-Interview, Tonband 4, S. 3, Tonband 11, S. 1.

11 *IAE*, S. 58 f., 426 f.

12 *IAE*, S. 428.

13 *IAE*, S. 429; Reynolds/Katz/Aldouby, *Adolf Eichmann*, S. 180–184; Aharoni/Dietl, *Der Jäger*, S. 72 f.; Pendorf, *Mörder und Ermordete*, S. 136–138.

14 Aharoni/Dietl, *Der Jäger*, S. 73 f., 79 f.; Reynolds/Katz/Aldouby, *Adolf Eichmann*, S. 183 f.; Aussage von Otto Lindhorst, in: »Adolf Eichmann – Begegnungen mit einem Mörder«, BBC/NDR.

15 Cesarani, *Justice Delayed*, S. 162–177; Glees, »The Making of British Policy on War Crimes«; Bower, *Blind Eye to Murder*.

16 *IAE*, S. 329 f.; Wiesenthal, *Recht, nicht Rache*, S. 98, 100–102; Aharoni/Dietl, *Der Jäger*, S. 80 f. Die Geflügelzucht übernahm Feiersleben (Aussage von Otto Lindhorst, in: »Adolf Eichmann – Begegnungen mit einem Mörder«, BBC/NDR).

17 Harel, *Das Haus in der Garibaldistraße*, S. 198; Goñi, *The Real Odessa*, Kap. 1.

18 Goñi, *The Real Odessa*, S. 17–24, 65–71, 140–160.

19 Ebd., S. 40–43, 103–107.

20 Ebd., S. 93–99, 229–237.
21 Ebd., 123 f.
22 Harel, *Das Haus in der Garibaldistraße*, S. 198.
23 Aharoni/Dietl, *Der Jäger*, S. 228. Zu Eichmanns eigener kurzer und nichtssagender Darstellung siehe: *IAE*, S. 430.
24 Goñi, *The Real Odessa*, S. 284 f., 299, 361 Anm. 504; Reynolds/Katz/Aldouby, *Adolf Eichmann*, S. 184 f.; Aussage von Otto Lindhorst, in: »Adolf Eichmann – Begegnungen mit einem Mörder«, BBC/NDR.
25 Lewy, *Die katholische Kirche und das Dritte Reich*, S. 309 f.; Aharoni/Dietl, *Der Jäger*, S. 84. Der St.-Raphael-Verein ist im Aktenplan des Referats IV B 4 unter der Rubrik 3621 aufgeführt (YVA, O.51–11).
26 Goñi, *The Real Odessa*, S. 232–237, 398, 361 Anm. 505. Moshe Pearlman hat bereits 1960 die wichtigsten Zusammenhänge dieser Geschichte offen gelegt (*Die Festnahme des Adolf Eichmann*, S. 123 f.).
27 Goñi, *The Real Odessa*, S. 299 f.
28 Polizeiliche Meldeakten Eichmanns in Tucumán, 13. Februar 1952, in: USHMM; Aharoni/Dietl, *Der Jäger*, S. 99–103; Goñi, *The Real Odessa*, S. 300–303.
29 Goñi, *The Real Odessa*, S. 301 f.; die Fotografien sind abgedruckt in: *IAE*, zwischen den Seiten 272 und 273.
30 Aharoni/Dietl, *Der Jäger*, S. 103.
31 Bower, *Blind Eye to Murder*; ders., *Verschwörung Paperclip;* Friedlander, »The Judiciary and Nazi War Crimes in Post-War Germany«; *Die Strafverfolgung von NS-Verbrechen 1945 bis 1978*, S. 25–41; Simpson, *Der amerikanische Bumerang.*
32 Ein großer Teil der Literatur über dieses Thema ist sensationslüstern und schlecht belegt; vgl. Elkins, *Forged in Fury*, S. 169–216; Rich Cohen, *Nachtmarsch*, S. 264–303. Eine nüchterne Darstellung findet sich in Segev, *Die siebte Million*, S. 192–208.
33 Friedman, *The Hunter*, S. 21–120.
34 Wiesenthal, *Gerechtigkeit, nicht Rache*, S. 48–52; Pick, *Simon Wiesenthal*, S. 64–142, 156–158.
35 Friedman, *The Hunter*, S. 122; Wiesenthal, *Gerechtigkeit, nicht Rache*, S. 93.
36 Friedman, *The Hunter*, S. 122; Wiesenthal, *Gerechtigkeit, nicht Rache*, S. 94 f.
37 Overy, *Verhöre*, S. 354–374; Bericht von Wisliceny, 27. Oktober 1946, in: YVA, O.51–108.
38 Friedman, *The Hunter*, S. 154, 169–176; Aharoni/Dietl, *Der Jäger*, S. 74–77; Diamant, *Geheimauftrag*, S. 203–228.
39 Wiesenthal, *Gerechtigkeit, nicht Rache*, S. 96 f.; Aharoni/Dietl, *Der Jäger*, S. 77–79.
40 Ebd., S. 104; Aharoni/Dietl, *Der Jäger*, S. 105 f.
41 Friedman, *The Hunter*, S. 187 f., 191 f.; Wiesenthal, *Gerechtigkeit, nicht Rache*, S. 102; Cesarani, *Justice Delayed.*
42 Friedman, *The Hunter*, S. 210 f.; Wiesenthal, *Gerechtigkeit, nicht Rache*, S. 104 f.

43 *Daily Express*, 12. Dezember 1961; Interview mit Klaus Eichmann, in: *Quick* 1 (1966), S. 26; Aharoni/Dietl, *Der Jäger*, S. 103 f.; Goñi, *The Real Odessa*, S. 302 f.

44 *Daily Express*, 12. Dezember 1961; Interview mit Klaus Eichmann, in: *Quick* 1 (1966), S. 26.

45 Goñi, *The Real Odessa*, S. 303 f.

46 Aharoni/Dietl, *Der Jäger*, S. 106 f.; Goñi, *The Real Odessa*, S. 303 f., 308 f., 362 Anm. 523.

47 Interview mit Klaus Eichmann, in: *Quick* 1 (1966), S. 26; Interviews mit ehemaligen Nachbarn in: »Adolf Eichmann – Begegnungen mit einem Mörder«, BBC/NDR; *EP*, Sitzung 11, Bl. N1 (*TAE*, Bd. 1, S. 155).

48 *Daily Express*, 12. Dezember 1961; *EP*, Sitzung 11, Bl. N2 (TAE, Bd. 1, S. 155 f.), Sitzung 91, Bl. H1-I1 (TAE, Bd. 4, S. 1600); Interview mit Klaus Eichmann, in: *Quick* 1 (1966), S. 26; vgl. Gerlach, »The Eichmann Interrogations in Holocaust Historiography«, S. 439, 450 Anm. 93.

49 *EP*, Sitzung 105, Bl. Y1-Z1 (*TAE*, Bd. 4, S. 1796); Goñi, *The Real Odessa*, S. 304–306.

50 Goñi, *The Real Odessa*, S. 283–287; Aharoni/Dietl, *Der Jäger*, S. 119, 232 f.

51 *EP*, Sitzung 105, Bl. Y1-Aa1 (*TAE*, Bd. 4, S. 1796); Goñi, *The Real Odessa*, S. 306–308; »Eichmann's Ghost Writer«, S. 2; Wojak, *Eichmanns Memoiren*, S. 22–25.

52 *EP*, Sitzung S6, Bl. Ee1 (*TAE*, Bd. 4, S. 1664); zum »Endlösungsbefehl« siehe: Sassen-Interview, Tonband 1, S. 6–8, Tonband 18, S. 4, Tonband 46, S. 6–8; zur Opferzahl siehe Tonband 3, S. 8–10, Tonband 16, S. 1–5.

53 Sassen-Interview, Tonband 67, S. 9 f., zit. in: *EP*, Sitzung 96, Bl. Ii1, Ll1 (*TAE*, Bd. 4, S. 1667), Sitzung 104, Bl. I1 (*TAE*, Bd. 4, S. 1785).

54 Sassen-Interview, Tonband 67, S. 9.

55 *EP*, Sitzung 105, Bl. Y1-Aa1 (*TAE*, Bd. 4, S. 1796); »Eichmann's Ghost Writer«, S. 2; Farago, *The Aftermath*, S. 372–374; Goñi, *The Real Odessa*, S. 306–308.

56 Sassen-Interview, Tonband 67, S. 10.

57 Eichmanns Version der Entstehungsgeschichte der Tonbänder, wie er sie im Rahmen seiner Verteidigung vorbrachte, findet sich in: *EP*, Sitzung 92, Bl. Rr1 (*TAE*, Bd. 4, S. 1619), Sitzung 95, Bl. Cc1-Dd1 (*TAE*, Bd. 4, S. 1663), Sitzung 96, Bl. Ee1-Hh1 (*TAE*, Bd. 4, S. 1664 f.), Sitzung 102, Bl. U1-W1 (*TAE*, Bd. 4, S. 1760–1762), Sitzung 105, Bl. Y1-Aa1 (*TAE*, Bd. 4, S. 1795 f.). Laut Irmtraud Wojak (*Eichmanns Memoiren*, S. 48) war das Sassen-Interview noch umfangreicher, als hier angegeben (mindestens 73 Tonbänder, 798 Seiten Transkript).

58 Aharoni/Dietl, *Der Jäger*, S. 150 f.; Interview mit Klaus Eichmann, in: *Quick* 1 (1966), S. 28.

59 Aharoni/Dietl, *Der Jäger*, S. 150 f.

60 Goñi, *The Real Odessa*, S. 312 f.

61 Wojak, *Eichmanns Memoiren*, S. 26 f.

62 Goñi, *The Real Odessa*, S. 312 f.; Harel, *Das Haus in der Garibaldistraße*, S. 25 f.
63 Harel, *Das Haus in der Garibaldistraße*, S. 13–17.
64 Ebd., S. 10.
65 Aharoni/Dietl, *Der Jäger*, S. 120–122.
66 Ebd., S. 122–124.
67 Harel, *Das Haus in der Garibaldistraße*, S. 32–35; Goñi, *The Real Odessa*, S. 313 f.; Aharoni/Dietl, *Der Jäger*, S. 124 f.
68 Aharoni/Dietl, *Der Jäger*, S. 7.
69 Wiesenthal, *Recht, nicht Rache*, S. 106.
70 Harel, *Das Haus in der Garibaldistraße*, S. 38 f.; Aharoni/Dietl, *Der Jäger*, S. 127 f.; Bar-Zohar, *The Avengers*, S. 173.
71 Segev, *Die siebte Million*, S. 430; Aharoni/Dietl, *Der Jäger*, S. 128 f.; Harel, *Das Haus in der Garibaldistraße*, S. 43 f., 115 f.
72 Die folgende Darstellung stützt sich auf Aharoni/Dietl, *Der Jäger*, S. 131–188.
73 Isser Harel schildert die Operation in seinem Buch *Das Haus in der Garibaldistraße* in allen Einzelheiten und zählt die Beteiligten auf. In der Ausgabe von 1997 nennt er die meisten Agenten auch beim richtigen Namen, nur Aharoni figuriert weiterhin als Yosef Kenet.
74 Harel, *Das Haus in der Garibaldistraße*, S. 115.
75 Aharoni/Dietl, *Der Jäger*, S. 195–211.
76 Harel, *Das Haus in der Garibaldistraße*, S. 133–157.
77 Aharoni/Dietl, *Der Jäger*, S. 208 f.
78 Malkin/Stein, *Ich jagte Eichmann*, S. 221–224; Aharoni/Dietl, *Der Jäger*, S. 214.
79 Aharoni/Dietl, *Der Jäger*, S. 215 f.; Harel, *Das Haus in der Garibaldistraße*, S. 172 f.
80 Aharoni/Dietl, *Der Jäger*, S. 217–222.
81 Ebd., S. 220 f., 227, 231. Bormann starb im Mai 1945 in Berlin; Mengele war zwar in Buenos Aires, floh aber nach Paraguay, als er von Eichmanns Entführung erfuhr.
82 Malkin/Stein, *Ich jagte Eichmann*, S. 269–282; Harel, *Das Haus in der Garibaldistraße*, S. 213 f.; Aharoni/Dietl, *Der Jäger*, S. 235–238.
83 Aharoni/Dietl, *Der Jäger*, S. 227 f.
84 Malkin/Stein, *Ich jagte Eichmann*, S. 243–245.
85 Harel, *Das Haus in der Garibaldistraße*, S. 178, 187–190, 194, 198 f.
86 Ebd., S. 208, 212.
87 Ebd., S. 257–273; Aharoni/Dietl, *Der Jäger*, S. 256–261.
88 Interview mit Klaus Eichmann, in: *Quick* 1 (1966), S. 28; Goñi, *The Real Odessa*, S. 315 f.; Harel, *Das Haus in der Garibaldistraße*, S. 182–186.
89 Aharoni/Dietl, *Der Jäger*, S. 241 f., 264; Harel, *Das Haus in der Garibaldistraße*, S. 274 f.
90 Harel, *Das Haus in der Garibaldistraße*, S. 276 f.
91 Ebd., S. 283–286.
92 Ebd., S. 278 f., 286.

93 Ebd.; Aharoni/Dietl, *Der Jäger*, S. 262; Pearlman, *Die Festnahme des Adolf Eichmann*, S. 171.

Verhör, Prozess und Hinrichtung, 1960–1962

1 Hausner, *Gerechtigkeit in Jerusalem*, S. 424.
2 *EV* 7, S. 360 f.
3 *EP*, Sitzung 96, Bl. Ii1 (*TAE*, Bd. 4, S. 1666).
4 Hull, *The Struggle for a Soul*, S. 83.
5 Pearlman, *The Capture and Trial of Adolf Eichmann*, S. 81–83; Less, »Nachwort«, S. 356 f., 371. Zur Verlässlichkeit und Interpretation von Eichmanns Aussagen und Memoiren siehe Wojak, *Eichmanns Memoiren;* Gerlach, »The Eichmann Interrogations in Holocaust Historiography«; Browning, »Perpetrator Testimony«.
6 Rein, »The Eichmann Kidnapping«.
7 Pearlman, *The Capture and Trial of Adolph Eichmann*, S. 66 f.; Aharoni/Dietl, *Der Jäger*, S. 264 f.
8 Rein, »The Eichmann Kidnapping«, S. 107 f.; Aharoni/Dietl, *Der Jäger*, S. 266 f.; Pearlman, *The Capture and Trial of Adolf Eichmann*, S. 74 f.
9 Rein, »The Eichmann Kidnapping«, S. 115–117; Goñi, *The Real Odessa*, S. 317 f.; Avni, »Jewish Leadership in Times of Crisis«, S. 126 f.
10 M. Keren, »Ben Gurion's Theory of Sovereignty«, S. 40 f.; vgl. auch Crossman, »The Faceless Bureaucrat«, S. 503 f. Crossman, ein Abgeordneter des britischen Unterhauses und unerschütterlicher Freund Israels, warnte davor, dass der Prozess »wie ein Akt von Stammesrache wirken« könnte.
11 Aharoni/Dietl, *Der Jäger*, S. 263 f.; M. Keren, »Ben Gurion's Theory of Sovereignty«, S. 42; Segev, *Die siebte Million*, S. 432–438.
12 Yablonka, *The State of Israel vs. Adolf Eichmann*, S. 31; Harel, *Das Haus in der Garibaldistrasse*, S. 283 f.
13 Pearlman, *The Capture and Trial of Adolph Eichmann*, S. 83; Less, »Nachwort«, S. 359 [VIII].
14 Less, »Nachwort«, S. 370 f.; Hausner, *Gerechtigkeit in Jerusalem*, S. 423.
15 Less, »Nachwort«, S. 356, 370 f.
16 Ebd., S. 356, 371, 374; Hausner, *Gerechtigkeit in Jerusalem*, S. 424; Arendt, *Eichmann in Jerusalem*, S. 360.
17 Hausner, *Gerechtigkeit in Jerusalem*, S. 423; Yablonka, *The State of Israel vs. Adolf Eichmann*, S. 64.
18 Less, »Nachwort«, S. 366 f.
19 Ebd., S. 361–364, 367 f.
20 Ebd., S. 372 f.
21 Zur Vernehmungsprozedur siehe: *TAE*, Bd. 1, S. 129 f. Eichmanns Brief an Robert Eichmann vom 22. Mai 1961 ist zitiert in Rassinier, *The Real Eichmann Trial*, S. 147 f.; dieses den Holocaust verleugnende Traktat ist ansons-

ten mit äußerster Vorsicht zu genießen. Eichmanns »Memoiren« (*TAE*, Bd. 9, T44) sind 1999 von der Zeitung *Die Welt* veröffentlicht worden.

22 Less, »Nachwort«, S. 357, 369 f.

23 Ebd., S. 356 f., 359 f.

24 *EV* 7, S. 360 f.; Hausner, *Gerechtigkeit in Jerusalem*, S. 424–426.

25 Less, »Nachwort«, S. 357 f., 360; Pearlman, *The Capture and Trial of Adolf Eichmann*, S. 205.

26 Less, »Nachwort«, S. 358, 373; Hausner, *Gerechtigkeit in Jerusalem*, S. 427–432; Eichmann an Servatius, zit. in Browning, *Die Entfesselung der »Endlösung«*, S. 774.

27 Less, »Nachwort«, S. 374 (»Es war ein merkbarer Schock für [Eichmann], zugeben zu müssen, dass er schon seit September 1939 den Plan zur Massenvernichtung der Juden gekannt habe«); Hausner, *Gerechtigkeit in Jerusalem*, S. 431 f.

28 Hausner, *Gerechtigkeit in Jerusalem*, S. 460; Yablonka, *The State of Israel vs. Adolf Eichmann*, S. 124–126.

29 Pearlman, *The Capture and Trial of Adolf Eichmann*, S. 86 f.; Yablonka, *The State of Israel vs. Adolf Eichmann*, S. 123–130.

30 Hausner, *Gerechtigkeit in Jerusalem*, S. 461 f. Zur Diskussion zwischen dem stellvertretenden Oberstaatsanwalt Gabriel Bach und Eichmann über die Wahl eines Verteidigers siehe: *EV* 7, S. 1265–1274. Zum Streit über die Finanzierung und zur westdeutschen Position siehe Große, *Der Eichmann-Prozess zwischen Recht und Politik*, S. 50–83.

31 Hausner, *Gerechtigkeit in Jerusalem*, S. 461 f.; Jaspers an Arendt, 14. Februar 1961, und Arendt an Jaspers, 13. April 1961, in Arendt/Jaspers, *Briefwechsel 1926–1969*, S. 461, 471.

32 Less, »Nachwort«, S. 373; Eichmann an seinen Bruder Robert, Februar 1961, zit. in Rassinier, *The Real Eichmann Trial*, S. 147 f.; vgl. auch Gerlach, »The Eichmann Interrogations in Holocaust Historiography«, S. 430–433.

33 Hausner, *Gerechtigkeit in Jerusalem*, S. 462; Yablonka, *The State of Israel vs. Adolf Eichmann*, S. 129 f.

34 Less, »Nachwort«, S. 368; Hausner, *Gerechtigkeit in Jerusalem*, S. 433; Yablonka, *The State of Israel vs. Adolf Eichmann*, S. 66.

35 Hausner, *Gerechtigkeit in Jerusalem*, S. 432–435. Auch andere örtliche Institutionen erwiesen sich als ergiebige Quellen. Beit Lohamel HaGettaot, die von Überlebenden des Warschauer Ghettoaufstands im Kibbuz der Ghettokämpfer gegründete Gedenkstätte, war nur wenige Kilometer entfernt.

36 *Yad Vashem Bulletin* 11 (April-Mai 1962), S. 35–43.

37 Dokumente lieferten: das Weizmann-Archiv, Rehovot; das Zentrale Zionistische Archiv, Jerusalem; das Berlin Document Center; das Centre de Documentation Juive Contemporaine, Paris; die Polnische Untersuchungskommission über faschistische Kriegsverbrechen; das Rijksinstitut voor Oorlogs Dokumentatie, Amsterdam; das National Archive der USA sowie die Regierungen von Ungarn und Jugoslawien (*Yad Vashem Bulletin* 11 [April-Mai 1962], S. 2 f.).

38 Hausner, *Gerechtigkeit in Jerusalem*, S. 436; Robinson, *And the Crooked Shall Be Made Straight*, S. 210. Erst in den neunziger Jahren gab das Spezialarchiv des KGB in Moskau Dokumente aus der Frühzeit des SD frei, einschließlich des Berichts über Eichmanns Palästinareise und seinen entlarvenden »Vortrag« über das Weltjudentum.

39 Erinnerungen von Rachel Auerbach, in: *Yad Vashem Bulletin* 11 (April-Mai 1962), S. 45; Hausner, *Gerechtigkeit in Jerusalem*, S. 443 f.

40 Segev, *Die siebte Million*, S. 444 f.; Hausner, *Gerechtigkeit in Jerusalem*, S. 441 f.

41 Hausner, *Gerechtigkeit in Jerusalem*, S. 436 f.

42 *Yad Vashem Bulletin* 11 (April-Mai 1962), S. 45; Hausner, *Gerechtigkeit in Jerusalem*, S. 437, 443 f.

43 Less, »Nachwort«, S. 370; Hausner, *Gerechtigkeit in Jerusalem*, S. 442, 446.

44 Hausner, *Gerechtigkeit in Jerusalem*, S. 446–452; *Yad Vashem Bulletin* 11 (April-Mai 1962), S. 45–49. Obwohl die Anklagepunkte 9 bis 12 »Verbrechen gegen die Menschlichkeit« und bestimmte Verbrechen betrafen, die an Polen, Slowenen, Tschechen und Roma begangen worden waren, sollte der einzige nichtjüdische Augenzeuge ein deutscher »Gerechter unter den Völkern« sein, Pfarrer Heinrich Grüber.

45 *Yad Vashem Bulletin* 11 (April-Mai 1962), S. 16 f.; Hausner, *Gerechtigkeit in Jerusalem*, S. 450 f. Einer der Zeugen, die Eichmann gesehen haben wollten, war Moshe Bahir (siehe sein Kreuzverhör durch Servatius, in: *EP*, Sitzung 65, Bl. X1-Bb1, Ii1 [*TAE*, Bd. 3, S. 1178–1182, 1188 f.]), ein anderer Avraham Gordon (Sitzung 54, Bl. H2-J1 [*TAE*, Bd. 3, S. 975–980]).

46 Hausner, *Gerechtigkeit in Jerusalem*, S. 437, 439–441, 443, 463 f.

47 Ebd., S. 454–456.

48 *EP*, Sitzung 1, Bl. 1–17 (*TAE*, Bd. 1, S. 3–8).

49 Hausner, *Gerechtigkeit in Jerusalem*, S. 468–470.

50 Pearlman, *The Capture and Trial of Adolf Eichmann*, S. 90 f.

51 Hausner, *Gerechtigkeit in Jerusalem*, S. 468 f.; Shandler, *While America Watches*, S. 89–95.

52 Arendt, *Eichmann in Jerusalem*, S. 76; Segev, *Die siebte Million*, S. 454; Pearlman, *The Capture and Trial of Adolf Eichmann*, S. 89 f.; Yablonka, *The State of Israel vs. Adolf Eichmann*, S. 62.

53 Segev, *Die siebte Million*, S. 453 f.; zur Vorgeschichte siehe ebd., S. 341–424.

54 Hausner, *Gerechtigkeit in Jerusalem*, S. 465 f.

55 Arendt an Jaspers, 13. April 1961, in Arendt/Jaspers, *Briefwechsel 1926–1969*, S. 472; M. Keren, »Ben Gurion's Theory of Sovereignty«, S. 46 f. und Anm. 34; Segev, *Die siebte Million*, S. 457 f.

56 Hausner, *Gerechtigkeit in Jerusalem*, S. 471; Hull, *The Struggle for a Soul*, S. 16–20.

57 Hausner, *Gerechtigkeit in Jerusalem*, S. 472; Pearlman, *The Capture and Trial of Adolf Eichmann*, S. 88 f.; Arendt/Jaspers, *Briefwechsel 1926–1969*, S. 471. Zur Stille im Gerichtssaal bei Eichmanns Auftritt siehe auch Mulisch, *Strafsache 40/61*, S. 46 f.; Gouri, *La Cage de Verre*, S. 11. Manche Beobachter fan-

den, dass Eichmann jüdisch aussehe. Für Cyrus Salzburger sah er, »den gewöhnlichen Definitionen nach, ›jüdischer‹ aus als die beiden sonnengebräunten israelischen Wärter, die bei ihm saßen« (*New York Times*, 2. August 1961, zit. in Shandler, *While America Watches*, S. 109 f.).

58 Aharoni/Dietl, *Der Jäger*, S. 268; Arendt, *Eichmann in Jerusalem*, S. 76; Pearlman, *The Capture and Trial of Adolf Eichmann*, S. 89 f.; Hausner, *Gerechtigkeit in Jerusalem*, S. 472.

59 Gellhorn, »Eichmann and the Private Conscience«, S. 53, 58.

60 *EP*, Sitzung 1, Bl. E1-H1 (*TAE*, Bd. 1, S. 8–10). Die beiden Zeugen wurden zwar aufgerufen, aber, ohne ausgesagt zu haben, wieder entlassen (Sitzung 3, Bl. H1 [*TAE*, Bd. 1, S. 36]).

61 Pearlman, *The Capture and Trial of Adolf Eichmann*, S. 99–104, 121; Hausner, *Gerechtigkeit in Jerusalem*, S. 475, 488 f.; Mulisch, *Strafsache 40/61*, S. 92; Arendt/Jaspers, *Briefwechsel 1926–1969*, S. 471. Telford Taylor merkte im *Spectator* vom 21. April 1961 an, wie unklug es von der Staatsanwaltschaft sei, die Presse derart vor den Kopf zu stoßen.

62 *EP*, Sitzung 1, Bl. H1-Q3, Sitzungen 2–4, Sitzung 5, Bl. A1-E1 (*TAE*, Bd. 1, S. 11–56).

63 *EP*, Sitzung 5, Bl. E1-H1 (*TAE*, Bd. 1, S. 56–59), Sitzung 6, Bl. A2-B1 (*TAE*, Bd. 1, S. 60 f.).

64 Hausner, *Gerechtigkeit in Jerusalem*, S. 493 f.

65 *EP*, Sitzungen 6–8 (*TAE*, Bd. 1, S. 62–114).

66 Arendt, *Eichmann in Jerusalem*, S. 91.

67 *TAE*, Bd. 1, S. 117 f., 128–130; *EP*, Sitzung 10 (*TAE*, Bd. 1, S. 131–144), Sitzung 11 (*TAE*, Bd. 1, S. 145–160).

68 *EP*, Sitzung 11, Bl. Q1 (*TAE*, Bd. 1, S. 158), Sitzung 12, Bl. G1-H2 (*TAE*, Bd. 1, S. 166–168), Sitzung 13, Bl. Gg1 (*TAE*, Bd. 1, S. 194), Sitzung 16, Bl. R1-S1 (*TAE*, Bd. 1, S. 251 f.).

69 Pearlman, *The Capture and Trial of Adolf Eichmann*, S. 227–230.

70 *EP*, Sitzung 13, Bl. Cc1-Gg1 (*TAE*, Bd. 1, S. 190–194).

71 *EP*, Sitzung 14, Bl. F1-J1 (*TAE*, Bd. 1, S. 202–205), Sitzung 16, Bl. A1-E1 (*TAE*, Bd. 1, S. 237–240).

72 *EP*, Sitzung 14, Bl. J1-W1 (*TAE*, Bd. 1, S. 206–219), Sitzung 15 (*TAE*, Bd. 1, S. 220–236), Sitzung 16, Bl. S1-V1 (*TAE*, Bd. 1, S. 252–255), Sitzung 17 Bl. Bb1-Nn1 (*TAE*, Bd. 1, S. 260–270).

73 *EP*, Sitzung 16, Bl. F1-J1 (*TAE*, Bd. 1, S. 241–244), Sitzung 18, Bl. H2-Q1 (*TAE*, Bd. 1, S. 275–283).

74 *EP*, Sitzung 19, Bl. Aa1 (*TAE*, Bd. 1, S. 290), Sitzung 20, Bl. C1-C2, N2-Z1 (*TAE*, Bd. 1, S. 306 f., 318–326), Sitzung 21 (*TAE*, Bd. 1, S. 327–355), Sitzung 22, Bl. Cc1-Ee1 (*TAE*, Bd. 1, S. 357 f.).

75 *EP*, Sitzung 22, Bl. Hh1-Pp1 (*TAE*, Bd. 1, S. 360–365), Sitzung 23, Bl. A1-Q1, Einspruch Bl. A1-B1 (*TAE*, Bd. 1, S. 366–375, Einspruch S. 366 f.).

76 *EP*, Sitzung 23, Bl. C1 (*TAE*, Bd. 1, S. 366 f.); Arendt, *Eichmann in Jerusalem*, S. 71 f., 77 f., 213–215.

77 *EP*, Sitzung 23, Bl. U1 (*TAE*, Bd. 1, S. 377, vgl. Bd. 9, T/219), Sitzung 24, Bl. Ss1-W2 (*TAE*, Bd. 1, S. 392–396).

78 *EP*, Sitzung 25, Bl. I1, L1 (*TAE*, Bd. 1, S. 404, 408), Sitzung 26, Bl. Bb1, Cc1, Dd1, Dd2 (*TAE*, Bd. 1, S. 422 f., 425), Sitzung 27, Bl. W1, X1 (*TAE*, Bd. 1, S. 461); Arendt, *Eichmann in Jerusalem*, S. 76 f.; vgl. Cesarani, »Trial and Testimony«.

79 *EP*, Sitzung 16, Bl. K1-K2 (*TAE*, Bd. 1, S. 244 f.), Sitzung 19, Bl. Qq1-Qq2 (*TAE*, Bd. 1, S. 303 f.), Sitzung 20, Bl. A1-B2 (*TAE*, Bd. 1, S. 305 f.), Sitzung 24, Bl. Ff1-Hh1 (*TAE*, Bd. 1, S. 384 f.); Pearlman, *The Capture and Trial of Adolph Eichmann*, S. 253 f.; Hausner, *Gerechtigkeit in Jerusalem*, S. 576 f.

80 *EP*, Sitzung 24, Bl. Ff1-Hh1 (*TAE*, Bd. 1, S. 384 f.), Sitzung 25, Bl. A1 (*TAE*, Bd. 1, S. 397), Sitzung 29, Bl. S1-U1 (*TAE*, Bd. 1, S. 499–501), Sitzung 30, Bl. A1-B1 (*TAE*, Bd. 1, S. 508); Hausner, *Gerechtigkeit in Jerusalem*, S. 571–573.

81 *EP*, Sitzung 31, Bl. Pp1-Zz1 (*TAE*, Bd. 2, S. 567–576), Sitzung 32 (*TAE*, Bd. 2, S. 577–591), Sitzung 34, Bl. B1, Y1 (*TAE*, Bd. 2, S. 607, 627).

82 *EP*, Sitzung 39 (*TAE*, Bd. 2, S. 704–718), Sitzung 40 (*TAE*, Bd. 2, S. 719–729); vgl. Musmanno, *The Eichmann Kommandos*, S. 39–41, 109, 263.

83 *EP*, Sitzung 55 (*TAE*, Bd. 3, S. 1000–1014), Sitzung 56, Bl. Dd1-Ff1 (*TAE*, Bd. 3, S. 1015); Gilbert, *Nürnberger Tagebuch*, S. 242–244, 448–450.

84 *EP*, Sitzung 55, Bl. S1-X1 (*TAE*, Bd. 3, S. 1011 f.), Sitzung 57, Bl. A1-C1 (*TAE*, Bd. 3, S. 1026 f.).

85 *EP*, Sitzung 57, Bl. Z1 (*TAE*, Bd. 3, S. 1041), Sitzung 63, Bl. A1 (*TAE*, Bd. 3, S. 1034 f.). Servatius änderte später seine Meinung über Serafim und wollte ihn in der Berufungsverhandlung als Zeugen der Verteidigung aufrufen.

86 *EP*, Sitzung 41, Bl. Y1-Bb1 (*TAE*, Bd. 2, S. 743 f.), Sitzung 42, Bl. Cc1-Gg1 (*TAE*, Bd. 2, S. 746 f.). Zu Grübers juden- und israelfreundlicher Einstellung siehe sein Buch *Zeuge pro Israel*.

87 Hausner, *Gerechtigkeit in Jerusalem*, S. 513; Gouri, *La Cage de Verre*, S. 87; Hull, *The Struggle for a Soul*, S. 5; Mulisch, *Strafsache 40/61*, S. 92.

88 *EP*, Sitzung 79, Bl. Dd1-Ff1 (*TAE*, Bd. 4, S. 1434 f.).

89 *EP*, Sitzung 41, Bl. A1-I1 (*TAE*, Bd. 2, S. 730–736), Sitzung 50, Bl. N1–O2 (*TAE*, Bd. 2, S. 908 f.).

90 *EP*, Sitzung 51, Bl. Rr1-Xx1 (*TAE*, Bd. 3, S. 930–935), Sitzung 52, Bl. A1-X1 (*TAE*, Bd. 3, S. 936–955), Sitzung 54, Bl. A1-L1 (*TAE*, Bd. 1, S. 975–980); Hausner, *Gerechtigkeit in Jerusalem*, S. 521–526; Pearlman, *The Capture and Trial of Adolf Eichmann*, S. 354.

91 *EP*, Sitzung 56, Bl. Ff1-Uu1 (*TAE*, Bd. 3, S. 1015–1024), Sitzung 57, Bl. D1-X1 (*TAE*, Bd. 3, S. 1028–1040), Sitzung 59, Bl. I1-W1 (*TAE*, Bd. 3, S. 1056–1059).

92 *EP*, Sitzung 61, Bl. I1-R1 (*TAE*, Bd. 3, S. 1097–1106), Sitzung 62, Bl. Bb1 (*TAE*, Bd. 3, S. 1134).

93 *EP*, Sitzung 63, Bl. U1-X1 (*TAE*, Bd. 3, S. 1148 f.), Sitzung 67, Bl. Jj1-Kk1, Qq1-Tt1, Ccc1 (*TAE*, Bd. 3, S. 1223 f., 1231); zu angeblichen Besuchen Eichmanns in den Lagern siehe: Sitzung 64, Bl. G1-K1 (*TAE*, Bd. 3, S. 1162–1166), Sitzung 65, Bl. X1-Bb1 (*TAE*, Bd. 3, S. 1178–1182), Sitzung

68, Bl. H1-Ss1 (*TAE*, Bd. 3, S. 1243–1254), Sitzung 69, Bl. Qq1-SS1 (*TAE*, Bd. 3, S. 1267 f.). Hausner legte auch Beweise dafür vor, dass Eichmann mit dem Großmufti zusammengearbeitet hatte, um die jüdische Auswanderung nach Palästina zu verhindern. Große Bedeutung maß er eigens übersetzten, allerdings recht vagen Einträgen aus dem Tagebuch des Großmuftis bei, in denen dieser seine Bewunderung für Eichmann auszudrücken schien.

94 *EP*, Sitzung 47, Bl. E1 (*TAE*, Bd. 2, S. 842), Sitzung 72, Bl. Y1-Ii1 (*TAE*, Bd. 3, S. 1323–1329); Hausner, *Gerechtigkeit in Jerusalem*, S. 17–21, 532–535. Servatius wollte auch Eberhard Fritzsche vorladen lassen, der bei einigen Interviewsitzungen zugegen gewesen war.

95 *EP*, Sitzung 73, Bl. A1–Oo1 (*TAE*, Bd. 3, S. 1330–1340), Sitzung 74, Bl. Ee1 (*TAE*, Bd. 3, S. 1353), Sitzung 75, Bl. J1 (*TAE*, Bd. 3, S. 1364 f.), Sitzung 88, Bl. L1-N1, eingeheftet die verlesenen Auszüge und der Entscheid über die Teilzulassung der Sassen-Transkriptionen (*TAE*, Bd. 4, S. 1569 f.). Richter Halevi gab als Minderheitsmeinung zu Protokoll, dass die gesamte Transkription nach Paragraph 37 des Gesetzes zur Bestrafung von Nationalsozialisten und NS-Kollaborateuren als Beweismittel zugelassen werden sollte.

96 Hausner, *Gerechtigkeit in Jerusalem*, S. 538–540; zu den Hauptvorträgen der Verteidigung im Prozess siehe Servatius, *Verteidigung Adolf Eichmann;* zu Geschichtswerken siehe: *EP*, Sitzung 81, Bl. A1 (*TAE*, Bd. 4, S. 1453), Sitzung 83, Bl. A1 (*TAE*, Bd. 4, S. 1483).

97 Gellhorn, »Eichmann and the Private Conscience«, S. 58.

98 *EP*, Sitzung 75, Bl. R1-T1 (*TAE*, Bd. 4, S. 1371–1373).

99 Gellhorn, »Eichmann and the Private Conscience«, S. 58; *EP*, Sitzung 75, Bl. Q1, T1-U1 (*TAE*, Bd. 1, S. 1371, 1373).

100 *EP*, Sitzung 75, Bl. U1, W1, Y1 (*TAE*, Bd. 4, S. 1374).

101 Ebd., Bl. Z1-Cc1 (*TAE*, Bd. 4, S. 1374–1376); zur Leugnung seines Antisemitismus siehe auch: *EP*, Sitzung 80, Bl. P1 (*TAE*, Bd. 4, S. 1445 f.)

102 *EP*, Sitzung 75, Bl. Ff1 (*TAE*, Bd. 4, S. 1378), Sitzung 77, Bl. L1 (*TAE*, Bd. 4, S. 1399–1400).

103 *EP*, Sitzung 75, Bl. Hh1-Kk1 (*TAE*, Bd. 4, S. 1378–1381).

104 *EP*, Sitzung 76, Bl. E1-R1 (*TAE*, Bd. 4, S. 1381–1385).

105 Ebd., Bl. T1-Ii1 (*TAE*, Bd. 4, S. 1386–1394), Sitzung 77, Bl. A1-H1 (*TAE*, Bd. 4, S. 1395–1399).

106 *EP*, Sitzung 77, Bl. N1, Q1-R1 (*TAE*, Bd. 4, S. 1402), Sitzung 79, Bl. V1-W1 (*TAE*, Bd. 4, S. 1431); Dean, »The Development and Implementation of Nazi Denaturalization and Confiscation Policy up to the Eleventh Decree to the Reich Citizenship Law«. Auch mit der Aussage, es sei als akzeptabel angesehen worden, tausend Juden in für siebenhundert Soldaten ausgelegte Waggons zu pferchen, da Soldaten ihre Ausrüstung bei sich hätten, während das Gepäck der Deportierten in Gepäckwaggons transportiert worden sei und sie daher weniger Platz gebraucht hätten, zog er die Wut der Zuschauer auf sich (*EP*, Sitzung 79, Bl. W1 [*TAE*, Bd. 4, S. 1431]).

107 *EP*, Sitzung 77, Bl. Aa1-Bb1 (*TAE*, Bd. 4, S. 1406 f.), Sitzung 78, Bl. I1-Aa1 (*TAE*, Bd. 4, S. 1413–1419).

108 *EP*, Sitzung 78, Bl. C1-Aa1 (*TAE*, Bd. 4, S. 1413–1418).

109 Ebd., Bl. Ff1-Kk1 (*TAE*, Bd. 4, S. 1420–1422), *EP*, Sitzung 79, Bl. A1-C1 (*TAE*, Bd. 4, S. 1423 f.).

110 *EP*, Sitzung 79, Bl. F1-Gg1 (*TAE*, Bd. 4, S. 1425–1436), Sitzung 80, Bl. D1-W1 (*TAE*, Bd. 4, S. 1437–1446).

111 *EP*, Sitzung 80, Bl. Ee1 (*TAE*, Bd. 4, S. 1451 f.).

112 *EP*, Sitzung 81, Bl. J1-Hh1 (*TAE*, Bd. 4, S. 1456–1467), Sitzung 82, Bl. A1-F1 (*TAE*, Bd. 4, S. 1468 f.).

113 *EP*, Sitzung 82, Bl. G1-Y1 (*TAE*, Bd. 4, S. 1472–1479).

114 *EP*, Sitzung 83, Bl. N1 (*TAE*, Bd. 4, S. 1489).

115 Ebd., Bl. R1-Ee1 (*TAE*, Bd. 4, S. 1491–1497), Sitzung 84, Bl. A1-N1 (*TAE*, Bd. 4, S. 1498–1504).

116 *EP*, Sitzung 84, Bl. Dd1-Hh1 (*TAE*, Bd. 4, S. 1511–1513), Sitzung 85 (*TAE*, Bd. 4, S. 1514–1532), Sitzung 86, Bl. D1-M1 (*TAE*, Bd. 4, S. 1533–1538).

117 *EP*, Sitzung 86, Bl. N1-T1 (*TAE*, Bd. 4, S. 1539 f.).

118 Ebd., Bl. X1-Gg1 (*TAE*, Bd. 4, S. 1542–1547).

119 *EP*, Sitzung 87, Bl. A1-B1 (*TAE*, Bd. 4, S. 1548 f.).

120 Ebd., Bl. H1-I1 (*TAE*, Bd. 4, S. 1551 f.).

121 Ebd., Bl. X1-Aa1 (*TAE*, Bd. 4, S. 1560 f.).

122 *EP*, Sitzung 88, Bl. D1-H1 (*TAE*, Bd. 4, S. 1565–1567).

123 Ebd., Bl. I1-K1 (*TAE*, Bd. 4, S. 1568).

124 Pearlman, *The Capture and Trial of Adolf Eichmann*, S. 466; Hausner, *Gerechtigkeit in Jerusalem*, S. 563.

125 Poliakov, »The Proceedings«, S. 79; Hausner, *Gerechtigkeit in Jerusalem*, S. 555; *EP*, Sitzung 89 (*TAE*, Bd. 4, S. 1583).

126 Pearlman, *The Capture and Trial of Adolf Eichmann*, S. 472–474; Hausner, *Gerechtigkeit in Jerusalem*, S. 556. In seinem Schlussplädoyer ließ sich sogar Hausner dazu herbei, Eichmann wegen seiner Zähigkeit ein zweifelhaftes Kompliment zu machen: »[…] das Format der Persönlichkeit, wenn auch einer satanischen Persönlichkeit, ist während dieser Aussage deutlich geworden.« (*EP*, Sitzung 113, Bl. D1 (*TAE*, Bd. 5, S. 2028]).

127 Hausner, *Gerechtigkeit in Jerusalem*, S. 564; Pearlman, *The Capture and Trial of Adolf Eichmann*, S. 473 f.

128 *EP*, Sitzung 102, Bl. T1 (*TAE*, Bd. 4, S. 1760).

129 Hausner, *Gerechtigkeit in Jerusalem*, S. 564, 569. Die Verhandlungen scheiterten. Der Verkäufer verlangte 20 000 Dollar sowie die Zusage, dass man die Tonbänder nicht in dem Prozess verwenden würde.

130 *EP*, Sitzung 88, Bl. S1 (*TAE*, Bd. 4, S. 1575).

131 Ebd., Bl. T1-X1 (*TAE*, Bd. 4, S. 1575–1577).

132 Ebd., Bl. X1-Y1 (*TAE*, Bd. 4, S. 1578).

133 Ebd., Bl. Y1-Aa1 (*TAE*, Bd. 4, S. 1578 f.).

134 *EP*, Sitzung 88, Bl. Cc1-Ee1 (*TAE*, Bd. 4, S. 1580 f.).
135 *EP*, Sitzung 90, Bl. A1-C1 (*TAE*, Bd. 4, S. 1584 f.).
136 Ebd., Bl. D1-I1 (*TAE*, Bd. 4, S. 1585–1587).
137 Ebd., Bl. E1-F1 (*TAE*, Bd. 4, S. 1586 f.).
138 *EP*, Sitzung 91, Bl. G1-I1 (*TAE*, Bd. 4, S. 1599–1602).
139 Ebd., Bl. F1-P1 (*TAE*, Bd. 4, S. 1598–1605).
140 Ebd., Bl. R1 (*TAE*, Bd. 4, S. 1606).
141 Ebd., Bl. R1-Ee1 (*TAE*, Bd. 4, S. 1606–1611), Sitzung 92, Bl. Ff1-Qq1 (*TAE*, Bd. 4, S. 1612–1619).
142 *EP*, Sitzung 92, Bl. Ff1-Hh1 (*TAE*, Bd. 4, S. 1612 f.); siehe auch Pearlman, *The Capture and Trial of Adolf Eichmann*, S. 485 f.; Lozowick, *Hitlers Bürokraten*, S. 69 f.
143 *EP*, Sitzung 92, Bl. Hh1-Ii1 (*TAE*, Bd. 4, S. 1613 f.).
144 Ebd., Bl. Nn-Oo1 (*TAE*, Bd. 4, S. 1617 f.).
145 Ebd., Bl. Qq1-Rr1 (*TAE*, Bd. 4, S. 1619 f.).
146 Ebd., Bl. Ss1-Y1 (*TAE*, Bd. 4, S. 1620–1623), Sitzung 93, Bl. A1-E1 (*TAE*, Bd. 4, S. 1624–1627).
147 *EP*, Sitzung 93, Bl. O1-U1 (*TAE*, Bd. 4, S. 1630–1633).
148 Ebd., Bl. Cc1-Dd1 (*TAE*, Bd. 4, S. 1638), Sitzung 94, Bl. Ii-Jj1 (*TAE*, Bd. 4, S. 1639).
149 *EP*, Sitzung 94, Bl. N1-Ww1 (*TAE*, Bd. 4, S. 1643–1649).
150 *EP*, Sitzung 95, Bl. A1–O1 (*TAE*, Bd. 4, S. 1651–1655).
151 Ebd., Bl. P1-Bb1 (*TAE*, Bd. 4, S. 1655–1663).
152 *EP*, Sitzung 96, Bl. Ee1-Jj1 (*TAE*, Bd. 4, S. 1664–1667).
153 Ebd., Bl. Mm1-Vv1 (*TAE*, Bd. 4, S. 1668–1672).
154 *EP*, Sitzung 97, Bl. A1-X1 (*TAE*, Bd. 4, S. 1675–1688).
155 Ebd., Bl. X1-Dd1 (*TAE*, Bd. 4, S. 1688–1690).
156 *EP*, Sitzung 98, Bl. Dd1-Gg1 (*TAE*, Bd. 4, S. 1707–1709), Sitzung 99 (*TAE*, Bd. 4, S. 1710–1722).
157 *EP*, Sitzung 100 (*TAE*, Bd. 4, S. 1723–1738), Sitzung 101, Bl. Cc1–Oo1 (*TAE*, Bd. 4, S. 1739–1746); Hausner, *Gerechtigkeit in Jerusalem*, S. 564.
158 *EP*, Sitzung 101, Bl. Pp1-Ss1 (*TAE*, Bd. 4, S. 1746).
159 Ebd., Bl. Ss1-W1 (*TAE*, Bd. 4, S. 1748–1750), Sitzung 102, Bl. F1-I1 (*TAE*, Bd. 4, S. 1751–1755).
160 Ebd., Bl. Q1-Bb1 (*TAE*, Bd. 4, S. 1758–1763).
161 *EP*, Sitzung 103, Bl. Ee1-Pp2 (*TAE*, Bd. 4, S. 1768–1775).
162 Ebd., Bl. Qq1-Vv1 (*TAE*, Bd. 4, S. 1776–1779), Sitzung 104, Bl. A1-B1 (*TAE*, Bd. 4, S. 1780 f.).
163 *EP*, Sitzung 104, Bl. J1-L1 (*TAE*, Bd. 4, S. 1788 f.).
164 Ebd., Bl. V1-W1 (*TAE*, Bd. 4, S. 1792–1794).
165 *EP*, Sitzung 105, Bl. Y1-Aa1 (*TAE*, Bd. 4, S. 1795 f.).
166 Ebd., Bl. Dd1-Ff1 (*TAE*, Bd. 4, S. 1796–1799).
167 Ebd., Bl. Hh1-Ii1 (*TAE*, Bd. 4, S. 1799–1801). Außerdem ließ Servatius Eichmann erklären, er habe die Behauptung, dass Weizmann Deutschland

den Krieg erklärt habe, nicht für eine Propagandalüge gehalten, aber später nie wieder davon gehört (ebd., Bl. Ll1 [*TAE*, Bd. 4, S. 1802]).

168 Ebd., Bl. Jj1 (*TAE*, Bd. 4, S. 1801 f.).

169 Ebd., Bl. Kk1-Ll1 (*TAE*, Bd. 4, S. 1802).

170 Pearlman, *The Capture and Trial of Adolf Eichmann*, S. 531 f.; vgl. auch Arendt, *Eichmann in Jerusalem*, S. 334 f. Zu Beispielen kritischer Eingriffe von Seiten der Richterbank siehe: *EP*, Sitzung 20, Bl. C1-C2 (*TAE*, Bd. 1, S. 307), Sitzung 33, Bl. Z1-Z2 (*TAE*, Bd. 2, S. 594), Sitzung 43, Bl. U1-W1 (*TAE*, Bd. 2, S. 778 f.), Sitzung 44, Bl. A1-B1 (*TAE*, Bd. 2, S. 784). Zu Hausners Gedanken siehe *Gerechtigkeit in Jerusalem*, S. 507–509.

171 *EP*, Sitzung 105, Bl. Nn1-Rr1 (*TAE*, Bd. 4, S. 1802–1804), Sitzung 106, Bl. A1–O1 (*TAE*, Bd. 4, S. 1805–1812).

172 *EP*, Sitzung 106, Bl. P1-Hh1 (*TAE*, Bd. 4, S. 1812–1820).

173 Ebd., Bl. Hh1-Ll1 (*TAE*, Bd. 4, S. 1820 f.).

174 *EP*, Sitzung 107, Bl. A1-N1 (*TAE*, Bd. 4, S. 1822–1830).

175 Ebd., Bl. N1-P1 (*TAE*, Bd. 4, S. 1830–1834).

176 *EP*, Sitzung 107, Bl. S1-Dd1 (*TAE*, Bd. 5, S. 1835–1840), Sitzung 108, Bl. A1-Tt1 (*TAE*, Bd. 5, S. 1841–1849); Hausner, *Gerechtigkeit in Jerusalem*, S. 571–591.

177 Hausner, *Gerechtigkeit in Jerusalem*, S. 592–608.

178 *EP*, Sitzung 110 (*TAE*, Bd. 5, S. 1973–1993).

179 *EP*, Sitzung 110, Bl. Bb1-Cc1 (*TAE*, Bd. 5, S. 1993), Sitzung 111, Bl. Mm1-Nn1 (*TAE*, Bd. 5, S. 2002 f.).

180 Ebd., Bl. Nn1-Y1 (*TAE*, Bd. 5, S. 2003–2007), Sitzung 112, Bl. A1-U1 (*TAE*, Bd. 5, S. 2008–2017).

181 *EP*, Sitzung 112, Bl. U1-Dd1 (*TAE*, Bd. 5, S. 2017–2026), Sitzung 113 (*TAE*, Bd. 5, S. 2027–2045).

182 *EP*, Sitzung 114 (*TAE*, Bd. 5, S. 2046–2063).

183 Ebd., Bl. Kk1 (*TAE*, Bd. 5, S. 2062 f.).

184 Eichmann, »Götzen« (vom israelischen Staatsarchiv im Januar 2000 im Internet veröffentlicht); Gerlach, »The Eichmann Interrogations in Holocaust Historiography«, S. 440, 443; Browning, »Perpetrator Testimony«, S. 8 f., 33.

185 Pearlman, *The Capture and Trial of Adolf Eichmann*, S. 560–562; Hausner, *Gerechtigkeit in Jerusalem*, S. 626.

186 *EP*, Urteil, Sitzung 115–119, §§ 1–55 (*TAE*, Bd. 5, S. 2082–2113).

187 Ebd., §§ 56–110 (*TAE*, Bd. 5, S. 2113–2140).

188 Ebd., §§ 111–119 (*TAE*, Bd. 5, S. 2140–2146).

189 Hausner, *Gerechtigkeit in Jerusalem*, S. 640; *EP*, Urteil, Sitzung 115–119, §§ 120–141 (*TAE*, Bd. 5, S. 2146–2161).

190 *EP*, Urteil, Sitzung 115–119, §§ 142–160 (*TAE*, Bd. 5, S. 2161–2172).

191 Ebd., §§ 161–180 (*TAE*, Bd. 5, S. 2172–2183).

192 Ebd., §§ 181–215 (*TAE*, Bd. 5, S. 2183–2195).

193 Ebd., §§ 216–244 und Urteilsformel (*TAE*, Bd. 5, S. 2195–2206).

194 Pearlman, *The Capture and Trial of Adolf Eichmann*, S. 612; Hausner, *Gerechtigkeit in Jerusalem*, S. 653; Robert Servatius zit. in Gerlach, »The Eichmann Interrogations in Holocaust Historiography«, S. 441.

195 *EP*, Sitzung 120, Bl. A1-F1 (*TAE*, Bd. 4, S. 2212–2215); Hausner, *Gerechtigkeit in Jerusalem*, S. 654–657.

196 *EP*, Sitzung 120, Bl. G1-I1 (*TAE*, Bd. 5, S. 2215 f.).

197 Ebd., Bl. J1-L1 (*TAE*, Bd. 5, S. 2216 f.).

198 *EP*, Sitzung 121 (*TAE*, Bd. 4, S. 2218); Hausner, *Gerechtigkeit in Jerusalem*, S. 658 f.; Pearlman, *The Capture and Trial of Adolf Eichmann*, S. 620.

199 *Daily Express*, 16. Dezember 1961; Hausner, *Gerechtigkeit in Jerusalem*, S. 664 f.

200 *EP*, Berufungsverhandlung, Schriftsätze der Verteidigung (*TAE*, Bd. 5, S. 2219–2242).

201 *EP*, Berufungsverhandlung, Sitzung 1, Bl. E1, H1 (*TAE*, Bd. 4, S. 2243 f.), Sitzung 2, Bl. I1 (*TAE*, Bd. 4, S. 2259 ff.).

202 *EP*, Berufungsverhandlung, Sitzung 1 (*TAE*, Bd. 4, S. 2243–2258), Sitzungen 2 bis 5 (*TAE*, Bd. 5, S. 2259–2330).

203 Yablonka, *The State of Israel vs. Adolf Eichmann*, Kap. 13.

204 Hull, *The Struggle for a Soul*, S. 7–12.

205 Ebd., S. 15–22.

206 Ebd., S. 21–25.

207 Ebd., S. 34–37, 44.

208 Ebd., S. 36 f., 51 f., 82 f.

209 Ebd., S. 40 f., 82 f.

210 Ebd., S. 104–106, 114–124.

211 Ebd., S. 56, 114; Hausner, *Gerechtigkeit in Jerusalem*, S. 678; Pearlman, *The Capture and Trial of Adolf Eichmann*, S. 621.

212 Hull, *The Struggle for a Soul*, S. 123 f.; Lahav, *Judgment in Jerusalem*, S. 149.

213 *EP*, Berufungsverhandlung, Sitzung 7 (*TAE*, Bd. 4, S. 2339–2369).

214 Lahav, *Judgment in Jerusalem*, S. 151–154; Hausner, *Gerechtigkeit in Jerusalem*, S. 670–676; Hull, *The Struggle for a Soul*, S. 134 f.

215 M. Keren, »Ben Gurion's Theory of Sovereignty«, S. 42, 48; Cesarani, *Arthur Koestler*, S. 440; Segev, *Die siebte Million*, S. 476–480.

216 Segev, *Die siebte Million*, S. 481 f.; Hausner, *Gerechtigkeit in Jerusalem*, S. 678; Pearlman, *The Capture and Trial of Adolf Eichmann*, S. 627.

217 Hull, *The Struggle for a Soul*, S. 141–143, 155 f.

218 Ebd., S. 157–159; Bericht von Rudolf Küstermeier im Bulletin der Deutschen Presse-Agentur, abgedruckt in Nellessen, *Der Prozess von Jerusalem*, S. 310–312.

219 Pearlman, *The Capture and Trial of Adolf Eichmann*, S. 629.

220 Hull, *The Struggle for a Soul*, S. 164–168.

221 Ebd. Nachdem er von der Hinrichtung erfahren hatte, sagte Klaus Eichmann gegenüber Journalisten: »Die Geschichte wird über das Verbrechen richten, das der Staat Israel am 31. Mai 1962 begangen hat. Die Geschichte

und die Menschheit werden neu einzuschätzen haben, was gerecht und was ungerecht ist. Das Judentum hat wieder einmal bewiesen, dass Geld stärker ist als Recht und Gesetz. Es brauchte ein Opfer, einen Beweis dafür, dass das zur Entschädigung gezahlte deutsche Geld gerechtfertigt ist« (*London Evening Standard*, 1. Juni 1962).

Nach Eichmann

1 Levi, *Zu ungewisser Stunde*, S. 30.
2 Bettelheim, »Eichmann – Das System – Die Opfer«, S. 271.
3 Bruce, *The Essential Lenny Bruce*, S. 50.
4 Kitaj, »Varschreibt«, S. 119.
5 Richard Cohen, »Breaking the Code«, S. 79–81.
6 Zu einem knappen, aber umfassenden Überblick siehe Hausner, *Gerechtigkeit in Jerusalem*, S. 694–724.
7 *Reynold's News*, 4. Juni 1960; *The Observer*, 26. März 1961.
8 *Life*, 28. November und 5. Dezember 1960.
9 Clarke, *Eichmann* (1960); Donovan, *Eichmann, Man of Slaughter* (1960); Zeiger, *The Case Against Adolf Eichmann* (1960); Paneth, *Eichmann* (1960); Reynolds/Katz/Aldouby, *Adolf Eichmann* (1961); Wighton, *Eichmann* (1961); Pearlman, *Die Festnahme des Adolf Eichmann* (1961); Einstein, *Eichmann* (1961). Dokumente sind zusammengestellt in: *Le Dossier Eichmann*, hg. vom Centre de Documentation Juive Contemporaine (1960); *Eichmann*, hg. vom World Jewish Congress (1961); *Eichmann and the Destruction of Hungarian Jewry* (1961); Wucher, *Eichmanns gab es viele* (1961); Friedman, *The Hunter* (1961); Gilbert, *Nürnberger Tagebuch* (1961, deutsch 1962, Erstausgabe 1947); Musmanno, *The Eichmann Commando* (1961).
10 *The Observer*, 26. Februar 1961; vgl. auch Tosco Fyvel im *Spectator*, 3. März 1961, und R. H. S. Crossman im *New Statesman*, 31. März 1961.
11 *The New York Times*, 11. April 1961; *The New Statesman*, 14. April 1961; zu einer britischen Presseschau siehe: *The Jewish Observer and Middle East Review*, 14. April 1961; zu einer amerikanischen Presseschau siehe Saloman, »America's Response«; *The Spectator*, 14. April 1961; *The New Statesman*, 31. März 1961.
12 Lord Russell im *Daily Telegraph*, 9. April 1961; Telford Taylor im *Spectator*, 21. April 1961; Trevor-Roper in der *Sunday Times*, 17. Dezember 1961.
13 *The Daily Telegraph*, 9. April 1961; *The Spectator*, 21. April 1961; *The New Statesman*, 14. April 1961.
14 *The Guardian*, 13. April 1961; *The Spectator*, 21. April und 21. Mai 1961.
15 *Daily Mail*, 8. und 12. Dezember 1961; *The Times*, 16. Dezember 1961; *The New York Herald Tribune*, Leitartikel, 3. Dezember 1961; *The New York Times*, Leitartikel, 16. Dezember 1961.
16 *Daily Express*, 12. Dezember 1961.

17 Crossman im *New Statesman*, 22. Dezember 1961; Crankshaw und Parkes im *Observer*, 17. Dezember 1961.

18 *The New York Herald Tribune*, 30. Mai 1962; *The Times*, 2. Juni 1962; *The Daily Telegraph*, 3. Juni 1962.

19 Rosenberg, »The Trial and Eichmann«.

20 Wiesel, »Eichmann's Victims and the Unheard Testimony«; ders., *Alle Flüsse fließen ins Meer*, S. 488–491.

21 Cole, *Images of the Holocaust*, S. 50. Tim Cole hat viele seiner Argumente aus Tom Segevs Buch *Die siebte Million*, zieht aus ihnen allerdings den entgegengesetzten Schluss wie Segev (*Die siebte Million*, S. 21 f.).

22 Segev, *Die siebte Million*, S. 255–282, 347–390, 561–574.

23 Baumel, »›In Everlasting Memory‹«; Shapira, »The Holocaust«; Y. Weitz, »Political Dimensions of Holocaust Memory in Israel During the 1950s«; Ofer, »The Strength of Remembrance«; Gorny, *Between Auschwitz and Jerusalem*, S. 127–133; Gouri, »Facing the Glass Booth«, S. 154.

24 Gouri, »Facing the Glass Booth«, S. 154; Hausner, *Gerechtigkeit in Jerusalem*, S. 661; Robinson, *And the Crooked Shall Be Made Straight*, S. 136–139; vgl. auch Bauminger, »The Effect of the Eichmann Trial on Israeli Youth«; Yablonka, *The State of Israel vs. Adolf Eichmann*, S. 172–217.

25 Segev, *Die siebte Million*, S. 521–534; Liebman/Don-Yehiya, *Civil Religion in Israel*, S. 100–107, 123–166.

26 Marcuse, *Legacies of Dachau*, S. 199–203, 206 f.; *Die Strafverfolgung von NS-Verbrechen 1945–1978*. Zu der Tendenz, die Beschwerden der Deutschen in der Nachkriegszeit mit den Leiden der Juden während des Krieges zu vergleichen, siehe Moeller, *War Stories*, S. 26–34, 55 f., 160–165. Um diesen Vergleich zu ziehen, musste man über die Ereignisse Bescheid wissen und bereit sein, die mit dem Völkermord verbundenen Begriffe und Vorstellungen zu benutzen.

27 Herf, *Zweierlei Erinnerung*, S. 317–394; Fulbrook, *German National Identity after the Holocaust*, S. 48–55.

28 Ein SPD-Abgeordneter stellte am 10. April 1960 eine entsprechende Anfrage, die der Justizminister am 22. Juni beantwortete. Der Bundestag beriet am 24. Mai und 21. Oktober 1960 sowie am 6. März und 21. April 1961 über den Fall Eichmann (Große, *Der Eichmann-Prozess zwischen Recht und Politik*, S. 50–67, 84–99; Robinson, *And the Crooked Shall Be Made Straight*, S. 85 f.).

29 *EP*, Sitzung 76, Bl. G1 (*TAE*, Bd. 4, S. 1382), Berufungsverhandlung, Sitzung 1, Bl. H1 (*TAE*, Bd. 5, S. 2247), Berufungsverhandlung, Sitzung 7, Bl. II2 (*TAE*, Bd. 5, S. 2360); Pearlman, *The Capture and Trial of Adolf Eichmann*, S. 425 f.; Poliakov, »The Proceedings«, S. 78.

30 *Midstream* 7/3 (1961, S. 13–27; vgl. *Wiener Library Bulletin* 15/3 (1961), S. 46; Marcuse, *Legacies of Dachau*, S. 211. Eine detaillierte Analyse von neun westdeutschen Zeitungen findet sich in Krause, *Der Eichmann-Prozess in der deutschen Presse*.

31 Marcuse, *Legacies of Dachau*, S. 212 f., 266.

32 Ebd., S. 212 f.; Krummacher (Hg.), *Die Kontroverse Hannah Arendt, Eichmann und die Juden*. Hochhuths Stück ist 2001 von Costa-Gavras verfilmt worden.

33 Arendt, *Eichmann in Jerusalem*, S. 83 f.; vgl. Robinson, *And the Crooked Shall Be Made Straight*, S. 140 f.

34 Novick, *Nach dem Holocaust*, S. 141.

35 Shandler, *While America Watches*, S. 1–18, 30–39, 41–44, 46–50, 61–70.

36 Peter Novick konstatiert die Publikation dieser Werke, erkennt ihnen aber willkürlich ihre Bedeutung ab (*Nach dem Holocaust*, S. 141 f.]). DeKoven Ezrahi, *By Words Alone*, S. 22; vgl. auch Cesarani, »Memory, Representation and Education«.

37 Ein umfassender Überblick über die Presseberichte in den Jahren 1960/61 findet sich in Saloman, »America's Response«; für 1963 siehe ders., »The End of Eichmann«.

38 Saloman, »America's Response«, S. 95–97; Shandler, *While America Watches*, S. 84 f. sowie 91–96, 100–107, 121–132 (über die verschiedenen Fernsehproduktionen).

39 Svonkin, *Jews Against Prejudice*, S. 186 f.

40 Glock/Selznick/Spaeth, *The Apathetic Majority*, S. 20, 27–29, 33, 50, 167, passim.

41 Ebd., S. XI, 135–148.

42 Saloman, »America's Response«, S. 94 f.; Shandler, *While America Watches*, S. 118–121, 132.

43 Rosenberg, »The Trial and Eichmann«; Douglas, *The Memory of Judgment*, S. 125–142; vgl. auch Cesarani, »Trial and Testimony«.

44 Rosenberg, »The Trial and Eichmann«, S. 377–380; Shandler, *While America Watches*, S. 128 f.

45 Gouri, »Facing the Glass Booth«, S. 154. Beispiele aus der britischen Presse sind die Erinnerungen von Rudolf Vrba im *Daily Herald* vom 28. Februar und 1. bis 3. März 1961 sowie von Andrew Karpati im *Observer* vom 16. Juli 1961. Hartman, *Der längste Schatten*, S. 43, 194–215; DeKoven Ezrahi, *By Words Alone*, S. 109, 177–181, 205–216; Rozett, »Published Memoirs of Holocaust Survivors«.

46 Hausner, *Gerechtigkeit in Jerusalem*, S. 670–672; Douglas, *The Memory of Judgment*, S. 118. Zur Entwicklung des internationalen Strafrechts und zur Rolle, die der Eichmann-Prozess in ihr spielte, siehe Best, *War and Law since 1945;* Burns, »An International Criminal Tribunal«.

47 Beispiele für die unmittelbar anschließende juristische Debatte sind Gollancz, *The Case of Adolf Eichmann;* Schwarzenberger, »The Eichmann Judgment«; Papadatos, *The Eichmann Trial.* Zu den längerfristigen juristischen Folgen siehe Douglas, *The Memory of Judgment*, S. 177–181; Felman, »Theatres of Justice«.

48 Muszkat, »The Eichmann Trial – International Aspects«; Blumental, »Eichmann Trial Throws New Light on History«. Blumental fügte hinzu: »Außer-

dem hat der Prozess das Interesse an der europäischen Katastrophe verstärkt, wie die große Zahl von Büchern über das Thema, die jüngst in verschiedenen Sprachen und vielen Ländern erschienen sind, belegt.« Vielen von ihnen seien allerdings »ohne wissenschaftlichen Wert«.

49 Vgl. Stauber, »Confronting the Jewish Response during the Holocaust«; Poliakov, »The Proceedings«, S. 58 f., 73 f.

50 *Le Dossier Eichmann* (1960); *Eichmann. Master of the Nazi Murder Machine* (1961); Braham, *Eichmann and the Destruction of Hungarian Jewry* (1961); Wucher, *Eichmanns gab es viele* (1961); *Biuletyn Głównej Komisji Badania Zbrodni Hitlerowskich w Polsce* 12 (1960); Mulisch, *Strafsache 40/61* (niederländische Erstausgabe 1961); Gilbert, *Nürnberger Tagebuch* (1961, deutsch 1962, Erstausgabe 1947); Kasztner, *Der Kasztner Bericht* (1961); Russell, *The Trial of Adolf Eichmann* (1962); Pearlman, *The Capture and Trial of Adolf Eichmann* (1963); Nellessen, *Der Prozess von Jerusalem* (1964); Papadatos, *The Eichmann Trial* (1964); Hausner, *Gerechtigkeit in Jerusalem* (1967). Vgl. auch Segall, »Books around the Eichmann Trial«.

51 Siehe zum Beispiel Rassinier, *Was ist Wahrheit?;* vgl. Lipstadt, *Leugnen des Holocaust*, S. 102, 249 Anm. 45 und 46.

52 *EP*, Urteil, Sitzung 115–119, § 119 (*TAE*, Bd. 5, S. 2146). Zu einer Untersuchung früher erzählender Werke und Memoiren siehe Dekoven Ezrahi, *By Words Alone*.

53 DeKoven Ezrahi, *By Words Alone*, S. 22, 180–204. Die Autorin entdeckt in der israelischen Literatur die gleiche Wirkung (S. 104). Zur nahezu pornografischen Beschaffenheit von Dinurs Romanen siehe Bartov, *Mirrors of Destruction*, S. 186–191.

54 Thomson, *Primo Levi*, S. 284–286, 288, 292; Gordon, *Primo Levi's Ordinary Voices*, S. 10 f., 111, 180–182, 204; DeKoven Ezrahi, *By Words Alone*, S. 206, 232 f.

55 Bruce, *The Essential Lenny Bruce*, S. 50.

56 Kitaj, »Varschreibt«, S. 117–120.

57 Vgl. *Jewish Film Directory*.

58 DeKoven Ezrahi, *By Words Alone*, S. 205–207; Lozowick, »Malicious Clerks«. Nach Ulrich Herberts Beobachtung hat sich die von Hannah Arendt vertretene Dichotomie von Teufel und Bürokrat »historiographisch vermutlich verhängnisvoll ausgewirkt« (»Weltanschauungseliten«, S. 5 f.).

59 Eine wohlmeinende Schilderung von Arendts Hintergrund und Beschluss, nach Jerusalem zu reisen, findet sich in Young-Bruehl, *Hannah Arendt*, S. 451–463. Zu ihrer intellektuellen Voreingenommenheit siehe Muller, »The Origins of *Eichmann in Jerusalem*«, und Abraham, »Where Hannah Arendt Went Wrong«.

60 Vgl. Aschheim, *Brothers and Strangers;* Wertheimer, *Unwelcome Stranger;* Arendt/Jaspers, *Briefwechsel 1926–1969*, S. 471 f.

61 Arendt an Jaspers, 13. April 1961, in Arendt/Jaspers, *Briefwechsel 1926–1969*, S. 471 f.

62 Aschheim, »Introduction: Hannah Arendt in Jerusalem«, S. 7; Benhabib, »Ideology, Perspective and Narrative in Hannah Arendt's *Eichmann in Jerusalem*«, S. 34.

63 Bemerkenswerterweise (und zu ihrer Schande) hat keiner von Arendts Biografen die Dauer ihres Aufenthalts in Jerusalem bestimmt oder gar auf dessen Kürze und die Bruchstückhaftigkeit ihrer Eindrücke hingewiesen. Immerhin lässt sich ihrer veröffentlichten Korrespondenz zumindest grob entnehmen, wo sie sich zu welchem Zeitpunkt aufhielt (Arendt an McCarthy, 31. Mai 1961, in Arendt/McCarthy, *Im Vertrauen*, S. 194–196; Arendt an Jaspers, 16. Juni 1961, in Arendt/Jaspers, *Briefwechsel 1926–1969*, S. 477 f.). Raul Hilberg ist die Diskrepanz als Erstem aufgefallen (*Unerbetene Erinnerung*, S. 128). Zur Analyse von Eichmanns Verteidigungsstrategie, emotionslos, fade und passiv zu erscheinen, siehe Gerlach, »The Eichmann Interrogations in Holocaust Historiography«, S. 439–441.

64 Arendt, *Eichmann in Jerusalem*, S. 106–132.

65 Ebd., S. 134–142, 147 f., 206–219, 244.

66 Ebd., S. 151–153, 162 f., 169–186, 198 f., 204–208, 253–255.

67 Ebd., S. 56 f., 98 f.

68 Ebd., S. 140 f., 209–212, 217 f.

69 Richard Cohen, »Breaking the Code«, S. 30, 41; vgl. Laqueur, »Hannah Arendt in Jerusalem«, sowie die Kommentare von W. S. Allen und David Schoenbaum in der *Sunday Times*, 13. Oktober 1963.

70 Council of Jews from Germany, *Nach dem Eichmann-Prozess; AJR Bulletin* 18 : 4 (April 1963), S. 1, 3, und 18 : 12 (Dezember 1963; Scholem an Arendt, 23. Juni 1963, und Arendt an Scholem, 24. Juli 1963, in Scholem, *The Jew as Pariah*, S. 240–251; *Yad Vashem Bulletin* 13 (Oktober 1963); Robinson, *And the Crooked Shall Be Made Straight*, S. 59.

71 Howe, *A Margin of Hope*, S. 270–274; Bellow, *Mr. Sammlers Planet*, S. 24.

72 Einen umfassenden Überblick über die Kontroverse gibt Richard Cohen in »Breaking the Code«; zu einer voreingenommenen Version siehe Young-Bruehl, *Hannah Arendt*, S. 477–496; vgl. auch Howe, *A Margin of Hope*, S. 274 f.

73 *Sunday Times*, 13. Oktober 1963; *Observer*, 13. Oktober 1963. Offenbar hatten die im Prozess vorgelegten Beweise Crossman veranlasst, seine universalistische Auffassung dessen, was Eichmann verkörperte, aufzugeben.

74 Cohen, »Breaking the Code«, S. 79–81.

75 Mommsen, »Hannah Arendt und der Prozess gegen Adolf Eichmann«, S. 17–22; ders., »Hannah Arendt's Interpretation of the Holocaust as a Challenge to Human Existence«, S. 225, 229.

76 Arendt an McCarthy, 20. September 1963, in Arendt/McCarthy, *Im Vertrauen*, S. 234.

77 Young-Bruehl, *Hannah Arendt*, S. 488, 495 f. [360, 367 f.]; Marrus, *»Eichmann in Jerusalem»*, S. 7–9.

78 Bettelheim, »Eichmann – Das System – Die Opfer«, S. 266 f., 275.

79 Eine Darstellung der Tests und ihrer Ergebnisse findet sich in Milgram, *Das Milgram-Experiment.*

80 Ebd., S. 53–56, 80, 134–143, 158–178, 207–218.

81 Parker, »Obedience«, S. 114 f.

82 Milgram, »Obedience to Criminal Orders«.

83 Novick, *Nach dem Holocaust,* S. 184. Zur Modernisierungsthese in der Historiographie des Dritten Reichs siehe Roseman, »National Socialism and Modernisation«, S. 208–210; Bauman, *Modernity and the Holocaust,* S. 151–168.

84 Browning, »Introduction«, S. 6; ders., *Ganz normale Männer,* S. 228.

85 Parker, »Obedience«, S. 101–125; Fenigstein, »Reconceptualising the Psychology of the Perpetrators«.

86 Goldhagen, *Hitlers willige Vollstrecker,* S. 448; Arendt, *Eichmann in Jerusalem,* S. 180 f.

87 Cole, *Images of the Holocaust,* S. 69; Milchman/Rosenberg, »Hannah Arendt and the Etiology of the Desk Killer«, S. 219, 223–225; vgl. auch Stone, »Ontology or Bureaucracy?«; Sharpe, *Modesty and Arrogance in Judgment,* insbesondere S. 20–39, 481, 581.

88 Richard Cohen, »A Generation's Response to Eichmann in Jerusalem«, S. 253 f.; Wolin, »The Ambivalences of German-Jewish Identity«, S. 26–28; Abraham, »Where Hannah Arendt Went Wrong«; Lozowick, »Malicious Clerks«; Diner, »Hannah Arendt Reconsidered«; Bilsky, »Between Justice and Politics«.

Schlussbetrachtung

1 Vgl. Gourevitch, *Wir möchten Ihnen mitteilen, dass wir morgen mit unseren Familien umgebracht werden,* S. 105 f.

2 Ebd., S. 245–255. In der umfangreicher werdenden Literatur über den Genozid spiegelt sich sowohl dessen weite Verbreitung als auch das gewachsene Bewusstsein in Bezug auf »Verbrechen gegen die Menschlichkeit« wider; vgl. zum Beispiel Destexhe, *Rwanda and Genocide in the Twentieth Century;* Totten/Parsons/Charny (Hg.), *Genocide in the Twentieth Century;* Staub, *The Roots of Evil;* Naimark, *Flammender Hass;* E. D. Weitz, *A Century of Genocide.* Mittlerweile gibt es ein *Journal of Genocide Studies* sowie mehrere Forschungszentren in aller Welt, die Jahrbücher herausgeben. Zum gesteigerten Interesse an den Tätern siehe Paul, »Von Psychopathen, Technokraten des Terrors und ›ganz gewöhnlichen‹ Deutschen«.

3 Pearlman, *The Capture and Trial of Adolf Eichmann,* S. 186 f.; Arendt, *Eichmann in Jerusalem,* S. 122–133.

4 Hausner, *Gerechtigkeit in Jerusalem,* S. 14; Gilbert, »The Mentality of SS Murderous Robots«, S. 36; Arendt, *Eichmann in Jerusalem,* S. 99; Bettelheim, *Surviving the Holocaust,* S. 9 f.

5 Vgl. Miale/Selzer, *The Nuremberg Mind,* S. 6 f., 189–291; Zillmer u. a., *The*

Quest for the Nazi Personality, S. 4 f., 9–12. Eine frühere Studie ähnlicher Ausrichtung ist Dicks, *Licensed Mass Murder.*

6 Brunner, »Eichmann, Arendt and Freud in Jerusalem«.

7 Personalakte, YVA, O.51–61; Kempner, *Eichmann und Komplizen*, S. 27; Aussage von Wisliceny, Bratislava, 27. Oktober 1946; in: *TAE*, Bd. 9, T/84; *EP*, Affidavit von Höttl, Bl. 45 f. (*TAE*, Bd. 5, S. 1889), Affidavit von Six, Bl. 6 (*TAE*, Bd. 5, S. 1925 f.).

8 Höß, »Aufzeichnungen«, S. 334; Affidavit von Wisliceny, Nürnberg, 9. November 1946, in: *TAE*, Bd. 9, T/57.

9 Manvell/Fraenkel, *The Incomparable Crime*, S. 48 f.

10 Sassen-Interview, Tonband 1, S. 3, Tonband 67, S. 9.

11 Ebd., Tonband 3, S. 3, Tonband 5, S. 4.

12 Vgl. Eichmanns Memoiren aus der Zeit vor dem Prozess (»Meine Memoiren«, Camp Iyar, Mai-Oktober 1960) und »Götzen«, seine Memoiren aus der Zeit nach dem Prozess (Camp Iyar, August-Dezember 1961).

13 Beispiele für Eichmanns Tätigkeit in Abteilung II/112 sind: Lagebericht der Abteilung II/112, April-Mai 1936, Referat II/112 3 (Zionisten), in: *Die Judenpolitik des SD 1935 bis 1938*, S. 84–94; Bericht über die Palästina-Ägyptenreise von SS-Hptscharf. Eichmann und St-O'Scharf. Hagen, in: *TAE*, Bd. 9, T/124. Nur ein Teil des Reiseberichts beschäftigt sich tatsächlich mit Palästina.

14 Zu einer überzeugenden knappen Darstellung dieser Geistesverfassung und ihrer Ursprünge siehe Herbert, »Weltanschauungseliten«.

15 *EP*, Sitzung 18, Bl. S1-T1 (*TAE*, Bd. 1, S. 284 f.), Sitzung 41, Bl. L1-M1 (*TAE*, Bd. 2, S. 737 f.), Sitzung 42, Bl. Kk1-Ll1 (*TAE*, Bd. 2, S. 750).

16 Vgl. die Aufsätze in Cesarani (Hg.), *Holocaust*, Bd. 2: *From the Persecution of the Jews to Mass Murder.*

17 Safrian, *Eichmann und seine Gehilfen*, S. 68–98.

18 Yahil, »Madagascar«.

19 Vgl. Cesarani (Hg.), *Holocaust*, Bd. 3: *The Final Solution*, S. 1.

20 Zu unterschiedlichen Interpretationen siehe Gerlach, »The Eichmann Interrogations in Holocaust Historiography«; Browning, »Perpetrator Testimony«.

21 Sassen-Interview, Tonband 3, S. 4 f., 7 f.; vgl. auch *EV*, Bd. 7, S. 335.

22 Bettelheim, »Eichmann – Das System – Die Opfer«, S. 280.

23 Zum psychologischen Begriff der Dissoziation siehe Lifton/Markusen, *Die Psychologie des Völkermordes.*

24 Sassen-Interview, Tonband 1, S. 3, Tonband 67, S. 9.

25 Zu (unterschiedlich zu bewertenden) Reflexionen darüber, wie jemand dazu gebracht werden kann, in militärischen und nichtmilitärischen Zusammenhängen unschuldige, wehrlose Menschen zu töten, siehe Glover, *Humanity;* Bourke, *An Intimate History of Killing;* Dower, *War Without Mercy.*

26 Hull, *The Struggle for a Soul*, S. 40.

27 Jüngst erschienene Erklärungsversuche von Täterverhalten sind James Wal-

lers, *Becoming Evil*, sowie Perels/Pohl (Hg.), *NS-Täter in der deutschen Gesellschaft.* Während Waller eine allgemeine Theorie entwickelt, beschäftigen sich die Autoren in dem von Perel und Pohl herausgegebenen Band speziell mit dem Dritten Reich.

Quellen und Bibliographie

Eine Anmerkung zu Eichmanns Memoiren, Verhör und Prozess

Eichmann hat keine Tagebücher hinterlassen, und es sind nur wenige außerdienstliche Briefe von ihm erhalten geblieben. Es gibt also kaum eine Möglichkeit, zeitgenössische Einblicke in sein Denken und Fühlen zu gewinnen. Die Hauptquellen für die vorliegende Studie sind seine Äußerungen im Verhör und im Prozess sowie die Niederschriften und Interviews aus der Zeit vor und nach seiner Gefangennahme. Ein großer Teil dieses Materials liegt in gedruckter Form vor, ist allerdings teilweise von zweifelhaftem Wert. Zum einen ist das, was Eichmann selbst gesagt und geschrieben hat, unzuverlässig, da er häufig log oder die Wahrheit verzerrte. Zum anderen haben seine Interviewer das, was er ihnen gesagt oder als Niederschrift übergeben hatte, nach eigenem Gutdünken redigiert.

Die beste Quelle sind die Transkription des Verhörs, dem Eichmann 1960/61 in Israel unterzogen wurde, die für den Prozess zusammengetragenen Dokumente und das Prozessprotokoll. Dieses Material ist vom israelischen Justizministerium in neun Bänden veröffentlicht worden. In den ersten fünf Bänden ist das Prozessprotokoll abgedruckt, das auf Englisch auch online zugänglich ist (http://www.nizkor.org/hweb/people/eichmann-adolf/transcripts/). In Band 6 finden sich ein Dokumentenverzeichnis und das Register zum Verhandlungsprotokoll. Die Bände 7 und 8 enthalten im Faksimile die vollständige deutsche Originalniederschrift von Eichmanns Verhör durch Avner Less. Eine stark gekürzte und umgestellte Fassung ist 1982 unter dem Titel *Das Eichmann-Protokoll* erschienen, herausgegeben von Jochen von Lang in Zusammenarbeit mit Claus Sybill. Band 9 enthält Mikrofichekopien der von der Staatsanwaltschaft und der Verteidigung für den Prozess zusammengetragenen Dokumente; das dazugehörige Verzeichnis ist in Band 6 wiedergegeben.

Eichmann selbst verfasste im Gefängnis zwei Lebensbeschreibungen, die erste unter dem Titel »Meine Memoiren« vor dem Prozess. Sie sind in der Mikrofichesammlung des veröffentlichten Prozessmaterials enthalten und wurden zwischen dem 12. August und 4. September 1999 in der Zeitung *Die Welt* veröffentlicht. Die zweite Autobiografie, »Götzen«, schrieb Eichmann zwischen Prozess und Berufungsverhandlung; der Öffentlichkeit wurde sie allerdings erst im Jahr 2000 zugänglich gemacht, als das israelische Staatsarchiv, welches das Original aufbewahrt, sie ins Internet stellte (http://www.mazal.org/various/Eichmann.htm;

auch: http://www.hagalil.com/shoah/eichmann/goetzen.htm). Auch in Argentinien verfasste Eichmann kurze biografische Notizen. Außerdem gab er dem holländischen Exnazi Willem Sassen 1956/57 in Buenos Aires ein langes Interview. Ausgewählte und stark redigierte Passagen daraus sind in verschiedenen Medien publiziert worden, zuerst am 9. Juli 1960 in der Zeitschrift *Der Stern*. Eine englische Version erschien am 28. November und 5. Dezember 1960 unter dem Titel »Eichmann Tells His Damning Story« in der Zeitschrift *Life*. 1980 gab der rechts gerichtete Rechtsanwalt Rudolf Aschenauer unter dem Titel *Ich, Adolf Eichmann. Ein historischer Zeugenbericht* eine wesentlich umfangreichere, aber nicht weniger stark redigierte Fassung heraus. Mitte der neunziger Jahre schließlich kamen die Originaltonbänder und -transkriptionen ans Tageslicht und wurden von einer Schweizer Tageszeitung erworben. Sie werden heute im Bundesarchiv Koblenz in der Sammlung von Robert Servatius aufbewahrt (Signatur All. Proz 6/95–111).

Unveröffentlichte Primärquellen

Bundesarchiv Koblenz

All. Proz. 6 *[EP]*
- 9: Zeugen, Bd. 1: Höttl, Huppenkothen, von Thadden, Jüttner, Grell, Becher, Six
- 10: Zeugen, Bd. 2: Merten, Krumey, Baer, Winkelmann, Novak, Veesenmayer, von dem Bach-Zelewski, Kappler, Slawik
- 11–83: Prozessprotokoll
- 88–94: Berufungsverhandlung
- 95–111: Transkriptionen des Sassen-Interviews
- 200: Berufungsbegründung

Institut für Zeitgeschichte, München

Höß, Rudolf: »Aufzeichnungen«, F13

United States Holocaust Memorial Museum, Washington

Akten des SD-Hauptamtes 1936–1939, BA, R58/486, 544, 623, 954 (Mikrofilmsammlung)

Polizeiberichte über Adolf Eichmann, Polizeiarchiv Tucuman, Argentinien, 1952 (Mikrofilmsammlung)

Yad Vashem Archiv (YVA), Jerusalem

Dokumente aus dem Spezialarchiv des KGB (Osobyi), auch bekannt als Zentrum für die Aufbewahrung historisch-dokumentarischer Sammlungen, Moskau, in: YVA, 0.51.1, 2, 11, 61, 61 A, 107, 108, 189

Dokumente aus den Ermittlungen und Gerichtsverfahren gegen NS-Kriegsverbrecher in Westdeutschland und Österreich:
- Franz Novak, Österreich, 1964, in: YVA, TR10–515
- Hermann Krumey und Otto Hunsche, Westdeutschland, 1965, in: YVA, TR10–621
- Richard Hartman, Westdeutschland, 1970, in: YVA, TR10–681
- Franz Bosshammer, Richard Hartman, Otto Hunsche und Fritz Wöhrn, Westdeutschland, 1969, in: YVA, TR10–767

Dokumente aus Österreich, in: YVA, M.38

Veröffentlichte Primärquellen

The Destruction of Hungarian Jewry. A Documentary History, hg. von Randolph L. Braham, New York 1963

Le Dossier Eichmann, hg. vom Centre de Documentation Juive Contemporaine [Joseph Billig], Paris 1960

Eichmann, Adolf: *»Götzen«*, http://www.mazal.org/various/Eichmann.htm

—: *Ich, Adolf Eichmann. Ein historischer Zeugenbericht [IAE]*, hg. von Rudolf Aschenauer, Leoni 1980

—: »Meine Memoiren«, in: *Die Welt*, 12. August–4. September 1999

Eichmann. Master of the Nazi Murder Machine, hg. vom World Jewish Congress, New York 1961

Das Eichmann-Protokoll. Tonbandaufzeichnungen der israelischen Verhöre, hg. von Jochen von Lang, München 2001

The Einsatzgruppen Reports. Selections from the Dispatches of the Nazi Death Squads' Campaign Against the Jews in Occupied Territories of the Soviet Union July 1941–January 1943, hg. von Yitzhak Arad, Shmuel Krakowski und Shmuel Spector, New York 1989

Faschismus – Getto – Massenmord. Dokumentation über Ausrottung und Widerstand der Juden in Polen während des Zweiten Weltkrieges, hg. von Tatiana Berenstein, Artur Eisenbach, Bernard Mark und Adam Rutkowski, Berlin 1960

Himmler, Heinrich: *Der Dienstkalender Heinrich Himmlers 1941/42*, hg. von Peter Witte, Martina Voigt, Dieter Pohl, Peter Klein, Christian Gerlach, Christoph Dieckmann und Andrej Angrick, Hamburg 1999

—: *Geheimreden 1933 bis 1945 und andere Ansprachen*, hg. von Bradley F. Smith und Agnes F. Peterson, Frankfurt am Main/Berlin/Wien 1974

The Holocaust. Selected Documents in Eighteen Volumes, hg. von John Mendelsohn, New York 1982

Die Judenpolitik des SD 1935 bis 1938. Eine Dokumentation, hg. von Michael Wildt, München 1995

Legislating the Holocaust. The Bernhard Loesener Memoirs and Supporting Documents, hg. von Karl Schleunes, Boulder, Colorado, 2001

Nationalsozialistische Massentötungen durch Giftgas. Eine Dokumentation, hg. von Eugen Kogon, Hermann Langbein und Adalbert Rückerl, Frankfurt am Main 1983

Nazi Conspiracy and Aggression, 8 Bde. und 2 Ergänzungsbände, Washington, D. C., 1946–1958

Nazism 1919–1945. A Documentary Reader, hg. von Jeremy Noakes und Geoffrey Pridham, Bd. 3: *Foreign Policy, War and Racial Extermination*, Exeter [3]1995

Der Prozess gegen die Hauptkriegsverbrecher vor dem internationalen Militärgerichtshof, Nürnberg, 14. November 1945–1. Oktober 1946 [IMG], 42 Bde., Nürnberg 1947–1949

Lösener, Bernhard: »Als Rassereferent im Reichsministerium des Innern«, in: *Vierteljahreshefte für Zeitgeschichte* 9/3 (1961), S. 264–313

Schuldig. Das Urteil gegen Adolf Eichmann, hg. von Avner Less, Frankfurt am Main 1987

Die Strafverfolgung von NS-Verbrechen 1945–1978. Eine Dokumentation, hg. von Adalbert Rückerl, Heidelberg/Karlsruhe 1979

Tagesordnung: Judenmord. Die Wannsee-Konferenz am 20. Januar 1942. Eine Dokumentation zur Organisation der ›Endlösung‹, hg. von Kurt Pätzold und Erika Schwarz, Berlin 1992

The Trial of Adolf Eichmann. Record of the Proceedings in the District Court of Jerusalem [TAE], 9 Bde., Jerusalem 1992–1995, darin als Faksimile enthalten (in den Bänden 7 und 8) Eichmanns Aussagen bei der israelischen Polizei vor seinem Prozess (Eichmann-Verhöre [EV 7 und EV 8]); zu einer separaten deutschen Ausgabe des Urteils s.o.: *Schuldig. Das Urteil gegen Adolf Eichmann*

Verfolgung, Vertreibung, Vernichtung. Dokumente des faschistischen Antisemitismus 1933 bis 1942, hg. von Kurt Pätzold, Leipzig 1983

Literatur

Abraham, David: »Where Hannah Arendt Went Wrong«, in: *Law and History Review* 18/3 (2000), S. 607–612

Adler, Hans G.: *Theresienstadt 1941–1945. Das Antlitz einer Zwangsgemeinschaft*, Tübingen 1960

Adorno, Theodor W.: *Studien zum autoritären Charakter*, Frankfurt am Main 1973

Aharoni, Zvi/Dietl, Wilhelm: *Der Jäger. Operation Eichmann: Was wirklich geschah*, Stuttgart 1996

Allen, Michael Thad: *The Business of Genocide. The SS, Slave Labour, and the Concentration Camps*, Chapel Hill, North Carolina, 2002

Aly, Götz: *»Endlösung«. Völkerschiebung und der Mord an den europäischen Juden*, Frankfurt am Main 1995

—: »›Judenumsiedlung‹. Überlegungen zur politischen Vorgeschichte des Holocaust«, in Herbert (Hg.), *Nationalsozialistische Vernichtungspolitik 1939–1945*, S. 67–97

––/Gerlach, Christian: *Das letzte Kapitel. Realpolitik, Ideologie und der Mord an den ungarischen Juden 1944/1945*, Stuttgart/München 2002

Aly, Götz/Heim, Susanne: »Forced Emigration, War, Deportation and Holocaust«, in Jonathan Frankel (Hg.), *Studies in Contemporary Jewry*, Bd. 13: *The Fate of the European Jews, 1939–1945. Continuity or Contingency?*, New York 1997, S. 56–73

––: »The Holocaust and Population Policy. Remarks on the Decision on the ›Final Solution‹«, in: *Yad Vashem Studies* 24 (1994), S. 45–70

––: *Vordenker der Vernichtung. Auschwitz und die deutschen Pläne für eine neue europäische Ordnung*, Hamburg 1991

Ancel, Jean: »Antonescu and the Jews«, in: *Yad Vashem Studies* 23 (1993), S. 213–280

Anderl, Gabriele/Rupnow, Dirk: *Die Zentralstelle für jüdische Auswanderung als Beraubungsinstitution*, Wien 2002

Anders, Günther: *Wir Eichmannsöhne. Offener Brief an Klaus Eichmann*, München 1961

Anger, Per: *With Raoul Wallenberg in Budapest. Memories of the War Years in Hungary*, New York 1978

Apostolou, Andrew: »›The Exception of Salonika‹. Bystanders and Collaborators in Northern Greece«, in: *Holocaust and Genocide Studies* 15/2 (2000), S. 165–196

Arendt, Hannah: *Eichmann in Jerusalem. Ein Bericht von der Banalität des Bösen*, München/Zürich 1986 [1963]

––: *Elemente und Ursprünge des Totalitarismus*, 3 Bde., Frankfurt am Main/Berlin/Wien 1975

––: *The Jew as Pariah. Jewish Identity and Politics in the Modern Age*, hg. von Ron H. Feldman, New York 1978

––/Jaspers, Karl: *Briefwechsel 1926–1969*, hg. von Lotte Köhler und Hans Saner, München/Zürich 1985

––/McCarthy, Mary: *Im Vertrauen. Briefwechsel 1949–1975*, hg. von Carol Brightman, München/Zürich 1995

Arndt, Ino/Boberach, Heinz: »Deutsches Reich«, in Benz (Hg.), *Dimension des Völkermords*, S. 23–66

Aronson, Shlomo: »Preparations for the Nuremberg Trial. The O. S. S., Charles Dwork, and the Holocaust«, in: *Holocaust and Genocide Studies* 12/2 (1998), S. 257–281

––: »The ›Quadruple Trap‹ and the Holocaust in Hungary«, in Cesarani (Hg.), *Genocide and Rescue*, S. 93–122

Aschheim, Steven E.: *Brothers and Strangers. The East European Jew in German and German Jewish Consciousness, 1800–1923*, Madison, Wisconsin, 1982

––: »Introduction: Hannah Arendt in Jerusalem«, in ders. (Hg.), *Hannah Arendt in Jerusalem*, S. 1–15

–– (Hg.): *Hannah Arendt in Jerusalem*, Berkeley, Kalifornien, 2001

Auerbach, Rachel: »Witnesses and Testimony in the Eichmann Trial«, in: *Yad Vashem Bulletin* 11 (April-Mai 1962), S. 45–54

Avni, Haim: »Jewish Leadership in Times of Crisis. Argentina During the Eichmann Affair«, in Peter Y. Medding (Hg.), *Studies in Contemporary Jewry*, Bd. 11: *Values, Interests and Identity*, New York 1995, S. 117–123

Avriel, Ehud: *Open the Gates! A Personal Story of ›Illegal‹ Immigration to Israel*, New York 1975

Bach, Gabriele: »Adolf Eichmann and the Eichmann Trial«, in: *Holocaust*, Israel Pocket Library, Jerusalem 1974, S. 166–176 (ursprünglich veröffentlicht in der *Encyclopaedia Judaica*)

Bader, Menahem: *Sad Missions*, Tel Aviv 1979

Bankier, David (Hg.): *Probing the Depths of German Antisemitism 1933–1941*, Oxford 2001

Bar-Zohar, Michael: *The Avengers*, London 1968

Bartov, Omer: *Mirrors of Destruction. War, Genocide and Modern Identity*, Oxford 2000

Bauer, Yehuda: *Freikauf von Juden? Verhandlungen zwischen dem nationalsozialistischen Deutschland und jüdischen Repräsentanten von 1933 bis 1945*, Frankfurt am Main 1996

Bauman, Zygmunt: *Dialektik der Ordnung. Die Moderne und der Holocaust*, Hamburg 1992 (1989)

Baumel, Judith Tydor: »›In Everlasting Memory‹. Individual and Communal Holocaust Commemoration in Israel«, in Robert Wistrich und David Ohana (Hg.), *The Shaping of Israeli Identity*, London 1995, S. 146–170

Bauminger, A.: »The Effect of the Eichmann Trial on Israeli Youth«, in: *Yad Vashem Bulletin* 11 (April/Mai 1962), S. 9–12

Bellow, Saul: *Mr. Sammlers Planet*, Köln/Berlin 1971

Benhabib, Seyla: »Ideology, Perspective and Narrative in Hannah Arendt's Eichmann in Jerusalem«, in: *History and Memory* 8/2 (1998), S. 35–60

Benz, Wolfgang (Hg.): *Dimension des Völkermords. Die Zahl der jüdischen Opfer des Nationalsozialismus*, München 1996

Berenbaum, Michael/Peck, Abraham (Hg.): *The Holocaust and History. The Known, the Unknown, the Disputed, and the Reexamined*, Bloomington, Indiana, 1998

Berg, Nicolas: *The Invention of »Functionalism«. Josef Wulf, Martin Broszat, and the Institute for Contemporary History (Munich) in the 1960s*, Jerusalem 2003 (Yad Vashem Search and Research. Lectures and Papers 4)

Bergen, Doris L.: »Catholics, Protestants, and Christian Antisemitism in Nazi Germany«, in: *Central European History*, 27/3 (1994), S. 329–348

Berghahn, Volker: »Preface«, in Hannes Heer und Klaus Naumann (Hg.), *War of Extermination. The German Military in World War II 1941–1944*, Oxford 2000, S. XVII

Berkley, George E.: *Hitler's Gift. The Story of Theresienstadt*, Boston, Massachusetts, 1993

Best, Geoffrey: *War and Law since 1945*, Oxford 1994

Bettelheim, Bruno: »Eichmann – Das System – Die Opfer«, in ders., *Erziehung zum Überleben. Zur Psychologie der Extremsituation*, München 1982, S. 266–284

––: *Surviving the Holocaust*, London 1986
Bilsky, Leora: »Between Justice and Politics. The Competition of Storytellers in the Eichmann Trial«, in Aschheim (Hg.), *Hannah Arendt in Jerusalem*, S. 232–254
Birn, Ruth Bettina: *Die Höheren SS- und Polizeiführer. Himmlers Vertreter im Reich und in den besetzten Gebieten*, Düsseldorf 1986
Biss, Andreas: *Der Stopp der Endlösung. Kampf gegen Himmler und Eichmann in Budapest*, Stuttgart 1966
Biuletyn Głównej Komisji Badania Zbrodni Hitlerowskich w Polsce 12 (Warschau 1960)
Black, Peter G.: *Ernst Kaltenbrunner. Ideological Soldier of the Third Reich*, Princeton, New Jersey, 1984
Blass, Thomas: »Perpetrator Behaviour as Destructive Obedience«, in Newman/Erber (Hg.), *Understanding Genocide*, S. 91–109
Blumental, Nahman: »Eichmann Trial Throws New Light on History«, in: *Yad Vashem Bulletin* 11 (April/May 1962), S. 9–12
Bourke, Joanna: *An Intimate History of Killing. Face-to-face Killing in Twentieth Century Warfare*, London 1999
Bower, Tom: *Blind Eye to Murder. Britain, America and the Purging of Nazi Germany – A Pledge Betrayed*, London 1983
––: *Verschwörung Paperclip. NS-Wissenschaftler im Dienst der Siegermächte*, München 1988
Brager, Bruce L.: *The Trial of Adolf Eichmann. The Holocaust on Trial*, San Diego, Kalifornien, 1999
Braham, Randolph L.: *Eichmann and the Destruction of Hungarian Jewry*, New York 1961
––: *The Politics of Genocide. The Holocaust in Hungary*, 2 Bde., New York 1994
Breitman, Richard: »Nazi Jewish Policy in 1944«, in Cesarani (Hg.), *Genocide and Rescue*, S. 77–92
––/Kraut, Alan M.: *American Refugee Policy and European Jewry, 1933–1945*, Bloomington, Indiana, 1987
Broszat, Martin: *Der Staat Hitlers. Grundlegung und Entwicklung seiner inneren Verfassung*, München 1973
––: »Nationalsozialistische Konzentrationslager 1933–1945«, in ders./Buchheim u. a., *Anatomie des SS-Staats*, Bd. 2, S. 11–133
––/Buchheim, Hans/Jacobsen, Hans-Adolf/Krausnick, Helmut: *Anatomie des SS-Staats*, 2 Bde., München 1967
Browder, George C.: *Foundations of the Nazi Police State. The Formation of Sipo and SD*, Lexington, Kentucky, 1990
––: *Hitler's Enforcers. Gestapo and the SS Security Service in the Nazi Revolution*, New York 1996
Browning, Christopher R.: *Collected Memories. Holocaust History and Postwar Testimony*, Madison, Wisconsin, 2003
––: »The Debate Concerning the Final Solution«, in ders., *Fateful Months*, S. 8–38

—: »The Development and Production of the Nazi Gas Van«, in ders., *Fateful Months*, S. 57–67
—: »Der Entscheidungsprozess im Machtzentrum. Weichenstellungen für die ›Endlösung‹«, in ders., *Judenmord*, S. 47–92
—: *Die Entfesselung der »Endlösung«. Nationalsozialistische Judenpolitik 1939–1942*, München 2003
—: *Fateful Months. Essays on the Emergence of the Final Solution*, New York 1991
—: *The Final Solution and the German Foreign Office. A Study of Referat D III of Abteilung Deutschland 1940–43*, New York 1978
—: *Ganz normale Männer. Das Reserve-Polizeibataillon 101 und die »Endlösung« in Polen*, Reinbek 1993
—: »Introduction«, in Newman/Erber (Hg.), *Understanding Genocide*, S. 3–7
—: *Judenmord. NS-Politik, Zwangsarbeit und das Verhalten der Täter*, Frankfurt am Main 2001
—: »Die nationalsozialistische Ghettoisierungspolitik in Polen 1939–1941«, in ders., *Der Weg zur »Endlösung«*, S. 37–65
—: »Die nationalsozialistische Umsiedlungspolitik und die Suche nach einer ›Lösung der Judenfrage‹ 1939–1941«, in ders., *Der Weg zur »Endlösung«*, S. 13–36
—: »Perpetrator Testimony. Another Look at Adolf Eichmann«, unveröffentlichter Aufsatz, 2003
—: »Von der ›ethnischen Säuberung‹ zum Völkermord und zur ›Endlösung‹. Die Entwicklung der nationalsozialistischen Judenpolitik 1939–1941«, in ders., *Judenmord*, S. 11–46
—: *Der Weg zur »Endlösung«. Entscheidungen und Täter*, Bonn 1998
Bruce, Lenny: *The Essential Lenny Bruce. His original and unexpurgated satirical routines*, hg. von John Cohen, London 1972
Brunner, José: »Eichmann, Arendt and Freud in Jerusalem. On the Evils of Narcissism and the Pleasure of Thoughtlessness«, *History and Memory* 8/2 (1996), S. 61–88
Buchheim, Hans: »Die SS – das Herrschaftsinstrument«, in Broszat/Buchheim u. a., *Anatomie des SS-Staats*, Bd. 1, S. 15–212
Bukey, Evan Burr: *»Patenstadt des Führers«. Eine Politik- und Sozialgeschichte von Linz 1908–1945*, Frankfurt am Main/New York 1993
Burleigh, Michael: *Tod und Erlösung. Euthanasie in Deutschland 1900–1945*, Zürich/München 2002
Burns, Peter: »An International Criminal Tribunal. The Difficult Union of Principle and Politics«, in Roger S. Clark und Madeleine Sann (Hg.), *The Prosecution of International Crimes*, New Brunswick, New Jersey, 1996, S. 125–164
Büttner, Ursula: »›The Jewish Problem Becomes a Christian Problem‹. German Protestants and the Persecution of Jews in the Third Reich«, in Bankier (Hg.), *Probing the Depths of German Antisemitism*, S. 371–394
Carmichael, Joel: »Reactions in Germany«, in: *Midstream* 7/3 (1961), S. 13–27
Cesarani, David: *Arthur Koestler. The Homeless Mind*, London 1998

––: *Justice Delayed. How Britain Became a Refuge for Nazi War Criminals*, London 1994
––: »Memory, Representation and Education«, in: Elisabeth Maxwell und Franklin H. Littell (Hg.), *Remembering for the Future 2000*, Bd. 3: *The Holocaust in an Age of Genocide*, London 2001, S. 231–236
––: »Trial and Testimony. Survivors, Witnesses, and the Eichmann Trial in Perspective« (erscheint demnächst)
–– (Hg.): *Genocide and Rescue. The Holocaust in Hungary 1944*, Oxford 1997
–– (Hg.): *Holocaust. Critical Concepts in Historical Studies*, 6 Bde., London 2004
Clarke, Comer: *Eichmann. The Savage Truth*, London 1960
Cohen, Asher: *The Hechalutz Resistance in Hungary 1942–1944*, Boulder, Colorado, 1986
––: »Resistance and Rescue in Hungary«, in Cesarani (Hg.), *Genocide and Rescue*, S. 123–134
Cohen, Rich: *Nachtmarsch. Eine wahre Geschichte von Liebe und Vergeltung*, Frankfurt am Main 2000
Cohen, Richard: »Breaking the Code. Hannah Arendt's *Eichmann in Jerusalem* and the Public Polemic, Myth, Memory and Historical Imagination«, in: *Michael* 13 (1991), S. 29–85
––: »A Generation's Response to Eichmann in Jerusalem«, in Aschheim (Hg.), *Hannah Arendt in Jerusalem*, S. 253–254
Cole, Tim: *Images of the Holocaust. The Myth of the »Shoah Business«*, London 1999
Council of Jews from Germany: *Nach dem Eichmann-Prozess. Zu einer Kontroverse über die Haltung der Juden*, London/Jerusalem/New York 1963
Crankshaw, Edward: »The Man Who Killed Jews«, in: *The Observer*, 17. Dezember 1961, S. 10
Crossman, Richard H. S.: »The Eichmann Lesson«, in: *New Statesman*, 22. Dezember 1961, S. 949
––: »The Faceless Bureaucrat«, in: *New Statesman*, 31. März 1961, S. 503–504
Dawidowicz, Lucy S.: *Der Krieg gegen die Juden: 1933–1945*, München 1979
Dean, Martin: »The Development and Implementation of Nazi Denaturalization and Confiscation Policy up to the Eleventh Decree to the Reich Citizenship Law«, in: *Holocaust and Genocide Studies* 16/2 (2002), S. 217–242
DeKoven Ezrahi, Sidra: *By Words Alone. The Holocaust in Literature*, Chicago, Illinois, 1980
Deschner, Günther: *Reinhard Heydrich. Statthalter der totalen Macht. Biografie*, Esslingen 1977
Destexhe, Alain: *Rwanda and Genocide in the Twentieth Century*, London 1995
Diamant, Manus: *Geheimauftrag. Mission Eichmann*, aufgezeichnet von Moshe Meisels, Wien 1995
Dicks, Henry V.: *Licensed Mass Murder. A Socio-Psychological Study of Some SS Killers*, London 1972
Diner, Dan: »Hannah Arendt Reconsidered. On the Banal and the Evil in Her Holocaust Narrative«, in: *New German Critique* 71 (1997), S. 177–190

Dobroszycki, Lucjan (Hg.): *The Chronicle of the Lodz Ghetto 1941–1944*, New Haven, New Jersey, 1984
Donovan, John: *Eichmann, Man of Slaughter*, New York 1960
Douglas, Lawrence: *The Memory of Judgment. Making Law and History in the Trials of the Holocaust*, New Haven, Connecticut, 2001
Dower, John W.: *War Without Mercy. Race and Power in the Pacific War*, New York 1986
Dreisziger, Nándor (Hg.): *Hungary in an Age of Total War (1938–1948)*, New York 1998
»Eichmann's Ghost Writer«, in: *Wiener Library Bulletin* 15/1 (1961)
Einstein, Siegfried: *Eichmann. Chefbuchhalter des Todes*, Frankfurt am Main 1961
Elkins, Michael: *Forged in Fury. A True Story of Courage, Horror and Revenge*, London 1971
Farago, Ladislas: *The Aftermath*, New York 1974
Favez, Jean-Claude: *Das Internationale Rote Kreuz und das Dritte Reich. War der Holocaust aufzuhalten?*, München 1989
Felman, Shoshana: »Theatres of Justice. Arendt in Jerusalem, the Eichmann Trial, and the Redefinition of Legal Meaning in the Wake of the Holocaust«, in: *Theoretical Inquiries in Law* 1/2 (2000)
Felstiner, Mary: »Alois Brunner. ›Eichmann's Best Tool‹«, in: *Simon Wiesenthal Center Annual* 3 (1986), S. 1–46
Fenigstein, Allen: »Reconceptualising the Psychology of the Perpetrators«, in Donald Schelling (Hg.), *Lessons and Legacies*, Bd. 2: *Teaching the Holocaust in a Changing World*, Evanston, Illinois, 1998, S. 54–84
FitzGibbon, Constantine: »In Pursuit of the Hunter«, in: *The Observer*, 26. Februar 1961
Flanzbaum, Hilene (Hg.): *The Americanization of the Holocaust*, Baltimore 1999
Friedlander, Henry: »The Deportation of the German Jews. Post-War German Trials of Nazi Criminals«, in: *Leo Baeck Institute Yearbook* 29 (1984), S. 201–226
—: »The Judiciary and Nazi War Crimes in Post-War Germany«, in: *Simon Wiesenthal Center Annual* 1 (1984), S. 27–44
—: *Der Weg zum NS-Genozid. Von der Euthanasie zur Endlösung*, Berlin 1997
Friedländer, Saul: *Das Dritte Reich und die Juden*, Bd. 1: *Die Jahre der Verfolgung, 1933–1939*, München 1998
—: *Kurt Gerstein oder Die Zwiespältigkeit des Guten*, Gütersloh 1968
Friedman, Tuvia: *The Hunter*, hg. von David C. Gross, London 1961
Fromm, Erich: *Die Furcht vor der Freiheit*, Frankfurt am Main 1966
Fulbrook, Mary: *German National Identity after the Holocaust*, London 1999
Fyvel, Tosco: (Review of Books), in: *Spectator*, 3. März 1961, S. 301
Gelber, Michael: »Murder on Command«, in: *Leo Baeck Institute Year Book* 38 (1993), S. 119–153
Gellately, Robert: *Die Gestapo und die deutsche Gesellschaft. Die Durchsetzung der Rassenpolitik 1933–1945*, Paderborn/München/Wien/Zürich 1993
—: *Hingeschaut und weggesehen. Hitler und sein Volk*, Stuttgart/München 2002

Gellhorn, Martha: »Eichmann and the Private Conscience«, in: *Atlantic Monthly* (Februar 1962), S. 52–59

Gerlach, Christian: »The Eichmann Interrogations in Holocaust Historiography«, in: *Holocaust and Genocide Studies* 15/3 (Winter 2001), S. 428–452

—: »Die Wannsee-Konferenz, das Schicksal der deutschen Juden und Hitlers politische Grundsatzentscheidung, alle Juden Europas zu ermorden«, in: ders., *Krieg, Ernährung, Völkermord. Forschungen zur deutschen Vernichtungspolitik im Zweiten Weltkrieg*, Hamburg 1998

Gilbert, Gustave M.: »The Mentality of SS Murderous Robots«, in: *Yad Vashem Studies* 5 (1963), S. 35–41

—: *Nürnberger Tagebuch*, Frankfurt am Main 1962

Glees, Anthony: »The Making of British Policy on War Crimes. History as Politics in the United Kingdom«, in: *Contemporary European History* 1/1 (1992), S. 174–181

Glock, Charles J./Selznick, Gertrude J./Spaeth, Joe L.: *The Apathetic Majority. A Study Based on Public Responses to the Eichmann Trial*, New York 1966

Glover, Jonathan: *Humanity. A Moral History of the Twentieth Century*, London 1999

Goldhagen, Daniel Jonah: *Hitlers willige Vollstrecker. Ganz gewöhnliche Deutsche und der Holocaust*, Berlin 1996

Gollancz, Victor: *The Case of Adolf Eichmann*, London 1962

Goñi, Uki: *The Real Odessa. How Perón Brought the Nazi War Criminals to Argentina*, London 2002

Gordon, Robert C.: *Primo Levi's Ordinary Voices*, Oxford 2001

Gorny, Josef: *Between Auschwitz and Jerusalem*, London 2003

Goshen, Seev: »Eichmann und die Nisko-Aktion im Oktober 1939. Eine Fallstudie zur NS-Judenpolitik in der letzten Etappe vor der ›Endlösung‹«, in: *Vierteljahreshefte für Zeitgeschichte* 29 (1981), S. 74–96

Gourevitch, Philip: *Wir möchten Ihnen mitteilen, dass wir morgen mit unseren Familien umgebracht werden. Berichte aus Ruanda*, Berlin 1999

Gouri, Haim: *La Cage de Verre. Journal du Procès Eichmann*, Paris 1964

—: »Facing the Glass Booth«, in Hartman (Hg.), *Holocaust Remembrance*, S. 154

Greenspan, Henry: »Imagining Survivors. Testimony and the Rise of Holocaust Consciousness«, in Flanzbaum (Hg.), *The Americanization of the Holocaust*, S. 45–67

Große, Christina: *Der Eichmann-Prozeß zwischen Recht und Politik*, Frankfurt am Mai 1995

Grüber, Heinrich: *Zeuge pro Israel*, Berlin 1963

Gutman, Yisrael/Berenbaum, Michael (Hg.): *Anatomy of the Auschwitz Death Camp*, Bloomington, Indiana, 1998

Hamann, Brigitte: *Hitlers Wien. Lehrjahre eines Diktators*, München/Zürich 1996

Harel, Isser: *Das Haus in der Garibaldistraße*, Frankfurt am Mai/Berlin/Wien 1976

Hartman, Geoffrey H.: *Der längste Schatten. Erinnern und Vergessen nach dem Holocaust*, Berlin 1999

— (Hg.): *Holocaust Remembrance. The Shapes of Memory*, Oxford 1994
Hausner, Gideon: *Gerechtigkeit in Jerusalem*, München 1967
Headland, Ronald: *Messages of Murder. A Study of the Reports of the Einsatzgruppen of the Security Police and the Security Service, 1941–1943*, Rutherford, New Jersey, 1992
Heer, Hannes/Naumann, Klaus (Hg.): *Vernichtungskrieg. Verbrechen der Wehrmacht 1941–1944*, Hamburg ²1995
Herbert, Ulrich: »Die deutsche Militärverwaltung in Paris und die Deportation der französischen Juden«, in ders. (Hg.), *Nationalsozialistische Vernichtungspolitik*, S. 170–208
—: »Vernichtungspolitik. Neue Antworten und Fragen zur Geschichte des ›Holocaust‹«, in ders. (Hg.), *Nationalsozialistische Vernichtungspolitik*, S. 9–66
—: »Labour and Extermination. Economic Interest and the Primacy of Weltanschauung in National Socialism«, in: *Past and Present* 138 (1993), S. 144–195
—: »Weltanschauungseliten. Ideologische Legitimation und politische Praxis der Führungsgruppe der nationalsozialistischen Sicherheitspolizei«, in: *Potsdamer Bulletin für zeithistorische Studien* 9 (1997), S. 4–18
— (Hg.): *Nationalsozialistische Vernichtungspolitik 1939–1945. Neue Forschungen und Kontroversen*, Frankfurt am Main 1998
—/Orth, Karin/Dieckmann, Christoph (Hg.): *Die nationalsozialistischen Konzentrationslager*, 2 Bde., Frankfurt am Main 2002
Herf, Jeffrey: *Geteilte Erinnerung. Die NS-Vergangenheit im geteilten Deutschland*, Berlin 1998
Hilberg, Raul: »Auschwitz and the Final Solution«, in Gutman/Berenbaum (Hg.), *Anatomy of the Auschwitz Death Camp*, S. 81–92
—: *Unerbetene Erinnerung. Der Weg eines Holocaust-Forschers*, Frankfurt am Main 1994
—: *Die Vernichtung der europäischen Juden. Die Gesamtgeschichte des Holocaust*, 3 Bde., Frankfurt am Main 1990
Hinton, Alexander L.: *Annihilating Difference. The Anthropology of Genocide*, Berkeley, Kalifornien, 2002
Hochhuth, Rolf: *Der Stellvertreter. Ein christliches Trauerspiel*, Reinbek 1963
Höhne, Heinz: *Der Orden unter dem Totenkopf. Die Geschichte der SS*, Bindlach 1990
Holliday, Laurel (Hg.): *Children in the Holocaust and World War II. Their Secret Diaries*, New York 1995
Höß, Rudolf: *Kommandant in Auschwitz. Autobiografische Aufzeichnungen des Rudolf Höß*, hg. von Martin Broszat, München 1963
Höttl, Wilhelm: *The Secret Front. The Inside Story of Nazi Political Espionage*, London 1953
Housden, Martyn: »Hans Frank – Empire Builder in the East, 1936–41«, in: *European History Quarterly* 24 (1994), S. 367–393
Howe, Irving: *A Margin of Hope. An Intellectual Autobiography*, New York 1982
Hull, William L.: *The Struggle for a Soul*, New York 1963

Ioanid, Radu: *The Holocaust in Romania. The Destruction of Jews and Gypsies Under the Antonescu Regime, 1940–1944*, Chicago, Illinois, 2000
Jewish Film Directory. A Guide to More than 1200 Films of Jewish Interest from 32 Countries over 85 Years, London 1992
Johnson, Eric A.: *Der nationalsozialistische Terror. Gestapo, Juden und gewöhnliche Deutsche*, Berlin 2001
Kasztner, Rudolf: *Der Kasztner-Bericht über Eichmanns Menschenhandel in Ungarn*, München 1961
Kempner, Robert: *Eichmann und Komplizen*, Zürich/Stuttgart/Wien 1961
Keren, Michael: »Ben Gurion's Theory of Sovereignty. The Trial of Adolf Eichmann«, in Ronald W. Zweig (Hg.), *David Ben Gurion. Politics and Leadership in Israel*, London 1991, S. 40–41
Keren, Nili: »The Family Camp«, in Gutman/Berenbaum (Hg.), *Anatomy of the Auschwitz Death Camp*, S. 428–440
Kershaw, Ian: *Hitler*, Bd. 1: *1889–1936*, Stuttgart 1998; Bd. 2: *1936–1945*, Stuttgart 2000
—: »Improvised Genocide? The Emergence of the ›Final Solution‹ in the ›Warthegau‹«, in: *Transactions of the Royal Historical Society*, Serie 6, Bd. 2 (1992), S. 51–78
Kimche, Jon und David: *Des Zornes und des Herzens wegen. Die illegale Wanderung eines Volkes*, Berlin 1956
Kitaj, R B: »Varschreibt«, in Hartman (Hg.), *Holocaust Remembrance*, S. 117–120
Knopp, Guido: *Hitlers Helfer*, München 1996
Koehl, Robert L.: *RKFDV. German Resettlement and Population Policy 1939–1945*, Cambridge, Massachusetts, 1957
Krause, Peter: *Der Eichmann-Prozess in der deutschen Presse*, Frankfurt am Main 2002
Krummacher, Friedrich Arnold (Hg.): *Die Kontroverse Hannah Arendt, Eichmann und die Juden*, München 1960
Kulka, Otto Dov: »Major Trends and Tendencies in German Historiography on National Socialism and the ›Jewish Question‹«, in Yisrael Gutman und Gideon Greif (Hg.), *The Historiography of the Holocaust Period*, Jerusalem 1988, S. 12–37
Kwiet, Konrad: »Forced Labour of German Jews in Nazi Germany«, in: *Leo Baeck Institute Yearbook* 36 (1991), S. 389–410
Lahav, Pnina: *Judgment in Jerusalem. Chief Justice Agranat and the Zionist Century*, Berkeley, Kalifornien, 1997
Laqueur, Walter: »Hannah Arendt in Jerusalem. The Controversy Revisited«, in: Letgers (Hg.), *Western Society after the Holocaust*, S. 107–120
—: *Was niemand wissen wollte. Die Unterdrückung der Nachrichten über Hitlers »Endlösung«*, Frankfurt am Main/Berlin/Wien 1981
—: *Die deutsche Jugendbewegung. Eine historische Studie*, Köln 1962
— (Hg.): *Fascism. A Reader's Guide*, Berkeley, Kalifornien, 1976
Ledere, Zdenek: *Ghetto Theresienstadt*, London 1953
Less, Avner: »Nachwort«, in: *Das Eichmann-Protokoll*, S. 356–374

Letgers, Lyman H. (Hg.): *Western Society after the Holocaust*, Boulder, Colorado, 1983
Levi, Primo: *Zu ungewisser Stunde. Gedichte*, München/Wien 1998
Levine, Paul A.: »Bureaucracy, Resistance, and the Holocaust. Understanding the Success of Swedish Diplomacy in Budapest, 1944–1945«, in Berenbaum/ Peck (Hg.), *The Holocaust in History*, S. 518–535
—: *From Indifference to Activism. Swedish Diplomacy and the Holocaust, 1938–1944*, Uppsala 1998
Lewy, Guenter: *Die katholische Kirche und das Dritte Reich*, München 1965
Liebman, Charles S./Don-Yehiya, Eliezer: *Civil Religion in Israel. Traditional Judaism and Political Culture in the Jewish State*, Berkeley, Kalifornien, 1988
Lifton, Robert Jay/Markusen, Eric: *Die Psychologie des Völkermordes. Atomkrieg und Holocaust*, Stuttgart 1992
Lipstadt, Deborah E.: *Leugnen des Holocaust*, Zürich 1994
Longerich, Peter: *Der ungeschriebene Befehl. Hitler und der Weg zur »Endlösung«*, München/Zürich 2001
—: »Vom Massenmord zur ›Endlösung‹. Die Erschießungen von jüdischen Zivilisten in den ersten Monaten des Ostfeldzuges im Kontext des nationalsozialistischen Judenmordes«, in Wegner (Hg.), *Zwei Wege nach Moskau*, S. 251–274
—: »The Wannsee Conference in the Development of the ›Final Solution‹«, *Holocaust Educational Trust Research Papers* 1/2, London 2000
—: »Die Wannsee-Konferenz am 20. Januar 1942. Planung und Beginn des Genozids an den europäischen Juden«, Vortrag im Haus der Wannsee-Konferenz am 19. Januar 1998, www.ghwk.de/deut/texte/longd1.htm bis longd4.htm
Lozowick, Yaacov: *Hitlers Bürokraten. Eichmann, seine willigen Vollstrecker und die Banalität des Bösen*, Zürich 2000
—: »Malice in Action«, in: *Yad Vashem Studies* 27 (1999), S. 287–330
—: »Malicious Clerks. The Nazi Security Police and the Banality of Evil«, in Aschheim (Hg.), *Hannah Arendt in Jerusalem*, S. 214–223
Lukas, Richard C.: *Forgotten Holocaust. The Poles under German Occupation, 1939–1944*, New York 1990
Malkin, Peter Z./Stein, Harry: *Ich jagte Eichmann. Der Bericht des israelischen Geheimagenten, der den Organisator der »Endlösung« gefangennahm*, München/Zürich 1990
Manoschek, Walter: *»Serbien ist judenfrei«. Militärische Besatzungspolitik und Judenvernichtung in Serbien 1941/42*, München 1993
—: »Gehst mit Juden erschießen? Die Vernichtung der Juden in Serbien«, in Heer/Naumann (Hg.), *Vernichtungskrieg*, S. 39–56
—: »Die Vernichtung der Juden in Serbien«, in Herbert (Hg.), *Nationalsozialistische Vernichtungspolitik 1939–1945*, S. 209–234
Manvell, Arnold Roger/Frankel, Heinrich: *The Incomparable Crime. Mass Extermination in the Twentieth Century – the Legacy of Guilt*, London 1967
Marcuse, Harold: *Legacies of Dachau. The Uses and Abuses of a Concentration Camp*, Cambridge 2001

Marrus, Michael: »Eichmann in Jerusalem. Justice and History«, in Aschheim (Hg.), *Hannah Arendt in Jerusalem*, S. 205–213
—/Paxton, Robert O.: *Vichy France and the Jews*, New York 1981
McCormack, Timothy L. H./Simpson, Gerry J. (Hg.): *The Law of War Crimes. National and International Approaches*, Den Haag/London 1977
Meershoek, Guus: »The Amsterdam Police and the Persecution of the Jews«, in: Berenbaum/Peck (Hg.), *The Holocaust in History*, S. 284–300
Miale, Florence/Selzer, Michael: *The Nuremberg Mind. The Psychology of the Nazi Leaders*, New York 1975
Michman, Dan (Hg.): *Remembering the Holocaust in Germany, 1945–2000. German Strategies and Jewish Responses*, New York 2002
Mierzejewski, Alfred C.: »A Public Enterprise in the Service of Mass Murder. The Deutsche Reichsbahn and the Holocaust«, in: *Holocaust and Genocide Studies* 15/1 (2001), S. 33–46
Milchman, Alan/Rosenberg, Alan: »Hannah Arendt and the Etiology of the Desk Killer. The Holocaust as Portent«, in: *History of European Ideas* 14 (1992), S. 219–225
Milgram, Stanley: *Das Milgram-Experiment. Zur Gehorsamsbereitschaft gegenüber Autorität*, Reinbek 1974
—: »Obedience to Criminal Orders. The Compulsion to Do Evil«, in: *Patterns of Prejudice* 1/1 (1967), S. 3–7
Mintz, Alan: *Popular Culture and the Shaping of Holocaust Memory in America*, Seattle, Washington, 2001
Moeller, Robert G.: *War Stories. The Search for a Usable Past in the Federal Republic of Germany*, Berkeley, Kalifornien, 2003
Mommsen, Hans: »Hannah Arendt und der Prozess gegen Adolf Eichmann«, in Arendt, *Eichmann in Jerusalem*, S. 9–48
—: »Hannah Arendt's Interpretation of the Holocaust as a Challenge to Human Existence«, in Aschheim (Hg.), *Hannah Arendt in Jerusalem*, S. 224–231
—: »National Socialism – Continuity and Change«, in Laqueur (Hg.), *Fascism*, S. 179–210
— (Hg.): *The Third Reich Between Vision and Reality*, New York/Oxford 2002
Moore, Robert: *Victims and Survivors. The Nazi Persecution of the Jews in the Netherlands 1940–1945*, London 1997
Moser, Jonny: »Nisko. The First Experiment in Deportation«, in: *Simon Wiesenthal Centre Annual* 2 (1985), S. 1–30
—: »Österreich«, in Benz (Hg.), *Dimension des Völkermords*, S. 67–94
Müller, Filip: *Sonderbehandlung. Drei Jahre in den Krematorien und Gaskammern von Auschwitz*, München 1979
Mulisch, Harry: *Strafsache 40/61. Eine Reportage*, Köln 1963
Muller, Sharon: »The Origins of *Eichmann in Jerusalem*«, in: *Jewish Social Studies* 4/2 (1981), S. 237–254
Musial, Bogdan: »Ursprünge der ›Aktion Reinhardt‹. Planung des Massenmordes an den Juden im Generalgouvernement«, in ders. (Hg.), *»Aktion Reinhard«.*

Der Völkermord an den Juden im Generalgouvernement 1941–1944 (erscheint demnächst)
—: *Deutsche Zivilverwaltung und Judenverfolgung im Generalgouvernement. Eine Fallstudie zum Distrikt Lublin 1939–1944*, Wiesbaden 1999
Musmanno, Michael A.: *The Eichmann Kommandos*, London 1961
Muszkat, M.: »The Eichmann Trial – International Aspects«, in: *Yad Vashem Bulletin* 11 (April/Mai 1962), S. 19–26
Naimark, Norman M.: *Flammender Hass. Ethnische Säuberungen im 20. Jahrhundert*, München 2004
Nellessen, Bernd: *Der Prozess von Jerusalem*, Düsseldorf 1964
Newman, Leonard S./Erber, Ralph (Hg.): *Understanding Genocide. The Social Psychology of the Holocaust*, Oxford 2003
Nicosia, Francis: »The End of Emancipation and the Illusion of Preferential Treatment. German Zionism, 1933–1938«, in: *Leo Baeck Institute Year Book* 36 (1991), S. 243–265
—: *Hitler und der Zionismus. Das 3. Reich und die Palästina-Frage 1933–1939*, Leoni 1989
—/Niewyk, Donald: *The Columbia Guide to the Holocaust*, New York 2000
Noakes, Jeremy: »The Development of Nazi Policy towards the German-Jewish ›Mischlinge‹ 1933–1945«, in: *Leo Baeck Institute Year Book* 34 (1989), S. 291–354
Novick, Peter: *Nach dem Holocaust. Der Umgang mit dem Massenmord*, Stuttgart/München 2001
Ofer, Dalia: *Escaping the Holocaust. Illegal Immigration to the Land of Israel 1939–1944*, New York 1990
—: »The Strength of Remembrance. Commemorating the Holocaust During the First Decade of Israel«, in: *Jewish Social Studies* 6/2 (2000), S. 24–55
Orth, Karin: »Rudolf Höß und die ›Endlösung der Judenfrage‹«, in: *Werkstatt Geschichte* 18 (1997), S. 45–57
Overy, Richard: *Verhöre. Die NS-Elite in den Händen der Alliierten 1945*, München/Berlin 2002
Paneth, Philip: *Eichmann. Technician of Death*, New York 1960
Papadatos, Peter: *The Eichmann Trial*, New York 1964
Parker, Ian: »Obedience«, in: *Granta* 71 (2000), S. 61–125
Parkes, James: »After the Eichmann Verdict«, in: *The Observer*, 17. Dezember 1961, S. 8
Pätzold, Kurt/Schwarz, Erika: *»Auschwitz war für mich nur ein Bahnhof«. Franz Novak – der Transportoffizier Adolf Eichmanns*, Berlin 1994
Paul, Gerhard: »Von Psychopathen, Technokraten des Terrors und ›ganz gewöhnlichen‹ Deutschen«, in ders. (Hg.), *Die Täter der Shoah. Fanatische Nationalsozialisten oder ganz normale Deutsche?*, Göttingen 2002, S. 13–90
Pauley, Bruce F.: *Eine Geschichte des österreichischen Antisemitismus. Von der Ausgrenzung zur Auslöschung*, Wien 1993
—: *Der Weg in den Nationalsozialismus. Ursprünge und Entwicklung in Österreich*, Wien 1988

Paulson, Gunnar S.: »The ›Bridge over the Øresund‹. The Historiography on the Expulsion of the Jews from Nazi-Occupied Denmark«, in: *Journal of Contemporary History* 30/3 (1995), S. 431–464
Pearlman, Moshe: *Die Festnahme des Adolf Eichmann*, Frankfurt am Main 1961
—: *The Capture and Trial of Adolf Eichmann*, London 1963
Pehle, Walter H. (Hg.): *November 1938. From »Kristallnacht« to Genocide*, Oxford 1991
Pelt, Robert Jan van: *The Case for Auschwitz. Evidence from the Irving Trial*, Bloomington, Indiana, 2002
—/Dwork, Deborah: *Auschwitz: von 1270 bis heute*, Zürich/München 1998
Pendorf, Robert: *Mörder und Ermordete. Eichmann und die Judenpolitik des Dritten Reiches*, Hamburg 1961
Perel, Joachim/Pohl, Rolf (Hg.): *NS-Täter in der deutschen Gesellschaft*, Hannover 2002
Pick, Hella: *Simon Wiesenthal. Eine Biografie*, Reinbek 1997
Pohl, Dieter: »Hans Krüger and the Murder of the Jews in the Sanislawow Region (Galicia)«, in: *Yad Vashem Studies 26 (1998)*, S. 239–264
—: *»Die Ermordung der Juden im Generalgouvernement«, in Herbert (Hg.)*, Nationalsozialistische Vernichtungspolitik 1939–1945, *S. 98–121*
Poliakov, Leon: »The Proceedings«, in: American Jewish Year Book *63 (1962), S. 58 f., 73 f.*
Porat, Dina: *The Blue and the Yellow Stars of David. The Zionist Leadership in Palestine and the Holocaust, 1939–1945*, Cambridge, Massachusetts, 1990
Presser, Jacob: *Ashes in the Wind. The Destruction of the Dutch Jews*, Detroit, Michigan, 1988
Pulzer, Peter G. J.: *Die Entstehung des politischen Antisemitismus in Deutschland und Österreich 1867 bis 1914*, Gütersloh 1966
Rabinovici, Doron: *Instanzen der Ohnmacht. Wien 1938–1945. Der Weg zum Judenrat*, Frankfurt am Main 2000
Rassinier, Paul: *The Real Eichmann or The Incorrigible Victors*, Silver Springs, Maryland, 1979
Reich, Wilhelm: *Die Massenpsychologie des Faschismus*, Köln/Berlin 1971
Rein, Raanan: »The Eichmann Kidnapping. Its effects on Argentine-Israeli Relations and the Local Jewish Community«, in: *Jewish Social Studies* 7/3 (2001), S. 101–130
Reitlinger, Gerald: *Die Endlösung. Hitlers Versuch der Ausrottung der Juden 1939–1945*, Berlin[2]1957
Reynolds, Quentin/Katz, Ephraim/Aldouby, Zwy: *Adolf Eichmann*, Konstanz/Stuttgart 1961
Robinson, Jacob: *And the Crooked Shall Be Made Straight. The Eichmann Trial, the Jewish Catastrophe, and Hannah Arendt's Narrative*, Philadelphia, Pennsylvania, 1965
Roseman, Mark: »National Socialism and Modernisation«, in: Richard Bessel (Hg.), *Fascist Italy and Nazi Germany. Comparisons and Contrasts*, Cambridge 1996, S. 197–229

—: *Die Wannsee-Konferenz. Wie die NS-Bürokratie den Holocaust organisierte*, München/Berlin 2002

Rosenberg, Harold: »The Trial and Eichmann«, in: *Commentary* 32/5 (November 1961), S. 369–381

Rozett, Robert: »From Poland to Hungary. Rescue Attempts 1943–1944«, in: *Yad Vashem Studies* 24 (1994), S. 177–193

—: »Published memoirs of Holocaust Survivors«, in Robert Rozett, *Historiographical Essays on the Holocaust* (erscheint demnächst)

Rubenstein, Richard L.: *After Auschwitz. History, Theology and Contemporary Judaism*, New York 1992

Russell of Liverpool, Edward Frederick Langley Lord: *Geißel der Menschheit. Kurze Geschichte der Nazikriegsverbrechen*, Berlin 1955

—: *The Trial of Adolf Eichmann*, London 1962

Safrian, Hans: »Adolf Eichmann. Organisator der Judendeportation«, in Smelser (Hg.), *Die SS*, S. 134–146

—: *Eichmann und seine Gehilfen*, Frankfurt am Main 1995

—: »Beschleunigung der Beraubung und Vertreibung. Zur Bedeutung des ›Wiener Modells‹ für die antijüdische Politik des ›Dritten Reiches‹ im Jahr 1938«, in: Constantin Goschler und Jürgen Lillteicher (Hg.), *»Arisierung« und Restitution. Die Rückerstattung jüdischen Eigentums in Deutschland und Österreich nach 1945 und 1989*, Göttingen 2002, S. 61–89

Saloman, George: »America's Response«, in: *American Jewish Year Book* 63 (1962), S. 85–103

—: »The End of Eichmann. America's Response«, in: *American Jewish Year Book* 64 (1963), S. 247–259

Sandkühler, Thomas: »Judenpolitik und Judenmord im Distrikt Galizien, 1941–1942«, in: Herbert (Hg.), *Nationalsozialistische Vernichtungspolitik*, S. 122–147

Schelling, Donald (Hg.): *Lessons and Legacies. Teaching the Holocaust in a Changing World*, Evanston, Illinois, 1998

Schleunes, Karl: *The Twisted Road To Auschwitz. Nazi Policy Towards German Jews, 1933–39*, Urbana, Illinois, 1970

Schorske, Carl E.: *Wien. Geist und Gesellschaft im Fin de siècle*, Frankfurt am Main 1982

Schulte, Jan Erik: »Rüstungsunternehmen oder Handwerksbetrieb? Das KZ-Häftlinge ausbeutende SS-Unternehmen ›Deutsche Ausrüstungswerke GmbH‹«, in: Herbert/Orth/Dieckmann (Hg.), *Die nationalsozialistischen Konzentrationslager*, Bd. 2, S. 558–583

Schwarzenberger, Georg: »The Eichmann Judgment«, in: *Current Legal Problems* 14 (1962), S. 248–265

Seeger, Andreas: *»Gestapo-Müller«. Die Karriere eines Schreibtischtäters*, Berlin 1996

Segall, Arie: »Books around the Eichmann Trial«, in: *Yad Vashem Bulletin* 11 (April/Mai 1962), S. 29–35

Segev, Tom: *Die siebte Million. Der Holocaust und Israels Politik der Erinnerung*, Reinbek 1995

Seibel, Wolfgang: »A Market for Mass Crime? Institutional Competition and The Initiation of the Holocaust in France, 1940–1942«, in: *Institutional Journal of Organisation Theory and Behavior* 5/3–4, (2002), S. 219–257
—: »The Strength of the Perpetrators. The Holocaust in Western Europe, 1940–1941«, in: *Governance. An International Journal of Policy, Administration, and Institutions* 15/2 (2002), S. 21–39
Servatius, Robert: *Verteidigung Adolf Eichmann. Plädoyer*, Bad Kreuznach 1961
Shandler, Jeffrey: *While America Watches. Televising the Holocaust*, New York 1999
Shapira, Anita: »The Holocaust. Private Memories, Public Memory«, in: *Jewish Social Studies* 4/2 (1998), 46–58
Sharpe, Barry: *Modesty and Arrogance in Judgment. Hannah Arendt's Eichmann in Jerusalem*, Westport, Connecticut, 1999
Simpson, Christopher: *Der amerikanische Bumerang. NS-Kriegsverbrecher im Sold der USA*, Wien 1988
Smelser, Ronald (Hg.): *Die SS. Elite unter dem Totenkopf*, Paderborn 2000
Smith, Bradley F.: *Der Jahrhundertprozeß. Die Motive der Richter von Nürnberg – Anatomie einer Urteilsfindung*, Frankfurt am Main 1977
Snyder, Louis: *Encyclopedia of the Third Reich*, New York 1976
Spielberg, Steven/Survivors of the Shoah Visual History Foundation: *The Last Days*, London 1999
Staub, Ervin: *The Roots of Evil. The Origins of Genocide and Other Group Violence*, Cambridge 1989 (Neuausgabe 2000)
Stauber, Roni: »Confronting the Jewish Response during the Holocaust. Yad Vashem – A Commemorative and a Research Institute in the 1950s«, in: *Modern Judaism* 20 (2000), S. 277–298
Steinbacher, Sybille: *»Musterstadt« Auschwitz. Germanisierungspolitik und Judenmord in Ostoberschlesien*, München 2000
Stern, Fritz: *Gold und Eisen. Bismarck und sein Bankier Bleichröder*, Frankfurt am Main/Berlin/Wien 1978
—: *Kulturpessimismus als politische Gefahr. Eine Analyse nationaler Ideologie in Deutschland*, Bern/Stuttgart/Wien 1963
Steur, Claudia: *Theodor Dannecker. Ein Funktionär der »Endlösung«*, Essen 1997
Stone, Dan: »Ontology or Bureaucracy? Hannah Arendt's Early Interpretation of the Holocaust«, in: *European Judaism* 32/2 (1999), S. 11–25
Svonkin, Stuart: *Jews Against Prejudice. American Jews and the Fight for Civil Liberties*, New York 1997
Szép, Ernö: *Drei Wochen in 1944*, Wien 1947
Taylor, Telford: »The Eichmann Trial«, in: *The Spectator*, 21. April 1961, S. 550–553
Thomson, Ian: *Primo Levi*, London 2002
Totten, Samuel/Parsons, William S./Charny, Israel W. (Hg.): *Genocide in the Twentieth Century. Critical Essays and Eyewitness Accounts*, New York/London 1995
Trevor-Roper, Hugh R.: »The Eichmann Trial«, in: *Sunday Times*, 17. Dezember 1961
Tschuy, Theo: *Carl Lutz und die Juden von Budapest*, Zürich 1995

Ungváry, Krisztián: »The Second Stalingrad. The Destruction of the Axis Armies at Budapest, Feb. 1945«, in: Nándor Dreisziger (Hg.), *Hungary in an Age of Total War 1938–1948*, New York 1998, S. 151–168

Vago, Bela/Mosse, George L. (Hg.): *Jews and Non-Jews in Eastern Europe*, Jerusalem 1974

Waller, James: *Becoming Evil. How Ordinary People Commit Genocide and Mass Killing*, Oxford 2002

Wasserstein, Bernard: *Britain and the Jews of Europe 1939–1945*, Leicester [2]1999

Wegner, Bernd (Hg.): *Zwei Wege nach Moskau. Vom Hitler-Stalin-Pakt zum »Unternehmen Barbarossa«*, München/Zürich 1991

Weissberg, Alex: *Die Geschichte von Joel Brand*, Köln/Berlin 1956

Weitz, Eric D.: *A Century of Genocide. Utopias of Race and Nation*, Princeton, New Jersey, 2003

Weitz, Yehiam: »Political Dimensions of Holocaust Memory in Israel During the 1950s«, in: *Jewish Social Studies* 4/2 (1998), S. 129–145

Wertheimer, Jack: *Unwelcome Stranger. East European Jews in Imperial Germany*, New York 1987

Wiesel, Elie: *Alle Flüsse fließen ins Meer. Autobiographie*, Hamburg 1995

—: »Eichmann's Victims and the Unheard Testimony«, in: *Commentary* 32/6 (Dezember 1961), S. 510–515

Wiesenthal, Simon: *Recht, nicht Rache. Erinnerungen*, Frankfurt am Main/Berlin 1988

Wighton, Charles: *Eichmann. His Career and Crimes*, London 1961

Wildt, Michael: »Before the ›Final Solution‹. The Judenpolitik of the SD, 1935–1938«, in: *Leo Baeck Institute Yearbook* 43 (1998), S. 241–269

—: »Einleitung«, in: *Die Judenpolitik des SD 1935–1938*, S. 13–64

—: *Generation des Unbedingten. Das Führerkorps des Reichssicherheitshauptamtes*, Hamburg 2002

—: »Vor der ›Endlösung‹. Die Judenpolitik des SD 1935–1938«, in Dittmar Dahlmann und Gerhard Hirschfeld (Hg.), *Lager, Zwangsarbeit, Vertreibung und Deportation. Dimensionen der Massenverbrechen in der Sowjetunion und in Deutschland 1933 bis 1945*, Essen 1999, S. 415–434

Witte, Peter: »Zwei Entscheidungen in der ›Endlösung der Judenfrage‹. Deportationen nach Lodz und Vernichtung in Chelmno«, in: *Theresienstädter Studien und Dokumente 1995*, hg. von Miroslav Kárný, Raimund Kemper und Margita Kárná, Prag 1995, S. 38–68

—/Tyas, Stephen: »A New Document on the Deportation and Murder of Jews during ›Einsatz Reinhardt‹ 1942«, in: *Holocaust and Genocide Studies* 15/3 (Winter 2001), S. 468–486

Wojak, Irmtrud: *Eichmanns Memoiren. Ein kritischer Essay*, Frankfurt am Main 2001

Wolin, Richard: »The Ambivalences of German-Jewish Identity. Hannah Arendt in Jerusalem«, in: *History and Memory* 8/2 (1998), S. 9–34

World Jewish Congress, *Eichmann. Master of the Nazi Murder Machine*, New York 1961

Wucher, Albert: *Eichmanns gab es viele. Ein Dokumentarbericht über die Endlösung der Judenfrage*, München 1961
Yablonka, Hanna: *The State of Israel vs. Adolf Eichmann*, New York 2004
Yahil, Leni: »Madagascar – Phantom of a Solution for the Jewish Question«, in: Bela Vago und George L. Mosse (Hg.), *Jews and Non-Jews in Eastern Europe*, Jerusalem 1974, S. 315–334
—: *Die Shoa. Überlebenskampf und Vernichtung der europäischen Juden*, München 1998
Young-Bruehl, Elisabeth: *Hannah Arendt. Leben, Werk und Zeit*, Frankfurt am Main 1986
Zeiger, Henry A.: *The Case Against Adolf Eichmann*, New York 1960
Zillmer, Eric A. u. a.: *The Quest for the Nazi Personality. A Psychological Investigation of Nazi War Criminals*, Hillsdale, New Jersey, 1995
Zuccotti, Susan: *The Holocaust, the French, and the Jews*, New York 1993
Zweig, Ronald: *The Gold Train. The Destruction of the Jews and the Second World War's Most Terrible Robbery*, London 2000

Filme

Amen (2001), Regie: Costa-Gavras
Conspiracy (Die Wannseekonferenz), BBC2 TV (2001), Regie: Frank Pierson
Eichmann – Der Vernichter (1996), Regie: Guido Knopp
Eichmann und das Dritte Reich (1961), Regie: Erwin Leiser
The Eighty-first Blow (*Der 81. Schlag*, 1975), Regie: David Bergman, Haim Gouri, Jacques Ehrlich, Miriam Novitch, Zvi Shner
Erscheinungsform Mensch: Adolf Eichmann (1979), Regie: Rolf Defrank
Good Evening Mr. Wallenberg (*Guten Abend, Herr Wallenberg*, 1990), Regie: Kjell Grede
Holocaust: The Story of the Family Weiss (*Holocaust – Die Geschichte der Familie Weiss*, 1978), Regie: Marvin J. Chomsky
The House on Garibaldi Street (*Die Affäre Garibaldi*, 1979), Regie: Peter Collinson
The Hunt for Adolf Eichmann (*Die Jagd auf Adolf Eichmann*, 1998), Regie: Dan Setton
The Man in the Glass Booth (1975), Regie: Arthur Hiller
I Met Adolf Eichmann (Adolf Eichmann – Begegnungen mit einem Mörder), BBC/NDR (2002), Regie: Clara Glynn
Obedience (1965), New York University
Operation Eichmann (1961), Regie: R. G. Springsteen
The Road to Wannsee: Eleven Million Sentenced to Death (1992), Regie: Willy Lindwer
The Specialist (*Ein Spezialist*, 1999), Regie: Eyal Sivan
The Trial of Adolf Eichmann (ohne Datum), World Almanac Video
The Trial of Adolf Eichmann (1997), PBS (Public Broadcasting Service)
Die Wannseekonferenz (1984), Regie: Heinz Schirk

Ortsregister

Personenregister

Danksagung

Das vorliegende Buch ist das Ergebnis von Forschungsarbeiten im Rahmen des vom AHRB Parkes Centre for the Study of Jewish/non-Jewish Relations an der Universität von Southampton durchgeführten Projekts über das »Erbe des Holocaust«. Hervorheben möchte ich die Unterstützung von seiten des Arts and Humanities Research Board (AHRB), das seit Oktober 2000 gemeinsam mit der Universität Southampton auf großzügige Weise die Finanzierung des Zentrums sicherstellt. Mein Dank gilt Peter Kessler, dem Produzenten der im Jahr 2002 ausgestrahlten Fernsehdokumentation *I Met Adolf Eichmann (Adolf Eichmann – Begegnungen mit einem Mörder)*, der mich als historischen Berater verpflichtete und so erst auf die Idee brachte, über Eichmann als Fallstudie eines Täters nachzudenken, dessen frühe Biographen und dessen Prozess das Bild mit geprägt hatten, das sich die nachfolgenden Generationen von den NS-Mördern machten. Ohne die Mitarbeiter und die Mittel zweier großer Forschungseinrichtungen wäre das vorliegende Buch nicht zustande gekommen: Yad Vashem in Jerusalem und das United States Holocaust Museum (USHMM) in Washington. Für ihre unermüdliche Unterstützung möchte ich vor allem Yaacov Lozowick, dem Direktor des Archivs von Yad Vashem, und Robert Rozett, dem Direktor der Bibliothek, sowie den großartigen Mitarbeitern beider Abteilungen danken. Dass ich einige Zeit in der Bibliothek des USHMM arbeiten konnte, verdanke ich Stephen Feinberg und Dan Napolitana, die mich im Sommer 2003 im Rahmen des jährlichen USHMM-Melton Teacher Fellowship Programme nach Washington einluden. Die Lehrer/Studenten waren ein anspruchsvolles Publikum meiner Vorlesungen über Eichmann und die »Endlösung« in Ungarn. Christopher Browning, der zur selben Zeit Forschungsstipendiat des USHMM Centre for Advanced Holocaust Studies (CAHS) war, stellte mir freundlicherweise einen Entwurf seiner bedeutenden Analyse von Eichmanns »Memoiren« und Vernehmungen zur Verfügung. Martin Dean, einer der Forscher des USHMM, machte viele hilfreiche Anmerkungen zu einem Aufsatz über Eichmanns Laufbahn, den ich für die Vorlesungsreihe des CAHS verfasst hatte. Ein besonderer Dank geht an meine frühere Forschungsassistentin Sarah Kavanaugh sowie an Josh Wiener, der mir in einem entscheidenden Augenblick den Weg wies.

Anita Shapira vom Chaim-Weizmann-Institut für Zionismusstudien der Universität Tel Aviv schulde ich Dank dafür, dass sie im April 2003 zusammen mit dem AHRB Parkes Centre eine Konferenz finanzierte und organisierte, die die Auswirkungen des Eichmann-Prozesses und die Folgen des Völkermordes, zu dessen »Managern« er gehörte, zum Thema hatte. Gar nicht oft genug kann ich meinen Kollegen und Studenten an der historischen Fakultät der Universität Southampton dafür danken, dass sie ein derart anregendes intellektuelles Umfeld schaffen; im konkreten Fall danke ich ihnen für ihre Reaktionen auf einen Aufsatz mit meinen ersten Gedanken zu Eichmann. Insbesondere möchte ich mich bei Mark Roseman (der jetzt an der Universität von Indiana lehrt) und Neil Gregor bedanken, mit denen ich regelmäßig über die Fragen diskutierte, die sich bei der Beschäftigung mit der nationalsozialistischen Politik gegenüber den Juden und mit denen, die sie umsetzten, ergaben. Fruchtbare Gespräche führte ich auch mit Johannes Houwink ten Cate, Christian Gerlach, Ignacio Klich, Yehiam Weitz und Hannah Yablonka. Ihnen allen möchte ich an dieser Stelle meinen Dank ausdrücken. Zu Dank verpflichtet bin ich auch Laurence Rees, dem Creative Director of History bei der BBC, mit dem ich während der Produktion seiner herausragenden Fernsehserie über Auschwitz und den NS-Staat zahlreiche intensive Diskussionen führte. Laurence Rees, Yaacov Lozowick und Robert Rozett lasen mit kritischem Blick den Entwurf der ersten sechs Kapitel und machten viele nützliche Anmerkungen. Anthony Metzer von Doughty Street Chambers las das achte Kapitel und machte mich auf zahlreiche juristische Fallstricke aufmerksam. Ravi Merchandani, mein Lektor bei Heinemann, und Caroline Knight, die Redakteurin, standen mir stets mit Geduld und wachem Verstand zur Seite. Annie Lee und Klaus-Dieter Schmidt bewahrten mich vor einer ganzen Reihe peinlicher Fehler. Peter Robinson unterstützte das Projekt von Anfang an und trug dazu bei, dass das Endprodukt zu aller Zufriedenheit ausfiel. Überflüssig zu betonen, dass ich allein für die hier vorgetragenen Argumente und etwaige Fehler verantwortlich bin. Anfangs dachte ich, daß wohl kaum jemand wünschen könnte, Widmungsträger eines Buchs über einen nationalsozialistischen Massenmörder zu sein, und dass es eine seltsame Art des Gedenkens wäre. Aber ich glaube, dass Tim Reuter, der Direktor der historischen Fakultät der Universität Southampton, der mich stets unterstützte und eine Quelle von geistiger Anregung war, darüber hinaus aber auch viel Humor besaß, die ganze Ironie einer solchen Widmung verstanden hätte. Er verstarb, als ich mitten in der Arbeit an diesem Buch steckte, und es ist seinem Andenken gewidmet.